U0640615

中华传世藏书

【图文珍藏版】

# 永樂大典

## 精华本

第五册

[明]解缙 等⊙原著

刘凯⊙主编

线装书局

# 卷之一万一千三百六十八 十一产

## 简 书简十六

### 宋《孔平仲集·书简》

#### 与李纯仁

平仲启:介还不知,遂作书托倅遣递,不审领否?适又承问丁宁,岂胜感愧感愧!归乡固佳,适值秋暑,人事纷纷,无少顷之暇。乃思岭外间居清味,真薄相尔。知去代非远,慎勿为指射之行,投身远方,休戚繇之。官缪吏猾,多诸不公,欲与之校业已远来,坐受凌屈,有所不堪。士气摧折,近年为甚。公切且还部注一官也。为通此诚,挥汗作此。汝南浮浅,姑置勿道,旦夕参晤,尚冀保育。不宣,平仲再拜纯仁亲家。

#### 又

平仲启:数数驰问,兵至虔州,不知公尚在大庾也?不审今犹领事否?伏惟动止安佳,眷集同宁。平仲蒙恩罢归,六月下旬发河中,至郑暴下,几不可救。一向冒暑,摇蹙不得将息,至京得厥逆之疾危惙,今幸安矣。缘此世味弥薄,百不计校,法合在外指射差遣。登舟已久,旦夕东下,欲径还清江治茅舍,又畏江险,并百礼得陈留酒税冬间阙此行遇可住即住也。寿安以下无恙,递中忽承来教。匆匆裁复,亦只发虔递。诸令嗣必在乡应举也。秋凉,万万保重。不宣,平仲再拜纯仁亲家教授。

#### 与李先之

平仲启:久欲跂承舟御抵岸,以有亲客未即造诸。纯仁在此,公行何遽?来早且同一饣,切望少驻也。忽忽驰诚,不宣,平仲再拜先之教授。

#### 上安抚

皇恐顿首启某,无似之迹,备数部中,日思赴伏门著,遵奉约束,而职事之拘势无由得。即辰伏惟钧候动止万福。以辅相之材,而镇之一隅,即当大用,以慰舆论。冬序寒苦,仰祈上为邦社精调寝兴,下情西乡之至。不宣。

# 《杨文公集·手简》

## 上二相

某辄有血诚，上干台听。某顷于许州阳翟县买得少薄田，并有一小宅子，自来舍弟倚一房在彼居止。前月中，老亲往彼看视觑，忽于今日得家信，知老母风疾发动，不安至甚。已具状奏闻，暂乞假往彼看省医疗，才候痊损，扶迎归阙就养。忝居近列，合候报音，缘某方寸已乱，顷刻难安，已一面径马连夜往彼，伏望特垂台念。曲赐敷扬，察以危诚，宽其谴责。情意陨迫，不避烦黩，伏望深垂悯恻。

# 《程伊川集·手简》

## 答富公

昨日妄有布闻，方怀烦渎之惧，乃辱教诲，加赐酒食，仰荷台意之厚，不胜愧悚。尊者之赐，礼不敢辞，然其方有言于左右，公若见取，虽执鞭门下，盖所欣慕，况受赐乎？苟不见从，是忘忠义。公之赐也，适为某羞。未敢拜贶，谨复上纳，渎冒台严，第深战栗。

## 答吕进伯

相别累年，区区企渴之深，书不尽意。按部往来，想亦劳止，秦人疮瘵未复，而偶此旱暵赖贤使者措置。受赐何涯？儒者逢时，生灵之幸，勉成休功，乃所愿望。某备员于此，夙夜自竭，未见其补，时望赐书开谕不逮，与叔每过从，至慰至幸，引傃门墙，坐驰神爽。所欲道者，非面不尽。惟千万自爱。

别纸见谕，持法为要，其来已久矣。既为今日官，当于今日事中图所施设。旧法之拘不得有为者，举世皆是也。以某观之，苟迁就于法中，所可为者尚多。先兄明道之为邑，及民之事，多众人所谓法所拘者，然为之未尝太戾于法，众亦不甚骇，谓之得伸其志则不可，求小补则过。今之为政者远矣。人虽异之，不至指为狂也。至谓之狂，则大骇矣。尽诚为之，不容而后去，又何嫌乎？鄙见如此，进伯以为如何？

荷公知遇之厚，辄有少见。上补聪明，亦久怀愤郁，无所控告，遇公而伸尔。王者，父天母地，昭事之道当极严恭。汉武远祀地祇于汾睢，既为非礼，后世复建祠宇，其失已甚。因唐妖人作韦安道传，遂为塑像以配食，诬渎天地，天下之妄，天下之恶，有大于此者乎？公为使者，此而不正，将正何事？愿以其投之河流，慎勿先露，则传骇观听矣。勿请勿议，必见沮矣。毋虞后患，典宪不能相及亦可料也。愿公勿疑。

## 上文潞公求龙门庵地

某窃见圣善上方旧址，从来荒废为无用之地，野人率易，敢有干闻欲得葺幽居于其上，为避暑著书之所。唐王龟耕书堂于西谷，松斋之名传之至今。某虽不才，亦能为龙门山添胜迹于后代，为门下之美事。可否俟命。

## 《苏东坡集·书简》

### 与毛泽民推官

公素人来，得书累幅，既闻起居之详，又获新诗一篇。及公素寄示《双石记》，居夷久矣，不意复闻《韶》《濩》之余音。喜慰之极，无以云喻。久废笔砚，不敢继和，必识此意会合无期，临书惘惘。秋暑，万万以时自厚。寓居粗遣，本带一幼子来，今者长子又授韶州仁化令，冬中当挈家至此。某已买得数亩地在白鹤峰上，古白鹤观基也。已令斫木陶瓦，作屋三十许间，今冬成。去七十无几，矧未必能至耶，更欲何之？以此神气粗定，他更无足为故人念者。圣主方设科求宏词，公倘有意乎？

苏东坡

### 又

新居在大江上，风云百变，足娱老人也。有一书斋，名思无邪，闲知之。寄示奇茗，极精而丰，南来未始得也。亦时复有山僧逸民可与同赏，此外但缄而藏之耳。佩荷厚意，永以为好，秋兴之作，追配骚人矣，不肖何足以窥其粗。遇不遇，自有定数，然非厄穷无聊，何以发此奇为以自表于世耶。敬佩来贶，传之知音，感愧之极。数日适苦壅嗽，殆不可堪，强作报灭裂死罪。

### 与陈辅之

某启：昨日承访及，病重不及起见，愧仰深矣。热甚起居何如？万里海表，不死归宿田里，得疾遂有不起之忧，岂非命耶！若得少驻，复与故人一笑，此又望外也。力疾书此数字。

### 与温公

春来景仁丈自洛还，复辱赐教，副以超然雄篇，喜怍累日，寻以出京无暇此。到官随分，纷纠久稽裁谢，悚怍无已。比日不审台候何如？某强颜忝窃中，所愧于左右者多矣。未涯瞻奉，惟冀为国自重。谨奉启问。

某再启：超然之作，不惟不肖附托以为宠，遂使东方陋州为不朽之盛事，然所以奖与则过矣。久不见公新文，忽领《独乐园记》，诵味不已，辄不自揆。作一诗聊发一笑耳。彭城佳山水鱼蟹，争讼寂然，盗贼衰少，聊可藏拙。但朋游阔远，舍弟非久赴任，益岑寂矣。谪居穷僻，如在井底，杳不知京洛消耗，不审近日寝食何如？某以愚暗获罪，咎自已招，无足言者。但波波左右，为恨殊深。虽高风伟度，非此细故所能尘垢。然某思之，不啻芒背

尔。寓居去江无十步，风涛烟雨，晓夕百变，江南诸山在几席，此幸未始有也。虽有窘乏之忧，亦布褐梨藿而已。瞻晤无期，临书惘然，伏乞以时善加调护。

## 与鲁直

晁君寄骚，细看甚奇，信其家多异材耶。然有少意，欲鲁直以已意微感之。凡人文字务使平和，至足余溢为奇怪，盖出于不得已尔。晁文奇怪似差早，然不可直云耳，非谓其讳也，恐伤其迈往之气，当为朋友讲磨之语乃宜。不知公为然否？

## 又

某启：方惠州遣人致所惠书，承中途相见，尊候甚安。即日想已达黔中，不审起居何似？云大率似长沙，审尔亦不甚恶也。惠州久已安之矣，度黔亦无不可处之道。如闻行囊中无一钱，途中颇有好事者，能相济给否？某虽未至此，然亦凛凛然。水到渠成，不烦预忧。但数日苦痔病，百药不瘳，遂断肉菜五味，日食淡面两碗，胡麻茯苓抄数杯，其戒又严于鲁直，但未能作文自誓，且日戒一日，庶几能终之？非特愈痔，所得多矣。子由得书，甚能有益于枯槁也。文潜在南极安，少游谪居甚自得，淳甫亦然，皆可喜。独元老奄忽，为之流涕痛剧久矣，想非由远适也。幽绝书问难继，惟倍万保重不宣。

有侄婿王郎名庠，荣州人。文行皆超然，笔力有余，出语不凡，可收为吾党也。自蜀遣人来惠云："鲁直在黔，决当往见，求书为先容。"嘉其有奇操，故为作书。然旧闻太夫人多病，未易远去，谩为一言。眉山有程道诲老，亦奇士，文益老，王郎盖师之。此两人者，有致穷之具，而与不肖为亲，又欲往求鲁直，其穷殆未易瘳也。

## 与陈传道

某启：久不接奉，思仰不可言。辱专人以书为贶，礼意兼重，捧当惕然。且审比来起居佳胜，某以衰病，难于供职，故坚乞一闲郡，不为更得剧。然已得请，不敢更有所择，但有废旷不治之忧耳。而来书乃有遇不遇之说，甚非所以安全不肖，来便力告回，区区百不尽一。乍远千万自爱。

## 又

衰朽何取，而传道昆弟过听相厚如此？数日前履常谒告，自徐来宋相别，王八子安偕来，方同舟下，信宿而归。又承传道亦欲至灵壁，以部役沂上不果，佩荷此意，何时敢忘？又承以近诗一册为赐，笔老而思深，斩配古人，非求合于世俗者也。幸甚幸甚！钱塘诗皆率然信笔，一一烦收录，祇以暴其短耳。

## 又

某方病，市人逐利好刊某拙文，欲毁其板，矧欲更令人刊邪。当俟稍暇，尽取旧文，存其不甚恶者为一集，以公过取其言，当令录一本奉寄。今所示者，不惟有脱误，其间亦有他人文也。知《日课》一诗甚善，此技虽高才，非甚习不能工也。圣俞昔尝如此。某近绝不作诗，盖有以非面莫究，独神道碑墓志数篇尔。碑盖被旨作，而志文以景仁文世契不得辞。欲写呈文，多无暇。闻都下已刊板，想即见之也。某顷伴虏使，颇能诵某文，以此知虏中皆有中原文字，故为此碑，谓富公碑也欲使虏知通好、用兵利害之所在也。昔年在南京，有问仆此事故，终之。李公文集引，得闲当作。向所示集古文，留子由处，有书令捡送也。久不上问，愧负深矣，忽枉手讯劳来勤甚，夙昔之好不替有加。兼审比来起居佳胜，感慰兼集，新旧诸诗幸得敬览，不意余生复见斯作。古人日远，俗学衰陋，作者风气尤存君家伯仲间。近见报履常作正字，伯仲介特之操，处险益厉，时流熟知之者。用是占之，知公议少伸耶。传道岂久管库者，未由面谈，惟冀厚自爱重而已。

又

来诗欲和数首，以速欲废，此价故未暇。闲居有少述作，何日见公昆仲当出羽示。宫观之命，已过忝矣，此外只有归田为急。承见教，想识此怀，履常想未及拜书，因家信道区区。

## 与王敏仲

某垂老投荒，无复生还之望。昨与长子迈决，已处置后事矣。今到海南，首当作棺，次便作墓，仍留题之与诸子，死即葬于海外。庶几延陵季子嬴博之义，父既可施之子，子独不可施之父乎？生不挈棺，死不扶柩，此亦东坡家风也。此外宴坐寂照而已。所云途中邂逅，意谓不如其已，所欲言者，岂有过此者乎？故觇缕此纸，以代面别。

又

某启：得郡既谢，即不敢久留，故人事有不周。方欲奉启告别，遽辱惠问。且审起居佳胜，宠喻过实，深荷奖借，旦夕遂行益远，万万以时自重，不宣。

又

罗浮山道士邓守安，字道立，山野拙讷，然道行过人，广惠间敬爱之。好为勤身济物之事，尝与某言："广州一城人好饮咸苦水，春夏疾疫时所损多矣。惟官员及有力者，得饮刘玉山井水，贫丁何由得？惟蒲涧山有滴水岩，水所从来高，可引入城，盖二十里以下耳。若于岩下作大石槽，以五管大竹续处以麻缠漆之，随地高下，直入城中，又为一大石槽以受之，又以五管分别，散流城中，为小石槽以便汲者，不过用大竹万余竿，及二十里间用葵苑苫盖，大约不过费数百千可成。然须于循州置少良田，今岁可得租课五七千者，今岁买大筋竹万竿，作筏下广州，以备不住抽换。又须于广州城中置得少房钱，可以日掠二百，以备抽换之费，专差兵匠数人巡觑修葺，则一城贫富同饮甘凉，其利便不在言也。"自有广州以来，以此为患，若人户知有此作，其欣愿可知，喜舍之心，料非复塔庙之比矣。然非道士至诚不欺，精力勤干不能成也。敏仲见访及物之事，敢以此献。更苦直望仙耳。世间贫爱无丝毫也，可以无疑。从来帅漕诸公亦多请与语。某喜公济物之事，故详以告，可否更在熟筹。慎勿令人知出于不肖也。

又

某再启：示喻津遣孤孀，救药病厉，政无急于此者矣。非敏仲莫能行之，幸甚。广州商旅所聚，疾疫作，客先僵仆。因薰染居者，事与杭相类。莫可擘划一病院。要须有岁入课利供之，乃长久之利，试留意。来喻以此等各仕宦快意目前，美哉，此言！谁肯然者？循州周守治状过人，议论可听，想蒙顾眄也。

又

某又有少恳。见人说舍弟赴容州，路自英韶间，舟行由端康等州而往，公能与监司诸公处辍一舟与之否？今有一家书，欲告差人赍往岭上与之，罪大罚轻，数年行遣不下。屡当患祸，老矣可以堪此？恃公旧眷，必能兴哀，悚恐悚恐。

又

闻遂作管引蒲涧水，甚善。每竿上须钻一小眼如绿豆大，以小竹针窒之，以验通塞。道远日远，无不塞之理，若无以验之，则一竿之塞，辄累百竿矣。仍愿公擘画少钱，令岁入五十余竿，竹不住换永不废。僭言必不讶也。

又

富公碑词甚愧不工，公更加粉饰，岂至是哉。舟中病暑，疲倦不谨，恕之。

又

某再启：林医遂蒙补授，于旅泊处衰病非小补也。又工小儿产科。幼累将至，且留调理。渠欲往谢，未令去也，乞不罪。治瘴止用姜葱豉三物，浓煮热呷，无不效者，而土人不知作豉。入此州无黑豆，闻五羊颇有之，便乞为致三石，得为作豉散饮病者。不罪不罪。

与郑靖老

某启：到雷州见张告喻，首获公手书累幅，欣慰之极，不可云喻。到廉，廉守乃云："公已离邑矣。"方怅然欲求问从者所在，少通区区，忽得来教释然。又得新诗，皆秀杰语，幸甚幸甚。别来百罹，不可胜言，置之不足道也。志林竟未成，但草得书传十三卷，甚赖公两借书籍检阅也。向不知公所存，又不敢带行，封作一笼寄迈处，令访寻归纳。如未有便，且寄广州何道士处，已深嘱之，必不敢坠。某留此过中秋，或至月末乃行，至北流作竹筏下水，历容滕至梧，与迈约令般家至梧相会。中子迨亦至惠矣，却雇舟泝贺江而上，水陆数节方至永。老业可奈可奈，未会间，以时自重。不宣。

又

某见张告喻，乃始知公中间亦为小人所捃摭，令史以下固不知退之讳辨也。而卿贰等亦尔耶。进退有命，岂此辈所制。知公奇伟，必不经怀也。某须发尽白，然体力元不减旧，或不即死。圣恩汪洋，更一赦，或许不归，即以杭州为佳。朱邑有言"子孙奉祠，我不如桐乡之民。"不肖亦云："然物不可必，当更临事随宜。但不死，归田可必也。公欲相从于溪山间，想是真诚之愿。水到渠成，亦不须预虑也。此生真同露电，岂通把玩耶。"某顿首。

上韩昭文

某启：违远旌棨，忽已数月改岁，缅想。台候胜常。边徼往还，从者殊劳，日望马首。但迁拙动成罪戾，恐不能及见公之还而去耳。余寒伏冀，为国自重。因李秘校行，谨奉启参候。不宣。

## 与李廷评

某启：经由特辱枉访，通以卧病数日，及连日会集，殊无少暇，治行忽遽，不及诣谢，明日解维，遂尔违阔，岂胜愧负。

## 与黄敷言

某启：叠辱宠访，感慰兼集。晚来起居佳胜？承来晨启行，以衰疾畏寒，不果往别，悚怍深矣。冲涉雨霰，万万保练。谨令儿子候违，不宣。

## 又

少事干烦一书，与惠州李念四秀才，告为到广州日，专遣一人达之。不罪交代民师，且为再三致意。某再拜。

## 与陆固朝奉

某启：久留属疾，不敢造请，负愧已深。兹者启行，又不往别，悚怍之至。启奉手启代违。

## 与谢民师推官

某启：衰病枯槁，百念已忘，缁衣之心，尚余此耳。蒙不鄙弃，赠以瑰玮，藏之巾笥，永以为好。今日遂行，不果走别，愧负千万。谨奉手启代违。

## 又

某蒙录示近报，若果的免湖外之行，衰羸之幸，可胜言哉。此去不住许下，则归阳羡，民师还朝，受任或相近，得再见幸矣。儿子辈并沐宠问。及览所赐过诗，何以克当？然句法有以法小子矣。感荷感荷！旅次不尽。

## 与黄洞秀才

某启：经过幸一再见，人来辱书，甚荷存记，兼审比来起居佳胜为慰。未由款奉，千万保啬。

## 又

寄示石刻，感愧雅意。求书字固不惜，但寻常因事点笔，随即为人取去，今却于此中相识处觅不得三纸付蓬仙，因降致区区之意。某再启。

## 又

某启：别后不意遽闻国故，哀号追慕，迨今未已。惟公忠孝体国，受恩尤异，悲苦之怀，必万常人。比日起居何如？某旦夕过江，径往毗陵，相去益近，时得上问也。为时自重不宣。

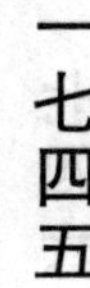

《祥龙石图》

又

某再启：承差人送到定国书，所报未必是实也。都下喜妄传事，而此君又不审，乃四月十七日发来邸报，至今不说，是可疑也。一夫进退何足道，所喜系马户导洛堆垛皆罢，茶盐之类亦有的耗矣。二圣之德日新，可贺可贺。令子各安胜，未及报状也。

又

某启：耘老至。又辱手书。及耘老道起居之详，感慰不可言。某留字仪真，独来常以河未通，致公见思之深，又有旧约，便当往见，而家无壮子弟，须却之般挈定居后一日可到也。惟深察。近日京口时有差除，或云当时亦未是实计，当先起老镐，仆或得连茹，即惠阋三十壶携归饷妇矣。于耘老能道，不宣。某顿首。

又

闻张郎已授得发勾，春中赴上，安道必与之俱来。某若得旨，当与之同舟于南。穷困之中，一段乐事，古人罕有也，不知遂此意否？秦太虚言公有意拆却逍遥堂主廊，不谓宜见留之，想未必尔，聊且言之。宜年见公，公当馆于此。公雅度宏伟，欲其轩豁，卑意又欲其窈窕深密也。如何？不罪。四声可罢之，万一浮沉，反为患也。幸深思之。不罪。

又

某再启：前者惠建茗，甚醉中裁谢不及，悚愧之极。本州见阙，不敢久住，远接人到便行，会合邈未有期，不免怅惘。舍弟召命盖虚传尔，君实恩礼既异，贵望又重，不易不易。某旧有独乐诗云："儿童诵君实，走卒知司马。持此将安归，造物不我舍。"今日类诗谶矣。见报中宪言：玉汝右揆当世，见在告必知之。京东有干，幸示谕。

又

许为置朱红累子，不知曾令作否？若得之携以北行，幸甚。如不及已，亦非急务。

不罪。

又

干求累子，已蒙佳惠。又为别造朱红尤为奇少，物意两重，何以当克？捧领讫，感愧无量。旧者昨寄在常州，令子由带入京。俟到，不日便持上也。

又

鳆鱼三百枚，黑金棋子一幅，天麻煎一簃，聊为土物。不罪浼触，令子思渴，穴中不及别启。

又

某晚生，蒙不鄙与名，又令与立字，似涉僭《易》。愿公自命，却示及作字说，乃宠幸也。近得安道公及张郎书甚安健，子由想已过矣。青州资深相见甚极欢，今日赴其盛会，闲恐要知。

又

屡枉专使，感怍无量，兼审比来尊体胜常，以慰下情。某近绝佳健。见教如尤素黜罢，薄有所悟，遂绝此事，仍不复念，方知中有无量乐，回顾未绝乃无量苦。辱公厚念，故尽以奉闻也。晚景若不打叠此事，则大错，虽二十四州铁打不就矣。既欲发一笑，且欲少补左右耳。不罪不罪。

又

公解印入觐，当过岐亭故县，预以书见约，轻骑走见极不难，慎勿枉道见过，想深识此意。乍冷，万乞自重。

又

承差人借示李成十幅图，遂得纵观，幸甚幸甚，且暂借留。今李明者，用公所教法试摹看，只恐多累笔耳。此本真奇绝，月十日后，当于徐守处借人赍内，令专爱护也。

又

某闲废无所用心，专治经书，一二年间欲了却《论语》《书》《易》，舍弟亦了却《春秋》《诗》。虽拙学，然自谓颇正古今之误，粗有益于世，瞑目无憾。往往又笑不会取快活，是措大余业。闻令子手笔甚高，见其写字，想见其人超然者也。

又

某启：知前事尚未已，言既非实，终当别白。但目前纷纷，众所共悉也。然平生学道，专以待外物之变，非意之来，正须理遣耳。若缘此得暂休逸，乃公之雅意也。黄当江路，过往不绝，语言之间，人情难测，不若称病不见为良计。二年不知出此，今始行之耳。西事得其详乎？虽废弃，未忘为国家虑也。此信的可示其略否？书不能尽区区。

又

示喻宜甫梦过于传器事，其闻见不广，何足以质？然冷暖自知，殆未可以前人之有无为证也。自闻此事，而士大夫多异论，意谓中途必一见，得相参扣，竟不果此意。众生流浪，火宅缠绕，爱贼故为饥火所烧，然其间自有烧不着处。一念清净，便不服食，犹其方食不可强使之不食也。此间何必生异论乎？愿公以食不食为旦暮，以仕不仕为寒暑，此默而识之。若以不食为胜解，则与异论者相去无几矣。偶蒙下问，辄以奉广而已。不罪。

又

少恳干闻不罪，甚好携具野饮，欲问公求红朱累子，两卓二十四隔者，极为左右费，然遂成籍草之乐，为不浅也。有便望颁示。悚息悚息。某感时气，卧疾逾月，今已全安，但幼累尚卧，更纷纷也。措道人名世昌，绵竹人，多艺，然可闲考验，亦足以遣滯也。留此几一年，与之稍熟恐要知。

又

某欲面见一言者，盖为君倚新法之初，辄守偏见，至有异同之论，虽此心耿耿归于忧国，而所言差谬，少有中理者。今圣德日新，众化大成，回视向之所执，益觉疏矣。变忘易守以求进取，固所不敢，若哓哓不已，则忧患愈深。公行此尚深示知非静退意，但以老病衰晚旧臣之心，欲一望清光而已。如此恐必获一对。公之至意，无乃出于此乎。辄恃深眷，信笔直突，千万恕之死罪。安道公殆是一代异人，示谕极慰喜慰喜。

又

某再启：近在扬州入一文字，乞常州住，如向所面议，若未有报，至南都当再三削也。承郡事颇烦齐整，想亦期月之劳尔。微疾虽无甚患，然愿公无忽之，常作猛兽毒药，血盆脓囊观乃可，勿幸吾党之望，而快群小之志也。情切言尽，恕其拙幸甚。所有二赋，稍晴写得寄上。次只有近寄潘谷永墨一诗录呈，可以发笑也。衲衣寻得，不用更寻累，卓感留意，悚怍之甚。甘子已拜赐矣。北方有干，幸示谕。

又

某屏居如昨，舍弟子由得安问，此外不烦远念。久不朝觐，缘此得望见清光，想足慰公至意，其他无足云者。贵眷令子各计安胜，甚慰甚慰。比月中前急足远寄，必已收得，略示谕。

又

某启：一别十四年，流离契阔，不谓复得见公，执手怅然，不觉涕下。风俗日恶，忠义寂寥，见公使人差增气也。别来情怀不佳，忽得来教，甚解郁郁，且审起居佳胜为慰。某以少事更数日方北去，宜兴田已问去，若得稍佳者，当扁舟径往视之，遂一至湖见公，固所愿。然事有不可虑者，恐未能往也。若得请居常，则固当至治下，搅挠公数月也。未间惟万万为时自重。

## 又

某再启：别谕具感知爱之深，一一佩刻。董田已遣人去问宜兴，亲情若果尔，当来舟径往成之。然公欲我到吴兴，则恐难为。尽欲尽谈，惟深察之。到南都欲一状申礼曹。凡刊行文字，皆先毁版，如所教也。

## 又

有监酒高侍禁永康者，与之外姻，闻亦甚谨干，望略照庇。如察其可以剪拂，又幸也。

## 与朱康叔

某启：专使至，复领手教，契爱愈厚，可量感服，仍审比日起居佳胜为慰。舍弟已部贱累到此平安，皆出余庇，不烦念及。珍惠双壶，遂与子由累醉公之德也。隆暑，万万以时自重。行膺殊相，人还上谢。

## 又

令子归侍左右，日有庭闱之乐，恨未际见，不敢辄奉书。近见提举司荐章，稍慰舆议，可喜可喜。作墨竹人近为少闲暇，俟宛转求得，当续置之。呵呵，酒极醇美，必是故人持遣下厅也。某再拜。

## 又

某再拜，近奉书并舍弟书想必达，胡掾至领手教，具胜起居佳胜，兼承以舍弟及贱累至，特有厚贶，羊面酒果，一捧领讫，但有惭怍。舍弟离此数日，来教寻附洪州递与之。已迁居江上，临皋亭甚清旷，风晨月夕，杖屦野步，酌江水饮之，皆公恩庇之余波，想味风义，已慰孤寂。寻得去年六月所写诗一轴寄去，以为一笑。酷暑万乞保练。

## 又

某启：酷暑不可过，百事堕废，稍疏上问，想不深讶。比日伏想尊履佳胜。别乘过郡，承赐教及惠新酒，到此如新出瓮，极为珍奇，感愧不可言。因与二三佳士会，同饮盛德也。秋热一更望保练，行膺峻陟。

## 又

胡掾与语，如公之言，佳士佳士，渠方寄家齐安，时得与之相见也。令子必且盘桓侍下，中前示谕相亲事，可留示年月日，恐求亲者欲知。造次造次。

## 又

郭寺丞一书，乞指挥送与。其人甚有文雅，必蒙清顾也。闻其坠马伤手，不至甚乎？

某启：因循稍疏上问，不审近日尊候何如？集蒙庇如昨。秋色益佳，郡事稀少，想友于乐无缘展奉，但积思念。乍冷万冀以时自重。

又

某启：近附黄冈县递拜书必达，专人过此，领手教，具审起居佳胜。凄冷此岁行尽，会合何时？以增怅然，唯祈善保。敷文他计，此月未方离陈。南河浅涩，想五六月间方到此。荷公忧恤之深，其家固贫甚，然乡中亦有一小庄子，且随分过也。归老之说，恐未能如雅志。文修理积弊已就伦次，监司朝廷岂有遽令放闲耶？问及物食，天渐热，难久停，恐空烦费也。海味亦不苦食，既忝雅契，自当一一奉白。

又

示谕亲情事，专在下怀，然此中殊少士族，若有所得，当立上闻也。写字候少闲续纳上。墨竹如可尊意，当取次致左右，画者在此不远，必可求也。呵呵。

某启：近王察推至辱书，承起居佳胜，方欲裁谢，又枉教勒，益增感愧。数日来偶伤风，百事皆废，今日微减，尚未有力，区区之怀未能尽也。乍暄，惟冀以时检摄。稍健当别上问次。

又

阁名久思未获佳者，更乞详阁之所向及侧近故事迹为幸。董义夫相聚多日，甚欢，未尝一日不谈公美也。旧好诵陶潜归去来，尝患其不入音律，近辄微加增损，作般涉调哨遍。虽微改其词，而不改其意，请以文选及本传改之，方知字字皆非创入也。谨小楷一本寄上，却求为书抛砖之谓也。亦请录一本与元弼，为病倦不及别作书也。数日前饮醉后，作顽石乱条一纸，私甚惜之，念公笃好，故以奉献，幸检至。

又

令子必在左右，计安胜不敢奉书。舍弟已到官传。闻筠州大水，城内丈余，不知虚的也。屏赞砚铭，无用之物，公好事之过，不敢不写，装成送去。乞一览。少事不免上干。闻有潘原秀才以买扑事被禁，是潘正名买扑某与其兄潘丙解元至熟，最有文行，原自是佳士，有举业，望赐全庇。暑月早得出，为此人父母皆笃老，闻之忧恐万端。公以仁孝名世，能哀之否？恃旧干渎，不敢逃罪。天觉出蓝之作，本以为公家宝，而公乃以轻以与人，谨收藏以镇箧笥。然寻常不揆，以乱道尘献，想公亦随手将与人耳。呵呵。

又

某启：武昌传到手教，继辱专使堕简，感服并深。比日尊体佳胜，节物清和，江山秀美，府事整办，日有胜游，恨不得陪从耳，双壶珍贶，一洗旅愁，幸甚幸甚。佳果收藏有法，可爱可爱。拙疾乍到，不谙土风，今已复常矣。子由尚未出，真寸步千里也。未由展奉，尚冀以时自重。与可船旦夕到此，为之泫然，想公亦耳。子由到此须留它住五七日，恐知之。前曾录国史补一纸，不知到否？因书略示喻。

又

生细酒四器，正济所乏，珍感生酒暑中不易调停极清。然闵仲叔不以口腹累人，某每蒙公眷念，远致珍物，劳人重费，岂不肖所安耶？所问凌翠至今虚位，云乃权发遣耳，何足挂齿牙。呵呵。冯君方想如所谕，极烦留念，又蒙传示秘诀，何以当此？寒月得暇当试之。天觉亦不得书，此君信意简率，乃其常态，未可以疏数为厚薄也。酒法是用绿豆为曲者耶？亦曾说来，不曾录得，方如果佳，录示亦幸。

又

叠蒙寄与酒醋面等，一一收检，愧荷不可言。不得即时裁谢，想仁明必能恕察。老媳妇得疾，初不轻，今已安矣，不烦留念。食隔已纳武昌吴尉处矣。适少冗，不敢稽留来使。少间别奉状次。

又

见天觉书中言当世云：冯君有一学服朱砂法甚奇，惟康叔可以得之，不知曾得未？若果得，不知能见传否？想于不肖不惜也。

又

今日偶读国史，见杜羔一事颇与公相类，嗟叹不足，故书以奉寄，然幸勿示人，恐有嫌者。江令乃尔，深可罪，然犹犹望公怜其才短，不逮而已。屡有干渎，蒙不怪幸甚幸甚。

又

章宪今日恐到此知之。杜羔有至性，其父河北一尉而卒，母非嫡，经乱不知所之。会堂兄兼为泽路判官，尝鞠狱于私第，有老妇辨对，见羔出入，窃语人曰："此少年状类而夫。"讯之，乃羔母也。自此迎侍而归，又访先人之墓。邑中故老已尽不知所在。馆于佛寺，日夜悲泣，忽视屋柱煤烟之下，见数行字，拂而视之，乃父遗迹，云："我子孙若求吾墓，当于某村家问之。"羔哭而往，果有老年父，年八十余，指其丘陇，因得归葬。羔官至二部尚书，致仕。此出康李肇国史补。近偶观书，叹其事颇与朱康叔相似，因书以遗之。元丰三年九月二十五日记。

又

近日随例纷冗，有疏上问，不审起居何如？两日来武昌，如闻公在告何也？岂尊候小不佳乎？无由躬问左右，但有驰系。冬深寒涩，尤宜慎护。

又

章质夫求琵琶歌词，不敢不寄呈。安行言，有一既济鼎样在公处，若铸造时，幸亦见为作一枚，不用甚大者。不罪不罪。前日人还，曾附古木丛竹两纸，必已到。今已写得经藏碑附上。令子推官侍下计安胜，何时赴任？未敢拜书也。

与胡深夫

某启：自闻下车日欲作书，纷冗衰病，因循至今，叠辱书诲，感愧交集。比日起居佳胜，未缘瞻奉，伏望以时保练。

## 又

乍到整葺，想劳神用。浙西数郡，例被淫雨飓风之患，而秀之官吏，独以身无灾，以故纷纷至此。公下车倍加绥抚，不惜高价，广糴以为嗣岁之备。宪司行文欲收糙米，此最良策。而榷户专斗所不乐，故妄造言语，聪明所照，必不摇也。病中手字不谨。

## 又

某久与周知录兄弟游，其文行才器实有过人，不幸遭丧，生计索然，未能东归九江，托迹治下，窃为仁明必有以安之。不在多言，今托柳令咨白。冗中不尽区区。

## 又

彦霖之政，光绝前后，君复为徐可喜。舡斩新辍，借知之不一。

## 又

某以衰病纷冗，裁书不谨，惟恕督。王京兆因会，幸致区区，久不发都下朋旧书，必不罪也。

## 与朱行中舍人

某启：别后两奉状，想一一闻达。比日履兹春和，台候胜常。某留滞赣上以待春水，至此月末乃发，瞻望惋怅。南海虽外，然雅量固有以处之矣。诗酒之乐，恨不日陪接也。更冀若时为国保练。不宣。某再拜。

## 又

某已得舟，尚在赣石之下，若月末不至，当乘小舟往就之。买公用人，以节级持所赍钱窜去，又以疾疫气多死亡，以此求还，亦官舟无用多人，故悉遣回，皆以指挥严切甚得力，乞知之，适少冗。驰问不尽区区。某再拜。

## 又

少事不当上烦，东莞资福长老祖堂者，建五百罗汉阁，极宏丽。营之十年，今成矣。某近为作记，公必见之。途中为告文安国篆额甚妙，今封附去人。公若欲观，坼开不妨，却乞差一公人赍付祖堂者。不罪。某再拜。

## 又

某启：蒙眷借搬行李人，感愧不在言也。但节级未立者无状，侵渔不已，又遂窜去，林聪者，又欧平人几死，见禁幸所欧者渐安决不死耳此中多言于法有碍，不可带去，故辄牒虔云得明公书，今某遣还。多难畏事，想必识此心也。买公用人，于法无碍，故仍旧带去。此二十余人，皆谨力不作过，望不赐罪。穷途作事皆此类，惭怍不可言。得二座船不失所，幸不贻念。陋句数首，端欲发一笑耳。某再拜。

## 与李之仪

某年六十五矣，体力毛颜，正与年相称。或得复与公相见，亦未可知已。前者皆梦，已后者独非梦乎？置之不足道也。所喜者，在海南了得《易书》《论语传》数十卷，似有益于骨朽后人耳目也。少游遂卒于道路，哀哉！痛哉！世岂复有斯人乎？端叔亦老矣，迨云须发已皓然，然颜极丹且渥。仆亦正如此，各宜闷啬，庶几复见也。儿侄辈在治下，频与教督。一书幸送与，某大醉中不成字。不罪不罪。

## 又

某启：契阔八年，岂谓复有见日。渐近中原，辱书尤数，喜出望外，比日起居佳胜。某已得舟决归许如所教，而长者遽舍去，深以为恨。报除拳运似亦不恶，近日除拳时有如人所料者，此后端叔必已信眉矣。但老境少安，余皆不足道。乍热，万万以时自爱。某再拜。

## 又

某以囊装罄尽，而子由亦久困无余。故欲就食淮浙。已而深念老境，知有几日，不可复作两处。又得子由书。及见教语尤切，已决归许下矣。但须少留仪真，令儿子往宜兴刮制变转。往还须月余，约至许下已七月矣。去岁在广州，托孙叔静寄书及小诗达否？孙叔静云："端叔一生坎轲，晚节益牢落，正赖谦德能委曲相顺，适以忘百忧。"此岂细事？不尔人生岂复有佳味乎？叔静相交想得其详，故辄以奉废。忝契不罪。

## 又

近孙叔静奉书远递，得达否？比来尊体如何？眷聚各安胜？某蒙恩领真祠，世间美仕复有过此者乎？伏惟君恩之重，不可量数，遥知朋友为我喜而不寐也。今已到虔，即往淮浙间，居处多在毗陵也。子由闻已归许，秉烛相对，非梦而何？一书乞便与余。万万自爱。某再拜。

## 又

某启：辱书多矣，无不达者。然不答，非特衰病简懒之过，实以罪垢深重，不忍更以无益寒温之问，玷累知交，然竟不免累公，惭负不可言。比日承已赴颍昌，伏惟起居佳胜，眷聚各安庆。某移永州，过五羊，度大庾，至吉出陆，由长沙至永，荷叔静挈舟相送数十里，大浪中作此书上问。无他祝，惟保安之外，酌酒与妇饮，尚胜俗侣对梅二丈诗云耳。

## 与冯祖二

某慰疏，言伏承艰疾，退居久矣。日月逾迈，哀痛理极，未尝获陈区区。少解思慕万一，实穷荒人事断绝，非敢慢也。比辱手疏，且审孝履粗持，廓然逾远，追恸何及？伏冀俯礼适变，宽中强食，谨奉慰疏。

## 又

蒙示长笺，粲然累幅，光彩下烛，衰朽增华。但以未拜告命，不敢且启答谢，感怍不可言喻。老瘁不复畴昔,但偶未死尔。水道间关日进,更二十余日方至曲江,首当诣宇下。区区非面不讶之人写大状,不罪。手拙简略不次。

又

昨日辱远迓,喜慰难名。客散已夜,不能造门,早来又闻已去松楸,未敢上谒。领手教,愧悚无地。至节想惟孝思难堪,奈何来日当往谒慰。节辰蒙惠羊边酒壶,仁者之馈,谨以荐先,感佩不可言也。

又

两日不果诣见,伏计孝履如宜。欲告借前日盛会包子厨人一日,告白朝散,绝早遣至。不罪不罪。家人辈欲游南山,祖仁若无事,可能同到彼闲行否?

与黄师是

行计屡改,近者约累舟中皆伏暑,自愍一年在道路矣,不堪复入汴出陆。又闻子由亦窘用,不忍更以三百指诿之,已决意旦夕渡江过毗陵矣。荷忧爱至深,故及之。子由一书,政为报此事,乞早与达之。尘埃风叶满室,随扫随有,然不可废扫,以为贤于不扫也。若知本无一物,又何加焉。有诗录呈:"帘卷窗穿户不扃,隙尘风叶任纵横。幽人睡起谁呼觉,歌枕床前又月明。"一笑一笑。某再拜。

与广西宪曹司勋

某启:奉别忽二载,奔走南北,不暇附书。中间子由转附到天门冬煎,故人于我至矣,日夜服食,几月逐尽之。到惠州又递中领手书,懒废已放,不即裁谢,死罪死罪。

又

某启:专人辱书,仰服眷厚,仍审比来起居清胜,至慰至慰,长子未得耗,小儿数日前往河源,独干筑室,极为势冗。承惠牙蕉数品,有未尝识者,幸得偏尝,感愧不已。匆匆奉谢。

又

某启:数日稍清冷,伏惟起居佳胜?构架之劳,殊少休暇。思企清论,日积滞念,尚冀保卫区区之至。因吴子野行,附启不宣。

又

某启:从者往还见过,皆不迎奉,愧仰何胜。辱书承起居清胜。闻还邑以来,老稚纷纷,众口食贫向之,孤寂未必不佳也。可以一笑。蒸郁未解,万万以时自重。

又

某启:辱书伏承起居佳胜。闻还邑,老稚鼓舞,数日调治,想复清暇矣。岁尽,万万加爱。不宣。

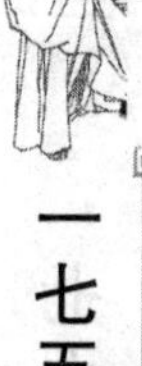

又

某启：专人至，赐教累幅，慰抚周至，且审比来起居佳胜，感慰兼至。某得罪几三年矣，愚陋贪生，辄缘圣主宽贷之慈，灰心槁形，即目殊健也。公别后闻微疾尽去，想今益康佳养？生亦无它术，安寝无念，神气自复。知吕公读华严有得，固所望于斯人也。居闲偶念一事，非吾子方莫可告者。故崇仪陈侯忠勇绝世，死非其罪，庙食西路，威灵肃然。愿公与程之邵议之，或同一削，乞载杞典，使此侠英魄少信眉于地中。如何如何？然慎勿令人知不肖有言也。陈侯有一子在高邮，白首颇有立，知之蒙惠奇茗、丹砂、乌药、敬饵之矣。西路洞丁足制交人，而近岁绥驭少方，殆不可用，愿为朝廷熟讲之。此外惟万万自重。

又

公劝某不作诗，又却索近作。闲中习气，不免有一二，然未尝传出也。今录三首奉呈，看毕便毁之，切祝千万。惠州风土差厚，山水秀邃，食物粗有，但少药耳。近报有永不叙复旨挥，正坐稳处，亦且任运也。子由频得书甚安。某惟少子随侍，余皆在宜兴。见今全是一行脚僧，但吃些酒肉耳。此书此诗，只可令之邵一阅，余人勿视也。

与晦夫

某启：辱答教，感佩。风月之约，敢不敬诺。庾公南楼，所谓老子于此。兴复不浅，便当携被往也。

与范梦得

某启，一别俯仰十五年，所喜君子渐用，足为吾道之庆。比日起居何如？某旦夕南迁，后会无期，不能无怅惘也。过扬见东平，心极安，行复见之矣。新著必多，无缘借观，为耿耿耳。乍暄，惟顺自重。因李豸秀才行，附启上问。不宣。

又

某启：辱教字，起居佳胜。郊外路远，不当更烦屈临，可且寝处耳。有事以书垂喻可也。界纸望示及。来日自不出，只在舟中静坐。惠贶凤团，感意眷之厚。埶甚不谨。

又

某启：辱教承台候康胜为慰，得请知幸，以未谢尚稽谒见，竦息竦息。子功复旧物甚慰众望，来日方往浴室也。人还匆卒。不宣。

又

某启：不肖所得寡薄，惟公爱忘，以道义相期，眷予无穷，既承感恋不可言。乍寒，不审起居休否？某以次陈桥，瞻望益远，惟万万以时自重。

又

今日谒告，不克往见。辱教伏承文体佳胜。杨君举家人服其药多效，亦觉其稳审然。

近见王定国，云张安道书云："曾下竦药，数日不能食。又谢之不满意。"然不知果尔否？有闻不敢不尽。

又

某启：辱手柬，且审起居佳胜为慰。和篇高绝，木与种者皆被光华矣。幸甚幸甚。旧句奇伟，试当强勉继作。匆匆不宣。

又

某启：违远二年，瞻仰为劳，辱书承起居佳胜，慰喜可量。觐罢当往造门，并导区区。

又

某启：昨日方叔处领手诲，今又辱书，备增感慰。乍冷，台候胜常，未由诣见，但有钦仰。匆匆上启。

与无晦

某启：久留浙中，过辱存顾，最为亲厚。既去，又承追饯最远。自惟衰拙，众所鄙弃，自非风义之笃，何以至此？既别但有思咏，两辱书教，且审起居佳胜。今岁科举，闻且就乡里，承示喻进取之意甚倦，盛时美才，何遽如此？且勉之，决取为望。新文不惜见寄，未缘集会。惟万万自重不宣。

与李公择

某启：两日连见，匆匆竟何言？暄和起居何如？夷仲送王徐州诗，有见及语，方是时，人以相识为讳，欲一见面道此为笑，竟不见，可太息也。适所白是宗人棫雅州幕，不一。

与程怀立

昨日辱访，感怍不已。经宿起居佳胜？蒙借示子明传神，笔势精妙，仿佛莫辨。恐更有别本，愿得一轴，使观者动心骇目也。岭海阔绝，不谓生还，复得瞻奉，慰幸之极。比日履此秋凉，起居佳胜，少选到岸。郎伏谒以尽区区。

又

昨日辱临，顾论昔之好，不替有加，感叹深矣。属饮药污后不可以风，未即诣谢，又枉使旌，重增悚惕。捧手教，且审尊体佳胜，旦夕造谒，以究所怀。

又

辱手教，伏审晚来起居佳胜。惠示珠揽顷所未见，非独下视沙塘矣，应当一笑。羊面酒醋为惠，礼意兼厚，敬以拜赐，感佩之极。

又

前日辱下顾，尚未走谢，悚息不已。捧手教承起居佳胜，卑体尚未清快，坐阻谈论，为怅惘也。惠示妙剂及方，获之幸甚，从此衰疾有瘳矣。

又

已别瞻企不去心，辱手教且审佳胜，感慰之极。早来风起，舟不敢解，故复少留，因来净惠，与惠州三道人语耳。无缘重诣，临纸惋怅。

又

令子重承访，及不暇往别，为愧深矣。珍惠菜膳，增感怍也。河源藤已领，衰疾可恃矣。

又

眉山有巢谷者，字元修，曾应进士武举皆无成，笃于风义，已七十余矣。闻某谪海南，徒步万里来相劳问，至新兴病亡，官为稿殡，录其遗物于官库。元修有子蒙在里中，某已使人呼蒙来迎丧，颇助其路费，仍约过永而南，当更资之，但未到耳。旅殡无人照管，或毁坏暴露，愿公愍其不幸，因巡捡至其所，特为一言于彼守令，得稍修治其殡，常戒主者保护之，以须其子之至，则恩及存亡耳。死罪死罪。

又

去德弥月，思仰萦怀。比日履此新阳，起居增胜，行路百阻，至英方再宿矣，少留数日。此去尤艰阂，借舟未知能达韶否？流行坎止，辄复任缘，不烦深念也。后会未卜，惟万万为国自重。

答刘贡父

久阔暂聚，复此违异，怅望至今，公私纷纷，有失驰问，辱书感怍无量，字画研紧。及问来使，云："尊貌比初下车时暂且泽矣。"闻之喜甚。比来起居想益佳？何日归覲？慰士大夫之望。未间，万万为时自重。不宣。

又

某忝冒过甚，出于素奖。然迂拙多忤，而处争地，不敢作久安计，兄当有以教督之。血指汗颜，旁观之诮，奈何？举官之事，有司逃失行之罪，归咎于兄，清明在上，岂可容此小子何与焉？茯苓松脂虽乏近效，而岁计有余，未可弃也。默坐返照，瞑目数息，当记别时语耶。

答曾子宣

某流落江湖，晚复叨遇，惟公知照如一日也。孤愚寡与，日亲高谊，谓可永久，不谓尚烦蕃翰之寄。违阙以来，思仰日深。辱书教，伏审履兹秋凉，台候万福，欣慰之极。二圣思治，求人如不及，公岂久外？惟千万顺时，为国自爱。

又

自公之西，有识日望诏还，岂独契爱之末？边落宁肃，公岂久外哉？示喻塔记久不驰

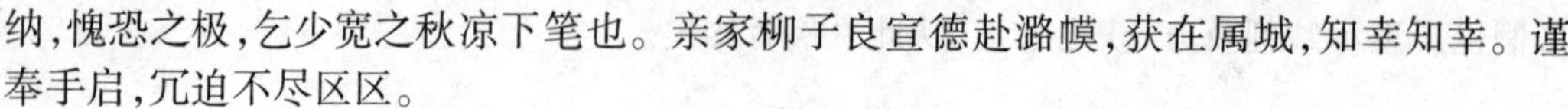

纳，愧恐之极，乞少宽之秋凉下笔也。亲家柳子良宣德赴潞幙，获在属城，知幸知幸。谨奉手启，冗迫不尽区区。

又

某启：辱教，伏承台候万福为慰。塔记非敢慢，盖供职数日，职事如麻，归即为词头所迫，率以夜半乃息，五更复起，实未有余暇。乞限一月，所敢食言者有如河。愿公一笑而恕之。旦夕当卜一邂逅而别。

与李公择

秋色佳哉！想有以为乐？人生惟寒食重九慎不可虚掷，四时之变无如此节者。近有潮州人寄一物，其上云“扶劣膏”，不言何物，状似羊脂而坚，盛竹筒中。公识此物否？味其名必佳物也。若识之当详以示。可分去，或问习南海者。子由近作栖贤僧堂记，读之惨懔，觉崩崖飞瀑，逼人寒栗。

与姜唐佐秀才

某启：特辱远访，意贶甚重，衰朽废放，何以获此？悚汗不已。经宿起居佳胜？长笺词义兼美，穷陋增光。卧病不能裁答，聊奉手启。

又

某启：昨日辱夜话，甚慰孤寂。示字承起居安胜，奇苑佳惠，感服至意，当同啜也。适睡不即答，悚息。某顿首。

又

今日霁色尤可喜，食已，当取天庆观乳泉，泼建茶之精者，念非君莫与共之。然早来市无肉，当相与啖菜饭尔。不嫌，可只今相过。某启上。

又

适写此简，得来示知巡检有会，更不敢邀请。会若散早，可来啜茗否？酒面等承佳惠，感愧感愧。来旦饭必如诺。十月十五日白。

又

某启：别来数辱问讯，感怍至意。毒暑旦喜起居佳胜，堂上佳庆，甚慰所望也。知非久适五羊，益广学问，以卒远业，区区之祷。此外万万自重。不宣。

又

某已得合浦文字。见治装不过六月初离此，只从石排或澄迈渡海，无缘更到琼会见也。此怀甚惘惘。见贰车略道下悬，有一书至儿子迈处，从者往五羊时为带去。转托何崇道附达为幸。

儿子治装冗甚，未及奉启。所借烟萝子两卷，吴志四册，会要两册并驰纳。

## 与罗严秘校

某启：专人至，蒙不鄙罪废，长笺见及，援证古今，陈义甚高，伏读愧感，仍审比来起居佳胜，至慰至慰。守局海徼淹屈才美，然仕无高下，但能随事及物，中无所愧，即为达也。伏暑，万万自爱。不宣。

## 又

衰病裁答，草草不讶，知不久美解，即获会见，至喜至喜，掩骼之事，知甚留意，旦夕再遣冯何二士面禀，亦有钱物在二士处，此不覶缕。曾城荔子一篮，附去人持上。不罪不罪，某又上。

## 又

某启：远蒙惠书，非眷念之厚，何以及此？仍审比来起居佳胜，感慰兼集。老病之余，复此穷独，岂有再见之期。尚冀勉进学问，以究远业。余惟万万自爱。不宣。

## 又

官事有暇，得为学不辍否？有可与往还者乎？此间百事不类海北，但杜门面壁而已。彼中如有粗药治病，为致少许。此间如苍术、橘皮之类皆不可得，但不嫌粗贱，为相度致数品。不罪不罪。

## 与林天和长官

某启：近辱手书，冗中不果即答，悚息悚息。春寒想体中佳胜？火后凡百想劳神用，勤民之意，计不倦也。未由披奉，万万自爱。不宣。

## 又

某启：专人辱书，且审起居佳胜为慰。春物益妍，时复寻赏否？想亦以两轿怀也。未由往见，万万若时加摄。不宣。

## 又

小儿往循已数日矣，贱累闰月初可到此。新居旦夕毕工，承问及，感感不已。领书又惠笋蕨，益用愧刻。闻相度移邑，果尔否？

## 又

某启：辱手教，伏承起居佳胜，甚慰驰仰。承问贱累，正月末已到赣上矣，闰月上旬必到此也。考室劳费，乃老业也，旦夕迁入。未由会见，万万以时自重。不宣。

## 又

花木栽感留意，惠贶鹿肉，尤增惭荷。某又上。

又

某启:近数奉书想皆达。雨后清和,起居佳胜?花木悉佳品,又根拨不伤,遂成幽居之趣,荷雅意无穷,未即面谢为愧耳。人还匆匆,不宣。

又

某启:昨辱访问,尤荷厚眷。恨老病龙钟,不果诣违愧负多矣。经宿起居何如?如果成行未?忘已为民,谁如君者,愿益此道,譬之农夫不以水旱而废□蓑也。此外万万自爱。不宣。

又

某启:比日蒸热,体中佳否?承惠杨梅,感佩之至。闻山姜花欲出,录梦得诗去,庶致此馈也。呵呵。丰乐桥数木匠请假暂归,多日不至,敢烦旨麾勾押送来为幸。草草奉启,不罪。

又

某启:人来辱书,具审皆尊体佳胜,甚慰所望。出意加减秧马,曲尽其用,非抚字究心,何以得此?具白太守矣。乍热,万万以时加啬。不宣。

又

某启:人来辱手教,具审起居佳胜,吏民畏爱,谣颂布闻,甚慰所望。秧马聊助美政万一耳,何足云乎?承示谕,愧悚之至。增磨以成,秋凉当往观也。毒热,万万为民自爱。不宣。

又

某启:辱教承,微疾已平,起居佳胜,甚慰驰仰。暑雨不常,官事疲勚,摄卫为难,惟加意调以时休息为佳也。匆匆不宣。

又

某启:多日不奉书,思仰之至。伏暑尊体何如?惠贶荔子极佳,郡中绝少得,与数客同饮,幸甚幸甚。未由合会,万万以时自爱。某再拜。

又

某启:辱手教,承起居佳胜。久以冗率,有阙驰问,愧企深矣。承惠龙眼牙蕉,皆郡中所乏,感怍之至。未由瞻奉,万万以时自重。不宣。

又

高君一卧遂化,深可伤念,其家不失所否?瘴疫横流,僵仆者不可胜计,奈何奈何?某亦旬日之间丧两女使。谪居牢落,又有此狼狈,想闻之亦为之怃然也。某再拜。

又

某启：近日辱书，伏承别后起居佳胜，甚慰驰仰。数夕月色清绝，恨不同赏，想亦对景独酌而已。未即披奉，万万自重。人还布启不宣。

又

某启：近辱过访，病中恨不款奉。人来枉手教，具审起居佳胜，至慰至慰。旦夕中秋，想复佳风月，莫由陪接，增怅仰也。乍凉，万万自重。不宣。

又

某启：人还奉书必达。节后渐凉，，起居佳否？叠烦顾旨，感怍交深，未缘面谢，惟祝若时自重。不宣。

又

某启：秋高气爽，伏计尊候清胜。公宇已就，想日有佳思。未缘披奉，万万以时珍啬。不宣。

又

某启：前日人回，裁谢必达。比日履兹薄冷，起居佳否？未缘展奉，但有翘想，尚冀保卫区区之至。不宣。

又

某启：近奉状，知入山未还。即日想已还治，起居佳否？往来冲冒，然胜游计不为劳也。未瞻奉间，更乞若时自重。不宣。

又

某启：辱书伏承起居佳胜，示谕幼累已到，诚流寓中一喜。然老稚纷纷，口众食贫，向之孤寂未必不佳也。可以一笑。蒸郁未解，万万以时自重。不宣。

又

某启：从者往还见过，皆不款奉，愧仰何胜。辱书承起居清胜。闻还邑以来，老稚鼓舞，数日调治，想复清暇矣？岁暮万万自爱。不宣。

又

某启：昨日江干邂逅，未尽所怀，来日欲奉屈早膳，庶少款曲，阙人不获躬诣。不罪。

与张朝请

某启：兄弟流落，同造治下，蒙不鄙遗，眷待有加，感服高谊，悚佩不已。别来未几，思仰日深，比来起居何如？某已到琼，过海无虞，皆托余庇。旦夕西去，回望逾远，后会无期，惟万万若时自重，慰此区区。途次裁谢草草。不宣。

又

海南风物，与治下略相似。至于食物人烟，萧条之甚，去海康远矣。到后杜门默坐，喧寂一致也。蒙差人津送，极得力，感感。舍弟居止处，若得早晚令渠获一定居，遗物离人而游于独，乃公之厚赐也。儿子干事暇上状。不罪，某上启。

又

某再启：闻已有诏命，甚慰舆议，想旦夕登途也。当别具贺幅。某阙人写启状，止用手书，乞加恕也。子由荷存庇深矣，不易一二言谢也。新春海上啸咏之余，有足乐者。岛中孤寂，春色所不到也。某再拜。

又

某启：久不上，伏想察其衰疾多畏，非敢慢也。新军使来，捧教字，且审比日起居佳胜，感慰兼极。某到此数卧病，今幸少间。久逃空谷，日就灰槁而已。因书瞻望，又复怅然。尚冀若时自重，区区之余意也。不宣。

又

新酿四壶，开尝如夙昔香味醇冽，有京洛之风，逐客何幸得此？但举杯属影而已。海错亦珍绝此，虽岛外人不收，此得之，又一段奇事也。眷意之厚，感怍无已。

与李方叔

久不奉书问为愧。递中辱手书，劳勉益厚，无状何以致足下拳拳之不忘如此。比日起居何如？今岁暑十倍寻常年，雨昼夜不止，蒸病夫气息而已。想足下闭门著述，自有乐事。间从诸英唱和谈论，此可羡也，何时得会合？惟万万自重，不宣。

又

秋试时，不审从吉未，若可下文字，须望鼎甲之捷也。暑中既不饮酒，无缘作字。时有一二辄为人取去，无以塞好事之意。亦不顾足下如此僻好也。近获一铜镜如漆色，光明冷彻，背有铭云："汉有善铜出白杨，取为镜，清如明，左龙右虎辅之"。字体杂篆、隶、真，汉时字也。白杨不知所在，岂南杨、白水杨乎？如字应作，而字使耳。左月右日，皆未甚晓，更闲为考之。

又

顷年于稠人中，骤得张秦、黄晁及方叔、履常，谓天不爱宝，其获盖未艾也。比来经涉世故，间关四方，更欲求其似貌不可得。以此知人决不徒出，不有立于先，必有觉于后也。如方叔，飘然布衣，亦几不免。淳甫、少游又安所获罪？断弃其命，言之何益？付之清议而已。忧患虽已过，更宜慎口，以安晚节。

又

承示喻于长安，君偶患臂痛不能举。某于钱塘武朝议处得一方，云其初本施渥寺丞者，因寓居京师甜水巷，见乞儿患两足拳，捺屐子行，渥尝以以饮食钱物遗之，凡期年不衰。寻赴任数年而还，复僦曩居，则乞儿已不见矣。一日，见于相国寺前，行走如飞，径就问之，则曰："遇人传两药方，服一料已能走耳"。服之立效。其后已传数人，皆神妙。但手足上疾可服，不拘男子、妇人。秘之。其方元只是王氏《博济方》中方，但人不知耳。博济误以虎胫为虎脑，便请长安君合服必验。朝云者死于惠州久矣。别后学书，颇有楷法，亦学佛法，临去诵六如偈以绝，葬之惠州栖禅寺。僧作亭覆之，榜曰："六如亭"。最荷夫人垂顾，故详及之。

与程公密

途中喜见令子，得闻动止之详，继领专使手书，且审即日尊体清胜，感慰无量。差借白直兜乘担索，一一仰烦神用，孤旅获荷德之心未易云喻。来日晚方达蒙里，即如所教出陆至南华。南华留半日，即造宇下，一吐区区，预深欣跃。

又

行役难羁，托庇以济，分贶丹剂，拯其衰疾，此意岂可忘哉？其余言谢莫尽。令子昆仲比辱书示，未暇修书，悚息悚息。曹三班廉干非常，远送愧感。二绝句发一笑。

又

穷途栖屑，获见君子，开怀抵掌，为乐未央。公既王事靡宁，某亦归心所薄，忽遽就别，如何可言？别后亟辱惠书，词旨增生，且审起居佳胜，感慰深矣。某已度岭，已脱问鹏之忧，行有见蝎之喜。但远德惘惘，未忘来情。新春保练，以需驿召。

与徐仲章

昨日既蒙言赠，今日又荷心送，盎然有得载之而南矣。辱手教，极甚厚爱，孔子所谓"忠焉能勿诲乎"。当书诸绅，寝食不忘也。

与友人

某启：相闻久矣，独未得披写相尽，常若有所负。罪废沦落，屏迹郊野，初不意舟从便道，有失修致，不谓过子冒大热间关榛莽，曲赐临顾，一见洒然，遂若平生之欢，典刑所钟，既深叹仰。而大篇璀璨，健论抑扬，盖自去州未始得此胜侣也。钦佩俯求衰晚，何以为对？送别堤下，恍然如梦觉，陈迹具存，岂有所遇而然耶？留示珠玉，正快如九鼎之珍，徒咀嚼一脔，宛转而不忍下咽也。未知舟从定作几日计，早晚过金陵，尝得款奉。

# 文同《丹渊集·苏轼小简》

轼启：近承书诲，喜闻尊候益康胜。见乞浙郡，不知得否？相次入文字，乞宣与明，若得与兄联棹南行，一段异事也。中前桑榆之词，极为工妙，寻曾有书道此，却是此书不达耶？老兄诗笔，当今少俪，惟劣弟或可以仿佛，墨竹即未敢云尔。呵呵。佳墨比望老兄分惠，反蒙来索，大好禅机，何处学得来？大轴挥洒必已了，专令人候请。切告乌丝栏两卷，稍暇便写去。近见子由作《墨竹赋》，意思箫散，不复在文字畛域中，真可以配老笔也。亦欲写在绢卷上，如何如何？乍凉，万万珍重。

又

轼自密移河中，至京城外，改差徐州，复挈而东。仕宦本不择地，然彭城于私计比河中为便安耳。今日沿汴赴任，与舍弟同行。闻与可、与之议姻，极为喜幸。从未交契如此，又复结此无穷之欢，美事美事。但寒门不称，计与可必不见鄙也。临行冗甚，奉书殊不谨。俟到任，别上问次。

又

轼再拜：侄女子获执箕帚，非独渠厚幸，而不肖获交于左右者，缘此愈亲笃矣，欣慰之怀，殆不可言。不敢复具启状，必不见罪也。闻舍弟谈婿之贤，公之子固应尔。侄女子粗知书，晓义理，计亦称公家妇也。更望训诲其不逮也。

又

轼启：叠辱来教，承起居佳胜，适闻中间复微恙，且喜寻已平复。轼比来亦多病，渐老不耐，小放意辄成疾，不可不加意谨护也。水后弥年劳役，今复闻决口未可塞，纷纷何时定乎？寄和潞老诗甚精奇，稍闲当亦作六言，殆难继也。未缘会晤，万万以时珍重。

又

轼启：稍不驰问，不审入冬尊体何如？想旧疾尽去，眠食益佳矣。见秋榜知八郎已捷，不胜欣慰。惟十一郎偶失，甚为怅然。一跌岂废千里，想不以介意。寄示碑刻，作语古妙，非世俗所能仿佛。长句偈甚奇，非独文字甘降，便当北面参问也。近有一僧名道潜，字参廖，杭人也。时来相见，诗句清绝，可与林逋相上下，而通了道义，见之令人萧然。有一诗与之，录至为一笑也。未由展奉，万万以时自重不宣。

又

轼启：近递中辱书，承非久到阙，即日想已入觐矣。无缘一见，于邑可知，苦寒尊候何似？贵眷令子各安胜？轼蒙庇粗遣，秋来水灾，几已为鱼，必知之矣。寄惠六言小集，古人之作，今世未省见。老兄别后道德文章日进，追配作者，而劣弟懒惰日退，卒为庸人，他日何以见左右？惭悚而已。所要拙文，实未有以应命。又见兄之作，但欲焚笔砚耳，何敢目露？兄

淹外既久，虽与时阔疏，而公议卓然，当遂践清近也。岁行尽，万万以时自重。不宣。

## 与司马光

某再启：特承宠惠诗序石刻，渺然想见与可襟韵游处之状，高远潇洒，如晴云秋月，尘埃所不能到。某所以心服者，非特词翰之美而已。某再拜。

## 答赵抃

某别启：向以芜音浼闻，承未鄙诮，过有称旨副之佳颂，为之读复数四，益用感慰。其理明语快，到古作者，第叹服而已，何自珍集？下怀瞻咏。不宣。某祗拜。

# 卷之一万一千六百十八 十四巧

**老** 寿亲养老书二

## 寿亲养老新书

寿亲养老之事,著于诸儒记礼之书备矣。然自后世观之,则犹有未备焉者,何也？二帝三王之世,风气浑沦,人生其间,性质醇厚,故能平血气于未定方刚之际,全筋力于欲衰将老之时。人子之爱其亲,因其康强,加以奉养,为之安其寝处,时其旨甘,娱其耳目心志,即可使之燕佚怡愉,全生而益寿,则礼经所载,谓之备可矣。后世大枞日漓,真元日毂,七情为沴,六气乘之,壮或夭伤,老宜□弱。孝子慈孙,服勤左右,寝膳调娱之外,尤不能不唯疾之忧。而求之礼经,则不过曰"痛痒抑搔而已"。若秦越人过雒之所为医,曾未见之省录,顾得谓之备欤。孝哉,陈令尹！乃能缉是书于千数百年之后,而特详于医药治疗之方,凡为四时调摄,食治备急合二百三十有三焉,斯亦备矣。吾樵乡先哲太师文靖邹公之曾孙,敬直翁铉,推老老亲亲之念,䌷绎是书有年,犹恨其说之未备也。则又广集前修嘉言懿行,奇事异闻,与夫药石膳羞器服之宜于佚老者,厘为三卷,而方论所述,愈益精详,是书始大备,吾闻乔木故家,寿基世积,翁之高祖叔祖,二母夫人,皆年过九十,备极荣养。今翁亦希年矣,桂子兰孙,盈庭戏彩,青山流水,竹色花香,鸠杖鹦杯,苍颜玄鬓,见者谓不老地行仙。盖是书验于公家久矣。兹复不私其验,绣诸梓而公之,且拳拳导夫人以自养之说。夫能知自养之养,而后能安享子孙之养,此吾于读书重叹翁用心之仁也。仁者必寿,繇是八十而师,九十而相,百岁而定律令,百世而与咨谋,衍而为商大夫之八百,曾元而下,家庆一堂。是书之验,将千岁之日至而未止也,《诗》曰:"永锡尔类"。又曰:"永锡难老"。请为翁三诵之。晋大德丁未中元,樵西麓苑彻孙序。

"寿"字书法

《颜氏家训》曰:"夫所以读书学问,本欲开心明目,利于行耳"。未知养亲者,欲其观古人之先意,承颜怡声下气,不惮劬劳,以致甘腰,惕然惭惧,起而行之也。经史传记,述孝子顺孙嘉言懿行,联篇累牍,不胜其纪。今略举数十条以激发夫人孝爱之心,必有目之、心之而兴起者矣。

《文公家礼》曰：凡子事父母，妇事舅姑，天欲明，咸起盥漱，栉总具冠带，昧爽适父母舅姑之所，省问父母舅姑起，子供汤药，妇具晨羞。供具毕，乃退，各从其事。按《内则》曰：子事父母，妇事舅姑，鸡初鸣，适父母舅姑之所。及所，下气怡声，问衣寒燠，疾痛苛痒而敬抑搔之。怡，悦也。苛，疮也。抑，按也。搔，摩也。温公曰："大夫喝喏，妇人道万福。问侍者夜来安否？何如？"侍者曰安，乃退。其或不安节，则侍者以告，此即礼之晨省也。出入则或先或后，而敬扶持之。先后，随时便也。进盥，少者奉盘，长者奉水，请沃盥。盥卒，授巾。盘水盥水者，巾以悦手。问所欲而敬进之。所欲，如下文□酏之类。柔色以温之，温，籍也。承尊者必和颜色也。□酏、粥也。稠者为□，稀者为酏。酒醴、厚者为酒，薄者为醴。芼羹、鱼肉为羹，芼之以菜。菽、麦、蕡、稻、黍、梁、秫、菽，大豆也。蕡，麻也。稻、黍、梁、秫，皆米也。唯所欲。随所爱枣、栗、饴、蚤以甘之，饴，饧也。四者味皆甘。堇、荁、枌、榆、免、薨、滫、瀡以滑之，堇与荁相类，枌与榆相类，四物新者曰免，干者曰薨。滫，溲也。瀡，滑也。数者性皆滑。脂膏以膏之，脂膏亦类也。角者曰脂，无角者曰膏，二者皆肥而泽。父母舅姑必尝之而后退。尊长举箸，子妇乃各退就食。温公曰："药物乃关身之切务，人子尝亲自检数调煮供进，不可但委婢仆，脱若有误，即其祸不测。"晨羞，俗谓点心。《易》曰："在中馈"。《诗》曰："惟酒食是议"。凡烹调饮膳，妇人之职也。近年妇女骄倨，皆不肯入庖厨，今纵不亲执刀匕，亦当检校监视，务令精洁。刘氏曰："问其意之所欲食者，则敬顺之心以进之，和柔其色以温之，芬芳其意以奉之，庶其亲喜而不厌也。孝子之事其亲，必养其志，常使欢欣，乐其子之能养。"曲礼曰："凡为人子之礼，冬温而夏清，昏定而晨省"。定安其牀衽也，省问其安否如何。温公曰："父母舅姑将寝，则安置而退，丈夫喝喏，妇人道安置。此即礼之昏定也。"

老莱子少以孝行养亲，年七十，父母俱存。着五色斑斓之衣，为婴儿戏于亲侧，言不称老。为亲取食，上堂足跌而偃，因卧地为婴儿啼，或弄鸡于亲侧，欲亲之喜。身老寿而双亲具庆，亘今古鲜俪者也。

东汉黄香事父，竭力致养，暑则扇床枕，寒则以身温席。晋王延事亲色养，夏则扇枕席，冬则以身温被。隆冬盛寒，体常无全衣，而亲极滋味。二人孝行，甚相类也。

陈太丘诣荀朗陵，贫俭无仆役，乃使元方将车，季方持杖从后，长文尚少，载着车中。既至，荀使叔慈应门，慈明行酒，余六龙下食，文若亦小，坐着膝前。于时奏真人东行，两家父子会聚之乐，至矣哉！陈实，字仲弓，为太丘长。荀俶举方正，补朗陵侯相。纪，字元方，实长子，至德绝俗，与实高名并著，而弟谌又配也。每宰府辟名，羔雁成群，世号三君。谌，字季方。淑有八子：俭、绲、靖、焘、江、爽、肃、敷，居西豪里。县令曰："高阳氏有才子八人，署其里为高阳里"。时人号曰"八龙"。于时德星聚，太史奏五百里贤人聚。朱文公《聚星亭画屏赞》云：猗欤陈子，神岳钟英，文渊懿范，道广心平，愿言怀人。曰我同志，故朗陵君，荀季和氏，连峰对起。丽泽潜滋，僾而不见，有黯其思。薄言造之，顾无仆役。独呼二儿，驾予以出。青刍黄犊，布幔裁车，策纪前卫，杖谌后趋。所造伊何，高阳之里。维时荀君，闻至而喜。顾谓汝靖，往应于门。六龙矫矫，布席开尊。靖肃而前，翁拜其辱，何误斯晨，得见清穆，命爽行觞，旅馈次陈。献酬交错，礼度情亲。载笑载言，罔非德义。益迈乃猷，以辅斯世，髫髦两稚，亦置膝前，漂深本固，莫出匪贤。崇台回极，于以占天。犹曰兹野，德星萃焉。高山景行，好德所同。课忠责孝，独概余里。有客诣陈大丘，谈锋甚敏。太丘乃令元方、季方炊饭。太丘问炊何

迟留？元方长跪曰："君与客语，乃具窃听，炊忘着箄，今皆成糜"。太丘曰："尔颇有所识否？"二子长跪，俱说言无遗失。太丘曰："如此，但糜自可，何必饭邪？"

王长豫为人谨顺，事亲尽色养之孝。丞相见长豫辄喜，敬豫辄嗔。长豫与丞相语，常以谨密为端，观其亲之喜愠，则其子之为人可知矣。悦，字长豫，导长子。恬，字敬豫，导次子。丞相，导也。

王羲之牵诸子抱弱孙，一味之甘，割而分之，以娱目前。羲之生七子，羲之又有之。长凝之，字子直。第三子徽之，字子猷。最幼子献之，字子敬。孙祯之，徽之之子。

后周李迁哲，除真州刺史，其本周也。男女六十九人，缘汉千余里第宅相次，姬媵之有子者分处其中。迁哲鸣笳导从，往来其间，纵酒欢燕。子孙参见，或忘其年名，披薄以审之。汉陆贾五男，常乘安车驷马，从歌鼓瑟，侍者十人。约其子曰："过汝。汝给人马酒食"。其往来击鲜之乐，未得如迁哲之子孙众多。唐郭子仪诸孙数十人，每群孙问安不尽辨，颔之而已。此亦可以为盛也。子仪，中书令，二十四考，寿八十五。

唐河东节度使柳公绰，在公卿间最名有家法。中门东有小斋，自非朝谒之日，每平旦辄出至小斋，诸子仲郢皆束带晨省于中门之北。公绰决私事，接宾客与公权及群从弟再会食，自旦至暮，不离小斋。烛至，则命一人子弟执经史躬读一过，讫乃讲议，居官治家之法，或论文，或听琴。至人定钟，然后归寝，诸子复昏定于中门之北。凡二十余年，未尝一日变易。公绰、公权、公谅，兄弟三人。公器、公度，其从兄弟也。公绰一子四孙。李仲郢，孙璞、珪、辟、玭。公权子诚、悬子仲宪。孙玭，字直清。

公绰子仲郢事公权如事公绰，见公权未尝不束带。为京兆尹，出遇公权于通衢，必下马端笏立，候公权过乃上马，公权莫归，必束带迎候于马首。公权屡以为言，仲郢终不以官违有小改。公绰妻韩氏，相国休之曾孙，家法严肃俭约，为缙绅家楷范。常命粉苦参黄连熊胆和为丸，赐诸子每永夜习学，含之以资勤苦。仲郢以礼律身，居家无事，常端坐拱手，出内斋亦肃容束带。三为大镇，厩无良马，衣不薰香。公退，必读书手不释卷，事事皆可法也。

柳玭曰：崔山南昆弟子孙之盛，乡族罕比。山南曾祖王母长孙夫人年高无齿，祖母唐夫人事姑孝，每旦栉纵笄，拜于阶下，即升堂乳其姑，长孙夫人不粒食数年而康宁。一日疾病，长幼咸萃，宣言无以报新妇，有子有孙，皆得如新妇孝敬。则崔之门，安得不昌乎。崔山南昆弟，唐世系博陵第二房。崔頲八子，世比荀氏八龙。琯，字从律，为山南西道节度。

张苍口中无齿，饮乳，寿百余岁。秽城有人年一百四十岁，不复能食谷，饮曾孙妇乳。见《南史·梁须萧印传》。

东汉姜诗事母至孝，妻奉顺尤笃。母好饮江水，水去舍六七里，妻常泝流而汲。姑嗜鱼脍，又不能独食，夫妇常力作供脍，呼邻母共之。舍侧忽有涌泉味如江水，每旦辄出双鲤鱼，常以供二母之膳。子妇同心竭力以致其养，不易得也。

节孝徐先生事母谨严，非有大故，未尝去其侧。日具太夫人所嗜，或不获，即奔走闹市，若有所亡，人或慕其纯孝，损直以售之，亲戚故人，或致甘毳，诚不至，礼不恭，弗受也。所奉馔，皆手自调味。太夫人饮食时，先生率家人在左右为儿嬉，或讴歌以说之，故太夫人虽在穷巷，而奉养与富贵家等，无须臾不快也。

先生名积，字仲车，自儿童不为嬉戏，寡言笑，庄毅如成人。事母太夫人笃孝，朝夕冠带问起居。一日，幞头晨省，外氏诸妇大笑之，翌日复如是，笑不已，被笑旬日弥恪。自是至老不废。童蒙训云："先生因具公裳见贵官，忽自思云：见贵官尚必用公裳，岂有朝夕见母而不具公裳者乎？遂晨省具公裳揖其母。先生应举贡礼部，不忍一日去其亲，遂徒步载母西入京师。中进士第，同榜第一人许安世率同年数十人拜太夫人于堂上，仍以百千为太夫人寿，数往返，先生终拒之。"先生年过壮未娶，或勉之，答曰："娶非其人，必为母病。子非敢忘嗣，固有待也"。初从安定胡先生学，潜心力行，不复仕进。其学以至诚为本，积思六经，而喜为文词，老而不衰。政和六年，谥节孝处士。

任元受事母尽孝，母老多疾病，未尝离左右。元受自言老母有疾，其得疾之由、或以饮食、或以燥湿、或以语话稍多，或以忧喜稍过。尽言皆朝暮候之，无毫发不尽。五脏六腑中事，皆洞见曲折，不待切脉而后知，故用药必效，虽名医不逮也。张魏公作都督，欲辟之入幕，元受力辞曰："尽言方养亲，使得一神丹可以长年，必持以遗母，不以献公也，况能舍母而与公军事邪?"魏公太息而许之。程明道先生曰："事亲者不可以不知医"。

陆放翁曰："先公守南都时，有直秘阁张山者，开封人。判留司御史台事，年八十余矣，视听步履饮食悉如少壮。或问何术至此?"曰："吾无他术，但顷尝遇异人授一药，服之数十年，未尝一日辍耳。其法用香附子、姜黄、甘草三物，同末之，沸汤点，晨起空心服三四钱，名降气汤"。以为人所以多疾病者，多由气不降，故下虚而上实。此药能导之使归下尔。乡人有效之者，或返致虚弱，盖香附子、姜黄泻气太甚而然，不知山何以独能取效如此。意其别有它术，特托此药以罔人。及渡江，见一武官王升者，亦七十余矣，康强无病。问何所服药，则与山正同。而后知人之于药，各有所宜，不可强也。

祖光禄少孤贫，性至孝，常自为母炊爨作食。王平北闻其佳名，以两婢饷之，因取为中郎。祖讷，字士言，能清言，温峤荐为光禄大夫。王扐，字叔元，为平北将军。

吴隐之事母孝谨，与太常韩康伯邻居。康伯母贤明妇人也，谓康伯曰："汝若居铨卫，当举如此辈人"。及康伯为吏部，隐之遂阶清级。古人以孝行取人，贤明之妇亦知此义。

吕侍讲希哲，言孝子事亲，须事事躬亲，不可委之使令也。尝说谷梁言天子亲耕，以供粢盛，王后亲蚕，以供祭服。国非无良农工女也，以为人之所尽事其祖祢不若以已所自亲者也。此说最尽事亲之道。又说为人子者听于无声，视于无形，未尝顷刻离亲也。事亲如天，顷刻离亲，则有时而违天，天不可得而违也。吕侍讲，字原明，申国正献公公者之长子，正献公居家简重寡默，不以事物经心，而申国夫人性严有法度，虽甚爱公，然教公事事循蹈规矩。甫十岁，祁寒暑雨，侍立终日，不命之坐不敢坐也。日必冠带以见长者。平居虽甚热，在父母长者之侧，不得去巾袜缚裤衣服，唯谨行步。出入无得人茶肆、酒肆，市井里巷之语、郑卫之音，未尝一经于耳，不正之书，非礼之色，未尝一接于目。内则正献公与申国夫人教训之严，外则焦先生千之，字伯强化导之笃，故公德器成就，大异众人。公尝言，人生内无贤父兄，外无严师友，而能有成者少矣。

司马温公曰："凡诸卑幼，事无大小，毋得专行，必咨禀于家长"。又曰："凡子受父母之命，必籍记而佩之，时省而速行之，事毕则返命焉。或所命有所不可行者，则和色柔声，具是非利害而白之，待父母之许，然后改之。若不许，苟于事无大害者，亦当曲从。若以父母之命为非而直行已志，虽所执皆是，犹为不顺之子。况未必是乎？"吴顾恺每得父书，常扫洒几案，舒书于上，拜跪读之，每句应诺，阅毕再拜。得父之书犹拜跪而读，受父之命，其敬佩而行，当何如耶？

包孝肃極字希仁，始及第，以亲老侍养，不仕宦且十年，人称其孝。

范忠宣纯仁字尧夫，再调官皆不赴，文正公遣之，公曰："纯仁岂可重于禄食而轻去父母邪？虽近亦不能朝夕在侧"。遂终养焉。二公以事亲为重，以仕进为轻，可法也。

王逢原《思归赋》云：吾父八十，母发亦素，尚尔为吏，敻焉遐路。嗷嗷晨乌，其子反哺，我岂不如？郁其谁素。惟秋之气，惨慄感人，日兴愁思，侧睇江滨。忆为童子，当此凛辰，百果始就，迭进其珍。时则有紫菱长腰，红芡圆实。牛心绿蒂之柿，独包黄肤之栗。青芋连区，乌稗五出。鸭脚受彩乎微核，木瓜镂丹而成质。青乳之梨，赪壶之橘。蜂蛹淹鹾，槟栌渍蜜。膳羞则有鸡鹊野雁，泽凫鸣鹑。清江之膏蟹，寒水之鲜鳞。冒以紫姜，杂以葵首。觞浮萸菊，俎荐菁韭。坐溪山之松篁，扫门前之桐柳。僮仆不哗，图书左右。或静默以终日，或欢言以对友。信吾亲之所乐，安闾里其滋久。切切余怀，欲辞印绶。固非效渊明之褊心，耻折腰于五斗。

潘岳《闲居赋》云：太夫人在堂，览止足之分，庶浮云之志。筑室种木，逍遥自得。池沼足以渔钓，春税足以代耕。灌园鬻疏，供朝夕之膳。牧羊酤酪，俟伏腊之资。凛秋暑退，熙春寒往。微雨新晴，六合清朗。太夫人御板舆，升轻轩，远览王畿，近周家园。席长筵，列子孙，柳垂阴，车结轨，或宴于林，或禊于汜。昆弟斑白，儿童稚齿，称万寿以献觞，或一惧而一喜。寿觞举，慈颜和，浮杯乐饮，丝竹骈罗，顿足起舞，杭音高歌。人生安乐，孰知其他。王潘二赋：仕宦而志于事亲者，良可讽味。

黄山谷手书云：王竑稚川，元丰初，调官京师，寓家鼎州，亲老九十余矣。尚阅贵人家歌舞，醉归书其旅邸壁间云："雁外无书为客久，蛩边有梦到家多。画堂玉佩萦云响，不及桃源乃歌"。余访稚川于邸中，而和之诗曰："五更归梦常苦短，一寸客愁无奈多。慈母每占乌鹊喜，家人应赋扊扅歌。身如病鹤翅翎短，心似乱丝头绪多。此曲朱门歌不得，湖南湖北竹枝歌"。王稚川既得官都下，有所盼忘归，余戏作林夫人《款乃歌》二章与之。竹枝歌本出三巴，其流在湖湘耳，款乃湖南歌也。诗曰："花上盈盈人不归，枣下纂纂实已垂，腊雪在时听马嘶，长安城中花片飞。从师学道鱼千里，盖世成功黍一炊。日月倚门人不见，看尽林乌返哺儿"。四诗之作，可谓尽朋友责善之义。山谷至孝，奉母安康君，至为亲涤虎子，未尝顷刻不供子职。故锡类之意，力劝稚川以归侍云。

明道伊川二先生之母夫人侯氏，事舅姑以孝谨称，与太中公珦相待如宾客。公赖其内助，礼敬尤至。而夫人谦顺自牧，虽小事未尝专，必禀而后行。伊川曰："先夫人侯氏七八岁诵古诗曰：'女子不夜出，夜出秉明烛'。自是日暮，则不复出房阁。既长好文而不为辞章。见世之妇女以文章笔札传于人者，则深以为非。

杨诚斋夫人罗氏年七十余，每寒月黎明即起，诣厨躬作粥一釜，遍享奴婢，然后使之服役。其子东山先生启曰："天寒何自苦如此？"夫人曰："奴婢亦人子也。清晨寒冷，须使其腹中略有火气，乃堪服役耳"。东山曰："夫人老且贱事，何倒行而逆施乎？"夫人曰："我自乐此，不知寒也。汝为此言，必不能如吾矣"。东山守吴兴，夫人于郡圃种纻，躬缉绩以为衣，时年八十余矣。东山月俸分以奉母。夫人忽小疾，既愈，出所积券曰："此长物也，今宜悉以谢医。则吾无事矣"。平居首饰止于银，衣止于绸绢。生四子三女，悉自乳，曰："饥人之子，以哺吾子，是诚何心哉？"其家采椽土阶如田舍翁，三世无增饰。史良叔守庐陵，官满来访，入其门，升其堂，目之所见，无非可敬、可仰、可师、可法者，所得多矣。因命画工图之而去。诚斋东山，清介绝俗，固皆得之天资，而妇道母仪所助者亦多矣。《左传》：文伯之母老而犹绩，文伯曰："以歜之家而主犹绩乎？"母曰："王后亲织玄统，公侯之夫人加以纮綖，卿之内子为大带，命妇成祭服，列士之妻加之以朝服，自庶士以下皆衣其夫，社而赋事，蒸而献功，男女效绩，愆则有辟，古之制也"。罗鹤林大经云："观诚斋夫人，乃知古今未尝无列女，未尝无贤母"。

绩溪胡氏《宗系记序》云：吾家自上世以来，事亲从兄，多以孝悌闻。曾祖十四公有二兄，虽已异居，每事必先咨长兄，次咨仲兄，二兄不取而后取，二兄许行而后行。曾祖妣余太君感末疾，十年不离床席，饮食、起居、梳沐、盥漱、便闬皆须人抱负扶掖，子孙妇女左右奉事，惟惧不如其意。祖妣章太君、妣余氏、叔祖妣吴令人更互直侍衣不解带，目不交睫，朝夕匪懈。余太君常慰劳之，曰："吾无以报汝等，天当以祐汝等"。吴令人果膺福庆，是生文定公，登巍科，历显任。其立朝正色，直言无所假借，所以纳忠君父之意，虽死不忘。宪昔侍文定居漳滨十五年，见其躬事二亲，可谓尽之矣。奋由白屋，二亲安乐享禄养者二十年，皆生受官邑之封，此人间所稀有，令人慈母也。通诗书，达义理，愉颜柔色以事之，不足以为难。中大公严毅豪勇，不可少犯，文定所以事之者，未始徇其意，每每以正道开说，中大久而益亲信之。有晚生儿女三人，初以为虑，文定视之如一，嫁幼妹与己女，装遣奁具无少异。中大临终，以二荆授文定，曰："二弟若不才，为汝之羞，可严教之"。文定泣对曰："誓不忍挞之"。其后循循然诱以学术，迪以道义，立之昏宦，皆克有成立，至使一家泣疲。虽妇女儿童，咸知恭顺之道，实由文定躬行之化所及也。孔子曰："人之行莫大于孝"。有子曰："孝悌也者，其为人之本欤"。后代子孙当务勉行孝悌，以无忝所生。庶几门风益振，家声不坠，岂不善哉！胡文定公安国，字康侯，仕至给事中。二弟长安止，仕至郡倅。次安老，仕至知州。三子，长致堂、寅，字明仲，仲五峰、宏、字仁仲。季宁，籍溪、宪，字原仲。仕至秘书省正字。西国大壮字季履，五峰第三子。

元魏杨播，家世纯厚，并敦义让。昆季相事，有如父子。椿津恭谦。兄弟旦则聚于厅堂，终日相对，未曾入内。有一美味，不集不食。厅堂间往往帏幔隔障，为寝息之所。时就休偃，还共谈笑，椿年老，曾他处醉归，津扶持还至假寝，阁前承候安否。椿津年过六十，并登台鼎，而津常旦暮参问。子侄罗列阶下，椿不命坐，津不敢坐。椿每近出，或日斜不至，津不先饭，椿还然后共食。食则津亲受匙箸，味皆先尝，椿命食，然后食。津为肆州，椿在京宅，每有四时嘉味，辄因使次附之。若或未寄，不先入口。一家之内，男女百口，缌服同爨，庭无间言。杨播字延庆，事元魏孝文帝为平东将军。椿字延寿，位至司徒。津字罗汉，为司空。椿津俱事明太后。

椿尝戒子孙云："吾兄弟在家必同盘而食，若有近行不至，必待其还。亦有过中不食，忍饥相待。吾兄弟八人，今存者三，不忍别食也。闻汝兄弟时有别斋独食者，又不如吾一世也。"又云：仕魏以来，高祖而下，七郡守、三十二刺史，内外显仕少比。

司马温公与其兄伯康友爱尤笃。伯康年将八十，公奉之如严父，保之如婴儿。每食少顷，则问曰："得无饥乎？"天少冷，则拊其背曰："衣得无薄乎？"

范忠宣知襄城县，承事伯兄，照管汤药、饮食、居处、衣服，必躬必亲，如孝子之事严父。事亲从兄，仁义之实，爱敬之理，与生俱生，仁之至，义之尽也。

温公耆英真率会约：序齿不序官；为具务简素；朝夕食各不过五味；菜果脯醢之类各不过三十器；酒巡无筭，深浅自斟，主人不劝，客亦不辞。逐巡无下酒，时作菜羹不禁。

召客共用一简，客注可否于字下，不别作简。或因事分简者听，会日早赴，不待促。

违约者每事罚一巨觥。公自序其诗云："作真率会，伯康与君从七十八岁、安之七十七岁、正叔七十四岁、不疑七十三岁、叔达七十岁、光六十五岁，合五百一十岁，口号成诗，用安之前韵：伯康温公之兄。君从席汝言。安之王尚恭。正叔楚建中，不疑王谨言。七人五百有余岁，同醉花前今古稀。走马斗鸡非我事，纻衣彩发且相辉。经春无事连翩醉，彼此往来能几家。切莫辞斟十分酒，仅从他笑满头花。"

南阳刘驎之，为柏冲长史。冲尝至驎之家，驎之方条桑，谓冲："使君既枉驾，宜先诣家君"。冲诣其父，父命乃还，拂短褐与冲言："父使驎之自持浊酒葅菜供宾"。冲敕人代之，父辞曰："若使官人，则非野人意也"。德星之聚，慈明行酒，六龙下食。宋胡侍讲瑗治家甚严，闺门整肃，尤谨内外之分。诸子常侍立左右，宾至则供亿茶汤。待客不用使令而以子弟，礼度娴雅。杜子美诗亦有："问答未及已，儿女罗酒浆"之句。

横渠先生曰："若亲之故旧所喜，当极力招致，宾客之奉，当极力营办，务以悦亲，不可计家之有无，然又须使之不知。其勉强劳苦，苟使见其为而不易，则亦不安矣。"

唐张士严，父病，药须鲤鱼。冬月冰合，有獭衔鱼至前，得以供父，父遂愈。宋查道字湛然，歙州人。母病思鳜鱼羹。方冬苦寒，道泣祝于河，凿冰脱巾以取之，得鳜尺许以馈，母疾寻愈。孝感之事，无世无之。孟宗得荀之事尤奇，陈遗之铛饭，蔡顺之异器椹，尤于患难中得力。真西山参政,性笃孝,为母吴夫人祈福词云:“天下之乐,莫如以禄之及亲。人子之情,尤欲其亲之难老”。母疾愈,醮谢词云:“莫亲乎母,实为命以相依。盖高者天,惟尽诚而可动。愿损臣身之算,以延母氏之龄。炉薰之烬未销,囊药之功已应”。孝行之简在帝心若此,为人子者可不敬诸。

应璩《古乐府》云:“昔有行道人,陌上见三叟。年各百余岁,相与锄禾莠。住车问三叟,何以得此寿?上叟前置辞,量腹节所受。中叟前置辞,室内妪粗丑。下叟前置辞,暮卧不覆首。要哉三叟言,所以能长久。”《晦翁语录》:或云俗语“夜饭减一口,活得九十九”。先生曰:“此出古乐府三叟诗”。

唐柳公度,年八十有强力。人问其术,对曰:“吾平生未尝以脾胃熟生物,暖冷物,不以元气佐喜怒耳”。此下十数条,述老人所以观顾自养者。

富郑公年八十,书座右云:“守口如瓶,防意如城”。

张延老名珙,年七十余,步趋拜起健甚。自言夙兴必拜数十,老人气血多滞,拜则肢体屈伸,气血流畅,可终身无手足之疾。

唐仲俊年八十五六,极康宁。自言少时因读千字文有所悟,谓“心动神疲”四字也。平生遇事,未尝动心,故老而不衰。

太医孙君昉,字景初,自号四休居士。山谷问其说,四休笑曰:“粗茶淡饭饱即休;补破遮寒暖即休;三平二满过即休;不贪不妒老即休”。山谷曰:“此安乐法也”。夫少欲者,不伐之家也。知足者,极乐之国也。四休家有三亩园,花木郁郁,客来煮茗,谈上都贵游人间可喜事,或茗寒酒冷,宾主皆忘。其居与余相望,暇则步草径相寻,故作小诗,遗家僮歌之以侑酒茗诗。曰:“太医诊得人间病,安乐延年万事休”。又曰:“无求不着看人面,有酒可以留人嬉。欲知四休安乐法,听取山谷老人诗”。

山谷《四印》云:我提养生之四印,君家所有更赠君,百战百胜,不如一忍;万言万当,不如一默。无可简择,眼界平;不藏秋毫,心地直。我肱三折得此医,自觉两踵生光辉。团蒲日静鸟吟时,炉薰一炷观之。四休《四印》,老少富贫,普同受用。

东坡云:旧说南阳有菊水,水甘而芳,居民三十余家饮其水皆寿,或至百二三十岁。蜀青城山老人村,有见五世孙者。道极险远,生不识盐醯,而溪中多枸杞,根如龙蛇,饮其水故寿。

道人中往往多有耆寿者。陆放翁云:青城山上宫道人,此人也,巢居食松麸,年九十矣。人有谒之者,但粲然一笑。有所请问,则托言病聩,一语不肯答。予尝见于丈人观道院,忽自语养生,曰:“为国家致太平与长生不死,皆非常人所能。且当守国使不乱,以待奇才之出。卫生使不夭,以须异人之至。不乱不夭,皆不待异术,惟谨而已”。予大喜,从

而叩之,则已复言聩矣。

放翁又云:“老叶道人、龙舒人。不食五味,年八十七八,平生未尝有疾,居会稽舜山,天将寒,必增屋瓦,补墙壁,使极完固。下帷设帘,多储薪炭,杜门终日,及春乃出。对客庄敬,不肯多语。予每访之,殊无它语。一日默作意欲叩其所得,才入门,即引入卧内烧香,具道其遇师本末,若先知者,亦异矣夫。”

盱江有日峰丘道人,号河南子,年九十余,皓发朱颜,冬夏一单衣,雨雪不张盖。叔祖西岩寺丞招之,来泰宁留十余载。携一道篮,系一小牌子,上书诗四句,云:“老迟因性慢,无病为心宽。红杏难禁雨,青松耐岁寒”。常跣足卖卜于市,得钱则散与小儿,儿争拾之。黄玉窗与二三友叩问功名,皆笑而不言,独指玉窗云:“子寿高”。尝问养生之术,但指小牌子上诗四句瓺焉。今历五十余年,信知其言之有味也。

太乙真人《七禁文》,其六曰:美饮食,养胃气。彭鹤林䎱云:夫脾为脏,胃为腑,脾胃二气互相表里。胃为水谷之海,主受水谷。脾为中央,磨而消之,化为血气,以滋养一身,灌溉五脏。故修生之士,不可以不美其饮食。所谓美者,非水陆毕备,异品珍馐之谓也,要在乎生冷勿食,尘硬勿食,勿强食,勿强饮。先饥而食,食不过饱;先渴而饮,饮不过多,以至孔氏所谓“食饐而餲,鱼馁而肉败不食”等语。凡此数端,皆损胃气,非惟致疾,亦乃伤生。欲希长年,此宜深戒。而亦养老奉亲,与观颐自养者之所当知也。

黄山谷云:烂蒸同州羔,灌以杏酪,食之以匕,不以箸,南都拨心面,作槐芽温淘。糁以襄邑抹猪,炊共城香稻,荐以蒸子鹅,美兴庖人斫松江鲈脍,继以庐山康王谷水烹曾坑斗品,少焉解衣仰卧,使人诵东坡赤壁前后赋,亦足以一笑也。此虽山谷之寓言,然想像其食味之美,安得聚之?以奉老人之旨甘。

东坡《老饕赋》云:庖丁鼓刀,易牙烹熬。水欲新而釜欲洁,火恶陈而薪恶劳。九蒸暴而日燥,百上下而汤鏖。尝项上之一脔,嚼霜前之两螯。烂樱珠之煎蜜,滃杏酪之蒸羔。蛤半熟以含酒,蟹微生而带糟。盖聚物之夭美,以养吾之老饕。婉彼姬姜,颜如李桃。弹湘妃之玉瑟,鼓帝子之云璈。命仙人之萼绿华,舞古曲之郁轮袍。引南海之玻璃,酌凉州之葡萄。愿先生之耆寿,分余沥于两髦。候红潮于玉颊,惊暖响于檀槽。忽累珠之妙曲,抽独蠒之长缲。闵手倦而少休,疑吻燥而当膏。倒一缸之雪乳,列百柁之琼艘。各眼滟于秋水,咸骨碎于春醪。美人告去,已而云散,先生方兀然而禅逃。响松风于蟹眼,浮雪花于兔毫。先生一笑而起,渺海阔而天高。

钧窑玫瑰紫釉海棠式花盆托

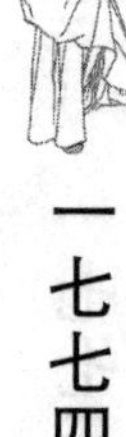

苕溪渔隐曰:东坡于饮食,作诗赋以写之,往往皆臻其妙。如《老饕赋》《豆粥诗》是也。《豆粥诗》云:“江头千顷雪色芦,茅苫出没晨烟孤。地碓舂炕光似玉,沙瓶煮豆软如酥。我老此身无着处，卖书来问东家住。卧听难鸣粥热时，蓬头曳履君家去”。又《寒具诗》云：“纤手搓来玉数寻，碧油煎出嫩黄深。夜来春睡无轻重，压偏佳人缠臂金”。寒具乃捻头也，出刘禹锡佳话。过子忽出新意，以山芋作玉糁羹，色香味皆奇绝。天酥陀则不可知，人间决无此味也。诗云：“香似龙涎仍酽白，味如牛乳更全清，莫将北海金齑脍，轻比东坡玉糁羹”。诚斋《菜羹诗》亦云：“云子香抄玉色鲜，菜羹新煮翠茸纤。人间脍炙无此味，天上醉陀恐尔甜”。

宋太宗命苏易简讲文中子，有杨素遗子食经羹藜含糗之说。上因问食品何物最珍，对曰：“物无定味，适口者珍”。曰：“臣止知齑汁为美。臣忆一夕寒甚，拥炉痛饮。夜半吻燥，中庭月明，残雪中覆一齑盂，连咀数根，臣此时自谓上界仙厨，鸾脯凤胎，殆不及。屡欲作冰壶先生传，纪其事。因循未果也”。上笑而然之。

唐刘晏五鼓入朝，时寒，中路见卖蒸胡处，热气腾辉，使人买以袍袖包裙褐底啗。谓同列曰：“美不可言”。此亦物无定味，适口者珍之意也。

倪正父思云：鲁直作食时五观，其言深切，可谓知惭愧者矣。余尝入一佛寺，见僧持戒者，每食先淡吃三口，第一，以知饭之正味。人食多以五味杂之，未有知正味者。若淡食则本自甘美，初不假外味也；第二，思衣食之从来；第三，思农夫之艰苦。此则五观中已备其义。每食用此为法，极为简易，且先吃三口白饭，已过半矣，后所食者虽无羹蔬，亦自可了，处贫之道也。又云：“造物劳我以生，逸我以老，少年不勤，是不知劳也；年老奔驰，是不知逸也。天命我逸而我自劳可乎？”又曰：“吾乡有前辈三人，其一施大任参政，享年九十有四。其一李季叔参政，享年八十有一。其一沈特要詹事，今年已八十有二，耳目聪明，步履轻捷，夜书细字。三贤难老，皆以绝欲早，故效验彰彰如此。然则欲求长年者，可不以为法乎？”

倪正父《经锄堂杂志》，述五事云：静坐第一、观书第二、看山水花木第三、与良朋讲论第四、教子弟第五。《述齐斋十乐》云：读义理书、学法帖字、澄心静坐、益友清淡、小酌半醺、浇花种竹、听琴玩鹤、焚香煎茶、登城观山、寓意奕棋。虽有他乐，吾不易矣。

刘后村云：外舅林宝章瑑晚岁奉祠，旧庐略缮葺，小圃粗种艺。体中佳时，幅巾短褐，野眺露坐，悠然忘归。二子公遇、公选，朝夕侍公，跬步不离。家庭讲肄，偶有会意，公辄喜曰：“天下至乐不出闺门之内”。公遇兄弟，安隐约习，苦淡耆年，一灯荧然，语必达旦，至言妙义，不缘师授，亦非言语文字可传。公遇号寒斋。二子，同字子真，合字子常，守寒斋孝友之规。子常事兄如父，家政听焉。子真亦极友爱，连床之语至曙，一膳之珍必剖，制行同孝谨，临财同廉让，读书同义趣，作文同机键，奕世传一心，百年如一日。父子兄弟，自为师友，世未有如林氏家庭讲肄之乐者也。

鹤林罗大经云：余家深山中，每春夏之交，苍藓盈阶，落花满径，门无剥啄，松影参差。禽声上下。午睡初足，旋汲山泉，拾松枝，煮苦茗，啜之随意。读《周易》《国风》《左氏传》《离骚》、太史公书及陶杜诗、韩苏文数篇，从容步出径，抚松竹，与麛犊共偃息于长林丰草间，坐弄流泉，漱齿濯足。既归竹窗下，山妻稚子，作笋蕨，供麦饭，欣然一饱。弄笔窗间，随大小作数十字，展所藏法帖、墨迹、画卷纵观之。兴到则吟小诗，或草玉露一两段。再烹苦茗一杯，出步溪边，邂逅园翁溪友，问桑麻，说秔稻，量晴校雨，探节数时，相与剧谈一饷。归而倚杖紫门之下，则夕阳在山，紫绿万状，变幻顷刻，悦可人目。牛背笛声，两两来归，而月印前溪矣。唐子西诗云："山静似太古，日长如小年"。玩味此句最妙。然色其妙者盖少，彼牵黄臂苍，驰猎于声利之场者，但见衮衮马头尘，忽忽驹隙影耳。人能真知此妙，则东坡所谓"无事此静坐，一日是两日。若活七十年，便是百四十。"所得不已多乎。《易》曰："观顾观其自养也"。康节诗云："老年躯体素温存，安乐窝中别有春。尽道山翁拙于用，也能康济自家身"。此自养之旨也，善自养如鹤林，斯可以佚老矣。

邵康节先生《年老逢春吟》云："年老逢春雨乍晴，雨晴况复近清明。天低宫殿初长日，风暖园林未啭鹦。花似锦时高阁望，草如茵处小车行。东君见赐何多也，又复人间久太平"。凡八首《首尾吟》云："尧夫非是爱吟诗，诗是尧夫喜老时。明着衣冠为士子，高谈仁义作男儿。敢于世上明开眼，肯向人前浪皱眉。六十七年无事客，尧夫非是爱吟诗"。凡十一首《惜芳菲吟》云："绿杨阴里寻芳遍，红杏香中带酒归"。末联云："芳樽有酒慈亲乐，犹得阶前戏彩衣"。凡四首《击壤集·一编》：老人怡神悦目，时可吟玩。无名公传，自叙尤详。性喜饮酒，命之曰太和汤。所饮不多，不喜过醉。其诗曰："饮未微酡，口先吟哦。吟哦不足，遂及浩歌"。所寝之室谓之"安乐窝"，冬燠夏凉，遇有睡思则就枕。其诗曰："墙高于肩，室大如斗。布被暖余，藜羹饱后。气吐胸中，充塞宇宙"。闻人言人之善就而和之，又从而喜之。其诗曰："乐见善人，乐闻善事，乐道善言，乐行善意。闻人之善，如佩兰葱"。晚有二子，教之以仁义，授之以六经。家素业儒，口未尝不道儒言，身未尝不道儒行。其诗曰："莠轩之书，未尝去手。尧舜之谈，未尝离口。当中和天，同乐易友。吟自在诗，饮欢喜酒。百年升平，不为不偶。七十康强，不为不寿"。老境从客，善于自养，孰有如康节翁者乎？

吕东莱伯恭《横山吴氏佚老庵记》云：横山吴君珉，治别室之西偏，榜以"佚老"。休工归役，斤斧收声，辑枝立于前，闻窃语于阶者曰："棋陇绳畦，坻粟京稼，筹算挂壁，万货四臻。此吾主人翁所以佚其老也"。少进至于门，闻行语于途者曰："丰林邃宇，樽俎靖嘉。鸥鹭不惊，风月相答。此吾豪长者所以佚其老也。"又进至于郊，闻聚语于塾者曰："培嗣以学，既茂既敷。秩壶以礼，既序既饬。此吴乡丈人所以佚其老也。他日吾君为予道之。"子曰："夫三者之言何如？"吴君曰："阶得吾粕，途得吾漓，塾得吾醇，出浸远。吾名吾室，义其究于此乎"。子曰："未既也。畏峤登舆，身闲心慄，厌市筑墉，目静耳喧。君虽善自佚，逾阛以往，肩逝腹枵者踵相接。岁或不升，尪瘠困惫，呻吟交于大逵。专一室之佚乐乎哉？君千里中望也。盍劝族党，惕劳振乏，已责纾逋，同其美于是乡，则尽横山表里皆吾佚老庵也。其视尺椽半席，广狭何若？"君谢曰："厚矣，子之拓吾境也！顾童奴陷其说于壁间以劝"。此记为勉耆英力行好事，敛岁济赈，实积阴功，必有紫府真人延之于上坐者。

辛稼轩词：寿赵茂中郎中，时以置兼济仓里中赈济，除直秘阁。《沁园春》。云：甲子相高，亥首曾疑，绛县老人。看长身玉立，鹤般风度，方顺须磔，虎样精神。文烂卿云，诗凌鲍谢，笔势骎骎更右军。浑余事，羡仙都梦觉，金阙名存。门前父老忻忻，换奎阁，新褒诏语温。记他年帷幄，须依日月，只今剑履，快上皇辰。人道阴功，天教多寿，看到貂蝉七叶孙。君家里，是几枝丹桂，几树灵椿。

又《呈茂中前章记广济仓事·满江红》云：我对君侯，长怪在、两眉阴德。更长梦、玉皇金阙，姓名仙籍。旧岁炊烟浑欲断，被公扶起千人活。算胸中、除却五车书，都无物。溪左右，山南北。花远近，云朝夕。看风流杖履，苍髯如戟。种柳如成陶令宅，散花更满维摩室。劝人间且住五千年，如金石。

赵龙图《自咏·念奴娇》云：吾今老矣，好归来，了取青山活计。甲子一周余半纪，谙尽人间物理。婚嫁随缘，田园粗给，知足生惭愧。心田安逸，自然绰有余地。还是初度来临，葛巾野服，不减貂蝉贵，门外风波烟浪恶，我已收心无累。弟劝兄酬，儿歌女舞，乐得醺醺醉。满堂一笑，大家百二十岁。

辛稼轩《寿人七十感皇恩》云：七十古来稀，人人都道，不是阴功怎生到。松姿虽瘦，偏耐云寒霜冷。看君霜鬓底，青青好。楼雪初晴，庭闱嬉笑，一醉何妨玉壶倒。从今康健，不用灵丹仙草，更有一百岁人难老。

又《为婶母王氏庆七十·感皇恩》云：七十古来稀，未为稀有，须是荣华更长久。满床靴笏，罗列儿孙新妇。精神浑似个西王母。遥想画堂，两行红袖，妙舞清歌拥前后。大男小女，逐个出来为寿，一个一百岁一杯酒。

《最高楼寿洪内翰七十》云：金闺老，眉寿正如川，七十且华筵，乐天诗句香山里，杜陵酒债曲江边。问何如歌窈窕，舞婵娟。更十岁太公方出将，又十岁武公方入相。留盛事，看明年，直须腰下添金印，莫教头上欠貂蝉。向人间长富贵，地行仙。

《鹊桥仙为人庆八十席间戏作》云：朱颜晕酒，方瞳点添，闲傍松边荷杖。不须更展画图看，自是个寿星模样。今朝盛事，一杯深劝，更把新词齐唱。人间八十最风流，长贴在，儿儿额上。

又《为岳母庆八十》云：八旬庆会，人间盛事，齐劝一杯春酿。胭脂小字点眉间，犹记得、旧时宫样。彩衣更着，功名富贵，直过太公以上。大家着意记新词，遇着个、十年便唱。

《品令族姑庆八十·来素俳语》：更休说，便是个住世观音菩萨。甚今年容貌八十岁，见底道才十八。莫献寿星香烛，莫祝灵龟椿鹤。只消得把笔轻轻去十字上添一撇。

张于湖寿祥帅潭州日，《寿黄倅永存母淑人木兰花》云：慈闱生日。见说今年年九十。戏彩盈门。大底孩儿七个孙。人间盛事。只这一般难得似。愿我双亲。都似君家太淑人。

曾祖参政文靖公《寿伯母太夫人上官氏木兰花词》云：吾家二老。前有高平生癸卯。若到今辰。讵止荣华九十龄。共惟伯母。九十新年还又五。五五相承。好看重逢乙巳春。上官氏、朋溪宁国府判梦得朴庵、编修户部提刑庶传之母。高平郡夫人江氏，文靖公之祖母，皆年过九十。吾家二寿母也。

又有《鹧鸪天》二阕云：九十吾家两寿星。今夫人赛昔夫人。百年转眼新开帙，十月

循环小有春。十月二十一日生生日到，转精神。目光如镜步如云。年年长侍华堂宴，子子孙孙孙又孙。寿母开年九十三。佳辰就养大江南。缇屏晃辉新宁国，绣斧斓斑老朴庵。倾玉斗，擘黄柑。两孙垂绶碧于蓝。便当刊颂崆峒顶，留与千年作美谈。

文靖公在朝日，寿母昌国叶夫人词，云：帝里风光别是天。花如锦绣柳如烟。还逢令节春三二，又庆慈闱岁八千。斟寿斗，列长筵。子孙何似咏高年。各裒千首西湖作，一度生朝献一篇。

任静江经略安抚日，元夕奉亲出郊词，云：彩结轻车五马随。倾城争出看花枝。笙歌十里岩前去，灯火千门月下归。莲炬引，老莱衣。蛾眉无数卷帘窥。谁知万里逢灯夕，却胜寻常三五时。

寿母词云：满二望三时，中春三十日，春景方明媚。又见蟠桃结子来，王母初筵启。无数桂林山，不尽漓江水，总入今朝祝寿杯，永保千千岁。

朴庵编修户部知平江府日寿母上官太夫人感皇恩云：觅得个州儿，稍供彩戏，多谢天公为排备。一轮明月，酝作清廉滋味。倾入寿杯里何妨醉。我有禄书，呈母年万计。八十三那里暨，便和儿美。恰一百四十地，这九千余岁长随侍。

《鹧鸪天》云：天遣丰年祝母龄。人人安业即安亲。探支十日新阳福，来献千秋古佛身。儿捧盏，妇倾瓶。更欣筵上有嘉宾。紫驰出釜双台馈，玉节升堂两使星。

家居日，鹧鸪天寿词，云：诸佛林中女寿星。千祥百福产心田。喜归王母初生地，满劝麻姑不老泉。吾梦佛半千员。一年一佛护庭台。数过九十从头数，四百余零一十年。序云：十月二十一日，吾母太淑人生日也。今年九十，仰荷乾坤垂佑，赐以福寿康宁。愿益加景覆，令其耳目聪明，手足便顺，五脏六腑和气流通，常获平安之庆，子孙贤顺。寸禄足以供甘旨也。黄玉牕祖母张氏寿八十有三，乃翁怡轩居士赋词，有“八十加三迎九十，还似婴童”之句。其居与朴庵对门，朴庵闻之喜曰：“吾仁邻亦有寿母如此耶！”怡轩庆母年开九帙云：“又见梅妆碧玉枝，弟兄相聚着莱衣。西方佛庆明朝诞，南极星腾寿日辉。百岁阿婆开九帙，两房孙子戏重闱。年年得侍高堂醉，坐对天花散漫飞。”

刘随如镇寿赵路分八十，《感皇恩》，云：八十最风流，那谁不喜，况是精神可人意。太公当日，未必荣华如此。儿孙列两行莱衣戏。好景良辰，满堂和气，唱个新词管教美。愿同彭祖，尚有八百来岁，十分才一分那里暨。此词亦用那里暨三字，盖本于康伯可之词。

程沧洲寿后溪刘侍郎云：“朱颜白发炯双瞳，一念平生造物通。内阁图书真学士，西园几杖老仙翁。木公金母人间现，桂子桐孙寿耤同。遥想彩衣围四世，后溪无日不春风”。姚状元赋《吕氏宜老堂》云：“此堂清不着珠玑，只要双亲佚老宜。春酒仅堪眉寿介，斑衣长似乳时嬉。妇垂鹤发陪姑纬，翁捻银髯课子诗。饱饮菊花潭上水，鸡窠犹自拜孙枝。二诗贵华富艳，人间至乐孰加焉？李守为承旨奉使过海至琼。道逢一翁。自称杨避举年八十一，其叔父皆年一百二十余。又见其祖宋卿年九十五，次见鸡窠中有小儿出头下视。宋卿曰此九代祖也，不语不食不知其几岁矣。”

唐《九老图·白乐天诗序》云：胡杲年八十九、吉败年八十八、刘真年八十七、郑据年

八十五、卢真年八十三、张浑年七十七、居易年七十七，于东都履道坊合尚齿之会，七老相顾，既醉且欢。静而思之，此会希有。因各赋七言韵一章以记之。乐天诗云：七人五百八十四，拖紫纡朱垂白须。囊里无金莫嗟叹，樽中有酒且欢娱。吟成六韵神还旺，饮到三杯气尚粗。嵬我狂歌教婢拍，婆娑醉舞遣孙扶。天年高迈二疏传，人数多于四皓图。除却三山五天竺，人间此会且应无。

或传诸好事者，有二老年貌绝伦，同归故乡，亦来斯会。洛中遗老李元爽年一百三十六，禅僧如满归洛年九十五，皆年之尤高者也。续命书姓名年齿，写其形貌附于图右，乐天赠之诗云：

雪作须眉云作衣，辽东华表暮双归。当时一鹤犹稀有，何况今逢两令威。

宋洛阳耆英会，文潞公年七十七、留守西都富韩公年七十九，致政在里第。二公弼、亮，三朝为国元老，与席司封汝言等于韩公之第，买酒相乐，宾主十有二人，图与妙觉僧舍。司马温公年未七十亦与焉。潞公命温公序其事，诸公皆有诗。温公诗云：

洛下衣冠爱惜春，相从小饮任天真。随家所有自可乐，为具更微谁笑贫。不待珍羞方下箸，只将佳景便娱宾。庾公此兴知非浅，藜藿终难作主人。

潞公请老致仕，后再起平章军国之事，制书云："吕望惟贤，起佐文王之治。周公已老，留为孺子之师"。继而请老，复以太师致仕，年九十二，寿独高于诸公云。

# 卷之一万一千九百五十一 十九梗

## 顶

### 头顶

《金楼子·兴玉篇》

梁高祖武皇生而灵异,顶垂带,有圣德,尝有桑门释僧辉。不知何从来也,自云有许负之法,通名诣上,见而惊曰:"檀越顶上有伏龙,此非人臣之相,贫道所未见也。若封泰山,愿能见觅"。上笑而不答。此后莫知所之。详相字。

钟离春

《列女传》

齐钟离春,齐无盐邑之女。钟离,姓。春,名也。其为人极丑无双,凹头深目,顶上少发,折腰出胸。《庄子》曰:"支离疏颐隐于脐,肩高于顶。"

《太平广记》

柳芳为郎中,子登疾重。时名医张万福,初除泗州,与芳故旧。芳贺之,具言子病惟恃故人一顾也。张诘旦候芳,芳遽引视,登遥见顶曰:"有此顶骨,何忧也"。因评脉五六息,复曰:"不错。寿且逾八十"。乃留方数十字,谓登曰:"不服此亦得。"后登庶子,年至九十。韦曜《毛诗》问曰:"早晚眼在顶上"。应琚新诗:"醉酒巾帻落,顶秃赤如狐。"

### 蓬莱顶

《瑞州府志》

在松垣之前。通判王元冲建楼而以名,下曰"祥风堂"。

《舆地纪胜》

华盖山、蓬莱顶，在崇仁县，形如华盖，又号“江南绝顶”。

## 甘露顶

《新唐书·裴敬彝传》

裴敬彝七岁能文章，性谨敏，宗族重之，号“甘露顶”。

## 太白顶

《登州府志》

即昆仑山之上。在州东南六十里，其峰高大，故名。

## 蒙顶

宋朱翌《猗觉寮杂记》

《唐史》风俗贵茶之名，剑南之蒙顶。

## 蝼顶

《酉阳杂俎》

金中蝼顶最上，六两为一垛，卧蝼蛄穴及水皋形，当中陷处名趾腹，链上凹处，紫色，名紫胆。

## 九天顶

《淮南鸿烈解·修务训》

夫怯夫操利剑击，则不能断，刺，则不能入。及至勇武攘卷，一捣则折胁伤干，为此弃

干将、莫邪而以手战，则悖矣。所为言者，齐于众而同于俗，今不称九天之顶，则言黄泉之底，是两未之端议，何可以公论乎？

## 铁狮顶

《建安志》

在城南三里，即今府治对山也。山之巅有庵，庵有铁铸文殊狮子像，因山名之。先是阴阳家谓府治来山，若猛虎出林，溪西诸山若队羊。然欲其不为伤也，乃于对山置铁狮以镇之。宣和间，移置开元寺。未几，叶范二寇继作，且有虎渡河之异。绍兴改元，太守刘公子冀以耆老杨觐等有请，遂复其故。或云：恐铁狮下视城中，仍于府治厅事，及建安堂柱下埋小狮二十四于地中，以明子母相应之意。又郡庠面对此山，曰文笔峰。绍兴初，有僧卓庵其上，收兵器铸铁塔于山巅。厥后郡人以其不利于科举，移置光孝寺。次年城中遂有卢觉者登第。谚云：城外打铁塔，城里得卢觉。谈者以为笑。自是登科省无虚榜，亦足为验云。

## 火炉顶

《吴兴志》

旧编云：在东林山上。《回仙录》云："葛洪尝炼丹于此"。昔人曾开岩顶得莩炭数斛，内有双陶，合牢不可启，击破视之无物。山下有炼丹九井尚存。山之东有溪曰"仙溪"，溪口有龟潭凤泽。

## 巫咸顶

《平阳志》

在县南五里，高一里，盘踞五里，即中条山脉。势如卓锥，商巫咸隐于是，因名。又名"瑶台顶"。

## 仙人顶

《吴兴志》

旧编云：在县西二十里楱贤村。山上有石洞，旧传有仙人居此，故名仙人顶。或传齐田常之乱，管仲之后逃难入吴楚，有居此者。今山多管氏，然不见书传也。

## 菩萨顶

《一统志》

在叙州府宣化县西，山丛秀中一峰突出，父老相传圣灯数现。

## 登华山顶

《类说》

韩退之好奇，与客登华山绝峰不可及，发狂大恸，华阴令百缺原取之得下。

## 生而羾顶

罗泌《路史·高辛后纪》

叔梁纥封聊，生皮及尼，孟皮袭聊，为聊氏。尼母颜野合生而羾顶，故名丘，而字仲尼。尼，古夷字羾，盖圩字拗貌，故世本《史记》家谱皆作圩顶。《纬书》言："孔子反宇"。世本云："反首张面，言项上窳也"。淮人谓堰水平浸为汙。然《字书集韵·举音为篇说》云："头妍从翩，诬矣。"世言颜氏祷尼丘山，而为名字，更著之于鲁国，岂不以山川之义哉。

《孔子世家补》

孔子生而首上圩顶，故因名曰丘，字仲尼，姓孔氏。注：音乌顶之上窳而下，故云孔子顶如反字。凡厦屋四垂而为宇，中高而四傍低若屋宇。之反，则中低而四傍高也。《素王事纪·祖庭广纪》曰：先圣生有异质，凡四十九，表参膺圩顶。详貌

《东家杂记》

叔梁大夫与颜氏祷于尼丘山，而先圣生，生而首上圩顶，如尼丘山顶之圩。

## 五柱入顶

《北史·隋本纪》

高祖龙颔，额上有五柱入顶。

## 肉峰生顶

《吴中旧事》

麋师旦,字周卿,吴人。绍兴戊辰登科。绍熙庚戌,为江东转运主管官。蜀相士杨生,谓于相法,当有肉峰生顶上,愈壮则愈显。后果有肉隆然。癸丑岁,为嘉禾守杨复访之,则峰益高麋,尝历御史主簿秘书郎。

## 耳长出顶

《抱朴子·内篇·微旨卷》

若令吾眼有方瞳,耳长出顶,亦将控飞龙而驾庆云,凌流电而造倒景。详旨

## 脱帽露顶

《事类蒙求》

脱帽露顶王公前。杜

## 三日一开顶

《酉阳杂录》

长沙樊著作"三日一开顶"。详坳

## 啐其顶

元程钜夫撰《忠献王神道碑》

上都新凉亭成大宴诸王百官行酒,公进曰:"此可饮乎?"上悟,抱公滕上啐其顶,顾谓皇太子曰:"有臣如此,臣何忧焉?"

## 炼顶

《类说》

宣宗诏迎佛骨,有僧以艾覆顶上,谓之炼顶。火发痛作,坊市少年擒之不令动摇号呼,道上见者哄哂。

## 禁燃顶

《宋史·本纪》

大观四年,禁燃顶炼臂,刺血断指。

## 髡顶

范成大《揽辔录》

东京虏改为南京民,久习胡俗态度嗜好与之俱化,男子髡顶,月辄三四髡,不然亦闷痒。余发作椎髻于顶上,包以罗巾,号曰"蹋鸱",可支数月,或几年。村落间多不复巾,蓬辫如鬼,反以为便。

## 剪发留顶

《北史·匈奴宇文莫槐传》

其先出辽东塞外,南单于之远属也。世为东部大人,其语与鲜卑颇异,人皆剪发而留其顶上,以为首饰。长数寸,则截短之。

## 辫发髡顶

《宋史·何充传》

通判黎州摄州事,预为备御计。俄关破,充自刺不死,大军帅呼之语,许以不杀。充曰:"吾三世食赵禄,为赵氏死不憾。"帅虚宾席,呼充曰:"汝能降,即坐此。"充踞坐地求死，遂罢。它日又呼之，欲辫其发而髡其顶，曰："可杀不可髡"。

## 过涉灭顶

《易·大过上六》

过涉灭顶，凶无咎。程传曰："如过涉于水，至灭没其顶，其凶可知"。详大过卦。

## 铁锥贯顶

《太平广记》

严遵为扬州刺史行部，闻道傍女子哭而声不哀，问之云："夫遭烧死，遵敕吏舆尸到。"令人守尸，曰："当有物。"往吏，白有蝇聚头，所遵令披视，铁锥贯顶。考问，以淫杀夫。

## 七宝帽顶

《元史·仁宗皇帝纪》

淮东宣慰使献七宝帽顶，帝却之。

## 楼子佛顶

《百菊集谱》云

楼子佛，顶心大突起，似佛顶，四边单叶。

## 末山不露顶

《宗门统要》

筠州末山尼了然，嗣大愚因灌溪到，问："如何是末山？"师云："不露顶溪。"云："如何是末山主？"师云："非男女相溪乃喝"。云："何不变去？"师云："不是人不是鬼，变个甚么？"昭觉勒云："或有人问山僧，如何是末山？"，"一望不见"。"如何是末山主？"可与佛祖为师。""何不变去？""上座自变。"拟议不来，劈脊便捧。且道末山是，蒋山是。当机无

向背，拟议隔千山。天童觉云：“非男女之相，出有无之量，透万机之前，超三界之上。穷通简而当，松含风而夜寒，溪带雨而春涨”。

《颂古联珠集·真净文》

末山不露凌云顶，今古岧□在目前。又道本无男女相，非君莫辨火中莲”《自行晖》：“非男女相独间间，正体堂堂孰可攀。一句不传千圣眼，九天风净月弯弯。”

《月林观》

非男女相末山主，今古堂堂独露露。常独露兮见也么，清声籍籍播寰宇。

## 妙高峰顶

《宗门统要》

长庆棱禅师，因游山次，保福以手指云：“只这里便是妙高峰顶。”佛云：“是即是，可惜许”。镜清忿云：“若不是孙公，便见髑髅遍野。”雪窦显云：“今日共这汉游山图个什么？”复云：“百千拜后，不道全无只是少”。鼓山晏云：“长庆若不与么，红旗遍野，白骨连山”。

《颂古联珠·汾阳昭》

因上高岩到顶头，僧人致问已圆周。是即便是可惜许，只恐同音别处游。

《草堂清》

八万四千非一一，七金山内海滔滔。妙高峰顶平如掌，谁把长竿钓巨鳌。

《佛心才》

携手相将孰共行，目前唯睹妙高山。云泥不隔来时路，付与儿孙触处看。

《般若柔》

啮镞交锋是作家，不孤来问这些些。知时及节因行事，可惜兹人返叹嗟。

《呆堂定》

是即是兮可惜许，拟心早涉三千里。行人念路客思家，违磨杖头挑集履。

《宝叶源》

妙高孤顶忽登临，浩浩无风白浪深。除却镜清长庆外，此时谁更是知音？

## 诸佛智顶

《禅林僧宝》

偈圆通居讷禅师曰："若更起心思虑，即有攀缘，即尘劳愈高，烦恼愈深，不能以至诸佛智顶"。

## 金手摩顶

《天台别传》

天台大师，年十五，于长沙像前发弘大愿，誓作沙门。荷负正法为己重任？既精诚感通，梦彼瑞像，飞临宅庭，授金色手从窗隙入，三遍摩顶。由是深厌家狱，思灭若本。但二亲恩爱，不时听许。

## 按善财顶

《华严入法界品》

文殊师利，遥伸右手，过一百一十由旬，按善财顶疏曰："由旬明超数量，按顶表于摄受。亦以普法置心顶故。"

## 甘露灌顶

《佛祖统纪》

祖韶法师，梦入古寺，见僧踞坐，谓曰："吾为汝说第一义谛"。闻毕，如甘露灌顶，即见依正皆如云影。

# 甘露入顶

《广弘明集》

谢大集经讲疏启云："甘露入顶，慧水灌心。似暗遇明，如饥获饱。"

# 金瓶灌顶

《佛严经》云

佛子如转轮圣王生太子，母是正后身相其足。其转轮王，令此太子坐白象宝妙金之座，张大纲幔，建大幢幡燃香散花，奏诸音乐，取四大海水置金瓶内，王执此瓶灌太子顶，是时即名受王职位，堕在灌顶刹利王数。

# 放光摩顶

《佛祖统纪》

程子吾居山十五年，专志念佛。是年八月，见阿弥陀佛放光摩顶。

# 紫云覆顶

《佛祖统纪》

法华尊者智威禅师每登座，有紫云覆顶，状如宝盖。

# 佛声至有顶

《涅槃经》

二月十五日临涅槃时，以佛神力大音声，其声遍满，乃至有顶。

# 灌顶尊者

《佛祖统纪》

灌顶尊者，字法云，姓吴氏，临海章安人。七岁入摄静寺，依慧拯，日记万言，二十受具戒。谒智者于修禅，禀受观法。随智者止金陵光宅听讲法华，受法华玄义，于江陵王泉及圆顿止观。至于余处讲说听受之次，悉与结集，大小部帙百有余卷，传诸未闻，皆师之功也，所著《观心论》等。

# 东山云顶禅师

《五灯会元》

泉州人，以再下春闱，往云台大吼寺剃染具戒即谒大愚芝神鼎諲。后见罗汉下尊宿，始彻己事。道学有闻丛林，称为顶三教。详僧。

# 三花聚顶

《悟真篇》

以精化气，以气化神，以神化虚，曰三花聚顶。

# 乘云山顶

《仙传》

王道真得道鬼谷山东古板台。常有白云于台中，远望如楼，道真常乘云游戏山顶，暮归台中，白云亦敛而随之。

# 诗

## 宋谢灵运诗

### 登石门最高顶一首

晨策寻绝壁，夕息在山栖。疏峰枕高馆，对岭临回溪。长林罗户庭，积石拥基阶。连岩觉路塞，密竹使径迷。来人忘新术，去子惑故蹊。活活夕流驶，嗷嗷夜猿啼。沈冥岂别理，守道自不携。心契九秋干，目玩三春荑。居常以待终，处顺故安排。惜无同怀客，共登青云梯。

### 《唐诗拾遗·高辅尧登山顶》

由径寻山路，登临步步疑。纵高终带险，任达亦须危。况是多防地，那堪独力时。荆榛方栉比，直道拟奚为。

## 方玄英诗

### 题龙泉寺绝顶

未明先见海底日，良久远鸡方报晨。古树含风长带雨，寒岩四月始知春。中天气爽星河近，下界时丰雷雨均。前后登临思无尽，年年改换去来人。

## 宋冯时行诗

### 留题云顶并序

绍兴二十九年，岁在乙卯缙云冯当可登此山主事惠公持木板丐诗，勉从其请为题拙恶男相侍行。

山如虬龙来，渴饮金渊水。水竭欲飞去，骧首振鳞尾。壮哉老头陀，奋迅咄使止。左手揽其角，右手持其耳。压以大兰若，宛转不得起。蹰跌盘石上，顾旨役万鬼，至今五百载，金碧半天倚。擅施走两川，浇钵日万指。我来遇其下，柴车为一柅。周览三叹息，仰

止百拜跪。凭高抚浩荡,霜天净无滓。幽怀散百虑,老眼卷千里。因知大力量,建立乃如此。德大无小试,器薄戒远使。不闻力扛鼎,但见撅撼蚁。感彼上人者,不觉泪盈眦。

## 李㲹《济南集》

### 登楚山绝顶

新雨路少人,公子有佳招。下马语未竟,西城趋连镳。初云眺江阁,忽欲登山椒。陟峪践跷踊,舍鞍升岧。溅溅云履湿,翩翩风袂飘。广隰绿交暎,芜城远无嚣。带僚江路永,隙光溪影摇。他山若聚米,乱垅疑翻潮。岸巾叹鬓槁,抚鞸怜肉消。欲摅纡郁怀,自恨佝偻腰。心知中峰近,意怯老步遥。班荆坐危磴,植杖临高苗。注目送三士,绿萝凌九霄。风流暂云散,箕踞还独谣。仰答顺风呼,俯听深涧樵。山灵或耸诮,谷友如迁乔。虽同仙凡隔,亦觉神奕超。母比抱肠鼠,已异枝巢鹩。夕曛下归径,平林有鸣蜩。回瞻已陈迹,青霭烟寥寥。

## 吕居仁诗

### 登太室绝顶

生平仰嵩丘,今日上绝顶。苍天不能高,星斗閟光景。风云乍起伏,雷雨半苏醒。下看飞鸟背,错乱松柏影。神龙不深遁,偃蹇卧半岭。旧闻飞石斗,不受悬瀑梗。大河东北流,渺渺黄数顷。五更看日出,平地涌金饼。谁能啜其华,夜气初未冷。诸峰环而立,一一皆秀整。中居此丈夫,众象不得骋。巍然万物表,独阅百代永。同来有奇士,可得一笑领。不用贮微言,区区吊箕颖。

## 宣机郡斋酬

倡拉元辅伺,游五祖,以隔县为言。后一日独登峰顶,戏作十六韵,附邮筒寄之:我昔游西南,行尽山水窟。归来见山水,依旧爱入骨。书生有习气,欲去不可卒。浮名若相绊,使我意忽忽。一春走客程,半是尘土汩。心期揖清胜,得得为洗拂。名山古道场,尽出诸祖佛。清泉落岩窦,遮护有神物。白莲峙其上,峰顶愈崷崒。烟云半吞吐,日月互出没。举手摘星辰,俯焉见栖鹘。旁招五老峰,相对两突兀。栏干遍徙倚,便欲谢簪绂。万事可顿忘,妄念不须咄。张先骐骥姿,乃为羁绊屈。何妨寄诗筒,为我写幽郁。

# 苏过《斜川集》

登峻极顶

言登嵩高峰，结束两芒履。摄衣上天梯，股栗战荦确。不知几流汗，跃出万仞壑。刚风被太虚，尘世俯下浊。依稀两仙童，遣我一丸药。平生井底蛙，未见宇宙廓。四维忽骞举，小知为磅礴。得穷恹谲眼，赖有腾趠脚。东观扶桑升，北瞰天河落。不须议雄尊，培𪣻眇庐霍。

渡泉峤出诸山之顶

岑崟蔽日月，左右信艰哉。万壑共驰惊，百谷争往来。鹰隼既厉翼，蛟龙亦曝腮。崩壁迭枕卧，崭石屡盘回。伏波未能凿，楼船不敢开。百年积流水，千岁生青苔。行行讵半景，余马以长怀。南方天炎火，魂兮可归来。

# 郭功父诗

峰顶

登山不辞险，探景须穷幽。行彻五千仞，回首视九州。人寰莽何处，大野苍烟浮。更酌天地泉，古意空悠悠。

# 朱晦庵诗

胡文广仲、与范伯崇自岳市来，同登绝顶，举酒极谈，得闻比日讲论之乐。

我已中峰住，君从何处来？莫留岩底寺，径上月边台。浊酒团乐坐，高谈次第开。前贤渺安在？清酹寄余哀。

绝顶

当年赫曦台，移治在兹岭。寥廓无四邻，三光疑倒影。

# 僧文珦诗

### 登太白绝顶龙池望远

苍莽势连空，跻攀径绝踪。乱峰排似戟，片石向于钟。鸟语春云密。龙归莫两重。下观群岫小，始觉此为宗。

### 湖寺上方通玄峰顶

峰顶非人世，青山满目多。塔层侵树影，钟响度湖波。心外元无境，诗成亦是魔。禅翁清净耳，浑不听笙歌。

# 《江湖后集》

### 荡顶

高平余十里，湖澍落中间。此地何耕凿，长年迷草菅。一庵犹有路，四望或无山。道者了经果，慰余登陟间。

# 李昭玘《乐静集》

### 中顶

策足穿云表，都无几尺天。人寰莽何在，万里一荒烟。

# 黄庶《伐檀集》

### 登大云顶

区区霸迹欲知小，试绝大云孤顶看。老僧指我日上处，镜面泻出黄金盘。青州去海尚逾二百里。寺僧云。山顶日出时往往见海。

# 《孔武仲集》

## 峰顶

苦霰悲风作斧斤，千秋松竹摸精神。似闻犬吠白云外，犹有秦时避世人。

# 范石湖集

## 山顶

翠屏无路强攀缘，我与枯藤各半仙。不敢高声天阙近，人间漠漠但寒烟。

## 凌云九顶

即大石佛处。初登山时岩壁上悉刻为小佛，不知其数山前佛头滩。受雅江之冲，最为艰险。

聊为东坡载酒游，万龛迎我到峰头。江摇九顶风雷过，云抹三峨日夜浮。古佛临流都坐断，行人识路亦归休。酣酣午枕眠方丈，一笑闲身始自由。

# 《吕元钧集》

## 和行金堂峡思云顶

山腰路转多临水，峡口天开又见山。疑是庆云曾结盖，故留仙境在人间。

# 《广益集》

## 聚宝论鳄顶

鳄鱼元本出深渊，红得浓而最直钱。连梳水鬓龟筒扑，鹤顶朱梳是妄传。鳄鱼顶梳与系腰条环事件之属。俱系龟筒作底甘朴子牵琥珀色。嵌鳄丁红点儿花者是也。人多言朱顶鹤之顶，刮去红皮而见肉。此言非矣。宜当知之。

# 《鹤林文集》

### 上峰顶

一峰骆驼岭突兀，万级胡孙梯屈盘。佛法岂无平易处，怕人只作等闲看。

# 喻良能诗

### 登寺后峰绝顶

杳杳扶筇上翠岭，松风萧飒五云深。不知直自登临处，下至平川几百寻。

# 刘龙洲诗

### 登白云绝顶

两罢新晴怯宿寒，一帘秋色满栏干。欲穷大地三千界，顿上高峰八百盘。累世避人秦父母，一时惊客汉衣冠。尘寰元有清吟处，便作三山蓬岛看。

# 邵尧夫诗

### 登嵩顶

九州环远若棋枰，万岁嵩高看太平。四海有人能统御，中原何复有交争。长忧眼见奸雄辈，且愿身为尧舜氓。五十三年芜没事，如今方喜看春耕。

# 太师《冯山集》

### 和李献甫云顶

举首看山不到山，每来留恨翠微间。禅关但有经年约，使传终无一日闲。春到柏林香渺渺，雨余岩漏泻潺潺。虎溪莫过虚邀客，猿鹤钟峰怅未还。

## 刘祁《太山雅咏》

### 望绝顶

长想东封在杳冥，此来何幸一同登。欲穷四海无边景，须到三峰最上层。川豁只疑秦塞近，云开却见楚江澄。天门受尽清凉供，回首人间正郁蒸。

### 太平顶

礨岩绝顶柱青天，遐想前朝一慨然。颂德秦碑空落日，纪功唐刻已秋烟。百年名刹抛身外，万里山川萃眼前。便拟诛茅成小隐，一声长啸白云边。

### 杜仁杰太平顶

柴望山川岁例东，因加一篑最高峰。前王不作烦民事，季世空留刻石工。扰扰世人私自祭，雍雍大礼议谁从。秦皇汉武何为者，也在鱼龙曼衍中。

### 高翱太平顶

元气胚胎结老阴，摩天高顶五云深。几经封禅穷奢侈，坐见兴亡阅古今。扰扰旅于非止季，巍巍曾谓不如林。登临落日荒坛上，万里乾坤入独吟。

龙泉窑青釉盘口瓶

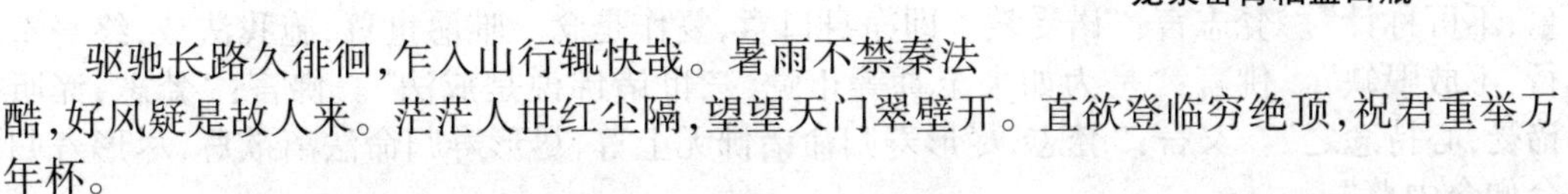

### 杜顶诚明真人登泰山岳顶

驱驰长路久徘徊，乍入山行辄快哉。暑雨不禁秦法酷，好风疑是故人来。茫茫人世红尘隔，望望天门翠壁开。直欲登临穷绝顶，祝君重举万年杯。

## 元萨天锡诗

### 宿南台寺绝顶

江白潮已来，山黑月未出。树杪一灯明，云房人独宿。近水星动摇，河汉下乘屋。四月夜寒深，繁露在修竹。

# 程礼部诗

## 五顶秋霞

墙头见螺髻，历历数五顶。秋霞烂其颠，倒照碧天影。敷华朝可食，濯秀夕已领。短发勿渠惊，乌巾聊一整。

# 《王秋涧文集》

庚寅春三月，与张恭政献子、李司卿辅之会饮九仙绝顶其道室榜曰满目云山。

四千里外同羁旅，三十年来老弟兄。樽俎喜陪今日宴，江山难得脱来晴。岩花带露春容湿，醉袖翻香笑语清。莫对云霞说轻举，苍生料理正烦卿。昔张参正奉旨料八州民数。

# 灌顶经

闻如是一时佛在舍卫国只树给孤独园，时与千二百五十比丘，菩萨万人，天龙八部，悉来在会，咸然一心，叉手听法。

于是异道有鹿头梵志，来到佛所，稽首作礼，胡跪合掌白佛言："久闻瞿昙，名声远振，今欲舍置异学，受三自归并五戒法。"

佛言："善哉！善哉！梵志，汝能舍置余道归命我者，当自悔过。生死之罪，其功无量，不可称计"。梵志言："诺受教。即净身口意，复作是念。唯愿世尊，施我法戒，终身奉行，不敢毁缺"。佛言："是为如来至真等正觉，三世诸佛说是戒法"。佛言："梵志，谛听谛受，心持念之"。又言："梵志，尽形寿归命诸佛无上尊，尽形寿归命法离欲尊，尽形寿归命僧众中尊"。

佛言："梵志，以三自归竟，是为真正弟子，不为邪恶所干挠也。"佛告梵志，汝能一心受三自归已，我当为汝及十方人，敕天帝释所遣诸鬼神，以护男子女人等辈，受三归者。梵志因问："佛言，何等是也？愿欲闻之，开化十方诸受归者"。佛言："如是，灌顶善神，今当为汝略说三十六神。四天上遣神，名弥栗头不罗婆，汉言善光。主疾病；四天上遣神，名弥栗头婆呵娑，汉言善明。主头痛；四天上遣神，名弥栗头婆逻波，汉言善力。主寒热；四天上遣神，名弥栗头抗陀罗，汉言善月。主腹满；四天上遣神，名弥栗头陀利奢，汉言善见。主痈肿；四天上遣神，名弥栗头阿娄呵，汉言善供。主癫狂；四天上遣神，名弥栗头伽婆帝，汉言善舍。主愚痴；四天上遣神，名弥栗头悉坻哆，汉言善寂。主瞋恚；四天上遣神，名弥栗头菩提萨，汉言善觉。主淫欲；四天上遣神，名弥栗头提波罗，汉言善天。主邪鬼；四天上遣神，名弥栗头呵娑帝，汉言善住。主伤亡；四天上遣神，名弥栗头不若罗，汉言善福。主冢墓；四天上遣神，名弥栗头苾阇伽，汉言善术。主四方；四天上遣神，名弥栗头伽隶娑，汉言善帝。

主怨家；四天上遣神，名弥栗头罗阇遮，汉言善主。主偷盗；四天上遣神，名弥栗头修乾陀，汉言善香。主债主；四天上遣神，名弥栗头檀那波，汉言善施。主劫贼；四天上遣神，名弥栗头支多那，汉言善意。主疫毒；四天上遣神，名弥栗头罗婆那，汉言善吉。主五温；四天上遣神，名弥栗头钵婆驮，汉言善山。主蜚尸；四天上遣神，名弥栗头三摩陀，汉言善调。主注连；四天上遣神，名弥栗头戾禘驮，汉言善备。主注复；四天上遣神，名弥栗头波利陀，汉言善敬。主相引；四天上遣神，名弥栗头波利那，汉言善净。主恶党；四天上遣神，名弥栗头虔伽地，汉言善品。主蛊毒；四天上遣神，名弥栗头毗梨驮，汉言善结。主恐怖；四天上遣神，名弥栗头支陀那，汉言善寿。主厄难；四天上遣神，名弥栗头伽林摩，汉言善逝。主产乳；四天上遣神，名弥栗头阿留伽，汉言善愿。主县官；四天上遣神，名弥栗头阇利驮，汉言善固。主口舌；四天上遣神，名弥栗头阿伽驮，汉言善照。主忧恼；四天上遣神，名弥栗头阿诃婆，汉言善生。主不安；四天上遣神，名弥栗头娑和逻，汉言善至。主百怪；四天上遣神，名弥栗头波利那，汉言善藏。主嫉妒；四天上遣神，名弥栗头固陀那，汉言善音。主咒咀；四天上遣神，名弥栗头韦陀罗，汉言善妙。主厌祷。"

佛语梵志，是为三十六部神王。此诸善神，凡有万亿恒沙鬼神以为眷属，阴相番代，以护男子女人等辈。受三归者，当书神王名字，带在身上，行来出入，无所畏也。辟除邪恶，消灭不善。梵志言："诺"。唯唯天中天。梵志又白佛言："世尊以赐三自归法，天帝遣善神三十六大王护助我身，已蒙世尊哀愍救度，今更顶礼请受法戒"。佛言："善哉，梵志！汝当净身口意恳恻，至心敬受法戒"。佛言："十方三世如来至真等正觉，皆由三归五戒得之"。

佛言：梵志，尽形寿不杀生，不教他杀，是戒能持不？若能持者，有五神王随逐护汝身，不令邪神恶鬼之所得便，梵志，尽形寿不盗他人财宝，不教他行盗，是戒能持不？若能持者，有五神王随逐护汝身；梵志，尽形寿不邪淫，是戒能持不？若能持者，有五善神王随逐护汝身，众魔皆不得便；梵志，尽形寿不妄言绮语，两舌斗乱，是戒能持不？若能持者，有五神王随逐护汝身；梵志，尽形寿不饮谷酒、甘蔗酒、葡萄酒、能放逸酒，如是酒皆不得饮，是戒能持不？若能持者，有五善神随逐护汝身。

佛语梵志，是为三归五戒法也。汝善持之，勿有毁犯。说已，梵志因白佛言："世尊，世尊说言，若持五戒者，有二十五善神营卫护人身，在人左右守，于宫宅门户之上，使万事吉祥，唯愿世尊为我说之"。

佛言：梵志，我今略演，敕天帝释使四天王遣诸善神营护汝身，如是章句善神名字，二十五王其号如是：神名察刍毗愈他尼，主护某身辟除邪恶；神名输多利输陀尼，主护某身六情悉令完具；神名毗娄遮那波，主护某腹内五脏平调；神名阿陀龙摩坻，主护某血脉悉令通畅；神名婆罗桓尼和婆，主护某指无所毁伤；神名坻摩阿毗婆驮，主护某出入行来安宁；神名阿修输婆罗陀，主护某所啖饮食香甘；神名婆罗摩亶雄雌，主护某梦安觉欢悦；神名波罗门地鞞哆，主护某不为蛊毒所中；神名那摩吁多耶舍，主护某不为雾露恶所害；神名佛驮仙陀娄哆，主护某斗诤口舌不行；神名鞞阇耶薮多婆，主护某不为温虐恶鬼所持；神名涅坻醯驮哆耶，主护某不为县官所得；神名阿逻多赖都耶，主护某舍宅四方逐凶殃；神名波罗那佛昙，主护某平定舍宅八神；神名阿提梵者珊耶，主护某不为冢墓鬼所挠；神名因台罗因台罗，主护某门户辟除邪恶；神名阿伽岚施婆多，主护某不为外鬼神所害；神名佛昙弥摩多哆，主护某不为灾火所延；神名多赖又三密陀，主护某不为偷盗所侵；神名阿摩罗斯兜嘻，主护某若入山林不为虎狼所害；神名那罗门阇兜帝，主护某不为伤亡所

挠;神名萨鞞尼乾那波,主护某除诸鸟鸣狐鸣;神名茶鞞斗毗舍罗,主护某除大鼠变怪;神名伽摩毗那阇尼佉,主护某不为凶注所牵。

佛告梵志言:"若男子女人带佩此二十五灌顶章句善神名者,若入军阵,斗诤之时,刀不伤身,箭射不入,鬼神罗刹终不挠近,若到蛊道家亦不能害,若行来出入,有小魔鬼亦不得近。带佩此神王名者,昼夜无恶梦,县官、盗贼、水火、灾怪、怨家、阴谋、口舌、斗乱、自然欢喜,两作和解,俱生慈心,恶意悉灭。妖魅魍魉,邪忤荔薜外道。符咒厌祷之者。树木精魅,百虫精魅,鸟兽精魅,溪谷精魅,门中鬼神,户中鬼神,井灶鬼神,洿池鬼神,厕溷中鬼,一切鬼神,皆不得留住某甲身中。若男子女人,带此三归五戒善神名字者,若入山陵、溪、谷、旷路,抄贼自然不现,狮子、虎、狼、熊、罴、蛇、蚖悉自缩藏,不害人也。"

佛告梵志,昔迦罗奈大国,有婆罗门子名曰执持,富贵大姓,不奉三宝,事九十五种之道,以求福祐,久久之后,闻其国中有贤善长者,尽奉佛法圣僧化导,皆得富贵长寿安隐,又能度脱生老病死,受法无穷,今世后世,不入三恶道中。

执持长者作是念言,不如舍置余道,奉敬三宝。即便诣佛,以头面著地,为佛作礼,长跪白佛言:"世尊,我本愚痴,无所识知。久闻三宝不能奉事,我于今日始得信解。佛法大慈,普济天下,我今欲舍置余道,归命于佛,惟愿天尊哀悯我等,得受法戒,为清信士。"

佛言:"汝善思量之也。然人能止恶为善者,何忧不得安隐?富贵寿命延长,解脱众难者乎?"执持白佛言:"今我以所事非真,故归命于佛耳。当哀悯我故,去浊秽之行,受佛清净决言。佛语执持,汝审能尔者,可礼敬三宝。执持长者即便胡跪合掌,佛于是与受三归已。归三宝竟,当有三十六善神王随逐护汝身。"

佛告执持言:"善男子,汝能远恶求善知识,世之希有,我当更授汝五戒之法。"佛言:第一,不杀;第二,不盗;第三,不邪淫;第四,不两舌恶口,妄言绮语;第五,不饮酒。长者执持已受三归及五戒竟。佛语长者:"汝能持是归戒,游行之处,可无所畏。戒神二十五,归神有三十六,常随护汝,外诸恶魔无敢当者"。长者从受归佛戒竟,佛为说法,欢喜信解礼佛而去。于是以后,长者执持到他国中,见人杀生,盗人财物,见好色女贪爱恋之,见人好恶,便论道之。见饮酒者,便欲追之,心意如是,无一时定。便自念言,悔从佛受三归五戒重誓之法,作如是念:我当还佛三归五戒之法。即诣佛所而白佛言:"前受三归五戒法,多所禁制,不得复从本意所作。今自思惟,欲罢不能,事佛可尔以不,何以故?佛法尊重,非凡类所事,当可还法戒不乎?"佛默然不应,言犹未绝,口中便有自然鬼神,持铁椎拍长者头者,复有鬼神解脱其衣裳者,复有鬼神以铁钩就其口中曳取其舌者,有淫女鬼,以刀探割其阴者,又有鬼神烊铜沃其口中者,前后左右,有诸鬼神,竞来分裂,取其血肉而啖食之。长者执持恐怖战掉,无所归投,面如土色。又有自然之火,焚烧其身,求生不得,求死不得,诸鬼神辈急持长者不令得动。

佛见如是,哀悯念之,因问长者:"汝今当复云何?"长者口噤不能复言,但得举手自搏而已。从佛求哀。佛便以威神救度长者,诸鬼神王见佛世尊,以威神力救度长者,各各住立一面。长者于是小得苏息,便起叩头,前白佛言:"我身中有是五贼,击我入三恶道中,坐欲作罪,违负所受,愿佛哀我"。

佛言:"汝自心口所为,当咎阿谁?"长者白佛:"我从今日改往修来,奉受三归及五戒法,持月六斋,岁三长斋,烧香散华,悬杂幡盖,供事三宝。从今以去,不敢复犯破归戒法"。佛言:"如汝今所言者,是为大善。汝今眼所见,身所更自作自得,非天授与"。佛语长者:"汝今受是三归五戒,莫复如前受归戒法也。破是归戒,名为再犯,若三犯者,为五官所得便，辅王小臣都录监司，五官使者之所得便，收神录命，皆依本罪。是故我说是言，令清信士女，劝受归戒。归有三十六鬼神之王，随逐护助，戒有二十五神营护左右，门户之上，辟除凶恶。六天之上，天帝所遣归戒之神，凡有亿亿恒沙之数，诸鬼神王番代拥护，不令衰耗。诸天欢喜皆言善哉，当共护之如是持戒若完具者。十方现在无量诸佛、菩萨、罗汉皆共称叹。是清信士女，临命终时，佛皆分身而往迎之，不使持戒男子女人堕恶道中。若戒羸者，当益作福德布施持戒，忍辱精进，一心智慧，燃灯烧香，散杂色华，悬缯幡盖，歌咏赞叹，恭敬礼拜，益持斋戒，亦得过度。若不能如上修行，如是功德，复持戒不完，向诸邪道求觅福祐，三归五戒，亿亿恒沙诸鬼神王，各去离之，恶鬼数来挠近之也。因衰致病，耗乱其家，起诸病痛，遂致丧亡。财物不聚，所向不偶，死复还堕地狱之中。虽戒具足，不持六斋，犹华树无果，妇人不产，种谷不滋，治生无利，折耗失本，更无衣帻。不持斋戒，无利如是。”

佛言：“长者，人犯所受破是归戒，凡为天上二百七十神王之所得便，更非外魔所得便也。此诸鬼神，视人善恶，若持禁戒不毁犯者，开人心意，示人善恶。人若不善，便为作害，疏记善恶，奏上天王。大王执持，随罪轻重，尽其寿命，如法若治，不令有怨，使破戒者，甘心受之”。

佛告梵志：“长者执持，舍彼异道，于我法中，受持归戒，心不安定，而复破犯，遂为鬼神之所得便，受诸苦痛。今自悔责，求哀忏谢，改更修善，作诸福德，灭诸恶海，今皆得道。合家大小宗族之中，见长者执持，罪福报应，悉从我受三归五戒，坚持不犯，皆得法眼。我今于此会中，广说长者宿命因缘，明验罪福，亦于后世广宣流布，使得闻知”。

佛语梵志：“若有清信士，清信女，若为邪神恶鬼所得便者，若横为县官所罗，盗贼剥夺，遇大疾病厄难之日，当洗浴身体，男子著单衣白袷，女当素衣，澡漱口齿，七日七夜，长斋菜食，敷好高座，悬缯幡盖，香汁洒地，烧栴檀香，一日七转，赞咏此灌顶大章句经。如是妙典，至真秘藏，消灭一切无量灾变。”

梵志白佛言：“天中天，已为我故，及十方众生，说三归五戒鬼神名竟，若男子女人，欲受归戒者，当云何授与？”

佛言：“若人欲受，先礼十方佛，长跪叉手，作如是言：‘我弟子某甲尽形寿，受三归五戒，诸佛菩萨真人圣众，哀念我等。’”

梵志又问：“受归戒法有差别不？”佛言：“无差别也。若人受者，先当列三归五戒之法，然后以神王名字著归戒下，以好素帛书持此神王名字，带持而行，行当烧香礼敬十方佛，当取月八日、七日持斋”。

若欲行来，常著身上，若著顶上，若著胸前。若恶魔相逢，无不除却。

若男子女人，著此三归五戒，善鬼神王名字之时，若入神祠，是诸邪神悉皆惊起，为其人作礼，何以故？此人带持，诸佛所说三归五戒神名字故。

佛语梵志：“此归戒鬼神名字，至尊至重。诸佛护念，汝好宣行之”。

佛说如是。阿难从座而起，前白佛言：“演说此法，当何名之？”佛告阿难：“是经名为‘灌顶章句’，归戒带佩”。佛说是经竟四众人民，天龙八部，一切鬼神，皆大欢喜，作礼奉行。坻，音池。㮛，音地。亶，多罕切。噤，渠饮切。夹，胡甲切。肿，知勇切。

灌顶七万二千神王护比丘咒经第二　　闻如是一时，世尊游于罗阅祇，梵志丘聚，从是北上。锑提山中天帝石室。尔无数比丘，各各驰走，忽忽不安，如捕鱼师，布网捕鱼，鱼都驰散。世尊遥见无数比丘各各驰散，扰扰不安，佛知而故问诸比丘言：“何故绕转如是不乐，若鱼畏网？”比丘对曰：“我为魔所挠，在所不安。昼则遇诸贼盗、毒蛇、虺蝮及诸龙象熊罴所挠，不得定意，求四道果，见恼如是。当奈之何？”佛告诸比丘：“勿生忧恼，当为汝说灌顶章句。百二十神王导从前后，为汝作护辟，除邪恶诸挠害者，不令得便。在所至到，营卫佐人，获善吉利，万邪皆伏。”诸比丘喜闻佛所说，心开意解，前礼佛足，长跪叉手白佛言：“世尊唯愿演说灌顶章句，拥护我等及未来世诸比丘辈，令得安隐，使人定行。”

佛告诸比丘：“我今为汝一一分明说灌顶章句，百七十二大鬼神王名字，如是谛听忆念，慎莫忘之也。诸比丘言诺受教，叉手静听。”佛言：“神名道轲弥迦罗移嘻隶、神名嘻隶殷锛何罗锛、神名摩丘披赖兜呵头沙、神名翅拘黎因提隶比丘披、神名沤罗须弥者罗阿罗因、神名阿罗耶阿耆破者、神名耶勿遮坻锛移何锛、神名沤那是陀弥提屠。”

佛祖金身塑像

佛告诸比丘，此十八神王，护诸比丘及未来世诸比丘众，及护僧伽蓝。佛见锛提山中诸比丘辈，忽忽不安，昼则为盗贼恶人所恼，夜则为鬼神所困，及诸龙象熊罴虎狼之所惊怖，又为蛊毒所中，佛于是广为诸比丘辈，是无上灌顶章句诸大鬼神名号，今诸比丘常获安隐吉利之福，无诸祸害。

神名阇黎摩诃阇黎、神名阇罗尼优佉目佉、神名沙波提阿知和知、神名那知鸠那知波那提、神名提我沙罗波提、神名阿那波提波那提。佛告比丘此十二神王，护诸比丘辈。说鬼神若人非人，不敢挠近，毒药不中，不为水火焚漂，县官盗贼不令得便，怨家债主不能剥夺，神王眷属，七百徒党常为作护。辟除凶恶，万事吉祥。

神名迦和尼摩诃迦和尼、神名阿佉尼佉尼阿佉那、神名阿佉尼阿比罗曼多罗、神名波陀尼波提黎伽。佛告比丘，此十神王护今现在及未来世诸比丘辈，不令五瘟疫毒之所侵害。若为虐鬼所持，呼十神王名号之时，虐鬼退散，自护汝身，亦当为他说，使获吉祥之福。

神名摩呵留逻迦黎沤惒、神名金洹陀越阿耨三菩、神名迦利三耶摩诃呵轮、神名跋陀沙罗曼陀罗阿、神名迦奈国舍呵呵罗罗、神名沙陀沙陀摩迦摩迦、神名跋陀沙罗曼陀罗罗、神名伊惒伊惒耶阿耶阿。佛告比丘，此十六神王，与其眷属，万五千鬼神，拥护今现在及未来世诸比丘等。昔伊洹比丘，为八十一亿魔所挠，诵此十六神王名字，诸魔眷属，颠倒堕落，匍匐离散，形体变化，莫知藏匿。告诸比丘，若有危厄恐怖之日，呼此神名，即获吉祥，诸神祐助，辟除凶恶。

神名阿波竭证证竭无多萨、神名嘻迟比迟沾波沾、神名波迦罗喉棱无因轮无、神名脂轮无因台罗宋和罗、神名深林罗波耶越罗罗、神名檀持罗沙罗佉牛驮。佛告比丘，此十六神王，与其眷属，五千之众，各以己之威神为诸比丘辟除鬼神凶恶之变。昔我子罗云树下禅思，为鬼神所挠惊起。明日来到我所，我即语言，当为汝说辟鬼神咒，即说此十六神王。佛语罗云：“若四辈弟子，为鬼神所挠，当为说此十六神王灌顶章句，令离诸横，获吉祥之福。”

神名阿罗域金毗罗罗、神名般耆遮和耆罗洹、神名摩尼钵罗沙呵阿波、神名云无和罗乾陀尸吁、神名拘摩和罗修摩乾陀、神名取披鞬陀叱阇叱者。佛告比丘，此十二大神，诸鬼中雄，与其眷属三万五千，俱诸天斗时独伏罗刹，昔不知法，以血肉为食，常啖人民小儿之属，我为说法，今皆得道，作大誓愿，若佛灭后五浊乱时，护诸弟子比丘僧众，令获吉祥之福德也。

神名阇离摩呵阇离、神名阇罗尼郁企目企、神名三波提摩呵三波提、神名颎提跋提鸠坻铁离、神名莎罗波提安那波提、神名半那波提阇那波提、神名迦偷尼摩呵迦偷尼、神名波沙檀尼耶醯迦弥。佛告比丘，此十九神神王，他方国土世界，号华积佛，号最上天王。如来至真等正觉，遣二菩萨，一号无量光明、二曰大光明，遣二菩萨，献此十九神王神咒，作是言：娑婆世界一切人民行善者少，为恶者多，是故献此十九神王以佐，世尊令诸众生调伏信解。今我为汝等辈，说彼佛所献神咒十九王，此诸鬼神，三万六千以为眷属，当为汝等设诸拥护度厄难苦，令获吉祥，普入法门。

神名多迦黎离摩兰泥、神名迦黎罗牟提系利、神名酸黎枝赍跢黎移、神名摩黎枝阿迦绨移、神名犀提移可那耨罗企、神名犀提移阿那耨罗企、神名富吒罗号鸠罗罗、神名那迦离兮不吒罗兮、神名鸠兰軿陀罗兮、神名不吒吒罗亏鸠罗兮、神名多迦利离摩摩兰泥、神名鸠兰軿吒罗鸠梨提、神名迦私罗牟提击黎、神名迦兰固梨提遮披。佛告比丘，此二十七神王，昔化提比丘，治护屋室壁间。有黑蛇来啮化提，化提即闷而避地。阿难即往至佛所，启问此事，佛即答阿难言："汝语化提，我当为其说辟蛇毒二十七神王，护化提身，语化提言，汝当慈心哀天下万虫，诵我此言，汝毒当歇阿难?"即以神水喷洒化提。化提醒悟，阿难即语化提言："佛已为汝说二十七神王辟蛇毒法，汝但慈心，于天下人非人，毒自当灭。"阿难即为化提说佛所说二十七王神咒法咒，化提即愈。阿难语诸比丘，若有安居住止之处，应说此言，蛇毒七岁不复啮人。三七遍诵此神名，即获吉祥。

神名安陀尼抄多摩尼、神名阇摩尼摩诃尼罗、神名模呵尼乌罗利、神名摸罗陀提遮波头摩逸。佛告比丘，此十二神王，佛昔为迦奈比丘说此神名。有凶恶人常剥夺比丘衣裳，比丘往到佛所，启白是事。佛语诸比丘，汝若在山间树下，冢墓之间行十二头陀，时有诸凶人来挠汝者，汝当说此十二神王名号，凶恶之人。自然退散，复道而去，不能为害，可得修禅，来四道果，获吉祥福，无众患难。

神名颎吱甫敷颎吒般吱敷、神名般吱敷劬离敷波罗那、神名拘离比敷劬罗比敷、神名沙腊波提敷波罗那、神名檀陀醯罗波罗那、神名须摩提陀萨那陀。佛告诸比丘，此十二神王，昔有比丘名曰般若提婆，诵习经法，中诸寒冷，遂为虫所啮齿，我为是比丘及未来世诸弟子等说是章句。若有比丘及诸四辈为虫所啮齿者，以净水一器，含水一口，牙临其上，七遍诵此十二神王，便吐口中所含水，如是法用四十九遍，虫便破散，随水流迸，无不除愈，得吉祥之福。

神名尹离敷伊腊毗敷、神名乌呵漱漏漱漏、神名道迦舍黎耶那、神名冀黎陀僧披牟阿那。佛告比丘，昔有求那陀比丘患眼风痛，又患湿虫，痒痛难忍，往到我所，具以启问，我即为其说此神咒，六王为护。若后末世诸比丘辈，及清信士女，为虫所唼眼者，汝当为说此六神章句，无不得愈，吉祥之福。

佛告四众诸比丘等，昔有比丘名曰善可，住在山间树下禅思，日时欲至，便著衣持钵，入城聚落分卫乞食。时有恶魔与八万四千小鬼神等，以为眷属，与善可相逢，魔作是念：此善可沙门以得罗汉，既能自度，当复教导一切余人，使入应真，生嫉妒心。作是念已，便敕诸小魔辈使来从，善可口中直入腹者，挠乱善可，使意颠倒，不得正念。然善可已得罗汉，心中自然豁尔开解，即得忆念时佛昔为诸比丘辈，说百七十二神王灌顶章句。忆念此

已，即便弹指一心而诵，举声唱咏，恶魔眷属退散驰走，部伍营从莫知藏处。

佛语比丘，我今为汝及未来世诸比丘等，广演灌顶百七十二神王名字。此诸神王将从七万二千鬼神以为眷属，各以己之威力共护汝等，使诸小魔不得汝便，在所至到，无所挂碍。辟除恶、毒蛇、虺蝮等诸兽。象、龙、熊、罴之属，自然消灭，无敢当者。若有鬼神，往来不去者，四天诸王当遣使者，持金刚之杵破头七分。佛告比丘，此大章句，至真至妙，三世诸佛尽说是大章句。我亦复开此宝函，出是章句，若有比丘带持之者，所到游行，善神祐助，辟除万恶，魔不敢当。设有恶意，自然灭亡。此大神典带持之者，如王佩剑，谋贼敢当。此大神典，亦复如是。若带持者，外诸恶魔及身中五阴之魔，莫不为伏。佛说此语竟，阿难在右边，即便整衣服头面，礼足胡跪，白佛言："世尊如来为诸比丘说七万二千神王灌顶章句，于后末世法欲灭时，此大章句设有受者，云何授与？"

佛语阿难："此大神典至尊至重，诸佛如来不妄宣说，度与人也。若有持戒不犯禁者，护念十方诸众生者，开大乘意度苦人者，近善知识闻而信受不诽谤者，如是之人，专心求者，应当授与"。阿难又复叉手白佛言："云何授与？"佛言："若有受此护身神典者，先当礼敬十方诸佛，次礼经宝，次礼圣僧，次礼度经之师。皆当专心一意，偏露右肩，长跪合掌。师当右手持文，弟子以右手受之。师以右手持法水灌弟子顶上。问难，以是因缘，故名灌顶章句。所以然者。如王太子绍王位时，法应以水灌其顶上，然后统领治国之事。我法亦尔。"

佛语阿难："若有比丘乐受是典，应悬五色幡盖，长四十九尺，散五方之华，各随方之色，烧栴檀香、安息婆胶等香，斋戒一心，不食五辛，不得饮酒及啖臭肉，醍醐、酥酪杂腻诸物悉不得食。先当洗浴身体，著鲜洁之衣，于高山上，以香汁涂地，纵广七尺，名之为坛。当从此上度是灌顶十二部微妙经典。当受之日，思念十方诸佛菩萨、应真圣僧，归诚作礼，及度经师，莫念东西南北之事，譬如禅思比丘，无他想念，唯守一法，然后见真。若有比丘受章句经如是不乱，七万二千鬼神导从前后，为身作护，为神作护，亦能为他人作护，辟除邪恶，万毒不行。"

佛告阿难："我说是时，罗阅祇国城西数里，有大金山，其中多诸比丘辈修四道果，闻说是灌顶章句，皆齐整衣服来到我所，头面礼足，却坐一面，听说经法。是时众中，有一少年比丘已得罗汉，名曰真宝，从座而起，前礼佛足，长跪合掌，白佛言：'天尊演说无上真妙之法，灌顶章句十二部妙典，我当于佛灭度之后，广宣流布此深妙典，若有国土遭疾厄者，县官所呼召，万疾流行，我当于中诵读此经，百毒万恶莫不消散。'说此语已，便讽诵宣传，说是十二部妙典，如是展转授与，诸比丘辈，各令宣传，在所国土尽得此典。是比丘临终之时，余三七二十一日，存心自念言，如来所说十二部灌顶章句微密妙典，于后如来灭度三百岁中，而此经典当隐没不现，何以故？佛始灭度，行善者多，为恶者少。到于末世九百岁中，魔道兴盛，诸外道辈采佛妙经以为己有，训导万姓，令其受持，而复盟誓恋秘经法，当受之日，皆用珍宝种种杂彩以为重信，然后授与。当尔岁时，国国相罚，民多荒乱，饮食踊贵，多诸盗贼，横死者半。又诸恶王断灭三宝，使法言不通，破塔灭僧，三宝渐末。中国之王难有信心，而不究竟多所禁制，心不专一，迷惑于异道。尔时当有比丘出现于世，名曰普济，在诸名山石室之中禅思，专心如是，展转遇好岩室，见有宝函，开而看之，见此经目，以紫金书刻镂栴檀兰上。此比丘见已，一心合掌，头面作礼，诵持修行，如是妙典佛法既灭出千岁，时灾变如是，诸佛菩萨、应真圣僧，天龙八部一切鬼神，见此灾怪，悯念众生于末世中，受诸苦恼，使是比丘出现于世，救度危厄苦患，众生不为九横之所得便。

以此经典，使诸四辈比丘、比丘尼、清信士、清信女读诵宣传，教授后世。一切善男子、善女人等，使其获得吉祥之福。”

佛告阿难：“吾去世后，法言簿淡。虽复殷勤，不计劳苦，为诸一切四辈弟子演说微妙无上圣王，过去未来，现在十方，无量诸佛，说灌顶大章句经十二部妙典，诸佛如来秘密之藏，我既已演，欲令此经流传世间，使未闻者悉得知见。诸有疑惑未解法者，心开意释，获大利安。”

复次阿难：“我说此经，初始灭度百岁之中，时多诸比丘读诵，通力宣传之者，亦甚众多。到二百岁中，四辈弟子多得道者，于此经法都无复用。至三百岁，是故隐没不现世间，故言为善者多，不大为恶。此玄妙神典，释梵四王护世善神，山川龙王，摄持经文，十二部咒，灌顶章句，七宝之函，盛持神文，内著岩石屋室之中。未来末世，当有比丘学头陀者，游行山间，觅好禅室，遇得此经，开而看之，礼敬合掌，顶受宣传，远近各使闻知。此大章句经文既出，少有受者，多行诽谤，不肯信奉。”

佛告阿难：“末世之中，虽有清信士、清信女，于我法中，奉受三归，及五戒法，不解苦空四大非我，恒著我想。颠倒分别，起诸邪见。到疾厄之日，为横所恼，便向诸异道邪见师所，召诸邪妖魍魉鬼神，杀众生命，欲求长生。愚痴之人，信邪倒见，为邪师所误，死入地狱，备受众痛。哀哉可伤。甚可怜悯！是故吾今为其演说灌顶章句十二部要藏，拔除邪恶，今得长生”。佛复告阿难：“我有广大之言，深妙之语，浅近之化，教未及者，末世之中，诸比丘辈，闻有国土、城邑、聚落、异邦之处，有余比丘，师师相承，受此经典，未闻未见。诸比丘辈，谓此沙门，是邪见人说外道法，为利养故，作如是言。我不信此如来世尊，有所言说，义味深远，如此经所言，但取人情。若有比丘，出此言者，坐诽谤故，有读诵书持此灌顶章句经者，意中怅怅，不复读诵。修行此经，使是行人转生进退。读诵经者，作如是言，若是佛说诸余大德比丘等辈，不应谓我是邪见人，真非佛说。我于此经不应，好乐若广说者，使是邪见堕恶道中。以此因缘，若于末世五浊乱时，若有比丘、比丘尼、清信士、清信女奉受此十二部灌顶章句经者，如法修行，不应毁呲而诽谤之。见有行者，恭敬礼拜，想身如佛、诸大菩萨、应真圣僧等无有异。若有轻毁骂辱之者，当于现世得不吉报。

佛又告阿难：于后末世，若有比丘、比丘尼、清信士女，读诵此经者，为人广说解释中义，诸余沙门及比丘尼、清信士女未闻未见苦相，诽谤嫉恶此经，闻有说者，不乐听闻，反信邪法，缘是罪故，当有数万比丘堕鬼神道中。若有恶心于此经典，当堕蝮蛇毒虿之中。若见经文起瞋恚心，缘此罪故，当有数万有坐诽谤堕龙中。阿难，于后末世诽谤此经，毁呲不信，不欲听闻。谓诸行者是邪见人，缘是谤诽经，堕鬼神道，及蛇龙中，不可称数。我今为诸四辈弟子，敷演少耳，若说其罪不可得尽，非文笔所记。今故出此示于未闻，从今已后，见读持者不应诽谤，见有修行十二部经者，皆应供养，供给衣服。病瘦医药，恭敬礼拜，如大师想。头面礼敬，应从启受，不得轻慢毁呲深典。我诸四辈弟子之中转相诽谤，不肯信受此神妙经，缘此遇恶，堕罪无穷。”

佛说如是诸诽谤之过，座中有诸比丘作如是念。如来世尊有所言说，皆不虚妄。语诸同坐诸比丘辈，未来之世，当有如是破法之人，毁谤此经。今佛世尊，故出此语破法之过。阿难因从座起，稽首佛足，长跪合掌，而白佛言：“如来所说，无有前却，有所言说，皆实不虚。如阿难解佛所说义，多诸沤和俱舍罗，然末世中，多有诽谤，佛先说诸经法，有咒术者，或云应学诵持修行，或云不应修习禁咒。诸经法中，更互不同，反覆前后，故使末世诸比丘辈，有信行者，有诽谤者，是故重问于世尊耳。唯愿更演化于未闻”。

佛语阿难:“善哉!善哉!汝能为未来世。四辈弟子,重问此义快矣”。阿难谛听谛受,审详行之。佛言:“我经中说诸禁咒术,不应行者,谓诸异道,邪见法术,惑乱于万姓,但为利养以活身命,我所不许。今吾所演灌顶章句,十二部真实咒术,阿含所出诸经杂咒,尽欲化导诸众生故,不如异道为利养也。但为度脱众生危难遭苦患者。不于其中希望利养,令诸众生得苏息耳。以是因缘,吾今听许。”

佛告阿难,我说是经,利益一切,无量众生。我若不说此经咒术,当来末世一切众生,虽见我法微妙真实,心意贪乐,由其业行习恶未久,信根浅薄,未解深法至真之化。

佛告阿难:四辈弟子入我法中,受持禁戒,多所缺犯,心不专一。急难之时,遭疾苦患,既不专一,向诸异道。邪见法中,以来福祐。欲脱众难,不可得离。不知宿对前世业缘,归命往到异道师所,跪拜问讯:“我遭苦厄,愿见救护”。异道师言:“随汝所愿。吾当祈请,上通五官,下言地祇,令汝得福,救度危厄,不复遭苦”。师又复言:“或汝先身犯诸过恶,或言七世殃咎所引,为五官所录,受诸谪罚”。或云牵引,灭及门族前人。既已病苦所恼,逢诸厄难,心意不定,无所归趣。恍惚失所,犹如狂人,师又语言:“汝七祖为九幽所罗,魂在太山,当以匹帛随方之色,救赎汝等七祖之魂,拔除汝等七世之过”。又有一师复作是言:“汝为山神树木鬼神,星宿之神所挠害也。致诸病痛,受诸病厄,必为犯此星宿神耶。当以白牛、白马种种众生,甘美饮食,谈诸妓乐,歌咏鬼神,可获大福,除汝危难,所在安宁,无复恐惧,获善吉祥。”

佛告阿难:“我灭度后,浊恶之世,信正者少,多习邪见,不乐真法不欲听闻,为诸恶师作杂毒法,杀众生命,欲救危厄,杀者得罪,天神地祇,悉不啖食。是故我今广演灌顶十二部章句真实咒术,化诸未信不解道者。汝当宣传在所国土令护此经,讽诵受持,勿令毁缺。”

佛说是语时,欲界六天,及上诸天,作天妓乐,已用赞叹。烧天之香,郁郁如云。天雨名华,翩翩而降。供养大会。又有诸天龙鬼之王数千围绕以为眷属,因说此经,因缘力故,脱鬼神身,皆得人身。大众人民,各随业缘,得道不同。佛说经已,阿难长跪,叉手白佛言:“演说此经,当何名之?”佛言:“此经名为灌顶章句。七万二千神王卫护比丘咒经。”佛说如是,四众人民闻经欢喜,作礼奉受。

## 佛说大灌顶神咒经卷第二

𢈔许鬼切。深、丑林切。趻、仙何切厍、频弥切吒竹加切𦨶、丹但切䔒偵羽切、吱、居梨切蛋、丑芥切谪、责字灌顶十二万神王护比丘尼咒经第三　闻如是一时,佛游于舍卫祇树给孤独园,与大比丘众,千二百五十人俱。尔时有七比丘尼,名修陀利,在山中冢墓间禅思一心。有诸恶鬼神啖人精气者,挠是比丘尼,脱其衣裳。不听游行,入村乞食。是时修陀利比丘尼,语同坐诸比丘言:“汝等当正心忆念。我师释迦牟尼、多陀阿伽度、阿罗诃三藐三佛陀。”作是言已,是诸啖精气鬼神,退散驰走。于是修陀利比丘尼等,相将俱到佛所,稽首作礼,白佛言:“天尊,我等七人,受天中天,无上真法,思惟一心,求四道果,是诸啖精气鬼神,七万余头来乱我等,不得正念,亦复遮围,不令行求饮食之具,见恼如是,当奈之何?唯愿天尊,说于圣术而辟除之”。说是语时,阿难在右边,佛顾语阿难言:“汝见是修陀利比丘尼七人等不?”阿难答曰:“见”。佛言阿难:是诸比丘尼,常为七万鬼神所挠,我今当为其召须弥顶上,及海中诸大神王,当护是等诸比丘尼,不令诸小魔神得其便也。佛于是便以神力,召须弥顶上诸鬼神王来已,是诸鬼神王,将从七万鬼神来到佛所稽首礼足。

佛告诸鬼神王等，我若在世及灭度后，在所国土城邑聚落，护诸比丘尼，不令诸小鬼神之所得便。令诸比丘尼所到之处，常随护助，使得安隐，诸恶之鬼，不得挠近。

佛复告敕，大海居止水精，山中龙宫所住之处，有五万鬼神将其营从，来到佛所，各礼佛足，却住一面。佛又告须弥顶上七万神王及海中五万神王等："汝从今以后，当护诸比丘尼令得安隐，离诸恐怖，得定意，得定行，令诸小魔退散驰走，远于是处。百千由旬，不得作害。"佛说是已，贤者阿难长跪叉手，前白佛言："是等神王，其字云何？愿为解说"。佛言："阿难其神名字，我今说之灌顶章句，其名如是：神名枝活吒贸蠡，字净自在，此神主护某头；神名倪提惒惒蠡，字妙善生，此神主护某眼；神名波罗惒惒蠡，字晖日光，此神主护某鼻；神名和沙头提手，字信坚固，此神主护某耳；神名头荷尼迦移，字开疑惑，此神主护某口。神名膑迦黎迦移，字光普摄，此神主护某颈；神名沙提舍鸠罗，字善安吉，此神主护某肩；神名波罗阇迦提，字耀雪山，此神主护某臂；神名波罗头阿铢，字演光明，此神主护某手；神名迦摩隶吒遮，字香珍宝，此神主护某胸；神名俱波娄阅人，字如福轮，此神主护某背；神名沙善般遮栌，字清微彻，此神主护某腹；神名旃遮敕摩休，字音和柔，此神主护某胁；神名遮揵陀黎子，字福德光，此神主护某心；神名遮罗乾波头，安真宝种，此神主护某肝；神名波罗斯奴遮，字远闻声，此神主护某肺；神名苏贸迦阇罗，字建行至，此神主护某脾；神名剑浮耆黎此，字慈悲普，此神主护某肾；神名迦俱护絺迦，字越众行，此神主护某肠；神名恒多罗菩提，字威解振，此神主护某胃；神名摩多罗和提，字真如天，此神主护某髋；神名至那比舍尸，字爱事业，此神主护某髀；神名曼比舍尸罗，字除恐畏，此神主护某膝；神名迦罗铺阿尼，字愿施广，此神主护某脚；神名阿沙耶迷和，字消诸恶，此神主护某出；神名抄伊摩陀伊，字护世主，此神主护某入；神名阿提摩陀伊，字加诸愿，此神主护某坐；神名阿奴摩陀伊，字星中王，此神主护某卧；神名破仇摩陀伊，字首安寂，此神主护某梦；神名兰脾留波利，字行寂然；此神主护某起；神名耶头破那坻，字德明远，此神主护某食；神名比尼槃头倚，字盖天地，此神主护某饮；神名波斯离次离，字真不邪，此神主护某语；神名具黎乾陀离，字施愿普，此神主护某笑；神名跪离那波罗，字快善意，此神主护某戏；神名末黎游沙黎，字显高明，此神主护某乐。佛语阿难：是须弥顶上三十六神王名字，如是有七万鬼神以为眷属，当作拥护，令修陀利比丘尼及未来末世中诸比丘尼等，若为邪神所恼，乱者不令得便，所到安宁，不为邪恶所中。设有挠者，心当存呼灌顶章句三十六神王，应念即至，导从左右，为诸比丘尼现威神力，攘诸魅魔，使不得便，辟除凶恶，消灭不善，令得吉祥。"

佛复告贤者阿难，大海之中，龙宫居止，有三七大神王之女。我昔得道，与其眷属来到我所，稽首作礼，说如是言。当于佛灭度后，五浊末世之中，护佛弟子。我已面敕此诸神王，令法拥护修陀利，及未来末世诸比丘尼等。此诸神王，亦不违本誓，若有危厄祸害之日，常当净心归命三宝，然后呼其名字，无不为护，辄在左右。阿难白佛言："是诸神王，有如是利益，唯愿速说灌顶章句善神名字，为守护故，使诸比丘尼，离诸恐惧，不为邪妖之所恼近"。佛言："阿难，是大神王女名字如是：神王女蓝波惟蓝波，字珠璎珞，此神女为某辟除邪恶，魍魉魅鬼，驱逐百千由旬，不令得住；神王女鸳那多乌那陀，字摩尼宝，此神女除去鸟鸣野狐变怪，因衰挠人者，不令住某舍宅之中；神王女苏贸迦罗阇，字好庄严，此神女主梦寐颠倒，见诸先亡伤毁之鬼，悉能消伏；神王女摩奴罗摩遮，字严饰妙，此神女若游出时，异道聚会，饮食有毒，自然消化；神王女剑浮耆黎惒，字宝连珠，此神女护诸怨家，若相见时，起诸毒恶，即便和解相向；神王女惟合罗遮迦，字琉璃光，此神女，若有嫉妒恶心

相向者，以带持故，不生贪心；神王女护楼迦护楼，字身彻照，此神女若有债主求诸财宝以神护故，便宽赊消息；神王女迦罗博多尼，字华开敷，此神女某若为盗贼恶伴，所引至县官时，即便解脱；神王女渑迦陀罗遮，字香烟气，此神女主治蜚尸客气之鬼，复连鬼神，即便磨灭不现；神王女棱迦移罗那，字妙王顶，此神女若为龙象所害，种种恐畏，以某诵持，自然消灭；神王女剑蒲阇浮无耶，字游戏乐，此神女护某种种疱肿众衰，头痛寒热，即便不行挠害；神王女迦俱护絺迦，字净如梵，此神女护某不为山神树神，恶死善死鬼神所挠害也；神王女遮罗絺迦那，字音深妙，此神女护某至大小便利时，不为恶鬼神所触挠也；神王女曼罗鸠黎陀，字信善语，此神女护某屋舍床席帐幔，不使他余鬼神留停宅中；神王女臂头黎迦罗，字师子音，此神女守护某门户宅舍，四方八神之王，敕令镇护除去不祥；神王女诃栗提罗伽，字乐音乐，此神女典领八十亿神诸神之母，护某使万病除愈，百事吉祥；神王女萨遮摩陀利，字声清彻，此神女护某不令他人厌祷憎嫉之者，使厌祷不行害也；神王女曼多罗阿佉尼，字欣乐快，此神女主五瘟疫毒，若头痛寒热，某若呼名，即为作护也；神王女鸠兰斛吒罗兮，字结明誓，此神女主诸毒蛇蚖蝮，若啮人者，存呼七遍，毒即不行；神王女抄多摩尼摸，字柔软音，此诸女护某不令盗贼剥夺衣裳，呼其名字，贼即退走；神王女沙腊波提敷，字心安祥，此神女护某牙齿，若为虫所啮者，存呼其名七遍，虫即消灭。”佛告阿难：“我所说海中灌顶章句神王女，其名字如是。此诸神王女与其眷属五万鬼神，远海边行，一日一夜，周币八万四千由旬，以血肉为食，今皆得道，为末世比丘辈现盛神力，作大护助，辟除邪恶，万毒不行。”

佛语修陀利，及未来诸比丘尼等：“若有能持是灌顶章句，则离一切无数恐惧，若持此神咒，梦安觉欢，不畏县官、水火盗贼、怨家债主，自然辟去。鬼神罗刹、妖魅魍魉、邪恶薜荔、厌镇之鬼、树木精神、百虫精神、畜生精魅、溪谷精魅、门中内外鬼神、户中内外鬼神、舍宅四方井灶鬼神、洿池鬼神、厕溷鬼神，若比丘尼带持经者，此诸恶鬼，终不得便。若有厌祷咒咀之者，其人带持神咒经故，自然辟恶两作和解，俱生慈心，恶意悉灭，无复恼害。诸比丘尼若在山中溪谷旷路，抄贼劫略，自然不现。狮子虎狼熊罴蛇蚖，悉自缩头藏，不害人也。何以故？此十二万神王大神咒经，至尊至重，能为诸比丘尼作大利安。”

佛语修陀利及未来世诸比丘尼等，说此灌顶无上章句，若后九百岁中，为诸邪恶魅鬼挠人，因衰作害。或有恶魔吐种种杂毒之气以害汝等，复有鬼神吸汝五脉，又有鬼神啖汝精髓，如是恶鬼啖人肉者不可称数，我今为汝略说少耳。

佛告阿难：“若后末世诸比丘尼，为恶鬼神所挠恼者，当洗浴身体，著鲜洁之衣，当专心一意，赞咏此经。当以五色之彩，作好幡盖，香汁泥地，纵广七尺，燃十方灯，散杂色华，烧众名香，胶香、婆香、安息香等，礼拜十方，七日七夜，长斋菜食，不啖五辛，审谛莫疑，是诸恶魔，闻见此经神咒力故，即驰散而去，远百千由旬，不能为害，消灭不善，吉祥感应。于是以后，修陀利及未来诸比丘尼等，悉共读诵书，持是典而供养之。中有暗钝比丘尼辈，不能读诵者，但书持是典，以好缯彩作囊盛之。若欲行来出入之时，辄著衣前，所往来处，获善吉安，若有恶魔自然灭亡，无敢当者。此大神典至尊至妙，极有威神。若后末世书持此典，佩带在身，游行十方，无所复畏。以是因缘，出此神咒，今人读诵，受持供养，所带佩之。”佛说是语时，天帝释如人屈伸臂项，从天来下，往到佛所，稽首作礼，长跪叉手，白佛言：“天尊，然诸佛至真，德过须弥，智超江海，慧逾虚空，独步三界，无能及者，十方一切莫不蒙度”。天帝释说此赞叹时，虚空中两天香华，以散佛上，诸天欢喜，鬼神亦然。佛说经竟，阿难从座而起，长跪叉手白佛言：“演说此经，当何名之？”佛语阿难及诸四辈：“我

说此经，名十二万鬼神之王灌顶章句。汝善持之，于吾灭后，若有清净诸比丘尼。归命求者，应当授与。”佛说是经已，阿难叉手白佛言：“设有诸比丘尼若欲受者，云何授与？”佛言：“当如大比丘，受七万二千神王灌顶大法，无有异也”。佛说是已，四辈弟子，天龙八部，莫不欢喜，作礼奉行。

# 卷之一万二千十四 二十有

## 有 无所有菩萨经二

尔时世尊,即便微笑。有金色光从佛口出。上至梵世,遍照三千大千世界。绕佛三匝,还从顶入。尔时,众中有一菩萨,名曰"不染",从座而起。整理衣服,偏袒右边,右膝着地。合掌向佛白言:"世尊以何因缘,今现微笑?诸佛如来若微笑者,非无因缘,惟愿解说,令众欢喜"。尔时,佛告不染菩萨:"善男子,是难调怨仇杀害人者。于未来世,过八十九百千阿僧祇劫已后,当得作佛。号曰:'利上功德,如来阿罗诃。'三藐三佛陀当出于世。明行足善逝世间解无上士。调御丈夫,天人师佛,世尊善男子。而此难调,恶心怨仇,前害人者,于此命终。已后当生兜率天上。"

弥勒菩萨所随彼住寿,弥勒菩萨当下生时。彼于尔时,作大。长者财福无量。一切果报悉皆开现。即于二十昼夜,供养弥勒世尊,及声闻众。彼见弥勒世尊,佛刹庄严之事。即生愿求为,欲成就,庄严佛刹故。与诸眷属,请彼弥勒如来世尊。及声闻众,前后围绕。以诸供养一切,乐具三月奉献。恭敬尊重,承事供养。即以素衣,长八十肘。用尽弥勒如来形像。及彼佛刹庄严之相。既图画已。奉彼弥勒、如来世尊。即发愿言,藉此功德,愿我当得如是佛刹庄严之事。亦如今者,弥勒世尊,阿罗诃,三藐三佛陀。所有具足庄严之相,愿我佛刹,诸声闻众,智慧具足;愿我佛刹,诸菩萨等,无量智慧,皆悉具足。作是愿已。以金银华,散于弥勒如来世尊。复作是言。我等当作如是精进,亦当成就。如是佛刹庄严之事,如昔释迦牟尼世尊,释种胜王,为我示现光明显照。而于彼时。成熟无量多数众生,于菩提中。亦如弥勒,如来世尊,多菩萨众。彼利上功德,如来于初会时,菩萨无量于授记中,皆悉得忍。于第二会诸菩萨众,复倍无量。于第三会,复倍无量。如是方便。彼利上功德如来,阿罗诃、三藐三佛陀。当有如是诸菩萨众,而彼利上功德如来,示教,利喜诸菩萨众。令行誓愿,得初心已,皆令成就,于一切智。乃至菩提,善男子,此难调怨仇,先害人者,值弥勒佛出世已后。一切生处,寿命无量。唯除一生,补处。时中寿二十岁,而于彼处。于一日中,自身具受一切恶业。无量苦恼,从是已后,乃至菩提,当更修习。觉菩提已。寿命无量,佛灭度后,正法住世。于无量时,无有恶世。如我今日,谄恶众生,有恶口者,无智慧者,难入道者,魔所持者,我今于中说法教化,此等众生。难解难入。此善男子,无有如是诸患,难事,善男子,彼佛刹中,无有诸魔。及事魔者,所有利根通敏。众生皆集于彼。是故,彼佛利上功德如来。说法少用功力,而得开解。

尔时,众中有菩萨名无障净月,即从座起,整理衣服,右膝着地,合掌向佛,欲自决。疑及为此众。今断疑故,即以偈颂。问世尊曰:"我问世间灯。智聚无碍者,为欲自断疑。及于此众故,何缘此众见?然今利根者,于先杀害人。复得记菩提。大龙愿为说。彼往昔行业,既为亿数劫,常作恶趣地。多劫数积聚,为痴盲覆故。于多百亿劫,常受多种苦。

流转生死中，地狱火炽然。大呼阿毗支。观彼业如是，复倍生死中。受恶毒蛇身见即能杀害。多百亿生死，受多种苦已。多百亿数劫，得生人道中。复作杀害人。今得见世尊。即生于利根，速断诸烦恼。发意向菩提，蒙佛为授记。于阿僧祇劫，当成世间灯。名利上功德，彼往昔之事，人上为解说。如是作业事，苦恶之果报，以是亿数劫。已受多种苦，若所有善业，教师亦为说，昔所行诸行。恶业与不善，世灯悉照知。惟愿为我说。断疑大丈夫，为我及众生，及与未来等。能闻此教者，若有怀疑惑，于此法有疑，教师今为断，现在两足尊。摄受众生故，于是善男子。如此往昔行，大名称愿说。”

尔时佛告无障净月菩萨言：“善哉，善哉，善男子。汝今欲为一切大众，断除疑故。能问如来，如是之义，汝善男子。谛听谛听，善思念之。当为汝说。彼善男子，如彼往昔，所作诸业，如此多数经于百千那由他劫？受诸苦恼，汝等闻已当信如来。勿生恐怖，一向奉持，如教而说。”尔时无障净月菩萨而白佛言：“惟愿世尊，为我解说。”佛言：“善男子，我念往昔，然灯如来，阿罗诃，三藐三佛陀。灭度之后，过九十亿那由他劫。有佛出世，名曰：‘法意喜王如来应供。’正遍知，明行足，乃至佛，世尊。彼佛寿命六十八千岁，初会，声闻众。有六十二俱致。百千菩萨，摩诃萨其数复倍，彼佛世界，名曰：‘梵主’，劫名‘净意’，‘彼法意喜王如来’，生于彼劫。何故彼劫？名清净意，彼劫常有，如来出世。及诸菩萨，是故彼劫，名清净意。善男子，于彼法意喜王如来。住世劫中，此难调怨仇，善男子，尔时为王，名曰‘降怨’。请彼如来，及比丘僧，诸菩萨众，以一切乐具。三月供养于彼如来。从其闻法，发阿耨多罗，三藐三菩提心。彼植善根，复得值，遇十千诸佛。于一切处，常修梵行，常得多闻，发勤精进。得四禅定，由此善根，复值如来，名‘金刚焰光’。于彼佛所，出家修道，行于梵行，发勤精进，行头陀法，常在兰若空闲之处。诵修多罗，满十千部，皆是大乘亦得四禅。及五神通，四无色定。善男子，彼金刚，焰如来。阿罗诃，三藐三佛陀，有十俱胝。诸比丘众皆阿罗汉，复有八十四俱。致那由他百千诸菩萨众，常随世尊。皆得等忍及陀罗尼转不退轮。善解深法，已入无边。陀罗尼门，已能巧入。无边法界，海印三昧。游戏神通，心得决定，显现诸佛住持身体。于诸众生。常行慈悲。善男子。”

尔时，彼佛菩萨，众中有一菩萨，比丘上首法师名“利益”，上善说法义，示教利喜，令诸菩萨得不思议具足功德。为彼世尊，而作侍者。恒随游止，犹如今日，阿难比丘。皆能受持，诸修多罗，善男子。如是彼利益上菩萨，于自在王如来，所说那由他百千修多罗悉能受持。能为彼诸那由他等百千菩萨解说其义，善男子。尔时自在王如来阿罗诃，三藐三佛陀，于二万岁。为诸菩萨诸声闻众，及诸众生说法，教化满二万岁。然后乃于一切菩萨，及比丘众。诸天魔梵，沙门婆罗门等大众之中告彼利益上菩萨言。善男子。汝当受持，此不思议，那由他等百千俱致。所修阿耨多罗三藐三菩提法。于后末世。为诸天人增长善根，护持此法，光显如来菩提教法，令久住故。受持解说善男子。是夜过半诸佛如来，当般涅槃，尔时彼利益上菩萨，闻佛涅槃，悲泣雨泪。从座而起，整理衣服，偏袒右边，右膝着地，合掌向佛，而说偈言：“愿两足尊住一劫，利益世间天人等。我今劝请世间眼，愿说妙法以教示。深智无恼之导师，胜行住于诸功德，普眼调伏天人者，大神通尊，愿久住，若闻导师入涅槃，诸天人等心忧恼。导师愿悯彼等，故惟愿住世见教示。我及百千诸众生，众苦逼切生忧恼，皆由导师唱灭度。世亲今欲入涅槃，能调于人调御者，惟愿普眼尊久住利益世间天人故。我今劝请佛世尊，尔时世尊，为欲利益。诸天世人以偈报。”彼利益上菩萨言：“我已为世作利益，说如是等，诸法教我已充满诸菩萨，令住诸佛无漏中。即于此夜后分时，我当入于般涅槃。我今付汝此法，教世尊灭后令久住。”彼众闻作是语已，彼诸菩萨皆合掌咸共瞻仰彼如来悲泣雨泪作是言，惟愿两足尊，慰喻我及百千众生等，尊灭度后谁作佛？世尊于诸世间，上哀悯软语。而告言"慰喻世间天人等，我灭比丘，莫怀怖我，后复当佛出。世有菩萨，名功德分，修行得至无漏，智于未来世，当作佛名曰：'智谿'两足尊，我今劝请汝，当知为欲摄持此法，故如此法，教广开显为于世间。"天人等闻于世尊如是说，即时安慰。复发言大神通力此甚难无摄受法。摄受故我为导师尊重故。我今摄受于正法，我当广宣此法，教我当舍身及寿命，不护己身寿命等，乃可守护如来法。若不尝爱己身者，彼即能护教师法。

善男子，尔时，彼佛慰喻彼，诸一切大众，令欢喜，已说法教，诲与威力已，于夜后分，入于涅槃。善男子，彼时世尊入涅槃后，彼菩萨说，满足八十千数法门，如是随顺成就众生。多那由他百千众生，当得成熟，于阿耨多罗，三藐三菩提中况复住，于声闻乘者，辟支佛乘者，况复流转于生死中，种善根者。善男子。彼佛如来般涅槃后，正法灭已于像法中。多有比丘说有可得。说有可灭。彼等于是诸修，多罗不乐，受持。复生诽谤。善男子，于彼时中，此阎浮提，有一人王，名勇健力果报广大。尔时，彼利益上菩萨比丘至彼王所为说佛法。说于如来，秘密之教。彼王闻已，即于上利益比丘生敬重心，即发阿耨多罗，三藐三菩提心，供养比丘，而彼比丘欲教化彼诸众生。故于一切处受诸供养，不生厌悔，不生倦心。彼王供养彼比丘，已满足三月，及于八万四千姝女，各自庄严持诸香华，及诸音乐，众宝璎珞涂香衣服，如是等事供养比丘，及彼比丘。所有门徒八千五百，常相随顺。一切皆得不退转。于阿耨多罗三藐三菩提，善男子。于彼之时，难调怨仇，杀害人者，而为比丘。名曰"寂定威仪"。善说法，要多闻，总持满足，十千修多罗等诵持通利能广分别诸修多罗常说少欲知足法义而彼比丘。已得四禅，复得五通，四无色定，而彼寂定威仪，比丘多有徒众。其数五百共相随逐，亦有如是威仪胜行。尔时寂定威仪，比丘见彼利益上菩萨比丘。不喜不悦，生于恶心，发瞋恚意，现于恶色，在众人前，说如是言，"如此比丘，何处有于菩提之行？何处有于诸佛之法？如是杂行于世间，行威仪尚无况复。当有证于胜，智而彼众人。"一向惟信，利益上菩萨，比丘无能坏者，尔时寂定威仪比丘，复增瞋恨，转更增上。从彼地方背面而去，我不复喜，见是恶事，若此比丘。行于邪见，令诸人众，皆行颠倒。至兰若处，欲入三昧，以有瞋恨。彼彼三昧，不能顺入。况复能定。彼有如是强力，行故，所有禅定三摩拔提，及五神通，一切皆失。彼以如是，恚恶心故。得大重病。尔时，彼利益上菩萨比丘，作如是念，希有乃至如此，比丘生大不善。瞋恚浊意，我于今者应，生怜悯。为作利益，闻深法故，尔时，利益上菩萨比丘及五千菩萨，诸眷属众。飞腾虚空，于彼住已。而说偈言：

"居家自性，说菩提，欲无分别。无破坏，若觉此行演说者，彼觉菩提无上安。瞋行自性，如菩提。世师智者，已为说。若觉如是法行者，彼觉菩提二足上愚痴示现，菩提等。菩提愚痴，无异性。此示现痴以一行。当觉菩提无上道。若有已说诸见行，及彼菩提胜上觉。于此二行中说者，见行不得于菩提，诸佛之法，甚深妙不以，有得能知见。离于分别，有所依善，巧智者觉。菩提若能舍离诸分别及以持戒，我慢见。依恃多闻而自矜，舍是等已觉菩提宁处居家乐贪欲。若闻此法，不惊疑信。解导师所说法，能于一行广演说。不用此教中出，家有所得，见在闲处，于我想中常系著。起念我当证菩提，所有动念所演说，彼等皆是魔罗网，若知诸法，如虚空。彼则无有于动念，诸如来有如是法。诸普眼等，说一行。烦恼菩提，二无二。不得烦恼，及菩提若不分别，欲及瞋，亦不分别，于痴等。舍离彼此于三者，彼觉菩提诸导师，若不住于有所得，亦不有念，及不动。不起，我想无依处，彼觉菩提无上安，若舍分别，于分别，谄曲幻伪与嫉妒。乐行头陀戒福德，彼觉菩提无量眼。若闻此法无所舍，于广说时亦不疑。彼当速成两足尊，世间无上智，自在甚深，诸法最妙胜。不可思量寂无说。若不开发我见者，难觉于多俱致劫。”

善男子，尔时，彼利益上菩萨比丘，说此偈时，于上空中。六十六那由他，诸天得无生法忍。复有六十二千众生，发阿耨多罗，三藐三菩提心。尔时寂定威仪比丘。闻是偈，已无喜乐意，心生热恼。遍身皆肿。于是人所反生慈心思。惟于此一慈心故，余皆瞋恨。于彼时间，大地开裂，彼现身，堕阿鼻地狱。住于彼中。亿那由他，百千岁数，受大极苦。于彼命终，即受生于，见毒蛇中。如是次第，经于多亿，那由他等。百千生中，二恶处行。大阿鼻狱，大叫唤狱，还复生彼，见毒蛇中。以彼如是，不善根故。满足经于六十二亿那由他等。百千劫数，以彼住昔于上利益善菩萨。生一慈心，以眼观视，以彼善根。从彼处终得受人身。由彼慈心，有熏习故，又复以彼见毒蛇，母而于彼所。起慈心故，复闻如是深妙法故。今得如是，利智神通。善男子，于意云何？彼时，寂定威仪比丘。岂异人乎？今此难调怨仇是也。此于往昔，有是业障。善男子，于意云何？彼时利益上菩萨比丘者，莫作异见。我身是也，诸善男子。彼时，有王勇健力者，今无所有，菩萨是也。诸善男子，此由往昔，于菩萨边，生如是等，瞋恨心故。受如是等，难知可畏业障恼患。诸善男子，以如是故，若有菩萨，当欲净于诸业障者，于诸菩萨。恭敬尊重，如教师想。诸善男子，若当欲得，不害自身住菩提者，应如是学。说此往昔，出法品时，有九十二那由他等。百千众生，得无生忍。三十六亿那由他等，诸菩萨得净业障。尔时，难调怨仇，先害人者，闻佛授记，欢喜踊跃，飞住虚空，高七多罗树。而说偈言：

“若欲住净土，应如导师说。应信于诸佛。最上大神通，觉佛神通已，知无分别。处于世间无有，而难可得者，若闻无所有，所问经法者，能信、能触，证则供养诸佛。若学此经已，能除诸有想，得舍已作恶，当见诸导师。若学于此经，是则见诸佛，亲侍诸如来，如此经广说，此则是施度、净戒所依住。忍辱及精进，智慧等本处。若无有所得，是处不说著，如世尊所说，觉如是调伏。若闻于此经，令诸义示现，种种诸供养，力尽无能报。不可数多劫。暗面无所见。若闻此经者，得到诸佛地，彼悟于愚痴，以破无明暗。以得一切空。由闻此经故，多种烦恼尽，少有未尽者，犹如于大海，取于一滴水，成熟众生故。烦恼滴不尽，悲愍众生故。不尽彼烦恼，不清净佛刹。不满于一切，彼成熟众生，彼彼处不灭，亦可彼满时。如授记菩提，是故诸水滴。于瓶中不尽，若一切开现，彼当有佛刹，彼即当满足。无有余熏习，如是如是处，闻有如是经，能善解说者，诸功德具足。”

尔时，彼难调怨仇，说此偈已。从空而下，住于佛前，顶礼佛足，合掌而住。尔时世尊，而叹彼言，善哉善哉。汝善男子，快说此偈。合于义理，无有虚妄，无有别异，如是如来神通威力。一切菩萨，于中当学，如是学已，得众生空，尔时难调怨仇。善男子，如是思念，今者世尊，称我善哉，我今称庆。当以何事，供养世尊。彼即闻于空中声曰：“汝可以身供养”。世尊即问空言云，“何供养？”复闻空声，“汝善男子。汝今宜可，飞腾虚空，令此大众，皆悉知。”见住于虚空说如是偈。

所有诸悭著，皆由住自身，我已舍一切，今供养导师。

尔时彼善男子，闻此偈已。生欢喜心，以佛神力，飞腾虚空，一多罗树，而说此偈。即自舍身供养如来，于虚空中，自舍身已，有千数华柔软香洁。未曾见闻，光明香气，满一由旬。犹如日光，或经一时，或经半时，彼诸华等。绕佛三匝，而供养已。佛神力故，于虚空中，而成华盖，而于彼中。说如是偈，我已舍自身，供养诸教师，我不知自身，亦不知世尊。

彼于彼时，于一切处，不知身心，不知如来，不知众生，不知住处，彼于彼时，涅槃平等。亦无是念。我已得证于彼时中。有一化佛，自然现身，而作是言："汝善男子，汝已成就佛刹种子。一切开现"。于彼佛前，合掌而住，心生欢喜。踊跃无量，礼敬彼佛，而作是言。我今礼佛，大神通已。令各种相，生善根已。还住涅槃平等。法中，离罪福德。如是不住，近于善根，诸佛法中。彼能亲近无所之短。劝请令住，于菩提中。复说偈言。"

"众生觉如是，当脱于大苦。生死大险道，所有苦众生。彼亦不成就，所有言苦者，彼亦受彼苦。不觉此教故。"说此偈已，默然而住。

尔时，无名菩萨，告彼善男子言："善男子，汝今已能行，一切，施若持自身，供养于佛。善男子，汝更不得。言我自在，汝以此身，已用施佛。善男子，譬如有人，施他财已，后不得言。还是我物，彼于彼财，不得自在。如是善男子，汝今以身已，施于佛。汝今既作，如是之言。我当来世，当得作佛得忍授记。善男子，汝于今者，更欲何作？彼闻此已，即生疑念，我今云何，我今云何，如是思念"。彼时，即复闻无所有菩萨声言："善男子，汝今莫作。善男子，汝应还念诸佛神通，如汝信解，应如是报"。彼向无名菩萨所问，闻此言声。即生辩才明见前来。无有身心，无言无说，无施无戒，无忍无进，无智无禅。无断无常，无声闻，无菩萨，无发菩提心，无如来，无如来法，无涅槃，无涅槃声。无有信者，无有所住。无有所取，无有所言。无有缚者，无有所闻，无所闻者，无有所有。无所有者，无所承揽，无所承望。一切胜相，皆悉具足。教化众生，开现具足，成就佛刹。与涅槃等，平等无二。无有名说，如无可说，亦不欲生。如无言中，如如是住，如是如，如亦无所行，彼于诸佛，大神通中。无复疑惑。"

尔时，无名菩萨，赞彼善男子言："善哉，善哉，善男子，汝今善住佛大神通。汝今如是辩才成就。辩说如是。"彼即答言："善男子，我亦不住佛神通中。其佛神通，无能作者。一切诸法，真体无名，不可得故。彼无可入，无可出处，无可知处，如是信已，无有住处。其佛神通，无住处故。彼无有人能说名字，但无名中。我今问汝，莫生疲倦。其有智者，难可承事。"彼即答言："善男子，汝今但问，我所知者，当为解释。彼难调言，摩诃萨埵，汝今何故，名为无名？"彼即答言："我于是处，不得言说。亦如汝所名字示现。"彼即答言："善哉！善哉！汝善男子。汝今以度佛大神通。离于名字，彼无名言。善男子，于平等中，无法可离，无有可断，无可建立，无去无来，无平等相。善男子，若一切法彼平等者，无有别离。其平等处，亦无处所。云何断离？若平等法，而别有者，乃可断离"。尔时众中，有一菩萨，名"不自在"。而白佛言："世尊何因何缘？是无所有菩萨，名为'无所有佛'。"告彼言："善男子，汝应还问，是无所有菩萨。因缘彼当报汝。"尔时，不自在菩萨摩诃萨，问无所有菩萨摩诃萨言："善男子，汝今云何名'无所有'？"彼即答言："善男子，我今不见自身，能为一切众生作利安故能问如来。如是等处，彼不自在，菩萨问言。彼所问处，与身合耶。为不合耶，无所有言。我所问处，不与身合。"彼复问言："善男子，汝今云何？不与身合，成就所问。"无所有言："善男子，我以三处发问。如来何等为三？谓身、口、意此等三处。我问如来，善男子是身、口、意。无和合义。"彼复问言："善男子，汝见何意，而不现身？"彼即答言："我今示汝，当信我言。我为安乐，诸众生故。而不现身。"彼菩萨言："我以肉眼，故不能见。"无所有言："以天眼看。"彼言天眼，亦复不见。无所有言："以法眼看。"彼菩萨言："善男子，所有法行，彼亦不离于一切眼。于彼处中，无法可见。"无所有言："汝云何闻？"彼复答言："彼处无有，和合可问善男子，我见如如。"无所有言："善男子，于如如中，无有三眼。"不自在言："汝云何见时？"无所有默然而住。不自在言："善男子，于无能见一切法中，何故默住其虚空？岂无容受，虚空悉能容受。诸法无所染著。所入无碍，于一切法，无有假借。彼处不著，应有解说。善男子，汝以何缘，默无有说。”彼即答言：“我今于彼所有语言，能解释处，皆不可得，我以是故默而不答。然善男子汝听我说。”以何因缘，名不自在。善男子，我念亿劫已，曾知为诸众生等，离无益语。为诸众生，所作利益。柔软生乐，皆悉美妙。欢喜踊跃，无有鹿涩，依时利益，不生瞋恨。说如是言，无有众生，怨恨于我。善男子，以是因缘，我得无畏。善男子，一切众生，无有所畏。所以者何？诸有语言，无有自在。善男子，汝今观是诸语言。法无有自在，我今所说，此语言中。有成就者，彼于三界，所不容受。所有一切众生言说。若合若散，有益无益，若杂不杂，若念若起，若为众生，令净烦恼，令舍烦恼。我见彼等，皆悉平等，若智若愚，皆得一名。彼言：“善哉，善哉。善男子，如汝往昔，曾供诸佛。得是合实语言解释。善男子，汝见何利，而不现身？”彼即答言：“汝今应当问于世尊”。尔时无畏菩萨，而白佛言：“世尊，是无所有菩萨，见何等利，而不现身？”佛告彼言：“善男子，唯除我身，于此三界。无有众生，如是身相。与其等者，唯除神通。所化胜身，成就如是业果报，故勿令一切诸妇人见。”必于此处，染著乱意，不能听法，不作诸事，弃舍本夫，饮食无欢，染爱迷著，多受苦恼，是无所有见。如是等，诸过患故。而不现身。尔时无畏菩萨，及彼大众，皆生疑惑。咸作是念，是无所有菩萨身。相何如。而今世尊，作如是说。尔时众中，有诸女人。一名解染，二名宝璎，三名解华，四名宝华，五名普香，六名香自在，七名金华，八名作爱，九名不染，十名善住意，十一名作光明，十二名甜味，十三名阿那罗黎耶，十四名住持，十五名无垢，十六名海，十七名功德上，十八名无过失，十九名调顺，二十名诸天供养，二十一名环上，二十二名普照明，二十三名不背，二十四名善住持精进，二十五名善住，二十六名安乐，二十七名王，二十八名悲，如是等类。二十八女，与姊妹俱从座而起。脱身、璎珞、供养、世尊，右膝着地，皆共合掌，而白佛言：“世尊所说，无所有菩萨功德如是。愿于我等，承佛威神得见其身，成就如是实业果报。莫以别身而示我等，我今欲见菩萨实身。”尔时，佛告：“善女人等。汝今欲见无所有菩萨，成就色身。今欲见耶！”彼等答言：“唯然世尊，我等有疑，愿为开解。”佛言：“诸女，汝等今者见彼身，已有何利益？汝今勿有还家之意，当舍眷属。若见彼身，安住具足，一切功德。”彼诸女言：“我等今者一切能舍，决定当见彼菩萨身。”尔时世尊告彼菩萨无所有言：“汝无所有，此等诸女欲见汝身。”彼言，世尊已言，许可彼姊妹等示现我身。佛言：“善男子，我已许之。多人意喜，欲见汝身，当有利益得胜身心，得妙身心，得净身心，若见汝身。即当决定于阿耨多罗，三藐三菩提得转女身。成丈夫身。汝今已有，如是净愿于多诸佛，以百千身，种诸善根住是愿中。于三界中，愿我当得，最胜佛身。所有众生见我身者，彼等决定住于菩提。所有女人悉转女身，若于我所种善根，已思惟如是甚深法已，得忍本性。愿当入于真如法中。愿当具足。诸菩萨法开现亲近于诸佛法。”彼无所有菩萨，闻佛此说，作如是言：“如是世尊，如世尊教。”即于手中，一一指端，皆放光明。一一光明，至王舍城。于彼人家，皆悉出现，彼诸光明，有诸众生。见于彼等，从地涌出。化成诸华，纵广一尺。昔所未见，色香具足。尔时，王舍城中，频婆娑罗王。而有一女，欲出游时，频婆娑罗王。敕诸侍女，其数一千：“汝等已为我女眷属。共相围绕，于彼之处，王所饮食，汝等常食，汝等常饮。”彼王舍城，多有妇女，其数一千，闻此语已，种种璎珞、庄严自身。彼诸妇女，见是希有，可喜，诸华，身心喜悦。不能自胜，欲取彼华，遂不能取。不能远离，伸手欲取去，华一尺而不能及。见彼诸华，皆悉向于毗福罗山。去而不住。尔时，众人及千妇女，及与频婆娑罗王女，从王舍城，次第而出。

彼诸华等在众人前，微行而进，众亦不知行与不行，彼诸人众，作如是念，此华近手，而不能取。时彼诸华，一切皆上毗福罗山，彼诸男女，亦上彼山。既上山已，见于如来，阿罗诃、三藐三佛陀。无量百千，大众围绕，而为说法。尔时，二十八女姊妹，合掌佛前，劝请世尊，时频婆娑罗女，及见彼等。一切诸女，亦见彼等。诸女姊妹，劝请世尊，作如是言："此诸妇女，何故合掌在世尊前？何所求请？欲求何愿？"即闻空声而语之曰："此等欲见无所有菩萨身。唯除佛身，于三界中，无能胜者。"彼等同声，咸作是言：我等愿见彼菩萨身。说是语已，彼诸华等，即便在彼，众人手中，即以此华，散如来上。作如是言，惟愿世尊示于我等无所有菩萨身。尔时世尊告无所有菩萨言："善男子，汝可示现，圆满自身。令多众生，见汝身已。种菩提因，亦当如汝。于多百千，诸如来所当种善根。"尔时，无所有菩萨，即现其身。尔时，大地皆悉震动，安隐润泽。无有众生，恐怖毛竖。一切音乐，不鼓自鸣，于虚空中，两众天华。于一切处天香、人香皆自然烧。尔时，无所有菩萨，示现如是具足色身。彼现身时，诸女人众皆生爱乐。一一妇人，皆作是念，是无所有菩萨唯与于我共相娱乐。各现于前，亦复不知。彼神通化，各称其愿。于毗福罗山，丛林树下，我于此处，欢喜受乐。我等未曾得闻。如是诸妙音声，诸色香等。我等今者，荷世尊恩，彼诸女等，各一树下。七宝辇举，一切果报，皆悉具足，欢喜受乐一切所须悉皆具足。不复更念，归还之想，彼等如是，受欢喜乐，七日七夜。尔时世尊，为诸众生，更说法要。若有不见彼菩萨身，皆由善根未得成熟。虽望欲见，终不可得。莫知何事，彼等见者，过七日已见彼菩萨身，渐毁坏，无有精光。受用果报，皆没不现。唯见一树，彼等菩萨，渐渐不现，亦无住处，彼即闻于空中声言："诸善男子，此是诸行，真实体性。汝等不应起常有，想汝等可舍女人身，想应当愿求丈夫之身。无等等身、诸佛之身，汝等可发，阿耨多罗三藐三菩提心。受丈夫身，彼诸女人闻是声已，于刹那时，心住寂静，见如来像。具三十二大人之相，彼等见已，皆作是言："愿我当得如是妙身，无有染著。无染著处，如此佛身，寂静无恼。"彼诸女人，说是语时，彼诸女人，悉转女身。得丈夫身，唯除往昔，发愿供养，是无所有菩萨等者。乃至道场。然后我当转于女身。以如是故，不转女身。所有转身，得男身者，端正可喜。世间天人，皆悉爱敬。尔时，佛像，忽然不现。唯见世尊释迦牟尼。尔时，诸女得男身者，而白佛言："希有世尊，甚奇甚特。乃有如是幻化戏者，昔未曾闻。诸凡夫等，心意迷惑，未曾安定，如堕油轮，彼不能住，近善知识世尊。若有亲近于善知识，供养承事，以善知识威神力故，我于今者，转离女身，得五神通。世尊，我今忆念往昔，多千佛所，与善知识，同种善根，自舍身命为今。我等生诸善根复示彼等，诸佛世尊，为说在家诸过患事，方便赞叹出家功德。请胜妙事，我等已经尔许多时。近善知识，从尔已来，未曾复生，诸恶趣中。我于过去，未逢教师。教示我故，恒常流转。人天驰逐，受诸苦恼，世尊，我今假使能以恒河沙等。诸世界中，用满七宝，或已自身，具足满已。施善知识，虽作是事，犹不能报。善知识恩，所以者何？由是神力，而今我等当于世间，而得作佛，开现成就我等佛刹。皆因此等。善知识教，教示我等，诣诸佛所。种诸善根，教行种种疾利方便。教我等，入深法行中或出爱语，或示诃责，或言清凉，或说热恼，或有逼迫，如是教示，一切乐具，一切利养，皆悉舍己。彼等众生，难得值遇，彼等众生，未有所辨。若不得是善知识者，唯除如来。我等无有别善知识，如无所有菩萨摩诃萨者。"尔时无所有菩萨摩诃萨，告诸女人："转男身者，善男子等。我今非但独为汝等作善知识，我亦为于一切众生作善知识。善男子等，若有众生，能知无所有菩萨。为众生作利益，成就彼等众生，更不承事诸余师友。彼等众生，即忘饮食，不生疑退。无有爱欲，而于我所昼夜亲近，所以者何？

我今教于一切众生，和合善根。令住一切世间。出世具足事中，令入无量波罗蜜中，令入一切诸功德中，令住无浊无障净处。无颠倒处，不现一切诸有。相中住无行处乐。修一切身心，熏习具足法中。我已曾令无量众生，住如是法，善巧智中。我今实语，无有异言。佛自证知。诸天世人，而作证明。”佛言：“善男子，如是，如是。如汝所言。”尔时，大众佛神力故。即见东方南西北方，有千诸佛。尔时，世尊告诸大众，作如是言：“诸善男子，汝今见此诸佛以不。”彼言：“世尊，我等皆见佛，复告言此等已”。令此善男子，成就如是阿耨多罗三藐三菩提。彼等更复欢喜踊跃，作如是言：“世尊，我等今出现。转女身已，得男身。世尊是故我今深信此事，解知此事，念持此事，无有疑惑。世尊，我今已得入于佛大神通，渐次少分，皆由于是无所有菩萨神通力故。愿我当得诸佛神通。皆悉开现。愿当共此于诸佛所。种诸善根，当得一切功德具足。”尔时，彼诸菩萨摩诃萨，心作是念，所有身者五，阴聚合。不可得以名字所说而有。可闻我等，云何而能共彼。种于善根，尔时世尊，知彼菩萨心之所念，告无所有菩萨摩诃萨言：“善男子，汝今应为此诸菩萨摩诃萨等。说五阴，聚和合身事。汝今应为此等菩萨，显示五阴，和合之身。此等闻已，当坏我见。更复当近于佛菩提。”尔时众中，有一菩萨，名曰“爱语”。而白佛言：“世尊，今者见何事故？如来阿罗诃，三藐三佛陀，自不解释。而当劝彼无所有菩萨，解释佛言，善男子，此众如是于无所有。长夜随顺流注。归向是故，我今劝此菩萨摩诃萨说。”尔时，无所有菩萨白佛言：“世尊，我今欲说，如我所见，如佛色空，我色亦尔。如佛色，一切众生色亦尔。如众生色，一切树林药草色亦尔。如一切树林药草色，彼一切界和合聚色亦尔。所有空色及我色，如来色，一切众生色，一切树林药草等色，一切界和合聚色，无有二相。无知无动，无生无等，无有等等。无行无说，非法非非法。非法界，非不法界。所摄非空，非非空众生愚痴。不知不觉，妄生贪著，悭吝妒嫉不能拔出。

菩萨摩诃萨

虚妄毒箭于悭妒中，忘失恩义，无明网覆。远善知识，多有疑惑，于如此法，不能听受。当作障碍不能受持。读诵修行，而有触证。有诸菩萨，智慧善巧，犹如虚空，无所著者。于诸世间，所有法中，不得法想。况复余想彼等，能入于此法。行诸少智者，于无色中，或作是想，希望欲入此法。行中，于无色中，妄起行想。略说乃至受想行识中。如是作如色，所作如虚空识，我识亦尒，如彼识如来识亦尔。如如来识，彼识一切众生，识亦尔。如一切众生识，彼识一切树林药草识亦尔。如一切树林药草识，一切界和合识，亦尔。其虚空识。及以我识，如来识，一切众生识，一切树林药草识，一切界和合识，无二相。不可知，不可分别，不生无等等无行。不可作名字，非法非非法，非法界非非法界。所摄非虚空，非非虚空，众生愚痴，不觉不知，无智少智少闻，嫉妒，悭贪，惑著，嫉妒，结缚无明网覆。为恶知识之所摄者，各自迷惑，欲闻是法，而作障碍，不能受持，读诵修行，而有触证，有诸菩萨善巧智慧，无所住著于一切法不得法想。何况余想？彼等能于此行中，行诸小智等。于此法行，所不能知。说此五种色等。平等出离诸行，无有坏散。无别法时，大地震动，虚空雨华。”尔时难调菩萨摩诃萨，白佛言：“世尊，何因何缘？大地震动，虚空雨华。”佛告

难调菩萨摩诃萨言："善男子，此是由彼，说五阴空无二无别。无有所住，无可言说。无有藏积，无有散坏。无有边量，不乐颠倒说。是诸佛，自在处，时有百千亿那由他数。诸天皆得，无生法忍。于此众中，诸比丘、比丘尼、优婆塞、优婆夷、五千人等，皆亦得于无生法忍。于未来世。当得作佛。号曰'不可说'，阴聚所生如来。应供，正遍知，当出于世，劫名'无住'。以此因缘，大地震动，而雨众华。"尔时，女人得男身者，皆共同声而说偈言：

"虚妄非虚妄，虚妄虚妄爱。如实知此等，是故皆授记。我等知如是，一切皆虚妄。今得丈夫身，我等皆具足。我闻虚妄已，知解不生疑。如是还虚妄，实无有知说，无实无实中，诱诳诸众生，不知无实故。无所有教说，于中无所减，亦无有增益，于中无示现，但以假名说，平等无危险。说无有散处，既无有等等。何况有胜者，其色似色形。其色色色故。若知色虚妄，无有可实者，受似于触形。以受故为受，知受虚妄已。彼无有可实，想为欲想者，其识以想现。知想虚妄已，彼无真实处，诸行无自在。假名示现行，知诸行虚妄，彼无有真实，识以了知义。是故示现识。若知识虚妄，恒常如虚空。如是皆虚妄，所有世忧愁，彼愚辈不知，以住我见故。彼等无所安，彼等无所遣，彼无有住处。愚辈而不知，此法不易知，寂灭句难解。住懈怠我想，为恶作所覆。不见无所有，不闻彼所说，无所可说处，于中无所置。"

尔时，诸女转男身者，说此偈已。供养佛故，五体投地，顶礼佛足。而说偈言：

"南无最大力，一切世无上，世尊有大恩，其等无所著。"

说是偈已。礼敬世尊，合掌而住。尔时世尊，告长老阿难："汝受持此无所有。所问和合说法，广为人说。光显此法，阿难。汝为何等众生？当令闻此法本之者，彼等闻已。能广解义，文句庄严，彼等皆当决定。阿耨多罗三藐三菩提，若虽得闻，而不解义，于后渐次，亦当如是解，其义趣修行触证。于多百千那由他数。诸如来所种诸善根。所以者何？其无所有菩萨。有如是愿。"尔时，众中，有诸女等，住于大乘。而白佛言："世尊，何用劝请阿难，受持此法。所以者何？我今已受，如此法本。习诵通利世尊。我今闻此法本，于未来世，当为他说，于阿僧只百千那由他劫中，光显此法。"尔时，众中，有百比丘，六百比丘尼，二百优婆塞，优婆夷，复有那由他数，诸天子等，以诸杂华，散世尊已，作如是言："世尊，此修多罗，而能照明一切诸法。如实显示，世尊，我今得闻此法本已。即能受持读诵通利，犹如明镜，见其面像。如是如是。我等受持此法本已，是故世尊。我等于今，及未来世。如此法本，于阿僧只那由他劫。广为人说，光显是行，当令证觉为诸众生。令知我等，如是利益，我住菩提，云何当作，为诸众生，一切利益，具佛法故。世尊，我等不贪利养及名闻等，而受此法。为众生说，亦复不为己自身命。但为一切诸众生等。欲与众生诸乐。具故，欲令近于诸佛法故，为于无量诸众生等。除灭爱著诸烦恼故。"佛言："善哉，善哉。善男子等，汝今一切善说此法。"尔时，海姊妹白佛言："世尊，此无所有菩萨，不起亦不说。如此等善男子、善女人等说此法本，当光显故。世尊，彼当受持正法，亦为一切过去、未来、现在诸佛所。有法行，彼亦受持，读诵通利。亦教他人读诵通利。若教令知。"尔时无所有菩萨摩诃萨，告海姊妹言："过阿僧只百千劫中，彼时有劫，名曰'法宝'，开敷于彼劫中。满足五百诸佛出世，时有一佛，最初出世。名'难降幢如来'，应供正遍知。明行足善逝。世间解无上士。调御丈夫，天人师。佛世尊，于彼时中，亦复多有众生。住于烦恼浊中，业障所覆。烦恼增上。贪欲恚痴诸恼，增上含毒所恼。善女人，尔时彼难，降幢佛如来。应供，正遍知，我于尔时，亦如是问。彼佛如来，亦如是解释。如今世尊释迦牟尼如来，应正遍知之所解释，善女人，如是次第，五千诸佛，亦如是问。如此法本，彼诸

世尊，亦复。为我如是解说。如今世尊，释迦牟尼诸释中王，为我解说，善姊汝今安意，善姊我从今已，于未来世，当于无量阿僧只数。诸佛世尊，亦当如是，问此法本，所有如是诸佛刹中。亦有诸浊烦恼众生，或有少者，或复倍多，有烦恼者。”尔时无所有菩萨摩诃萨说此语时，于刹那顷，彼摩伽陀主，频婆娑罗王，有大势力。四兵围绕，次第渐行，寻彼诸女所行之处，来诣佛所，到佛所已。顶礼佛足，却住一面。佛慰劳已，随所敷具，而就其坐。彼诸大众，亦皆而坐。时频婆娑罗王白佛言：“世尊，我有小女，与众侍女出游园林，久乃不还，后于园中，求觅不得，又闻有说，向世尊所。今于此众，我复不见。”佛告大王，今会当见。王言：“世尊，我今未见”。佛言：“大王，汝今可问？”无所有菩萨，当示王处。王言：“世尊，其无所有菩萨，何者是也？”于时世尊告无所有菩萨言：“汝无所有，汝今应报频婆娑罗。王所问诸女，行来之处，今此众知。”尔时，无所有菩萨，以不现身，告频婆娑罗王，及大众言，“大王当知，彼诸女等，在此众中。”王言：“大德，我但闻声，不见汝形”。菩萨告言：“大王，今者所有诸女，闻我名已。一一妇女，至于树下，皆取我身，随意娱乐。取我身已，皆舍女身，受丈夫身。彼等诸女，既取我身，成丈夫身，我则无身。”然无所有菩萨告彼诸女丈夫身者，言：“汝善男子，各各示现自身之德”。尔时，诸女得男身者，共集一处。具丈夫相，端正可喜。作如是言：“我等今者，舍于女身已成如是丈夫之身。”尔时，频婆娑罗王，及诸大众，生疑不信。尔时无所有菩萨，复作是言：“大王何故及诸人众，犹怀疑惑，王今于佛，岂不可信？若可信者，如来现前。王今宜问，此善男子，如是所说有异不耶？”尔时频婆娑罗王，白佛言：“世尊，如是，如是。如虚空声所说以不。而不见身。”尔时佛告频婆娑罗王言：“如是，如是。大王皆悉，如此菩萨所说。大王今者，宜信此语。莫生疑惑。”王闻是语，即起合掌。三称：善哉。白言：“世尊，是谁神力？为是菩萨无所有力，为当是佛威神之力。”佛告王言：“大王，当知此是诸女，往昔愿力。彼于往昔，于多千佛教。此诸女，种诸善根，发菩提心诸佛法中。而得成就。故今我所得满其愿。大王有诸女人，于未来世，亦更教化，无量诸女，得转女身。”尔时佛告无所有菩萨言：“善男子，汝今可为于此众人。令此诸女各复本身”。尔时无所有菩萨作如是言：“如我实说，我于无量无边。妇女令转女身得丈夫身，皆是实故。此等众生，还复女身。”说是语时，多有妇女，于彼丈夫前，有如是形，有如是色。如是行住，还复如先所向来者。彼等各各相共言说。如前无异，彼时诸女，及频婆娑罗王等，生希有心。云何诸女，已转女身，今已还复女人身耶。此诸女人，为是实身，为当化起。佛言大王：“此等妇女，非实非化，所以者何？大王，此善男子，于往昔时有如是愿，若诸妇人，见我身者，彼见我身，即发是愿。求转女身，彼诸妇人，所有夫主，更取余妇，还复如是。不增不减，如前妇身，可爱端正。不相离别。”尔时，频婆娑罗王白佛言：“希有世尊，诸菩萨摩诃萨等，能有如是神通善根。世尊一切诸法，不可思议。众生果报，不可思议。得禅定者，定之境界，不可思议。”佛言：“如是如是。大王，如是如是。大王，此有三种不可思议。何者为三？业幻量、幻梵本少一句。此善男子，已觉诸幻已证已触。此善男子，即是幻师。是故此等不可取量。尔时世尊，令彼大众，以无所有和合法义教化言说。令得欢喜，令得威神增。长教化，令欢喜已。劝言汝等，各自知时，还其所至。”时诸人众，各还本处。其去未久，有一菩萨名曰“生疑”，而白佛言：“世尊，其无所有菩萨，能为此等众生，以神通化还。令如旧而不令彼诸众生等，有爱别离。世尊，此等当作何等利益？”佛告生疑菩萨言：“善男子，此诸人等，所在之处，共此诸女。曾转根者，语言饮食，共相娱乐，游行戏乐。种种诸事，种种方便，于彼时处，令此众人，于菩提中。令得发心，近佛法中。何以故？善男子，此无所有菩萨已。于往昔诸如来所，以一切乐具，供养尊重，种诸善根，皆已具足。发如是愿，是故满愿满分别意。此善男子，如是教化，成熟众生。教令入于义文字中，所有法体，无生之处，无成就处，令入令觉如是教中。不令有失令得成就，于佛法故。善男子，此无所有菩萨教化众生，于彼中者，无一众生，当向恶趣。无一众生，于所教师，遍去佛土而不中生。善男子，彼诸众生，还当如是。成就菩提，亦如今者，无所有菩萨，所成就者。"尔时生疑菩萨，从佛世尊，闻善说已，除诸疑惑，而说偈言：

"众生闻已得于中，方便学，如是健修习，名无所有者，纯直心柔和，软意无嫉妒，亦无有怯弱。名无所有者，多文字和合，复说如是义，所有无可见。亦当无所摄。无二不可取，无余不可见，不可说而说。法教无有比。"

尔时阇那那修多女，告生疑菩萨言："善男子，汝承谁力，能说此偈"。彼即答言："我身如是。知无所有菩萨身中，从出是声。善姊当知，今此偈声，非我身出。"尔时阇那那修多女，而白佛言："希有世尊是无所有菩萨，乃至能得不思议法。皆已具足。能以种种方便开示，彼无所有之处说法。"佛告彼言："如是如是，善女人，如汝所说。"尔时，两时无有"出生"菩萨，而白佛言："世尊，我能辩说"。无所有所问修多罗佛言两时无有出生菩萨："汝今为辩说诸菩萨摩诃萨境界，广境界，无碍无可得。无边无畔际。发起多闻，与利益故，以善巧智。如诸菩萨摩诃萨，为自境界，增长无著，无可得处，无边，无畔际处。诸多闻利益，欲于善巧方便法中，教令建立，开现处故。当速成就，菩提道故。"尔时，两时无有出生菩萨摩诃萨，而说偈言：

"善说此经已，正念入禅定，当觉一切法，显示此经典。令觉一切义，及如文字等，所有修多罗，诸佛之所说，显现一切义，彼此皆相见，无量不思议，诸经善说处，此经法知已，庄严义文字，诸法无缺少，一切不思议，阴界诸入等，当得方便智。随顺十二缘，一切声一声，一声一切声，诸声等，和合于此经觉悟。所有诸心者，众生所思，觉计我所思者，一切心所因，一切皆能知。是等诸思觉彼无有思处，于此经觉悟。亦无有思者，于自及与他。一切悉能知，如心所转行。照诸法，如镜说，此修多罗，于彼此等，见彼等还觉此。一切非为一。不见别多说，一切文句离若见于此经，彼为众生说。众生非此彼，令彼众生脱，住著不动，处知一切虚妄，以虚妄为说既知虚妄已。不著虚妄中，无有所生道诸佛，见一切于此，无不觉能学此经者，一切功业处，咒术医方智，及时智所生，皆此经觉悟。一切，一切智，所有不可数，彼一切，次第于此经。悉知一切，见舍已众生，所迷惑，若知于此经，不著彼名字，众生著令脱。彼相所覆者，此经威力故，于中得实证，若学此经者，彼得一切报，天上及人中。一切功德具此是教，师法，此即是父母，和尚阿阇黎，亦是善知识，此知足少欲。具足诸头陀，此所修资财，皆为彼当作。若有大众生，欲说多种法，应当学此经，学一切法处。若有大众生，欲说多种法，彼应学此经，一切法持处生，处皆当得少，病长寿命常得诸禅。定随顺此经，已身常受安乐，心亦得常乐，心亦得常乐，若能证此经。业悉具足如是差别法，彼当得随顺若能证此经。即总持诸经，若能如是证，如此经中说，彼等皆知经。诸佛有所说，所有诸文字，所说诸法者，若闻于此经。则离于文字，诸法离文字，以文字说法。文字非是法，亦复非非法。彼等于此经，住于菩提中。彼等于此求，世间最名闻。"

尔时，两时无有出生菩萨，说此偈已，顶礼世尊，右绕三匝，即于佛前，没而不现。尔时众中，有一菩萨名"无所续"，而白佛言："世尊，此两时无有出生菩萨，从何而来？"佛言："从如所来。还如是去"。彼菩萨言："世尊，彼云何来？复云何去？"佛言："如影幻梦，阳焰响虚空。及与空无，相无愿无作。离欲寂灭，无实无像。如是等聚分别。遣来，汝今语我，生于一切。一切众生，一切菩萨，一切诸佛，亦如影幻梦。阳焰响虚空，及空无相，无愿无作。离欲寂灭，涅槃无实。彼等所有一切果报及彼名字，彼等皆是我等。所为彼等，及我一切，非一非二，非多非少，亦非有物，不可闻，不共具足。无有能见者，无能知者，无能闻者，是故汝等。从我等听，信解思惟。欢喜称善，彼等无量阿僧只数。行无实已，皆不可得。汝等亦不可得。汝等莫以虚妄，诽谤我等。莫毁呰我，我等既无有物，无相无有处所。为他何假须说。宁不说胜，若有说者，彼还是如。彼此还是，如此如是。遣如是说。已如是来。"尔时大众，得闻如是句义已，无色心，无出入息；无物染著。彼等于世尊所，一切乐具。皆悉遍满。彼等得本念已，作如是言。此是本性，体真实无所有，无可证无所识。如是知已，无知故，如是如是，彼从何处，有不可作名字。尔时于上虚空，有无价宝，遍满其间。有菩萨名"灭及"无出生菩萨白佛言："世尊，是何瑞相？此无价宝，遍满虚空。"佛言："善男子等，有若干菩萨，等闻此无所可证法门。得出离已，皆悉已得，无生法忍。故现此相。"尔时，彼诸一切大众，皆白佛言："希有世尊，善巧能学。巧方便智，为欲解脱。诸众生故，世尊，乃能知此。一切无动，空无所有，无有众生。本性寂静，然今如来为诸众生，辩说诸法。一切如影，而能勤劳教化众生。"佛言："如是如是。诸善男子，如汝所说，诸善男子，若无辩说，云何能知影像。幻梦阳焰响声。及与虚空，无相无愿无作。离欲涅槃之法，而为虚妄影像等法，尔时以佛威神力故。于上虚空，闻如是声。世尊，何者是彼影形为影？世尊，何者是彼乃至虚妄，而为影形。世尊，此一切庄严已具足法本，不假庄严。世尊，譬如画师，若画师，弟子善学技能，画如来像，具足众相，无所缺少，更有金巧师，取最胜金，作其金鬘，而著顶上。然彼形像，倍更端正，为一切众瞻之无厌。"世尊："如是如是。如此法本，具足诸相瞻之无厌，世尊今者更倍庄严。"说是语已。时佛告彼虚空声言："譬如巧学，幻化之师，若幻弟子，善于幻化，幻作男子，端正可喜。诸根具足，皆共和合而生子息为作名字。影像幻梦阳焰响声，太虚空等，不自在也。无相，无愿，无作，离欲寂灭涅槃。彼虚空等增长成就，所有作事。入深山谷，多有人众，各发大声。呼诸影像，乃至虚空，彼出声已。没而不现，于彼空谷。无所染著，彼时众人求是声处，了不可得。如是一切诸烦恼等，如实求之，亦不可得。如彼阳焰动摇似水，而不可饮。如是响声阳焰，俱无形像。"尔时，众中，未证法者，闻此说已，皆得证法。有三十亿那由他等。诸天及人，皆悉得于一切法中。无所染着。尔时，虚空，还复出声，诸天人众，皆悉见闻。此唯名字，所谓影等，乃至虚妄影像等也。影像幻化其有所问，如来解释。于先作证，有二十亿诸天人等，闻此法已。皆得决定住于阿耨多罗三藐三菩提中。当为成熟诸众生故，而为之友。尔时，闻持菩萨，白佛言："世尊，当何名此法本？我等云何受持佛言。此法本名诸罪无相无舍如是受持。如来自在，如是名持，无所有菩萨，所问如是名持，说佛大神通，如是名持，恶心难调怨仇。悔过如是名持，无所有法。可示现者，如是名持，非不见一切诸法，如是名持，佛说此经时，其无所有菩萨及难调怨仇，闻持菩萨，及彼大众。天人阿修罗，干闼婆等，闻佛所说，欢喜奉行。"

# 卷之一万二千十六 二十有

## 友

### 交友

《易·兑象丽泽兑》

君子以朋友讲习。程子曰，丽泽，二泽相附丽也，两泽相丽，交相浸润，互有滋益之象。故君子观其象而以朋友讲习。朋友讲习，互相益也。先儒谓天下之可说，莫若朋友讲习，然当明相益之象。

《书》

帝曰契："百姓不亲，五品不逊，汝作司徒，敬敷五教在宽。"五品，父子有亲，君臣有义，夫妇有别，长幼有序，朋友有信。五教，以五者当然之理而为教也。

《诗·伐木》

燕朋友故旧也。自天子至于庶人，未有不须友以成者，亲亲以睦。友贤不弃，不遗故旧，则民德归厚矣。孔氏曰：朋是同门之称。友是同志之名。故旧，即昔日之朋友也。朋友新故，通名故旧。唯施久远，旧则不可更择新。交则非贤不友，故变朋友曰友贤也。亲亲以睦，指上常棣友贤不弃，不遗故旧，即此篇是也。

伐木丁丁，鸟鸣嘤嘤。出自幽谷，迁于乔木，嘤其鸣矣，求其友声。相彼鸟矣，犹求友声。矧伊人矣，不求友生。神之听之，终和且平。毛氏曰："丁丁，伐木声"。朱氏曰："嘤嘤，鸟声之和"。又郭璞曰："两鸟鸣"。张氏曰："神之听之。终和且平，此为求友生。"程氏曰："和，谓相好。平，谓不变"。什方张氏曰："诗人多相因之词，如伐木而感鸟鸣。盖因此以兴焉故也，故下章皆以伐木言之"。程氏曰："山中伐木，非一人能独为。必与同志者共之。既同其事，则相亲好成朋友之义。伐木之人必有此义，况士君子乎。故赋伐木之人，叙其情，推其义，以劝朋友之道。燕朋友故旧，则歌之所以风天下。朋友故旧笃，则民德厚矣。继言鸟鸣嘤嘤，又以物情兴朋友之好。嘤嘤，相应和之和声。鸟声相应和。自幽谷升乔木，相追随，嘤然其鸣，盖求其应，友声谓应声，犹人之朋友相从也。视鸟如是，岂人而不求友乎？朋友之信恒久不渝，可质于神明。"

《周礼》

司谏纠万民之德，而劝之朋友。宗伯以宾射之礼，亲故旧朋友。

## 《礼记》

君子不尽人之欢,不竭人之忠,以全交也。儒有合志同方,营道同术。相下不厌,久不相见。闻流言不信,义同而进,不同而退,其交友有如此者。同方,同术,志行也。闻流言不信,不信其友,所行被毁而谤之。

## 《论语》

曾子曰:"与朋友交而不信乎"。

子夏曰:"与朋友交,言而有信"。

子曰:"事君数,斯辱矣。朋友数,斯疏矣。老者安之,朋友信之。朋友切切偲偲,兄弟怡怡。居是邦也,事其大夫之贤者,友其士之仁者"。

曾子曰:"君子以文会友,以友辅仁。"注,讲学以会友,则道益明。取友以辅仁,则德日进。朋友死,无所归,于我殡。朋友之馈,虽车马,非祭肉,不拜。朱子曰:"朋友有通财之义,故虽车马之重不拜。祭肉则拜者,敬其祖考,同于己亲也。此一节记孔子交朋友之义。"

子夏之门人,问交于子张。子张曰:"子夏云何?"对曰:"子夏曰'可者与之,其不可者拒之'。"子张曰:"异乎吾所闻。君子尊贤而容众,嘉善而矜不能。我之大贤与,于人何所不容?我之不贤与,人将拒我。如之何其拒人也"。朱子曰:"子夏之言迫狭,子张讥之是也。但其所言亦有过高之病。盖大贤虽无所不容,然大故亦所当绝。不贤固不可以拒人,然损友亦所当远。学者不可不察。"

## 《中庸》

子曰:"所求乎朋友,先施之未能也。天下有达道五;父子也,君臣也,夫妇也,昆弟也,朋友之交也。"

## 《孟子》

孟子曰:"责善朋友之道也。使契为司徒,教以人伦,父子有亲,君臣有义,夫妇有别,长幼有序,朋友有信"。万章曰:"敢问交际何心也。"孟子曰:"恭也"。万章问曰:"敢问友"。孟子曰:"不挟长,不挟贵,不挟兄弟而友。友也者,友其德也,不可以有挟也。"

孟子谓万章曰"一乡之善士,斯友一乡之善士。一国之善士,斯友一国之善士。天下之善士,斯友天下之善士"。

## 《孔子家语》

孔子曰:"夫内行不修,身之罪也。行修而名不彰,友之罪也。故君子入则笃行,出则友贤"。孔子曰:"居而得贤友,福之次也。夫贤者言足听,故我之惮也。若严君在堂,而明神处室矣。虽欲不着善其敢乎。"曾子曰:"狎甚则相简,庄甚则不亲。是故君子之狎足以交欢,其庄足以成礼。"

## 《白虎通》

朋友之道,有四焉:近则正之,远则称之。乐则思之,患则死之。

### 《扬子》

君子先择而后交，小人先交而后择。故君子寡尤，小人多怨。君子修身而后交。天道交万物生。人道交功勋成。

### 《仲长子·昌言》

幽闲则攻己之短，会同则述人之长。负我者我加厚焉，未有与人交若此而见憎者也。

### 《魏文帝诗集论》

夫阴阳交万物成，君臣交邦国治。士庶交德行先，同忧乐，共富贵，而交道备矣。

### 《抱朴子·交际篇》

朋友之交，不宜杂浮。详交者不失人，而泛结者多后悔。故囊哲先择而后交，不先交而后择也。

### 徐干《中论》

君子之交人也，欢而不媟，和而不同，好而不佞诈，学而不虚行。易亲而难媚，多怨而寡非。

### 《太平御览·周昭新撰》

“交之为道，起自义皇造化之初。君臣始立，而有人伦上下之叙。象天地交泰以左右于民也。唐虞三代，莫不因之。故交全情亲，则国安治强。交败情乖，则国危治弱。立交者欲其亲也。是故百姓不亲，禹作司徒，疏者能睦。廉颇相如忍忿以崇厚。陈平周勃感陆生而相亲。所以安赵于强敌，定汉于几殆。此交接之大义。帝王之极务。闻之于《易》曰：‘交乃人伦之本务。王道之大义也。’谯子齐交，譬之于物。犹素之白也，染之以蓝则青。游居交友，亦人之所染也。韩起与田苏处，而成好仁之名。甘茂事史举，用显齐秦之功。曹忝师盖公，致清静之治。窦长君兄弟出于贱隶，谨恭师友，皆为退让。君子语曰：‘蓬生麻中，不扶自直。’此言虽小，可以喻大。必得其人，千里同好。固于胶漆，坚于金石。穷达不阻其分，毁誉不疑其实。”

### 锺会《刍荛论》

凡人之结交，诚宜德不忘衰，达不弃穷。不疑惑于谗构，不信受于流言。经长历远，久而逾固。而人多初隆而后薄，始密而终疏。斯何故也？皆由交静不发于神气，道数乖而不同权，以一时之术，取仓卒之利。有贪其财而交，有慕其势而交，有爱其色而交，三者既衰，疏薄由生。东方朔与公孙弘书，曰：“盖闻爵禄不相责以礼。同类之游，不以远近为是。故东门先生居蓬户空穴之中，而魏公子一朝以百骑日宠之。吕望未尝与文王同席而坐，一朝让以天下半。夫丈夫相知，何必以抚尘而游垂发齐年偃伏以日数哉”？

### 《杨龟山语录》

《常棣》之言：“朋友不可相责望，盖君子恕以处朋友也。”若为人朋友所以自处，则不可尔。周官以孝、友、睦、姻、任、恤，考人之行。若不可责人，圣人何以制法？夫邻里乡党力足以相助相持，犹不敢不勉。而况于朋友乎？

## 《朱子语类》

蜚卿问朋友之义："自天子至于庶人，皆须友以成。而陈安卿问目，只说以类聚，莫未谈朋友之义否？"曰："此亦只说本来自是如此。自天子至于庶人，未有不须友以成。乃是后来事。说朋友功效如此，人自与人同类相求。牛羊亦各以类相从，朋友乃彝伦之一。今人不知有朋友之义者，只缘但知有四个要紧，而不知朋友亦不可阙。"

## 张子《经学理窟》

张子曰："人之有朋友不为燕安。所以辅佐其仁。今之朋友，择其善柔以相与，拍肩执袂以为气合。一言不合，怒气相加。朋友之际，欲其相下不倦。故于朋友之间，主其敬者，日相亲与，得效最速。"又曰"有潜心于道，忽为他虑引去者，此气也。旧习缠绕未能脱洒，毕竟无益。但乐于旧习耳。是故古人欲得朋友与琴瑟简编，常使心在于此。惟圣人知朋友之取益为多，故乐得朋友之求。"

## 《性理会元》

朋友，与君臣，父子，兄弟，夫妇，同为天伦，天所叙也。自天子至于庶人，未有不须友而成者。后世虽一介之士，朋友之道固缺矣，而况于等而上之者哉。盖不知德之可贵，不知成身之为重，此友道之所为缺也。使其知德之为贵，成身之为重。则其所以求友者，惟恐其不获已。况敢有挟乎哉？

## 南轩《容斋随笔》

朋友之义甚重，天下之达道五：君臣、父子、兄弟、夫妇，而至朋友之交。故自天子至于庶人，未有不须友以成者。天下俗薄而朋友道绝，见于《诗》。不信乎朋友，弗获乎上，见于《中庸》《孟子》。"朋友信之，孔子之志也。车马衣裘与朋友共，子路之志也。与朋友交而信，曾子之志也。"《周礼》六行五曰'任，谓信于友也。'汉唐以来，犹有范张陈雷元白刘柳之徒，始终相与，不以死生贵贱易其心。本朝百年间，此风尚存。呜呼，今亡矣！东谷所见，君子以文会友，以友辅仁。友也者，友其德也。当亲密之时，握手论心。必使君臣父子之伦，兄弟夫妇之伦，猝然一出于正。此交友第一义也。夫何世变日薄，友道扫地，惟酒馔追随，有无周济秽言相谑，术数相胜。于是规图便利，谄谀取容，此妾妇耳，非友也。谄以濡沫，甘效奔走，此奴隶耳，非友也。惟恐少有攖拂而取疏远，故随事苟徇而觊亲密。乘其父子之睚眦，即导之以不忠不孝。乘其兄弟之阋墙，即导之以不友不恭。乘其夫妇之反目，即导之以不琴不瑟。谬引古今眩乱是非，指鹿为马，野鸟为鸾，皆此等辈也。其间稍有见识、廉耻者，必浩然而去。所友者惟小人，抑亦何所不至哉。

## 《册府元龟》

交友之道，其来尚矣。自天子至于庶人，未有不须友以成者也，故《传》有三益之训，《易》著断金之象，营道同术义表于切嗟。久要不忘情见于生死，又岂止远方之为乐，淡水之相成哉？中古而下，盖有同德比义，神交心照。或倾盖以投分，或刎颈而为欢。靡思志

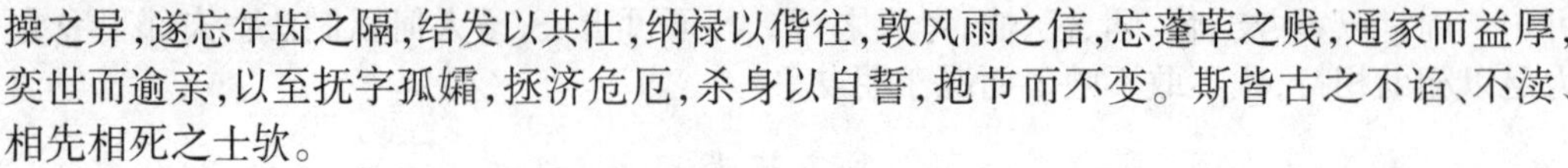

操之异，遂忘年齿之隔，结发以共仕，纳禄以偕往，敦风雨之信，忘蓬荜之贱，通家而益厚，奕世而逾亲，以至抚字孤孀，拯济危厄，杀身以自誓，抱节而不变。斯皆古之不谄、不渎、相先相死之士欤。

元王恽《秋涧集》

朋友列于五典，其所以为重者，志同而义在也。故粲然有文以相接，欢然有恩以相爱。不然，其与走者类聚而同游，飞者群分而并集，盖几希矣。诗人以伐木废，特表夫友道之缺，深有旨哉。

《太平御览·鲁连子》

舜耕于历山而交益，陶于河滨而交禹。

《家语》

孔子遇程子，倾盖而语终日，甚相悦。顾谓子路曰："程子天下之贤士，取束帛以赠之。"孔子与柳下季为友。

《史记》

任参，楚大夫。与蔡大师子朝友。其子伍举与声子相善也。声子，子朝之子。伍举，子胥祖父椒举也。伍举娶于王子牟，王子牟为申公而亡。获罪出奔楚人曰："伍举实送之。"伍举奔郑，将遂奔晋，声子将如晋，遇之于郑郊。班荆相与食，而言复故。班，布也。布荆，坐也。共议归楚事，朋友世亲。声子曰："子行也，吾必复子。"

申包胥，楚大夫。伍员与申包胥友，其亡也，谓申包胥曰："我必复楚国"。复报也申包胥曰："勉之。子能复之，我必能兴之。"

叔向适郑，鬷蔑恶一言而善。执手以善，遂如故知。

赵有处士，毛公藏于博徒，薛公藏于卖浆家。魏公子无忌，从此二人结交游也。

管仲，字夷吾，颍上人也。少时常与鲍叔牙游。鲍叔知其贤。管仲贫困常欺鲍叔，鲍叔终善遇之，不以为言。已而鲍叔事齐公子小白，管仲事公子纠。及小白立为桓，公子纠乃死。管仲囚焉，鲍叔遂进管仲。管仲既任用于齐，齐桓公以霸，九合诸侯，一正天下，管仲之谋也。管仲曰："吾始困时，常与鲍叔贾分财利，多自与。鲍叔不以我为贪，知我贫也。吾尝为鲍叔谋事，而更穷困，鲍叔不以我为愚，知时有利不利也。吾尝三仕三见逐于君，鲍叔不以我为不肖，知我不遭时也。吾尝三战三走，鲍叔不以我为怯，知我有老母也。公子纠败，召忽死之，吾幽囚受辱，鲍叔不以我为无耻，知我不羞小节，而耻功名不显于天下也。生我者父母，知我者鲍子也。"鲍叔既进管仲，以身下之。子孙世禄于齐有封邑者十余世，常为名大夫。天下不多管仲之贤，而多鲍叔能知人也。《韩诗外传》：鲍叔有疾，管仲为之不食，不内水浆。宁戚患之曰："鲍叔有疾，而为之不内水浆，无益于鲍叔，又将自伤。且鲍叔，非君臣之恩，父子之亲，为之不内水浆，不亦失宜乎。"管子曰："非子之所知也。昔者吾尝与鲍叔负贩于南阳，而见辱于市中。鲍子不以我为不勇者，知吾欲有名于天下。吾与鲍子说诸侯，三见而三不中，不以我为不肖者，知吾不遇贤主人。吾与鲍子分财而多自与，不以我为贪者，知吾贫无有也。生我者父母，知我者鲍子。士为知巳者死，马为知御者良。鲍子卒，天下莫知，安用水浆，诚有知者惟为之死，亦何可伤乎。"

夏侠湛《鲍叔像赞》曰："鲍子愔愔，式昭德音。绸缪陈仲，二人同心。厥芳犹兰，其坚

如金。遥遥景迹，君子攸钦。”季扎，吴公子也。聘于郑，见子产如旧相识。戒之以慎终。过晋，谓叔向曰：“吾子志直，必思勉于难也。”

刘向《说苑》

魏文侯叹田子方曰“自友子方也，君臣益亲，百姓益附。吾是以知友士之功焉”。

《五典毓蒙事实》

六国时，张敏与高惠为友。每相思不得敏，便于梦往寻。但行至半路，即迷不知路。

《孔丛子》

子高游赵，平原君客之。有邹文节与子高相友善。及将还鲁，诸故人诀既毕，文节送行三宿。临别，文节流涕交顾。子高徒抗手而已，分背就路。其徒问之曰：“先生与彼之子善，彼有恋恋之心，凄怆流涕，而先生厉声高揖，无乃非亲亲之谓乎？”子高曰：“始吾谓之子丈夫，乃今知其妇人也。人生则有四方之志，岂鹿豕也哉，而常群聚乎？”

《陈留志》

韦庚，字宣明，襄邑人也。常居园中，故世谓之园公。与河内轵人角里先生，绮里季，夏黄公为友，皆修道洁己，非义不践。当秦末，避代入商洛山，隐居自娱。

刘向《说苑》

伯牙子鼓琴，其友锺子期听之。方鼓琴而志在于太山。钟子期曰：“善哉鼓琴。巍巍乎若太山。”少选之间而志在流水，钟子期听之，曰：“善哉鼓琴。汤汤乎若流水”。钟子期死，伯牙子屏琴绝弦，终身不鼓，以为时无足为鼓琴者。

《汉书》

卢绾，丰人，与高祖同里。绾亲与太上皇相爱。高祖绾同日生。里中持羊酒贺两家亲相爱，生子同日，壮又相爱。

《段会宗传》

会宗为人好大节，矜功名。与谷永相友善，谷永闵其老复远出，予书戒曰：“足下以柔远之令德，复典都护之重职，甚休甚休。若子之材，可优游都城而取卿相，何必勒功于昆山之侧？总领百蛮，怀柔殊俗，子之所长，愚无以喻。虽然，朋友以言赠行，敢不略意。方今汉德隆盛，远人宾服，传郑甘陈之功没齿不可复见。愿吾子因循旧贯，毋求奇功。终更亟还，亦足以复雁门之踦。万里之外，以身为本。愿详思愚言。”

《五典毓蒙事实》

西汉郑当时，字庄，为太子舍人。常置驿马长安诸郊，请谢宾客。夜以继日，常恐不遍。其知友皆大父行，天下有名之士也。魏其，灌夫，两人相引重，相得甚欢。恨相见之晚。

《册府元龟》

龚胜,字君宾。龚舍,字君倩。皆楚人。相友著名节,故时号之楚两龚。胜位至太中大夫,归老于乡里,舍拜光禄大夫,不起。

张释之为廷尉,持法平允。中尉条侯周亚夫,与梁相山都侯王恢,咸结为亲友。繇此天下称之。

陈遵少与张竦俱为京兆史。竦博学通达,以廉俭自守,而遵放纵不拘。操行虽异,然相亲友。哀帝之末,俱著名字为后进冠。为后进人士之冠首也。

何武,以射策甲科为郎,与翟方进交志相友。

汲黯善灌夫。郑当时,及宗正刘弃疾。黯位至主爵都尉。

傅喜封高武侯,与郑玄同门学,相友善。同门,谓同师也。

萧育,为人严猛尚威。居官数免,稀迁,少与陈咸朱博为友,著闻当时。往者有王贡公,故长安语曰:"萧朱结绶!王贡弹冠"。言其相荐达也。萧育与陈咸俱以公卿子显名。咸最先进,年十八为左曹,二十余为御史中丞。时朱博尚为杜陵亭长,为咸育所攀援入王氏,后遂并历刺史郡守相,及为九卿。而博先至将军上卿,历位多于咸育,遂至丞相。育与博后有隙,不能终,故世以交为难矣。

杜林,字伯山,与马援同乡里,素相亲厚。援从南方还,林马适死,援令子持马一匹遗林曰"朋友有车马之馈,可具以备之。"林受之,居数月,林遣子奉书曰:"将军内施九族,外有宾客,望恩者多。林父子两人,食列卿禄常有盈。今送钱五万。"援受之,谓子曰:"人当以此为法。是杜伯山所以胜我也"。林位司空。

寇恂,为颍川太守。执金吾贾复部,将杀人于颍川。恂戮之,复以为耻。还过颍川,曰:"今见恂,必手刃之"。恂闻不与相见。曰:"昔蔺相如不畏秦王,而屈于廉颇者,为国也。区区之赵尚有此义,吾安可忘之乎?"光武乃召恂与复相解,结友而去。寇恂从光武破群贼,数与邓禹谋议。恂奇之,因奉牛酒共交欢,恂位执金吾。

皋弘为扬州从事。家代为吴郡冠族,少有英才,与桓荣相善。孔僖,曾祖父子建少游长安,与崔篆友善。僖与篆孙驷,复相友善,僖位临津令。

梁鸿友人京兆高恢,少好《老子》,隐于华阴山中。及鸿东游思恢,作诗曰:"鸟嘤嘤兮友之期。念高子兮仆怀思。想念恢兮爰集兹。"二人遂不复相见。恢亦高抗,终身不仕。

王符,安定临淄人。少好学,有志操。与马融、窦章、张衡、崔瑗等。并友善。

陈重少与同郡雷义为友,俱学《鲁诗》《颜氏春秋》。太守张云举重孝廉,重以让义。前后十余通记,云不听,义明年举孝廉,与俱在郎署后俱拜尚书郎。义坐事黜退,重见义去,亦以病免。又云,雷义举茂才,让于陈重。刺史不听,义遂佯狂被发,是不应命,乡里为之语曰:"胶膝自谓坚,不如陈与雷也"。

崔瑗与扶风马融,南阳张衡,特相友好。瑗位济北相。

荀淑博学有高行,与李固、李膺同志友善。淑位即陵侯相。

张皓字叔明,治律《春秋》,游学京师,与广汉镡粲、汉中李邵、蜀郡张霸共结为友善。皓位司空。

逢萌,北海都昌人,与同郡徐房、平原季子云、王君公相友善,萌初为亭长,后连征不起。

岑晊,南阳棘阳人,有高才。郭林宗、朱公叔等皆与为友,晊后州郡察举三府交辟,并

崔瑗

不就。

李燮廉方自守,所交皆舍短取长,好成人之美。时颍川荀爽,贾彪,虽俱知名,而不相能。燮并交二子,情无适,莫世称其平正,位河南尹。

郭泰,字林宗。游于洛阳,始见河南尹李膺,膺大奇之,遂相友善,于是名震京师。后归乡里,衣冠诸族送至河上,车数千辆。林宗唯与李膺同舟而济,从宾望之以为神仙焉。泰征有道,不就。

王允,太原祁人也。世仕州郡为冠盖,同郡郭林宗尝见允而奇之。曰:"王生一日千里,王佐才也"。遂与定交,位司徒。

苑康少受业太学,与郭林宗亲善。位太山太守。

韩说举孝廉,与议郎蔡邕友善,位江夏太守。

闵仲叔恬静养神,弗役于物。与周党相友,党每遇仲叔,共含菽饮水。征拜博士,不就。

### 袁宏《汉纪》

尹敏,字幼季,与班彪相善,每相与谈,常日晏不食。昼即至夜,夜即至旦。彪曰:"相与久语,为俗人所怪。然锺子期死,伯牙破琴。惠施设,庄周杜门,相遇难也。"

### 《道学传》

杜京产,建武初征之。产曰:"庄周特钓,岂为白璧所回?"辞不就。会稽孔道征亦守志,产与友善。

### 《五典毓蒙事实》

东汉王符,字节信,好学耿介,著书三十篇,号《潜夫论》。后皇甫规解官归,乡人有以货得雁门守者,亦去职还家。书刺谒规,规卧不起。既入,问卿前主郡食雁美乎?有顷,又白王符在门,乃惊起。衣不及带,屣履出迎,援手同坐。时人语曰:"徒见二千石不如一缝掖"。书生道义之为贵也。

东汉陈蕃,不接宾客。惟徐穉来时,设一榻,去则悬之。

陈寔,字仲弓。荀淑,字季和。仲弓与子侄造季和讨论,是时德星聚。太史奏曰:"五伯里内有贤人聚"。

### 后汉《陶侃传》

陶侃,字士行,早孤贫,为县吏。鄱阳孝廉范达尝过侃。时仓卒,无以待宾。其母乃截发,得以易酒。殺乐饮极欢,虽仆从亦过所望。

### 《潇湘录》

安凤少与徐侃友善。凤至长安,忽逢侃携手叙别。侃留诗曰:"君寄长安久,耻不还故乡。我别长安去,切在慰高堂。不意与离恨,泉下亦难忘"。凤亦以诗赠别。又同泣分袂。及来年春,凤欲客长安。因梦侃,遂寄书达寿春。侃母得书,泣谓附书人曰:"侃死已三年。"凤垂泪叹曰:"我今日始悟,侃诗中泉下亦难忘之句"。

## 范晔《后汉书》

孔融,宙之子也。十岁从父诣京师。时河南尹李膺,简重敕外,云自非当世才艺英贤,通家子孙,辄不得进。融故造其门,云"我与公积代通家子孙。"膺乃召见,问:"父祖尝与仆有恩旧乎?"曰"然。吾先君孔子,与君先人李老君,同德比义而相师友。融与君岂非积代通家也"。众奇之。

第五伦,始以营长诣郡。尹鲜于褒见而异之,署为吏。后褒坐事在转高唐令,临去握臂诀曰:"恨相知晚"。肃宗始修古礼,巡狩方岳,崔骃上《四巡颂》,帝叹之。谓侍中窦宪曰:"知崔骃乎?"对曰:"班固数为臣说之。然未见"。帝曰"公爱班固,而忽崔骃。叶公之好龙也。可试见。"骃候宪,宪倒屣,迎笑谓骃曰:"吾受诏交公,何得薄我哉。"遂揖入也。

钟皓,字季明,颍川长社人。皓少以笃行称。同郡陈寔年不及皓,皓引与为友。

张叔升,字彦真,陈留尉氏人也,有大志,叹曰:"人生于世,白驹过隙耳。安能曲道媚世俗哉?"守外黄令遇党锢去官,道逢友人,班荆而语曰:"今阙下阉宦专权。"因相向而泣。有老父过之曰"嗟乎,二大夫何泣之悲。龙不隐鳞,凤不藏翼。一世网罗,泣将何及。"二人欲与之言,不顾而退,升竟以党锢下狱死。

孔奋,字君鱼,扶风茂陵人也。守姑臧长,治贵仁平。太守梁统深相敬待,不以官属礼之,常迎于大门,引入见母。

郅恽友人董子张者,父先为乡人所害。及子张病将终,恽往候之。子张病涕,视恽不能言。恽曰:"吾知子不悲天命,而痛仇不复也"。子张但目击而已。恽即起将客遮仇人,取其头以示子张。见而气绝。

## 谢承《后汉书》

王婴,字仲豪,与同郡蕴巨卿为友。推诚据信,不负言誓。

## 《郭林宗别传》

郭泰,字林宗,入颖川则友李元礼,至陈留则结符伟明,之外黄则亲韩子助,过蒲亭则师仇季智也。

## 《五典毓蒙事实》

东汉郭林宗,寓宿茅容家。旦夕容杀鸡为馔,林以为己设,既而以供其母。自以菜蔬与同饭,林宗起拜:曰"卿贤乎哉,乃我友也"。

## 《白氏六帖》

仇览,字季智,太学中与同郡符融比宇。常自守。融奇之曰:"志士交结之秋,须务勤学守之何执?"览正色曰:"天子修太学,岂使人游谈其中乎?"融告郭林宗,林宗因与融齐刺诣之。遂留宿,林宗嗟叹下床为拜。

《续后汉书·周瑜传》

初孙坚兴义兵讨董卓,徙家于舒。坚子策与瑜同年,独相友善。瑜推道南大宅以舍策,升堂拜母,有无通共。

张横浦《心传录》

东汉王丹。其子同门生丧亲。家在中山白丹,欲往奔慰。结侣将往,丹怒挞之。令寄缣以祠焉。人问其故,丹曰:"交道之难,未易言也。世称管鲍,次则王贡。张陈凶其终,萧朱隙其末。故知全者鲜矣"。时人服其言。

《世说》

华歆与管宁、邴原为友。三人号为一龙。歆为头,宁为尾,原为足。汉末,遭乱,原宁二人避地辽东。歆为豫章太守,及魏氏代汉,歆为司徒,让位于宁,辞不受。访原竟不往乃卒。唐子西曰:"邴原,管宁,皆盛德之士。而歆为之首,则歆之为人可知矣。然汉书称伏后之废,操使歆勒兵入宫收后,后闭户匿壁中。歆破户发壁而入,岂盛德之士哉。操虽奸雄,然使人各当其理。方是之时,魏氏群臣如董昭、夏侯惇、贾谊、程昱、郭嘉之流为不少,足以办此。何至使歆为之。歆果贤邪,操决不敢以此使之。以此事操,则歆决不得为贤者。陈寿作原传,称少与管宁俱以操尚,称初不及歆。至作宁传,又称与原歆相友,岂三人相友而歆独无操尚乎。朋友出处不齐,理宜友之,操尚不同,则非所以为友矣。此余之所未解。"

马明叟《实宾录》

魏荀粲,简重不与常人友。所交皆一时秀杰。既卒,至葬送者才十人,皆同时名士。哭之哀,感动路人。

虞预《会稽典录》

盛宪,字孝章。初为台郎,常出游。逢一童子,容貌非常,宪怪而问之,是鲁国孔融。年十余岁,宪下车执融手,载以归舍。与融谈宴,结为兄弟。升堂拜母,曰"可贺宪。母昔有宪,宪今有弟。"贺邵,字兴伯,山阴人也。为人美姿容,动静有常。与人交久而敬之。

《三国志》

荀攸,彧从弟也。太祖令曰:"孤与荀公达周旋二十余年,初无毫毛可非者。公达贤人也。所谓温良恭俭,让以得之。孔子称晏平仲善与人交,久而敬之,公达即其人也。"

将军张辽与其护军武周有隙。辽就刺史,温恢求交胡质,质辞以疾。辽出遇质曰:"仆委意于君,何以相孤如此?"质曰:"古人之交也,多取知其不贪,奔北知其不怯,闻流言而不信,故可终也。武伯南身为雅士,往者将军称之不辍于口。今以睚眦之恨,反成嫌隙。况质才薄,岂能终好,是以不愿也"。辽感其言,复与周平。

袁侃,字公然,善与人交。在废兴之间人之所趋务者,常谦退不为也。时人以是称之。历任黄门选部。

卢植,字子干。少事马融,与郑玄同门相友。

蔡邕宾客盈座,闻王粲至门,倒屣迎之。粲至年幼容状短小,一座尽惊。邕曰:"此王

孙也，有异才，吾不如也。吾家书籍尽当与之”。

孔融才高倨傲，年在陈纪、陈群之间，先与纪友，后与群交。更为纪拜之。孔融与蔡邕友善，邕卒后，有虎贲状貌类邕，融每酒酣，引与坐曰：“虽无老成，且有典刑。”

魏传嘏自少与冀州刺史裴徽，及散骑常侍荀粲善，徽粲早亡，又与镇北将军何曾，司空陈泰、尚书仆射荀顗，后将军钟毓并善相友。综理朝事，俱为名臣。嘏位尚书仆射。锺会，年少，传瑕以明智友之。

司马徽，字德操。尝造庞德公，值其渡沔上，祀先人墓。德操径入其室，呼德公妻子使速作黍。徐元直向云：“有客当来就我与庞公谈。”其妻子皆罗列拜于堂下，奔走供设。须臾德公还，直入相就，不知何者是客也。德操年小德公十岁，兄事之，呼作庞公。故世人遂谓，庞公是德公，名非也。诸葛孔明每至庞德公家，独拜床下，德公初不令止。

向朗，字巨达，少师事司马德操。与徐元直、韩德高、庞士元皆亲善。位至丞相长史。王凌，与司马朗、贾逵友善，位太守。

袁霸，陈郡扶乐人。袁涣从事弟子，魏初为大司农，与同郡何夔并知名于时而霸子亮、夔子鲁与涣子侃复齐声友善。

黄朗弘通有性实，与东平右姓王惠阳为硕交。惠阳亲拜朗母于其床下，朗既仕至二千石，而惠阳亦历长安令酒泉太守。故时人谓惠阳外似粗疏，而内实坚密宁，不顾朗之本末，事朗母如己母，为通度也。陈矫为郡功曹使过泰山。泰山太守东郡薛悌异之，结为亲友。戏谓矫曰：“以郡吏而交二千石，邻国君屈从，陪臣游，不亦可乎？”悌后为魏郡及尚书令，皆丞代矫。

杜恕为散骑黄门侍郎。时李丰为常侍黄门郎，袁侃见转为吏部郎。荀俣出为东郡太守，二人皆恕之同班友善。

蜀许靖，汝南人。始兄事颖川陈纪，与陈郡袁涣，平原华韵、东海王朗等亲善。靖入蜀为司徒，韵朗及纪并靖子群魏初为公辅大臣。咸与靖书，申陈旧好，情义欢至。

张商，蜀郡成都人也。少与犍为杨恭友善，位辅汉将军。

张嶷，巴西郡人。召为从事，郡内士人袭禄姚伷位二千石，当世有声名，皆与嶷友善。

张飞，字益德，少与关羽俱事先主。羽年长数岁，飞兄事之，位车骑将军。

徐庶，字元直，先名福，与石韬字广元，相亲爱。初平中，中州兵起，乃与韬南客荆州。后又与诸葛亮特相善。及荆州内附，孔明与刘备相随去，福韬俱来北。至黄初中，韬仕历郡守典农校尉，福至右中郎将御史中丞。建太和中，诸葛亮出陇右，闻元直广元仕才如此，叹曰：“魏殊多士邪。何彼二人不见用乎”？

吴孙策下令曰：“周公瑾与孤有总角之好，骨肉之分。”孙策创业，命张昭为长史抚军中郎将，升堂拜母，如比肩之旧，文武之事，一以委昭。

吴张昭，字子布。与琅琊赵昱，东海王朗，俱齐名友善，位辅吴将军。

陆绩，字公纪。时虞翻旧齿名盛，庞统荆州令士年亦差长，皆与绩友善，位偏将军。步骘，与卫于同年相善，俱以种瓜自给。昼勤四体，夜诵经传。

鲁肃代周瑜之当陆口。过吕蒙屯下，肃意尚轻蒙。或说肃吕将军功日显，不可以故意待也，君宜顺之。肃遂往诣蒙，酒酣蒙问肃曰：“君受重任与关羽为邻，将何计略以备不虞？”因为画五策，肃于是越席就之。拊其背曰：“吕子明，吾不知卿才略所及，乃至于此”。遂拜蒙母，结友而别。

鲁肃，临淮人也。家富于财。周瑜为居巢长，将数百人故过，候肃并求资粮。肃家有

两囷米，各三千斛。肃乃指一囷与周瑜，瑜亦知其奇也。遂相亲结，定侨札之分。肃后使荆州，到当阳与刘备会，时诸葛亮与相随。肃谓亮曰："我，子瑜友也。"即共定交。肃卒，诸葛亦为发哀。位横江将军。

聂友，字文悌，豫章人，为郡功曹。使至都，诸葛恪友之。严畯避乱江东，与诸葛瑾、步骘齐名友善。性质直纯厚，其于人物忠告善道志存补益。位尚书令。

陈表少知名，与诸葛恪、顾谭、张休等，并侍东宫，皆其亲友。尚书暨艳亦与表善，位偏将军。

孙皎为征虏将军，善于交结，与诸葛瑾至厚。位征虏将军。

高岱，字孔文，受性聪达，轻财贵义。其友士拔奇取于未显。所友八人无名氏，皆世之英伟也。

吴旗与张温、顾谭友善。

《世说》

陆机赴假还洛，辎重甚盛，戴渊与年少掠之。渊在岸上，据胡床，指挥左右，皆得其宜。渊既有风标锋颖，虽处鄙事，神气独异于众。机于船屋上，遥谓之曰："卿才如此，亦复作劫"。渊便流涕，投剑归机。辞属非常，机弥重之。便与定交，咋笔荐焉。

《江表传》

吴有程普者，颇以年长，数凌悔周瑜，瑜折节下容，终不之与校。普后自敬服而亲重之。乃告人曰："与周公瑾交，若饮醇醪，不觉自醉。"

《白氏六帖》

庾衮与诸兄过邑人陈准，兄弟友之。拜其母，衮独不拜。曰："拜人之母，将同于子，其义至大"。邻人楮德，隐逸，养亲，老而无倦。衮每拜之。

《晋书》

王蕴为浙江东五郡镇军将军，会稽内史。时王悦来拜墓，蕴子恭往省之。素相善，遂留十余日方还。蕴问其故，恭曰："与阿太语，蝉连不得归。"蕴曰："恐阿太非尔之友。"阿太悦小字也。后竟乖初好。时以为知人。

王龚，字孝伯，清操过人，才地自负。恒有宰相之望，与王沉齐名友善。

陆机，吴人也。文章冠代。至太康末，与弟云造太常张华。华素重其名，如旧相识。曰："伐吴之役，利获二俊"。荀崧与王敦、顾荣、陆机等友善。

刘敬宣，字万寿，为散骑常侍。宽厚待士，多伎艺弓马音律，无事不善。时尚书仆射谢混，自负才地，少所交纳。与敬宣相遇，便尽著欢。或问混曰："卿未尝轻交与人，而倾盖于万寿，何也？"混曰："人之相知，岂可以一途限？孔文举礼太史子义，夫岂有非之者邪。"

裴邵，字道期，元帝初为安东将军。以邵为长史，王导为司马。二人相与为深交友。及道期卒，王导为司空，既拜叹曰："裴道期王乔在，吾不得独登此位"。

解系，字少连，济南人也。系及二弟结育，并清身洁己，甚有声誉。时荀勖门宗弘盛，勖诸子谓系等曰："我与卿为友，应向我公拜"。勖曰："我与君尊先使君亲厚"。系曰：

"不奉先君遗教,公若与先君厚,往日哀顿,当垂书问亲厚之诲,非所敢承。"朂父子大惭。

王濛,字仲祖,与沛国刘惔齐名友善。惔常称濛性至通,而自然有节。濛每云刘君知我,胜我自知。时人以惔方荀奉倩,濛比袁曜卿。凡称风流者,举濛惔为宗焉。位司徒左长史。虞騑,字思行。潭之兄子也。虽机干不及于潭,然而素行过之,与谯国桓彝俱为吏部郎,情好甚笃。彝遣温拜騑,騑使子谷拜彝,荀羡弱冠,与王洽齐名。沛国刘惔,太原王濛,陈郡殷浩,并与交好。位兖州刺史。

王机,字令明。慕王澄为人,澄亦雅知之以为己亚,遂与友善。机位交州刺史。何偃,叔悠之,与琅琊王徽相善。悠之卒,徽与偃书曰:"吾与义兴,直恨相知之晚。每惟君子知我,若夫嘉我小善。矜余不能,惟贤叔尔"。

阮籍素与王浑为友。浑子戎年十五,随浑在即舍。戎少籍二十岁,而籍与之交。籍每适浑,俄顷辄去。过视戎良久,然后出谓浑曰:"浚冲王戎字也。清赏,非卿伦也。共卿言不如共阿戎谈。"戎每与籍为竹林之游,戎尝后至。籍曰:"俗物已复来败人意"。戎笑曰"卿辈意亦复易败尔"。籍位步兵校尉。

羊曼任达颓,纵好饮酒。温峤、庾亮、阮放、桓彝同志友善,并为中兴名士。时州里称陈留阮放为宏伯,高平郗鉴为放伯,太山胡母辅之为达伯,济阴卞壶为裁伯。陈留蔡谟为即伯,陈留阮孚为诞伯,高平刘绥为秀伯,而曼为黯伯。凡八伯,盖拟古之八隽。曼位丹阳尹。

王接,字祖游。平阳太守柳澹,散骑侍郎裴遐,尚书仆射邓攸,皆与接友善。位尚书殿中郎。

山简为征南将军镇夏口,华轶以江州作难,或劝简讨之,简曰:"与彦夏华轶字旧友,为之惆怅。简岂利人之机以为功伐乎"?其笃厚如此。

习凿齿为桓温别驾。善尺牍、论议,温甚器遇之。时清谈文章之士韩伯、伏滔等,并相友善。

邓粲,长沙人。少以高洁著名,与南阳刘驎之,南郡刘尚公,同志友善。并不应州辟命。

## 《沈东阳野史》

晋桓温,少与殷浩友善。殷尝作诗示温,温玩侮之曰:"汝慎勿犯我,犯我当出汝诗示人。"

## 《晋中兴书》

郗超所交,皆一时秀美。虽寒门后,进亦拔而友之。死之日,贵贱操笔为诔者四十余人。其为物所宗贵如此。东瓯沃壤,名士多乐居之。太傅谢安未仕时,亦居东土。共王羲之、孙绰、李充、许询、道林,皆文义冠世,共相友昵。华谭所友人,袁甫者字公胄,历阳人,少能言议。与谭齐名友善。太安中,入洛,谭与甫书曰:"诚以枯泽非应龙之渊,棘林非鸾凤之窟。昔食其自匿监门,非高祖不长揖。孔明躬稼南阳,非刘氏不驰驱。望云霄而偶翮,见鸿渐之轻羽,瞻长涂而高鸣,知骐骥之迅足"。

庾翼,字雉恭,时京兆杜乂,陈郡商浩并才名冠世,而翼弗之重。每语人曰:"此辈宜束之高阁,俟天下平,然后议其所任耳"。唯与桓彝友善。在总角之中,便相期终始。薛兼,与同郡纪瞻、广阳闵鸿、吴郡顾荣、会稽贺循,同志友善。初入洛,司空张华见而叹息

曰:“南金也。”晋刘晌初隐居上谷太宁山,与吕梦奇,张麟,结庵共处,以吟诵自娱。

《向秀别传》

秀,字子期,少为同郡山涛所知。又与谯国嵇康,东平吕安友善。其趋舍进止无不同,造事营生业亦不异。常与康偶锻于洛邑。与吕安灌园于山阳,收其余利以供酒食之费。或率尔相携,观原野极游浪之势。亦不计远近。或经日乃归,复修常业。

《晋竹林七贤论》

嵇康,字叔夜,与东平吕安少相知友。每一相思,辄千里命驾。安来值康不在。兄喜出迎之,不前。题门上作“凤”字而去。喜不悟。康至,云:“凤凡鸟也。”

《世说》

晋王义羲,字逸少。郗夫人谓二弟司空郎中愔与云曰:“王家见二谢,倾筐倒泻。见尔来平平尔。无烦复往。”二谢,安石万石也。

嵇康《高士传》

逢萌、条房、李云、王尊,同时相友。世号之四子。

袁宏《山涛别传》

陈留阮籍,谯国嵇康,并高才远识。少有陪其契者,涛初不识,一与相遇便为神交。

《记纂渊海》

孙盛与殷浩友善。每谈论,食冷而复暖者数四。

王智深《宋纪》

姚表单骑度淮,见豫州刺史谢尚于寿阳,幅巾以待之。一面如旧相识。

《册府元龟》

嵇康,恬静寡欲,宽简有大量。东平吕安服康高致,每一相思,辄千里命驾,康友而善之。康所与神交者,陈留阮籍,河内山涛,豫其流者,河内向秀,沛国刘伶,籍兄子咸,琅邪王戎,遂为竹林之游。世所谓竹林七贤也。康位中散大夫。

山涛,字巨源,与嵇康、吕安善,后遇阮籍,便为竹林之交。著忘言之论。康后坐事临诛,谓子绍曰:“巨源在,汝不孤矣”。涛晚与尚书和逌交,又与钟会裴秀并申款昵。以二人居势争权,涛平心处中,各得其所,而俱无恨焉。位司徒。

晋夏侯湛幼有盛才,文章宏富,善构新词而美容观。与潘岳友善。每行止同与接茵,京都谓之“连璧”。位散骑常侍。蔡廓与北地傅隆相善。廓子兴宗,修父友敬,向柳有学义才能,太尉袁淑,司空徐湛之,东阳州刺史颜竣,皆与友善。颜延之既废于家,中书令王球,名公子,延之慕焉。球亦爱其材,情好甚款。萧惠开为太子舍人,与汝南周朗同官友善,以偏奇相尚。

王僧虔为太子舍人，退黜少交接，与袁淑、谢庄善。

孔逷，字世远，好典故事学，与王俭至交。

南齐杜京产，开舍授学，征为员外散骑侍郎，不就。会稽孔道征守至业不仕，京产与之友善。一曰会稽孔觊，清刚有节，一见而为款交。王僧孺，初与任昉遇竟陵王西邸，以文学友会。及僧孺出为唐令，昉赠诗其略曰："子唯见知。唯余知子。观行视言，要终犹始。敬之重之，如兰如芭"。

徐伯珍，东阳人，积学十年。究寻经史，游学者多依之。征士沈俨造膝谈论，中以素交。

梁范云字彦龙，父抗为郢府参军。云随父在郢，时吴兴沈约、新野庾杲之，与抗同府，见而友之。

刘季连，与会稽人石文安相善。

文安，字守休，隐居乡里，专行礼让，代季连为尚书左丞。出为江夏内史，又代季连入为御史中丞。

张率，吴郡人，与同郡陆倕幼相友狎。常同载诣左卫将军沈约，适值任昉在焉，约乃谓昉：曰"此二子后进才秀，皆南金也。卿可与定交"。由此与昉友善。

陆倕与乐安任昉友善，为感知己赋以赠昉。昉因此名以报之。到溉，与兄沼，弟洽，俱知名，乐安任昉大相赏好。天监初，昉出守义兴，邀要洽之郡为山泽之游。昉还为御史中丞，后进宗之。时有彭城刘孝绰，到苞刘孺，吴郡陆倕，张率，陈郡殷芸，沛国刘显，及溉洽车轨日至。号曰"兰台聚"。陆倕赠昉诗云："和风杂美气，下有真人游。壮矣荀文若，贤几陈太丘。今则兰台聚，方今信为俦。任君本达识，张子复清修，既有绝尘到，复见黄中刘。"时谓昉为任君。比汉之三君，到则溉兄弟也。后溉为左民尚书，不好交游。唯与朱异，刘之遴，张绾，同志友密。及卧疾于家，门可罗雀。三君每岁常鸣驺枉道，存问置酒，叙平生而去。

刘讦，一造阮存绪，即顾以神交。讦族兄歊，又履高操，三人日夕招携，故都下谓之三隐。

谢徽，与河东裴子野，沛国刘显，同官友善。子野尝为寒夜直宿赋以赠。徽为感友，赋以雠之。梁萧励，少交结，唯与河东裴予野，范阳张缵善。

韦正，与东海王僧孺友善。及僧孺为尚书吏部参掌大选，宾友故人莫不顾意。正独澹然，及僧孺摈废之后，正复笃素分有逾曩日，论者称焉。

后魏崔模，长者笃厚，不营利。与崔顺相亲，往来如家。

卢义僖，宽和畏慎，不忘交款。与魏子建情好尤笃，言无所隐。

封轨，与光禄大夫武道孙惠蔚，同志友善。蔚每推轨曰："封生之于经义，非但章句可奇。然标明刚格，统括大归，吾所弗如者多矣"。

辛绍先敏悟有识量，与广平游明根，范阳卢度世，同郡季承等甚相友善。

毕众敬，自兖州刺史征还京师，年已七十。太和中，高祖宾礼旧老，众敬与咸阳公高允引至方山，虽文武奢俭好尚不同，然亦与允甚相爱敬。接膝谈款，有若平生。

李彪，为度支尚书，与宋弁结管鲍之交。弁为大中正，与孝文私议，犹以寒地处之。殊不欲微相优假，彪亦知之不以为恨，及弁卒，彪痛之无已，为之哀诔，备尽辛酸。

李志，字鸿道，彪之子。博学有才干，年十余岁便能属文。彪甚奇之，谓崔鸿曰"子宜与鸿道为二鸿于洛阳"。鸿遂与志交款往来。

张彝性公强有风气，历览经史，与卢渊李安民等结为亲友，往来朝会常相追随。渊为令，安民与彝并为散令。

崔休，举秀才入京城。与中书郎宋弁通，直郎邢峦，雅相知友。曹世表，性雅正，涉猎群书。与武威贾思伯，范阳卢同，陇西辛雄等并相友善。

李叔虎，好学博闻，有识度，为乡闾所称。大和中，拜中书博士，与清河崔光，河间邢峦，并相亲友。

羊深有风尚，学涉经史。好文章，兼长几案。少与陇西李神儁同志友善。

邢臧博学有藻思，与裴敬宪卢观，兄弟等并结交友。

封肃为尚书左中兵部郎中。性恭俭不妄交游，唯是崔励。及励从兄鸿，尤相亲善。胡叟为武威将，见车马荣华者，视之蔑如也。一见高允曰："吴郑之交，以纻缟为美谈。吾之于子，以弦韦为幽贽。以此言之，彼无可愧也。"

北齐袁韦修，历任清华。赵彦深为水部郎中，同在一院，因成交友。彦深后被沙汰，私门生藜藿，韦修犹以故情，存问往来。薛道衡，北齐时待诏文林馆，与范阳卢思道，安平李德林，齐名友善。

陆昂为河间邢劭所赏。劭又与其父子璋交游，尝谓子璋云："吾以卿老蚌复出明珠。"裴让之，与杨愔友善。相遇则清淡竟日。愔每云："此人风流警拔，裴文季为不亡矣"。

薛慎，字伯护。好学能属文，善草书。与同郡裴叔逸、裴诹之、柳蚪，范阳卢柔，陇西李际并友善。

封孝琬，性恬静。颇好文咏。太子少师邢劭士，兵尚书王所，并先达高才，与孝婉友善。

《南史·向桢传》

桢弟柳，字玄季，有学义才能。立身方雅，太尉袁淑，司空徐湛之，东扬州刺史颜竣，皆与友善。及竣贵，柳犹以素情自许，不推先之。顺阳范璩诫柳曰："名位不同，礼有异数。卿何得作曩时意耶?"柳曰："我与士逊心期久矣。岂可一旦以势利处之?"及柳为南康郡涉义宣事败，系建康狱，屡密请竣求相申救。孝武尝与竣言及柳事，竟不助之。柳遂伏法。

《北史》

卢怀仁有行检，善与人交。与琅琊王衔、陇西李寿之情好相得。尝语衔曰："昔太丘道广，许劭知而不顾。嵇生峭立:钟会遇而绝言。吾处季孟之间，去其太甚。"衔曰："然"。

《辛绍先传》

绍先子穆，与彭城陈敬文友善。敬文弟敬武少为沙门，从师远学，经久不返。敬文病临卒，以杂绫二十匹托穆与敬武。穆久不得见。经二十年，始于洛阳见敬武。以物还之，封题如故，故世称廉信。

《册府元龟》

房彦谦有令名，少与太原王邵、北海高构、修县李刚、河东柳彧、薛孺，皆一时知名雅谈之士。彦谦并与为友。虽冠盖成列，而门无杂宾。体资文雅，深达政务，有识者咸以远

大许之。彦谦为鄀州司马内史侍郎。

薛道衡，一代文宗。位望清显，所与交结皆海内名贤。重彦谦为人深加友敬。及为襄州总管，辞翰往来，交错道路。炀帝嗣位，道衡转收番州，路经彦谦所，留连数日，屑涕而别。裴肃，少刚正，有局度。少与安定梁毗，同志友善。

隋刘焯，聪敏沈深，弱不好弄。与河间刘炫结盟为友。

崔儦，年十六，太守请为功曹，不就。少与范阳卢思道，陇西辛德源，同志友善。王孝籍，少好学，博览群言，与河间刘炫，同志友善。

元岩以名节自许。少与渤海高颖太原王韶，同志友善。陆余庆，少与知名之士陈子昂、宋之问、卢藏用，道士司马承祯，道人法成等交游。虽才学不逮子昂等，而风流强辩过之。

韦陟，中书令安石之子，与弟斌，文华当代，俱有盛名。开元中，才名之士王维、崔颢、卢象等，常与陟唱和游处。广平公每见陟叹曰："盛德遗范，尽在是矣"。

郗纯，少时为李邕、张九龄等知遇。尤以词学见推。与颜真卿，萧颖士，李华，邵轸，同志友善。故天宝中语曰："殷，颜，柳，陆，萧，李，邵，赵，以其重行义，敦交道也"。

权皋，天宝末，移家于洪州，改著作郎，不起。京师蹂于胡骑，士君子多以家渡江东，名如李华、柳识兄弟者，皆仰皋之德而友善也。

刘允济，善属文，与绛州王勃早齐名，特相友善。

崔造，与韩会、卢东美、张正则为友，皆侨居上元。好谈经济之略，常以王佐自许。时人号为"四夔"。

郗士美，少好学，善记览。父友颜真卿，萧颖士辈，常与之讨论经传，应对如流。既而相谓曰："吾曹异日当交二郗之间矣"。

薛登博，涉文史。与徐坚、刘子玄，齐名友善。

《海录碎事》

陆惠晓，与张融并居。其间有池上有二株杨柳，何点叹曰："此池便是醴泉，此木便是交让"。旧传有交让渎，因张陆也。

《太平御览》

王珪始隐居时，与房元龄，杜如晦善。母李氏常曰："我儿必贵，未知所与友者何如人，试与偕来。"会元龄等过其家，其母窥见大惊。速具酒食，欢尽日。喜曰："二子公辅器，汝贵不疑"。

朱敬则，亳州永城人也。长寿中为右补阙，家代孝义，敬则倜傥。早以词学知名，与左史江融，尚书左仆射魏元忠，相友善。

张九龄，素与中书侍郎严挺之，尚书左丞袁仁敬，右庶子梁升卿，御史中丞卢怡，结交友善。挺之等皆有才干，而交道终始不渝，甚为当时之所称也。

刘孝孙者，荆州人也。祖贞周石台太守，孝孙弱冠知名，与当时词人虞世南、蔡君和、孔德绍、庾自直、刘斌等，登临山水结为交会。

陆象先，弟监察御史景倩，吏部侍郎景融，大理正景献，河南令景裔，皆有美誉。

僧一行，少时与象先昆弟友善。常谓人曰："陆氏兄弟皆有才行。古之荀陈，无以加也"。

杨纂，华州华阴县人也。父文伟隋温州刺史，纂略涉经史，尤明时务。少与琅琊颜师古、敦煌令狐德棻，音芬友善。大业中，进士举终为考功郎中。

《元亨传》，亨，年十二，魏恭帝在储宫，引为交友，释褐千牛备身。

《唐书》

武德中，元敬为秘书郎，太宗召为天策府参军，兼直记室。薛收与元敬俱为文学馆学士，时房杜等，处心腹之寄，深相友托。元敬畏于权势，竟不之狎。如晦常云："小记室不可得而亲，不可得而疏"。

柳公绰性端介寡合，与钱徽，蒋棣，杜元颖，薛存诚，文雅相知，交情疑密，为吏部员外郎。及武元衡罢相镇西蜀，与裴度俱为元衡判官，尤相善。公绰先度入为吏部郎中，度以诗饯别。有两人同日事征西之句。

《卢藏用传》

卢藏用，隐终南少室二山。与陈子昂，赵贞固友善。子昂贞固前死，藏用抚其孤有恩，人称能终始交。

刘知几与吴兢等交，常曰："海内知我者，数子而已"。

郑絪，少有奇志。所交皆是天下名士。

韦夏卿与齐映善，同游终年，不见喜愠。

《元稹传》

元稹，河南人。拜膳部员外郎，迁中书舍人，翰林承旨学士。数召入，礼遇益厚，自谓得言天下事。中人争与稹友。魏弘简在枢密尤相善，裴度出屯镇州，有所论奏共沮却之。度三上疏，劾弘简稹，倾乱国政。陛下欲平贼，当先清朝廷乃可。帝迫群议，乃罢弘简，而出稹为工部侍郎。然眷倚不衰，未几，进同中书门下平章事。

元稹

严挺之，重交游，许与生死不易其操。

《唐脍》

赵宗儒，父骅敦，交友行义，不以夷险恩操。少与商寅、颜真卿、柳芳、陆据、萧颖士、李华、邵轸善，时为语曰："商、颜、柳、陆、萧、李、邵、赵"。

《唐阙史路》

舍人犀，与卢给事弘正，性情相善。紫微清瘦古澹，未尝言朝市。夕拜魁梧，富贵，未尝言山水。紫微日谋高卧，有制草则就宅视之。夕拜未尝乞告，有宾客，则就省谒之。虽秦吴所尚，而埙篪其友。一日雪满玉京，紫微在假，夕拜将欲晏入。先及路门，紫微方于南垣茅亭。肆目山雪，鹿冠鹤氅，手卷膝琴，构火于炉，酌杯于机。闻卢至，曰："适我愿兮，促命延入。夕拜紫金华焕，意轩轩。"偶紫微道服而坐，紫微曰："卢六卢六，鲁莫顾我，何也"？夕拜曰："日月限满，向家食相仍"。日诣台座，以图外任。"紫

微貌惨,曰:“驾肩权门?所不忍视,且有夙分,徒劳汝形。腊莹一壶,能同幕席天地否?”夕拜曰:“诣省之计决矣”。紫微又呼侍儿曰:“卢六待去,早来药糜。宜洁冰越,中匀二器,我与给公俪食。”夕拜振声曰:“不可”。紫微曰:“何也?”夕拜曰:“今旦犯冷,且欲遐征,已市血食之加蒜者餐矣”。时人闻以为路之高雅,卢之俊达,各尽其性。

《唐摭言》

贞元十二年,李挚以大宏词振名。与李敏同姓,同年,同登第,又同甲子,及第时俱二十五岁。又同门,挚尝答行敏诗曰:“因缘三纪异,契分四般同”。刘驾与曹邺为友。俱攻古风诗,邺既擢第而不即出京,俟驾成名同去,果谐所志。

辛文房《唐才子传》

朱放,卜居剡溪镜湖间,排青紫之念,结庐云卧,钓水樵山。尝着白㲮𦋺鹿裘,徇履,盘桓酒家。时江浙名士如林风儒雅,俱从高义。如皇甫兄弟,皎澈上人,皆山人良友也。

《玉典疏蒙事实》

唐贺知章,字季真。性旷夷,善谈说。陆象先曰:“季真清谈风流,吾一日不见,则鄙吝生矣”。元宗时仕至秘书监。

唐元微之,为御史,鞠狱梓橦。时白乐天尚书在都,与名辈游慈恩寺,花下小酌,作诗寄微之曰:“花时同醉破春愁,聊把花枝当酒筹。忽忆故人天际去,计程今日到凉州”。元至褒城,亦寄远游诗曰:“梦君兄弟曲江头,又向慈恩寺里游。驿吏唤人驱马去,忽惊身去在凉州”。千里神交若合符契,朋友之道;不其至欤?

鞠咏,以文学见知于王化基。王公知杭州,咏知仁和县。及至官,王公略不加礼,课其职事甚急。咏不复冀其相知,而专修吏干。后王公为参政,首以咏荐。人问其故,答曰:“鞠咏之才不患不奋,所忧者气俊而骄忽。故抑之”。咏闻之曰:“王公真相知也”。

《锦绣万花谷》

庐东美,何长师,李华,韩衢为友,淮泗间号为“四夔”。

《太平御览》

蒋诩,字元卿,舍中三径,唯羊仲衷仲从之游。二仲皆推廉逃名之士。

诸葛乐与管辂友。临别戒以二言:“卿性乐酒温克,宁常节之。卿有冰镜之才,祸如膏火,不可不慎”。辂曰:“吾欲持酒以礼,持才以愚,何患之有耶。”

许迈,字远游。少与高阳许询并治,高节同志齐名,询能清言兼有词藻,迈博学亦善属文。

赵俨,避乱荆州,与杜袭、繁钦通财共计,合为一家。

郭子曰:“冀州刺史杨准二子,乔字国彦,髦字士彦。清平有识,俱总角为成器。”准与裴颜乐广友善。遣见之,颜谓准曰:“乔及卿,髦小减也”。广谓准曰:“乔自及卿,髦尤精出”。准笑曰:“我二儿之优劣,乃裴乐之优劣。”论者许之。

张奥,与延叔坚书曰:“吾与叔坚剖心相知,岂以流言相猜耶?”

## 《五代薛史》

晋郑云叟，本名遨，与梁室权臣李振友善，振欲禄之，拒而不诺。及振南迁，云叟千里徒步以省之，识者高焉。

## 晏元献公《类要》

张升，字彦真。其意相合者，则倾身交结，不问穷贱。如乖其志者，虽三公大人终不屈从。常叹曰："死生有命，富贵在天。其有知我，虽胡越可亲。苟不相识，从物何益"。

刘陶，字子奇，所与交友，必也同志好尚。富贵不求趋，贫贱不易意。

## 《性理会元》

濂溪在南安，时年少，不为守所知，洛人程公珦摄通守事，视其气貌非常人，与语，知其为学知道也。因与为友。

## 《言行龟鉴》

宋韩忠宪公亿布衣时，与李康靖公同游，止一毡同寝。一日分途，割而分之。

公与李若谷，未第时皆贫。同试京师，每出谒，更为仆。李先登第，授许州长社县主簿。赴官自控妻驴，韩为负一箱，将至长社三十里。李谓韩曰："恐县吏来。"箱中止有钱六百，以其半遗韩。相持大哭别去。次举韩亦登第，后皆至参政，世为婚姻不绝。咏史诗云："韩李京师更仆时，控驴负笈两无辞。一朝接踵身荣显，合契姻娅百世期。"欧阳文忠公修，字永叔。平生笃于朋友，如尹师鲁，梅圣俞，孙明复，既卒，其家贫甚，公力经营之。使皆得以自给。又表其孤于朝，悉录以官。由是三族赖公之力，其后昌炽。以下论朋友之义。公与韩魏公相知最深，每心服韩公之德量，尝曰，："累百欧阳修，何敢望韩公?"韩公曰："永叔相知无他，琦以诚而已"。

司马温公与范蜀公相友善。熙宁元丰间；士大夫论天下贤者，必曰君实景仁，道德风流，师表当世。二公相得欢甚，约更相为传，而后死者，则志其墓。君实常谓人曰："吾与景仁兄弟也，但姓不同耳"。

张魏公浚在京师，独与赵鼎、宋齐愈、胡寅为至交。寝食行止，未尝相舍。所讲论皆问学之力，与所以济时之策。钦宗召涪陵处士谯定至京师，将处以谏职。定以言不用，力辞。杜门不出，公往见至再三，开关延入。公问所得于前辈者，定告公，但当熟读《论语》，公自是益潜心于圣人之微言。

## 赵善璙《自警编》

初王安石，与吕正献公晦叔善。及秉政为人所间，怒公甚。晚稍悔悟。及退居金陵，既久，闻公至杨州，数寄声欲就见。安石未用时，以兄礼事。公甚谨。自熙宁后，间一通庆吊皆书吏以公函答。至是以亲书复称兄，然公未久即赴召，竟不果来见。

## 陆放翁《家世旧闻》

李作义，知刚楚公之婿。才极高，公爱之。作义与马巨济善。巨济在太学有声，及赴

省试，作义拟杜子美，杜鹃书体，作诗戏之曰："太学有马涓，南省无马涓。秋榜有马涓，春榜无马涓"。公闻之不乐，作乂曰："某与巨济忘形，故有此戏"。公曰："与人交，常有礼，何谓忘形？凡世之交友卒为仇雠者，皆忘形者也。常记熙宁中，与舒信道、彭器资，同在景德考试。信道一夕，中夜叩器资门，欲有所问。器资已寝，亟起束带，信道隔门呼曰：'不必起，止有一语，欲求教耳。'器资不答。束带竟开门延坐，然后共语。信道颇不乐。然处朋友间，当如器资乃是。"

《宋史曹友闻》

传友闻，曹武惠王彬十二世孙也。少有大志，与仲弟友谅不远千里，寻师取友。登宝庆二年进士第。

《辽史·圣宗纪》

统和元年八月戊子西幸，癸巳幸怀州。甲午上与斜轸于太后前，易弓矢鞍马，约以为友。

《山居新话》

孙子耕者，杭人。与新城豪民骆长官为友。元统间，骆犯罪流奴于肇，孙以友故，送至肇州而回。交谊如此，诚不减古人也。

《唐摭言》

崔群，字敦诗。贞元八年陆贽下及第，与韩愈为友。群佐宣州幕，时愈与群书论交略云："考之百行而无瑕，窥之阃奥而不见畛域明白。淳粹辉光日新者，保证吾君一人。仆愚陋无所知，然晓圣人之书，无所不读。其精粗巨细出入晦明，唯不尽识。抑不可谓不涉其源者也。以此而推之而广之。诚足下出群拔萃，无谓仆从何而得也。"

陇西李舟与齐相国映友善。映为将相，舟为布衣，而舟致书于映，以交不以贵也。时映左迁于夔，舟书曰："三十三官，足下近年已来，宰臣当国，多与故人礼绝。仆以礼处足下，则足下长者，仆心未忍。欲以故人处足下，则虑悠悠之人以仆为诡。几欲修书，逡巡至今。忽承足下出守夔国，于苍生之望，则为不幸。为足下谋之，则名遂身退，斯又为准。仆昧时者，谨以为贺，但鄱阳云安道阻且长，音尘寂蔑，永望增叹。仆所疾沈痼，方率子弟，力农与世疏矣。足下亦焉能不疏仆耶？足下素仆所知之，其于得丧固怡如也。然朝臣如足下寡矣，明主岂当不察之耶？惟强饭自爱，珍重珍重。"

毛杰与卢藏用书

月日云梦子毛杰，谨致书于卢公足下。杰闻，君所贵者，道也。所好者，才也。故才高则被襟，而论翰墨。道狎则言事，而至谈笑。何必鸡鸣狗盗，始资侥幸之能，箪食瓢饮，不顾清虚之用。自公立名，休代博物多能。帝曰尔谐，擢为近侍，所以从容禁省。出入琐闱，忠弼在躬，优柔荐及。杰时在草莽，运厄穷愁，思折俎而无因，差扫门而不逮。岂知群邪遘逆，联声嗷嗷，紫夺我朱，远诣恶土。赖公神色自若，心行不逾，饵芝术以养闲，坐烟篁而收思。杰梁鸿远旅，闵仲未归。留恋德音，徘徊失路。互乡童子当愿接于宣尼，苏门先生竟未言于阮藉。公于杰者如彼，仆于公者若此。百年朝夕，何事惜于交游？四海弟

兄,何必轻于行路?贾生不云乎:“达人大观,物无不可,小智自私,贱彼贵我。”况公拂衣高尚,习静闲扃,世事都捐,尤精道意。岂有自私而已无大观者哉?傥能怜云壑,奖无知,悯张良小子,说鸿蒙之偈。遗黄石之书,虚往实归。沾雾露之微润,裒多益寡。落丘山之一毫,则知足下之眷深焉,小人之庆毕矣。

## 卢答毛公

毛子足下,勤身访道,不毒氛瘴,裹粮鬼门,放荡云海,有足多矣。一昨不遗,猥辱书礼,期我遐意询于道真,使人惭愧也。仆知之矣,士之生代,则有冥志深蔽,灭木穹室,炼九丹以咽气,味三秀以咏言,固将养蒙全理,不以能鸣夭性,则其上也。义感当途,说动时主,怀全德以自达,裂山河以取贵,又其次也。至于诚信不申,忠孝胥缺,独御魑魅永投豺虎,无面目以可数,推心膺以问天,斯最下也。仆在壮年,常慕其上先贞后黩,卒罹忧患,负家为孽。置身于此,何颜复讲道德哉?虽然少好立言,亟闻长者之说,老而弥笃,犹怜薄暮之晷,加我数年,庶无大过。览庄生鹍鹏之喻,则乾坤龙马之旨可好矣。培风运海,则六九之源无差矣。瘝之正气,则洗心藏密有由矣。开卷独得,恬然会真,不知寰宇之寥廓,不知生之与谢。斯亦暧昧所守,何必为是?傥吾人起余,指掌而说。今之隐几,不亦乐乎。道在稊稗无相阻,曷为区区过劳按剑也。顷风眩成瘵下泪,复厉笔力此还答。无所诠次,淹速庶几不在我,卢藏用顿首。

## 《宋文鉴·王回告友》

古之言天下达道,曰:‘君臣也,父子也,夫妇也,兄弟也,朋友之交也。’五者各以其义行而人伦立。五者义废则人伦亦从而亡矣。然而父子兄弟之亲,天性之自然者也。夫妇之合,以人情而然者也。君臣之从,以众心而然者也。虽欲自废,而理势持之何能也?惟朋友者,举天下之人莫不可同。亦举天下之人莫不可异。同异在我,则义安所卒归乎?是其渐废之所由也。君之于臣也,父之于子也,夫之于妇也,兄之于弟也,过且恶必乱败其国家,皆受其难,被其名,而终身不可辞也。故其为上者,不敢不诲。为下者,不敢不谏。世治道行,则人能循义而自得。世衰道微,则人犹顾义而立刚,有不若其亦无害于众焉耳。此所谓理势持之,虽百代可知也。亲非天性也,合非人情也,从非众心也。群而同,别而异,有善不足与荣,有恶不足与辱。大道之行,公于义者可至焉。下斯而言,其能及者鲜矣。是以圣人崇之,以列于君臣。父子、兄弟、夫妇,而一为达道也。圣人既没,而其义益废,于今则亡矣。夫人有四支,所以成身。一体不备,则谓之废疾。而人伦缺焉,何以为世。呜呼,处今之时而望古之道难矣。姑求其肯告吾过也。而乐闻其过者与之乎?

## 《朱晦庵大全集·跋黄仲本朋友说》

人之大伦其别有五。自昔圣贤皆以为天之所叙,而非人之所能为也。然以今考之,则惟父子兄弟为天属,而以人合者,居其三焉。是则若有可疑者。然夫妇者,天属之所由以续者也。君臣者,天属之所赖以全者也。朋友者,天属之所赖以正者也。是则所以纪纲人道,建立人极,不可一日而偏废。虽或以人而合其实皆天理之自然,有不得不合者,此其所以为天之所叙,而非人之所能为者也。然是三者之于人,或能具其形矣,而不能保其生,或能保其生矣,而不能存其理。必欲君臣、父子、兄弟、夫妇之间,交尽其道而无悖

焉。非有朋友以责其善辅其仁，其孰能使之然哉。故朋友之于人伦，其势若轻而所系为甚重。其分若疏而所关为至亲。其名若小而所职为甚大。此古之圣人修道立教，所以必重乎此而不敢忽也。然自世教不明，君臣、父子、兄弟、夫妇之间，既皆莫有尽其道者，而朋友之伦，废阙为尤甚。世之君子，虽或深病其然，未必深知其所以然也。予尝思之，父子也，兄弟也，天属之亲也，非其乖离之极固不能轻以相弃。而夫妇、君臣之际，又有杂出于情物事势而不能自已者，以故虽或不尽其道，犹得以相牵联比合而不至于尽坏。至于朋友，则其亲不足以相维，其情不足以相固，其势不足以相摄，而为之者，初未尝知其理之所从职之所任，其重有如此也。且其于君臣、父子、兄弟、夫妇之间，犹或未尝求尽其道，则固无所籍于责善辅仁之益，此其所以恩疏而义薄，轻合而易离，亦无怪其相视漠然如行路之人也。夫人伦有五，而其理则一。朋友者，又其所籍以维持是理而不使至于悖焉者也。由夫四者之不求尽道而朋友以无用废。然则朋友之道尽废而责善辅仁之职不举，彼夫四者又安得独力而久存哉？呜呼，其亦可为寒心也已。非夫强学力行之君子，则孰能深察而亟反之哉。始予读王深甫告友之篇，感其言若有补于世教者。徐而考之，则病其推之不及于天理之自然。顾以夫妇、君臣一出于情势之偶合，至于朋友则亦不求其端，直以为圣人强而附于四者之间也。诚如是也。则其残坏废绝，是乃理分之当然无足深叹，而其至是亦晚矣。近得黄君仲本朋友说读之，其言天理人伦之意，乃若有会于予心者，然于朋友之道废，所以独至于此，则亦恐未究其所以然也。因书其后如此，庶乎其有发云。

《宋道学名臣言行录》

朱晦庵跋胡文定公与吕尚书帖曰："朋友之交，责善所以尽吾诚，取善所以益吾德，非以相为赐也。然各尽其道而无所苟焉，则丽泽之益自有不能已者"。读此帖使人凛然起敬。若严师畏友之在其左右前后也。呜呼！若子者，其可谓尽朋友之道而无所苟矣。其卓然有以自立于当年，而遗风余烈可传于世者，岂徒然哉！《司马温公传家集·友箴》

余何游乎！余将游圣人之门，仁人之里，非圣不师，非仁不友，可乎？未可不若游众人之场，闻善而迁，观过而改。

《李忠定公集·友箴》

古之君子，取友必端。以文会友，以友辅仁。今子君子，慕禄贪位。面友非心，见利忘义。握手指天，如见肝肺，转足已非，自为得计，势利之交，何异狗彘？探汝之情，伺汝之过，汝不自慎而欲重其祸耶。

《艺文类聚·周秖执友箴》

四辅扬辉，伐木幽林。抚乔鸾飞，爰逮姬里。俗遂凋成，交缘利昵。用因伪情，谷风兴哀。繁霜夏零，道之未尽。弘马由人，自室有回。过门则亲，微言绵邈。清谈辍响，金虽能照，尘积翳朗，西河感离。口悟投杖，慊慊文侯。友贤好学，英英燕昭。礼郭致乐，推诚岁寒。功标松竹，落落高札。辽辽庄惠，解带一愚。道映万世，人亦有言。贵则易交，利重太山，道轻鸿毛。久而致敬，见之晏平。霜雪既至，劲柏各青。

元郝经《陵川集·友箴》

入门而父兄，出门而朋友。获于上说于亲者无不在，辅其仁成其德者无不有。弃挟论世必召厥真，去益即损必贻其咎。无比周以相阿，无面谀以背诟，无舍义而即利，无重新而轻旧，无轻怒以相绝，无私惠以相佑。有胥忤者勿较，有忠告者必受。无以昵而相狎，是构离而结斗无徇己而绝人。是起秽以自臭。友兮友兮，以有德兮，以有志兮，无志而无德又奚友之为。

张文潜《宛丘集·得友赋·答子邕》

余趋世之僻迂，独孑孑而无朋。信所乐以直前，常媒仇而贾憎。惟勿忞之多艰，抚危心而自惊，甘默默以退藏，抱薄技而无成。何吾迹之不常，旅成周之故京，眷吾游之悠远，耿谁语兮吾情。惟夫子之好修，昔固闻乎德声。独顾我而忘勤，握未暖而心倾，发键钥而不疑，奏金石之铿瑝，内端肃而粹温，外炳焕而清明。嗟我鄙而子奇，谓欲合而莫能。援古义而见交。愧此意之何胜？既两尽而莫疑，亦交规而共评。驱昔懑之无余，抚新乐而生矜。岂目前之欢愉，实未得乎生平。惟清洛之名都，窥园沼之清澄。语寒堂之夜烛。醉春圃之朝英，征逸事于古初。亦穷微而造精，投明珠之的历。报白璧之煌荧，惟此乐之无穷。使我爱日而兢兢，虽所历之万殊，愿勿疾兮兹诚。

《乐府诗集·善哉行》

月没参横，北斗阑干。亲友在门，忘寝与餐。

古歌辞

结交在相知，骨肉何必亲。甘言无忠实，世薄多苏秦。又，“采葵莫伤根，结交莫羞贫。伤根葵不生，羞贫交不成。”

杜工部诗《贫交行》

翻手作云覆作雨，纷纷轻薄何须数。君不见管鲍贫时交，此道今人弃如土。

结交行

古人结交惟结心，今人结交但结面。结心可以同死生，结面何堪共贫贱。九衢鞍马日纷纭，追攀谒报无晨昏。座中慷慨出妻子，酒边伏拜犹弟昆。一关微利已交绝，况复大患能相亲，君不见，以柳易播诚细事，至今书传高其人。

李翰林诗《交友篇》

“登天莫攀龙，走山莫骑虎。贵贱结交心不移，惟有严陵及光武。周公称大圣，管蔡宁相容。汉谣一斗粟，不与淮南春。兄弟尚路人，吾意安所从。他人方寸间，山海几千里。轻言托朋友，对面九疑峰。多花必早落，桃李不如松。管鲍久已没，何人继其踪。”

交友

故友不相恤，新交宁见知。谷风刺轻薄，交道方崄巇。斗酒强然诺，寸心终自疑。

《文粹·交友》

种树复择地，恶土变木根。结交若失人，中道生谤言。君子芳桂性，春浓寒更繁。小

人槿花心，朝在夕不存。莫蹑冬冰坚，中有潜浪翻。唯当金石交，可与贤达论。

向文简诗《交友》

玉殿登科四十年，当时朋友尽英贤。岁寒唯有君兼我，头白犹持将相权。

史浩《鄮峰真隐漫录·朋友篇》

先王德泽深，士民皆修睦。琢磨贵取友，为学不应独。朋友非君臣，严光蹴帝腹。人君尚择交，况乃为臣仆。仕宦同恩荣，庠序同诵读。萍蓬偶邂逅，里闬频追逐。握手出肺肝，勤渠叙寒燠。一旦临利害，狞然遂反目。朱博先着鞭，索居叹萧育。不见管夷吾，全交有鲍叔。苏章太不情，恩仇在隔宿。不见庾公斯，孺子生可卜。嗟哉世间人，云雨徒翻履。得丧自有天，人岂能祸福。险心怀五兵，寿命多短促。君子坦荡荡，为之歌《伐木》。

《童蒙诗训·朋友诗》

成德须朋友，曾歌伐木诗。人伦如阙此，谁与共持维。

《群书足用·事对》

讲习切偲。同门同志，之纲之纪。久而敬之，取必端矣。

《赋偶》

心同琴瑟，道叶胶膝。亹亹讲习，拳拳切偲。赖尔责善，资之辅仁。
敬业乐勤之日，服膺得一之初。
考之义经，臭取如兰。验之周诗，贤歌《伐木》。
有十龟之益以尽其赞助，无三者之损而流于善柔。

《兼金合璧》

志乐三益，心同二人。
不骄不谄也，善以之告；同术同方也，道由是营。
乘肥衣轻共敝以无憾，见利思义久要而不忘。
合以势利则懿行终丧，处以道义则良心可保。
尊贤容众用顾我无愧，合志营道则其辞不苟。
虽能兼此以有得，未有不须而有成。
考之义经，臭取譬于如兰。观之戴记，淡为喻于若水。
为而难能，未数琴张之与。久而愈敬，宜同平仲之交。
如云交际何心请鉴于万章，若论居邦其士愿稽于尼父。
能保终始，不遗故旧。

《拦江网赋》

句学聚问辨，日渐月磨。亹亹讲习，谆谆切偲。
在吾率性若无交际之迹，端此律身阴有磨砻之益。
丽兑之泽兑非容悦之私，盍豫之簪豫岂顺从而止。

即与言之际而切切与交，因相接之道而拳拳相视。
有十龟之益以尽其赞助，无三者之损而流于柔善。
舍良心之外安有良知，求善行之中如亲善类。
讲通如董道渎游泳，学习如彪圣涯嚅哜。
其臭如兰有同乎气味之合，其淡若水自得乎渊源之旨。
修七篇之天爵则若际邹轲，体大易之人道则如交孔圣。
惟同流之益而会彼同方，体合润之象而寓于合志。
路之由兮隐若远方之有，宅之安兮宛然同室之为。
相接相与隐然聚问之理，以渐以磨默寓切磋之意。

# 卷之一万二千十七 二十有

## 友

### 师友

《荀子》

非我而当者吾师也。是我而当者吾友也。故君子,隆师而亲友。

庸众驽散则劫之以师友。繁弱钜黍,古之良弓也。繁弱,封父之弓。《左传》:封父之繁弱。钜与拒同,黍当为来。《史记》苏秦说韩王曰:"貂子少时力能拒来。司马贞吉弓弩势足以拒于来敌者也。"然而不得排檄,巨京反则不能自正。排檄傅正弓弩之器桓公之葱,太公之阙,文王之录,庄君楚庄王之胸,阖闾干将莫邪,钜阙辟闾。此皆古之良剑也。然而不加砥砺,则不能利。不得人力,则不能断。骅骝骐骥,纤离绿耳,此皆古之良马也。然而前必有衔辔之制,后有鞭策之威,加之以造,父之驭。然后一日而致千里也。夫人虽有性质美,而心辩知。必将求贤师,而事之。择贤友,而友之。得贤师而事之。则所闻者尧、舜、禹、汤之道也。得良友而友之,则所见者忠、信、敬、让之行也。身日进于仁义,而不自知也者,靡使然也。靡谓相顺从也,或曰靡磨切也。今与不善人处,则所闻者,欺诬诈伪也。所见者,汙漫淫邪,贪利之行也。身且加其刑戮,而不自知者,靡使然也。《传》曰"不知其子,视其友,不知其君,视其左右。靡而已矣。"

荀子

《文选》扬雄《羽猎赋》

神圣建道德以为师。友仁义以为朋。

## 《文选序》

夫姬公之籍，孔子之书，与日月俱垂。人伦之师，友聱隅子学，非师而功益劳。友非人而过益滋，是以古之君子，从师而后言顾友，而后行。故其失鲜矣。

## 《性理会元·师友篇》

三代而上，师友出于学校。三代而下，师友出于圣贤。学校不古存，圣贤不古若。而天下学者师非其师，友非其友矣。古者，党有庠遂有序，国有学，中和孝友为之教。诗书礼乐为之造。士之由于学校者，皆知师之可尊，友之可敬。薰陶亲炙，至于成人有德，小子有造，岂非学校之功欤？愚故曰：三代而上，师友出于学校者，此也。三代衰，学校废，吾夫子设教于洙泗之上。七十子，抠衣于杏坛之下。圣人为之师。颜曾为之友。求退，由进，师过，商不及。一经炉锤，皆为成德之士。岂非圣贤之力欤？愚故曰：三代而下，师友出于圣贤者，此也。自孟喜背师，而天下不知师。郦寄卖友，而天下不知友。籍湜师韩子也，不能保其不叛。柳子厚友崔李也，意向稍偏，则甘心舍所学，以从彼焉。愚于此益，叹夫学校之不古存，圣贤之不古若也。吁！

## 《周子通书》

天地间至尊者道，至贵者德而已矣。至难得者人，人而至难得者，道德有于身而已矣。此略承上章之意。其理虽明，然人心蔽于物欲鲜克知之，故周子每言之详焉求人至难得者，有于身。非师友则不可得也已。是以君子必隆师而亲友道义者，身有之则，贵且尊。周子于此一意而屡言之，非复出也，其丁宁之意切矣人生而蒙，长无师友，则愚。是道义，由师友有之此处□更有由师友字属下句而得贵且尊。其义不亦重乎，其聚不亦乐乎！此重此乐人亦少知之者

## 《朱子语录》

师友之功，但能示之于始，而正之于终。尔若中间二十分工夫，自用吃力去做。既有以喻之于始，又自勉之于中，又其后得人商量，正是之。则所益厚矣。

## 《陆象山语录》

天下若无着实师友，不是各执已见，便是恣情纵欲。人若是求师取友之心泛泛，则可见其平日工夫亦是悠悠。泛爱众而亲仁。居是邦也，事其大夫之贤者，友其士之仁者，古人之于师友，其切如此。刘炎迩言："或叹无严师畏友。"曰：非无也，未之见也。有严师教亦不行，有畏友谏亦不入。近世流俗之患也，徇俗而忘己，从流而失正。斯师友也，何严畏之有？

## 黄庭坚《豫章集·答何静翁书》

今世民之师师不知行道，以先觉觉民学校之教，不知明道，以启迪后。故学者不知重道而尊师。士亦不复论学而取友。

## 《尹和静言行录》

学问须是要从师。然赖朋友相成处甚多。师只是开其大端，又体貌严重。若于从容

闲暇之际，委曲论，虽须是朋友，便发明得子细。《孟子·费惠公》曰："吾于子思，则师之矣。吾于颜般，则友之矣。王顺长息，则事我者也。"惠公，费邑之君也。师所尊也，友所敬也。事我者所使也。

《史记·世家》

魏文侯师卜子夏，友田子方，故群俊竞至。

《西汉会要》

平帝即位。年幼，选置师友，大司徒孔光，以明经高行，为孔氏师。京兆尹金钦以家世忠孝，为金氏友。

《西汉书·名臣赞》

董仲舒考其师友渊源所渐。犹未及乎游夏。

《东汉书》

孔融造李膺门，语门者曰："我是李君通家子弟。"门者言之。膺请融，问曰："高明祖父尝与仆有旧恩乎？"融曰："先君孔子，与君先人李老君同德比义，而相师友。则融与君累世通家。"众坐莫不叹息。

李固，少好学，常步行寻师。不远千里，结交英贤，四方有志之士，多慕其风而来学。李膺，性简亢，无所交接。唯以同郡荀淑，陈实为师友。位长乐少府。

王烈，太原人，以颖川陈太丘为师，二子为友。时颖川荀慈明、贾伟节、李元礼、韩元长皆就太丘学。见烈器业过人，难服所履，亦与相亲，由是英名著于海内。烈察孝廉，三府辟并不就。

《北史》

后周寇隽为镇东将军，西安县男，少为司徒崔光所知。光命其子励与隽结友，每造光，常言移旦，小宗伯卢辩以隽业。行俱崇，待之以常师友之礼。每有闲暇，辄诣隽宴语弥日。常谓人曰："不见西安君，烦忧不遣。"其为通人所敬重如此。

《唐摭言》

韩文公名播天下。李翱，张籍，皆升朝，籍北面师之。故愈答崔立之书曰："近有李翱、张籍者，从予学文。"翱与陆参员外书亦曰："韩退之之文，非兹世之文也，古之文也。其人非兹世之人，古之人也。"后愈自潮州量移宜春郡。郡人黄颇师愈为文，亦振大名。颇尝睹卢肇为碑版，则唾之而去。案《实录》，愈与人交，其有沦谢，皆能恤其孤。复为毕婚嫁，如孟东野、张籍之类，是也。李义山师令狐文公，呼小赵公为郎君，于文公处称门生。

魏鹤山《渠阳杂抄》

曾大清之子仲躬逮尝从震泽王苹信伯。仲躬问亲师友之道。信伯云："师不专在传授，友不专在讲习。于精神气貌间，自有相激发处。是善亲师友者。"

《宋史·名臣言行录》

欧阳公,试进士,中甲科。补西京留守推官。始从尹师鲁游,为古文议论当世事,迭相师友。

《毕士安传》

士安,少好学。事继母祝氏。祝氏曰:学必求良师友,乃与如宋,又如郑,得杨璞、韩丕、刘锡为友。

《性理会元》

杨中立撰游定夫墓志云:"元丰中,予受业于明道先生兄弟之门。有友二人,谢显道公其一也。先生方以倡明道学为己任,设痒序,聚邑人子弟教之。召公来职学事,公得其微言,于是尽弃其学,而学之。其后伊川谓予曰:游君德器睟然,学问日进。政事亦绝人远甚。于师门见称如此,其所造可知矣。

《金史·完颜陈和尚传》

和尚兄斜烈为元帅,辟太原王渥为经历。渥,字仲泽。文章论议,与雷渊李献皆相上下。故得师友之。

彭汝砺《鄱阳集·彭汝砺亲师友奏议》

治乱之几在于好恶。好恶之端在于慎其始。其始正无所为而不为正。其始不正,虽有智力不能善其后,是以人主必务学。学莫大于近其人,陛下盛德至行,得于天者,甚厚。见于行事者,甚善。此非臣下所能窥度高下、深浅、小大。近侍进读,儒臣劝讲,其见闻可谓甚博。耆艾在前,忠良在后,其辅翼可谓甚众。夫学者非徒出入于口耳之谓也。闻乎其言,将见于其行。得乎其心,将见乎其外。今臣下所诵说,陛下能昭然不疑乎。能沛然有所得乎。使诚无疑也。使诚有得也。固甚善。若犹未也,是为名而已,是为观美而已。今延英之对,迩英之讲,隔于内外见有不得而久。限于上下言有不得而尽。虽太皇仁圣,所以拥护启佑者甚至,然天性之爱,不可以责善久矣。然则陛下退而与处者,其谁?与其使合者谁乎?其妇女乎。辅拂之人寡,顺从之人众。学问之日少,安闲之日多。善或莫之告,过或莫之谏,臣甚惧所以辅成圣德者,或未备也。《记》曰:'三王四代惟其师。'《诗》曰:'自天子至于庶人,未有不须友以成者。'然则师友不可无久矣。然则如之何?曰:尊有道者,择有德者。不使柔邪权谲之士,间于其间。闲宴与俱,言动使相接焉。简上下之分势,尽君臣之底里。问以所疑而无隐。质之所欲而无间。有善者,使必告。告焉而必从。有过焉,使必谏。谏焉而必改。如是,而不尧、舜,如者未之有也。惟陛下留意无忽。

《性理会元》

汉唐师友或得或失。汉唐以来,师友之道,无复三代,叛师者有人。卖友者有人。以至后堂丝竹之娱,结绶弹冠之誉,师友之义安在哉?独一董仲舒,犹有得于师友之渊源。诸葛孔明犹有得于交游之规画。其学术事业仅有可观。是亦存一二于千百也。王通自

附于圣人,而门人董常自比颜子。平日讲贯果为何事?异时礼乐之问,口呿而不能对者,即前日河汾之门人也。而师友更相称,名自比圣贤,多见其不知量也。

后世师友之道不明,自师友渊源之学不传于圣门。官师相规之风不见于治下。故平居暇日,学者无以为成德之助。而出为世用无以警其累官旷事之失,诚为可慨叹。有如鲁两生,面谀之讥。非不足以箴叔孙通之失。辕固曲学之言,非不足以救公孙弘之过。而利禄之念,锢于其中。虽其言之切,中有不暇改矣。韩昌黎之门人若籍、□辈,固未能保其不叛于师之言。乃若柳子厚之责交于友者,切矣。何为而富贵利达之念一动,谄附匪人,虽平时之所讲明者,旋失之矣。盖尝谓后世师友切磋之义,仅见于王通之门。僚友规益之事,独诸葛孔明,深得古人之意。彼其讲道,河汾房杜诸公亲承议论之末。异时辅正观之治,皆无愧于王佐之才。下而董贾仇程之流,亦能为寡过谨饬之士。不可谓非成就之功也。故师友切磋之义尚有存焉。孔明高宏雅量,曲意谘访。初交则平,屡闻得失。后交元直,动见启诲。前稽考于幼宰,后从事于伟度,故僚友规益之风,犹有遗焉。执事有感于师道不立,友谊日衰,讲择不精之故,而为之隐忧。切谓德无常师,主善为师,则求之有余师矣。诵诗读书,是谓尚友,则求之有余友矣。

孔门师友渊源之粹,嗟夫洙泗之上,从游三千,速肖七十。升堂者有人。在寝者有人。而颜曾独以高弟称,岂非知所以用工于克己之地,而有真见,自得之学耶。吾尝求之夫子,所以称颜子之好学者,不过曰:不迁怒,不二过而已。曾子平日之所得,不过三省吾身,战战兢兢而已。夫怒之不迁,过之不二,不过一谨饬之士。临深履薄,兢兢从事,亦非有大过人者。而其所成就乃尔耶?噫!二子之师友渊源。吾固知其所,自来矣。昔者夫子,削迹于卫,伐木于宋,陈蔡之厄,弦歌自如。有过必知,自以为幸。则夫所谓'不迁怒,不二过'。与夫终日之间三省其身者,岂非得于董陶渐染之素耶。

### 孔门师友相规之益

吾夫子设教洙泗。游其门者三千其徒,而切磋琢磨之功,未尝不见于抠衣趋隅之际。异时有子一为速贫速朽之语,则是非夫子之言。随即正救,子夏一有丧明之失,从其过而数之者,曾不少贷,是何?圣门讲学,无非进德之机耶。噫!穷而在下,则为洙泗之讲学。达而在上,则为禹皋周召之赞襄。是或一道也。

### 宋朝群公师友之益

我国家崇尚儒术,自石介执杖屦以侍孙明复,而师道始尊。自九老退居洛,邵康节以布衣从容其间而友情始密。自是而后,有胡安定建湖学,以淑门人弟子。而天下益知有师友之道。二程先生接圣贤正传,以开明后学。而天下益知有师友之益。故游安定之门者,无非诜诜之贤才。而从二程学者,其醇厚之气,望之可知其为先生门人也。师友之有益于人大哉。"

### 唐《柳宗元集·师友箴并序》

今之世为人师者,众笑之。举世不师,故道益离。为人友者,不以道而以利。举世无友,故道益弃。呜呼,生于是病矣,歌以为箴。既以儆已,又以诫人。

不师如之何?吾何以成?不友如之何?吾何以增?吾欲从师,可从者谁?借有可从,举世笑之。吾欲取友,谁可取者?借有可取,中道或舍。仲尼不生,牙也久死,鲍叔牙与管仲为友二人可作，惧吾不似，中焉可师，耻焉可友，谨是二物，用惕尔后，道苟在焉。佣丐为偶，道之友是，公侯以走。内考诸古，外考诸物。师乎，友乎。敬尔无忽。”

《唐摭言》

杜工部交郑广文。尝以诗赠虔曰：“诸公衮衮登台省，广文先生官独冷。甲第纷纷厌梁肉，广文先生饭不足。先生有道出羲皇，先生有才过屈宋。德尊一代常坎坎，名垂万古知何用。杜陵野老人更嗤，被褐短窄鬓如丝。日籴太仓五升米，时赴郑老同襟期。得钱即相觅，沽酒不复疑。忘形到尔汝，痛饮真吾师，清夜沉沉动春酌，灯前细雨檐花落。但觉高歌有鬼神，焉知饿死填沟壑。相如逸才亲涤器，子云识字终投阁。先生早赋归去来，石田茅屋荒苍苔。儒术于我何有哉？孔丘盗跖俱尘埃。不须闻此意惨怆，生前相遇且衔杯。”

又

“广文到官舍，系马堂阶下。醉即骑马归。颇遭官长骂。才名三十年，坐客寒无毡。赖得苏司业，时时与酒钱。”及虔即世。甫赋八哀诗，其一章诔虔也。

《宋刘后村集·师友六言》

闻诸师者本同，取之友者亦公。高才有出象外，精义不离个中。南渡大儒管见，西山先生正宗。

赋偶声律会元

丈席请益，朋簪勿疑。模范矜式，金兰切偲。

术有四而益者三而，传物洽闻而罔敢自恃。抠衣会文而诚如所先。惟求有余者归而学。岂能自守者奚其交。

彼能诲成以责我，敢不亲其而乐其。

责得童蒙之筮。匆容朋尽之疑。

冀循循而善诱。赖切切以相规。

首重导严之德。先求直谅之资。

以其主善敢后于矜式，以其视学益勤于切偲。

泳道圣门，游夏岂仲舒之及，扬清世俗，荀陈宜元礼之为。

将以释疑，敢名执经之问，求其责善，莫先营道之同。

当稽夫子择善者而从之，更效孟轲其取之必端矣

体字拦江网

尊信，隆亲，文庠，朋簪，渊源，德义，善诱，相亲

赋句

虽若无训导交游之迹，隐然有琢磨警策之规。

严然浚尊尊以且贵，取之必端端惟固旨。

况渐磨之中是乃心友，而渊源之外他非我师。

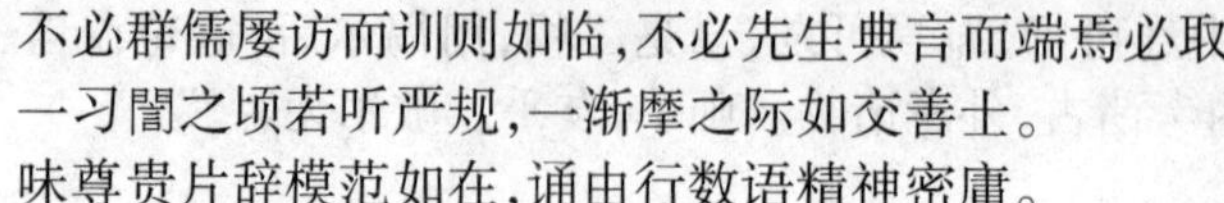

不必群儒屡访而训则如临，不必先生典言而端焉必取。

一习闇之顷若听严规，一渐摩之际如交善士。

味尊贵片辞模范如在，诵由行数语精神密庸。

## 父子如师友

《乐庵语录》

先生自幼讲明道学，于昆山南六里，架屋数间，种竹二亩，号乐庵。时往来其间。日取六经论孟读之。每坐则焚香酌茗，与诸子及门弟谈道德性命之学，衮衮不休。家事悉付之子弟，不复关心，父子相亲如师友。

## 伯仲为师友

《宋名臣言行录》

陆九龄兄弟皆志古嗜学。燕居从容，讲论道义。訚訚侃侃，和而不同。伯仲之间，自为师友。虽其所以成德，资取者非一端。然家庭追琢，封植之功为多。

## 情兼师友

《南史王锡传》

梁武帝敕锡使入宫，不限日数，与太子游狎。情兼师友。

## 宾友

《孟子》

晋平公之于亥唐也，入云则入，坐云则坐，食云则食。虽疏食，菜羹，未尝不饱。盖不敢不饱也。然终于此而已矣。弗与共天位也，弗与治天职也，弗与食天禄也，士之尊贤者也。非王公之尊贤也。亥唐，晋贤人也。平公造之。唐言入，公乃入。言坐，乃坐。言食，乃食也。疏食粗饭也，不敢不饱，敬贤者之命也。范氏曰，位曰天位，职曰天职，禄曰天禄，言天所以待贤人使治天民。非人君所得专者也。舜尚见帝，帝馆甥于二室。亦飨舜，迭为宾主。是天子而友匹夫也。尚，上也，舜上而见于帝尧也。馆，舍也。《礼》：妻父曰外舅，谓我舅者，吾谓之甥，尧以女妻舜，故谓之甥，二室，副宫也，尧舍舜于副宫而就飨其食。用下敬上，谓之贵贵。用上敬下，谓之尊贤。

贵贵尊贤，其义一也。贵贵尊贤，皆事之宜者。然当时但知贵贵而不知尊贤，故孟子曰其义一也。此言朋友人伦之一，所以辅仁。故以天子友匹夫而不为诎。以匹夫友天子而不为赞。此尧舜所以为人伦之至而孟子言必称之也

《职官分记》

汉淮南王安为人好书。招致宾客数千人。八公之徒，咸慕其德。各竭材智，著述篇章。各分其辞赋，以类相次。或称大山、小山。犹诗有《大雅》《小雅》也。

《类说》

魏武帝为北君《大传》，孙策、汉高、晋宣帝、荀彧为四明公宾友。

《东汉书·诸葛恪传》

恪，字元逊，大将军瑾长子也。少有俊才，机辩警速，嘲谑如流，莫与为对。身长七尺六寸，少须眉折頞。广额大口，高声。权见而奇之，曰：'蓝田生玉，真不虚也。'弱冠，拜骑都尉与顾谭张休等，傅太子登讲论道艺，并为宾友。从中庶子转为左辅都尉。

《资治通鉴》

唐宪宗元和十年初。吴少阳闻信州人吴武陵名，邀以为宾友。武陵不答。及元济反。武陵以书谕之曰："足下勿谓部曲不我欺，人情与足下一也。足下友天子，人亦欲友足下。易地而论，则其情可知矣。"

## 父友

《礼记》

见父之执，不谓之进，不敢进。不谓之退，不敢退。不问不敢对。父之执可以乘其车不可以衣其衣。父之齿，随行。

《东汉书·马援传》

援有疾，梁松来候之。独拜床下，援不答。松去后，诸子问曰："梁伯孙帝婿，贵重朝廷，公卿以下莫不惮之。大人奈何独不为礼。"援曰："我乃松父友也。虽贵，何得失其序乎？"

《书林事类》

汉陈蕃年十五，父友薛勤来候之，谓曰："孺子何不扫洒？"蕃曰："大丈夫当扫除天下。"勤乃知其有清世志而甚奇之。

魏常林伯槐年七岁。父党造之，问伯槐曰："伯先在否，何不拜？"林曰："对子字父，何拜之有。"

## 执友

《晋书·王道传》

时元帝为琅琊王。与导素相称善。导知天下已乱，遂倾心推奉。潜有兴复之志，帝亦雅相器重。契同执友。

潘岳《阳肇诔》

曰："余以顽蔽，覆露重阴。仰追先达，执友之心也。"

《太平广记》

张说之谴岳州也，常郁郁不乐。时宰以说机辨才略，互相排摈。苏颋方当大用。而张说瑰坏善。张因为五君咏，致书封其诗以贻颋。诫其使曰："当候忌日，近暮送之。"使者既至，因以忌日，赍书至颋门下。会积阴累旬，近暮吊客至，多说先公僚旧。颋因览诗，呜咽流涕，悲不自胜。翌日上对，大陈说忠贞謇谔，有勤乎王室，亦人望所属，不宜沦滞于遐方。上因降玺书劳问，俄而迁荆州长史。由是陆象先、韦嗣立、张庭珪、贾曾皆以谴逐。岁久，因加甄叙。颋常以说父之执友，事之甚谨。而说重其才器，深加敬慕焉。

《邵氏后录》

柳子厚记其先友为父墓志，意欲著其父，虽不显所交游，皆天下伟人。

## 故友

《礼记》

亲者，无失其为亲也。故者，无失其为故也。

《论语》

故旧不遗，则民不偷。故旧无大故，则不弃也。

《史记·贯子》

楚昭王与吴战，楚军败走，王忘其踣屦，已行三十步，王返取之。左右怪而问之，王曰："楚国虽贫，岂无一屦哉。吾悲与之俱出而不与之俱反矣。"于是楚俗无相弃者。

范雎与魏斋言曰："子所以得不死者，以绨袍恋恋，尚有故人之意耳。"

《五典毓蒙事实》

景差至蒲骚见宋玉曰："不意重见故人，慰此去国恋恋之心。昨到梦泽，喜见楚山之碧，眼目顿明。今又会故人，闭心目足矣"。

《汉书》

光武少与严光同学,及即位,思其贤,访之齐国得焉,三聘而后至。引入,论道旧故,因共偃卧。光以足加帝腹。明日,太史奏客星犯御座。帝笑曰:“朕与故人严子陵共卧耳。”

崔豹《古今注》

郑弘行宦京洛未至,夜宿一壖,如过如缘二切,河边地也。于是逢旧友四人。四顾荒郊村落绝远,酤酒无处,情抱不申,仍各以钱投水中,依评共饭。尽夕酣畅,皆得大醉,因名沉酿川。

韩淲《涧泉日记》

故友不可见,新相知者有数。老觉宾朋日日稀,故家言话转依违。百年以往自兴废,千古其间谁是非。江左风流徒可想,山东豪杰竟何归。勾吴于越连闽峤,瘴雨蛮烟百鸟飞。

## 益友

《论语》

孔子曰:“益者三友,损者三友。友直,友谅,友多闻,益矣。注:友直则多闻其过,友谅则进于诚,友多闻则进于明。南轩云,友者所以辅成己德也。直者有过必闻,谅者忠信相与,多闻者知识可广。足三者友之,则使人常怀进修而不敢自足,得不日益乎。益者三乐,损者三乐,乐节礼乐,乐道人之善。乐多贤友,益矣”。

《孔子家语》

孔子曰:“吾死之后,商也日益。谓与贤己者交。”

《性理会元》

范云:无友不如己者所以进德也。夫与贤于己者处,则自以为不足。与不如己者处,则自以为有余。自以为不足,则日益。自以为有余,则日损。

游云:孟子之论尚友也。以一乡之善士为未足,而求之一国;以一国之善士为未足,而求之天下。以天下之善士为未足,而求之古人。无友不如己者,尚友之道也。求得贤者尚而友之,则闻其所不闻,见其所不见,而德日起矣,此仲尼所以期子夏之日进也。

《三国志》

吕岱亲近吴郡徐原,慷慨有才志。岱知其可成,赐巾 褠,与共言论。后遂荐拔官至侍御史。原性忠庄,好直言。岱时有得失,原辄谏争。又公论之人或以告岱,岱叹曰:“是我

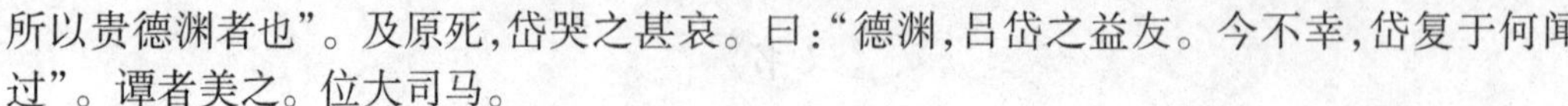

所以贵德渊者也"。及原死,岱哭之甚哀。曰:"德渊,吕岱之益友。今不幸,岱复于何闻过"。谭者美之。位大司马。

《镇江志》

梁刘遵晋安王刺南,徐遵,为治中,甚见宾礼,大同元年卒。王为皇太子深悼惜之。令曰:"吾昔忝朱方,众容坐首。良辰美景,清风月夜,鹢舟乍动,朱鹭徐鸣,未尝一日不追随。一时不会遇,酒阑耳热,言志赋诗,校覆忠贤,擢扬文史。益者三友,此实其人。"

《典刑录》

孙公甫,为华州推官。转运使李纮荐其材,迁大理寺丞。知绛州。翼城县故丞相杜祁公,与纮皆以清节自高,尤难于取士。闻公纮所荐也,数招致之,一见大喜,已而祁公自御史丞知永兴军,辟公司录。凡事之繁猥者,一以委之,公叹曰:"待我以此可以去矣。"祁公为谢顾事,非他吏不能者,不敢烦公。公乃从容为陈当世之务,所以缓急先后施设之宜。又多荐士之贤而在下者。于是祁公自以为得益友。公墓志上

《蔡语录》

谢显道见河南夫子辞而归,尹和靖送焉。问曰:"何以教我?"谢子曰:"吾徒朝夕从先生,见行则学,闻言则识,譬如有人服乌头者,方其服也。颜色悦怿,筋力强盛,一旦乌头力去将如之何?"尹子友以告夫子,夫子曰:"可谓益友矣。"

唐柳宗元《进送韦七秀才
下第求益友序》韦中立

所谓先声后实者,岂唯兵用之。有然字非虽士亦然。若今由州郡,抵有司,求进士者,岁数百人。咸多为文辞,道今语古。角夸丽,务富厚。有司一朝而受者几千万言。读不能十一。即偃仰疲耗目眩而不欲视。心废而不欲营。如此而曰:吾能不遗士者伪也。唯声先焉者,读至其文辞,心目必专。以故少不胜。京兆韦中立。其文懿且高,其行愿以恒。试其艺益工,久与居益见其贤,然而进三年连不胜,是岂拙于为声者欤?或以韦生之不胜,为有司罪。余曰非也。谷梁子曰:"心志既通,而名誉不闻,友之过也。名誉既闻,而有司不以告,作不取有司之过也。"谷梁昭公十九年句人之视听有所止。神志有所不及。古之道,名誉未至,不以罪有司。而况今乎?今韦生乐植乎内,而不欲扬乎外,其志非也。孔子不避名誉以致其道。今韦生仗其文简其友,思自得于有司,抑非古人之道欤。将行也。余为之言。既以迁其人,又以移其友。且使或者知释有司也。

# 损友

《论语》

孔子曰:"益者三友,损者三友。友直、友谅、友多闻,益矣。友便辟,友善柔,友便佞,

损矣”。注:友　直,则多闻其过。友谅,则进于诚。友多闻,则进于明。便,习熟也。便辟谓习于威仪而不直,善柔谓工于媚说而不谅,便佞谓习于口语而无闻见之实,三者损益正相反也。尹氏曰:自天子至于庶人,未有不须友以成者,而其损益有如是者,可不谨哉。南轩云:便辟便佞谓便于辟与佞者。善柔,谓善为柔者。辟则客止足恭,柔则每事卑屈,佞则巧言为悦。是三者友之,则使之日趋于骄惰,焉得不日损乎。

### 《孔子家语》

孔子曰:“吾死之后,商也日益。谓与贤己者交,赐也。日损,谓好悦不若己者交。故君子慎所交。”

## 信友

### 《周礼》

孝友任恤注:任,信于友道。恤,忧患也。

### 《论语》

子曰:朋友信之。

### 《中庸》

获乎上有道,不信乎朋友。不获乎上矣。信乎朋友有道不顺乎,亲不信乎,朋友矣。

### 《大学》

与国人交,止于信。

### 《史记》

吴季札使邻国,道过徐君。徐君见季札剑欲得之,而口不言。札心知之,及回,徐君已死。札乃解剑,挂于徐君冢树而去。

孔子

### 《两汉蒙求》

范式,字巨卿。山阳金乡人。少游太学,与汝南张劭为友。劭字元伯,二人并告归乡里。式谓元伯曰:“后二年当还,将过拜尊亲,见孺子焉。”乃共克期。至日巨卿果到,升堂拜母,饮尽欢而别。后元伯寝疾笃,同郡郅君章、商子微晨夜省视,元伯临尽,曰:“恨不见死友。”寻卒。式梦元伯,玄冕垂缨而呼曰:“吾死当以某日葬。子岂能相及”。式觉而悲赴之,便服朋友之服,投其葬日未届而丧,已发引,至圹将窆,而柩不肯进。其母抚之曰:“元伯岂有望也”。停柩移时,见有素车白马哭而来。母曰:“必巨卿也”。既至叩丧,言

曰"行矣,元伯死生异路。永从此辞"。会葬者千人皆挥涕,式执绋引柩乃前进。式留止冢,次修坟树而退。互见死友

《会稽典录》

卓恕,字公行,上虞人也。与人期约,虽遭暴风疾雨,无不至者。尝从建业辞太傅诸葛恪。恪问何当复来。恕答曰:"某日,当复亲觐"。至是日,恪停食候恕至,时宾客会者皆以为会稽建业相去千余里,道隔江湖,岂得如期?须臾恕至,一坐尽惊。

## 诤友

《孝经》

子曰:"士有诤友,则身不离于令名"。

《抱朴子·交际篇》

善交狎而不慢,和而不同,见彼有失,则正色而谏之。告我以过。则速改而不惮。不以忤彼心而不言。不以逆我耳而不纳。不以巧辩饰其非,不以华辞文其失,不形同而神乖,不匿情而口合,不面从而背憎,不疾人之胜己,护其短而引其长。隐其失而宣其得,外无计数之诤,内遗心竞之累,夫然。故《鹿鸣》之好全,而《伐木》之刺息。

张子《经学理窟》

有问于程子者,曰:"吾与人居,视其有过而不告,则心有所不安。告之而人不受,则奈何"?曰:"与之处而不告,非忠也。要使诚意之交通在于未言之前,则言出而人信矣"。又曰:"责善之道要使诚有余而言不足。则于人有益,而在我者无自辱矣"。

晏元献公《类要》

穆员与张舍人书云:"友朋之分,攻过为先,差之毫厘,则赖讥正。"

《朱子语类》

先生谓时举曰:"朋友相处,要得更相规戒。有过则相告。"时举应诺。先生曰:"然小过只哓哓底说,又似没紧要相似。大底过失,又恐他已深痼不容易说。要之只尽公之诚意耳。"胡五峰"知言能攻人实病者,至难也。能受人实攻者为尤难。人能攻我实病,我能受人实攻。朋友之义其庶几乎?不然,其不相陷而为小人者几希矣。"

## 正友

### 《黄石公素书》

枉士,无正友。注曰李逢吉之友则八关十六子之徒是也。

### 《通鉴外纪》

宣王四十六年初,王将杀其臣杜伯而非其罪,伯之友左儒,争之于王,九复之而王不许。王曰:"汝别君而异友也。"儒曰:"君道友逆,则顺君以诛友。友道君逆,则顺友以违君"。王怒曰:"易而言则生,不易则死"。儒曰:"士不枉义以从死,不易言以求生,臣能明君之过,以正杜伯之罪"。王杀杜伯,左儒死之。

### 《东汉书》

东汉苏章,字孺文。为冀州刺史。故人为清河太守。章行部按其奸赃,乃请太守为设酒殽,陈平生之好甚欢。太守喜曰:"人皆有一天,我独有二天。"章曰:"今日苏孺文与故人饮者,私恩也。明日冀州刺史按事者,公法也。"遂举正其罪,州境知章无私,望风畏肃。

### 《五典毓蒙事实》

裴垍为相。有故人求京兆尹判司,垍曰:"公才不称此官。不敢以故人之私伤朝廷至公。他日目盲宰相怜公者不妨得之,垍则不可。"

### 《北史》

源怀行一巡行北边六镇,有怀朔镇将元尼须者,与怀少旧。贪秽狼籍,置酒请怀,曰:"命之长短,由卿之口。岂可不相宽贷。"怀曰:"今日之集,是乃源怀与故人饮酒之坐,非鞠狱之所也。明日公庭,始为使人检镇,将罪状之地。"尼须挥泪无以对。于是表劾尼须其奉公不挠如此。

### 《宋眉山唐子西集·正友论》

庾公之斯,以朋友之故,废君命,而君子不以为私。叩轮去金,发虚矢以塞责,而君子不以为欺。郦况之说其友也,其言甚甘,而君子不以为险。其友,为之堕肱陨首覆宗绝祀,而君子不以为忍。知此二义,然后可以言友矣。方汉之时,吕禄之权为如何?其宗族亲党,日夜相与思虑计议者,为如何。国家社稷、宗庙之势,为如何?而父又劫质其急为如何?又安得舍所重,以全所轻,则以计劫之也。固宜。彼子灌孺子之事,岂至是耶?以区区之郑固,非卫之所以存亡。而区区之子濯孺子,又非郑之所以强弱。敌去而追之,兹又国事之区区者,而弯弓于其友。则在名义为至重,此孟子所谓一钩金与一舆羽之势也。何得以吕禄比之?夫莫重于金,莫轻于羽,此虽三人之童足以知之。至于轻重之中又有

轻重焉，则非通孟子者，不能权之矣。孟子之书，世未有通之者，故汉魏之臣，如苏章于禁之徒，皆以得已之事亲诛其友，犹复毅然自谓忠于朝廷。而世亦莫知其为天下之至恶。自是而后，一变而相证。再变而相告，三变而至相诬蔑也。岂不愈惑哉？呜呼，名教之事，圣贤谈之尽矣。患不深考尔，君使己诛其友，则如之何？曰审之。祸大则诛之，余者可救则救之。可赎则赎之。无罪者辨之，不可则辞于君。要之不可以执戈，友为不善则如之何。曰：审之，祸大则诛之。其次痛责而力止之，不从则去之，其小者则忠告之。不从则已。终不可弃也。夫上则善其君。下则善其友，使君臣朋友之间无不满焉者，岂非人之所欲哉？不幸而至于此，则古人所以处之者亦有道矣。而论者不察，以君臣为公，指朋友谓之私，何其不思之甚欤？孔子曰："以孝事君，则忠。"曾子曰："朋友不信，非孝也。是相生法也，何名为私乎？父子、兄弟出于天，君臣、夫妇、朋友出于人。而父子、兄弟、夫妇主恩，君臣、朋友主义，则五教之中近于君臣者，唯朋友为然。故欲知人臣之忠者，必于朋友焉观之。宁有贼害其友，而能忠于所事者乎？是物理之必不然者，夫以公心处之，何适而非公，苟私矣。则君臣、父子、夫妇、长幼皆私也。宁独友哉。嗟乎，教之所自出者三，而世阙其一。曰师，其所以为教者五，而世抑其一，曰友。"

## 德友

《孟子》

万章问曰："敢问友。"孟子曰："不挟长，不挟贵，不挟兄弟而友。友也者，友其德也。不可以有挟也。"挟者，兼有而恃之之称

《庄子·德充符篇》

鲁哀公谓仲尼曰："何谓德不形？"曰："平者水停之盛也。其可以为法也，内保之而外不荡也，德者成和之修也，德不形者物不能离也。"哀公异日以告闵子，曰："始也，吾以南面而君天下，执民之纪而忧其死，吾自以为至通矣。今吾闻至人之言，恐吾无其实，轻用吾身而亡吾国。吾与孔丘非君臣也，德友而已。"

## 仁友

《孔子家语》

颜回问朋友之际如何？孔子曰："君子之于朋友也，心必有非焉而弗能语。吾不知其仁人也，不忘久德，不忘久愁。仁矣。"颜回第十八

《类林杂说·仁友篇》

唐柳宗元与刘禹锡坐，交王伾事。宗元贬知柳州，禹锡贬播州，播极僻远，宗元以禹

锡母老,播远非所以便于养老奉亲者,作奏愿以柳易播会。大臣有言于上,禹锡得内迁。

《列士传》

羊角哀,与左伯桃为友。二人闻楚王贤,俱往仕之。至梁山,路失逢雪,粮食乏少,去楚千里计不俱全,伯桃遂并粮与角哀。桃乃入空树中而死。角哀仕楚,楚王用为上卿,然后收葬伯桃,伯桃墓近荆轲将军镇。角哀夜梦见伯桃,告之曰:"我日夜为荆将军所伐,子可救我。不援吾,必为荆将军所虏。"角哀惊觉,流涕,遂从楚王请兵,鸣鼓奋剑,往胁荆将军墓。未知胜负。角哀自刎而死。六国时人,互见死友

《琴操》

三士穷者,其思革子之所作也。其思革子,户文子,叔衍子,三人相与为友。闻楚成王贤好士,三人俱往见之于豪□岩之间。卒逢飘风暴雨,俱伏于空柳之下。衣寒粮乏,度不俱活。三人相视,叹曰:"与其饥寒俱死,岂若并衣粮于一哉"。二子以革子为贤。推衣与之。革子曰:"生则同乐,死则共之",固辞。二子曰"吾相与犹左右手也。左伤则右救,右伤则左劳。子不我受,俱死无名,可痛乎。"于是革子受之。二子遂冻饿而死。其思革子揭衣粮而去,往见楚王。王知其贤,用旨酒嘉殽设锺鼓乐之。革子有忧悲之色,楚王乃推樽罢乐升琴而进之,其思革子援琴而鼓,作相与别散之志。

《战国策》

张仪始尝与苏秦俱事鬼谷先生。秦自以不及仪,苏秦已说赵王而得,相约从亲。然恐秦之攻,诸侯败。约后负念莫可使用于秦者,乃使人微感张仪曰:"子始与苏秦善,今秦已当路,子何不往游,以求通子之愿。"张仪于是之赵上谒,求见苏秦。苏秦乃诫门下人不为通。又使不得去者。数日,已而见之坐之堂下赐仆妾之食,因而数让之曰:"以子之材能,乃令困辱至此。吾宁不能言而富贵子。子不足收也。谢去之。"张仪之来也,自以为故人,求益反见辱,怒念诸侯莫可事,独秦能苦赵,乃遂入秦。苏秦已而告其舍人曰:"张仪天下贤士,吾殆弗如也。今吾幸先用,而能用秦者,独张仪可尔。然贫无因以进,吾恐其乐小利而不遂,故召辱之,以激其意,子为我阴奉之。"乃言赵王发金币车马,使人微随张仪,与宿舍,稍稍近就之。奉以车马金钱所欲用为取给而弗告。张仪遂得以见秦惠王。惠王以为客卿,与谋伐诸侯。苏秦之舍人乃辞去,张仪曰:"赖子得显,方且报德。何故去也。"舍人曰:"臣非知君,知君乃苏君。苏君忧秦伐赵败,从约,以为非君莫能请归报。"张仪曰"嗟乎,此在其术中而不悟。吾不及苏君明矣。吾又新用安能谋赵乎?为吾谢苏君。苏君之时,仪何敢言。且苏君在,仪宁渠能乎。"

《魏书》

赵岐,字邠卿,京兆长陵人也。仕郡为功曹,侍中常侍唐衡弟弦为京兆都尉。岐为功曹,每侵之,弦常怀怏怏。唐衡闻之,遂奏汉灵帝,灵帝迁衡为京兆太守。衡遂改岐家属,将托以重罪诛之。岐亡走,更姓名,至青州,市卖胡饼。时北海孙嵩,字宾硕,乘独车游于市中。遥见岐,呼至与语。岐惧是衡亲属,惶恐色变。孙嵩因为岐曰:"视子之貌,非卖饼也。见问而色动,子不有重怨,则当亡命。我北海孙宾硕也。阖门百口,又有百岁老母在堂,势能相度。"岐遂以实告之,嵩于是载岐上车同归。嵩白母曰:"今得死交。"将岐上堂

拜母讫。然后置于复壁中。密供给二年。唐衡被诛,诸唐悉皆被灭。歧遂得出。至洛阳,朝廷举歧诏拜太仆。歧因说嵩行义,嵩由是显名,仕至豫州刺史。歧卒,嵩为行朋友之服,后汉末时人事也。

《新唐书》

狄仁杰为并州参军,同府有母,老且疾,当使绝域者,仁杰曰:"君可贻亲万里忧乎?云云请代行。"

## 义友

《孔丛子·记义篇》

颜雠善事亲,子路义之,后雠以非罪执于卫将死。子路请以金赎焉,卫人将许之。既而二三子纳金于子路,以入卫。或谓孔子曰:"受人之金,以赎其私昵,义乎?"子曰:"义而赎之,贫取于友,非义而何?"

《东汉书》

许鸿卿,汝南人。与同郡周伯灵交友。伯灵早亡,鸿卿养育其子。

《魏志》

曹真,字子丹,太祖族子也。真少与宗人曹遵,乡人朱赞并事太祖,遵赞早亡,真悯之。乞分所食邑,封遵赞子,诏曰:"大司马有叔向抚孤之仁,笃晏婴久要之分。君子成人之美,听分真邑。赐遵赞子爵关内侯各五百户。"

崔琰,字李珪,清河东武成人也,少朴讷,好击剑,尚武事琰友人公孙方早卒,琰抚其孤,息若己子。

《蜀志》

马谡,音缩字幼常,才气过人,好论军计。谡临终与诸葛亮书曰:"明公视谡犹子,谡视明公犹父。愿深殛鲧与禹之义,使平生之交不亏。此谡虽死,无恨于黄泉也"。于时,十万之众,为之流涕。亮自临祭,待其孤遗若平生。张裔,字君嗣,蜀郡成都人也。少与犍为杨恭友善。恭早死,孤遗未数岁,裔分居事恭母。如恭息长大,为之娶妻,买宅产业,使立门户。

《册府元龟》

钟繇、荀攸,相与亲善。攸先亡,子幼,繇经纪其门户,欲嫁其妾与人。书曰:"吾与公达攸字也曾共使朱建平相。建平曰:'荀君虽少,然当以后事付钟君。'吾时啁之曰,惟当嫁卿阿骛尔。何意此子竟早陨没,戏言遂验乎?今欲嫁阿骛得善处,追思建平之妙,虽唐举许负,何以复加也。"繇位至太傅。

《晋书》

纪瞻,慎行,好施,老而弥笃。少与陆机兄弟相亲善。及机被诛,瞻恤其家,及嫁女资送,同于所生。

郑袤,字叔林,荥阳开封人也。少孤,随叔父浑避难江东。时华歆为豫章太守,浑往依之,歆素与袤父泰友善,抚养袤如己子。

《南史》

南齐王思远,与顾暠之友善。暠之卒,后家贫,思远迎其儿子经恤甚至。

《五典毓蒙事实》

唐卢藏用,与陈子昂,赵正固友善。子昂、正固先死,藏用抚恤其孤有恩义。

《唐摭言》

乔潭,天宝十三年及第,补陆浑尉。时元鲁山客死是邑,潭减俸礼葬之,复恤其孤。

《新唐书·吴保安列传》

保安,魏州人,睿宗时姚□息委切蛮叛。拜李蒙为姚州都督,宰相郭元振以弟之子仲翔托蒙,蒙表为判官。时保安罢义安尉未得调,以仲翔里人也。不介而见曰:“得因子得事李将军可乎?”仲翔虽无雅故,哀其穷力荐之。蒙表掌书记,保安后往,蒙已深入与蛮战没,仲翔被执。蛮得华人,必厚责财乃肯赎。闻仲翔贵胄也,求千缣。会元振物故,保安留巂州营赎仲翔,苦无赀,乃刀居货十年,得缣七百,妻子客遂州。间关求保安所在,困姚州不能进,都督杨安居知状,异其故,资以行。求保安得之。引与语:曰“子弃家,急朋友之患,至是乎。吾请贷他御切官赀助子之乏”。保安大喜,即委缣于蛮。得仲翔以归。

《苏珦传》

珦子晋。始与洛人张循之,仲之兄弟善。而二人以学显,循上上书忤武后,见杀。仲之神龙中,谋去武三思。为宋之愻等所发死。晋厚抚其子渐为营婚官。晋卒,渐丧之若诸父云。

《商芸小说》

荀臣伯,远看友人疾。值胡贼攻郡,友人语臣伯:“吾今死矣。子可去。”臣伯曰:“远来视子,今有难而舍尔去,岂荀臣伯行耶?”贼既至,谓臣伯曰:“大军至,一郡并空,汝何男子而敢独立?”臣伯曰:“有友人疾,不忍委之,宁以我身代友人之命。”贼称其贤,自相谓言:“我辈无义人,而入有义之国。”疾旋踵而去,一郡获全。

孙公《谈圃》

范文正少养于外氏朱家。朱,南京人,今留府后朱少卿宅是也。文正学于府痒,同舍有病者,文正亲调药以疗。病极,嘱文正曰:“吾无以报子。平生有一术,游远方,未尝穷

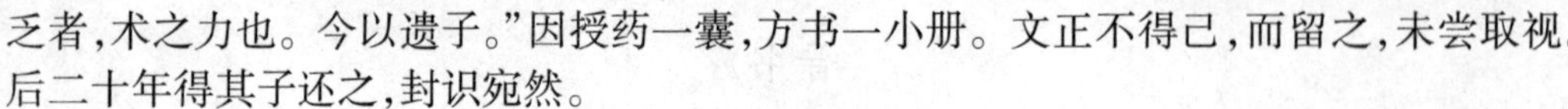

乏者，术之力也。今以遗子。”因授药一囊，方书一小册。文正不得已，而留之，未尝取视。后二十年得其子还之，封识宛然。

《荃翁贵耳》

刘岑，字季高，师维扬日。有一旧同官之子，以父未葬为请，季高戚然兴念：“扣之买山几何，砻□几何？缁黄不须问。”其子历历具陈。季高曰：“此某之责。吾友且留相伴。”密使一亲信人赍钱数百缗往其家，买山办其终事。两月，亲信人回，始与其说丧已举矣。子无虑，方遣其归。季高与人说，观子之气太爽，得钱必不从亲为重。此一事不了，终为吾辈累。不若留此而毕其事，先友之志酬矣。吁！季高真急义人也。今之视座之子孙，邈若路人。况同官之子乎？

《言行龟鉴》

陈公希亮轻财好施，笃于恩义。少与蜀人宋辅游。辅卒于京师。母老子少，公养其母终身。而以女妻其孤端平。使与诸子游学，卒与子忱同登进士第。

江敦《教影向录》

孙大资，与陈庄宅少相友善。大观间，孙判临安，陈居淮南贫窭，临终乃索纸笔，批付其子。曰“生事死事，可见孙大资了之”。其子卒哭后，往临安见孙公。公设香案拜其所书帖子而泣。留其子月余，乃差一州吏，赍金三千缗，同其子回所居之地。以五百金治葬事，五百金买宅，二千金买米田。戒其所遣之吏。事办方得回，朋友之间有如此之高义者。

## 恤穷友

《庄子·子舆》

舆与子桑友，淋雨十日。子舆裹饭往食之。至子桑之门，则若歌若哭，鼓琴曰：“父耶，母耶，天乎人乎。”子舆曰：“子之哀，何故若是？”曰：“吾思夫使我至此极者而弗得也”。

《五典毓蒙事实》

汉楼护有故人吕公无子归护。护身与吕公，妻与吕妪同食。及护家同居，妻子颇厌吕公。护流涕责妻子曰：“吕公故旧，穷老托身于我。义所当奉。”遂养吕公终身。

《唐语》

林孔嵩，字仲山，南阳人也。少未冠，与颖川荀彧共游太学，彧后为荆州刺史。而嵩家贫与新野里客佣为卒，彧时出见嵩，下驾执手，曰：“共与子摇扇俱游太学。今子卒，吾亦痛哉。”彧命代嵩。嵩以佣夫不去。其岁寒心若此。嵩后三府累辟不赴，后汉末时人。

《东汉书》

朱晖,同县张堪有名德。每与相见,常接以友道。晖以堪宿望盛名,未敢安之。堪至把晖臂曰:“欲以妻子托朱生。”晖举手不敢答。堪后仕为渔阳太守,晖自为临淮太守。绝相闻见。时南阳饥,堪妻子贫穷,晖乃自往候视其困。分所有以赈给之。岁送谷五十斛,帛五十匹,以为常。曰:“堪尝有知己之言,吾已信于其心也。”应顺,字华仲,汝南人。少与同郡许敬善,敬家贫亲老无子,为敬去妻更娶,位将作大匠。

《西羌滇良传》

傅育,北地人也。显宗初为临羌长,与捕虏将军马武等击羌滇。吾功冠诸军,及在武威,威声闻于匈奴。食禄数十年,秩奉尽赡给知友。妻子不免操井臼,肃宗下诏追褒之。封其子毅为明进侯。

《三国志》

杨戏,性虽简惰,未尝以甘言加人。然笃于故旧。与巴西韩、黎韬童幼相亲厚。后俨因疾废顿,韬无行见捐,戏经纪振恤,恩好如故。位射声校尉。

《唐书》

刘黑闼,贝州漳南人也。与窦建德少相友善,家贫无以自给。建德每资之。黑闼所费至尽而不以为疑。建德亦弗之间也。

《五典毓蒙事实》

唐元德秀,字紫芝,为鲁山令。所得俸禄,悉衣食人之孤遗者,岁满笥余一缣,驾车而去。爱陆浑山水,乃定居。不为垣墙扃钥,家无仆妾。岁饥,日或不爨,嗜酒陶然。弹琴自娱。房琯每见叹曰:“见紫芝眉宇,使人名利之心都尽”。

《宋史·孝义传》

侯可,轻财好义。与甲颜为友。颜病重,千里求医,未归而颜死,目不瞑。人曰:“其待侯君乎。”且敛而可至,拊之乃瞑。颜无子,不克葬。可辛勤百营鬻衣相役卒葬之。方天寒单衣以居,有馈白金者,顾颜之妹处室,举以佐其奁具。一日自远归家,以窭告。适友人郭行扣门曰:“吾父病,医邀钱百千。卖吾庐而不售。”可恻然计橐中装,略当其数尽与之。

《太平广记》

许棠久困名场。咸通末,马戴佐大同军慕,棠往谒之,一见如旧相识。留连数月,但诗酒而已。未尝问所欲。忽一旦,大会宾友,命使者以棠家书授之。棠惊愕,莫知其来。启缄即,知戴潜遣一介恤其家矣。

《言行龟鉴》

韩魏公琦重义轻财，赒人之急。少善尹师鲁。师鲁亡，割俸畀其孤，为直其冤于朝，仍奏录其子，视财物不以恩其意。既乏则损己服用玩好以与之。士无远近咸趋之。其故旧之子孙寒窭无所托，而依以为生者，常十数家。

《宋史》

范仲淹，其友吴遵路没，室无长物，仲淹分俸赒其家。

## 救难友

《汉书》

卫青，姊子夫得入宫，幸上皇后大长公主女也。无子妬之，大长公主捕青，因欲杀之。其友公孙武与壮士往夺之，故得不死。上闻，乃召青为建章监侍中，赏赐数日间，累千金。

《东汉书》

赵喜，为赤眉兵所围。迫急乃亡走。与友人韩仲伯等数十人，携小弱越山出武关。仲伯以妇色美，虑有强暴者，而已受其害，欲弃之于道。喜怒不听，以泥涂仲伯妇面，载以鹿车，身推之。每逢贼欲逼夺，喜辄言病，以此得免。

宋杨女为章帝贵人，被谮自杀。杨免归本郡，郡县因事复捕击之。杨友人前怀令山阳张峻，左冯翊沛国刘均等，奔走解释，得以免罪。

《续后汉书·高士传》

申屠蟠，友人陈郡冯雍，坐事系狱。豫州牧黄琬欲杀之。或劝蟠救雍，蟠不肯行。曰："黄子琰为吾故邪。未必合罪。如不用吾言，虽往何益"。琬闻之，遂免雍。

《吴范传》

范素与魏滕同邑相善。胜尝有罪，孙权责怒甚严，曰："敢有谏者死。"范谓滕曰："与汝偕死"。滕曰："死而无益，何用死为"。范曰："安能坐观汝邪。"乃髡头自缚诣门下。使铃下以闻，铃下曰："有"。曰："必死不敢白。"范曰："汝有子邪?"曰："使汝为吴范死。子以属我"。铃下曰："诺"。乃排阁入，言未卒，权大怒。欲使投以戟，逡巡走出。范因突入，叩头流血，言与涕并良久，权意释。乃免滕。滕见范，谢曰："父母能生我，不能免我于死。丈夫相知，如汝足矣。何用多为。"

《北史》

后魏索敞初在凉州之日，与乡人龙世隆文学相友。世隆至京师，被罪徙和龙。届上谷，困不前达。土人徐能抑掠为奴五年。因行至上谷，遇世隆语其由状，对泣而别，敞为诉理，寻免。

《叶颙传》

颙友人高登，尝上书讥切时相，召捕甚急，颙与同邸勉令逸去，登曰："不为君累乎。"颙曰："以此获罪，固所愿也。"即为具舟，舟移乃去。

## 密友

《苏老泉集·虑远策》

今夫一家之中，必有宗老。一介之士，必有密友。又密友花名见本韵后。

## 金兰友

《易》

二人同心，其利断金。同心之言，其臭如兰。

《吴录》

张温，字惠恕，英才环伟，遂以礼躬延见召对。词雅淹润，帝改容前席，拜中郎。聘蜀，与诸葛全结金兰之好焉。

《世说》

山公与稽阮一面，契若金兰。山妻韩氏，觉公与二人异于常交。问公，公曰："我当年可以为友者，唯此二人耳。"妻曰："负羁之妻亦亲，观狐赵意欲窥之。可乎？"公曰："可"。他日，二人来。妻劝公止之宿，具酒食，夜穿墙视之，达旦忘返。公入，曰："二人何如？"曰："君才致不如，正当以识度耶。"公曰："伊辈亦以我识度为胜。何玄之？"

《梁典》

刘许，字彦度。与陈留阮籍、李绪申、金兰之契。筑室钟阜之傍，共听内义，钻寻奥典。

《北史》

后魏于忠，宣武时为领军将军。性多猜忌，不交胜己。唯与直阁将军初环千牛备身，杨保元为断金之交。

《唐书》

李孝贞与从兄仪曹郎中骚、太子舍人李节、傅陵崔子武、范阳卢询祖，为断金之契。

宋《华镇云溪居士集·谢国子祭酒举学官启》

一官奔走于东西，十载湮沦于尘坌。已乏金兰之友，鲁无莩肺之亲。

## 金石友

《汉书》

汉王与韩信为金石之交。

## 君子友

《礼记》

君子之接如水。小人之接如醴。君子淡以成，小人甘以坏。

《南史》

孔稚珪，字德彰，会稽人也。稚珪风韵清疏，好文咏。与外兄张融情趣相得，又与琅邪王思远、庐江何点、点弟裔，并款友。又云稚珪早立名誉，当时名士陆惠晓、谢瀹、张融、何点、沈渊相与为君子之交。柳世隆，字彦绪，河东解县人，宋太尉元景弟也。当时名士张绪，王延之，沈琰之徒，雅相钦慕。以为君子之交。

## 异常友

《晋书》

谢述为彭城王长史。尚书仆射殷景仁、领军将军刘湛并与述为异常之交。美风姿，善举止。湛每谓人曰："我见谢道儿未尝足。"道儿，述小字也，卒于吴兴太守，丧还京师。未至数十里，景仁、湛同乘迎赴，望船流涕。城凝之，学涉有当世才具。与司空徐湛之为异常之交。

## 耐久友

《论语》

晏平仲，善与人交。久而敬之。

《孔子家语》

与人交，推其长者，违其短者，故能久也。

《魏志》

魏元同与裴炎缔交能保始终。号耐久朋。

## 青云友

《五典毓蒙事实》

江淹曰："袁炳，字叔明，与余有青云之交。非直啪杯酒而已。"

刘琨，少负志气，有纵横之才。善交胜己，颇浮夸，与范阳祖逖为友。闻逖被用，与亲故书曰："吾枕戈待旦，志枭逆虏，常恐祖生先吾著鞭。"其意气相期如此。琨为并州牧。

《悦生随抄》

洛阳龙门有吕文穆公读书龛云："文穆昔尝楼偃于此。"初有友二人。一人则温尚书仲舒，一人忘其姓名。而三人誓不得状元，不仕，及唱第文穆状元。温已不意，然犹中甲科，遂释褐。其一人径拂衣归隐。后文穆作相，太宗问昔谁为友？文穆即以归隐者对。遽以著作佐郎召之。不起。故文穆罢相，尹洛作诗曰："昔作儒生谒贡闱，今提相印出黄扉。九重鸳鹭醉中别，万里烟宵达了归。邻叟尽垂新鹤发，故人犹着旧麻衣。洛阳谩道多才子，自叹遭逢似我稀。"所谓故人，盖斥其友归隐者也。

## 弹冠友

《册府元龟》

王吉，字子阳，京兆人也。少与贡禹为友。及阳仕至益州刺史，贡闻之，拂冠以待之。阳遂荐称焉。世称王阳在位，贡公弹冠。言其取舍同也。

《会稽典录》

虞伦,字孝绪,余姚人也,与骆瑗为弹冠之友。

## 小友

马明叟《实宾录》

唐李泌方幼,张九龄尤所奖爱。常引至卧内。九龄与严挺之,萧诚善。挺之恶诚佞,劝九龄谢绝之。九龄忽独念曰:“严大苦劲,然萧软美可喜。”方命左右召萧,泌在旁,率尔曰:“公起布衣,以直道至宰相。而喜软美者乎?”九龄改容谢之。因呼小友。

《邵氏闻见录》

王元之,年七八岁能文。毕文简公为郡从事,始知之。问其家,以磨面为生。因令作磨诗。不思以对云:“但存心里正,无愁眼下迟。若人轻着力,便是转身时。”文简大奇之。留于子弟中讲学。一日,太守席上出句:“鹦鹉能言争似凤”。坐客未有对。文简写之屏间,元之书其下:“蜘蛛虽巧不如蚕”。文简公叹息曰:“经纶之才也。”遂加以衣冠,呼为小友。至文简入相,元之已掌书命矣。

## 忘年友

《记室新书》

东汉祢衡,有才尚气。阴怀一刺而无所适。至于刺字漫灭,惟善孔融。时衡始弱冠,而融已五十,为忘年友。

《晋书》

山涛与嵇康等为竹林之交。著忘年之契。王戎少阮籍二十岁,而籍与之交。

《梁书》

何逊,字仲言。东郡郯人也。弱冠举秀才,南乡范云见其答策,大相称赏,因结忘年交好,自是一文一咏,云辄嗟赏。

《南史》

江总字总持。仕梁为尚书殿中郎。范阳张缵,琅邪王筠,南阳刘之遴,并高才硕学,总时年少有名,缵等雅相推重,为忘年友。

韦粲为外兵参军兼中兵。时颖川庾仲容,吴郡张率,前辈才名与粲同府。并为忘年

交好。

《北史》

邢邵，十岁能属文，日诵万余言。文章赡速，未二十名动衣冠。吏部尚书陇西李神隽大相钦重。引为忘年之交。

《裴让之传》

让之弟谳之，虽年少不妄交游。唯与陇西辛术赵郡李绘、顿丘李构、清河崔赡，为忘年友。

《隋书·隐逸传》

崔廓，博陵安平人也。博览书籍，山东学者皆宗之。与赵郡李士谦，为忘年之友。每相往来，时称崔李。及士谦死，廓哭之恸，为之作传，输之秘府。士谦妻卢氏寡居，每有家事，辄令人谘廓取定。

嵇康

孔绍安，越州山阴人也，陈吏部尚书奂子也。少以文词知名，年十三入隋，徙居京兆鄠县。闭门读诵文集数十万言。时有词人孙万寿与绍安笃忘年之好。绍安太业末为监察御史。

刘裔之，徐州彭城人也，少有学业，与隋信都丞孙万寿、宗正卿、李百药为忘年之交。

《新唐书·高俭传》

俭字士廉，敏惠有度，量状貌若画。观书一见辄诵，敏于占对。隋司隶大夫薛道衡，起居舍人崔祖浚，皆宿臣显重，与为忘年友。由是有名，自以齐宗室不欲广交。屏居终南山下。

寿州刺史张镒，字季权，有重名，陆贽往见，与语三日，奇之。请为忘年友。既行，饷钱百万请为母夫人一日费。陆贽不纳。

孟郊，性介少谐合。韩愈一见，与为忘年交。一作忘形

王琚，怀州河内人也，少孤而聪敏有才略，好玄象合炼之学，神龙初尝谒驸马王同皎，甚器之。及谋刺武三思事。琚义许之。与同璟张仲之为忘年之友。

《册府元龟》

裴子野性旷达，自云出世，不复诣人。初未与张缵遇，使虚相推重，因为忘年友。

李际，范阳卢诞，并有高名于世。与结忘年之交。

## 忘形友

《册府元龟》

杨凭，少负气节，重交游然诺。与穆质、许孟容、李鄘、王仲舒为友。故时人称“杨穆许李”之友。

王仲舒，太原人，少贫。养母，耆学工文。不就乡举，交友必一时高名者。与杨顼、梁肃、裴枢为忘形之契。仲舒为拾遗，与杨凭友善。及凭得罪，仲舒横议之，贬为硖州刺史。

# 卷之一万二千四十三 二十有

## 酒

### 赐酒

《书林事类》

晋文公献楚俘于周王,赐之秬鬯一卣。卣,器也。秬,黑黍,鬯,香草,和酒以降神。册魏公九锡文曰:"是用锡君,秬鬯一卣。"

《周礼·酒正·掌酒》

言逮下之恩,赐颂皆有法以行之。注法尊卑之差。酒正,凡秩酒者,以书契授之。注,秩常也,谓老臣常受酒。礼君若赐之爵,即越席而再拜稽首受。登席祭之,饮卒。爵而候,君卒爵,然后虚爵。注,不敢先君尽之。

《礼》

酒肉之赐不再拜。再,重也。不重拜,轻也。

《史记》

晋击秦缪公伤,于是岐下食善马者三百人,驰冒晋军围。遂脱缪公而返,生得晋君。初缪公亡,善马,岐下野人共得而食之者,三百余人。逐得,欲法之,公曰:"君子不以畜害人,吾闻食善马肉,不饮酒伤人"。乃皆赐酒而赦之。

《南史·宋彭城王义康传》

义康以事出镇豫章,实幽之也。会稽长公主,于兄弟为长,帝所亲敬。上尝就主宴集,甚欢。主起再拜稽首,悲不自胜。上不晓其意,起自扶之。主曰:"车子岁暮,必不见容。特乞其命"。因恸哭,上亦流涕,指蒋山曰:"必无此虑,若违今誓,便是负初宁陵"。即封所饮酒赐义康,曰会稽姊饮,忆弟所饮余,今封送。车子义康小字也。

《隋书·王谊传》

高祖受禅,谊奉使突厥。上嘉称旨,进封郢国公。未几其子奉孝卒,逾年谊上表。言:“公主少请除服”。御史大夫杨素劾之,有诏勿治。然恩礼稍薄,谊颇怨望。或告谊谋反,上令案其事。主者奏谊有不逊之言,实无反状。上赐酒而释之。

《唐会要》

贞观十七年十一月,太宗诏曰:“天下宜赐酺三日。自汉魏已来,或赐牛酒,牛之为用耕稼所资。多有宰杀,深乖恻隐。其男子年七十已上,量给酒米面。”

《次柳氏旧闻》

玄宗善八分书,将命相。先以御劄书其姓名置案上,会太子入视,上举金瓯覆其名,以告之曰:“宰相,名汝庸能知之乎?”即射中赐若卮酒也。肃宗拜而称之曰:“非崔琳卢从愿乎”。上曰:“然”。因举瓯以赐卮酒。是时琳从愿皆有宰相望。玄宗倚为相者数矣。竟以宗族蕃盛,附寄者众不用之。

《古今事通·唐书》

李嗣业入朝,赐酒。玄宗前醉舞,赐彩百段金四五十物,钱十万为解醒具。

《蜀梼杌》

潘炕使梁。梁祖饮以三十巨觥。疑其沉湎,令人俟之,乃盛服将入朝。倍以全器赐之。

《王氏闻见录》

真宗饮酒三斗不乱。一日召辅臣赐饮至三斗。复进巨觥,觥退而酒出。诏贮三瓶中褋未饮酒,赐辅臣。明日开视不能辨。群臣问所以,帝笑曰:“古人谓酒有别肠,岂虚言哉”。

《匈奴传》

匈奴攻战斩首虏,赐一卮酒。人人自趋利。

《唐脍》

张果数御美酒,尝云,我先克丙子岁,位侍中。有邢和璞者,善知人寿夭。师夜光者,善视鬼。帝令和璞推果生死,懵然莫知其端。帝诏果密坐,使夜光视之。不见果所在,帝谓高力士曰:“吾闻饮堇无若者,奇士也。”时天寒因取以饮,果三进,颓然曰:“非佳酒也”。乃寝,顷视齿燋缩,顾左右取铁如意,击堕之藏带中。更出药传其断,良久已生,粲然骈洁。帝益神之。

《南唐书》

史虚白,字畏名。隐九江,乘双辕犊车,挂酒壶一酒瓢。往来匡山,元宗召见赐酒便殿，醉溺于殿陛。元宗曰："真隐者也"。

《资治通鉴·后汉高祖纪》

契丹述律太后遣使，以其国中酒、馔、脯、果赐契丹主。贺平晋国，契丹主与群臣宴于永福殿。每举酒立而饮之，曰："太后所赐，不敢坐饮。"

《三槐王氏杂录》

初贡团茶，及白羊、酒，惟见任两府方赐之。仁宗朝，及前宰臣，岁赐茶一斤，酒二壶。后以为例。

《涑水记闻》

真宗重礼杜镐，镐直龙图阁，上常因沐浴罢，饮上尊酒，封其余。遣使赐镐于阁下，镐素不饮，得赐喜饮之至尽。因动旧疾，忽僵不知人。上闻之惊，步行至阁下，自调药饮之，仍诏其子侍疾。少顷，镐稍苏，见至尊在欲起，上抚令卧。镐疾平然后入宫，方镐疾亟时，上深自咎责。以谓由己赐酒，致镐疾也。

《宋史·张阐传》

绍兴三十一年冬，给札侍从台谏，条具时务，阐时为工部侍郎，兼侍讲。上十事皆剀切。当时应诏数十人。惟阐，与国子司业王十朋，指陈时事，斥权幸无所回隐。明日召两人对内殿，帝大加称赏，赐酒及御书。

《孝义传》

江白父卒，负土营葬。庐于墓侧，藜羹芒屩，昼夜号泣，将终制犹然。转运使以其状闻，诏赐帛二十匹，粟、麦二十石，酒十缸。

《宝祐濡须志》

宋王兰字谦仲，尝在讲筵。孝宗赐酒，公辞以量浅，上曰：量随福至"。及公进酒，上又自令满斟曰："酒逢知己饮"，君臣相得盖如此。

《金史·章宗纪》

承安元年七月庚辰。御紫农殿，受诸王百官贺，赐诸王宰执酒，敕有司。以酒万尊置通衢。赐民纵饮。

《山居新语》

至元四年，伯颜太师之子，甫十岁余，为洪城儿万户。乃邀驾同往，托以三不刺之行为辞。本写其子也，至中途有酒车百余，乘从行，其回车之兀剌赤，多无御寒之衣。致有披席者，有一小厮无帽，雪凝其首，若白头僧帽者，望见驾近，哭声震起。上亦为之堕泪。遂传命令遣之。伯颜不从，上亟命分其酒于各爱马。即各投下及点其人数，死者给钞壹锭，存者半锭。众乃大悦。遂呼万岁而散。

《元史·元明善传》

明善与虞集,相得甚欢。至京师乃复不能相下,董士选自中台行省江浙,二人俱送都门外,士选下马入邸舍中、为席。出橐中肴酒同饮,曰:“复初中原人也,伯生南人,将为复初摧折。今为我饮此酒,慎勿如是。”明善受卮酒跪而釂之。起立言曰:“诚如公言。无论他日,今隙以开矣。请公再赐一卮,终身不敢忘公言。乃再饮而别,自是欢好如初。”

元《郑玉师山集·谢赐酒笺》

日月重光,绍承平之正统。山林小隐,蒙征聘之殊恩。册陛出纶,青坊设醴,臣诚欣诚忭,扣头扣头。臣闻人心攸系。实惟储二之尊,德业孰先。莫如继述之重,能广君父所行之志。必得古今达孝之名。然束帛旌贤,礼仅闻于前代。而上尊致敬,事未见于东宫,何幸微臣。亲逢优渥,以岩穴孤寒之士,受朝廷稠叠之知。此盖伏遇皇太子殿下,坤德承乾,离明出震。体圣上招臣之盛意,举国家旷古之弥文。位居主鬯之崇,器非妄与,情比赐酺之厚,泽欲普施。遂使草茅,滥沾雨露,臣顾惭浅学,无补明时,拜赐多仪。分已出于侥幸,让还好爵,心始觉于和平,愿于问安侍膳之余。为致辞官就召之请,仕止进退必合义,庶几抑奔竞之风。左右前后皆正人,尚益勉端本之学。臣下请无任激切屏营之至。

《能改斋漫录》

周庾信谢赐酒诗云:浮蚁对春开。盖用曹子建七启,盛以翠尊,而酌以雕觞。浮蚁鼎沸,酷烈馨香,故杜子美赠汝阳王诗曰:“仙醴求浮蚁,江楼夜宴诗。尊蚁添相续,简院内诸公。”诗云:“蚁浮仍腊味,鸥泛已春声。报赵王赐酒,梁王修竹园。冠盖风尘喧,行人忽枉道,直进桃花源。稚子还羞出,惊妻到闭门。始闻传上命,定是赐中樽。野炉然树叶,山杯捧竹根。风池还更暖,寒谷遂长暄。未知稻粱雁,何时报君恩。《诗渊》蒙赐卫酒,梁庾子山金膏下帝台王沥在蓬莱。仙人一过饮,承得两三杯。忽逢桑叶落,正值菊花开。阮籍披衣进,王戎含笑来。从今览仙药,不假向瑶台。”

宋《范太史集·和子瞻禁林锁院诏赐烛酒》

晨入金华暮玉堂,声容不动笔奔忙。星间忽降龙衔耀,天上重分玉醴香。是日,早迩英讲读退,以风寒赐执政讲筵官衔酒,是夜翰林又被烛酒,之赐。欲炖寒宵宫漏永,半酣归梦蜀山长。起看绛阙银河晓,山立千官拱未央。

唐《权载之集·敕赐长寿酒,因口号以赠》

思沾长寿酒,归遗同心人。满酌共君醉,一杯千万春。

宋葛胜仲《丹阳集》

近蒙明堂,使局赐酒,元巳日与诸僚会饮城东。王君仪升先生辟谷,独不敢召,以二尊为寿。

上尊沾赐自明堂,菲礼无功愧滥尝。玄晏先生闻嗜饮,青州从事敢悭藏。芳醲聊荐

杯铛眼，涓滴难浇锦绣肠。轻举忽荒何所碍，南烹更欲强张良。”君仪见和复别为一首，因各次韵

载酒轻尘论礼堂，区区好事愧原尝。糟丘未辨陈暄老，罂谷宁容伯有藏。盎盎新香浮蚁面，陶陶暖息助龟肠。物微意重君毋诮，炽絜泉甘器亦良。

君仪再和复次韵答之

醪敷映玉浪吹香，未征征君敢独尝。瓮下无人容借饮，壶中有客共深藏。歌呼仅可供颓颊，酩酊那忧共腐肠。好似东皋求待诏，三升日给酝遍良。

徐铉骑省诗蒙恩赐酒
奉旨令醉，进诗以谢

明光殿里夜迢迢，多病逢秋自寂寥。臣以病戒酒多时，蜡炬乍传丹凤诏，御题初认白云谣。今宵幸识衢樽味，明日知停入阁朝。为感君恩判一醉，不烦辛苦解金貂。

梅圣俞《宛陵集·赐酒诗》

时颁光禄酒，花出汉宫墙。湛露承天渥，流霞落羽觞。近亲龙尾道，远袭雀头香。溺殿人谁见，终知曼倩狂。

张舜民《画墁集·丞相宠
示白羊御酒之作》

进酒彤闱盏未乾，眷怀元老在长安。双壶犹带崤山雪，一酌能消塞北寒。好是弟兄同受赐，更邀宾客共交欢。逡巡若遇头纲品，感激方明壮士肝。前宰相在外，岁赐头纲团茶一斤，白羊酒二壶。计今受赐惟康国在京，公在长安耳。

任希夷《斯庵集》

五日东宫赐酒肴，重来六泛菖蒲酒。储禁黄封岁岁攽，遥想三宫天上宴，肯分余沥到人间。

《司马温公传家集·赐酒诗》

和气盈金杯，恩光湛玉觞。应知北山羽，犹怯上林霜。醇味回秋色，清都近醉乡。山茅沾雨露，誓极寸心长。

元萨天锡诗《升龙观招道士
谢舜咨饮柏台赐酒》

九天飞下金鸡诏，四海欢传雨露杯。百尺瑶台一壶酒，道人何事不归来。虽非天上黄封赐，终带霜台雨露香。额手太平无事日，一樽长对晚风凉。

陈秋岩诗《数月无酒，蒙上
位颁赐一瓶喜而成歌》

麯生久别会面难，马乳风味多寒酸。洞庭春色梦不到，但觉饮量波涛干。内庭皇皇

遣星使，怜我沙场雪霜苦。金尊尽倒咲颜开，熙熙犹似登春台。更入穹庐锡芳宴，似说愁城易攻战。圣恩浩荡海波深，醉里长歌望三殿。

虞伯生诗《王真人眉叟在京上都赐酒倡和》

真人燕处自高堂，远赐宫壶出上方。给传许乘飞厩马，侑樽仍有大官羊。一天雨露凉如洗，四座宾朋喜欲狂。起赋新诗夸得意，西风传送及滦阳。

《国朝顾禄诗集》

臣禄备员太常，祀事之暇，每兼内书之职。维时天寒指冻，书不成字。

上命早午二膳，赐酒三爵，谨赋诗以纪之曰

赐酒味遍嘉，宫壶出内家，香凝金掌露，争映赤城霞。才薄惭无报，恩深讵有涯。从容挥翰处，字画转光华。

## 赐老人酒

《西汉书》

文帝纪元年，民年八十以上，赐米人月一石。肉二十斤，酒五斗。其九十以上，又赐帛人二匹，絮三斤。

## 赐民牛酒

《汉制丛录》

文帝初嗣位，赐民爵一级，女子百户，牛、酒。颜氏谓女子，即赐爵者之妻也，率百户共得牛酒若干。其后肃宗以凤凰鸾鸟之瑞，所赐亦然。章怀云：若是户头妻不得更称为户，此为女户头。即今之女户也，天下称庆。恩当普洽，所以男赐爵，女子赐牛酒。

《史记索隐》亦引乐彦之说，云妇人无夫，或无子，不沾爵，故赐之。二说比颜注其义皆优。

《史记·封禅书》

武帝东巡海上，封泰山。诏赐民百户牛，一酒十石。

《西汉书·昭帝纪》

始元元年，秋七月，赦天下。赐民百户牛酒。

汉武帝

《郊祀志》

元帝即位，遵旧仪，间岁正月一幸甘泉。郊泰畤，又东至河东，祠后土，西至雍，祠五畤。凡五奉泰畤后土之祠，亦施恩泽。时所过毋出田租，赐百户牛酒。师古曰："言有时如此不常然也"。或赐爵，赦罪人。

《成帝纪》

元延四年，三月，行幸河东祠后土。甘露降京师，赐长安民牛酒。

《西汉博闻·肃宗纪》

元和二年，诏赐河南女子百户牛酒。注云：《史记·封禅书》：百户牛一头，酒十石，臣贤谓女户头，即今之女户也。天子称庆恩当普洽，所以男户赐爵，子赐牛酒。

## 赐方朔牛酒

《古今事通·启颜录》

汉武帝置酒玉台，与群臣为大言小言者饮一杯。公孙丞相曰："臣弘骄而猛，又刚毅。交牙出吻声又大，号呼万里嗷一代。"东方朔前曰："臣请代四公。一曰，臣坐不得起，俯不得仰，迫于天地之间，愁不得长。二曰，臣月越九州，间不容止，并包天下，余于四海。三曰，欲为大衣，恐不能起，用天为表，用地为里，装以浮云，缘以四海，以日月明，往往而在。四曰，天下不足以受臣坐。四海不足以受臣唾。臣俯噎不得食，出若天外卧。"上曰："大哉。"赐朔牛一头，酒一石。

## 赐平当牛酒

《西汉书·平当传》

当乞骸骨弗许，上使尚书谭，赐养牛一，上尊酒十石。

## 赐丞相牛酒

《汉制丛录》

丞相以疾辞位，则遣尚书令，赐以养牛一，上尊酒十石。盖以是优之，俾养其疾。如哀帝于平当之类是已。成帝世，翟方进为相。上赐册让之，而亦有是赐。方进，即日自杀，则又异乎常与矣。

《黄山谷建章录汉书》

成帝诰责丞相翟方进，使尚书令，赐上尊酒十石，养牛一。

## 赐匡衡牛酒

《西汉书·匡衡传》

成帝时诏匡衡专精神，近医药，强食自爱，因赐上尊酒养牛。

## 赐冯异牛酒

《东汉书》

光武诏冯异归家上冢，使太中大夫赍牛酒，令二百里内太守都尉已下，及宗族会焉。

## 赐彭城王牛酒

《东汉书·宗室传》

彭城孝王和，性至孝。大夫人薨，行丧陵次毁赀过．礼传相以闻，桓帝诏使奉牛酒，迎王还宫，和敬贤乐施，国中爱之。

## 赐刘隆牛酒

晏元献公《类要》

时赐刘隆养牛，上樽酒十斛，以列侯奉朝请。

## 赐张酺牛酒

《太平御览》

张酺，虽在公位，而父常居田里。酺每有迁职，辄一诣京师。尝来候酺。适会岁节公卿罢朝，俱诣府奉酒上寿，极欢醉。众人皆庆羡之。及父卒，既葬，诏遣使赍牛酒为释服。

## 赐羊酒

《宋史·王随传》

随为京西转运副使，陛辞，且言曰："臣父母家洛中，乃在所部，得奉汤药。圣主之泽也。"真宗因赐诗宠行，以羊酒、束帛，令过家为寿。

## 赐上尊酒

《平当传·两汉博闻》

赐当上尊酒，如淳曰："律稻米一斗。得酒一斗为上尊，稷米一斗，得酒一斗为中尊。粟米一斗，得酒一斗为下尊。"师古曰："稷，即粟也。中尊者，宜为黍米，不当言稷。且作酒自有浇醇之异，为上中下耳。不必系之米。

《事文类聚》

汉赐丞相上尊酒，注糯米一斗，为上尊，稷为中，粟为下。"

《五代薛史·安彦威传》

高祖谓彦威曰："国之所保，唯信与义。朕昔年危蹙，与并州契丹以义援我，我当以信报义，故勉而持之。边隅诸蕃，征求不足，闻卿竭力供亿，屈节事之，善莫大焉。"彦威对

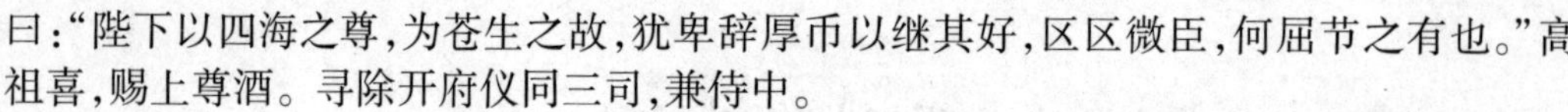

曰："陛下以四海之尊，为苍生之故，犹卑辞厚币以继其好，区区微臣，何屈节之有也。"高祖喜，赐上尊酒。寻除开府仪同三司，兼侍中。

《续通鉴长编》

宰臣吕蒙正中风，御劄劳问，及赐名药，上尊酒。

《元史·王构传》

构擢淮东提刑按察副使，召见便殿。亲授制书，赐上尊酒以遣之。

## 上尊福酒

《新唐书·礼乐志》

太祀进熟毕，太祝各以爵。酌上尊福酒合置一爵，持爵授侍中以进。皇帝再拜受爵，跪祭酒，啐酒，奠爵，俯，伏兴。

## 赐缥醪酒

《北史·崔浩传》

魏帝与浩谈《论语》至中夜，帝赐浩缥醪酒十斛，水精戎盐一两，曰："朕味卿言，若此盐酒，固与卿同其味也。"

## 赐银钟酒

《续世说》

宋文帝与萧思话登钟山北岭，中道有盘石清泉，上使思话于石上弹琴，因赐以银钟酒。曰"相赏有松石间意。"

## 赐银壶酒

《南史·齐高帝纪》

帝迁南兖州刺史，加督五州，督北讨。明帝嫌帝非人臣相。而人间流言，帝当为天子,明帝愈以为疑。遣冠军将军吴喜,留军破釜,自持银壶酒,封以赐帝。帝戎出迎,惧鸩不敢饮,将出奔,喜告以诚先饮之。帝即酌饮之,喜还,明帝意乃悦。

## 赐银杯酒

《新唐书·元万顷传》

胡楚宾,秋浦人,属文敏甚,必酒中然后下笔。高宗命作文,常以金银杯酎酒饮之。文成辄赐焉。家居率沉饮无留赀,费尽复入,得赐而出,类为常。

## 赐金杯酒

《隋书·樊子盖传》

大业十年,子盖进爵为济公,后与苏威,宇文述,陪宴积翠亭。帝亲以金杯属子盖酒,曰:"良筭嘉谋,俟公后动。"即以此杯赐公,用为永年之瑞,并绮罗百匹。

《唐书·列传》

高宗时,右史胡楚宾,性重慎能属文,高宗尝命作文,以金银杯酎酒饮之。文成辄赐焉,及出未尝语禁中事,人及其醉问之,亦熟视不答。

## 赐金碗酒

《唐抚言》

王源中,文宗时为翰林承旨学士。暇日,与诸昆季蹴踘于太平里第。球子击起,误中源中之额,薄有所损。俄有急召,比至,上讶之,源中具以上闻。上曰:"卿大雍睦"。遂赐酒两盘,每盘贮十金碗,每碗容一升许。宣令并碗赐之,源中饮之无余,略无醉态。

《南郡新书》

王源中,字正蒙。在内署嗜酒,当召对,方沉醉不能起。及醉醒同列告之,源中但怀忧惕,殊无悔恨。他日又以醉,不任赴召,遂不得大用。以眼病求免所职,开成三年十一月,薨于郓州节度使,又曾赐酒十金瓯,酒饮皆尽,瓯亦随。

## 赐金卮酒

《元史·速哥传》

太宗命使金，觇其虚实，及见金主。曰："天子念尔土地日狭，民力日疲，故遣我致命。"谒者令下拜，速哥曰："我大国使为尔屈乎？"金主壮之。取金卮饮之酒，曰："归语汝主，必欲加兵，敢率精锐以相周旋。岁币非所闻也。"速哥饮毕，怀金卮归献。帝喜曰："我得金于汝手中矣。"复以赐之。

## 赐一杯酒

《北齐书》

段韶尤啬于财。虽亲戚故旧略无施与。其子深尚公主，并省丞郎在家。佐事十余日，事毕辞还，人唯赐一杯酒。

## 赐以卮酒

《太平御览》

沛公因项伯见项羽。羽留沛公饮。项庄入以剑舞，欲因击沛公。张良至军门见樊哙，曰："甚急。"哙即带剑拥盾入军门，披帷西向而立。瞋目视项王。项王按剑而跽曰："客何为者？"良曰："沛公参乘樊哙也"。王曰："壮士。赐之卮酒与斗卮酒。"樊哙饮之。王曰："赐之彘肩"。则一生彘肩，哙覆盾于地，拔剑切而啖之。王曰："壮士能复饮乎？"曰："臣死且不避，卮酒安足辞。"

《隋书·杨义臣传》

炀帝嗣位，汉王谅作乱并州。时代州总管李景为汉王将钟葵所围。诏义臣率马步二万，夜出西陉，迟明行数十里。钟葵觇见义臣兵少，悉众拒之。钟葵亚将王拔骁勇，每以数骑陷阵。义臣患之。见杨思恩气貌雄勇，顾之曰："壮士也。"赐以卮酒。思恩望见拔立于阵后，投觞于地。策马赴之，再往不克。

《书林事类》

"何武为郡吏时，事太守何寿，寿知武有宰相器，故厚之，后寿为大司农，其兄子为庐江长史。时武为扬州刺史，奏事在邸。而寿兄子适长安，寿为具召武弟，显及故人。酒酣，见其兄子曰："此子杨州长史，材能驽下。未鲁省见。"显等甚惭。退以谓武，武曰："刺史古之方伯，上所以委任一州表率也。职在进善退恶，吏治行有茂异。民有隐逸，乃当召见。不可以所私问。”显强之不得已。召见赐卮酒。

《龙虎山志》

高士陈义高，闽人。至元丁丑，与其师，张大宗师居大都。初侍裕皇，继徒晋王镇北边。成宗登极，王入朝。上赐义高卮酒，劳曰：“卿从王累年得无劳乎？”对曰：“得从亲王游，岂敢告劳。”

## 赐大钟酒

《资治通鉴·后梁均王纪》

贞明四年，胡柳之战，晋李嗣源，与李从珂相失。见晋军桡败不知王所之，或曰：“王以北渡河矣。”嗣源遂乘冰北渡。将之相州。是日从珂从王夺山，晚战皆有功。甲子，晋王进攻濮阳拔之，李嗣源知晋军之捷，复来见王于濮阳。王不悦曰：“公以吾为死邪。渡河安之。”嗣源顿首谢罪。王以从珂有功，但赐大钟酒，以罚之。自是待嗣源稍薄。

## 赐群臣酒

刘向《说苑》

楚庄王赐群臣酒。烛灭有引美人衣者。美人援绝其缨，告王。王曰：“赐人酒醉。乃显妇人之节。吾不取也”。乃命左右勿上火。“凡与寡人饮不绝缨者，不尽欢也。”群臣遍绝缨，而后举火。后与晋战，引美人衣者五，合以报庄王。

《事文类聚·李颀绝缨歌》

楚王燕客章华台，章华美人善歌舞。玉颜艳艳空相向，满堂目逆不得语。红烛灭，芳酒阑，罗衣半醉春夜寒。绝缨解带为一欢，君王赦过不之罪。暗中珠翠鸣珊珊，始爱贤，不爱色，青蛾买死谁能识。果却三军全社稷。

## 赐太子酒

《姬侍类偶》

王隐《晋书》，晋贾后召愍怀太子入朝，置于别室。遣婢陈舞，赐太子酒三升。太子辞不能饮，舞逼之曰：“不孝也。天赐汝酒，而不饮。中有恶物耶。”太子不得已，强饮遂大醉。

## 赐妒妻酒

《类说》

兵部尚书任瑰,太宗赐宫女二人皆国色。妻柳氏妒,烂二女发秃尽。上令赍胡瓶酒,赐云"饮之立死。尔后不妒不须饮。若妒即饮之。"柳氏拜敕曰:"妾与瑰结发夫妻,俱出微贱,遂致荣官。瑰今多内嬖,诚不如死。"饮尽,覆被睡,醒了无他故。帝谓瑰曰"人不畏死,不可以死恐。朕尚不能禁,卿其奈何。"其二女令别宅安置。

## 赐国子监酒

《宋史·本纪》

建隆三年六月,赐酒国子监。

《清波杂志》

元丰间,驾幸国子监,出起居有旨,人赐酒二升。诸斋往往置以益之,曰:"奉圣旨得饮。"遂自肆。致有乘醉登楼击鼓者,回是遇赐酒即拘卖,以钱均给,以是知自昔国学有酒禁也。

## 赐刘𬮱酒

《类说》

刘𬮱性巧,自结真珠鞍勒为戏龙之状。太祖曰:"移此以勤民政,不亦善乎。"𬮱在国中,多置鸩以毒臣下。太祖幸讲武池,从官未集,𬮱先至。诏赐卮酒,𬮱疑之,捧杯泣曰:"臣违拒朝廷,罪在不赦。陛下既待臣以不死,愿为大梁布衣,观太平之盛"。太祖曰:"朕推赤心于人腹中,安有此事。"取酒自饮,别酌赐𬮱。𬮱惭顿首谢。后陈洪进自漳泉归阙,钱俶由吴越来朝,江南后主与𬮱同列,𬮱因侍宴。自言臣于数人中,率先归朝。愿得持挺为诸国降王之长,太祖大笑。

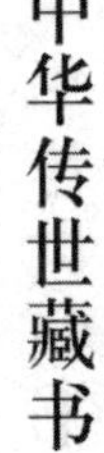

# 赐学士酒

《古今事通》

玄宗置麴精潭，砌以银砖，泥以石粉。贮三辰酒一万车，以赐当制学士等。

《江南余载》

元宗大宴，命赐翰林学士汤悦巨觥。悦辞以醉，上曰："不饮则宜倾于怀中也。"悦应声而倾之，上为之大笑。

# 赐妇人酒

《元史·耶律留哥传》

妻姚里氏，携次子善哥，铁哥，从子塔塔侃，见帝于河西阿里湫城。帝曰："健鹰飞不到之地，尔妇人乃能来耶。"赐之酒慰劳甚至。

# 赐灞水酒

晏元献公《类要》

《郭子仪传》曰，大历八年春，正月晦日，赐子仪桑落火炙酒八瓮，灞水酒两杯。

# 赐河东酒

《太平御览》

刘藻，字彦先。父宗之，庐江太守。涉猎群籍，美谈笑，善与人交。饮酒至一石不乱。藻为平东别将，辞于洛水之南。孝文曰："与卿石头相见"。藻对曰："臣虽才非古人，度亦不留贼虏。而陛下辄当酾曲阿之酒，以待百姓"。帝大笑曰："今未至曲阿。"且以河东数石赐卿。

## 赐南库法酒

《耆旧续闻故事》

洛阳贡花到，例赐馆职花百朵，并赐南库法酒。

《墨庄漫录》

故事，西京每岁贡牡丹花，例以一百枝，及南库酒，赐馆职。韩子苍去国后，尝有诗云："忆将南库公供酒，共赏西京敕赐花。白发思春醒复醉，岂知流落在天涯。"

## 赐御酒

《五代史·后周太祖纪》

帝自河中，班师入朝。汉帝命升阶，抚劳酌御酒以赐之。锡赉优厚。翌日，汉帝议赏勋，欲兼方镇，帝辞之，乃止。

## 宣赐御酒

《荃翁贵耳》

秦会之一日瞻高庙，天颜不悦。奏云何事上劳圣虑。上云："郊祀匹帛缺五百万支散。""臣当为陛下任此事。"一日奏云："乞禁中赐臣酒四金壶。"将某日宣赐秦约张、韩二将议事。自朝至午未间，未得谒入。但见中使传宣御酒来，惊惑移时。秦与张、韩进不发一语。忽云御前赐酒，同饮一杯。张、韩奉卮战灼不敢饮。秦先取酒饮一勺。少定云：主上要与二将各假一千万缗奉郊祀。毕后，拨赐。张韩奉令，奏知高庙得旨。止假五百万缗。

## 诏赐醪酒

《宋史·孝义传》

成象以《诗》《书》训授里中。事父母以孝闻。母病割股肉食之，诏赐束帛，醪酒。

# 面赐药酒

《梦溪笔谈》

王文正太尉,气羸多病。真宗面赐药酒一注瓶。令空腹饮之,可以和气血,辟外邪。文正饮之,大觉安健。因对称谢。上曰:“此苏合香酒也。每一斗酒以苏合香丸一两同煮。极能调五脏,却腹中诸疾。每冒寒夙兴,则饮一杯。”因各出数杯赐近臣。自此臣庶之家皆仿之。苏合香丸盛行于时,此方出广济,方谓之白术丸。后人亦编入《千金外台》。治疾有殊效,余于良方叙之甚详。然昔人未知用之。

《钱文僖公集·箧中方》

苏合香丸,此药本出禁中,祥符中,尝赐近臣,即谓此也。

# 日赐樽酒

《宋史·北盟录》

徽宗宣和间,契丹将郭药师首来归附。上以药师喜饮酒,命尚酝绝品,曰:“小槽真珠红,日赐一樽。”

# 雪夜赐酒

《张南轩语录》

先生尝雪夜独对便殿,寒甚。上命赐以卮酒。先生素不媚宦者,宦者以冷酒至。如水。先生不得已饮之,自是遂得冷疾,百药不愈。

# 苦寒赐酒

《续通鉴长编》

环庆路部署言军士涉雪讨蕃,部苦寒。有支体废堕者,令遣还京师。上念其久劳,不忍遽弃。令中使就赐缗钱,药酒,以隶剩员,凡三十三人。廪给如故。

## 登高赐酒

《辽史·圣宗纪》

统和三年,八月辛丑,西幸,九月丙子行次海上,庚辰重九次骆驼山登高,赐群臣菊花酒。

《游幸表》

应历十三年九月,穆宗登高,以南唐所贡菊花酒,赐群臣。

## 赐茶当酒

《事文类聚》

孙皓,每飨宴无不竟日,坐席无能否,率以七升为限。虽不悉入口,皆浇灌取尽。韦曜素饮酒不过二升,初见礼异时,常为裁减。或密赐茶茗以当酒。至于宠衰,更见逼强,辄以为罪。又于酒后,使侍臣,难折公卿。以嘲弄侵克,发擿私短为欢笑。

## 赐茶酒

《北盟录》

宋宣和五年,国信使,试工部尚书卢益等,见大金皇帝,制云:“赐卿等茶酒。”

《周益公大全集》

凡非时宣召院官,紫窄衫丝絇行入殿廊。有小黄门来导至便坐,小服红半臂,黄门赞拜揖,升殿奏对讫。上曰:且坐,先已设小兀子,得旨,则侧身虚揖而坐,将退。黄门赞云,宣坐赐茶。于是中官进御前者,忠佐授臣僚者。赐酒亦然,所用杯不同,侑以果实一饤。其器分大小,若二府则黄门双道。上亦服窄衫,宰相枢事坐兀子,执政紫团坐而低。赐茶酒亦如之。或曲宴则酒五行,亦或加多,每杯赐食,初无定制。

# 赐羔儿酒

《武林旧事》

禁中赏雪,造杂煎。品味如春盘,饾饤并羔鬼酒以赐。

# 执手赐酒

《辽史·穆宗纪》

应历十七年春,正月庚寅朔,林牙萧干,郎君耶律贤,适讨乌古还,帝执其手赐卮酒,授贤适右皮室,详稳雅,里斯楚,思霞里三人,赐醨酒以辱之。

# 幸观赐酒

《宋史·本纪》

孝宗淳熙六年春,二月已丑朔,幸佑圣观,召史浩鲁觌,赐酒。

# 幸寺赐酒

《古今事通》

法海,号容庵,字巨川,武川人。姓刘氏,住庆寿,章宗幸寺,师侍立。问饮否?曰:“微饮”。以御酒三钟赐之尽。从旦至日,中立不变容,帝曰:“大人也。待一日出世,朕与开堂。”他日诏住竹林寺,辞曰“贫僧耽饮。”帝赠诗曰:“一杯一杯复一杯,玉山自倒非人推。春光都来九十日,沉醉须教一百回。”每日赐酒三十三瓶。

## 就榻赐酒

《元史·董俊传》

第三子文用，为翰林学士承旨。自先帝时，每侍燕，与蒙古大臣同列。裕宗尝就榻上赐酒，使母下拜跪，饮皆异数也。

## 梦帝赐酒

《夷坚志》

都昌妇人吴氏，嫁夫王一，无子寡居，而事姑极孝。姑老且病目，念吴孤单，欲一婿接脚。因以为义儿。吴泣告曰："女不事二夫。新妇自能竭力供侍，乞罢此说。"姑知其志不可夺，勉从之。吴为乡曲邻里，缉麻，络丝，汗濯，补绽，及馌饷扫除之后，日获数十百钱，悉以付姑。市米买薪，或得囱馔，必怀藏持归。赋性质直，不妄说一言一话，钱物之属，虽纷杂在前，不肯辄取。皆称叹其廉，交相邀唤，以故妇姑介处，略无饥寒之虑。当炊饮未及馈馏，外人呼之出。姑谓过熟，将取置盆中，以不能视瞻。误顿桶内，其间颇垢汙不洁。吴氏还舍，不发问。亟往北聆借饭馈姑，而拈所污者，汲水涤荡数过，别蒸以食。一日正昼，里人尽见祥云五色，从空而下。吴氏蹑之而升，杳杳溯天际。惊报其姑曰："婆婆，媳妇白日上升去了"。姑曰："莫要胡说，恰来与谁家舂米。甚倦困，见在床上歇，如不相信，但往验之。"众共诣其房犹睡着，皆骇然而退。及寤，姑语之故，吴故曰："适梦，两个青童驾云来，手执符牒，牵我衣裾，言天帝召，便同隮虚空，直叩天门。引入朝谒，帝御坐临轩。劳问周缴"，曰："汝一愚下村妇，却能奉事老姑。勤苦尽心，实是可重。遂命一杯酒，令饮。馨香喷鼻，又与钱一贯文，教将妇供瞻。从今不须去庸作，乃拜谢而返。两童仍前送还。恍惚而醒，果见千钱在枕畔，满房酒香。"始悟众所睹者，神游耳。自此倩唤愈多，吴亦不拒。而赐钱专以为姑用尽，复有一千，绵绵不穷，姑双目亦再明，或云妇姑后皆上天。恐不然也。

## 赐德寿私酒

岳珂《桯史》

宋孝宗初政，袁孚为右正言。一日亟请对论，北内有私酤，言颇切直。光尧闻之震怒，上严于养志，御批放罢，时史文惠。浩力奏为不可，请俟再白上皇，上许诺。既而归自北宫，亟召文惠而谕之曰："太上怒甚。朕所以欲亟去之。昨日方燕，赐酒一壶，亲书'德

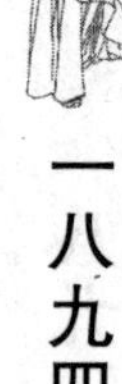

寿私酒'四字于上。使朕踢蹐无所。"文惠曰:"此陛下之孝也。虽然终不可暴其事。"居数日,孚请永嘉祠守。

宋孝宗

## 不饮赐酒

《唐书》

中书侍郎知尚书省冯谧,开宝中侍宴内殿,后主亲酌酒赐之不尽。又诵诗,及亲御琴皆不饮。群公为之股慄。翊日,左授正郎,罢知省事。

## 禁饮赐酒

《渑水燕谭录》

真宗上仙时,虽仲春而大雪苦寒。庄献太后,诏赐卫士酒。独王德用所辖禁旅不得饮。后以问德用。德用曰:"卫士荷先帝恩德厚矣。今率土崩心,安忍纵饮。矧嗣君尚少,未亲万机。不幸一夫酗酒,奋臂狂呼,得不动人心也。"后大叹息,自是有意大用。

## 日给官酒

《新唐书・王绩传》

高祖武德初绩以秘书省正字,待诏门下省,故事官给酒日三升。或问待诏何乐耶?答曰:"良酝可恋耳。"侍中陈叔达闻之,日给一斗,时称斗酒学士。

## 日给内库酒

《古今事通》

李后主一目重瞳,内库日给酒三石,不一夕辄尽。暮岁乘醉书牖上曰:"万古到头归一死,醉乡葬地有高原。"不久谢世。

## 月给羊酒

《新唐书·襄邑恭王神符传》

神符自丹杨渡江，治隋江都故郡。杨人利之，然少威严，不为下所畏。累擢宗正卿。以足不良，改光禄大夫归第，月给羊酒，太宗就第慰问。

## 日给河东酒

马明叟《实宾录》

后周韦琼，志高夷简，澹于荣利，前后征辟皆不应命。文帝侧席求贤，竟不能屈。弥以重之。明帝即位。礼敬愈厚，敕有司日给河东酒一斗，号之曰"逍遥公"。

## 给百官酒

《金史·世宗纪》

大定二十年正月，命岁以钱五千贯，造随朝百官节酒。及冰、烛、药、炭，视品秩给之。

## 劳酒

《礼记·月令》

天子三推，三公五推，卿诸侯九推，反执爵于大寝。三公、九卿、诸侯、大夫，皆御。命曰："劳酒"。方氏曰："耕籍而反亦已"。劳矣故饮之以酒。命曰"劳酒也"。

《太平御览·魏志》

曰徐晃破关羽，振旅还摩陂。太祖迎晃七里，置酒大会。太祖举卮酒，劝晃且劳之曰："全樊，襄阳将军之功也"。

《新唐书·礼乐志》

皇后岁一祀，季春吉巳享先蚕。遂以亲桑，礼毕，车驾还宫之。明日内外命妇设会于正殿。如元会之仪，命曰："劳酒"。

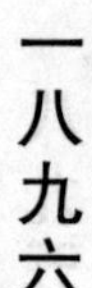

《艺文类聚》

干宝《晋纪》曰：杜豫作河桥成，武帝幸桥宴，举觞劝豫曰："非卿此功不能就。"豫曰："自非陛下之圣明，则臣无所施其愚巧也。"

## 劝酒

黄光大《积善录》

予尝观世俗会宾客，不以贵贱，未有不强人以酒者。劝人饮酒，故非恶意。然当随人之量，以劝之，乃所以尽宾主之欢也。予尝闻范蜀公，接伴契丹，劝酒房。使冯见善请曰："劝酒当以量。若不以量，如徭役而不用，户等高下。"彼夷狄也。犹且知劝酒以量，矧吾侪生乎衣冠之国，动容周旋，务在中礼。奚可以酒强人，而使之失礼节，乱情性，甚至于呕吐而后已。此殆不若夷狄之知礼。实可耻也。实可丑也。好礼之士，苟闻予言，当改其过。而新其德，庶几无愧古人宾主百拜。而酒三行之礼也。

《续后汉书·薛综传》

谒者仆射西使张奉，于孙权前列尚书阚泽姓名，以嘲泽，泽不能答。综下行酒，因劝酒曰："蜀者何也？有犬为独。无犬为蜀，横目句身。虫入其腹，不当复列君吴邪？"综应声曰："无口为天，有口为吴。君临万邦天子之都。"于是众坐喜笑。而奉无以对。其枢机敏捷，皆此类也。

《数类》

吴孙皓，为晋所灭。封归命侯，后晋武帝大会君臣，时皓在坐。武帝问："南人好歌，汝颇能否？"皓正饮酒，因举觞言曰："昔与汝为邻。今与汝为臣，劝汝一杯酒，令汝寿万春。"帝悔之。

《世说新语》

桓玄，义兴还后。见司马太傅，太傅已醉，坐上多客。问人云，"桓温来欲作贼如何？"《晋安帝纪》曰，温在姑孰，讽朝廷求九锡，谢安使吏部郎袁宏，具其草以示仆射王彪之，彪之作色早曰，丈夫岂可以此事语人邪。安徐问其计，彪之曰，闻其疾已笃，且可缓其事。安从之。故不行恒玄伏不得起，谢景重时为长史。举板答曰："故宣武公黜昏暗，登圣明。功超伊霍，纷纭之议，裁之圣鉴。"太傅曰："我知我知。即举酒云，桓义兴，劝卿酒。"桓出谢过。檀道鸾论之曰，道子可谓易于由言。谢重能解纷纭矣。

《酉阳杂俎》

梁徐君房，劝魏使尉瑾酒。一噏即尽。笑曰："奇快。"瑾曰："卿邺饮酒未尝倾卮，武州已来，举无遗滴。"君房曰："我饮实少。亦是习惯，微学其进。非有由然。"庾信曰："庶子年之高卑，酒之多少，与时升降。便不可得而度。"魏肇师曰"徐君年随情少，酒因境多。

未知方寸，复作若为轻重。”

梁宴魏使魏肇师。举酒劝陈昭，曰：“此席以后，便与卿少时阻阔，念此甚以凄眷。”昭曰：“我钦仰名贤，亦何已也”。路中都不尽深心，便复乖隔。泫叹如何？俄而酒至鹦鹉杯，徐君房饮不尽。属肇师，肇师曰：“海蠡蜿蜒，尾翅皆张。非独为玩好，亦所以为罚。卿今日真不得辞责。”庾信曰：“庶子好为术数。”遂命更满酌。君房谓信曰：“相持何乃急”。肇师曰：“此谓直道而行。乃非豆箕之喻。君房乃覆碗。”信谓瑾肇师曰：“适信家饷，致醽醁酒数器，泥封全。但不知其味，若为。必不敢先尝，谨当奉荐”。肇师曰：“每有珍旨多相费累顾，更以多惭。”

唐白居易《长庆集·劝酒寄元九》

薤叶有朝露，槿枝无宿花。君今亦如此，促促生有涯。既不逐禅僧，林下学楞伽。又不随道士，山中炼丹砂。百年夜分半，一岁春无多。何不饮美酒，胡然自悲嗟。俗号消忧药，神速无以加。一杯驱世虑，两杯反天和，三杯即酩酊。或笑任狂歌。陶陶复兀兀，吾孰知其他。况在名利途，平生有风波。深心藏陷阱，巧言织网罗。举目非不见，不醉欲如何。

劝酒诗

劝君一杯君莫辞，劝君两杯君莫疑。劝君三杯君始知，面上今日老昨日。心中醉时胜醒时，天地迢迢自长久。白兔赤乌相趁走，身后堆金柱北斗，不如生前一樽酒。君不见春明门外天欲明，喧喧歌哭半死生。游人驻马出不得，白举紫车争路行。归去来，头已白。典钱将用买酒吃。昨与美人对樽酒，朱颜如花腰似柳。今与美人倾一杯，秋风飒飒头上来。年光似水向东去，两鬓不禁白日催。东邻起楼高百尺，璇题照日光相射。珠翠无非二八人，盘筵何啻三千客。邻家儒者方下帷，夜谕古书朝忍饥。身年三十未入仕，仰望东邻安可期。一朝逸翮乘风势，金榜高张登上第。春闱未了又登科，九万搏风谁与继。不逾十稔居台衡，门前车马纷纵横。人人仰望在何处，造化笔头云雨生。东邻高楼色未改，主人云亡息犹在。金玉车乘一不存，朱门更有何人待。垣墙反锁长安春。楼台渐渐属西邻。松篁薄暮亦栖鸟，桃李无情还笑人。忆昔东邻宅初构，云甍彩栋皆非旧。璘琄筵前翡翠栖，芙蓉池上鸳鸯斗。日往月来凡几秋，一衰一盛何悠悠。但教帝里笙歌在，池上年年醉五侯。

春尽劝客酒

林下春将尽，池边日半斜。樱桃落砌颗，夜合隔帘花。尝酒留闲客，行茶使小娃。残杯劝不饮，留醉向谁家。

训寄牛相公同宿话旧劝酒见赠

每来故事堂中宿，共忆华阳观里时。日暮独归愁米尽，泥深同出借驴骑。交游今日唯残我，富贵当年更有谁，彼此相看头雪白，一杯可合重推辞。

花下自劝酒

酒盏酌来须满满，花枝看即落纷纷。莫言三十是年少，百岁三分已一分。

## 答劝酒

莫怪近来都不饮,几回因醉却沾巾。谁料平生狂酒客,如今变作酒悲人。

## 劝梦得酒

谁人功画麒麟阁,何客新投魑魅乡。两处荣枯君莫问,残春更醉两三场。

## 劝我酒

劝我酒,我不辞。请君歌,歌莫迟。歌声长,辞亦切。此辞听者堪愁绝。洛阳女见面似花,河南大尹头如雪。

## 劝酒诗十四首并序

予分袂东都,居多暇日,闲来辄饮,醉后辄吟,若无词章,不成谣咏。每发一意,则成一篇。凡十四篇,皆主于酒,聊以自劝。故以何处难忘酒,不如来饮酒命篇。

## 何处难忘酒七首

何处难忘酒,长安喜气新。初登高第后,乍作好官人。省壁明张膀,朝衣稳称身。此时无一盏,争奈帝城春。

何处难忘酒,天涯话旧情。青云俱不达,白发递相惊。二十年前别,三千里外行。此时无一盏,何以叙平生。

何处难忘酒,朱门美少年。春分花发后,寒食月明前。小院回罗绮,深房理管弦。此时无一盏,争过艳阳天。

何处难忘酒,霜庭老病翁。暗声啼蟋蟀,干叶落梧桐。鬓为愁先白,颜因醉暂红。此时无一盏,何计奈秋风。

何处难忘酒,军功第一高。还乡随露布,半路授旌旄。玉柱剥葱手,金章烂椹袍。此时无一盏,何以骋雄毫。

何处难忘酒,青门送别多。敛襟收涕泪,簇马听笙歌。烟树灞陵岸,风尘长乐坡。此时无一盏,争奈去留何。

何处难忘酒,逐臣归故园,赦书逢驿骑,贺客出都门。半面瘴烟色,满衫乡泪痕。此时无一盏,何物可招魂。

## 不如来饮酒七首

莫隐深山去,君应到自嫌。齿伤朝水冷,貌苦夜霜严。渔去风生浦,樵归雪满岩。不如来饮酒,相对醉厌厌。

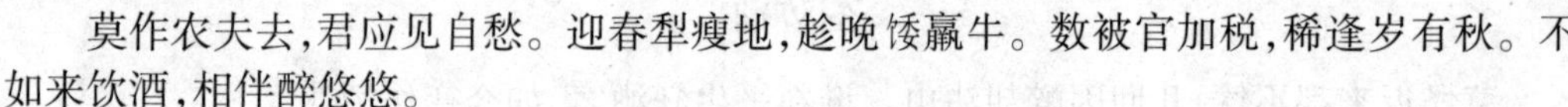

莫作农夫去，君应见自愁。迎春犁瘦地，趁晚馁羸牛。数被官加税，稀逢岁有秋。不如来饮酒，相伴醉悠悠。

莫作商人去，恓惶君未谙。雪霜行塞北，风水宿江南。藏镪百千万，沉舟十二三。不如来饮酒，仰面醉酣酣。

莫事长征去，辛勤难具论。何曾画麟阁，祇是老辕门。虮虱衣中物，刀枪面上痕。不如来饮酒，合眼醉昏昏。

莫学长生去，仙方误杀君。那将薤上露，拟待鹤边云。矻矻皆烧药，累累尽作坟。不如来饮酒，闲坐醉醺醺。

莫上青云去，青云足爱憎。自贤夸智慧，相纠斗功能。鱼烂缘吞饵，蛾燋为扑灯。不如来饮酒，任性醉腾腾。

莫入红尘去，令人心力劳。相争两蜗角，所得一牛毛。且灭嗔中火，休磨笑里刀。不如来饮酒，稳卧醉陶陶。

## 鲍溶诗《劝酒行》

乐往难重得，老来岂自由。婵娟过三五，珠翠成仇雠。君不闻古曲，酒能消人忧。何人更年少，君惜秉烛游。莫闲金丝手，月在西南楼。罗换歌妾袂，锦缠舞人头。半醉月入怀，仰空笑牵牛。郝令酒生尘，虚遣红儿秋。

## 孟郊诗《劝酒》

白日无定影，清江无定波。人无百年寿，百年复如何。堂上陈美酒，堂下列清歌。劝君金屈卮，勿谓朱颜酡。松柏岁岁茂，丘陵日日多。君看终南山，千古青峨峨。

## 《古今诗统·华阴尉聂夷中坦之劝酒》

灞上送行客，听唱行客歌。适来桥下水，已作渭川波。人间荣乐少，四海别离多。但恐别离泪，自成苦水河。劝尔一杯酒，不见叶辞柯。

## 李长吉诗《相劝酒》

羲和骋六辔，昼夕不曾闲。弹乌崦嵫竹，扶马蟠桃鞭。蓐收既断翠柳，青帝又造红兰，尧舜至今万万岁，数子将为倾盖间。青钱白璧买无端，丈夫快意方为欢。臛蠵臛熊何足云，会须锺饮北海。箕踞南山，歌谣谣，管愔愔，横波好送雕题金。人生得意且如此，何用强知元化心。相欢酒，终无辄，伏愿陛下鸿名，终不歇。子孙绵如石上葛，来长安，车骈骈，中有梁异旧宅，石崇故园。崦嵫，《说文》云：日入处。竹一作石。兰有二种，有黄花者最香，红花次之。秘省谓红兰省。《家语》：孔子遇程子华，倾盖而语。《南史》：萧惠开云：人生不得行胸怀，虽百岁亦为夭也。臛，羹也，有菜曰羹，无菜曰臛。蠵，大龟也。《楚词·招魂》：露鸡臛蠵厉而不爽些。曹子建云：举太山以为内，倾东海以为酒。《左传》："析招之愔愔。"注云：安和貌。横波，目也。傅毅《舞赋》云：目流涕以横波。　雕题，雕刻其题刻也。此言目送金杯。宴饮以乐。《诗》"绵绵葛藟。"按梁冀旧宅，石崇故园，不在长安。后汉及晋皆都洛阳，岂长吉失所考耶？抑托兴不拘事实耶。如此等篇皆效太白意。

## 刘乂诗《自古无长生劝姚合酒》

奉子一杯酒，为子照颜色。但愿腮上红，莫管颏下白。自古无长生，生者何戚戚。登山勿厌高，四望都无极。丘垅逐日多，天地为我窄。祇见李耳书，为我空脉脉。何曾见天上，着得刘安宅。若问长生人，昭昭孔丘籍。

## 张继诗《春夜皇甫冉宅劝酒》

流落时相见，悲欢共此情。兴因杯酒洽，愁为故人轻。晴滴花垂露，斜晕月满城。那知横吹曲，江外作边声。

## 《于武陵诗劝酒》

劝君金屈卮，满酌不须辞。花发多风雨，人生足离。

## 张祜诗《劝饮酒》

烧得硫黄漫学仙，未胜长付酒家钱。窦常不喫齐推药，却在人间八十年。

## 李翰林诗《山人劝酒》

士赟曰，乐府觞酌七曲。其一曰山人劝酒。苍苍云松，落落绮皓。士赟曰，曹植诗"山树郁苍苍"，刘公干诗"珍木郁苍苍"。左思诗"落落穷巷士"。绮皓乃商山四皓之绮里季也。《高士传》四皓见秦政虐，乃逃入蓝田山，作歌曰："漠漠高山，深谷逶迤。晔晔紫芝，可以疗饥。"唐虞世远"吾将安归，驷马高盖。其忧甚大，富贵之留人，不如贫贱而肆志。乃共入商洛山以待天下定。"春风尔来为阿谁，胡蝶忽然满芳草。秀眉霜雪颜桃花，骨青髓绿长美好。称是秦时辟世人，劝酒相欢不知老。士赟曰。张景阳诗曰：借问此何时？蝴蝶飞南园。《楚辞》：何所独无芳草兮。葛洪《神仙传》：伯山甫，在华山精思服饵不老。以药与外甥女服，时年七十，稍稍还少。色如桃花，阮籍诗曰："自非王子晋，谁能长美好。"《庄子》曰，避世之士。《论语》曰：不知老之将至。陶潜诗：丈夫志四海，我愿不知老。各守麋鹿志，耻随龙虎争。欻起佐太子，汉皇乃复惊。顾谓戚夫人，彼翁羽翼成。齐贤曰，史留侯世家，上欲废太子。立戚夫人子，赵王如意。吕后恐，留侯为画策，曰："此难以口舌争也。顾上不能致者，天下有四人。逃匿山，义不为汉臣。然上高此四人，今公诚能令太子为书，卑辞安车，固请来以为客。时时从入朝，令上见之，则一助也。"于是吕后令吕泽使人奉太子书，卑辞厚礼。迎此四人，四人至客建成侯所，十二年。上从击破布军归，疾益甚。愈欲易太子，及燕置酒。太子侍，四人从太子，年皆八十有余。鬓眉皓白，衣冠甚伟，上怪之问曰："彼何为者？"四人前对，各言名姓，曰"东园公，角里先生，绮里季，夏黄公"！上大惊曰："吾求公数岁，公逃避我。今公何自从吾儿游乎"？四人皆曰："陛下轻士善骂。臣等义不受辱，故恐而亡匿，窃闻太子为人仁孝，恭敬爱士，天下莫不延颈。欲为太子死者，故臣等来。"上曰："烦公幸卒调护太子。"四人为寿已毕，趋去。上目送之，召戚夫人，指示四人者曰："我欲易之，彼四人辅之。羽翼已成，难动摇矣。吕后真而主矣。"戚夫人泣。上曰："为我楚舞。吾为若楚歌"。歌曰："鸿鹄高飞，一举千里。羽翮已就，横绝四海。横绝四海，当可奈何。虽有矰缴。尚安所施"。歌数阕，戚夫人嘘唏流涕。上起去罢酒，竟不易太子。留侯本招此四人之力也。士赟曰，孟子曰，舜居深山之中，与鹿豕游。《高士传》：山巨源，举嵇康自代，康曰："譬犹禽鹿少见驯育。则服教从制。长而见羁，

虽饰以金镳。飨以嘉肴,愈思长林。而志在丰草也。"刘孝标《辨命论》曰:"候草木以共彫,与麋鹿而同死"。班固《答宾戏》曰:"于是七雄雄阚,分裂诸夏。龙战虎争,欻起字"。见《北史》。《崔浩传》云:宋武帝,帝欲取洛阳、武牢、滑台,浩曰:"陛下不以刘裕剡起,纳其贡,便令死乘丧伐之,虽得之不令也"。归来商山下,泛若云无情。举觞酹巢由,洗耳何独清。浩歌望嵩岳,意气还相倾。齐贤曰:《史记》曰:尧让天下于许由,由耻之。逃隐。予登箕山上有许由冢。《九域志》曰:颍昌府,唐之许州。许昌郡有许由台、巢父台。士赟曰:陶潜词曰:云无心而出岫。《逸士传》曰:巢父尧时隐人,年老,以树为巢而寝其上,故人号为"巢父"。尧之让许由也,由以告巢父,巢父曰:"汝何不隐汝形?藏汝光?非吾友也。"乃击其膺而下之。许由怅然不自得,乃遇清冷之水,洗其耳,拭其目,曰:"向者闻言,负吾友。"遂去,终身不相见。樊仲父牵牛饮之,见巢父洗耳,乃驱牛而还,耻令其牛饮其下流也。《楚辞》:"众人皆浊我独清。"陶潜诗:"意气倾人命,离隔复何有?"东汉《吴汉传》:意气自若。鲍照诗曰:"握君手,执杯酒,意气相倾死何有。"此意谓巢由之矫激,不若四皓之时行时止,一出而国本定,事成则复归乎商山,卷舒自在,若无心之云也。中庸之德其至矣乎!何以独清为哉?太白盖为明皇欲废太子瑛,有所感而作是诗也。初,瑛母以倡进,鄂、光二王母以色选。及武惠妃宠幸后宫,生寿王,爱与诸子绝等,而太子、二王,以母失职颇怏怏。惠妃女婿杨洄揣妃旨,伺太子短,哗为丑语,惠妃诉于帝且泣。帝大怒,召宰相议废之。张九龄谏得不废。俄而九龄罢,李林甫专国,数称寿王美以探妃意,妃果德之。二十五年,洄复构瑛、瑶、琚与妃之兄薛锈异谋,惠妃使人诡召太子。二王曰:"宫中有贼,请戒以兵入。"太子从之。妃白帝曰:"太子二王谋反。甲而来。"帝使中人视之如言,遽召宰相林甫议,答曰:"陛下家事,非臣所宜豫"。帝意决,乃诏废为庶人,寻遇害。天下冤之,号"三庶人"。岁中,惠妃病,数见庶人为祟,因召巫祈之,请改葬,且射行刑者瘗之。讫不解,妃死祟亡。明皇之时,卢鸿、王希夷隐居嵩山。李元恺、吴筠之徒,皆以隐逸称。或召至阙庭,或遣使问政事,徒耳高谈阔论,然未有能如四皓之一言,而太子得不易也。末句曰"浩歌望嵩岳,意气还相倾。"亦深不满于当时嵩岳之隐昔欤?其意微而婉矣。

## 宋戴叔伦诗《劝酒》

寒郊好天气,劝酒莫辞频。扰扰钟陵市,无穷不醉人。

## 《钱塘韦骧集·席上劝仲元著作勿辞酒》

百盏先尝一盏醇,三分才破一分春。花间剔火香烟细,竹外垂缣画笔新。落日穿林照帘额,绪风吹草动阶唇。莫愁酩酊辞公劝,金斝空时迹已陈。

二月已破三月来,青春白日映楼台。劝君更饮一杯酒,一月人生笑几回。

## 邵尧夫诗《花前劝酒》

春在对花饮,春归花亦残。对花不饮酒,劝意逐阑珊。酒向花前饮,花宜醉后看。花前不饮酒,终负一年欢。

## 《答友人劝酒吟》

人人谁不愿封侯,及至封侯不肯休。大得却须防大失。多忧元只为多求。规模焉敢比才士,度量自知非饮流。少日何由能强此,况今年老雪堆头。

## 《黄山谷外集·劝交代张和父酒》

风流五日张京兆,汉张敞传,敞使贼曹掾絜舜有所按验。舜以敞奏当免,不肯为敞竟事。曰"吾为是公尽力多矣。今五日京兆耳,安能复按事"。今日诸孙困小官。作尹大都如广汉,赵广汉,张敞，皆京兆尹，所为大略相似。画眉仍复近长安。敞为妇画眉，长安人传张京兆眉怃欲得官，近长安唐人语也。三人成虎事多有，孔融临终诗。三人成市虎，浸渍解胶漆。众口铄金君自宽。邹阳书云：众口铄金，积毁销骨。酒兴情亲俱不浅，贱生何取罄交欢。

《木兰花慢》

庚元镇，四十兄庭坚。四十年翰墨故人，庭坚假守当涂，元镇穷不出入州县，席上作乐府长句劝酒。庾郎三九常安乐，使有万钱无处着。徐熙小鸭水边花，明月清风都占却。朱颜老尽心如昨，万事休休休莫莫。樽前健在不饶人，欧舞梅歌君更酌。欧梅当时二妓也。

《宋景文公集·劝酒》

酌酒奉君寿，劝君慎勿辞。只今举酒罢，已异行觞时。波澜前后来，日月分寸推。稚客不耐久，缟领无停缁。独醒信獘人，兹事定何悲。假令古无死，昼夜常倭迟。正恐爽鸠乐，后人非所希。

郭功父诗《劝酒一首呈袁世弼》

湛湛酒杯绿，酣酣炭炉红。佳人放玉板，拂镜照芙蓉。四海无波澜，吾曾方宴闲。大笑凌白日，高吟动南山。百岁能几何，会少别离多。少年嗟贾谊，壮士忆廉颇。不如醉魂魄，冠巾任倾侧。冥然逍遥乡，杳与尘寰隔。阴云蔽白日，长风卷惊涛。江上峥嵘百怪嗥，挽君船缆劝君住。且饮百瓱之醇醪，吴姬笑脸如樱桃。鲤鱼红丝落霜刀，醉来不识天为高，共君攀天跨鲸鳌。下视万物皆劳劳。

左蠡亭重九日同东美玩月劝酒

平生看月无今宵，一亭危在山之椒。下瞰扬澜连左蠡，白琉璃地覆鲛绡。欲披锦袍挝鼓过，世无贺老谁相和。屈原憔悴湘水滨，夷齐自守西山饿。且来登高望明月，拂拂霜风濯烦热。身心都在清凉宫，一点无尘光皎洁。与君同游执君手，况逢令节当重九。不忧短发还吹帽，头上有巾先漉酒。饮醇酒望明月，我归姑熟溪。君赴黄金阙，明年此会知谁，健细看茱萸，莫轻别。

王荆公诗《和微之药名劝酒》

此凑药名为诗，陈亚尝有药名诗云，风月前湖近，云窗半夏凉。棋为腊寒呵，子下，衣嫌春瘦缩纱裁。世传以为超于亚非也。自梁以来，如简文帝，元帝，皆有药名诗。庾肩吾、沈约，亦各有一首，至唐张籍为离合诗，有云。江皋岁，暮相逢地，黄业生前半下枝，子夜吟诗问松桂，心中万事喜君知。以此观之。则药名诗不始于亚矣。

赤车使者锦帐郎，从容珂马留闲坊。赤车使者，从容，见别羊王二君注。珂大如鳆，皮黄黑而骨白，以为马饰，生南海。紫芝眉宇倾一坐，咲语但闻鸡舌香。紫芝生高夏山谷，六芝皆无毒。论衡云，芝生于土，土气和，故芝草为瑞。鸡舌看，按三省故事，尚书郎口含鸡舌香，以其奏事答对。使气芬芳，毋丁香，亦名鸡舌香。药名劝酒诗实好，陟釐为我书数行，陟厘乃水中苔，今取以为纸名苔纸。见本草草部。真珠的皪鸣槽床，金罍琥珀正可尝。真珠出廉州边海，中有洲岛，岛上有大池名曰珠池。每岁刺史亲往监珠户入池，采老蚌割取珠以充贡。李贺诗，有酒且滴真珠红。金樱子，今之刺榆子，形似□楟而小色黄，有刺花红。在处有之，松脂千年为茯苓。又千年为琥珀。史君子细看流光。莫惜觅醉衣淋浪，独醒至死诚可伤。史君子形如栀子，棱瓣深，而两头尖，亦似诃梨勒。始因潘州。

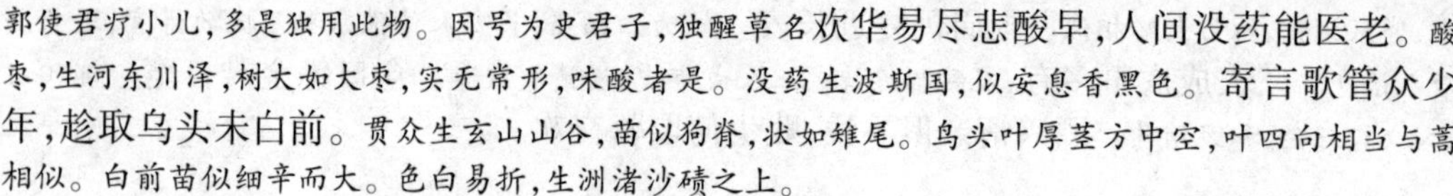

郭使君疗小儿，多是独用此物。因号为史君子，独醒草名欢华易尽悲酸早，人间没药能医老。酸枣，生河东川泽，树大如大枣，实无常形，味酸者是。没药生波斯国，似安息香黑色。寄言歌管众少年，趁取乌头未白前。贯众生玄山山谷，苗似狗脊，状如雉尾。乌头叶厚茎方中空，叶四向相当与蒿相似。白前苗似细辛而大。色白易折，生洲渚沙碛之上。

吕居仁诗《劝张李二君酒》

张侯好诗如好色，不敢为主而为客。李侯好酒如好诗，心虽甚壮无人知两侯风味俱不恶，如芙蓉与木芍药。午窗留客看笔快，晓枕无人犹睡着。广袖渐变天宝妆，大字不作元和脚。世人讥笑乃其分，政是仍叔之子弱。病夫坐稳无所求，荒檐断雨鸣春鸠。炉烟米尽消百忧，恨不缓带从公游。何时清江横小舟，与君一醉荻花秋，却来密庵忝牧牛。

《张方平乐全集·劝酒行》

朱崖丁晋公初，寒微，尝寓学睢阳广顺僧舍。其诗版旧记咸在，暇日一二友人就院置酒，客有诉杯意，若不快者，为作劝酒歌云，“众客醉归杯席阑，一客不醉坐长叹。不醉长叹客可苦，请以眼前近事观。”

客见南迁，丁晋公拥旄秉轴天禧中

昔岁羁游客此宇，穷秋萧索随飞蓬。渐达得意忘旧困，手提国柄矜权雄。乘时未足俄南窜，青衫白发穷衰翁。向者枯荣试回省，何异春宵梦一终。人事纷纭似飞絮，钟漏声中朝复暮。且脱鹴裘换酒来，与子相从醉乡去。

《臞轩文集·再和陈侍郎子知丞寄
桂香酒，新到又令孙司户出柑为劝》

柏叶椒花未报春，阳和先到四筵宾。传观秀句堪呈佛，缔听清淡太迫人。子舍香醪浮瓮碧，孙枝名果荐盘新。却将甘旨分寒陋，尤见先生爱士真。

《郑侠西塘集·次韵子发劝酒》

子真依前家谷口，无地栽禾只花柳。否亨千态古难常，与物浮沉儿女笑。鹍鹏海伏而天飞，鷦鷯林栖惟一枝。迂谈阔论偶相识，千世一遇非为迟。君看大旱希云霓，又看朝脐雷雨随。天之神力岂不大，若丰若约无定姿。况夫人物在宇宙，无异蝇蚁停杯卮。生亡尚非己主宰，滋味得不随醇醨。是以众人察察日不足，我独闷闷顽无知。方吾醺酣以盂杯为小，正见沧海如池沼。子又作诗劝我醉如泥，得非亦以惛惛为胜晓。

王与钧《蓝缕藁·代谢刘小坡
送乡会劝酒赓韵》

履端开帝历，会拜谨王春。百世枌榆旧，一番桃李新。珍肦来腆渥，妙句带清真。骑省云霄上，宁辞染翰频。

一枝鹓漫集，千仞凤方翔。谏纸清时省，经帷镇日香。湖波怜鸭绿，宫酝挹鹅黄。应轸乡中士，毛锥未脱囊。

项安世《悔藁后编·劝醇甫酒》

欲劝临歧酒一卮，若为啼笑若为词。情怀作恶中年后，亲友相分久病时。少壮岂知人寂寞，庭闱方待子飞驰。饮阑百丈牵江去，挂起西川五色旗。

《王直讲集·劝岩师酒》

腊去东风渐破春，凭轩怅望倍凝神。鸟鸣晓雾声音乐，物被阳和气候新。佳景牵怀吟稍遍，芳杯到手举宜频。灵均空诧离骚好，憔悴终为独醒人。

《虞侍尊白堂集·劝汉老弟饮酒》

尊前一醉莫辞频，三万场当岁十旬。况有好诗能泣鬼，宁无妙画可通神。快呼在手持螯客，莫着倾身障鹿人。绿涨大江浑是酒，蒲萄波面已生春。

季端叔《姑溪集·延之置酒当利楼侍人劝酒诗》

云山远近浅还深，宛转愁颜顿不任。独有绮罗知此意，故拈金盏十分斟。

《陈后山诗·席上劝客酒》

稍开襟袍使心宽，大放酒肠须盏干。《世说》轻诋门曰，中郎襟抱未虚。韩孟同宿联句云"为君开酒肠，颠倒舞相饮。"唐诗人又曰："酒肠俱逐洞庭宽。"珠帘十里城南道，肯作当年小杜看。小杜即杜牧之也。牧之诗云："春风十里杨州过，卷上珠帘总不如。"

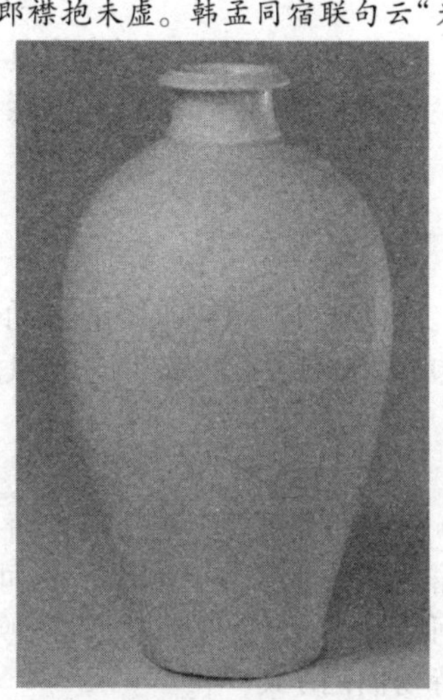

景德镇窑青白釉刻花梅瓶

《陆放翁集·莫辞酒》

劝君莫辞酒，酒能解君愁。劝君勤采药，药可使疾瘳。此外莫废书，书亦岂君惧。古来败人事，正以不学故。愁去疾亦平，便腹如瓠壶。努力贮万卷，无此令君愚。

我有美酒歌

我有美酒起自斟，劝君一卮为君吟。素衣未逐京尘化，绿鬓已受吴霜侵。三巴涂路何嵚崟，五溪雾潦多毒淫。虎豹夜啸裂崖谷，魑魅画出矜山林。身如槁叶堕幽阱，窅窅何啻千尺深。无因剖胸出此心，一寸孤忠天实临。

畏斋程端礼诗《劝酒》

举酒劝君君勿辞，一年春好惟兹时。风日暄暖啼黄鹂，澄空绀碧飞游丝。绿杨万缕垂水湄，小桃破萼娇晴姿。今日何日风物奇，花朝止有三日迟。客愁顿释如冰澌，况有嘉宾酒盈卮。堂上主人文章师，笔下纵横蟠蛟螭。胸中磊落载书诗，年强学富仕则宜。我生同里隔城埤，束发学校联讲帷。在乡已获继萧规，复来郎邑分皋比，人生出处神所司，

千里会合非人为。夷吾鲍叔心相知，交情岁晚无磷缁。礼长十年兄事之，在我岂止肩当随。君颜美好我反衰，自镜丑恶如蒙倛。君已有子绍裘箕，我如鸠拙巢无枝。譬彼平坂天马驰，跛鳖欲与争毫厘，上天生人意有期，但贵树植勿自隳，弧矢昔已射四陲，岂得怀土生愁噫。郎山在眼水清猗，鱼有鳊鳜果枣梨。劝君饮酒君勿辞，坐上白日西南移。

司性之来郎邑劝酒一首

君来溪柳未藏鸦，君去开遍溪头花。一尊未尽相逢喜，春色抛人去如此。钱塘见君今十年，岂知为客俱桐川。我生缘无谷口田，君亦未有买山钱。世间万事戒多取，只此造物犹未许。溪柳溪花尚恼人，酒杯到手休嫌频。

《刘文贞公集·劝友人酒》

西风落叶共潇飕，百感中来不自由。豪客空携铁如意，舞嬛徒费锦缠头。曳回雨脚云归岫，涌出山头月满楼。一曲清歌一杯酒，为君洗尽古今愁。

《耶律铸文献公集·次韵仲贯勉酒》

中年刻意学刓方，世故时来鲠肺肠。醉悟禅逃人未觉，心安贫病士之常。能无知命穷周易，便肯行歌拟楚狂。着脚直须平旷处。糟丘极目是吾乡。

韦庄词《菩萨蛮·劝酒》

劝君今夜须沉醉，樽前莫话明朝事。珍重主人心，酒深情亦深。　须愁更漏短，莫诉金杯满。遇酒且呵呵，人生能几何。

《魏鹤山大全集·送宇文
侍郎知汉州劝酒》

尚忆都门祖帐时，重来动是十年期。云拖暮雨留行色，云挟秋凉入酒卮。湖上雁水边犀，未须矫首叹来迟。北风满地尘沙暗，宣室方劳丙夜思。

《管待李参政壁劝酒词》

落日下平楚，秋色到方塘。人间袢暑难耐，独有此清凉。龙卷八荒霖雨，鹤閟十州风露。回薄水云乡，欲识千里润，记取玉流方。石阑衣，江篱佩，芰荷裳。个中自有服媚。何必锦名堂，吸取玻璃清涨，唤起逍遥旧梦。人物俨相望，矫首望归路。三十六虚皇。管待杨伯昌子谟

劝酒

独立西风里，渺无尘。明河挂斗，碧天如洗，鸩鹊楼前迎风处，吹堕乘槎星使。弄札札机中巧思，织就天孙云锦段，尚轻阴未阁留织翳，亲为挽天潢水。等闲富贵浮云似，须存留几分清论。护持元气，曾把古今兴亡事，奏向前旒十二。虽去国言犹在耳，念我独兮谁与共。谩凝思一日如三岁，夜耿耿不皇寐。

## 钱黄侍郎畴若劝酒

向江头几回凝望垂杨。那畔舟绕舣。江神似识东归意。故放一篙春水,却总被二百里人家。祖帐连天起,且行且止,便为汝迟留三朝两日。如此只如此。还须看世上忧端,如蝟。一枰白黑棋子。肥边瘦腹都间事,毕竟到头何似。当此际要嘿识沈思一著,惺惺地。目前谁是,料当局诸公敛容缩手。日夜待公至。

## 鲜于安抚劝酒

固陵江上暮云急,一夜打头风雨。催送春江舡上水,笑指山归去,靴帽丛中,渔樵席上,总是安行处。惟余旧话,为公今日拈取。见说家近岷山,翠云平楚,万古青如故。要把平生三万轴,唤取山灵分付。庐阜嵩高,睢阳岳麓,会与岷为伍,及时须做,鬓边应未迟暮。

## 约程漕使遇孙初筵劝酒

记幡然持节下青云,巴月几成弦。待竹枝歌彻,讼棠匝地,扉草连天,却寻当年旧梦。来使蜀东川,人物寥寥,甚禁许回旋。愧我推挤不去,尚新官对旧,后任如前,与故人饮酒。月露写明蠲,叹书生康时无计,谩忧思时,堕酒痕边。且只愿早休兵甲,长见丰年。

## 管待李眉州劝酒鹧鸪天词

十载交盟可重寻,胜于棠茇细论心。云障晚日供秋思,风递荷书作晚阴。纡胜引,豁尘襟,未须紫马去駸駸。玻璃无计留君住,但乞天公三日霖。

## 《李壁雁湖集·好事近词饯交代劝酒》

莫惜一樽,留共醉锦屏山色。多少飞花悠扬,送征轮南陌。曲湖归去未多时,还捧诏黄湿。生怕别来凄断,看满园行迹。

## 《江神子词·劝酒》

露荷香泛小池台,水云堆,好风催,宝扇胡床,无事且徘徊。帘外海榴裙一色,判共酹两三杯。此怀能得几番开,玉山颓,不须推,回首慈恩,前梦老堪咍。好是上林多少树,应早晚待公来。

## 《阮郎归词·劝袁制机酒》

苏台一别费三年,锦书凭雁传。风姿重见阆江边,玉壶秋井泉。翻短舞趁么弦,篆香同夕烟。多情莫惜为留连,落花中酒天。

## 《毛东堂先生集·剔银灯词同公素赋俾歌者以七急拍七拜劝酒》

帘下风光自足,春到席间屏曲,瑶瓮酥融,羽觞蚁闹,花映酃湖寒渌。汨罗愁独,又何似红围翠簇。聚散悲欢箭速,不易一杯相属。频剔银灯,别听牙板,尚有龙膏堪续。罗薰

绣馥，锦瑟畔低迷醉玉。

《苏东坡大全集·南乡子词
席上劝李公择酒》

不到谢公台，明月清风好在哉。旧日髯孙，何处去重来。短李风流更上才，秋色渐摧颓，满院黄英映酒杯。看取桃花，春二月争开，尽是刘郎去后栽。

黄裳《演山集·劝酒致语适来
已陈十二短章辄歌三五盛景》

累累清韵，尚惭梁上之飞尘。抑抑佳宾，须作乡中之醉客。同乐当欢于今夕。相从或系于他年，更赋幽情，再声佳咏。万籁无声天地静，清抱朱弦，不愧丹霄镜。照到林稍风有信，抬头疑是梅花岭。万感只应闲对景，独倚危栏，扰扰人初定。吟不尽中愁不尽，溪山千古沉沉影。谁悟月中真火冷，能引尘缘，遂出轮回境。争奈多情，都未醒。九回肠断，花间影。万古兴亡，闲事定。物是人非，杳杳无音信。问月可知，谁可问。不如且醉樽前景。忽送林光，禽有语，飞入遥空失素。归洲鹭，照处无私清望富。余辉不惜，人人与玉绳，欲到中天路，且待飞觞，缓缓移琼步，花下影圆，良夜午东南楼上，还相顾。一望瑶华初委地，更约幽人，共赏岩边翠。试把方诸聊与试，无情争得无中泪。飞瀑恐从星汉至，渐向宾筵，但觉寒如水，自爱一轮方得意。轻随箕毕，还成累。

史浩《鄮峰岭漫录·清平乐
待宰执勤赵丞相酒》

槐庭元老，四海真师表。曲为故人能久要。陋巷不嫌，时到，虚堂已入凉飔。一觥为寿何词，看即关河恢复，千秋永辅淳熙。

劝王枢使酒

当年桂籍，同展摩云翼，位冠洪枢情似昔，肯共一樽瑶席。经纶素韫胸中，筹帷少试成功，已殄潢池小丑，行收沙漠肤公。

吾皇睿哲，廷有真三杰，同向清时扬茂烈，掩迹皋陶夔契。联镳忽访山樊，凉生花底清樽，太史明朝日奏，台星皆聚柴门。待使相劝酒南阳宾友，道旧须樽酒。一曲为公千岁寿，弦索春风纤手。

忠谋黼黻明昌，英词锦绣肝肠。帝所盛推颇牧，人间尤重班杨。

《满庭芳》明尊老会劝乡大夫酒

鲸海波澄。棠阴日永，正宜坐，啸雍容。岁丰民乐，无讼到庭中。试数循良，自古龚黄外。谁可追踪，那堪更恩均耄寿。良会此宵同。

琁穹占瑞处，荧煌五马，璀璨郡公，盛笙歌罗绮，共引髯翁，只恐芝泥趣，召双旌展。猎猎飞红，须知道，君王渴见，名久在屏风。

## 劝乡老众宾酒

十载江湖，一朝簪组。宠荣曷称衰容，圣恩不许归，卧旧庐中。慨念东山伴侣，烟霞外久，阔仙踪。今何幸相逢故里，谈笑一樽同。

吾州真幸会，湖边贺监，海上黄公，胜渭川遗老。绛县仙翁，纵饮何辞烂醉，脸霞转，一笑生红。从今后，婆娑化国，千岁乐皇风。

## 代乡老众宾报劝酒

玉阙朝回，沙堤烟晓，碧幢光动军容。虎符熊轼，行指七闽中。假道吾乡我里，挥金事，思蹑前踪，倾怀处。萤窗雪案，犹说昔年同。相看俱老大，襟期道义。不为王公，念儿时聚戏。今已成翁，敢借玉壶美酒，还为寿。金醆翻红，仍频祝，中书二纪。寰海振淳风。

## 代卿老众宾劝乡大夫酒

复拥旌麾，重歌襦袴，满城长是春容。搢绅耆旧，欢溢笑谈中。尽道邦君，恺悌逍遥，遂湖海遐踪。今朝会公真乐善，屈意与人同。

恩劝东道主，挥金汉传，怀绶朱公。引群仙环拱，欲寿吾翁，春瓮初澄盎绿。春衫更轻，染香红。持杯愿归登绛阙。花蕚醉春风。

## 代乡大夫报劝酒

油幕新开，骍旄前导，暂归梓里春容。致身槐棘，功在鼎彝中。自是襟怀绝俗，今犹记笔研陈踪。张高会，君恩厚赐，乐与故人同。把麾鄞水上，相看青眼，谁复如公。况亲陪樽俎，笑接群翁。座上笙歌屡合，须拚到晓日酣红。公今去，恩波四海，桃李尽东风。最高楼。

## 乡老十人皆年八十。淳熙丁酉<br>三月十九日作庆劝酒

当年尚父，一个便兴周。今十陪，更何忧。冲融道貌丹为脸，扶疏漆发黑盈头。世方知非熊老，聚吾州。有智略，可从兹日用。有志愿，可从兹日酬。天赋予，怎教休。琼浆且共，飞千斛。蟠桃应得见三偷，谅吾皇恢复后，尽封侯。

## 《扑蝴蝶》

光阴转指，百岁知能几。儿童稚老，来将耄矣。就中些子，强壮又被浮名牵系。良辰尽成轻弃，此何理。若有惺惺活底，必解自为计。青樽在手且须拚，烂醉，醉乡不涉风波睡。到花阴正午，笙歌又还催起。

## 《蝶恋花》

玉瓮新醅翻绿蚁，滴滴真珠，便有香浮鼻。欲把盈樽成雅会，更须寻个无愁地。

况是赏心多乐事，美景良辰，又复来相值。料得天家深有意，教人长寿花前醉。

《临江仙》

自古圣贤皆寂寞。只教饮者留名。万花丛里酒如渑，池台仍旧贯，歌管有新声。欲识醉乡真乐地，全胜方丈蓬瀛。是非荣辱不关情，百杯须痛饮，一枕拚春酲。

《粉蝶儿》

一盏阳和，分明至珍无价。解教人罗哩哩罗，把胸中些磊块。一时镕化，悟从前恁，区区总成虚假。何妨竟夕，交酬玉觞金斝，更休辞醉眠花下。待明朝红日上三竿，方罢引笙歌。拥珠玑，笑扶归马。

《瑞鹤仙》

瑞烟笼绣幕，正玳席欢燕。觥筹交错，高情动寥廓，恣清谈雄辩。珠玑频落，锵锵妙乐，且赢取升平快乐。又何辞醉玉颓山，是处有人扶着。追念搏风微利，画饼浮名，久成离索，输忠素约。没材且谩檐阁，怅良辰美景，花前月下，空把欢游蹉却。到而今对酒当歌，怎休领略。

《永遇乐》

桃李繁华，芰荷清净，景物相继，霜后橙黄，雪中梅绽，迤迁春还至。寻思天气，寒暄凉燠，各有一时乐地。如何被浮名牵役，此欢遂成抛弃。如今醒也，扁舟短棹，更有篮舆胡倚。到处为家，山肴社酒，野老为宾侣。三杯之后，吴歌楚舞，忘却曳金穿履。虽逢个清朝贵客，也须共来一醉。

《青玉案》

闲忙两字无多子，叹举世皆由此。逐利争名忙者事，尘中得丧，仕中宠辱，无限非和是。谁人解认闲中趣，雪月烟云自能致。世态只如风过耳，三杯两盏，眼朦胧地，长向花前醉。

《醉蓬莱》

喜泉通碧甃，秫刈黄云酿成芳酎，瑞霭凝香。更阳和钟秀，晓瓮寒光，夜槽清响，听颔珠频溜。画锦堂深，聚星筵启，一觥为寿。况此神仙，蕊宫俦侣，玉殿英游，尽皆亲旧。赢得开怀，对良辰握手。醉席淋漓，笑语都不问，欲残更漏，绣幕春风，轻丝美韵，明朝还又。

李流谦《澹齐集·醉蓬莱》
同幕中诸公劝虞宣威酒

正红疏绿密，浪软波肥。放舟时节，载地擎天，识堂堂人杰，万里长江，百年骄虏，只笑谈烟灭。葭苇霜秋，楼船月晓，渔樵能说。分陕功成沙堤归去，衮绣光浮，两眉黄彻，了却中兴。看这回勋业，应有命圭，相印。都用赏元功重叠，点检樽前。太平气象，今朝浑别。

《叶石林词·临江仙》又次韵葛鲁卿法华山曲水劝酒

山半飞泉鸣玉珮，回波倒卷粼粼。解巾聊濯十年尘，青山应却怪，此段久无人。行乐应须贤太守，风光过眼逡巡，不辞常作坐中宾。只愁花解笑，衰鬓不宜春。

赵周臣《滏水集·青杏儿劝酒》

风雨替花愁，风雨罢，花也应休。劝君莫惜花前醉，今年花谢，明年花谢，白了人头，乘兴两三瓯。拣溪山好处，追游，但教有酒身无事，有花也好，无花也好，选甚春秋。

韩维词《范奉议作西江月劝酒》

故里交亲半柏城，坐中牢落似明星。雨多秋草荒三迳，露重寒花坼万铃。闲后并，和诗笔废，兴来未放酒杯停。樽前一曲西江月，犹识当年旧典刑。往岁子华兄，同先丈会集，赋诗制曲往往发于坐中。

李处全词《生查子》正月十六日享柴伯言，周仲先劝酒

温厚属东南，和冷经三五，几夜德星明，果应荀陈聚。分虎屈雄姿，展骥淹遐步。除诏已涂芝，便看朝天去。

晏叔原词《玉楼春劝酒》

鹛鞍好为莺花住，占取东城南陌路。尽教春思乱如云，莫管世情轻似絮，古来多被虚名误，宁负虚名身莫负。劝君频入醉乡来，此是无愁无恨处。

一尊相遇春风里，诗好似君人有几。吴姬十五语如弦，能唱当时楼下水。良辰易去如弹指，金盏十分须尽意。明朝三丈日高时，共拚醉头扶不起。

《鄱阳张辑词·山庄劝酒》

寓霜天晚角，家君十一月二十九日生。癸酉冬，自长沙赴京，辑于鄱之境。田家酿酒以俟，先迎词为寿。

清吟湘碧，马首春风驿。闻说西湖梅早，又邀我能诗客。书尺知到日，月随人合璧。儿拟山庄劝酒，田家酿尽刍得。

吕胜己词《瑞鹤仙》

众会谢右司赵鄂州劝酒二首。

人生如意少，谁得似仙翁。身名俱好，享衢腾踏早。驾双旌五马，便居蓬岛，闽山蜀道，秉玉节油幢屡到，号当今有脚阳春，处处变愁成笑。尤妙晚陪论道，密赞调元，虎符重耀，勋庸天保，奉香火归来了。见煌煌甲第，两两龙驹，绿鬓朱颜未到。是平生种德阴功，自天有报。

《柯山别驾李渊词子秀满庭芳》

乡老众宾劝制置开府酒

油幕新开，驿旌前导，暂归梓里春容。致身槐府，功在鼎彝中。慨想东山故侣，烟霞

外,久阔仙踪。今何幸相逢,吐握,谈笑一樽同。德星占瑞处,旌麾五马,衮绣三公,对渭川遗老。绛县仙翁,厚意杯传绀玉,那堪更篚实囊红。拼沉醉,今宵盛事,复见古人风。

《千秋岁》四明赵制置,史开府,劝乡老众宾酒

鄮峰凝瑞,鄞水浮佳气。晴景转花光媚,碧幢森大纛。红旆纷千骑,相遇处,满城鹤发群仙萃。绮席张高会,鼍鼓笙箫沸,金兽袅檀烟。翠玉山环四座,休惜今朝醉。觞再举,清歌共引千秋岁。

头劝:酒巡未止,先说一些儿事,喜别调吹风,此曲由来自普通。梁武帝号长鲸吸酒,面对沉香山刻寿。坡有沉香寿山子赋吸尽如何,吸了西江说甚多。

二劝:酒巡未止,听说二疏归可喜。随意乘风,柱杖深村狭巷通。渊明漉酒,更与庞公庞媪寿。切莫讥何,何允与弟准崇佛。谢氏讥之曰:二何佞佛唤取同来作队多。

三劝:酒巡未止,更祝三般杨氏喜。杨子拜司业,两子登科号杨三喜上苑春风,宝带灵犀点点通。通天犀带听歌侑酒,富贵两全,添个寿,人少兼何,彭祖人言只寿多。

四劝:酒巡未止,说着四并须着喜。良辰美景,赏心乐事好月兼风,好个怀命又通。明朝醒酒,起看佳人妆学寿。寿阳妆定问人何,昨夜何人饮最多。

五劝:酒巡未止,更说五行,人听喜。康节淳风,说道诸公运数通。乞浆得酒,岁在申酉乞浆得更检戊申前定寿。阴司有戌申录亥字推何,甲子生年四百多。

六劝:酒巡未止,鼓吹六经为至喜。也没回风,只有村中鼓数通。长须把酒,自当长头杯捧寿。贯长头问得穷何,一坐靴皮笑面多。

七劝:酒巡好止,且听七弦余韵喜。弹到悲风,醒酒风吹瑟瑟通。休休避酒,末后茶仙来献寿。七碗休何,不独茶多酒亦多。

八劝:八巡将止,八节四时人贺喜。汉俗成风,薛老之言贵尚通。汉以至日休吏,张扶不肯休。薛宣曰:人道尚通宜对妻子设酒肴,请邻里相笑乐。妻儿设酒,更约比邻相庆寿。虚度时何,只恐妻儿怪汝多。

九劝:九巡将止,留读九歌章句喜。尽溘埃风,溘合反掩也发轫苍梧万里通。见离骚楚歌发酒,读到人生何所寿。《天问》:延年不死寿何所止试问原何,尔独惺然枉了多。痛饮读《离骚》

十劝:十巡今止,乐事要须防极喜。淳于酒极则乱,乐极则悲烛影摇风,月落参横,影子通。粗茶淡酒,五十狂歌供宴寿。敬谢来何,再约寻盟后日多。

## 举贤劝酒

《太平御览》

魏帝宴华林园,谓神武曰:"自顷所在百司,多有贪暴。朝廷中,有心公平直言,弹劾不避亲戚者,王可劝酒。"神武降阶跪言:"唯御史中尉崔暹一人,谨奉明旨。敢以酒劝,并臣所射赐物千段,乞以回赐。"帝又褒美之。

# 斩美人劝酒

《世说新语》

石崇每要客燕集，常令美人行酒，客饮酒不尽者，使黄门交斩美人。王丞相与大将军尝共诣崇。丞相素不能饮，辄自勉强至于沉醉。每至大将军，固不饮以观其变。已斩三人，颜色如故，尚不肯饮。丞相让之。大将军曰："自杀伊家人，何预卿事。"王隐《晋书》曰：石崇为荆州刺史，劫夺杀人，以致巨富。王丞相德音记曰，丞相素为诸父所重。王君夫问王敦。闻君从弟佳人，又解音律，欲一作妓。可与共来遂往，吹笛人有小忘君夫。闻使黄门阶下打杀之。颜色不变，丞相还曰恐此君处世，当有如此事。两说不同，故详录。

# 美人行酒

《事文类聚》

王敦，字处仲。王导，字茂弘。敦与道，尝造王恺，恺使美人行酒。以客饮不尽，辄杀之。酒至导、敦所，敦固不肯持。美人悲惧失色，而敦傲然不视。导素不能饮，恐行酒者得罪，遂勉强尽觞。导还，叹曰："处仲若当世，心怀刚忍，非令终也。"

# 冠带劝酒

《老学庵笔记》

前辈置酒饮客，终席不褫带，毛达可守京口时，尚如此。后稍废，然犹以冠带劝酒。后又不讲。

绍兴末，胡邦衡还朝，每与客饮，至劝酒必冠带再拜。朝士皆笑其异众，然邦衡名重，行之自若。

# 祝天劝酒

《石林燕语》

王审琦微时，与太祖相善。后以佐命功，尤为亲近。性不能饮。太祖每燕近臣常尽欢，而审琦但持空杯。太祖意不满。一日酒酣，举杯祝曰："审琦布衣之旧，方共享富贵。酒者天之美禄，何惜不令饮之"。祝毕，顾审琦曰："天必赐汝酒量。可试饮"。审琦受诏，不得已饮辄连数大杯，无若。自是每侍燕，辄能与众同饮。退还私第，则如初。或强饮辄病。

## 胡舞劝酒

《张南轩语录》

赵雄言于上曰："臣前奉使，奉杯酒为陛下寿者，盖臣子不忍违远天威。而朝士有妄言，谓臣胡舞劝陛下酒"。上曰："如此却是朕失德"。上问谁，雄以先生对。他日上以语宰相。宰相曰："如此等人，须窜责一二。以警其余"。上曰："不必如此。但好教他去。"于是出先生知袁州。先生曰："胡举之说某，非惟口不曾道，实亦耳不曾闻。"

## 屈膝劝酒

宋《北盟录》

一日骨舍呼范仲熊至其寨中，问韩信用兵人才高下。刘伯升，孙策不能成功。仲熊对曰："韩信才亦不高，故必设计。然后能取胜，如水上沙囊。木罂背水阵之类是也。"

刘伯升、孙策虽天资英勇，然器轻，无君人之体，所以无成。骨舍闻说大喜。亲屈膝劝仲熊饮酒。

## 传宣劝酒

宋《北盟录》

宣和五年，国信使，试工部尚书卢益等。见大金国主，赐宴，传宣劝酒。令缙笏饮至尽。

## 生肉劝酒

《夷坚志》

南丰曾氏，为临川李氏婿。初亲迎时，舅母张氏送之，逼岁求归。李氏置酒，饯别张，归而愠曰："我在李家十数日，蒙渠主礼不为薄。但临行时，忽以生肉劝酒，使我心恶不可堪。"人问其状，曰："羊一盘，猪一盘，鸭鸡各一盘，凡四品盘，各四巨碟，皆生物也。飣饈虽丰，岂复可食。"家人亦皆咄咄日："不谓李官人家，野陋乃如此。"村妇，邓八嫂，实从张为客。私语人曰："安得是事，县君岂别有所睹乎?"张之夫先为光化军司理，不携家行，久之得讣，云死矣。后其子归，乃言以去腊，未尽三日死，死之日，同僚随土俗，具祭用生物四大盘，其器皿名物。悉与张所见同。盖张从李氏归时，司理君始死受奠。千里影响，符契若是，异哉，异哉。

## 命安妃劝酒

王明清《挥尘余话》

蔡元长《曲宴记》云上延元长等至玉华阁。安妃素妆无珠玉饰，绰约若仙子。元长前进再拜叙谢。妃答拜。元长又拜。妃命左右掖起。上手持大觥酌酒。命妃曰："可劝太师。"元长奏曰："礼无不报，不审酬酢可否。"于是持瓶注酒，授使以进。

## 劝长生酒

《白氏六帖》

大元末，长星见，孝武心甚恶之。于华林园中饮酒，举杯属星云，"长星劝尔一杯酒。自古岂有万岁天子耶?"

## 军法行酒

《史记·齐悼惠王世家》

高后立诸吕为三王，擅权用事。朱虚侯刘章为酒吏，章自请曰："臣将种也，请得以军法行酒。"高后曰："可。"酒酣，章进饮歌舞。已而曰："为太后言耕田歌。"高后儿子畜之，笑曰："顾而父知田耳。若生而为王，子安知田乎。"章曰："臣知之。"太后曰："试为我言田。"章曰："深耕穊种，立苗欲疏，非其种者。锄而去之。"吕后默然，顷之。诸吕有一人醉亡酒。章追拔剑斩之。而还报曰："有亡酒一人。臣谨行法斩之。"太后左右皆大惊。业已许其军法，无以罪也。因罢，自是后，诸吕惮章。

张思廉《王笥集·朱虚侯行酒歌》

长乐宫中女天子，盛设宾筵欢戚里，百官侍坐莫敢违，诸吕喧阗笑声起，御史中丞不纠仪，叔孙制作成虚礼。朱虚奉敕起行觞，手提三尺昆吾钢。田歌声振野鸡伏，颈血光寒汉道昌。

## 太真行酒

俞文豹《吹剑录》

温峤将去。王敦恐钱凤为之谋。因饯别，起行酒，击凤帻坠，作色曰："钱凤何人？温太真行酒，敢不饮。"及发后，凤曰："峤一于朝廷甚密。未必可信。"敦曰："太真昨醉。少加辞色，岂得便相谗二。"由是凤谋不行。

## 普妻行酒

《事偶韵语·邵氏录》

宋太祖一日大雪夜，叩赵普门曰："已约晋王。"已而太宗至，设重裀地坐。炽炭烧肉，普妻行酒，以嫂呼之。帝曰："吾睡不着，一榻之外，皆他人家也。故来见卿。"遂定下江南之议。

## 官婢行酒

《程氏外书》

官婢行酒，畅大隐力拒之，先生闻而不善之也。畅字潜道。

## 命妓行酒

《事文类聚》

齐王琨，性谨慎。顾师伯豪贵，设女乐要琨，传酒行炙，皆命妓传行。每至琨，令置床上，回面避之。然后取毕又如此，座上皆笑。

## 呼妓行酒

《山居新语》

太史氏杨瑀元诚，鲜于伯机枢一曰，宴客。呼召妓曹娥秀侑尊，伯机因入内，典馔未出。适娥秀行酒。酒毕，伯机乃出。客曰："伯机未饮酒。"娥秀亦应声曰："伯机未饮。"座客从而和之：曰"汝何故？亦以伯机见称，可见亲爱如是。"遂佯怒曰："小鬼头，焉敢如此无礼。"娥秀答之曰："我称伯机固不可，只许你叫王羲之乎。"一座为之称赏。

## 车行酒

罗泌《路史·发挥关龙逢篇》

大抵书传所记桀纣之事，多出模仿。如世记等。琼台三里，金柱三千，车行酒，骑行炙之类。

《金楼子·箴戒篇》

帝纣好为长夜之饮，时人为之语曰"车行酒。骑行炙。百二十日为一夜"

《长安志》

《三辅旧事》曰："阿房宫东西三里，南北五百步。庭中可受十万人，车行酒，骑行炙，千人唱，万人和。置铜人十二于宫前。"

## 牙签行酒

《经锄堂杂志》

寿皇座侧，有一牙签筒。牙签凡二十，半白，半绿。酒樽至出白签。斟止半杯，出绿签，则满泛。一席之间，用绿签止二三而已。

纣

## 玉杯行酒

《古今事通》

太弟景，遂召宫僚饮，以玉杯行酒，因与座客传玩，赞善大夫张易，忽大言曰：“殿下有重宝轻士之意，何耶？”抵杯柱礎碎之。

## 木人行酒

《太平广记》

炀帝三月上巳日，会群臣于曲水。以观水饰。又作小舸子，长八尺七艘，木人长二尺许，乘此船以行酒。每一船，一人擎酒杯立于船头，一人撑船在后，绕曲水池，酒船随岸而行。行疾于水饰，每到坐客之处即停住。擎酒木人，于船头伸手过酒客，客取酒饮讫，船依式自行，并如前法，皆出自黄衮之思也。

## 佐酒

《高帝纪》

上置酒沛宫，悉召故人、父老子弟佐酒，应劭曰：“助行酒。”

## 命歌佐酒

《五代史·王峻传》

峻少，以善歌事梁节度使张筠，租庸使赵岩过筠家。筠命峻歌佐酒，岩见而悦之。

## 召妓佐酒

《噂𠴲集》

毛惜惜，高沙营妓也。嘉熙间高沙卒，荣全叛，召惜惜佐酒。惜惜怒曰：“吾宁死不能为贼行酒。”全以刃裂其口，立命脔之，惜惜至死不绝声。

## 妇人佐酒

《宋史·列传》

杨再兴，贼曹成将也。绍兴二年，岳飞破成，入莫邪关。第五将韩顺夫，解鞍脱甲，以所掳妇人佐酒。再兴率众直入其营，官军却杀之。

## 宫人送酒

《古今事通》

嘉王宗寿，持杯谏衍，感激流涕。衍有愧色，佞臣潘在迎等曰："嘉王从来酒悲，不足怪也。"衍命宫人李玉箫，歌所撰宫词，送酒曰："辉辉赫赫浮五云，宣华池上月华春。月华如水浸宫殿，有酒不醉真痴人。"宗寿惧祸，尽饮之。

## 执板侑酒

《资治通鉴》

唐昭宗天复二年，夏四月丁酉，崔胤自华州诣河中。泣诉于朱全忠，恐李茂贞劫天子幸蜀。宜以时迎奉，势不可缓。全忠兴之宴，胤亲执板为全忠歌以侑酒。注：板，拍板也。古乐无之，玄宗时，教坊散乐用横笛一、拍板一、腰鼓三、后人因之歌舞。率以板为节，以木若象简。凡八片，以韦贯之，两手各执其外一片，而拍之。

## 诵诗侑酒

江少虞《类苑》

杨安国判国子监事，每会集学官饮酒，必诵诗书首句以侑酒。举杯属坐客曰："诗之兴也。谅不于上皇之世，且饮酒。"裴如晦时为学官，亦举杯曰："古者伏羲氏之王天下也。不能饮矣。"座客皆笑而杨不悟。

## 芙蓉侑酒

宋米芾《湖山集·夜饮观风堂
龚漕折芙蓉侑酒诗》

灯下看花已可人，此花那更有精神。不辞今日尊前醉，只恐红妆不是真。

再和

座上花光欲照人，深疑花是洛中神。已拚今日如泥醉，何必须分妄与真。

## 唱嚾酒

《石林燕语》

公燕合乐，每酒行一终，伶人必唱嚾酒，然后乐作。此唐人送酒之辞。本作碎音，今多为平声，文士亦或用之。王仁裕诗，"淑景易从风雨去，芳尊须用管弦嚾"，洛苑花神送酒歌："皎洁玉颜胜白雪，况乃当年对芳月。沉吟不敢怨春风，自难容华暗消歇。"

绛衣披拂露盈盈，淡染胭脂一朵轻。自恨红颜留不住，莫怨春风道薄情。

鲍生妾诗《送酒》

风飐荷珠难暂圆，多生信有短因缘。西楼今夜二更月，还照离人泣断弦。

刘梦得诗《冬夜宴河中李相公
中堂命笙歌送酒》

朗朗鹍鸡弦。华堂夜多思，帘外雪已深，座中人半醉。翠娥发清响，曲尽有余意。酌我莫忧狂，老来无逸气。

京昭仪宝仙吟送酒

争不逢人话此身，此身长夜不知春。自从国破家亡后，垅上惟添万草新。

胡铨诗《次韵答陈立夫送酒》

平生痛饮号专门，逸气旋乾复转坤。孔座年来客常满，直须一日倒千尊。公家家世旧崔嵬，惊坐先生日万杯。已辨槽床千日饮，便须乘月抱琴来。

苏东坡诗《次韵乐著作送酒》

少年多病怯杯觞，老去方知此味长。万斛羁愁都似雪，次公。庾子山赋云。唯将一寸心，

贮此万斛愁。一壶春酒若为汤。次公，后汉阎忠千说皇甫嵩曰：摧强易于折枯，消坚甚于汤雪。

郑侠《西塘集·江亭与程瞿二君邂逅小饮太守送酒因成》

苍翠擎天江上山，淙琤写玉亭前水。邂逅相逢坐上人，倾盖论心何俊伟。凉风飒飒来几筵，似与清谈相表里。程瞿轩轩古遗义，悯我羁穷见辞气。以为此时无一杯，直恐江山解相鄙。旋呼妓僮涤铛勺，豆肉盘蔬随所峙。三杯五杯过七酌，清兴悠悠殊未已。复向行舟寻果饵，鱼薧拟欲求诸市。有丰佳馔来使庖，巨蕺长鳙间珍脆。纷然罗列乃巨筵，笑语云云良有以。逡巡长呵下云际，传以报谒迂千骑。薄闻江浒清饮欢，归去琼浆遽来赐。大哉，何公古循吏，易俗移风有深致。人之所背公所趋，正以敦薄醇醨为己事，保祐斯民如赤子，饮食教诲诸下位。吹嘘枯朽夺春阳，忧民之忧过于己。连英二城接疆理，旧绩新庸盈眼耳。道涂赓载尽欢谣，冠佩清言有余美。

## 进美酒

《古今事通》

太祖征淮南，有徐氏世以酒坊为业。帝每访其家必进美酒甚谨。从容属目计曰："汝辈来何以验之?"徐曰："某全家手指节不全，不过存中节。"后见皆愿得酒坊。许之。鲁布母即徐甥亦无中指节。布亦然。母朱氏传及鲁子孙皆然。亦异事也。

## 进清酒

《古今事通》

晋伐虢，虢君出走。至泽中，曰："吾渴而欲饮。"其御进清酒，"吾饥而欲食。"御进腶脯糗粱。曰："何给也。"曰："储之久矣。为群出亡，而道饥渴也。"

## 进御酒

《古今事通·唐志》

良酿署，进御则供春暴秋清酴醾桑落之酒。又《地理志》：河中府河东县有芳醞监汲河以酿。

## 进新酒

《文昌杂录》

九月一日法，酒库内酒坊，诣内东门进新酒。以颁近臣有差，前数日膳部，光禄寺，皆尝酒。举旧例也。

## 谷阳进酒

《韩非子·十过篇》

昔者楚共王与晋历公战于鄢陵。楚师败，而共王伤其目。酣战之时，司马子反渴而求饮。坚谷阳操觞酒而进之。子反曰："嘻退酒也。"谷阳曰："非酒也。"子反受而饮之。子反之为人也，嗜酒而甘之。弗能绝于口而醉。战既罢，共王欲复战，令人召司马子反。司马子反辞以心疾，共王驾而自往。入其幄中，闻酒臭，而还曰："今日之战。不谷亲伤，所恃者司马也。而司马又醉。如此是亡楚国之社稷而不吾众也。不谷无复战矣。"于是还师而去，斩司马子反以为大戮。故竖谷阳之进酒，不以雠子反也。其心忠爱之，而适足以杀之。故曰："行小忠，则大忠之贼也。"

## 三老进酒

《晋书·载记》

刘曜被执。石勒使李永与同载，归于弃国。三老孙机，上礼求见曜。勒许之，机进酒于曜曰："仆谷王。关右称帝皇。当持重保土疆，轻用兵。败洛阳，祚运穷，天所亡。开大分持一觞。"曜曰："何以健邪？当为翁饮。"勒闻之，凄然改容曰："亡国之人，足令老叟数之。"

## 升阶进酒

《五代薛史·后唐闵帝纪》

长兴四年，十二月丁卯帝释缞服，群臣三上表，请复常膳，御正殿。从之。辛未，帝御中兴殿，群臣列位，冯道升阶进酒。帝曰："比于此物无爱。除宾友之会，不近樽罍，况在沉痛之中，安事饮啖。"帝撤之。

# 歌舞进酒

《辽史·乐志》

太宗会同三年，晋宣徽使杨端、王朓等，及诸国使朝见。皇帝御便殿赐宴。端、朓起进酒，和歌舞，上为举觞极欢。

《江湖续集·赵崇嶓进酒行》

玉槽夜压蒲萄碧，石溜寒泉响凌历。水精壶中澄琥珀，醉呼酒星下瑶席。小鬟春风花满头，堂堂一曲真珠喉。六国三朝春江流，眼花落井消千愁。

王逢《梧溪集》

韩醴泉先辈，余曲车道士邀游东欢桥，钓赋矶岩壁，既赴郑槽台宴众，请予同有高世志，属谓进酒歌，遂走笔。

我志千载前，而生千载后。间劳济胜具，或寓醉乡酒。东郊秀壁参错明，蝃蝀下饮波神惊。看云衣上落照赤，放櫂却赴槽台盟。槽台筵开忧秦戛，霜寒入帘吹绛烛。沉香刳槽压蔗露，风过细浪生纹縠。水精盏，苍玉舡，载酬载酢陶自然。鼻头火出逐獐未必乐，髀里肉消骑马良可怜。五侯七贵真粪土，蜀需越仉如飘烟。闻鸡懒舞饭牛耻，中清中浊方圣贤。岂不闻，县谯更阑漏迟滴。又不见，天汉星疏月孤白。几家门锁无松青，保留校书坟上石。坟上石，终若何，醴泉曲车更进双叵罗。

# 拜跪献酒

《资治通鉴·后汉高祖纪》

天福十二年，六月甲寅朔，契丹主命守沛州节度使萧翰，与麻答至恒州。崔廷勋见麻答，趋走拜起，跪而献酒，麻答踞而受之。

# 献饮余酒

《金楼子·说蕃篇》

刘义宣在荆镇时，尝献世祖酒，先自酌饮，封送所余。其不识大体如此。

# 献千斛酒

《古今事通》

西征至赤乌,献酒千斛,祭麦百载。天子赐墨,乘黄金贝带,此征曹奴之人献觞,天子赐金鹿银麋,有大木硕草,单畴口之人,献酒百石。《穆天子传》

# 献万寿酒

《唐会要》

开元十七年,八月五日,左丞相源乾曜、右丞相张说等上表请以是日为千秋节。著之甲令,布于天下咸令宴乐,休假三日,群臣常以是日献万寿酒。王公戚里,进金镜绶带,士庶以结系承露囊,更相问道。村社作寿酒乐,名赛白帝,报田神。制曰可,岁时杂咏。至日上公献寿酒诗:候晓天门辟,朝天万国同。瑞云升观阙,香气映华宫。日色临仙御,龙颜对昊穹。羽仪瞻百辟,献寿是三公。化被君王洽,恩沾卓木丰。自相朝王座,宴此咏皇风。

# 卷之一万二千三百六 一送

## 宋太祖九

### 李焘《续通鉴长编》

开宝四年,二月丁卯朔,又遣其弟判六军十二卫祯王保兴率国内兵来距。此据露布追书。《五代史》《九国志》言保兴率文武官属来降,王师不纳,与露布异。《国史》《钹传》又言保兴来降,为郭崇岳所遏。按崇岳本无图志,岂敢更遏保兴令不降也?《传》又言王师进攻崇岳,保兴领众拒战,然则保兴必不以降出。今止从露布。《十国纪年》亦云,保兴先帅百官迎王师,潘美以南汉主不至,不纳。二月一日,南汉主乃使保兴距战。植廷晓谓郭崇岳曰:"北军乘席卷之势,其锋不可当也。吾士旅虽众,然皆伤痍之余。今不驱策而前,亦坐受其毙矣。"庚午。廷晓乃领前锋据水而阵,令崇岳殿后,御其奔冲。既而王师济水,廷晓力战不胜,遂死之,崇岳奔还其栅。潘美谓王明曰:"彼编竹木为栅,若篝火焚之,必扰乱。因其扰乱夹击之,此万全策也。"遂分遣丁夫,人持二炬,间道造其栅。会暮夜,万炬俱发,天大风,烟埃坌起,南汉军大败。崇岳死于乱兵,保兴逃归,龚澄枢、李托,与内侍中薛崇誉崇誉未见。等谋曰:"北军之来,利吾国中珍宝尔。今尽焚之,使得空城,必不能久驻,当自还也。"乃纵火焚府库宫殿,一夕皆尽。龚澄枢等传,皆云王师至白田,澄枢等乃纵火焚府库。《世家》及《十国纪年》则云焚府库之明日,王师始至白田。今从世家及纪年。

李焘

辛未,王师至白田。南汉主素服出降。潘美承制释之。遂入广州,俘其宗室官属九十七人,与南汉主皆縻于龙德宫。保兴初匿民间,后乃获之。有阉工百余辈,盛服请见美曰:"是椓人多矣。吾奉诏伐罪,正为此等。"命悉斩之。美以露布告捷,己丑至京师。按露布当是行营所作。而扈蒙传乃云禽刘钹,蒙草露布,称旨召对滋福殿,赐金紫。则似追为之矣。当考。庚寅,群臣称贺,遂赐宴。凡得州六十,县二百十四,户十七万二百六十三。新旧录州县户数,与本纪不同,今从本纪。《宋史全文》:吕中曰:以汴梁之地,视江南为近,视岭南为远,何先远而后近耶?盖闻刘钹奢侈,则曰吾当救此一方之民。则先取南汉,所以争民命。江南亦有何罪?但卧榻之侧。岂容鼾睡?则后收江南,所以一天下。辛卯,赦广南管内州县常赦所不原者,伪署官并仍旧,无名赋敛咸蠲除之。除开宝三年以前逋租亡命山林者,释罪招诱。吏民僧道被驱率

者，官给牒听，自便。民饥者，发廪振之。诸军俘获，悉还其主。纵遣刘鋹父祖守坟宫人。俊士奇才，所在询访。修辞挺节，耻仕仕伪邦者，长吏以名闻。祠宇丘垅，悉加营护。《大定录》称平广南用周渭策。然略不见于史，当考。

知制诰卢多逊权知贡举，进士合格者十人。《会要》及《登科记》并係二十四日。熊克《九朝通略》。进士刘寅等。

乙未，幸飞龙院，赐从臣马。上以令尉捕贼，先定日限，其已被批罚者，或遂绝意追捕，乃诏自今虽限外获贼者，令有司备于籍，以除其罚，但不得叙为勤绩。其累经殿，降法当停免者，不用此制。此据本志，新旧录无之。不得其日。是月，诸道幕职州县官阙八百余员。堂帖促流内铨补填，铨司奏，近者选人绝少，虽有判成资序，又多相妨。乃诏除已授西川官未赴任，并西川前任归明，及两经发遣不赴京，兼敕赐及第人外，自今日以前，罢任诸色选人，并特放选令于南曹投状，判成送铨司。依次注拟。

三月庚子，禁岭南民买良人黥面为奴婢，庸雇取直。

辛丑，以萧漼为太子中允，卓惟休为太仆寺丞。

乙巳，幸教船池。又幸玉津园宴射。甲寅，殿中丞桑坟责授司农寺丞，坐沿江巡检私茶，擅行废置也。

丁巳，改岭南思唐州为司明州，雄州为南雄州。天下县以唐为名者，皆改之。

诏岭南诸州长吏，察伪政有害于民者以闻，当悉除去。王称《东都事略》：开宝四年三月乙巳，诏曰："百越之人，久沦虐政。其令岭南诸州长吏，察伪政有害于民者以闻，当悉除之。"诏前代帝王当给民奉陵者，各增二户。

南宁州蕃落使龙彦瑫卒，其国人诣涪州，以归德将军武才及八刺史状，请立彦瑫子汉瑭为嗣。诏授汉瑭南宁州刺史，兼蕃落使。前右监门卫将军赵玭既勒归私第，不胜忿恚。一日，伺赵普入朝，马前斥普短。上闻之，召玭及普于便殿，面质其事，玭大言抵普贩木规利。先是官禁私贩秦陇大木，普尝遣亲吏往市屋材，联巨伐，至京师治第，吏因之窃于都下贸易，故玭以为言。上怒，促阁门集百官，将下制逐普，诏问太子太师王溥等，普当得何罪？溥附阁门使奏云："玭诬罔大臣。"上意顿解，反诘责玭，命武士村之。御史鞫于殿庭，普力营救。上乃特宽其罚，扶出之。

夏四月丙寅朔，责为汝州牙校。

丁卯，三佛齐国遣使来贡方物。

己巳，诏岭南商税及监法，并依荆湖例。酒曲仍勿禁。

壬申，以南面行营都部署潘美，副部署尹崇珂，同知广州。

乙亥，诏吏部流内铨于唐，邓、随、郢、襄、均、房复安，申、等州以南及荆湖诸州选，见任令录两考以上。判司簿尉，合入令录。年五十以下者，移为岭南诸州通判，得携族之官。满三考，即依资叙注拟，更不守选。戊寅改义州为南义州，敬州为梅州。癸未，幸开宝寺。

戊子，令诸州访名医转送赴阙。

永兴节度使、同中书门下二品吴廷祚来朝遇疾，上亲临问，命燃艾灸其腹，遣中使王继恩监视之。疾少间，数日复发，庚寅卒。赠侍中，官给葬事。继恩，陕人也。

唐主遣其弟吉王从谦来朝贡，且买宴珍宝器币，其数皆倍于前。

壬辰，监察御史闾丘舜卿弃市，坐通判兴元府盗用官钱九十万故也。

发厢军千人诣京兆修先代陵寝，令勿复调民。自今有当缮治者，以镇兵给其役。

以岭南儋崖、振、万安等四州隶琼州令，广州择官，分知州事。

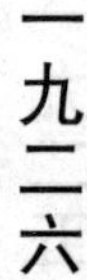

是月，唐抚州元帅齐王景达卒。唐主缘烈祖之意赠皇太弟。谥曰："昭孝。"

潘美遣使部送刘鋹及其宗党官属献于京师。鋹至公安邸，吏庞师进迎谒。学士黄德昭德昭未见。侍鋹。鋹因问师进何人？德昭曰："本国人也。"鋹曰："何为在此？"德昭曰："高皇帝居蕃日，岁贡大朝，辎重皆历荆州。乃令师进置邸于此，造车乘以给馈运耳。"鋹叹曰："我在位十四年，未尝闻此言。今日始知祖宗山河乃大朝境土也。"因泣下。久之既至，舍于玉津园。上遣参知政事吕馀庆，劾问翻覆及焚府库之罪。鋹归罪于袭澄枢。李托、薛崇誉，上复遣使问澄枢等，此谁之谋？皆俯首不对。谏议大夫王珪谓托曰："昔在广州，机务并尔辈所专。大又自内中起，今尚欲推过何人？"遂唾而批其颊，澄枢等乃引伏。

五月乙未朔，有司以帛係鋹及其官属，先献太庙太社。上御明德门，遣摄刑部尚书卢多逊宣诏诘责鋹，鋹对曰："臣年十六僭伪号，澄枢等皆先臣旧人，每事臣不得自由。在国时，臣却是臣下，澄枢却是国主"。对讫，伏地待罪。上命摄大卿高继申引澄枢、托、崇誉斩于千秋门外。释鋹罪，并其官属祯王保兴等，各赐以冠带、器币、鞍马。寻以保兴为左监门卫，率府率。初议献俘之礼，朝臣莫能知。乃遣使就问吏部尚书致仕张昭。昭卧病，口占以授。使者咸伏其该博，遂用之。

是日，大宴大明殿。

丁酉，潭州防御使潘美，领山南东道节度使朗州团练使尹崇珂，领保信节度使同知广州如故。

以右补阙王明为秘书少监，领韶州刺史、广南诸州转运使。王师南伐，明知转运事，岭道险绝，不通舟车，但以丁夫负荷糗粮，数万众仰给无阙。每下郡邑，必先收其版籍，固守仓库，颇亦参预军画。上嘉其功，故权用焉。上使军器库使楚昭辅，校左藏库金帛，数日而毕，条对称旨。上嘉其心计，授左骁卫大将军，擢判三司。

辛丑，宴刘鋹于崇政殿。

饶阳县令孟贻孙上书称旨。丙辰，擢贻孙右赞善大夫，孟贻孙未见。

辛酉，幸教船池。

上欲遣翰林学士左散骑常侍欧阳炯祭南海，炯闻之，称疾不出。上怒。六月辛未，罢职，以本官分司西京，改命司农少卿李继芳，祭南海。刘鋹先尊海神为昭明帝，庙为聪正宫，其衣饰以龙凤。诏削去帝号及官名，易以一品之服。继芳未见。

壬申初置市舶司于广州，以知州潘美、尹崇珂并兼使通判，谢玭玭未见。兼判官。

丙子，以故绥州刺史李光琇男匕罗为绥刺史。诏御史中丞刘温叟，中书舍人李昉等，重定开元礼。以国朝沿革制度附属之。是日丙子初命修书，而《实录》《本纪》，遂言以书来上，恐误也。六年书乃成。命学士院试广南伪官，取书判稍优者，授上佐令，录薄尉。

初，上征晋阳，命密州防御使马仁瑀率众巡边至上谷、渔阳，虏素闻其名，不敢出。因纵兵大掠生口牛羊数万计。已而车驾还京，令仁瑀归治所。明年，群盗起兖州，贼首周弼尤凶悍，自号"长脚龙"。监军率兵讨之，为所败。诏仁瑀掩击，仁瑀领帐下十数人，入泰山擒弼，尽获其党，鲁郊以宁。庚辰，徙仁瑀为瀛洲防御使。仁瑀兄子因醉误杀平民，系狱当死，民家自言非有憾也，但过误耳，愿以过失伤论。仁瑀曰："我为长吏，而兄子杀人，此乃恃势恣横，非过失也。岂敢以己之亲而乱国法哉？"遂论如律。给民家布帛，为棺敛具。

升扬州高邮县为高邮军。

成都布衣罗居通，丧亲庐墓，日诵佛书，有芝草生，甘露降，守臣表其事。于是以居通为延长县主簿。

壬午,以刘𬬮为右千牛卫大将军,员外置,封恩赦侯。俸外别给钱五万,米麦五十斛。𬬮体质丰硕,眉目俱竦,有口辩,性绝巧,尝以真珠结鞍为戏龙之状,尤为精妙。诏示尚方。诸工官皆骇伏。上给钱百五十万偿其直。因谓左右曰:"𬬮好工巧,遂习以成性。倘能移于治国,岂至灭亡哉!"𬬮在国时,多置酖以毒民下。一日上乘肩舆,从十数骑幸讲武池。从官未集,𬬮先至。诏赐𬬮卮酒,𬬮疑之,奉杯泣曰:"臣承祖父基业,拒违朝廷。劳王师致讨,罪固当死。陛下不杀臣,今见太平,为大梁布衣矣。愿延旦夕之命,以全陛下生成之恩。臣未敢饮此酒。"上笑曰:"朕推心置人腹,安有此事。"命取𬬮酒自饮之,别酌以赐𬬮,𬬮大惭,顿首谢。𬬮献鞍辔,《实录》在五年五月。今移入。

复州防御使梁延嗣入朝,上慰抚之曰:"使高氏不失富贵,尔之力也。"戊子,改濠州防御使。

是月,岚州言,破北汉军于古冶村,斩首数百级。

河决郑州原武县,汴水决宋州谷熟县。

上既平广南,欲行报谢之礼。

秋七月甲午朔,诏以冬至有事于南郊。

乙未,御史中丞刘温叟卒。温叟为中丞十二年,屡求解职。上难其代,终不许。及被病,上知其贫,遣中使就赐器币。温叟性重厚方正,事继母以孝闻。五代以来,言好古执礼者,唯温叟焉。父名岳,非侍宴,终身不听乐。皇弟开封尹光义,闻温叟清介,尝遣府吏赍钱五百千与之,温叟不敢却,贮厅事西舍中,令府吏封识以去。明年重午,复送黍角纨扇,所遣吏即前送钱者,视西舍封识宛然。吏还以告。光义曰:"我送犹不受,况他人乎。"乃命辇归府中,他日,光义因侍宴,论当世名节士,具道温叟辞钱事,上叹赏久之。温叟既卒,上难其继,曰:"必得纯厚如温叟者乃可。"命太子宾客边光义兼判御史台事。居半岁,始真为中丞。《宋史全文》吕中曰:一中丞任之十二年,及其且卒也,则曰:必纯厚如温叟乃可。国初之不轻用人如此。盖其始也择之精,其终也任之久。择之精,则小人不得以滥其选。任之久,则君子举得以尽其职。赵中令之相,凡十一年。郭进之守西山,凡二十年。李汉超之守关南,凡十七年。作坊至卑贱也,而魏丕典之,至十余年。皆久任而成功也。

丙申,诏广南诸州,受民租皆用省斗。每一石外,别输二升为鼠雀耗。先是刘𬬮私制大量,重敛于民。凡输一石,乃为一石八斗。转运使王明上言,故革之。

戊戌,赐皇弟开封尹门戟十四枝。

庚子,幸新水硙,赐役夫钱帛。

大食国遣使来贡方物。丁未,以其使李诃末为怀化将军。

己酉,令河南府及京东河北四十七军州,各委本州判官,互往别部,同令佐点阅丁口,具列子籍,以备明年河堤之役,如敢隐落,许民以实告,坐官吏罪。先是,诏京畿十六县重括丁籍,独开封所上,增倍旧额,它悉不如诏。上疑官吏失职,使豪猾蒙幸,贫弱重困,故申警之。

给事中刘载权知镇州,与建武节度使何继筠不协,继筠诉于上。癸丑,黜载为山南东道行军司马。

内侍养子,多争财起讼。诏自今年满三十,无养父者,始听养子。仍以其名上宣徽院,违者准前诏抵死。

丰州衙内指挥使王丞美遣军校言,愿诱退浑突厥内附。庚申,以承美为天德军蕃汉都指挥,使知丰州事。寻授丰州刺史。除刺史在十二月癸丑,今并书。

建武节度使判棣州何继筠来朝。癸亥，卒于京师。上亲临其丧，流泣谓左右曰："继筠捍边有功。朕不早授藩镇者，虑其数奇耳。今领旄钺未几，果至沦没。岂不哀哉。"即命中使护丧事，别赐宝剑、甲胄以葬。继筠沉沉有智略，与士卒同甘苦，得其死力。居北边前后二十年，善揣知虏情，屡以少击众。虏人畏伏，多画像拜之。继筠自开宝二年八月，领扈州节度，仍判棣州。三年十一月来朝，复遣戍边。今复来朝，遂卒。本传但言复遣戍边，不云戍何地。继筠既卒，八年乙亥，以左赞善大夫宋咸又知棣州。则所谓戍边者，犹判棣州也。但史文略耳。

平晋军使王怀美，怀美未见，言率兵攻破北汉孟园、乐义二寨。

汴水决宋州宋城县。

八月甲申，群臣奉表，请加尊号曰"兴化成功"。诏答曰："余虽以兴化为心，未能力致。倘便以成功自大，实所难安。"群臣再奉表，讫不允。

诏广南道伪汉诸宫库务，所占课役户，并还本属州县，仍给复二年。

九月庚子，殿中侍御史李莹，分判三司度支事。

禁伪造黄白金，募告者赏钱十万。

冬二月癸亥朔，日有食之。

开封府捕得伪造黄白金王玄义等十二人。案问具伏。已巳，并决杖流海岛。因诏自今民敢复造伪金者弃市。庚午，太子洗马王元吉弃市，坐知英州受赃不法也。本忠，及祖宗故事云。元吉知英州，月余受赃七十万。上以岭表初定惩奸棓克，特诏弃市。按受赃弃市者多矣，不但元吉也。又不缘岭表初定，乃有特诏令，不取。

戊寅，改铸中书门下之印。

知邕州范旻奏，刘铢时白配民物十数事，辛巳，悉命除之。邕州俗重祠祭，被病者不敢治疗，但益杀鸡豚徼福于淫昏之鬼。旻下令禁止，出俸钱，市药物，亲为和合。民有言病者，给之。获痊愈者千计。乃以方书刻石龛，置厅壁，部内化之。会伪汉所署知州宦官邓存忠，劫土人二万众，攻围州城七十余日，旻屡出与战，矢集于胸，犹力疾督战，贼遂小却。旻创甚，乃坚壁固守，遣使间道求援于广州，前后十五辈始得达。援兵至，围解。旻疾未平，诏令肩舆归阙，所过僦丁夫，官给其直。旻，质之子也。尹崇珂传乃云，容州都指挥使邓存忠。今从旻本传。

甲申，诏两京诸道，自十月后犯疆窃盗，不得预郊祀赦。所在长吏，当告谕下民，无令冒法。自后将郊祀，必申明此诏。《宝训》载王？旦言，太宗时每议郊祀，皆前下诏。又虑强盗恃恩犯法，乃诏不以赦原。而史馆日历并言窃盗。窃盗情轻，不可与强盗同科。今立刑法志，宜在酌中，而□官执称不改日历旧文。真宗曰："当如何书？"旦曰："岂可言强盗。"上曰："理虽若此。然不可轻改。"当从史官议，庶几传信。今《刑法志》所书，实用真宗圣语云。

右补阙梁周翰上疏，言陛下再郊上帝，必覃赦宥。臣以天下至大，其间有庆泽所未及，节文所该者，宜推而广之。方今赋入至多，加以科变之物，名品非一。调发供输，不无重困。且西蜀、淮南、荆、潭、桂、广之地，皆已为王土。陛下诚能以三方所得之利，减诸道租赋之入，则庶乎德泽均，而民力宽矣。上嘉纳其言。周翰因郊祀上此疏，不知的在何日。今附见申戒强盗恃恩犯法之后。周翰尝监绫锦院，杖锦工过差，为所诉。上怒甚，召而责之曰："尔岂知人之肤血。与已无异，而忍肆其酷毒。"将亦杖之。周翰自言："臣负天下才名。不当如是。"上乃止。上初识周翰父彦温于军中，以周翰有文辞，欲用为知制诰。天平节度使石守信入朝，上因语及之。守信微露上意，周翰遽上表谢。上不喜，其命遂寝。二事必不俱在此时。无可系著，并书之郊祀推恩疏之后。

丙戌，诏岭南诸州，刘铢日烦苛赋敛并除之，平民为兵者，释其籍。流亡者，招诱复

业。诏应州有公，使处，知州与通判同上历知破。今附月未，会要十月事。

十一月癸巳朔，江南国主煜，遣其弟郑王从善来朝贡，于是始去唐号。改印文为江南国印。赐诏乞呼名，从之。先是国主以银五万两遗宰相赵普。普告于上。上曰："此不可不受。但以书答谢，少赂其使者，可也。"普叩头辞让。上曰："大国之体，不可自为削弱。当使之勿测。"及从善入觐，常赐外密賚白金如遗普之数。江南君君臣闻之，皆震骇，服上伟度。他日上因出，忽幸普第。时吴越王叔俶方遣使遗书及海物十瓶列庑下，会车驾卒至，普亟出迎，弗及屏也。上顾见，问何物，普以实对。上曰："此海物必佳。"即命启之，皆满贮瓜子金也。普皇恐顿首谢曰："臣未发书，实不知此。若知此，当奏闻而却之。"上笑曰："但受之无害。彼谓国家事，皆由汝书生耳。"固命普谢而受之。二事不知的在何时。《谈苑》云，开宝中，李煜赂普，记闻载顺越事不记年岁。与煜事相类，故并书于从善入贡之后。丙申，吴越王俶，遣其子镇海镇东节度使惟浚来朝贡。

戊戌，罢岭南诸州司仓、司户、参军、县丞、捕贼等官。庚戌，诏曰："取才之道，盖非一端。近以诸道摄官，悉令罢去，又虑荐更民政，或著吏能。雷同遐弃，良可惜也。宜委有司，按其历任经三摄无旷败，即以名闻，受伪署者，不在此限。"

河决澶州东，汇于郓濮，坏民田。上怒官吏不时上言，遣使按鞫。庚戌，通判司封郎中姚恕坐弃市，知州左骁卫大将军杜审肇免归私第。恕，博兴人，事皇弟光义于开封为判官，颇尽裨赞。尝谒宰相赵普，会普宴客，阍者不通，恕怒而去。普闻之，亟使人谢焉。恕遂去不顾，普由是憾恕。及上为审肇择佐贰，普即请用恕。光义留之弗得，居澶州几二年，竟坐法诛，投其尸于河。恕家人初不知也，偶于中流得其尸朝服，故在后数日，乃知恕所以死。人谓恕罪不至此，普实报私怨耳。此据王子融百一编，国史并无有也。

戊午，亲飨太庙，始用绣衣卤簿。

已未，合祭天地于南郊。大赦蠲开宝元年，以前逋租。

庚申，诏节察防团军事判官、推官、军判官等，并依州县官例，给回易料钱、俸户。节度防团副使，权知州事，节度掌书记自朝廷除授及判别厅公事者亦给之，副使非知州掌书记奏授，而不厘务者，悉如故。给以折色。

壬戌，命颍州团练使曹翰，塞澶州决河，濮州刺史安守忠副之。

初，上择伪蜀亲兵习弓马者百余辈为川班内殿直，廪赐优给，与御马直等。于是郊礼毕行赏，上以御马直扈，从特命增给钱，人五千。而川班内殿直不得如例，乃相率击登闻鼓陈乞。上怒，遣中使谓之曰："朕之所与，即为恩泽，又安有例哉。"命斩其妄诉者四十余人，余悉配隶许州骁捷军，其都校皆决杖降职。遂废其班。时内臣有左飞龙使李承进者，逮事后唐。上问曰："庄宗以英武定中原。享国不久，何也？"承进曰："庄宗好田猎，务姑息将士。每出次近郊，禁兵卫卒必控马首告，曰'儿郎辈寒冷，望与救接。'庄宗即随其所欲给之。如此非一失于禁戢，因而兆乱。盖威令不行，赏賚无节也。"上抚髀叹曰："二十年夹河战争取得天下。不能用军法约束此辈，纵其无厌之求，以兹临御，诚为儿戏。朕今抚养士卒，固不吝惜爵赏，若犯吾法，惟有剑耳。"禁军民男女结义社。十二月辛未，召九经李符于内殿。问经义，赐本科出身。符未见。

已卯，兵部员外郎、知制诰卢多逊，以本官充翰林学士

壬午，畋近郊。

丁亥，前左骁卫大将军杜审肇为左骁卫上将军致仕，仍食潍州刺史俸。是岁，吴越废王倧卒。

江南国主以太子太傅监修国史汤悦，为司空判三司，尚书都省。占城阇婆、大食国，皆遣使致方物于江南国主。国主不敢受，遣使来上，诏自今勿以为献。

黎州定远兵士作乱，聚居庭角溪。邛部州都鬼主阿伏遣其游击将军卑吠等率众平之。诏赐阿伏，银带锦袍，以为归德将军。

开宝五年，春正月乙未，诏罢荆襄道岁贡鱼腊。

丁酉，禁民铸铁为佛像浮屠，及人物之无用者。上虑愚民多毁农器以徼福，故禁之。己亥。诏"自今沿黄汴清御等河州县，除准旧制种艺桑枣外，委长吏课民别种榆柳及土地所宜之木，仍按户籍高下定为五等。第一等岁种五十本，第二等以下，递减十本。民欲广种荿者，听逾本数。有孤寡穷独者，免之。"

前郓州卢县尉鄢陵许永，诣阙自言，父琼年九十有九，长兄年八十有一，次兄年七十有九，而永年七十有五，欲求特近地一官以就养。庚子，上召见琼于便殿，问以近事，琼历历能记。上悦，因厚赐之，即授永鄢城县令。

壬寅，省诸道州县，胥吏干力等。

吏部尚书致仕陈国公张昭卒，戒其子曰："吾事数朝，无功德及人。勿请谥及立碑，以重吾过也。"

府州言，北汉军寇方山、雅尔两寨，击走之。

浚闵河。

二月壬戌朔，以江南进奉使刘崇谅为都官员外郎。崇谅，仁赡之子也。当考崇谅在江南为何官，以何事来，何时到。癸亥，诏潭州岁调纸百七十八万余幅，特免十年。

乙亥，以荆南荆门镇为荆门军。权知庆州史福福未见。言："败戎人子华池。杀百余人。获牛羊六百余口。"时刺史姚内斌入朝，久留京师，故命福权知州事。《实录》称庆州刺史史福，盖误也。时姚内斌实为刺史。内斌以四年入朝，久留京师，故命左卫将军史福权知庆州，见于八月。内斌寻复还本任，至七年二月始卒。史福固未尝真拜刺史也。今改之。

丙子，诏开封等十七州府，各置河堤判官一员。以本州通判充，如阙员，即以本州判官充。已卯，令僧尼各不相统摄，当受戒者，各于本寺置坛。庚辰，以凤州屯银冶为开定鉴。初职方郎中边珝，掌建安权货务。奏徙务于杨州，有富民诉广陵尉谢图杀其父。造夹细帐。以致烦扰。此亦在食货志，今年三月。夏四月庚寅朔，三佛齐国王释利乌耶，遣使来贡方物。上按岭南图籍，州县多而户口少，命知广南潘美，及转运使王明度其地里并省以便民。甲午，初废白州及常乐州。已亥，以参知政事薛居正子惟吉，吕余庆子惟恭，枢密副使沈义，伦子继宗。并为西头供奉官。丙午，以水灾遣左司员外郎侯陟等四人；乘传分视民田。隰州团练使兼晋隰等州，沿边都巡检，周勋筑垒，北汉界上。北汉人袭破之，戊午责勋为义州刺史。禁岭南诸州略卖生口。五月甲子，以晋州兵马，钤辖武守，琦权知晋州事。武守琦戍晋州事，本末不详。实，录有此，特著之。更俟详考，守琦见显德四年无邑里。乙丑，遣近臣分诣京城祠庙祈晴。废澄、实、浔峦、富、思明、康绣、禺顺牢、党、罗等十三州，前后所废县又四十九。

丙寅，诏废岭南道媚川都，选其少壮为静江军。老弱者听自便。仍禁民不得以采珠为业。先是刘鋹于海门镇，募兵能采珠者二千人。号"媚川都"。凡采珠必以石缒索击于足，而没焉。深至五百尺溺死者，甚众。鋹所居栋宇，皆饰以玳瑁珠翠。穷极侈靡，及王师至，并府库悉焚之。于是潘美等，于煨烬中得所余玳瑁真珠来献。且言采珠危苦之状。上亟命小黄门，持示宰相，速降诏罢之。辛未河大决澶州濮阳县。壬申，命颍州团练使曹翰往塞之，翰辞于便殿。上谓曰："霖雨不止，又闻河决。""朕信宿以来，焚香上祷于天。

若天灾流行，愿在朕躬。勿施于民。”翰顿首拜曰：“昔宋景公诸侯耳。一发善言，灾星为之退舍。今陛下忧及兆民，恳祷如是，固宜上感天心。此必不能为灾也。”癸酉，上又谓相曰：“霖雨不止，朕日夜焦劳，罔知所措。得非时政有阙使之然耶。”赵晋对曰：“陛下临御以来，忧勤庶务，有弊必去，闻善必行。至于苦雨为灾，乃是臣等失职。”上曰：“朕又思之，恐掖庭幽闭者众。昨令编籍后宫，凡三百八十余人，因告谕愿归其家者，具以情言。得百五十余人，悉厚赐遣之矣。”普等皆称万岁。河又决大名府朝城县，河南北诸州皆大水。

陕州言，民范义超，周显德中，以私怨杀同里常古真家十二人。古真年少，脱走得免，至是长大，禽义超诉于官。有司引赦当原，上曰：“岂有杀一家十二人而可以赦。”论乎，命斩之。六月戊子朔，徙崖州于振州，遂废振州。

庚寅，河决阳武县，汴水决郑州，宋州。静江留后郭廷谓：“自梓州受代归，辛卯卒。遣中使护其丧事，丁酉诏沿河州县官吏，勤恤所部民，勿令转徙田亩致损者，籍其数以闻。乙巳废壁州。戊申，发诸州兵士及丁夫，凡五万人塞，决河，命曹翰护其役，未几河所决皆塞。是月，下诏曰：“近者澶濮等数州霖雨，荐降，洪河为患，朕以屡经决溢，重困黎元。每阅前书，详究经渎，至若夏后所载，但言导河至海。随山浚川，未尝间力制湍流。广营高岸，自战国争利，堙塞，故道，以小妨大私而害公。九河之制，遂隳，历代之患弗弭。凡搢绅多士，草泽之伦，有素习河渠之书，深知疏导之策。若为经久，可免重劳。并许诣阙上书。附驿条奏，朕当亲览，用其所长。勉副询求，即示甄奖”。时东鲁逸人田告者，著《纂禹元经》十三篇。上闻之，召见。询以治水之道，善其对。将受以官，告固辞父年老求归，奉养。诏从之。先是女真寇白沙寨，略官马三匹，民百二十八口，既而遣。使以马来贡，诏止之。于是首领渤海那等三人，复来贡。言已令部落送先所虏白沙寨民，及马。诏切责前寇，略之罪。而嘉其效顺之意，放还贡马使者。

秋七月已未，右拾遗通判夔州张恂，坐赃弃市。

丁卯，诏五岳四渎及东海等庙，并以本县令尉，兼庙丞掌祀事。常加案视，务在蠲洁。仍籍其庙宇祭器之数，受代日，交以相付。本州长吏，每月一谒，庙检举焉。新录，在六月壬辰，今从旧录及本纪。

戊辰，前保大节度使袁彦卒。彦数领藩翰，然发迹戎行，不通政术，在曹南时为吏民所讼。上念勋旧，隐而不行。于是遣中使护其丧事。庚午，皇第三女，封“永庆公主”。甲申，永庆公主出降，右卫将军附马都尉魏咸信。威信，仁浦子也。公主尝衣贴绣铺翠襦入宫中。上见之，谓主曰：“汝当以此与我。自今勿复为此饰。”主笑曰：“此所用翠羽几何。”上曰：“不然。主家服此。宫闱戚里必相效。京城翠羽价高，小民逐利。展转贩易，伤生寖广。实汝之由。汝生长富贵，当念惜福。岂可造此恶业之端。”主惭谢。主因倚坐，与皇后同言曰：“官家作天子日久，岂不能用黄金装肩舆，乘以出入。”上笑曰：“我以四海之富，宫殿悉以金银为饰，力亦可办。但念我为天下守财耳，岂可妄用。古称以一人治天下，不以天下奉一人。苟以自奉养为意，使天下之人何仰哉。当勿复言。”谈苑载此事以为魏国长公主。按魏国，太宗第七女也。当太祖时，固未尝封，不当云主家，恐有差误。而此事，实魏咸信言之。因附见公主出降之后，竢更考。《宋史》全文吕闻中曰：“创业之君，复世所视以为轨范也。宫闱之地，四方所视以为仪刑也。一人之奢，俭者虽微，而关于千万世者为甚大。致谨于服色者虽小，而关于千万里者为甚远，可不谨远，可不谨哉。”左卫将军驸马都尉石保吉，领爱州刺史。诏曰：“颇闻诸州州司马步院置狱，外置子城。司狱诸司，亦辄禁系人甚无谓也。自今并严禁之，违者重议其罪，募告者赏钱十万。”三司言，仓储月给，止给明年二月。请分屯诸军，尽率民船以资江淮漕运。上大怒，召权判三司楚昭辅，切责之曰：“国无九年之蓄，曰‘不足尔。’

不素为计度。今仓储垂尽。乃请分屯师。括率民船，以给馈运。是可卒致乎？且设欠你安用。苟有所采阙，必罪尔以谢众。”昭辅皇恐，计不知所出。乃经诣开封见皇弟光义，泣告乞于上前解释。稍宽其罪，使得尽力营办。光义许之，昭辅出。光义问右知客，押牙永城使，从信曰：“为之奈何。”从信对曰：“从信尝游楚泗间，见粮运停阻之由。良以舟人日食，旋于所历州县勘给。故多凝滞，若自起发，即计日并支，复皆然，可以责其程限，又楚泗间运米入船，至京师辇米入仓。宜各宿备运卒。皆令即时出纳复如此，每运可减数十日。楚泗至京千里，旧定八十日一运。一岁三运，今若去淹留之虚日，则岁可增一运矣。又闻三司欲籍民船。若不许，则无以责办。若尽取用之，则冬中京师薪炭殆绝。不若募其船之坚实者，令运粮。其损败者，任民载樵薪，则公私俱济。今市中米贵。官乃定价。斗钱十七，商贾闻之，以其不获利，无敢载至京师者，虽富人储物，亦隐匿不粜，是以米益贵，而贫民将忧其馁殍也。”光义然之，明日具以告上。上悉从其言。由是事集。昭辅亦免责焉。陈从信传云，事在开宝三年秋。宝训云，在二年。按楚昭辅权判三司，实四年五月。安得三年秋已有此事。今载于五年秋，庶先抵牾。冬十月江淮米十万石至京师，即是人信之策行之。先是大理正内黄李符知归州，转运司制置不合理者，符即上言。上嘉之。秩满归阙，上以京西诸州钱币不登。八月癸巳，命符知京西南面转运事，书“李符到处，似朕亲行”八字赐之。令揭于大旗，常以自随。符前后条奏便，宜凡百余条。其四十八事，皆施行著于令。

丙申，命同知广州潘美、尹崇珂，并兼岭南转运使，转运使王明为副使。太子中允许九言为判官。转运判官，自九言始也。《隆平集》言开宝六年，初除徐泽为广南运判，恐误。已亥广州言，行营兵马都监朱宪。领兵大破獠贼二万余人于容州城下。初下岭南，所在贼起，伪开封乐。范土豪周思琼等，各聚众负海为乱。尹崇珂领兵击之，上遣中使，李神祐督战。数月尽平其党。《亲旧录》并于七月癸未，言邕容州民诱蛮人为乱。本纪亦然。今并书于此。周思琼者。《君崇珂传》云，韶州贼帅。《潘美传》云土豪，《崇珂传》，又称伪开府乐。范指挥使，袁汉琼及邓存忠等。据五州以叛，然不详五州为何等州也。今止从美傅，以周思琼为土豪增乐范一人，却依美傅，总言象众负海，不言某州。庶免牴牾，邓存忠事，已见范旻知邕州时，兹不重列。癸卯，建保静军于宿州。密州复为防御，废安化军节度。海门镇监军赵令镕，令镕未见大破廉白州贼。

九月丁巳朔，日有食之。

庚午复壁州，禁西川民敛钱结社及竞渡。枢密使李崇矩与宰相赵普厚相交结，以其女妻普子承宗。上关之不喜，先是枢密，使宰相侯对长春殿。同止庐中。上台令分异之。有郑伸者，客崇矩门下。仅十年。崇矩知其险诐，无行，待之渐薄。伸怨恨，击登闻鼓，告崇矩受太原人席羲叟黄金。私托翰林学士扈蒙与义叟甲科。引军器库，使范阳刘审琼为证，上大怒、召审琼诘问。审琼具言其诬，上怒稍解。癸酉，崇矩罢为镇国节度使。赐伸同进士出身。酸枣县主簿，后伸死，其母贫饿，诣崇矩子继昌乞句 。家人竞前诟逐，继昌独召见与白金百两。时称继昌长者。会要云。时枢密，使沈义伦一人，六年义伦作相。以楚昭辅为副使，亦止一人在院。

戊寅，徙建宁留后杨重勋为保静留后。杨亿说苑云，马晖为灵武节度。有威名。羌戎畏服，子继业袭其位。杨重勋亦世有麟州，并禀命朝建。”而绥御蕃族为西北边扞蔽，太祖因继业来朝。从镇同州命儒臣知灵州留务，召重勋授以近镇，别命武臣领州事，其后二方终烦朝廷经略。议者以此二事为失焉，别命武臣领麟州事。实录乃无之。当考。是月崖州牙校陆昌图作乱，烧劫牙署。知琼州周仁俊遣兵击平之。实录，于明年五月始载此事，今移入。禁玄象器物，天文图谶，七曜历。太一雷公六壬遁甲等，不得藏于私家。有者并送官。冬十月，复康州。戊戌，诏边远官，岁才三周，即与除代。所司专阅其籍，勿使踰时。初，河阳节度使洛阳张仁超，以郊祀来朝，

愿留都下。庚子卒。上遽幸其第哭之。辍视朝三日，遣中使护丧事。优诏赠中书令，非常例也。癸卯，诏功德，使与左街道录，刘若拙，集京师道士试验。其学业未至，而不修饰者皆斥之。若拙蜀人，自号华盖先生。善服气，年九十余。不衰，步履轻疾，每水旱，必召于禁中设坛场致禳。其法精审，上甚重之。

已酉，诏诸州场院官，粮料使镇将并以三周年为任。

秦蜀守李冰，有庙在永康军。伪蜀初封大安王，又封应圣灵感王。蜀平，诏长吏增饰其庙。乙卯，改封广济王。岁一祀。海门监盐户庞崇等叛，监军赵令镕击败之。斩首三百级。是月，运江淮来十万石至京师。皆汴蔡两河公私船所载也。

十一月丁已朔，以辰州都指挥使秦德崇，德崇未见为起复云麾将军。权知辰州，兼五溪巡检使。后二岁，德崇罢归。除右千牛卫将军。魏泰东轩录云，武陵，辰阳，沣阳，清湘，邵阳，五州。各有蛮徭保聚，依止阻江，殆十余万，马希范，周抒违时，数出寇边，以至围逼辰永二州，杀掠民畜。岁岁不宁，太祖既下荆湖。思得蛮情习险扼而勇、智可！任者以镇抚之。有辰州徭人秦再雄者，长七尺。武健多谋。在周行逢时，屡以战斗立功。蛮党畏服，太祖召至阙下。察其可用，面以一路事付之。起蛮酋除辰州刺史，官其一子为殿直，赐予甚厚，仍使自辟吏属。尽予一州租赋。弄雄感慨异恩。誓死报效，至州日训练土兵得三千人，皆能被甲度水。历山缘堑，山缘堑，捷如猿猱，又选亲校二十八人，分使诸蛮以传朝廷怀徕之意。莫不从风而靡，各得降表以闻，太祖大喜，弄如至阙面加奖，激再雄伏地流涕，呜咽不胜。改辰州团练使，又以其门客王元城为本州推官，再雄尽瘁边围。故终太祖世无蛮患，五州连袤数千里不增一兵，不费帑庾。而边境安妥。由神机驾驭，用一再雄而已。按泰所录，再雄事甚美，然正史实录无之。又不见于他书，或此秦德崇即秦再雄也德崇自牙校便知州，又起复事。必有异惜，正史实录不详。及八年正月三十日，除右千牛卫将军，已称前知辰州。则德崇在辰州，亦不终太祖世。令悉注。泰所录，更俟考求。已未，运州言，供奉官李继朗、药继清等，领兵大破獠贼于英州城下。继朗继清未见宋朝要录庚申，赐上书人郑伸同进士出身，以为酸枣县主簿。癸亥，禁释道私习天文地理。已已，诏诸道举人，自今并于本贯州府取解。不得更称寄应，如从化外至者，先投牒开封府，奏请得旨。方许召试，其国学亦不得妄署监生，参预荐送。宋朝要录诏曰，乡举里选，先王之制也。朕之取士，率由旧章。应天下贡举人，自今并于本贯取解。不得寄应。甲戌，废春勤二州，及化仁等七县，又废南义州。废南义州，本纪实录并不载，但载明年复置，因追书于此。庚辰，命知政事薛居正，兼提点三司。淮南湖南岭南诸州水陆转运使事，吕余庆，兼提点三司，荆南剑南诸州水陆转运使事，诏翰林学士李昉，及宗正丞洛阳赵孚等，分撰岳渎并历代帝王新庙碑。遣使刻石庙中。凡五十二首。十二月乙未，命近臣于京城诸祠庙，祈雪。已亥，畋近郊，遂幸开封尹第视疾。甲寅，诏流外，选人经十考入，令录者，引对方得注拟。驱使散官技术人，资考虽多，亦不注拟。杖杀内班董延谔，坐监车营务盗刍粟累赃数十万，鞫之得实故也。翰林医官，鸿胪寺丞刘翰，为殿中省尚药奉御。又赐道士玄祕大师马志，通议大夫阶。仍各赐器币及鞍马。开封尹疾有瘳也。乙卯，大雪，乾宁军言，北汉民二千二百四十八户来归。三司，盐铁户部度支各有句院及开拆司，皆本部判官主之。是月，诏并盐铁户部为一，度支如故。是岁大饥，初上问宰相赵普曰："儒臣有武干者何人？"普以知彭州左补阙辛仲甫对。乃徙仲甫为西川兵马都监。于是召见，面试射，且问能擐甲否。仲甫曰："臣在郭崇幕府，屡从征讨。固尝被介胄矣。"上曰："汝见王明乎？朕已用为刺史。汝颇忠淳，若公勤不懈，不日亦当为牧伯也。"仲甫顿首谢。上因谓普曰："五代方镇残虐，民受其祸。朕今选儒臣干事者百余，分治大藩，纵皆贪濁。亦未及武臣一人也。"既而有司命仲甫检视民田。上曰："此县令职尔。"即令吏部铨择官代之。《宋史》全文吕中曰，以酷吏主财，则取民必峻。以武夫主刑，则用法必严。此太祖所以命儒臣主财，士人典狱也。知所以培国脉而重民命欤。

北汉主始令民输赡军钱，文武百官皆减俸。财用不给故也。

开宝六年，春正月甲子，以云安监为云安军。又以遂合，渝、泸、昌、开达、渠巴、蓬、资、戎涪、忠、万、夔、施十七州，及广安、梁山、云安三军，别置水陆计度转运使，仍以知云，安监太子中允张颙充使。

丙寅，韶州言，静江军士百余人，鼓城譟中，以应外贼。悉捕斩于市。

戊辰，赐皇弟开封尹袭衣，犀带，罗绮五百匹。玉鞍勒马，以疾间也。

癸酉遣德州刺史郭贵，发丁夫千人，修大名府魏县河堤。

己卯，以术子洗马权知蓬州朱昂，权知广安军，会渠州妖贼李仙，众万人劫掠军界。昂设策禽之，自余果合渝涪四州民连结为妖者，一切不问。蜀民遂安，昂，长沙人也。

壬午，诏诸州流民，所在计程给以粮，遣各还本贯。至日，吏加赈给。殿直传廷翰，为棣州兵马监押，欲谋叛，北走契丹。知州右赞善大夫周渭，禽之以闻。遣使械，系送御史狱。鞫之得实，二月丙戌，斩廷翰于西市。丙申，运京师米二万石，赈曹州饥民。辛丑，以著作佐郎陆光范，为在京粮料使。太仆司丞赵巨川，为西京粮料使。光范巨川未见。国初承旧制，三司大将领粮料之职，于是改任京官。三月乙卯朔，房州言周郑王殂，上素服发哀。辍视朝十日，命还葬庆陵之侧。曰"顺陵"，谥曰"恭帝"。己未，复以密州南安化军。辛酉，新及第进士。雍丘宋准等十人，诸科二十八人，诣讲武殿谢。上以进士武济川，三传刘濬，材质最陋。应对失次，绌去之。济川，翰林学士李昉乡人也。昉时权知贡举，上颇不悦。会进士徐士廉等，击登闻鼓，诉昉用情，取舍非当。上以问翰林学士卢多逊，多逊曰"颇亦闻之。"上乃令贡院籍终场下第者姓名。得三百六十人。癸酉，皆召见。择其一百九十五人。并准以下及士廉等。各赐纸劄、别试诗赋。命殿中待御史李莹，左司员外郎侯陟等为考官。乙亥，上御讲武殿亲阅之。得进士二十六人，士廉预焉，五经上人，开元礼七人，三礼三十八人，三传二十六人，三史三人，学究十八人，明法五人。皆赐及第。又赐准钱二十万，以张宴会。责昉为太常。少卿，考官右赞善大夫杨可法等皆坐责。自兹殿试，遂为常式。可法未见。

丙子，幸相国寺，观新修普满塔。壬午，以教船池为讲武池。闵河为惠民河，五文河为广济河。癸未，镇国节度使李崇矩，责授左卫大将军。实录但云，以前镇国节度，使检校太传李崇矩为左卫大将军。而百官表云，崇矩自节度使责授左卫大将军。今从之，然亦不知坐何事也。当考。诏诸州流民复业者，蠲今年蚕盐钱，复其租，免三年后。

禁铜钱不得入蕃界，及越江海至化外。融州修河卒叛，杀长吏，知高州范可郓，率高潘二州民吏击破之，语赐二州民今年秋租。是月，大食国遣使来贡方物。先是诏朝臣，有将命远方死王事者，得录其子。于是右赞善大夫陆光佩子坦，赐进士出身。监察御史王楷子克，同三传出身。右补阙吴光辅子用之，右赞善大夫刘师道子传庆，并同学究出身，皆就学士院，试所业。然后命之。

夏四月甲申朔，限诸州度僧额，僧帐及百人者，每岁度一人，仍度有经业者。

乙酉，诏诸州考试官，令长吏精选僚属有才学公正者充，知贡举与考试官同看详义卷，定其通否。否即驳放，不得优假。虚至终场，申禁私荐属举人，募告者其赏有差，举人勒还本贯重役。永不得入科场。

丁亥，诏皇弟开封尹。天平节度使石守信等，宴射苑中。复置南义州。

丁酉，禁灌顶水陆道场。辛丑，翰林学士卢多逊等，上所修开宝通礼二百卷，义纂一百卷，并付有司施行。诏改乡贡开元礼为乡贡通礼。本科并以新书试问。是月，遣卢多逊为江南生辰国信使。多逊至江南，得其臣主欢心。及还，舣舟宣化口，使人白国主曰：

"朝廷重修天下图经。史馆独阙江东诸州,愿各求一本,以归。国主亟令缮写。命中书舍人徐锴等,通夕储对送与之。多逊乃发。于是江南十九州之形势,屯戍远近,户口多寡,多逊尽得之矣。归即言江南衰弱可取状,上嘉其谋。始有意大用。

壬寅,命知制诰张澹。权祗庙翰林院事。《澹本传》云。权直学士院,从今实录。

甲辰,占城国遣使来贡方物。丙午,黎州言,有何塞蛮七十余人,自大渡河来归。

薛居正

戊申,诏参知政事薛居正,监修梁、后唐、晋汉、周五代史。知制诰王祐等,上重定《神农本草》二十卷。上制序摹印以颁天下。先是江南饥,诏谕国主借船漕湖米麦,以赈之。辛亥,国主遣,侠修贡谢恩。赐米麦前已见。

江南国主以司空判三司尚书都省汤悦,知左右内史事,悦以身老国危,固辞不许。汤悦事,据十国纪年在此夏,今附见。癸丑,诏曰:"堂后官十五人,从来不曾替换。宜令吏部流内铨于前资,见任领录判官簿尉内。拣选谙会公事,有行止无违阙者十五员。具姓名奏。当议差补,仍三年与替,若无违阙,其令录除陛朝官,判官簿尉除上县令。"五月丙辰,以前武德县尉姜宣义为眉州别驾,充堂后官,寻又得新成州录事,参军任能。前郫县令夏德崇,前三原县尉孔崇照,皆授诸州上佐用之。上知堂吏擅中书权,多为奸赃。欲更用士,而有司所选终不及数。遂召旧任者刘重华等四人,面加戒励令复故。岁满无过,与上县令,稍有愆咎,重寘其罚。《宋史全文》吕中曰:"创业之世多责实,守成之世多虚文,覆试之法,欲无一士之不实。劝农之诏,欲无一民之不实。籍记人才,欲无一官之不实。拣汰骄脆,欲无一兵之不实也。以庆历元祐之盛,而杜愆之任怨,吕大防之尽忠,且欲汰吏而不可得。况若士若民若兵若官乎。是虚文之习难革故也。"兵部侍郎参知政事刘熙古,以足疾四上表,求解。庚申,授户部尚书致仕,供备库,使李守信,受诏市木秦陇间。盗官钱钜万,及代归,为部下所告,守信至中牟县,闻其事,自到于传舍。上命司勋郎中监在京商税务苏晓按之,逮捕甚众,右拴遗通判秦州马适妻,守信女也。守信尝用水为筏,以遗适。晓获其书以进,上将舍之。晓固请寘适于法,适坐弃市仍籍其家。余所运及者,多至破产。尽得所盗官钱,上悦。癸亥,以晓为右谏议大夫,判大理寺事。寻迁左谏议大夫,复监在京商税务。晓无子,有一女,甚爱之。亦先晓卒,人以为深刻所致云。

幸玉津园观刈麦,枢密副使沈义伦居第卑陋。处之晏如,当时贵要,多冒禁市巨木秦陇间,以营私宅。及主者败,皆自启于上前。义伦亦尝市木,为母营佛舍。因奏其事,上笑谓义伦曰:"尔非逾矩者知"。居第尚不葺,因遣中使,案图督工匠五百人,为治之。义伦私告使者,愿得制度狭小。使者以闻,上亦不违其志。戊辰,诏曰,朝廷立取士之科,分署吏之秩,所以辨等,异乎编民。苟真伪以相参,俾名实之斯滥,宜有厘革,无容混淆。自今诸州,有胃称乡衔摄官,并不得以客礼谒见州县官吏。假署文牒,所在官司追毁之,其有经试举人,及历承乏视事之官,不用此制。

庚午,宴射苑中。

甲戌,以殿中侍御,史钜野冯炳,为侍御史知杂判御史台事。上留意听断,专事钦恤,御史大理官属尤加选择。尝召炳谓曰:"朕每读汉书,见张择之,于定国,治狱,天下无冤民。此所望于汝也。”赐金紫以勉之。南汉静海节度琏使丁琏，闻岭南悉平，遣使朝贡。表称其父部领之命。戊寅，以琏为静海节度使。除琏节度使制其略曰，虔遵父命。耻事伪邦，则知必琏表云尔也。京城左右军巡院，典司按鞫，开封府旧选牙校分掌其职。上哀矜庶狱，始诏改任士人。六月癸未朔，以前馆陶县令李萼，为光禄寺丞兼左军巡检。安丰县令赵中衡，为大府寺丞兼右军巡检。

己丑，广州言，同知州保信节度使尹崇琦卒。优诏赠侍中，遣中使护其丧。归葬洛阳。辛卯召京百司吏七百余人，见于便殿。上亲阅试，勒归农者四百人。初李谦溥去湿州，边将屡失律。乃复以谦溥为湿州巡检使，边民喜谦溥之至。相率迎于路。癸巳，谦溥言领兵入北汉界。连拔其七寨。谦溥再为湿州乃开宝五年四月也，今并列于此。九国志世家云，明年王师侵岚石州。拔我七寨即此。

占城国又遣使来贡方物。初蜀民所输两税，皆以疋帛充折。其后市价愈高，而官所收止依旧例。上虑其伤民。壬寅，诏西川诸州，凡以疋帛折税，并准市价。初雷德骧责商州司户参军，刺史以德骧旧为尚书郎，颇宾礼之。及奚屿至州，希宰相意，则倨受庭参，德骧不能堪，出怨言。屿闻之怒，有言德骧尝为文讪谤朝廷。屿因召德骧与语，潜遣吏给德骧家人取得之。即械系德骧，具事以闻，上贷其罪。削籍徙灵武，德骧子有邻。意赵普实挤排之。日夜求所以报者，于是堂后官胡赞。李可度。在职岁久，或称其多请托受赇。而秘书丞王洞，与德骧同年登第。有邻每造谒于洞，洞多委以家事。一日托有邻市白金半铤，因语有邻曰：“此欲与胡将军。”谓赞也，有邻亦尝出入赞家，故洞语之。时又有诏，应摄官三任解由全者。许投牒有司。即得引试录用。有邻素与前摄上蔡主簿刘伟交游。知伟虽经三摄，而一任失其解由。伟兄进士侁，为伟造伪印得送铨。遂上章告其事，并言宗正丞赵孚，乾德中授西川官不之任，皆宰相庇之。上怒，悉下御史狱鞫实。上始有疑普意矣。壬寅，诏参知政事吕余庆，薛居正，升都堂与宰相同议政事。癸卯，伟坐弃市，孚及洞、侁、赞、可度、并决杖除名。赞可度仍籍没其家财。以有邻为秘书省正字，厚赐之。有邻自是累上章告人阴事，俄被病。白昼见伟入室，以杖垂其背。有邻号呼，声闻于外。数日而死。洞除名，实录在七月乙亥，今并书之。禁岭南诸州民捕象。籍其器仗送官，赐容州民今年租。废泷州，复春州。丁未，复寻州，宾州。赵普之为政也专，廷臣多疾之。上初听赵玭之诉欲逐普。既止，卢多逊在翰林，因召对数毁短普，且言普尝以隙地私易尚食蔬圃，广第宅，营邸店，夺民利。上访诸李昉，昉曰“臣职司书诏。普所为，臣不得而知也。”上默然。自李崇矩罢，上于普稍有间。及赵孚等抵罪，普恩益替。庚戌，复诏薛居正，吕余庆，与普更知印，押班奏事，以分其权。易州言，刺史贺惟忠卒。惟忠性刚，颇知书。洞晓兵法，有方略。在易州葺治亭障，抚士卒，能得其心。每乘塞用兵，所向无敌。名震北虏。十余年间，不敢寇边，民皆赖之。及卒，上甚嗟惜，即录其子昭度为供奉官。河决郓州杨刘口，又决怀州获嘉县。诏潭州乡兵二千人，郴州三百人，并复其家一年，死事者二年。此必在行营也，但本纪不详耳。当考。是夏，邛部川都鬼主归德将军阿伏，与山后两林蛮主勿儿，语言相失。勿儿率兵侵掠邛部川堡壁，多所杀伤。阿伏告黎州，州以闻，并赐诏慰谕，各令守封疆，勿相犯躐。先是诸道州府，任牙校为马步都虞候。及判官断狱多失其中。

秋七月，壬子朔，诏罢之。改马步院为司寇院。以新及第进士。九经，五经，及选人资序相当者，为司寇参军。遣右领军卫大将军王昭远，闲厩，使杨重美，使交州。昭远、重美，未见。广南诸州民输税米，刘铱时每石白配百六十钱。丙辰，诏但取其十。

辛酉，幸都亭驿。中书拟左补阙辛仲甫，为淮南转运使。上不许。乙亥，选授三司户部判官，赐钱百万。有权酤主吏武希琏等三十余辈，适岁课三十余万缗。连民械系，竭资产不能偿。馁死者数人，榜督不已，仲甫奏除之，又请百官折俸令估实直。通事舍人宋惟忠,决杖除籍为民。坐知濠州日不法,为人所诉。鞫得其实故也。孟昶时,西川民嫁遣资装。皆籍其数征之,八月乙酉,勿令复征。

丁亥,幸玉津园观稼。草泽王德方,上修河利害,辛卯,赐德方同学究出身。右补阙苏德祥,夺两任官。坐令门人执私券乘马过淮,德祥,禹珪子也。禹珪,初见天福十二年。

泗洲军事推官侯济,决杖除名。济尝应拔萃科,当试判时。假手于人,至是为人所发故也。

甲辰,左仆射兼门下侍郎平章事赵普,罢为河阳三城节度使。同平章事。普独相凡十年,沈毅果断,以天下事为己任,上倚信之,故普得成其功,尝欲除某人为某官。不合上意,不用。明日普,复奏之,又不用。明日又奏之,上怒。裂其奏投诸地。普颜色自若,徐拾奏归,补缀,明日复进之,上悟,乃可其奏。后果以称职闻。又有立功者当迁官。上素嫌其人不与,普力请与之。上怒曰:"朕故不与迁官,将奈何?"普曰:"刑以惩恶,赏以酬功,古今之通道也。且刑赏者,天下之刑赏,非陛下之刑赏也。岂得以喜怒专之。"上弗听起,普随之。上入宫,普立于宫门,良久不去,上卒从其请。一日大宴,雨骤至。帝不悦,雨良久不止。上怒形于辞色。左右皆震恐。普因进言:"外间百姓政望雨。于大宴何损。不过沾湿供帐乐衣耳。此时雨难得。百姓得雨,各欢喜作乐。适其时。乞令乐官就雨中奏技。"上大悦。终宴,普临机制变,能回上意类此。尝设大瓦壶于视事阁中,中外表疏,普意不欲行者,必投之壶中,束缊焚之。其多得谤咎,殆由此也。普既出镇,上书自诉云,外人谓臣轻议皇弟开封尹。皇弟忠孝全德,岂有间。然矧昭宪皇太后大渐之际,臣实预闻顾命。知臣者君,愿赐昭鉴,上手封其书,藏之金匮。雨中作乐。据《丁谓谈录》,太祖大宴,皆用秋月。不知是何年。按普行状,乃乾德五年春事,今附此。宋史全文吕中曰,赵中令相太祖之功,在于收藩镇之权,迟幽蓟之伐。其再相太宗之功,在于上彗星之疏,谏北代之书。而金匮一书,尤宗庙社稷之大计也。然自唐以来,宰相入见必命坐。大政事则面议之,自余号令除拜赏刑废置。但入熟状画可降,出即行之。国初三相,自以前朝旧臣,稍存形迹,每事具札子进呈。至普独以天下为己任,故为政专,所以启雷德骧父子之诵也。自是以后居正,义伦,不过方重靖介自守之。相尔。己酉,幸新水硙宴射苑中。是月,流内铨上言,请复四时选应引对者,每季一时引对。诏从之。时国家取荆衡,克梁益。下交广,辟土既广,吏员多阙。是以岁常放,选人南曹投状,判成送铨司,依次注拟。其后,选部阙官。又特诏免取解。非时赴集,谓之放选,习以为常。取解季集之制,有名而无实矣。此据本志,实录不书,会要乃称复四时,选在九年八月,盖字误也。太子中舍权判国子监陈鄂,免官。四门博士解损,除籍为民。皆为监生徐让能所讼故也。

岭南群盗未息。

九月壬子,以唐州刺史曹光实为诸州都巡检使。光实既至,捕斩之,海隅悉平。吏部侍郎参知政事吕余庆,以疾求解职。丁卯罢为尚书左丞。余庆,上霸府元僚。赵普,李处耘,先进用,余庆恬然不以介意。处耘获罪时,余庆知江陵还朝,上委曲问处耘事,余庆具以实告。及普忤旨,左右争倾之,余庆独为明辨,上意稍解,时称长者。已已,皇弟开封尹光义,封晋王。山南西道节度使光美,为永兴节度使,兼侍中。皇子贵州防御,使德昭,为山南西道节度使,同平章事。吏部侍郎参知政事薛居正,为门下侍郎。枢密副使,户部侍郎沈义伦,为中书侍郎,并平章事。天平节度使石守信,兼侍中。归德节度使高怀德,忠武节度使王审琦,并加同平章事。翰林学士,兵部员外郎,知制诰卢多逊,为中书舍人,参知政事。左骁卫大将军,判三司楚昭辅,为枢密副使。辛未,静江节度使殿前都虞候杨义为建武节度使。殿前都指挥使,自韩重赟罢殿前都挥使。凡六年不除授,于是乃以命义。

壬申,诏晋王位居宰相上。

丁丑，令诸州不得占流民，募告者户赏钱五千。诏西京诸殿门列戟，如东京之制。江南内史舍人潘佑，与户部侍郎李平，平见乾祐元年最见亲善，佑好神仙事，平颇知修练导养之术，言多妖妄。佑特信之，平自言与仙人通接。佑父处常，今已为仙官，甚贵重。而已及佑，亦仙官也。各于其家置净室，图像神怪，披发裸袒而祭，人莫得窥。平语佑曰“六朝大臣冢中多宝剑。及得而佩之，可辟鬼。去人倦矣。佑求之甚切。不能得。会张洎亦好方士之说，乃共买鸡笼山前古冢地数十顷，以为别墅。遇休沐，则与联骑。率仆夫具畚锸而往，破一冢得古器，必传玩良久。吟啸自若，曰未知此生，发得几冢，其怪诞类此。”佑尝言于国主曰：“富国之本，在厚农桑。因请复井田之法。深抑兼并，有买贫者田，皆令归之。”又依周礼，造民籍，复造牛籍，使尽辟旷土以种桑。荐平判司农寺以督之。符命行下急于星火，百姓大挠，国主遽遣罢之，佑疑执政沮已乃历诋大臣。与握兵者，两两为朋，旦夕将谋。窃发且言“国将亡，非己为相不可救。”江南政事多在尚书省，因荐平可知省事，司天监杨熙澄可任枢密军校，侯英可典禁卫。国主不纳。佑益忿抗，疏请诛宰相汤悦等数十人。国主手书教诫之。佑遂不复朝谒，居家上表。言“陛下既不能强，又不能弱。不如以兵十万，助收河东，因率官吏朝觐，此亦保国之良策也。”国主始恨之，不复答。又复请致仕入山避难，国主以为狂，悉置不问。

冬十月壬午。佑上第七表曰：“臣闻三军可夺帅也，匹夫不可夺志也。臣近者连贡封章，指陈奸宄。画一其罪，将数万言，皎右丹青。坦然明白，词穷理当，忠邪洞分，皆陛下党蔽奸，回曲容谄伪。受贼臣之佞媚，保贼臣如骨肉。使国家愔愔，如日将暮。不顾亿兆之患，不忧宗社这覆，以古观之。则陛下之为君，无道深矣。古有桀纣孙皓，破国亡家。自已而作，尚为千古所笑。今陛下取则奸回，以败乱其国家，是陛下为君。不及桀纣孙皓远矣。臣必退之心，有死而已。终不能与奸臣杂处，而事亡国之主，使一旦为天下笑，陛下若以臣为罪，愿赐诛戮，以谢中外。”国主大怒，推其狂悖谤讪，殆由李平乃先收平下大理狱，后始收佑。佑即自杀。母及妻子，徙饶州，平亦缢死狱中。佑所上书，史臣并改陛下为殿下。今从九国志本文。国主寻谓左右曰，吾诛佑，思之逾旬不决。盖不获已也

明年，皆宥其家，廪给之。佑初与张洎为忘形之交，其后俱为中书舍人，不双立，稍相持，佑尝答洎书云：“堂堂乎张也，难与并为仁矣。”佑之死，洎颇有力焉。洎时为清辉殿学士，参预机密，恩宠莫二，清辉殿在后苑中。国主不欲洎，远离左右。故授以此职，洎与太子太傅临汝郡公徐辽，太子太保文安郡公徐游，别居澄心堂。密画中旨，多自澄心堂出，游从子元楀等，出入宣行之。中书密院，乃同散地。

癸巳，燕国恭懿长公主薨。上临哭甚哀，诏有司具卤簿鼓吹陪，葬安陵。

丁酉，除名人雷德骧为秘书丞。分判御史台三院事。

甲辰，特赦中书枢密院三司，及诸司吏自前隐欺未觉等罪，使之自新。

初左，藏库使元城田仁朗，为宦官所谮。上怒，立召仁朗面诘之。至殿门，先命去冠带，仁朗神色不挠，从容言曰：“臣尝为凤州路濠寨都监。伐木除道，从大军破蜀。秋毫无所犯。陛下用之，令主藏禁中，岂复为奸利以自污。”上怒解。

乙巳，以仁朗为榷易使。本传言，止免仁朗官。于是起为榷易使，今从实录。盖未尝免官。

十一月癸丑，令常参官进士及第者，各举有文学官一人。

甲子，武宁节度使赠侍赠侍中高继冲卒。继冲镇彭门十余年，有惠政，民请留葬。上不许。

丁卯，诏诸州长吏及监当官等。无或隐庇得替人。事觉，当重寘其罪，少府监致仕卢

亿，亿河阳人，初见开运元年有高识，恶其子参知政事多逊所为，尝曰：“赵普元勋也，而小子毁之，祸必及我。我得早死，不及见其败，幸也。”

十二月庚子，亿以忧卒，丙子，多逊起复。女真遣使来贡马，是岁，命参知政事卢多逊，知制诰扈蒙。张澹，以见行长定循资格。及泛降制书。考正违异，削去重复，补其阙漏。参详，义取悠火可用之文为长定格三卷。有旨限，选数集。人取解出身，科目。铨司检勘注拟，加、选减，选之状，南曹检勘用阙。年满伎术，考课春闱，杂处分涂，注乙凡二十条。摠二百八十七事，循资格一卷，制敕一卷，起请条一卷。书成上之，颁为永式。自是铨综益有伦矣。亟定循资格，实录在七月已未，今从本志。击之岁未出，《宋史全文》吕中曰。既罢岁月序迁法，而复颁循资格。既命陶谷定，选法，而又命吏部取，选人堪升擢者上之。诚以资格国不可拘，亦不可废也。以资格用人者，有司之法，以不次用人者，人主之权，尝考国初有为小官，而其望已足为卿相。至其久也，亦卒为之。自铨法一严，无有流品，无有贤否，资深者序进，格到者次迁，然王安石，章子厚之徒，破资格用小人。又不若李公沆，王公旦，谨守资格之为有德也。北汉成德节度使，太师兼中书令刘继颙，自以沙门，位兼将相，颇为时论所薄。数上表求罢，不许，是岁继颙卒。追封定王，前大内都点检刘断钦，殿前虞前都虞候张重训。侍卫步军都指挥使郑进，前岚州刺史张昭敏，辽州刺史卫俦，都引进，使李隐等，皆被杀。初北汉主为大内都点检，孝和帝以其幼弱，命继钦副之，委以禁卫。北汉主立，亲旧多所诛放，继钦遂谢病请罢。北汉主曰：“继钦但事先帝，岂肯为我尽力耶。”乃黜居交城，俾奉园寝。寻遣人杀之。进与宣徽使马峰不协，峰怒夺其兵柄。进不堪其辱，诟峰于朝，北汉主怒，翼日送定襄安置。遣人杀之于路。昭敏尝为礼部尚书参议中书事，性廉直，权势请托不行，多仇少与，旋出知岚州。俄召还，勒归私第，无以出怨言，缢杀之。俦数从征伐，专掌吐浑军，阉人卫德贵嫉其功，使出为辽州。吐浑数千人，遮道乞留。北汉主不许，吐浑既失帅。由是一军不可复用。俦少，长蕃部，不乐为州。颇出怨言。北汉主虑其为变，潜遣人杀之。隐惜俦忠勇，为嬖侍所诬，愤惋形于辞色，德贵闻而恶之，白北汉主，即送岚州安置。未几杀之。张昭敏为礼部尚书参议中书事，此但据九国志。不知的在何时，志又云昭敏与郭无为议事不协，继元立。出知岚州。按赵文度以岚州降时，断元立才逾年也，文度先在岚州，昭敏安将复出。然则昭敏出知岚州，当在文度来降后。文度来降时，王师犹在城下。寀寻即被杀。岂容复出昭敏乎。昭敏之出，固当是别与嬖倖者不协耳。今日云多仇少与，不书与郭无为不协。庶居牴牾，更当细检详定刘继钦。郑进，张昭敏，卫俦李隐等五人事，皆据九国志本传。独张重训无传，不知其事也。继钦等六人被杀，亦未必专在一年。既无可推寻，姑从本志，并系之年末，其月日都不可知矣。开宝七年，春正月庚申。占城国遣，使来贡方物。

甲戌遣使，发廪赈杨楚等州饥民。戊寅，幸玄化门，赐治城壕卒衣屦，遂幸新水硙，还宴射苑中。

燕国长公主之丧。上哀恸，谓左右曰：“明年庭节，当罢会禁乐。”已卯，中书门下上言：“王者礼绝正更。虽陛下友爱之厚，然群臣上寿，无以为礼。望许教坊作乐。”上不得已从之。

二月庚辰朔，日有食之。上初临御，欲周知外事。令军校史珪博访，珪廉得数事白于上。案验皆实，由是信之。累迁马军都军头，领毅州刺史。渐肆威福，时在德州刺史郭贵。权知邢州。贵权知邢州在六年六月国子监丞梁梦升，知德州，贵之族人亲吏德州。颇为奸利，梦升以法绳之。贵素与珪善，遣亲信至都。以其事告珪，图去梦升。珪悉记于纸，将伺便言之。

甲申，上从容言：“迩来中外所任皆得其人。”珪遽曰：“今之文臣，亦不必皆善。”乃探怀中所记，以进曰："祇如梁梦升，权知德州。欺篾刺史郭贵，几至于死。"上曰"此必刺史所为不法。梦升真清强吏也。"取所记纸，召一黄门，令齐付中书。曰："即以梦升为赞善大夫。"既行又召还曰："与左赞善大夫。"仍知德州。珪乃不敢言。梁梦升未见有周广者，亦好言外事。由内外马步军副都统潘州团练使迁右领卫大将军。尝白上曰："朝廷每遣使吴越，钱叔南面坐。旁设使者位，叔虽贵极人臣，然尊无二上，而奉使者不能正其名。此大辱国。"上曰："汝颇能折之否。"广请行。叔生辰，即遣广为使。叔犹袭故态。广曰："比肩事主，不敢说席。"叔乃移床西向为宾主之礼。广复命。气骄甚，将希宠赏。上曰："汝盖倚朝廷威势。不然，则叔何有于汝哉。"广大惭。此时不知的是何时。谈苑称广时作都头。按六年九月壬申，广始自都头迁环卫。今因史珪事附见。壬辰，庆州言，刺史姚内斌卒。遣中使护丧归葬洛阳。内斌在庆州逾十年，边人畏伏。目为姚大虫，言其虓勇如虎也。癸巳，以榷易，使田仁郎权知庆州。时西戎乘隙扰边，仁朗既至。部麾下击之。短兵相接，前锋稍却，仁郎斩指麾。使二人于纛下。军中震恐，争乞命。遂大破之。西戎酋长，相率请和。仁朗杀牛置酒，与饮且立誓。边境宁肃玺书褒美。先是知博州吕鹄，知蕲州秦亶，皆坐盗盐曲额外钱。决杖除名，庚子，令诸州知州，通判，判官，兵马都监，县令，所掌盐曲及市征地课等，并亲临之。月具籍供三司，秩满校其，殿最欺隐者。当寘于法。募告者，赏钱三十万。癸卯分命近臣于京城祠庙祷雨。诏学究举人所习诗书并易为一科及第。选叙与三礼三传同例。

乙巳，太子中舍胡德冲弃市，坐通判廷州，隐没官钱一百八十万。为录事参军，段从革，所发故也。从革寻改左赞善大夫，权知海州。从革未见。

三月，诏权停贡举。

乙丑，三佛齐国遣使来贡方物。夏四月丙戌，追赠昭宪皇太后曾祖蕴，太保，祖琬，太傅，父爽，太师，妣皆封卫燕齐国太夫人。

癸卯，殿中侍御史刘光辅，坐知楚州日受赂，除籍为民。

丙午，命左补阙南皮贾黄中，检视广南民田。黄中廉直平恕，远人便之。还奏利害数十事，皆称旨。李从善之入贡也，度支判官殿中侍御史李莹。实为接伴，莹私受从善之赂，人或告之。

五月戊申朔，莹坐责为右赞善大夫，分其赂赐盐铁判官刘兼，户部判官辛仲甫，各十万钱。兼未见。

甲寅，以密州所举贞廉德行忠孝人齐得一为章丘县主簿。得一初以五经教授乡里。弟子自远而至。晋末遭乱，其家为州将所居。得一脱身免，诉诸朝廷，州将坐黜，得一乃还家。布衣蔬食，不复仕进。于是应诏来京师，策试中。选故有是命。监察御史渤海刘蟠，受诏于庐舒等州巡茶。蟠乘羸，伪称商人。抵民家求市，民家不疑，出茶与之。即禽置于法。壬戌，命蟠同知淮南诸州转运事。

京师民有市官物，或不当价者，马军都军头史珪，密遣人伺之，告其诬罔，往往坐诛。列肆为之昼闭，上既闻其事。乙丑，降诏曰："古人以狱市为寄者，盖知小民惟利是从，不可尽绳以法也。且先甲之令，未始申严，苟陷人于刑僻。深非理道，将禁其二价。宜示以明文，自今应市易官物，有妄增损价直，欺罔官钱者，案鞫得实。并以枉法，论其犯在诏前者，一切不问。"自是珪所言，上愈不用矣。

丙寅，幸讲武池观习水战。丙子，又幸讲武池观习水战，遂幸玉津园。

是月，诏司天台学生，及诸司技术工巧人，不得拟外官。

江南国主天性孝友。初李从善与钟谟亲狎,尝有夺宗之谋。及元宗殂于豫章,独从善与诸弟扈,从因怀非望,就宰相徐游求遗诰。游正色不与。至建业,具以闻,国主不问,待之愈厚。从善既被留,国主悲恋不已。岁时宴会皆罢,为却登高,文以见意,于是遣常州刺史陆昭符。昭符有传,不著里邑。入贡,奉手疏求从善归国,上不许。出其疏示从善,慰抚之。

# 卷之一万二千三百七 一送

## 宋太祖十

李焘《续通鉴长编》

开宝七年,六月甲申,以从善掌书记江直木直木未见。为司门员外郎,同判兖州,僚佐悉推恩。寻又封从善母陵氏为吴国太夫人。十一月庚辰,始封陵氏,今并书之。昭符在江南与张洎有隙,上雅知之,因从容谓昭符曰:"尔国弄权者,结喉小儿张洎。何不入使?尔归,可谕令一来,朕欲观之。"昭符惧,遂不敢归。陆昭符入贡月日,《实录》《本纪》并不载。《江表志》云:从善除兖帅,昭符入谢。上语及张洎,昭符遂留。按《昭符本传》,开宝七年复入贡,则除从善为兖帅时,未尝留也。除兖帅在二年闰二月,《江表志》必误。今因李煜奉手疏求从善归国,附见其事。其后煜遣徐铉入贡,手书云,陆昭符既未回下国,在骨肉则亦难具陈。疑昭符复入贡,亦必以求从善归国故也。当考。

戊子,诏仓部郎中知制诰张澹,权点检三司公事,依旧翰林院宿直。澹初出居郎署,颇怏怏,晚节附会卢多逊,始获进用,不逾旬,遽卒。上闻其无子,甚闵之,命中使护丧葬洛阳。

河中府及绛州民饥。丙申,诏发河中军储三万石以赈之。

乙巳,减京城麹价,斤止百钱。

秋七月壬子,幸讲武池观习水战,遂幸玉津园。

南丹州蛮,溪洞之别种也。地与宜州接。丙辰,酋帅莫洪暨自称节度使,遣牙校陈绍规,奉表修贡求内属。

川峡盐,承伪制官鬻之,于是诏斤减十钱,以惠远民。

卢多逊既还,江南国主知上有南伐意,遣使愿受封策。上不许,于是复遣阁门使梁迥使焉。迥从容问国主曰:"朝廷今冬有柴燎之礼,国主盍来助祭?"国主唯唯不答。迥归,上始决意伐之。梁迥以此岁夏出使,不知果何日也。今附此。

初江南人樊若冰举进士不中第,上书言事不报,遂谋北归。先钓鱼采石江上,以小舫载丝绳其中,维南岸而疾棹抵北岸,以度江之广狭。凡数十往反,而得其丈尺之数,遂诣阙,自言有策可取江南。上令学士院试,赐及第,授舒州团练推官。若冰告上,以母及亲属皆在江南,恐为李煜所害,愿迎至治所。上即诏国主护送,国主听命。戊辰,召若冰为赞善大夫,且遣使诣荆湖如若冰之策,造大舰及黄黑龙船数千艘,将浮江以济师也。《若冰传》云:若冰以开宝三年上书。《会要》亦云,在三年十一月。《大定录》乃云在六年十一月。《登科记》云,七年不贡举,赐上书人樊若冰及第。疑若冰以去年冬来归。今年冬授官。《大定录》与《登科记》皆得其实也。今并书于此。已巳,彰德节度使、赠侍中韩重赟卒。遣中使护丧事。重赟好释氏,在厢州凡六七年,日课部民采西山木造佛寺,未尝暂息,人皆苦之。

太子中允李仁友，坐知兴元府私收渡钱数十万，并强置女口。庚午，弃市。

契丹军器库副使石重荣、东头供奉官刘琮来降。

八月丙子朔，以重荣为茶酒库副使，琮为西头供奉官。重荣、琮未见。

先是吴越王俶，遣元帅府判官福人黄夷简入贡。上谓之曰："汝归语元帅，当训练兵甲。江南倔强不朝，我将发师讨之，元帅当助我。无惑人言云皮之不存，毛将安附也。"特命有司，造大第于薰风门外，连亘数坊，栋宇宏丽，储峙什物，无不悉具。乃召进奉使钱文贽谓之曰："朕数年前，令学士承旨陶穀草诏，比于城南建离宫，今赐名礼贤宅，以待李煜及汝主先来朝者赐之。"且以诏草示文贽，遂遣文贽赐俶羊马，谕旨于俶。

戊寅，俶遣其行军司马孙承佑入贡。丁亥，辞归，上厚赐俶器币，且密告以师期。承佑，俶妃之兄，本伶人，以妃故，贵近用事，专其国政，时谓之孙总监，言无所不领辖也。《九国志》载钱文贽至自京师，在开宝四年，国史并黄夷简入贡，皆载于五年之后，《九国志》恐失之太早。然国史月日都不可考，今且因孙承佑来朝，先著之。《十国纪年》亦于开宝五年载夷简入贡。当考。

己丑，幸讲武池观习水战，赐军人钱。

甲午，忠武节度使同平章事赠中书令、琅琊正懿王王审琦卒。初，审琦暴得疾，失音，上亲临问，锡賚钜万。及卒，又幸其第，哭之恸，赙赠并加等焉。《宋朝要录》：戊戌，殿中丞赵尚除名，坐知汉州，日擅税竹木也。

甲辰，幸讲武池观习水战，遂幸玉津园。

九月癸亥，命颍州团练使曹翰，领兵先赴荆南，丙寅复命宣徽南院使曹彬，侍卫马军都虞候洛阳李汉琼、判四方馆事、田钦祚，同领兵继之。

上已，部分诸将，而未有出师之名。欲先遣使召李煜入朝，择群臣可遣者，先是左拾遗知制诰开封李穆，与参知政事卢多逊同门生。上尝谓多逊曰："穆性仁善，文辞之外，无所豫。"多逊曰："穆操行端直，临事不以生死易节。仁而有勇者也。"上曰："诚如是。吾当试之"。丁卯遂遣穆使江南。穆至谕旨。国主将从之。光政使门下侍郎陈乔曰"臣与陛下，俱受元宗顾命。今往必见留，其若社稷何，臣虽死，无以见元宗于九泉矣。"清辉殿学士右内史舍人张洎，亦劝国主无入朝。时乔与洎，俱掌机密，国主委信之，遂称疾固辞。且言谨事大国者，盖望全济之恩，今若此有死而已，穆曰："朝与否，国主自处之。然朝廷兵甲精锐，物力雄富，恐不易当其锋也。宜熟计虑，无自贻后悔。"使还，具言其状。上以为所谕要切，江南亦谓穆言不欺已。使还当在此月后，今并言之。是日，又命山南东道节度使潘美，侍卫步军都虞候清池刘遇，东上阁门使梁迥等，同领兵赴荆南。

甲戌，以太子中允知荆湖转运使，许仲宣兼南面随军转运使事。仲宣，青州人也。

冬十月开封府言，京城诸官司，狱皆空无，系囚。

甲申，上幸迎春苑，登汴堤，发战舰东下。

丙戌，复幸迎春苑，登汴堤，观诸军习战。遂幸东水门，发战棹东下。江南国主，复遣其弟江国公从镒，水部郎中龚慎，修重币入贡，且买宴。上皆留之，不报。

曹彬与诸将入辞，上谓彬曰："南方之事，一以委卿。切勿暴略生民。务广威信，使自归顺。不须急击也。"且以匣剑授彬曰："副将以下，不用命者斩之。"潘美等皆失色，不敢仰视。自王全斌平蜀多杀人，上每恨之。彬性仁厚，故专任焉。《邵氏见闻录》云，赵普实荐曹彬，按此时普已罢相，出镇矣。恐邵氏误。今不取。纪事本末，太祖初命曹武惠彬讨江南，潘美副之，将行赐宴于讲武殿。酒三行，彬等起跪于榻前。乞面授处分，上怀中出一实封文字，付彬曰："处分尽在其间，自潘美以下有罪，但开此径斩之。不须奏禀。"二臣股栗而退讫。江南平，无一犯律者，比还复赐宴讲武殿。酒三行，二臣起跪于榻前曰，"臣等幸无败事。昨面授文字，不敢藏于家。"即纳于上前，上徐自发封示之，乃白纸一张也。上神武机权如此。初特以是申令，使栗犯而发封。见而为白纸，则必入禀，及归而示之，又将以见初，无轻斩之意，恩威两得。故虽彬等无不折服。

壬辰，曹彬等发荆南赴金陵。丁酉，以吴越王俶，为升州东南面行营，招抚制置使。仍赐战马二百匹。遣客省使丁德裕，以禁兵步骑千人为俶前锋，且监其军。

已亥，曹彬等自蕲阳过江。破峡口寨，杀守卒八百人，生擒二百七十人，获池州牙校王仁震，王宴，钱兴等三人。

甲辰，以曹彬为升州西南面行营马步军战擢都部团。潘美为都监，曹翰为先锋都指挥使。初王师直趋池州缘江屯戍。皆谓每岁朝廷所遣巡兵。但闭壁自守，遣使奉牛酒来犒师。寻觉异于他日。池州守将戈彦，遂弃城走。

闰十月已酉，曹彬等入池州，先是上遣八作使郝守浚，守浚未见，率丁匠自荆南以大舰载巨竹絙；并下朗州所造黄黑龙船。于采石矶跨江为浮梁。或谓江阔水深，古未有浮梁而济者，乃先试于石牌口。既成，命前汝州防御使灵丘陆万友往守之。

丁已，曹彬等及江南兵，战于铜陵败之。获擒战舰二百余艘，生擒八百余人。铜陵，在池州东北一百四十里

庚申，知制诰史馆修撰扈蒙上言。昔唐文宗每开延英，召大臣论事。必命起居郎舍人，执笔螭坳。以纪时政，故文宗实录，今最详备。

后唐明宗亦命端明殿学士，及枢密直学士，轮修日历送史馆。近朝以来，此事都废，每季虽有内庭日历，枢密院录送史馆，然所记者。不过对见辞谢而已。帝王言动，莫得而书。缘宰相以漏泄为虞，无因肯说，史官以疏远是隔，何由得闻。望自今凡有裁制之事，优恤之言。发自宸衷，可书简册者，并委宰臣及参知政事。每月轮知抄录，以备史官撰集。诏从之，命卢多逊专其职。

壬戌，曹彬等至当涂，雄远军判官婺源魏羽以城降。雄远，即当涂也。江南置军于其县，王师先拔芜湖，又克当涂，遂屯采石矶。潭州岁贡新茶，斤片重厚。颇异他岁，有司请别定其价，上曰："茶则善矣。无乃重，困吾民乎。"癸亥，诏潭州依旧棬模制造，毋辄增改。

甲子，监修国史薛居正等上新收《五代史》百五十卷。明日，上谓宰相曰："昨观新史，见梁太祖暴乱丑秽之迹，乃至如此。宜其旋被贼虐也。"

丁卯，曹彬等败江南二万余众于采石矶。生擒一千余人，及马步军副部署杨收，兵马都监孙震等。又获战马三百余匹。初江南无战马，朝廷每岁赐与百匹。至是驱为前锋，以拒王师。既获之，验其印记，皆朝廷所赐者也。

十一月乙亥朔，潭州兵入江南界，攻萍乡，为其制置，使刘茂忠所败。国主即授茂忠袁州刺史。茂忠，安福人也。通判盐户纳盐，旧以布帛茶米等折偿其直，庚辰，诏给以钱。

癸未，籍泰宁节度使李从善麾下。及江南水军凡千三百余人为禁旅，号曰"归圣。"

甲申，省剑南道诸县主簿，诏免蒲、陕、晋、绛同、解等六州逋租。陕西诸州丞徐元，少府监丞张玘。分领三司孔目官事，见判官如吏人之礼。逾年罢之。

丁未，汉阳兵马监押宁光祚，败鄂州水军三千余人于江北岸。光祚以此月初三日捷，初八日奏到。

已未，护国节度使赠侍中陈思让卒，遣中使护丧事。录其子钦祚为尚食副使。思让，累历方面无败政。然酷信释氏，所至禁屠宰，俸禄悉以饭僧，众号为"陈佛子"。身没之后，家无余财。

吴越王俶，论兵围常州，俘其军二百五十人，马八十匹于常州城下。明年正月初九日奏到。癸亥，拔利城寨，破其军三十千余众，生擒六百余人。丙寅，曹彬等，破江南兵于新林

港口，斩首二千级，焚战舰六十余艘。明年正月一日奏到。

北汉主搜其军中子弟，自十七以上，皆籍为兵。尽括民马，遣代州刺史蔚进，来寇平阳，权知晋州武守琦，率众御之。庚午，与进遇于洪洞县界。击败北汉兵五千余人。明白正月初四日奏到。

辛未，吴越王俶破江南兵万余众于常州北境上。明年正月二十一日奏到。

是岁，始诏除授京官，差遣勾当黜陟，令中书依朝官例降敕。御史台修写班簿，每十日一上中书。此事据会要闰十月事。今附此，当考以前，何独不降敕进班簿。北汉主改元广运。天会凡十八年，始改广运。或云，十三年即改，盖误。今从《资治通鉴考异》，以刘继颙神道碑为正。

契丹将通好于我，遣使谕北汉主。以强弱势异，无妄侵伐。北汉主闻命恸哭，谋出兵攻契丹，宣徽使马峰固谏，乃止。此据十国纪年。

开宝八年，春正月丙子，权知池州樊若冰，败江南兵四千人于州界。

初曹彬等师未出，上命韶州刺史王明，为黄州刺史。面授方略，明既视事，亟修葺城垒，训练士卒。众莫谕其意，及彬等出师，即以明为池州至岳州江路巡检战载都部署。辛巳，明遣兵马都监武守谦等，领兵渡江。败江南兵万余人于武昌，杀七百人，拔樊山寨。十九日奏到。

是日，行营左厢战棹都监田钦祚，领兵败江南兵万余人于梁水。斩其都统使李雄。十九日奏到。十国纪年，李雄作张雄。

甲申，王明言，败鄂州兵三百余人于江南岸。此但依实录。据奏到日书之。其捷时，当在去年末，或今年初，拔樊山寨以前也。

乙酉，上谓宰相曰："古之为君，鲜能正身。自致无过之地。朕常夙夜畏惧，防非窒欲。庶几以德化人之义，如唐太宗受人谏疏，直诋其失，曾不愧耻。岂若不为之。而使下无间言哉。为臣者，或不终其名节，而陷于不义。盖忠信之薄，而获福亦鲜，斯可戒矣。"

丙戌，樊若冰遣兵马监押王侁，领兵败江南四千余众众于宣州界。侁，朴子也。庚寅，曹彬等进攻金陵，行营马军都指挥使李汉琼，率所部渡秦淮，南取巨舰实以葭苇。顺风纵火，攻其水寨拔之，斩首数千级。初次秦淮，江南兵水陆十余万，背城而阵。时舟揖未具，潘美下令，曰"美提骁果数万人，战必胜。攻必取。岂限此一衣带水，而不径度乎。"遂率所部先济，王师随之。江南兵大败。江南复出兵将沂流夺采石浮梁，美旋击破之。擒其神卫都军头郑宾等七人。潘美奏淮之捷，当在正月。而实录之本纪，载二月末。亦不得其日。盖因曹彬传所载二月次秦淮故也。彬及美傅，载拔水寨在捷于秦淮之后，然拔水寨。实录具载其日，乃正月十七日也。据此则当先载秦淮之捷，疑不敢决。仍附见于后，彬傅称既捷于秦淮。浮梁始成，按美先率所都涉水，则秦淮盖不设浮梁。浮梁当在采石矶也，美傅又于秦淮既捷后。始言采石浮梁成，事愈颠倒。然亦可见秦淮未尝设浮梁。而郑宾等泝流实欲夺采石浮梁耳。今略加删润，吏俟考求。癸亥，命京西转运使李符益，调荆湖军食赴金陵城下。

是月，北汉主命刘继业，马峰，攻晋州，武守琦败之洪洞。此据十国纪年。

二月丙午，权知潭州朱洞，遣兵马钤辖石曦，领众败江南兵二千余人于袁州西界。曦，太原人也。十六日奏到，朱洞未见。

癸丑，曹彬等败江南兵万余众于白鹭洲。斩首五千余级，擒百余人，获战舰五十艘。十七日奏到。

乙卯，拔升州关城，守陴者皆遁入其内城，杀千余众，溺死者又千计。天德军都知兵马使张进等九人来降。十九日奏到。

初，右谏议大夫假思恭知杨州，朝廷方欲经略江南。命思恭兼缘江巡检出则委通判

以州务，而思恭常挈印及鼓角金钲等自随，驿书自京师至者，辄令齐诣其所，事多稽缓。通判右赞善大夫李苕，不能堪。遂相与告讦，付有司鞫之，思恭词不直。

丁巳，责思恭为太常少卿，苕为大理寺丞。

壬戌，赐吴越王俶军衣五万，副俾分给其行营将士。

癸亥，权知杨州侯陟，以所部兵败江南千余众于宣化镇。

甲子，上谓宰相曰："年谷登丰，人物繁盛。若非上天垂祐，何以及此。所宜共思济给，振举阙政。庶成开泰之基也。"

丁卯，知制诰王祐，权知贡举。知制诰扈蒙，左补阙梁周翰，秘书丞雷德骧，并权同知贡举。命权同知贡举始此。

戊辰，上御讲武殿覆试，王祐等所奏合格举人王式等。因诏之曰："向者登科名级，多为势家所取，致塞孤寒之路。甚无谓也。今朕躬亲临试，以可否进退。尽革畴昔之弊矣。"式等皆顿首谢。人是内出诗赋题，试得进士王嗣宗以下三十人，诸科三十四人。江南进士林松，雷说试不中格，以其间道来归，并赐三传出身。嗣宗汾州人也，初授秦州司寇参军，时侍御史路冲知州事，为政苛急。盗贼群起，嗣宗乘间极言其失。冲大怒，絷嗣宗于狱，又教民之无赖而尝被罪者，讼嗣宗治狱枉滥。朝廷遣使者按劾，具得讼者诬罔之，状以闻。嗣宗始获免。记闻云，冲令嗣宗对句即舍之。与此不同，当考以手搏得状元，事载举种放事时。

是月，江南知贡举户部员外郎伍乔，放进士张确等三十人。自保大十年开贡举，讫于是岁凡十七牖。故进士及第者九十三人，九经一人。此据十国纪年，王师已至城下，而贡举犹不废，李煜诚不知务者，故特书之。

三月戊寅，召近臣宴射苑中。壬午，太子洗马周仁俊，责授平凉县令，坐知琼州日贩易规利故也。

乙酉，幸造船务。

丁亥，权知庐州邢琪，领兵度江至宣州界。攻拔义安寨，斩首千余级。

上性宽仁多恕。尚食供膳，有虱缘食器旁，谓左右曰"勿令掌膳者知。"尝读尧典，叹曰："尧舜之世，四凶之罪。止从投窜，何近代宪纲之密耶。盖有意于刑措也。"故自开宝以来，犯大辟，非情理深害者，多贷其死。

己丑，有司言自二年至今，诏所贷死罪凡四千一百八人。

庚寅，曹彬等败江南兵三十千余众于江中。擒五百人。

癸巳，命近臣祈雨于在京祠庙。

乙未，太子中舍郭粲，除名坐监莱芜监，受冶官景节私赂也。

己亥，权知潞州药继能，领兵入北汉界。夜攻鹰涧堡拔之，斩首数千级，获马八百匹。

契丹遣使克妙骨慎思。奉书来聘，诏阁门副使郝崇信。崇信未见。至境上迓之。及至，馆于都亭驿，是日召见，及其从者十二人，赐衣带器币各有差。宴于长春殿，仍召至便坐观诸班骑射，令其二从者裹屋六除骨。与卫士驰射毛毬截柳枝，及辞归国，复召见。赐器币，因谓宰相曰："自五代以来，北戎强盛。盖由中原衰弱，遂至晋帝蒙尘，亦否之极也。今景慕而至，乃时运使然。非凉德能致。"先是涿州遗孙全兴书云，遣使克妙骨慎思，至是发书。但云克慎思。或云，克，其官号也。又曰，其姓氏也。

壬寅，遣中使王继恩，领兵数千人，越江南。诏比者民输租，其紬绢不成一匹者，率三户至五户合成匹，以送，官颇为烦扰，自今紬不满半匹，绢不满匹者，计大尺输其直。大食国遣使来贡方物。

龙泉窑青釉凤耳瓶

夏四月乙巳，幸东水硙。王明言，败江南兵于江州界，斩首二千余级。据十国纪年，此乃三月事，既无的日，因奏到书之。

癸丑，幸都亭驿，临河亭阅新战船。吴越兵围常州，刺史禹万诚距守，大将金成礼，劫万诚以城降。吴越初起兵，丞相沈虎子者虎子未见。谏曰："江南国之藩蔽。今大王自撤其藩蔽，将何以卫社稷乎？"不听，遂罢虎子政事，命通儒学士崔仁冀，代之，揔其兵要。仁冀，钱塘人也。

壬戌，幸都亭驿，临汴观飞江兵乘刀鱼船习战。曹彬等言，败江南兵二千余人于秦淮北。实录不戴，其发奏之日，奏以二十日到，因书之。本纪又言克升州关诚，盖误也，克关城。乃二月十二日矣。

戊辰，幸玉津园观种稻，遂幸讲武池观习水战。广州言，窃盗赃满五贯至死者，准诏当奏裁。岭表遐远，覆按稽滞，请不候报决之。上恻然曰："海隅之俗，习性贪冒。穿窬攘窃，乃其常也"

庚午，诏广南民犯窃盗赃满五贯者，止决杖黥面配役。十贯者，弃市。幸西水硙。

是月，教坊使卫德仁，以老求外官。且援同光故事求领郡。上曰："用伶人为刺史，此庄宗失政。岂可效之耶？"宰相拟上州司马。上曰："上佐乃士人所处。资望甚优，亦不可轻授此辈，但当于乐部迁转耳。"乃命为太常寺大乐署令。《宋史全文》富弼曰："古之执伎于上者，出乡不得与士齿。太祖不以令官处士人之列，止以太乐领授之。在流外之品所谓，塞僭滥之原。"吕夷简曰："帝王尊异后族，恩宠戚里，优厚亲倖。以金帛富之可也，赏赐厚之可也，惟不使求官爵，亲政事。挠刑法。我太祖不许卫德仁领郡，则曰：'用伶人为刺史，此乱世之事'。不与王继恩枢密使，则曰：'内官不可使居权要职。太宗不许戚里于秦陇市木，则曰：'恐坏天下法则。'真宗不许赵自化领遥郡刺史，则曰：'非朝廷旧典'。抑秦国之请，则曰：'州县之任，系国家之公议'，违保吉之奏，则曰：'有司自有常典，斯可谓存天下之公'。抑亲倖之私，非聪明圣智之主，孰能行之。三圣之德于是超禹汤而齐尧舜也。

五月壬申朔，加吴越王俶。守太师，以其子镇海镇东节度使，惟浚同平章事，宁远节度使惟治，为奉国节度使。行军司马孙承佑，为平江节度使，行营兵马都监丁德裕，权知常州。初兵部郎中董枢，知桂阳监罢。右赞善大夫孔璘代之。璘罢，太子洗马赵瑜代之，称疾去。以著作郎张侃代之。侃至未几，奏璘在官累月得羡银数十斤，虽送官而不具数计。枢与璘所隐没多矣，诏御史府鞫之。狱具，有司言法皆当死。上曰："赵瑜非自盗，但不能发摘耳"。璘与枢并弃市，瑜决杖流海岛。以侃为屯田员外郎。张侃未见。

庚辰，以解州刺史王政忠，权知晋州兼兵马钤辖。政忠未见，疑政忠实代武守琦者，欲推寻守琦事迹，姑出此以待考详，世言太祖义社十兄弟。政忠盖其一人也，并当检讨。

辛巳，以久雨，命近臣祈晴于在京祠庙。改雄远军为平南军。

甲申，吴越王俶言，江阴宁远军，及缘江诸寨皆降。幸新修染院，梅山洞蛮，闻江表用兵。乘间寇潭邵州。

乙酉，诏潭州长沙等七县民为蛮贼虏劫者，蠲去年逋租，仍给复一年。寻诏邵州武冈等七县，亦如之。

上初奉官李继隆，以进武三百人戍邵州，止给刀楯。至潭州之南，蛮数千遮截其道，继隆力战。蛮乃遁去，手足俱中毒矢。兵伤者百余，或告上以继隆，轻敌可罪者，已而具得其实。上始器焉，继隆，处耘之子也。

甲午，静海节度使丁琏，遣使来贡方物。丁酉，王明言，破江南万余众于武昌。夺战舰五百艘。

已亥，开封府言京城诸官司狱空无系囚。

辛丑，河决濮州郭龙村。诏商人以生药度岭者免算。王称东都事略。诏曰，岭表之俗。疾不呼医，自皇化攸及，始知方药。商人齐生药度岭者勿算。

初陈乔，张洎，为江南国主谋，请所在坚壁以老王师。师入其境，国主弗忧也。日于后苑引僧及道士，诵经讲易高谈，不恤政事。军书告急非徐元禡等，皆莫得通。师传城下累月，国主犹不知，时宿将皆前死。神卫统军都指挥使，皇甫继勋者，晖之子也。晖初见乾祐六年。年尚少，国主委以兵柄，继勋素贵骄，初无效死意，但欲国主速降。而口不发，每与众言，辄云："北军强劲，谁能敌之。"闻兵败，则喜见颜色，曰："吾固知其不胜也。"继勋从子绍杰，以继勋故，亦为巡检使，亲近继勋，尝令绍杰密陈归命之计。国主不从，偏裨有募敢死士，欲夜出营，邀王师者，继勋必鞭其背，拘囚之。由是众情愤怒，又托以军中多务，罕入朝谒。国主召之，亦不时至。是月国主自出巡城，见王师列寨城外。旌旗满野，知为左右所蔽，始惊惧。乃收继勋付狱，责以流言惑众，及不用命之状，并绍杰杀之。军士争脔割其肉，顷刻都尽。继勋既诛，凡兵机处分，皆自澄心堂宣出。实洎等专之也，于是遣使，召神卫军都虞候朱令斌。以上江兵入援，令斌，业之子也。业初见显德三年。拥十万众屯湖口，诸将请乘涨江速下。令斌曰："我令进前，敌人必反据我后。战而捷可也。不捷，粮道且绝，其为害益深矣。"乃以书召南都留守柴克贞，使代镇湖口。克贞先已病，迁延不行。令斌亦不敢进，国主累促之。令斌不从，克贞，再用子也。再用初见乾宁二年。

六月癸卯，曹彬等言，败江南兵二万余众于其城下。夺战舰数千艘。

丁未，宋州观察判官崔约，录事参军马休弃市，并坐受赇不法也。

辛亥，澶州言，河决顿丘县界。

辛酉，前凤翔节度使，太师兼中书令，魏王符彦卿卒。辍三日朝，官给葬事。彦卿武勇有谋，善用兵。契丹自阳城之败，尤畏彦卿。或马病不饮龁，必唾而咒曰："是岂有符王耶。"契丹既灭晋北归，耶律德光母问其左右曰："彦卿安在?"或对曰："在徐州。"母曰："不与彦卿来。何失策之甚也。"甲子，彗出柳长四丈。晨见东方，西南指，历舆鬼，距东壁凡十一舍，八十三日乃没。

已巳，赐秘书丞雷德骧钱十万，以子有邻病死故也。

秋七月，辛未朔，日有食之。先募民告官吏，隐欺额外课利者，尝以钱。而告者或恐喝求财，或因报私怨，诉讼纷然，益为烦扰。癸酉诏罢之。

丙子，开封府又言，京城诸官司狱皆空无系囚。诏诸州所上案牍，令大理寺刑部，共裁断以闻。诸道巡检捕盗使臣，凡获寇盗，不得先行考讯，即送所属州府。

丁丑，庐州无为镇巡检杜光后俊言，败宣州兵三百余人于江南岸。

庚辰，遣西上閤门使郝崇信，太常丞吕端，使于契丹。端，余庆之弟也。初江南捷书累至，邸吏督李从镒入贺，潘慎修以为国且亡，当待罪，何贺。自是群臣称庆，从镒即奉表请罪。上嘉其得礼，遣中使慰抚。供帐牢饩，悉从优给。

壬午，复命李穆送从镒还其国。手诏促国主来降，且令诸将缓攻以待之。癸未，西大东印土王子穰结说啰来朝贡。此据新录当考。

先是诏吴越王俶归其国，俶以兵属其大将乌程沈承礼，随王师进讨。甲申，俶遣使入贡谢恩。高州刺史田景迁卒，其子牙内都指挥使彦伊求告。已丑，即命彦伊袭其父为

刺史。

癸巳,皇子德芳出阁。

已亥,山后雨林鬼主怀化将军勿泥等六十余人,来贡方物。以勿尼为归德将军。左司员外郎权知杨州侯陟,受赇不法。为部下所讼,追赴京师,陟素善参知政事卢多逊,自度系狱必穷屈。乃私遣人求哀于多逊,时金陵未拔,上颇厌兵。南土卑湿,方秋暑,军中又多疾疫,上议令曹彬等退屯广陵,休士马,以为后图。多逊争不能得会陟新从广陵来,知金陵危蹙。多逊教令上急变,言江南事,陟时被病。上令皇城卒掖入见,即大言曰:"江南平在朝夕,陛下奈何欲罢兵。愿急取之。臣若误陛下,请夷三族。"上屏左右,召升殿问状。遽寝前议,赦陟罪不治。

八月甲辰,复以陟判吏部流内铨。或云已发诏罢兵,因陟言,始命追运还。盖误也。时方有此议耳。

朝廷以丁琏远修职贡,本其父部领之意。始议崇宠之。

丙午,封部领为交趾郡王,遣鸿胪,少卿高保绪,右监门卫率王彦符往,使保绪,继冲从父也。

江南吉州刺史胡公霸,脱身来降,以公霸为和州刺史。乙卯幸东水硙观渔,遂幸北园。辛酉,诏停今年贡举。

壬戌,契丹遣左卫大将军耶律霸德,弓箭库使尧卢骨,通事左监卫将军王英来聘,献御衣玉带名马,上皆厚赐之。因令从猎近郊,上亲射走兽,矢无虚发,使者俯伏呼万岁,私谓译者曰:"皇帝神武无敌,射必命中,所未尝见也。"西南蕃三十九部,顺化王子若废等三十七人,来贡马及丹砂。

左骁卫上将军致仕李洪信卒。洪信,无他才术,徒以汉外戚。致位将相,好聚敛。积财钜万,而尤吝啬,当时节镇皆广募亲兵,惟洪信所畜殊寡少。

癸亥,丁德裕言,败江南兵五千余人于润州城下。时德裕与吴越兵围润州也。是月,南顿县令杨可法,为郑州防御推官权知军州事。此据会要。

九月壬申,上猎于近郊逐兔,马蹶而坠,引佩刀刺所乘马,既而悔之曰:"吾为天下主。而轻事畋游,非马之过也。"自是遂不复猎矣。此月壬申出猎,自是遂不复出猎。因附见此事。

王师初起,江南以京口要害,当得良将,侍卫都虞候刘澄。澄未见。旧事藩邸,国主尤亲任之。乃擢为润州留后。临行谓曰:"卿大未合离孤。孤亦难与卿别。但此非卿不可副孤心。"澄泣涕奉辞。归家尽辇金玉以往。谓人曰:"此皆前后所赐。今国家有难,当散此以图勋业。"国主闻之喜。及吴越兵初至,营垒未成,左右请出兵掩之。时澄已怀乡,背坚曰:"兵胜则可。不胜立为虏矣。救至而后图战,未晚也。"国主寻命凌波都虞侯卢绛,自金陵引所部舟师八千。突长围来救,绛至京口。舍舟登岸,怀吴越兵战,吴越兵少却,绛方入城,围复合。固守逾月,自相猜忌,澄已通降款,虑为绛所谋。徐谓绛曰:"间者言都城受围日急,若都城不守,守此亦何为。"绛亦知城终陷,乃曰:"君为守将,不可弃城而去。宜赴难者,唯绛可耳。"澄伪为难色,久之曰"君言是也。"绛遂溃围而出,初绛怒一裨将,议杀之。未决,澄私谓曰:"卢公怒尔,尔不生矣。"裨将泣涕请命。澄因曰:"吾有一言告尔。非徒免死,且得富贵。"因谕以降事,令先出导意。裨将曰:"某家在都城将奈何?"澄曰:"事急矣,当自为谋。我家百口,亦不暇顾矣。"于是裨将逾城而出,绛犹未知,明日澄与绛同食。主兵者来告,澄作色曰"吾谓公已斩之矣。何得令逃也。"绛已去,澄遍召诸将卒皆曰:"澄守城数旬,志不负国。事势如此,须为生计。诸君以为如何。"将卒皆发声大哭。澄惧有变,亦泣曰:"澄变恩固深于诸君。且有父母在都城。宁不知忠孝乎?但力不能抗尔。诸君不闻楚州耶。”初周世宗围楚州，久不下。既克，尽屠之。故澄以此胁众。戊寅，澄帅将吏开门请降。润州平，绛闻金陵危甚乃趋宣州。日夕酣饮，为乐，或劝赴难皆不答。

乙酉，除名人宋惟忠弃市，坐私习天文妖言切害，为其弟惟吉所告故也。丁德裕部送润州降卒数千人赴升州城下。卒多道亡。曹彬发檄招诱，稍稍来集，虑其为变。又尽杀之。庚寅，彬等言，败润州溃卒数千人于升州。斩首七百级。

丁酉，以相州录事参军河南钱文敏，为右赞善大夫权知泸州。先是藩镇多以笔牍，私取官库钱。韩重斌领昭德时，颇仍旧弊，文敏不与，重斌怒。召文敏廷责之。文敏词不屈，重斌既死。上始闻其事，嘉文敏有守，故擢用焉。且召见便殿，谓文敏曰：“泸州近蛮，尤宜绥抚。知州郭重迁，掊敛不法，恃其僻远，谓朝廷不知尔。至即为朕鞫之。苟有一毫侵民，朕必不赦。”因厚赐遣行，重迁竟坐弃市。文敏在州有政绩。夷人诣阙借留，诏改殿中丞，德再任。

是月，始发和州三县丁夫，鉴横江河以通粮道，从京西转运使李符之策也。初李从镒至江南，谕上旨。国主欲出降，陈乔，张洎广陈符命以为金汤之固，未易取也。北军旦夕当自退矣。国主乃止。李穆既还上复命，诸将进兵，及润州平。外围愈急，始谋遣使入贡求缓兵。按实录，李从镒以八月十二日还其国，使入贡求缓兵，不知初发江南是何时。用十月一日到京师，则当是九月半以后也。九月半以后，从镒无缘不在江南矣。而煜传载煜手书，附周惟简奏上者，其辞有云，在京二弟。恤养优丰，据此则似从镒与从善俱未尝还也。从镒既还，而此书亦无一言及之。不知何故。或者李穆归朝，煜已具谢。此特追感从镒未还时，并蒙恤养故耶。然李穆再使江南，其归也煜亦当有以复命。而史绝不记。盖疏略矣，今且参考诸书，略加修润。更俟详之。

道士周惟简者，鄱阳人。隐居洪州西山。国主召之，馆于紫极宫。常以冠褐侍讲周易，累官至虞部郎中致仕。于是张洎荐惟简有远略。可以谈笑弭兵锋。复召为给事中，与修文馆学士承旨徐铉，同使京师，时国主屡督朱令斌举湖口兵来援。谓铉曰：“汝即行。即当止上江援兵，勿令东下。”铉曰：“臣此行，未必能排难解纷。城中所恃者援兵尔。奈何止之。”国主曰：“方求和好。而复召兵，自相矛盾。于汝岂不危乎。”铉曰：“要以社稷为计。置臣于度外耳。”国主泣下。即拜左仆射参知左右内史事。铉固辞。国主又以惟简雅素高尚，不近荣利，亲写十数纸题为奏目。令惟简乘间求哀，欲谢政养病。

冬十月已亥，曹彬等遣使送铉及惟简趣赴阙。铉居江南以名臣自负。其来也。将以口舌驰，说存其国。其日夜计谋思虑，言语应对之际详矣。于是大臣亦先白上，言铉博学有才辩。宜有以待之，上笑曰：“第去，非尔所知也。”既而铉朝于庭，仰而言曰：“李煜无罪。陛下师出无名。”上徐召之升殿，使毕其说。铉曰：“煜以小事大，如子事父。未有过失。奈何见伐?”其说累数百。上曰：“尔谓父子者，为两家可乎。”铉不能对，惟简寻以奏日进。上览之，谓曰：“尔主所言。我一不晓也。”上虽不为缓兵，然所以待铉等，皆如未举兵时。

壬寅，铉等辞归江南。按实录，徐铉周惟简凡两至京师，故《五代史》及《谈苑》。太祖对铉辞有不同，今以五代史所载附之初见时。《谈苑》所载附之后见时，上初答惟简，但云不晓尔主所言。复遂诘责之。初犹以理折铉，后乃直加威怒，其事势或当然也。更须考详。

辛丑，诏诸道州府下属邑令佐，令佐下乡里耆艾，察民有孝悌力田，奇才异行，或文武才干，堪备任用，年二十以上五十以下者，传送赴阙。

乙卯，遣使检视京畿逃民。丁巳，江南国主复遣使入贡，求缓师。不知所遣何人，当考。遣庄宅使王仁珪，内供奉官李仁祚，与知河南府焦继勋，同修洛阳宫室，上始谋西幸也。实



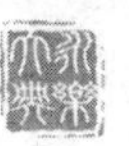

录本纪，皆云遣内班都知段仁诲。其复推恩，则王仁珪李仁祚也不知何故。今从会要及焦继勋传，仁祚俱未见。

戊午，改润州镇海军为镇江军。朱令斌自湖口以众入援，号十五万，缚木为筏长百余丈，战舰大者容千人，顺流而下，将焚采石浮梁。王明率所部兵屯独树口，遣其子驰骑入奏，且请增造战船三百，以袭令斌。上曰："此非应急之策也。令斌朝夕至，金陵之围解矣。"乃密遣使，令明于洲浦间多立长木，若帆樯之状。令斌望见疑有伏，即稍逗遛。时江水浅涸，不利行舟。令斌独乘大航，高十余重。上建大将旗幡，至皖口。行营步军都指挥使刘遇，聚兵急攻之。令斌蹙，因纵火拒斗。会北风甚，火反及之，其众悉溃。已未，生擒令赟，及战棹都虞候王晖等，获兵仗数万。金陵独恃此援，由是孤城愈危蹙矣。本纪及刘遇传，皆云擒令赟于皖口。《王明传》乃云小孤山。《江南野录》又云虎蹋洲。未知孰是。今从《本纪》及《刘遇传》。

监察御史刘蟠，性清介寡合。能攻苦食淡。颇任数设诈。以卜人主之遇。蟠时领染院。

乙丑，车驾临幸。蟠伺上将至，辄衣短后衣芒刺，持梃亲督役。头蓬不治，遽出迎谒。上以为能勤其官，赐钱二十万。上自染院，移幸晋王北园，赐从臣饮，极欢而罢。

十一月己巳朔，琼州言，俗无医。民疾病但求巫祝。诏以方书本草给之。邕州之右江生毒药树，宣化县人常采货之，知州侯仁宝奏其事，诏尽令伐去。仁宝，益之子也。旧录以己巳为十月晦。今从新录及本纪。

先是，武胜节度使张永德，贡马贺润州平。马皆老病，有司劾奏，永德上表待罪。庚午，诏释不问，永德闻王师南伐。出家财作战船数十艘，运粮数万斛，自顺阳缘汉水而下，州豪高进者，举族凶暴，前后莫能禁。永德发其奸，置于法，进潜诣阙诬永德据险固。置十余砦，将图不轨。上遣使察之，使者诘进置砦之所，进辞穷，乃曰："张侍中诛吾宗党殆尽。欲中伤之以报私怨尔。实未尝置砦也。"使者还白上。上曰："吾固知张道人非反者也。"即以进授永德，永德遽解其缚。就市笞而释之。时称其长者，永德旧喜与方士游。家赀为之罄乏，上故以道人目焉。永德传云，遣枢密都承旨曹翰。领骑兵察置砦之所，既无有。翰即以告得付永德，按传载此事，与王师讨金陵相连，属曹翰时实将先锋。安得至唐邓间也，且方察其砦之有无。安用便领骑兵，不亦张皇生事乎。且不应即以告者，付永德恐传必误。今辄删改之，更须考详。

徐铉及周惟简还江南未几，国主复遣入奏。辛未，对于便殿，铉言李煜，事大之礼甚恭。徒以被病未任朝谒，非敢拒诏也。乞缓兵以全一邦之命。其言甚切至。上与反覆数四。铉声气愈厉。上怒，因按剑谓铉曰："不须多言。江南亦有何罪。但天下一家。卧榻之侧，岂容他人鼾睡乎。"铉皇恐而退。上复诘责惟简，惟简益惧。乃言："臣本居山野，非有仕进意。李煜强遣臣来耳。臣素闻终南山多灵药，它日愿得栖隐。"上怜而许之。仍各厚赐遣还。是日，幸绫锦院，召从臣归射苑中。

戊寅，初置三司推勘院，以将作监丞张邈知院事。寻罢之。契丹云州节度使，当考其名氏遣人致旧书瀛洲。愿与防御使马仁瑀通好。仁瑀以书来上。

庚辰王明言败江南兵万余人于湖口，获战舰五百艘兵仗称是。先是曹彬等列三寨攻城，潘美居其北。以图来上，上视之。指北寨谓使者曰："此宜深沟自固，江南人必出兵来寇。尔亟去语曹彬等，并力速成之。不然终为所乘矣。"赐使者食，且召枢密使楚昭辅草诏。令徙置战棹以防它变，使者食已即行。彬等承命。自督丁夫掘堑，堑成。江南人果夜出兵五千袭北寨，人持一炬，鼓噪而进，彬等纵其至。乃徐击之皆歼焉。其将帅佩符印者凡十数人。

是日，命校书郎直史馆宋淮，贺契丹正旦。殿直邢文度副之。文度未见。

王师围金陵，自春徂冬，居民樵采路绝，兵又数败城中夺气。曹彬终欲降之，故每缓攻，累遣人告国主曰："此月二十七日城必破矣。宜早为之所。"国主不得已，约先令其子清源郡公仲寓入朝，既而久不出。有数日，彬日遣人督之。且告曰："郎君不须远适，若到寨即四面罢攻矣。"国主终惑左右之言，以为城坚如此。岂可克日而破？但报云。仲寓趣装未办，宫中宴饯未毕，二十七日乃可出也。彬又遣人告曰："若二十六日出，亦无及矣。"国主不听，先是上数，因使者谕彬，以勿伤城中人。若犹困斗，李煜一门切无加害。吕祖谦《宋朝大事记》，自古平乱之主其视降王，不啻仇誉。而我太祖待之极其恩礼，刘鋹卮酒，饮之释疑。李煜一门，戒无加害。故僭伪之豪，悉得保全老死于牖下，自古攻取之主，其视生民殆若草菅。而我太祖待之，曲加存抚，江南兴师，不戮一人。平蜀多杀，每以为恨，故新集之众，不啻如赤子之仰父母，仁心仁闻，三人而下，未之闻也。于是彬忽称疾，不视事。诸将皆来问疾，彬曰："余之病非药石所愈，须诸公共为信誓，破城日，不妄杀一人，则彬之病愈矣。"诸将许诺，乃相与焚香约言。既毕，彬即称愈。乙未，城陷，初陈乔张洎同建不降之议事急又相要以同死社稷。然洎实不死志，于是携妻子及橐装入止宫中，引乔同见国主。乔曰：："臣负陛下，原加显戮。若中朝有所诘问，请以臣为辞。"国主曰："历数已尽，卿死无益也。"乔曰"陛下纵不杀臣。臣亦何面目以见国人乎？"遂缢。洎乃告国主曰"臣与乔共掌枢务，今国亡，当俱死。又念陛下入朝谁与陛下辨明此事。所以不死者，将有待也。"国史张洎传，言洎给陈乔同升阁。乔自缢，洎乔气绝乃下，而《谈苑》载乔缢于视事厅。洎犹不知，国史，盖因《九国志》。《陈乔传》所云恐九国志未可信也。洎既已背约不死，亦何待乔气绝乃下阁乎。《谈苑》又言国主求乔不得，或告洎以为乔已北降。明年乃得乔尸，接此则所云同升阁者缪甚矣。今参酌修润，庶免牴牾大抵城破时，洎与乔犹同见国主，诸如前约。乔遂死而洎不死耳，洎固不能死，所以同见国主者，度国主必不许其死也。彬整军成列，至其宫城。国主乃奉表纳降。与其群臣迎拜于门，即选精卒千人守其门外。令曰："有欲入者，一切拒之。"始国主令积薪宫中，自言若社稷失守，则尽室赴火死。及见彬，彬慰安之，且谕以归朝。俸赐有限，费用至广，当厚自齐装。既为有司所籍，一物不可复得矣。因复遣煜入宫，惟意所欲取。行营右厢战棹都监梁迥及田钦祚等，皆谏曰："苟有不虞，咎将谁执。"彬但笑而不答。迥等力争不已，彬曰："煜素无断，今已降必不能自引。决可亡虑也。"又遣五百人为輂载辎重，煜方愤叹国亡。无意蓄财，所操持极鲜，颇以黄金分赐近臣，犹右内史学士张佖不受，诣彬自陈，愿奏其事，彬谓佖邀名不许，但取金输之官。彬既入金陵，申严禁暴之令。士大夫赖彬保全，各得其所。亲属为军士所掠者，即时遣还之。因大蒐于军，无得匿人妻女。仓廪府库，委转运使许仲宣按籍检视，彬一不问。纪事本末，振之绝恤鳏寡仁人之心，无所不至。吴人大悦。师旋舟中惟图籍衣衾而已。新隆兴寺成凡五百六十三区。

丙申，车驾临视。

# 卷之一万二千三百八 一送

## 宋太祖十一

李焘《续通鉴长编》

开宝八年,十二月己亥朔,江南捷书至。凡得州十九,军三。县一百有八,户六十五万五千六十有五,群臣皆称贺。上泣谓左右曰:“宇县分割,民受其祸。思布声教,以抚养之。攻城之际,必有横罹锋刃者,此实可哀也。”即诏出米十万石,赈城中饥民。宋史全文富弼曰,太祖之爱民深矣。王师平一方而不为喜,盖念民无定主,当乱世则为强者所胁。及中国之盛,反以兵取之,致有横遭锋刃者,遂至于感泣也。推是仁心,而临天下,宜乎致太平之速。

宋太祖

李继隆善驰驿,日四五百里,自江南兵起,数往来,尝部送伪将赴阙,至项县,会其疾,斩首以献。上嘉之,又从李符督荆湖漕运,与江南人斗。流矢中额,所冠胄坚厚得不伤。上察其材且念其父故,欲拔用之。谓曰:“升州平。可持捷书来,当厚尝汝。”时军中使臣内侍,凡十数辈,皆伺城陷献捷。会有机事当入奏,皆不愿行。继隆独请赴阙,上见其来,知城未下,甚讶之,继隆度金陵破在旦夕。因言半途遇大风,天晦冥。此城破之兆也。捷书明日当至矣。于是上召继隆曰:“正如汝所料。”庚子,上临惠民河,观军人筑堰。

辛丑,赦江南管内州县常赦所不原者,伪署文武官吏见厘务者,并仍其旧。曾经兵戈处百姓,给复二年。不经兵戈处,给复一年,诸色人及僧道,被驱卒为兵者,给牒听自便。令诸州件析旧政,赋敛烦重者,蠲除之。军人俘获生口,年七岁以上,官给绢五匹,赎还其家。七岁以下即还之。又诏不得侵犯李煜父祖丘垅,令太子洗马河东吕龟祥,诣金陵籍李煜所藏国书送阙下。

丁未,以杨克让权知升州,寻兼水陆计度转运事。明年二月始,兼漕事,今并书之。

戊申,三佛齐国遣使来贡方物。己酉,幸龙兴寺。

辛亥,赐京畿诸县民,今年秋租十之三。己未,以恩赦侯刘𬬮,为左监门卫上将军。封彭城公,去恩赦侯之号。户部员外郎知制诰王祐,判门下省,与判吏部流内铨侯陟不协。陟所注拟,祐多驳正。陟诉于卢多逊,多逊初为学士,阴倾宰相普,累讽祐助己。祐不听,谓多逊曰:“昔唐宇文融与张说有隙。为融所谗而出。说复集贤,融遂败。”因以传

示多逊,且劝释之。多逊不悦。癸亥,祐坐陟事,黜为镇国行军司马。司马日记云,祐坐以百口保大明节度使符彦卿非跋扈,逆上意故贬。盖误也。开宝二年,彦卿已徙凤翔。祐贬时彦卿死矣。

甲子,契丹遣右卫大将军耶律乌正礼。宾使萧护里国。通事左千牛卫将军陈延正,来贺明年正旦。先是上尝召吴越进奏,使任知果。令谕旨于其主叔曰:"元帅克毗陵有大功。俟平江南,可暂来与朕相见。以慰延想之意,即当复还。不久留也。朕三执圭币以见上帝。岂食言乎?"崔仁冀亦告俶曰:"主上英武。所向无敌。今天下事扫育已可知。保族全民策之上也。"俶深然之。丁卯,俶请赴长春节朝觐,诏许之。

是岁,诏贡士之下第者,特免将来请解,许直诣贡部。令诸州凡逮捕罪人,必以白长吏。所由司不得直牒追摄。诏有司重详定推状条样,颁于天下。凡三十三条,御史台,开封府,诸路转运司,或命官鞫狱。即录一本付之。州、府、军、监、长吏及州院、司寇院、悉大字揭于板,置听事之壁。本志云,二事皆在八月,今并系之岁末。

秦州戎人大石小石族,寇土门,略居民。知州张炳击走之。张炳示见周广顺中,点秦州税户充保毅军,教习武技,逃死即以佃地者代之。遇征役,官给口粮,有马给刍菽。

是岁发渭州、平源、潘原二县,民治城壕,既毕。因立为保毅军弓箭手,分戍镇寨,能自置马者免役,逃死者以亲属代焉。盖因广顺之制也。此据两朝兵制。开宝九年,据《资治通鉴》例年号皆以后来为定。武德元年,从正月便为唐高祖武德元年,更不称隋义宁二年,明皇光天元年正月,便不称景云三年梁开平元年正月。便不称唐天祐四年,按太宗于开宝九年十月二十一日即位。十二月二十二日改元,不俟逾年。与常例不同,今仍称开宝九年。春正月戊辰期,御乾元殿受朝。

辛未,曹彬遣翰林副使太原郭守文奉露布。以江南国王李煜,及其子弟官属等五十五人来献。上御明德门受献,煜等素服待罪。诏并释之。各赐冠带器币鞍勒马有差,时有司议献俘之礼如刘铢。上曰:"煜尝奉正朔,非鋹比也。"寝露布不宣,煜初以拒命。颇怀忧恚,不欲生见上。守文察知之。因谓煜曰:"国家止务恢复疆土,以致太平。岂复有后至之责耶。"煜心始安。《宋朝要录》煜性仁弱,自嗣位,佛寺十余于禁中。退朝衣僧衣,诵佛书。拜跪手足成胝,朝廷开其惑,选年少有才辨者僧服往见。论报应生死性命之说,尤信重之说。煜于牛头山作佛寺千余间,王师之至。以为营垒,论决死罪,多欲矜贷,将行刑。然灯佛室,达旦不灭,则贷之。富民赂宫中,窃绩其光,多获原宥。尤不喜闻人过,有纠评者悉寝不报,大兵之际,人怀其惠,故无异心。威令不著,故莫有尽死力者。

徐铉从煜至京师,上召见铉。责以不早劝煜归朝。声色甚厉。铉对曰:"臣为江南大臣,而国灭亡。罪固当死。不当问其他。"上曰:"忠臣也。事我如事李氏。"赐坐慰抚之。又责张洎曰:"汝教李煜不降,使至今日。因出帛书示之,乃王师围城。洎所草召江上救兵,蜡弹内书也。"洎顿首请死。曰:"书实臣所为也。犬吠非其主此,其一耳。他尚多,今得死,臣之分也。"辞色不变。上初欲杀洎,及是奇之,谓曰:"卿大有胆,朕不罪卿。今事我,无替昔之忠也。"壬申,德音降死罪囚流以下,释之。男子妇人配,役者听自便。

乙亥,以李煜为右千牛卫上将军,封违命侯,其子弟皆授诸卫大将军。宗属皆授诸卫将军。

丙子,以煜司空知左右内史事,汤悦为太子。少詹事,太子太保徐游,左内史待郎徐铉为太子率更令,右内史舍人张洎,王克贞为太子中允。克贞,新涂人,在江南守道中立。国人称其长者。铉性质直,无矫饰。有卢氏簿谢岳者,铉之故人也。凡铨选之制,年七十即罢去。岳与虢州刺史有隙,奏岳年过,不堪其任。时江南士人爵齿,有司疑者,必质于铉。岳求哀曰:"犬马之齿,实知之。岳家贫亲属多,仰俸禄以给。今罢去,即填沟壑。愿公言不知。"铉曰:"我实知而言不知。是欺天也。"卒以实对,吏部遂罢岳官。然故人子弟

及亲族之孤贫者，来依铉。铉必分俸，开馆以纳之。以两浙都钤辖使沈承礼为威武节度使。初围润州城中，兵夜出焚栅。或请往救之，承礼曰："兵法所谓击东南而备西北者，此也。"命士擐甲不动，既而焚栅兵，去攻他壁，诸将不设备者，悉惊扰。独承礼所部，敌人不敢窥焉。初卢绛在宣州，闻金陵陷。乃帅众趋福建，欲割据岭。表至歙州，刺史龚慎仪闭城拒之。绛怒，攻拔其城。杀慎仪纵火大略。所过莫不惊扰，传檄至福州，观察判官查元方斩其使。

已卯，上闻绛叛，遣其弟袭。未知袭时为何官。赍诏书招谕之。幸左飞龙院，观卫士射，遂幸北苑。令卫士与契丹使骑射。

庚辰，诏幸西京。将以四月有事于南郊。济州团练使李谦溥以疾，自隰州肩舆还京师上遣中，使持汤剂就赐之。又遣太医诊视，谦溥累上章纳禄，不许。壬午卒，上甚悼焉，赙赠加等，葬事官给。

癸未，命翰林学士李昉，知制诰扈蒙，李穆等，于礼部贡院，同阅诸道所解孝弟力田。及有文材武干者，凡四百七十八人。及试问所习之业，皆无可采。而濮州以孝，弟荐名者二百七十人，上骇其多。召问于讲武殿，率不如诏。犹自言能习武，复试以骑射，则皆陨越颠沛。上顾曰："止可隶兵籍耳。"众皆号泣求免，乃悉令退去。劾本州官司滥举之罪。丙申，遣太常丞魏咸熙，于开封府诸县定三等人户税额。咸熙，仁浦之子也。浚洛水。

二月已亥，群臣再奉表，请加尊号曰"一统太平"。上曰："燕晋未复，遽可谓一统太平乎?"不许。君臣请易以立极居尊，上不得已许之。

太子中允高易从，太子洗马商致用。判太仆寺，时方议郊禋。俾缮修车辂也。易从致用未见。

庚戌，以宣徽南院使义成节度使曹彬，为枢密使。领忠武节度使枢密领节度。自彬始，山南东道节度使潘美，为宣徽北院。使节度领宣徽，自美始。

侍卫马步军都虞候李汉琼，领振武节度使，步军都虞候刘遇领大同节度使，贺州刺史判四方馆事田钦祚，领汾州防御使。东上阁门使梁迥，领汾州团练使，西头供奉官李继隆，为庄宅副使。赏江南之功也。彬归自江南，诣阁门进牖子。云奉敕差往江南勾当公事回，时人嘉其不伐，始彬之行。上许彬以使相为赏。及还，诏彬曰："今方隅尚有未服者，汝为使相，品位极矣。肯复力战耶。且徐之。更为我取太原。"因密赐钱五十万，彬怏怏而退。至家见布钱满室，乃叹曰："好官亦不过多得钱耳。何必使相也。"上爱惜爵位，不妄与人类此。会要云，彬以平江南故，不罢旄越。才九月而罢。凡以检校官兼中书令，侍中同平章事者，并谓之使相。唐制皆署敕。五代以来，不预政事。朝会，亲王则分班，余官则缀本官正衔，见谢则押班。凡定制除授者，敕尾存其衔。而不署，侧注使字。此据会要附见。《宋史全文》吕中曰，人言汉高帝善将将者，以不吝爵赏故也。然当天下未定，而信越诸人。爵已王矣，一旦固陵之会不至，则不免裂数千里以封之。此高帝有杀诸将之心矣。国初平江之功至大，然宁赐以数千万钱，而勒一使相。盖品住已极，则他日有功，何以处之。此终太祖之世，而无叛将也。林德颂曰，曹彬之平江南，吝一使相而不授，非食言也。虑其品位之极而不吾用也。狄青之平岭南，欲予以枢密而中辍，非忘功也，虑其名位之极，无以为他日赏也。上闻吴越王俶将入朝。

辛亥，遣皇子兴元尹德昭，至睢阳迎劳之。

契丹遣太杰卿律延浚等，来贺长春节。

马步军副都军头毅州刺史史珪，坐漏泄省中语，甲寅，出为光州刺史。

初，内客省使丁德裕监吴越兵平江南。德裕恃势刚很，不邺士卒。黩货无厌，吴越王叔奏其事。乙卯，出德裕为房州刺史。

戊午，卢多逊加吏部侍郎。落起复。

己未，吴越王叔，及其子镇海镇东节度使惟浚等，入见崇德殿，宴长春殿。先是车驾幸礼贤宅，案视供帐之具及至，即诏叔居之。宠賚甚厚。叔所贡奉，亦增倍于前也。庚申，大宴大明殿。甲子，召叔惟浚宴射苑苑中。丁卯，幸礼贤宅。

初上即位，召供备库副使魏丕谓曰："作坊久积弊。尔为我修整之。"即授作坊副使。丕在职甚尽力，居八年，乃迁正使。上讨泽潞惟扬，下荆广，收川峡。征河东，平江南，皆先期谕旨。令治兵器，无不精办，旧床子弩射止七百步，丕增造至千步。

三月己巳，以丕领代州刺史，仍典作坊。时京师有作坊，诣州有作院，皆有常课。作坊所造兵器，每旬一进，上亲阅之。列五库以贮焉。寻又分作坊，为南北。别置弓弩院。分作坊为南北，在九月置弓弩院，据会要亦在此年，而无其月日，今并书之。

庚午，命吴越王叔，剑履上殿。诏书不名。

辛未，以叔妻贤德顺穆夫人孙氏，为吴越王妃。宰相谓："异姓诸侯王妻，无封妃之典。"上曰："行自我朝。表异恩也。"即令其子惟浚，特诏赐之。先是上数召叔与惟浚，宴射苑中。惟诸王预坐，叔拜，辄令内侍掖起。叔感泣，又尝令叔与晋王光义京兆尹廷美，叙兄弟之礼。叔伏地叩头固谢得止。上将西幸，叔恳请扈从，不许。乃留惟浚侍祠，遣叔归国。是日，宴讲武殿，谓叔曰"南北风土异宜渐及炎暑。卿可早发。"叔泣涕愿三岁一朝。上曰："川途迂远，俟有诏乃来也。"先是群臣皆有章疏，乞留叔取其地。上不从。于是命取一黄复以赐叔。封识甚固。戒叔曰："途中宜密观，及启之。"则皆群臣乞留叔章疏也。叔益感惧，既归。每视事功臣堂，一日命徙坐于东偏。谓左右曰："西北者，神京在焉。天威不违颜咫尺，叔岂敢宁居乎。"益以乘舆服玩为献，制作精巧，每修贡，必列于庭。焚香而后遣之。叔在太祖朝止入一觐，记闻及东轩录等，或云江南未平叔来朝，太祖遣归，江南既平。复来朝，皆谬也。《五代史》又云，叔还国，益以器服珍奇为献，不可胜数。太祖曰："此吾帑中物，无用献为。按太祖待叔甚宠，当无此语。比语盖出于魏王继岌破蜀时或传者，误饰之。今不取。"

旧仪，将有事于南郊，必先告太庙。于是将如西京，不欲载神主俱行。壬申，上亲告太庙，常服乘步辇。百官班于庙庭，不设乐悬。止一献，不行裸礼。不饮福酒，不祭七祀。及祀圆丘于西京，前二日，复命东京留守告宣祖庙焉。

癸酉，以皇子德芳为贵州防御使。

以宰相沈义伦，为东京留守兼大内都部署。左卫大将军王仁赡权判留司三司兼知开封府。丙子。车驾发京师。

己卯，次郑州。庚辰，上谒安陵。奠献号恸。左右皆泣。既而至阙台，西北响发鸣镝，指其所曰："我后当葬此。"赐河南府民今年田租之半，复奉陵户一年。《谈苑》载上自西京还，乃谒安陵，盖误也。今从《实录正史》。

辛巳，上至西京。见洛阳宫室壮丽，甚悦。召知河南府右武卫上将军焦继勋，面奖之。加彰德节度使。

丙戌，以王仁珪领义州刺史。李仁祚为八作副使，继勋女为皇子德芳夫人。再授旄钺。亦以德芳故也。而继勋，性吝啬，公府用度，多所减削。时论非之。

丁亥，召沈义伦赴西京。命王仁赡兼大内都部署，开封推官左赞善大夫真定贾琰权知府事。

庚寅，分命近臣。徧祷城中祠庙，久雨故也。辛卯，幸龙门广化寺，开无畏三藏塔。

是月，发卒千人。自洛城菜市桥，凿渠抵漕口二十五里。以通馈运。

是春权停贡举，先是流民归业者，止输所佃之税。俟五岁乃复故额，以是及五岁辄逃。

夏四月已亥，令再逃者，勿得还本贯。有司言准令宗庙殿庭宫悬三十虡，郊社二十虡，殿庭加鼓吹十二虡，殿庭加鼓吹十二虡。开宝四年，郊社误用宗庙之数。今岁亲郊，欲用旧礼。有诏圆丘增十六虡，余如前制。庚子，合祭天地于南郊。国史改称雩祀，恐失其实。今从实录正言之。还御五凤门，大赦。有司将奉册上尊号，上卒不受。

初，雨弥月不止，上遣中使齐三木与狱神约，宿斋日雨不止。当施桎梏，又使祷无畏三藏塔，不如约则毁之。及期始晴霁，以讫成，礼都民垂白者相谓曰："我辈少经乱离，不图今日复观太平天子仪卫。"有泣下者。

壬寅，大宴广寿殿。癸卯，以崇义留后王全斌，为武宁节度使。昭化留后崔彦进，为彰信节度使。上谓全斌曰："朕顷以江左未平，虑征南诸将，不持纪律，故抑卿数年。为朕立法，今已克金陵，还卿旄钺。仍加厚赐。"

上生于洛阳，乐其土风。尝有迁都之意，始议西幸。起居郎李符，上书陈八难曰"京邑凋弊，一难也。宫阙不完，二难也。郊庙未修，三难也。百官不备，四难也。畿内民困，五难也，军食不充，六难也。壁垒未设，七难也。千乘万骑盛暑从行，八难也。"上不从，既毕祀事。尚欲留居之。群臣莫敢谏，铁骑左右厢都指挥使李怀忠，乘间言曰："东京有汴渠之漕。岁致江淮米数百万斛。都下兵数十万人，咸仰给焉。陛下居此，将安取之？且府库重兵，皆在大梁。根本安固已久，不可动摇。若遽迁都，臣实未见其便。"上亦弗从。晋王又从容言："迁都非便。"上曰"迁河南未已，久当迁长安。"王叩头切谏。上曰"吾将西迁者，无它，欲据山河之胜而去冗兵，循周汉故事，以安天下也。"王又言在德不在险。上不答。王出，上顾左右曰："晋王之言固善，今姑从之。不出百年，天下民力殚矣。"李怀忠为节度使，在太平兴国二年冬。此时但领富州团练使，三朝圣政录，称节度使者误也，晋王事，据王禹偁建隆遗事，正史阙之。

甲辰，始下诏东归。乙巳，宴从臣于会节园，还经通利坊，以道狭，撤侵街民舍益之。命太子太师王溥，与百官先归京师。尚书左丞吕余庆卒，余庆始罢政。上欲授以旄钺，会其疾不果。于是赠镇南节度使，辍一日朝，遣中使护丧事。

丙午，车驾发洛阳宫。已酉，次郑州。辛亥，至东京。《宋史全文》吕中曰，国初所以不都关中而都汴者，以灵武燕蓟之地未复也。然洛与汴，皆河南之土，洛之险犹可恃。而汴则无险可畏也。欲为四方有事之备，则当都洛阳，高城深池，坚甲重兵，以杜诸夏不虞之备。伐北夷深入之谋，若已都汴，则不得不以守四夷为说。此太祖所以有都西京之议也，然都汴固不得已，都西京亦不得已也，使太祖收灵夏，复燕蓟，则必都长安矣。

初李煜既降。曹彬令煜作书谕江南诸城守，皆相继归顺。独江州军校胡则与牙校宋德明，杀刺史据城不降。诏先锋都指挥使曹翰，为招安巡检使，率兵讨焉。江州："城险固，翰攻之不克，自冬讫夏，死者甚众。丁丑，始拔之。众犹巷斗，则时病甚。卧床上，翰执缚责其拒命。"对曰："犬吠非其主。公何恠也。"命腰斩之。并杀德明。先是上命右补阙张霁知江州，与翰俱入城，翰兵掠民家，民诉于霁。霁按诛翰兵，翰以江州民拒守。又忿民诉诛其兵，发怒屠城。死者数万人。取其尸投井，坎皆填溢。余悉弃江中，诬奏霁徙知饶州。民家货赀钜万，皆为翰所得。霁未见。上闻江州城垂破，遣使持诏赐翰禁止杀戮。使者至独树浦，值大风不能渡。比至，城已屠矣。翰因请载卢山东林寺五百铁罗汉像，归至颖川新造佛舍。遂调发巨舰十余艘，尽载金帛，置铁像于其上。时号为押纲罗汉。

已未，诏自今旬假不视事。赐百官休沐。壬戌，以荆湖南路，转运使太子中允许仲宣，为刑部郎中京西转运使、起居郎。李符为比部员外郎左补阙权知升州并江南转运使。扬克让，为兵部员外郎。皆以调发军储有劳也。江南之未平也，左赞善大夫知汉阳军李恕，屡率兵度江破贼。甲子，以恕为驾部员外郎。

是日，宴近臣及节度使于讲武殿。丙寅，大食国遣使来贡方物。

五月己巳，幸东水硙，遂幸飞龙院，观渔金水河。卢绛承诏赵阙，方引对。时龚慎仪之兄子颖，为右赞善大夫。遇绛于朝，诘之曰："反贼，汝专杀我叔父，我伺尔久矣。今乃在此耶?"遂执绛冤。上以绛属吏，枢密使曹彬言绛骁勇，愿宥其死。上曰"绛状貌酷类侯霸荣，安可留也。"乙亥，斩首西市。卢绛被诛，旧无其事。此据新录，本纪乃云斩绛于西京。不知何故。按绛死于固子陂，葬于夷门山。似不在西京也。且车驾时已还大梁矣，何用于西京斩之。此必字误。《江南野录》载绛归朝，实曹翰部送之。太祖诘绛不即降，绛言李煜未受王爵，故不即绛。太祖嘉其忠，因授冀州团练。使及龚颖诉冤，曹翰复言降不可留，乃杀之。又言铁券毡褥等事，皆与国史异异。今不取，然国史绛，传盖与九国志同。当更考之。《宋朝要录》江南昭武留后卢绛诛，初绛为沿江巡检。屡邀吴越兵于海门，获战舰数百。尝说其主煜曰，吴越仇雠也。他日必为北朝乡导，犄角攻我，当先灭之。"不听，后为凌波都虞候，数战有功。王师围润州，煜遣绛救之。率舟师八千人，奕入丹阳，州将刘澄议以城归款。欲图绛，绛觉之，复出所部，夜出重围走宣州，知金陵陷，帅众欲举岭表。至歙州，拔其城，杀刺史龚谨仪，诏书招谕之。

庚辰，幸讲武池，遂幸玉津园观稼。宋州言，大风坏官舍民居凡四千六百余间。癸未，降申州为义阳军。

甲申，以东上阁门副使。田守奇，贺契丹生辰，右赞善大夫房彦均副之。彦均未见。

晋州以所获北汉岚宪石三州巡检。使王洪武等二十九人来献。洪武未见。辛卯，左司员外郎知制诰扈蒙，权知荆南府，卢多逊恶之也。此据本传，未知所恶何事也。

遣司勋员外郎和岘，江南道采访。

六月己亥，以颍州团练使曹翰，为桂州观察使。仍判颍州，赏平江南之功也。上以晋王光义所居，地势高仰，水不能及。庚子，步自左掖门，至其第。遣工为大轮，激金水注第中。且数临视，促成其役。王性仁孝，上雅钟爱。尹京十五年，庶务修举，上数幸其府，恩礼甚厚。尝疾病，殆不知人，上亟往问，亲为灼艾，王觉痛，上亦取艾自灸。自辰及酉，王汗洽苏息，上乃还。疾良愈，复往视之，赐以龙凤毡褥。又尝宴宫中，王醉，不能乘马。上起送至殿阶，亲掖之。王帐下士蒙城高琼，左手执镫以出，上顾见，因赐琼等控鹤官衣带，及器帛。勉令尽心，间谓近臣曰："晋王龙行虎步，且生时有异，必为太平天子。福德非吾所及也。"蔡惇夔州直笔云，太祖以晋王尹京，对罢，宣谕曰："久不见汝所乘何马，牵来一观。"遂传呼至殿陛下，御马台。敕令晋王对御上马。太宗皇惧辞逊，乃密谕曰："他日汝自合常在此。上下马何辞焉。"太宗骇汗趋出。命近侍挽留，送上马。遂再拜乘马驰走。回旋于殿庭而出，太祖示继及之意也。按太祖继及之意，盖先定于昭宪榻前矣。今不取。

癸卯，吴越王俶，遣使入贡，谢朝觐蒙殊礼。及放令归国也。

武宁节度使赠中书令王全斌卒。全斌轻财重士，不求显赫之誉。宽而容众，军旅乐为之用。其绌居外郡，几十年，怡然自得，识者之。《宋史全文》富弼曰："王全斌有大功可掩其罪也。太祖以诸国未平，恐将帅恃功为过，故抑全斌等以立国法。及事宁之后，进赏前勋。此真得驾驭英雄之术也。"

秋七月戊辰，幸晋王第观水入新池。初永安留后折御勋，以郊祀西洛来朝。道病后期。丙子，徙御勋为泰宁军留后，召御勋弟御卿，为闲厩副使知府州。是日，幸京兆光美第视疾，后两日，复幸焉。平海节度使陈洪进，以江南吴越入朝。不自安。戊寅，遣其子漳州刺史文颢，来贡方物。且乞修觐礼，诏许之。洪进行至南剑州，闻国有丧，乃归镇发哀。

先是令诸州卖盐，斤六十钱者，减为五十，四十者为三十。至是颗盐，减至四十四。乙酉，令复减四钱。命近臣祈晴于京城祠庙。丁亥，诏新修历代帝王，及岳渎祠庙，与县

镇相近者,移治所就之。

旧制,天下刑狱,大理寺详断。刑部详覆。去年秋,尝有诏令两司参议同奏,时右赞善大夫张佖判刑部。比部员外郎李符判大理。符性刚强,颇轻重其法,佖多驳正之。屡至忿竞,案牍转复滞,佖上疏请复旧制。不报,因求外任。八月戊戌,以佖权知荣州。初伪朝官出领外任者,入辞必戒饬再三。及佖辞,上谓曰:"惟汝不必朕言。方擢用汝,佖在州果有善政。"两司共断文案,据佖疏乃去年七月诏旨。而《实录本纪》不著,今因佖出,附见。已亥,幸新龙兴寺。

乙巳,幸等觉院,遂幸东染院,赐工人钱。又幸控鹤营,观骑士射。赐帛有差。又幸开宝寺,观经藏。

丁未,命伐北汉。以侍卫马军都指挥使党进,为河东道行营马步军都部署。宣徽北院使潘美为都监。虎捷右厢都指挥使扬光美为都虞候。

已酉,进等入辞。各赐戎服金带鞍马铠仗遣之。

初平江南,彭州刺史刘茂忠,与吉州刺史屠令坚相约拒命。会令坚死。监军侍其稹,权知吉州,其事遂寝,乃与稹俱入朝,茂忠常侵掠边邑,上诘之。茂忠曰:"臣事李煜。惟力是视。虽陛下亲征,臣当殒身不顾。"上嘉其忠。庚戌,以茂忠为登州刺史,稹为闲厩使。稹未见。

晋州获北汉谍者赵训,械送阙下。上释不诛,给装服遣之。废江南诸县伪署制置使。

辛亥,命镇州西山巡检洺州防御,使郭进,为河东道忻,代等州行营马步军都监。壬子,以枢密副命名楚昭辅、右卫大将军判王司王仁赡,分领宣徽南北院事。自后宣微使阙,即命枢密副使兼领院事。宣徽使除授,其后不备书。此其始事,故特出之。

丙辰,诏分兵入北汉界。西上阁门使郝崇信,与解州刺史王政忠,出汾州。内衣库副使阎彦进,与泽州刺史齐超,超未见。出沁州。内衣库副使孙晏宣。晏宣未见。与濮州刺史安守忠出辽州。引进副使齐延琛,延琛未见。与晋隰州巡检汝州刺史穆彦璋,彦璋未见。出石州。洛苑副使侯美与郭进出忻代。九月甲子,幸绫锦院。

乙丑,开封府言,京城诸官司狱皆空无系囚。丙寅,始令刺史郎中将军以上,私忌给假。

丁卯,以库部员外郎范旻,勾当淮南诸州,并淮北徐海沂等州水陆计度转运公事。上谓旻曰:"朕委卿以方面。凡除去民隐漕辇军储。悉许便宜从事,不用一一中覆也。且闻卿素贫,苟有所须,但那官钱用之。"旻岁运米百余万石给京师,当时称有心计。高丽国王王昭卒,其子伷权领国事。庚午遣使赵尊礼入贡,且请命。

壬申,党进帅兵抵北汉城下,列寨于河之南,败其军数千人于太原之北。获马千余匹,及兵仗六百余副。癸酉,户尚书致仕赠左仆射刘熙古卒。

初平江南,命著作佐郎建阳杨澈,通判虔州就曹彬,分兵之任。节度使郭载兴,载与未见。方拥兵自固,澈单骑直趋其垒。谕以国威信。载兴即委符听命。辛巳,命载兴为海州刺史。澈悉料城中军士之勇壮者,五百人为一纲。部送京师。

土豪黎罗二姓,依册聚党作乱,澈讨平之。擒二豪,械赴阙下。辛巳,郭进言,领兵出忻代路,俘北汉山后诸州民三万七千余口。

庚寅,幸城南池亭,遂幸礼贤宅。又幸晋王第。

冬十月甲午朔,定难节度使李光叡,率所部兵次于天朝,定朝两阙。遣使言,伺黄河冻合,即入北汉界。

丁酉,安守忠言,与洛罗寨兵马监押马继恩。继恩未见领兵出辽州路,焚北汉四十余寨，获牛羊人口数千。按八月遣内衣库副使孙宴宣，与濮州刺史安守忠，取辽州路入河东界。守忠传，亦载守忠时知辽州，与马继恩入界事。而旧录乃云，辽州知州齐超上言，盖误也。齐超实泽州刺史，别取沁州路入界。非辽州也。所录止称辽州，当是觉旧录误。故改之。今直书安守忠。

齐超言，领兵出沁州路，败北汉军五百人，擒三十人。此据本纪也。新旧录无之。疑实录脱误，或与安守忠同日奏到耳。当考。

已亥，幸西教场，观飞山军士发机石。庚子，郭进言："破北汉寿阳县，俘其民九十余口。"党进言；"又败北汉军千余人于太原城北。"

初泾州官岁市马，彰义节度使张铎，厚增其直而私取之。累积至十六万贯，及擅借公帑钱万余缗，侵用官麦六千四百余饼，事发召归京师。本州械系其子保常，用及亲吏宋习。上以铎宿旧，诏释不问，但罢其旄钺而已。其所侵盗，皆蠲除之。保常洎习亦得免。

庚戌，以铎为左屯卫上将军。铎，河朔人也。初有神降于盩厔县民张守真。自言我天之尊神，号黑杀将军，玉帝之辅也。守真每讫戒祈，请神必降，室中风肃然，声若婴儿。独守真能晓之，所言祸福多验。守真遂为道士。上不豫。驿召守真至阙下。

壬子，命内侍王继恩，就建隆观设黄录醮。令守真降神，神言天上宫阙已成。玉锁开，晋王有仁心，言讫不复降。此据国史符瑞志，稍增以杨亿《谈苑》。《谈苑》又云太祖开守真言，以为妖。将加诛，会晏驾，恐不然也，今不取。

上闻其言，即夜召晋王。属以后事。左右皆不得闻，但遥见烛影下，晋王时或离席，若有所逊避之状。既而上引，拄釜戳地，大声谓晋王曰："好为之。"此据吴僧文莹所为《湘山野录》。正史实录并无之。野录云，祖宗潜瞿日尝与一道士游于关河，无定姓名。自曰混沌，或又曰真无。每有乏，则探囊金，愈探愈出三人者，每剧饮烂醉。生喜歌步虚为戏，能引其喉于杳冥间。作清征之声，时成一二句，随天风飘下。惟祖宗闻之，曰"金猴虎头四。真龙得真位。"至醒诘之，则曰："醉梦间语，岂足凭耶。"至膺图受禅之日，乃庚申正月初四也。自御极不再见，下诏草泽遍访之。人或见于辗辕道中，或嵩洛间。乃开宝乙亥岁也，上已板楔，驾幸西沼，生醉坐于岸木阴下。笑揖太祖曰："别来喜安。"上大喜，函遣中人密引至后掖，恐其遁去。急回跸见之，一如平时抵掌浩饮，上谓生曰："我久欲见汝，决克一事，无他。我寿还得几多？"生曰："但今年十一二十日夜晴，则可延一纪，不尔。则当速措置。"上酷留之。俾泊后苑，苑吏或见宿于木末鸟巢中。或数日不见，上常切切记其语。至所期之夕，御太清阁以望气，是夕果晴。星斗明灿，上心方喜。俄而阴霾四起，天地徙变，雷电骤降。移仗下阁，急传官录开门召开封尹，即太宗也，延上大寝，酌酒对饮。宦官宫妾悉屏之。但遥见烛影下，太宗时或避席，有不可胜之状，饮讫，禁漏三鼓，殿下雪已数寸，太祖引拄斧枝戳雪，顾太宗曰："好做好做。"遂解带就寝。鼻息如雷。是夕太宗留宿禁内，将五鼓，同庐者寂无所闻，太祖已崩矣。太宗受遗诏，于柩前即位。逮晓登明堂，宣遗诏罢，声恸，引近臣环玉衣以瞻圣体，玉色莹然，如出汤沐。太祖英武，其达生知命，盖有如此者。文莹宜不妄。故特著于此，然文莹所言道士，不得姓名，岂即张守真耶。或复一道士也，恐文莹得之传闻，故不审，如云于西沼木阴下笑揖。太祖止宿，后苑鸟巢中。言十月二十日夜晴，则圣寿可延一纪。疑皆好事者饰说，未必然也。又云，太宗留宿禁内，此亦谬误。太祖既不豫，宁复自登阁，且至殿庭戳雪乎。今略加删润，更俟详考。顾命，大事也，而《实录》正史皆不能记，可不惜哉，蔡惇直笔云，太祖召陈抟入朝，宣问寿数，对以丙子岁十月二十日夜。或见雪，当办行计。若晴霁，须展一纪。至期前夕，上不寝。初夜，遣宫人出视，回奏星象明灿。交更，再令出视，乃奏天阴，继言雪下，遂出禁阁。遣中使召太宗入对，命置酒，付宸翰，属以继位。夜分乃退，上就寝。侍寝者闻鼻息声异，急视之，已崩。太祖于是入继。按惇所载。与文莹略同。但即以道士者为陈抟耳。抟本傅及《谈苑》，并称抟终祖朝，未尝入见。恐惇亦误矣，当是张守真也。王禹称《建隆遗事》云，上将晏驾。前一日遣中使急召宰相赵普、卢多逊。入宫，见于寝阁，上曰："吾知此疾必不起。要见卿等者无它。为有数事，未暇行之。卿等将笔砚来，依吾言写之。身后切须行之。吾瞑目无恨也。"遂授普等笔砚，上自陈述。普等依上言而写数事。皆济世安民之法。普等因呜咽流涕而言，此则谨依谟训而行之。然有一大事，未见陛下处置。上曰：

"何事也。""储嗣未定,陛下倘有不讳,诸王中当立何人。"上曰:"可立晋王。"普等复曰:"陛下艰难创业,卒置升平。自有圣子当受命。未可议及昆弟也。臣等恐大事一去,卒不可还。陛下宜熟计之。"上曰:"吾上不忍违太后慈训,下为海内方小康。思得长君以抚之。吾意已决矣。愿公等善为我辅晋王。"遂出御府珠玉金器赐普等。令归第。翌日,上崩于长庆殿。由是晋王闻普等有此奏议,大衔之。嗣位后,坐多逊事,连奏府贬死于岭表。赵普以妇人取媚于禁中,遂获免。谨按世所传建隆遗事十三章。此其第十一章也。事尤悖谬不可信,盖开宝六年八月,赵普已罢相出镇河阳。后三年,太祖晏驾。此时赵普实在河阳,安得与卢多逊并居相位耶。又《遗事》第七章,称杜太后及太祖,召晋王秦王南阳王等,相约传位。陶谷为誓书,赵普告天地宗庙,此固不然也。设如所言,则太祖传位晋王。约已定于建隆初矣。开宝末,命宰相又何请耶,就使复请。则决非赵普也。且遗事乃一人所著,其首尾固当参同,令第七章既云尔。其第十一章又云尔,岂不自相矛盾耶。臣焘尝反覆推究此章,则普之怨家仇人多逊亲党所为。欲肆其诋毁,故托名禹偁窜寄《遗事》中,实非禹偁作也。禹偁事太宗,坐直言屡出,故群小困之。然禹偁素识道理,忠义人也,决不敢凿空驾虚,污蔑君父。若此不顾。且《禹偁集》所载表章,多代普作。《禹偁传》亦称普雅爱重禹偁。纵禹偁书恶,不为普隐,亦须验实传信,方太祖晏驾时,普不在相位,士大夫孰不知之。而此章乃云与卢多逊同入宫,其非禹偁所著盖明甚。必多逊亲党,不习朝廷之故者,所妄作也。且非独此章为不可信,其它章要不全是。盖禹偁用文章名天下,令所传遗事,语多鄙俗。略不似禹偁平日心声。故臣焘窃有疑焉。特信其可信耳,学士大夫以书托名禹偁,则据信之。不复推究。此最害义者,故不可不辨。以晓来世云。

癸丑,上崩于万岁殿。时夜已四鼓,宋皇后使王继恩,出召贵州防御使德芳,继恩以太祖传国晋王之志素定,乃不诣德芳。径趋开封召晋王,见左押衙程德玄,先坐于府门。德玄者,荥泽人。善为医。继恩诘之,德玄对曰:"我宿于信陵坊。乙夜有当关疾呼者,曰晋王召出。视则无人,如是者三。吾恐晋王有疾,故来。"继恩异之,乃告以故。扣门与俱入,见王且召之。王大惊,犹豫不行。曰"吾当与家人议之。"入久不出,继恩促之曰"事久将为它人有矣。"时大雪,遂与王于雪中步至宫。继恩使王止于直庐,曰:"王且待于此。继恩当先入言之。"德玄曰:"便应直前。何待之有?"乃与王俱进至寝殿,后闻继恩至。问曰:"德芳来耶?"继恩曰:"晋王至矣。"后见王愕然。遽呼官家,曰:"吾母子之命,皆托于官家。"王泣曰:"共保富贵,勿忧也。"此据司马光《记闻》。误以王继恩为继隆,程德玄为贾德玄,今依国史改定,按开宝皇后,以开宝元年二月入宫。德芳以开宝八年七月,娶焦继勋女。出阁时年十七,德芳传不载母为开宝皇后。后传亦不言有子德芳,疑德芳非宋出也。当考。国史方技传,马韶平棘人,习天文三式之学。开宝中,太宗以晋王尹京邑时。朝廷申严私习天文之禁,韶素与太宗亲吏程德玄善。德玄每戒韶不令及门,九年十月十九日既夕,韶忽造德玄。德玄恐甚,且诘其所以来。韶曰:"明日乃晋王利见之辰也。德玄惶骇。因止韶于一室中,遽入白太宗。太宗命德玄以人防守之。将闻于太祖。及诘旦太宗入谒,果受遗践祚。数日韶以赦免,按此与程德玄传所称宿信陵坊,夜有扣关疾呼,趣赴宫邸事不同。疑必有一误。今但从德玄传及司马光记闻,瓮牖闲评,尝观王禹偁所撰建隆遗事,载立晋王之一节皆太祖之心自欲如此。初非出于杜太后也,前一段去,太祖欲立太宗,议已定,太后遂令赵普作誓书留之禁中,既而太宗即位。后一段云,太祖将晏驾,方召赵普于寝阁间。及赵普欲立太祖之子,而太祖不允。遂立太宗。其后太宗闻之,故与普有隙。夫以中书前后所载一事,乃不同如此何邪。"

甲寅,太宗即位。群臣谒见成万岁殿之东楹。帝号"恸殒绝。"

乙卯,大赦天下。常赦所不原者,咸除之。令缘边禁戢戍卒,毋得侵挠外境,群臣表所论列,并许实封表疏以闻。必须面奏者,阁门,使即时引对。风化之本,孝弟为先。或不顺父兄,异居别籍者,御史台及所在纠察之,先皇帝创业垂二十年,事为之防,曲为之制。纪律已定,物有其常,谨当遵承,不敢逾越。咨尔臣庶,宜体朕心。《宋史全文龟鉴》曰:孟子曰:"以天下与人易,为天下得人难"。我太祖金戈铁马间关以有天下。不付之璿源衍庆之诸王,而乃授之太平福德之天子。是不以天下自私,而欲为天下得人之仁也。元城先生曰:"太祖用心,尧舜之心也。舜之叶尧,禹之承舜，我太祖独无是心乎。”切观即政之初年，尝语大臣曰：“先帝以勤劳定天下。凡军国机务，遥防制置，咸得之矣。但遵守旧规，不得辄易”。噫，善继人之志，善述人之事，愚于斯言见之。

丙辰，群臣上表，请听政。不允。

丁巳，宰相薛居正等同见上，顿首固请。乃许之。即日，移御长春殿。谓居正等曰：“边防事大。万机至重。当悉依先帝旧规。无得改易。”以开封府判官著作郎陆泽，程羽，为给事中，权知开封府推官右赞善大夫贾琰，为左正谏大夫。枢密直学士门人襄邑郭贽，为著作佐郎。正谏，即谏议也，避上名改之。内出大行遗留物，赐近臣有差。庚申，以皇弟永兴节度使兼侍中廷美为开封尹兼中书令，封齐王，皇子山南西道节度使同平章事德昭，为永兴节度使兼侍中，封武功郡王。贵州防御使德芳，为山南西道节度使同平章事，帝友爱尤笃，不欲德芳异其称呼，并诏王。石，魏氏三公主。皆依旧为皇子皇女焉。宰相薛居正，加左仆射。沈伦加右仆射。伦即义伦也，参知政事卢多逊，为中书侍郎平章事。枢密使曹彬，加同平章事，枢密副使楚昭辅为枢密使。彬前以枢密使领忠武节度。至是始罢。彬加平章事，罢节钺。此据会要，它书并不详。当考。命齐王廷美为山陵使。

壬戌，封昭庆公主，为郑国，延庆公主，为许国，永庆公主为虢国。

李光叡言，率兵入北汉界。破吴保寨，斩首七百级。擒寨主侯遇。获牛羊铠甲数千计。光叡，寻改名克叡。有司言，官阶州县名与御名下字同者，皆改之。彰为义军彰化军。义成军为武成军。保义军为保平军。感义军为感德军。义武军为定武军，昭义军为昭德军。崇义军为崇信军。归义军为师化军。大义军为大顺军。义州为仪州。南义州为南仪州。义阳军为信阳军，镇宁节度使刘光义，改名庭让。武定节度使祁廷义，改名廷训。先是茶盐榷酤课额少者，募豪民主之。民多增额求利，岁或荒歉，商旅不行，至亏失常课，乃藉其资产以备偿。于是诏以开宝八年额为定，勿辄增其额。

又诏应诸色选人，有自外引见取旨，或令降资或不与官者，仰铨司检勘。本无违碍及疾病者，各依资注授。其有目令录降簿尉者，却与复资。或经远官合放，选而令守。选者亦许赴集。此据会要十月诏。

十一月甲子，追册故尹氏为淑德皇后。越国夫人符氏为懿德皇后。尹氏，崇珂之女兄。上微时娶焉。

丁卯，诏齐王廷美，武功郡王德昭，位在宰相上。王偁东都事略，诏曰：“帝尧之化，实先于敦族。成周之制。”爰后于异姓。自今朝会齐王廷美，武功郡王德昭，位宜在宰相上。

又诏中外官除拜出入，自今并于正衙辞谢。违者有司议其罚，始复旧制也。宰相薛居正，上大行皇帝陵，名曰“永昌”诏恭依。

戊辰，诏细民以农桑为业，顷制奉户，月输缗钱。营置良苦，今皆罢之，官奉并给官物，令货鬻及七分，仍依周显德五年十二月诏，增给米麦。分遣使者，以大行遗留物，赐外诸侯。庚午以齐州防御使李汉超，为云州观察使判齐州，仍护江南屯兵。洺州防御使郭进，领应州观察使判邢州，兼西山巡检召故。

国初，并益广南，各僭大号，荆湖江表，止通贡奉，西戎北狄皆未宾伏。太祖垂意将帅，分命汉超及进等。控御西北，其家族在京师者，抚之甚厚。所部州县，筦推之利悉与之，恣其回图贸易，免所过征税。许令如募骁勇，以为爪牙，凡军中事，悉听便宜处置。每来朝，必召对，命坐赐以饮食，锡赍殊异遣还。由是边臣皆富于财，得以养士。用间洞见蕃夷情状，时有寇钞，亦能先知。预备设伏掩击，多致克捷。故终太祖世无西北之忧，诣叛以次削平，武功盖世，斯乃得壮士以守四方，推赤心置人腹中之所致也。国史论及祖宗故事。经武圣略所列将早凡十四人，李汉超屯关南，马仁瑀守瀛洲，朝令坤镇常山贺惟忠守易州，何继筠镇

溥州。以拒北虏。郭进控西山，武守琪戍晋州，李谦溥守隰州，李继勋镇昭义，以御北汉，赵赞屯延州，姚内斌守庆州，董遵诲屯环州，王彦升守原州，冯继业镇灵武，以备西戎。其十三人，各随时自见，独武守琪戍晋州事未详。当考之。《宋朝要录》帝崩于万岁殿，寿五十。帝性仁孝。豁达有大度。历试下位，知人疾苦，陈桥之役，盖迫众心。洎入京师，市不易肆。是时符彦卿，韩令坤，慕容延到，俱握重兵在河北。王景，武行德，郭从义，王彦昭，郭崇，向洪等，皆以宿将处方镇。号令一出，无敢动者。自起布衣，不十年而成帝业。爱养民力，躬行节俭，其治命兵将，料敌制胜，莫不亲授方略，高出群虑。自五代以来，藩侯强盛，朝廷不能制。每移镇受代，皆先命近臣谕旨，仍发兵以备之。尚有不奉诏者，帝之受禅，异姓封王及带相印者，犹数十人。渐削其权，专用儒臣。分理郡国，飞尺一之诏，而奔走道路不暇。自是诸侯势至轻，而祸难不作矣。

时瀛洲防御使马仁瑀监霸州军。仁瑀虽兄事汉超，而多自肆，擅发麾下兵入虏境，略掠夺生口羊马。由是二将交恶。上恐生边衅，即遣使齐金帛赐汉超及仁瑀。令置酒讲解。寻徙仁瑀知辽州，汉超在齐州，凡十七年，为政简易，吏民信爱。尝诣阙请立碑颂德。诏太子率更令徐铉为之文，与士卒绝甘分少，及其死，军中皆流涕。汉超立碑在开宝八年十一月，今附此。进守西山凡二十年，少贫贱无赖。依钜鹿富人家，富人子欲杀之。其妇竺氏潜以告，进得免。及为邢州，即使访竺氏妇。竺时已死。家甚困，得其女，抚养之如己子。将嫁为大校妻，女辞以世本农亩，进乃择民家子配焉。在洺州日，城四面悉令种柳，壕中杂植荷芰蒲苇，后益繁茂。州人见之有泣者，曰："此郭公所种也。"令诸州大索明知天文术数人，传送阙下敢藏匿者弃市，募告者赏钱三十万。诏诸道转运使各案举部内、知州、通判、监临、物务、京朝官等，以三科第其能否。政绩尤异者为上，恪居官次，职务粗治者为中；临事弛慢所莅无状者为下；岁终以闻将大行诛赏焉。《宋史全文》吕中曰：转运置于乾德。本以总利权耳。而兼纠察官吏自此始，厥后有判官，有副使，又有提点刑狱，皆所以纠察官吏。此汉部刺史职也。本朝之监司，以台省寺监为之。虽宰相侍从为帅，亦许弹劾，此我宋三百余年无藩镇之患者，盖以此也。又曰，信矣监司之职其一道守，令之观望欤。故监司志于守廉，则留犊还珠，郡有贤太守矣，循雉鸣琴。邑有贤令尹矣，监司志于律贪，则望风解印，自甘遁迹者矣，故人私恩，难庇二天者矣，此我太祖特重转运以察官吏者，所以不轻于用人也。

乙亥，以权知高丽国事王伷，为高丽国王。以太子少詹事汤悦，率更令徐铉，并直学士院。太子中允张洎，直舍人院自洎始。以供奉官薛惟吉，为右千牛卫将军。沈继宗，及乡贡进士卢雍，并为水部员外郎。雍，多逊子也。起家授官，即与继宗同。多逊时方宠幸，上特命之。非旧典云。

壬午，遣著作郎冯正，著作佐郎张玘，使契丹，告终称嗣也。正未见壬辰。遣左司御副率于延超，司农寺丞徐昭文，使高丽。昭文未见。诏诸色选人，有曾经引对。特奉诏降资不许授官者，有司案验。如别无遗，阙并与依资注拟。

是月，刘鋹封卫国公，李煜封宠西郡公。煜去违命侯之号十二月已巳朔，翰林学士李昉，上大行皇帝谥曰"英武圣文神德。"庙号"太祖"。上初即位，诏罢河东之师。癸卯，宣徽南院，使潘美，侍卫马军都指挥使党进，皆自行营归阙。十国纪年云，十一月宋师失利，烧营而归。与此不同，当考。壬子，毁江南诸州城上白露屋。太宗至仁应道神功圣德文武睿烈大明广孝皇帝纪一。据《资治通鉴》例则于今年正月，便合为太宗皇帝纪。缘太宗改元，不竢逾年。与常例不同。今特于改元之月，乃别为纪。仍就此卷不分出。

太平兴国元年十，二月甲寅，上御乾元殿受朝。悲而不乐，大赦改元。文班常参官，衣绯绿及二十年者，有司上其名。京官，见厘务职满者，仍给俸料。群臣上寿大明殿，上以亲政逾月。特与天下更始，非故事也。

丁巳，以枢密直学士左正谏大夫贾琰，为三司副使。三司置副使自琰始。戊午，契丹使鞍辔库使肃蒲骨只，来修赙礼。上命引进副使田守奇，劳于城外，加赐以遣之。先是川峡分路置转运使，峡盐悉趋荆南，西川民乏食，太祖遣使劾两路转运使罪，及上即位皆释之。于是命西川转运使申文纬遥兼峡路，峡路转运副使韩可玭，兼西川路，使盐荚流通也。文纬见建隆三年，恐非此可，玭未见。

已未，幸讲武池，遂幸王津园。秘书丞安璘，杖音除藉为民，坐知道州日，受赇枉法故也。是岁高丽国人金行成，始入学于国子监。

# 卷之一万二千三百九十九 一送

## 宋仁宗

李焘《续通鉴长编》

庆历二年，春正月庚戌，诏近分陕西缘边为四路。各置经略，安抚招讨等使。自今路分部署钤辖以上，许与都部署司同议军事。路分都监以下，并听都部署等节制，违者以军法论。

诏河北京东西，民间以岁不稔，伐树撤屋，鬻卖甚多，宜令转运司以省钱，依价收市，修盖新添军营。又诏京西转运司，速发省仓粟贷民，户二石。此并据朔历。

辛亥，诏武成节度使同平章事，驸马都尉柴宗庆赴本镇，权御史中丞贾昌朝言宗庆前在郑州，贪污不法，若更令赴本镇，恐益以残民，乃诏宗庆仍留京师。

磁州窑白地黑花八方枕

东头供奉官，阁门祇候李志勋，落职降监。当初志勋为京城东巡检，累获贼。因擢为阁门祇候，使捕浙东军贼鄂邻，而所过逗遛不行，故责及之。

诏麟府路，兵马罢癃，不仕征役者，徙近里州，以省边费。癸丑，知庆州范仲淹，请给枢密院，宣及宣徽院头子空名者，各百道。缓急书填，以劝赏战功，及招降蕃部。从之。按仲淹奏议，乞宣头乃议攻守二策贴黄。实录不载二策独载贴黄不知何也，二策已附，去年十一月。

仲淹又言，朝廷每有机密文字，下都部署司，缘本司官员数多，难以众议，乞止下经略招讨司，贵不漏泄，从之。去年十一月二十九日奏，今报可。

丁已，命翰林学士聂冠卿权知贡举。初端明殿学士李淑侍经筵，访以进士，诗赋策论先后，俾以故事对。淑退而上奏曰："唐调露二年，刘思立为考功员外郎。以进士止试策，灭裂不尽其学。请贴经以观其学，试杂文以观其才。"自此沿以为常，至永隆二年，进士试策杂文，通文律者始试策。天宝十一年，进士试一大经，能通者试文，又通而后试策五条。皆通为中第。建中二年，赵赞请以时务策五篇。论表赞各一篇。以代诗赋。大和三年，试贴经略，问大义，取精通者。次试论义各一篇。八年礼部试以帖经口义，次试策五篇，问经义者三。问时务者二，厥后变易，遂以诗赋第一场，论第二场，策第三场，帖经第四场，令陛下欲求理道，不以雕篆为贵。得取士之实矣。然考官以所试分考，不能通加评

较。而每场辄退落士之中否，特系于幸不幸尔。愿约旧制，先策，次论，次赋，次帖、经、墨、义、而敕有司并试四场。通较工拙，毋以一场得失为去留。诏有司议，稍施行焉。此议，按本志与罢殿试相联书之。不得其时，今附命官知贡举后，淑以庆历元年六月。出知许州矣。

自元昊反，聚兵西鄙并边入中。刍粟者寡，县官急于兵食。且军兴用度，调发不足。因听入中刍粟，予券趋京师榷货务受钱。若金银入中他货，予券偿以池盐，由是羽毛筋力胶添铁炭瓦木之类，一切以盐易之。猾商贪人，乘时射利，与官府吏表里为奸，至入椽木二估钱千，给盐一大席。大席为盐二百二十斤，虚费池盐，不可胜计。盐直益贱，贩者不行。公私无利，朝廷知其弊，戊午用三司使姚仲孙请以度支判官刑部员外郎秘郎秘阁校理范宗杰，为制置解盐使。往经度之，诏复京师榷法，宗杰，请凡商人以虚估受券。及已受盐未鬻者，皆计直输亏官钱。内地州军民间盐，悉收市入官，为置场增价而出之。复禁永兴华耀河中陕号解晋绛庆成十一州商贾。官自辇运，以衙前主之。又禁商盐私入蜀，置折博务于永兴凤翔。听人入钱，若蜀货易盐趋蜀中以售，诏皆用其说。京兆府布衣雷简夫隐居不仕。枢密使杜衍荐之，召见论边事，甚辩上悦。今中书检真宗用种放故事，吕夷简言：言士大夫有口才者，未必能成事也。请姑试之。乃以为校书郎，秦州观察判官，简夫孝先子也。

贷三京郑孟宿亳泗五州，浚汴河丁夫粮，人一斛。壬戌，分遣内臣往河北路，催募兵及万人者，赏之。诏陕西蕃族内附，而无亲属者，并送京西州郡，处以闲田。

知庆州范仲淹前奏攻守二议，诏答以将帅累经挫衄，未甚勇果。若幸于或胜，恐非良筹。假令克获，又烦守备。若且勤于训练，严加捍御，远设探候，制其奔冲，见利乃进，观衅而动，庶可以养锐持久。卿宜深体此意，与邻路互相应援。协心毕力，有便宜密具以闻。仲淹复奏曰："国家太平日久。而一旦西贼背德，凌犯边鄙。公卿大夫争进计策，而未能副陛下忧边之心。且议攻者，谓守则示弱。议守者，谓攻必速祸是二议。卒不能合也。臣前王延安，初请复诸寨为守御之备。次则幸其休兵，辄遣一介示招纳之意。朝廷以群言之异，未垂采纳。今臣领庆州，日夜思之。乃知攻有利害，守有安危。何则盖攻其远者，则害必至。攻其近者，则利必随。守以土兵则安，守以东兵则危。臣谓攻远而害者，如诸路深入。则将无宿谋，士无素勇。或风沙失道，或雨雪弥旬，进则困大河绝漠之限，退则有乘危扼险之忧。臣谓攻近而利者，在延安庆阳之间。有金汤白豹之阻，本皆汉寨。没为贼境，隔延庆兵马之援，为番汉交易之市。奸商往来，特货丛聚。此诚要害之地，如别路入寇数百里，外应接不及，则当远为牵制。金汤白豹等寨，可乘虚取之。因险设阵，布车横堑，不与驰突，择其要地，作为城垒。则我无不利之虞。至于合水，华池，凤川，平戒，柔远德靖，六寨兵甲粮斛可就屯泊。固非守备之烦也。又环州定边寨镇戎军乾兴寨，相望八十余里，二寨之间有胡卢泉，令属贼界，为义渠朝那二郡之交。其南有明珠灭藏之族，若进兵据胡卢泉为军壁，北断贼路，则二族自安。宜无异志，又朝郝之西，秦亭之东有水，洛城亦为之限，今策应之兵，由仪陇二州。十驿始至，如进修水洛。断贼入秦亭之路，其利甚大。非徒通四路之势，因以张三军之威了。臣谓守以土兵则安者，以其习山川道路之利，怀父母妻子之恋。无久戍之苦，无数易之弊。谓守以东兵，则危者，盖费厚则困于财，戍久则聚其怨财困则难用。民力日穷，士心日离，他变之生，出于不测。臣所谓攻宜取其近，而兵势不危，守宜图其久。而民力不匮，招纳之策，可行于其间。今奉诏宜令严加捍御，观衅而动。与邻道协心，而共图之。又覩赦文，谓彼无骚动，则我不侵掠。臣恐贼寇一隅，远在数百里外，应援不及。须为牵制之策，以沮贼气。至时诸路重兵，岂能安坐。如无素定之画，又无行营之备，恐当牵制之时，茫然无措，虽见利而莫敢

进。虽观衅而莫敢动。寇至愈盛，边患愈深，叛亡之人日助贼筭。不可不大为之谋也。愿朝廷于守策之外，更备攻术。彼寇其西，我图其东，彼寇其东，我图其西。宁有备而不行，岂当行而无备也。所谓备者，必先得密旨。许抽将帅便宜从事，并先降空名宣头之类，恐可行之。日奏请不及。臣前曾遣人入界，通往来之问，或更有人至，不可不答。如朝廷先降密旨，令往复议论，岁年之间，当有成事。若谓边，将之耻未雪，而不欲俯就。臣恐诸路更有不支，其耻益大。贼或潜结诸蕃并势合谋，则御之必难。且自古兵马精劲，西戎之所长也。金帛丰富。中国之所有也。礼义不可化，干戈不可取。则当任其所有，胜其所长，此霸王之术也。臣前知越州，每岁纳税绢十二万。和买绢二十万。一郡之入余三十万，傥以啖我，是费一郡之入，而息天下之弊也。"诏陕西诸路经略招讨司参议以闻。据范仲淹奏议，先议攻守二策。因梁适赍回赴阙，诏答仲淹。令与邻道互相应援，故仲淹复上此。实录削其前议，但存后章。今前议已附，去年十一月末。

癸未，诏磨勘院，自今提点刑狱，朝臣代还。列功过三等以闻。上等，除省府判官转运使副。中等，除大藩一任，然后升陟之。下等降知州。又诏御史台举属官事。太常博士以上，雨任通判三人中，御笔点一人。如闻难于得人，自今听举一任通判，及三丞该磨勘者，二人选之。

甲子，诏河北河东陕西转运司，体量知县，县令幕职官老疾不任事者，以名闻。诏自今南郊，臣僚在假不赴朝参者，无得奏乞骨肉恩泽。

乙丑，诏以同州沙苑监牧地为营田。又诏府州择建安指挥之材勇者，为拣中建安指挥。以隶禁军。丙寅，诏奉使契丹不得辄自赋诗。若彼国有请者，听之。

丁卯，贾昌朝请罢举人试院所写策题，从之。补环庆路内附伪团练使讹乞为怀化将军，给供奉官巡检俸。

辛未，以大相国寺新修。太宗御书殿为宝奎殿。摹太宗御书寺额于石上飞白题之。命宰相吕夷简撰记章得象篆额，枢密使晏殊撰御飞白书记。秦州言筑东西关城成。赐总役官吏金帛有差。初知州韩琦，以为州之东西居民及军营仅万余家。皆附城而居，无所捍蔽。因请筑外城凡十里，计工三百万，自十月起役至是成之。

癸酉，从秦凤副部署，殿前都虞候感德军留后李昭亮为永兴军。部署韩琦言昭亮本贵家子，平生未识行阵，故徙之。二月乙亥朔，审官院，言河北，河东，陕西诸州请权令，京朝官知录事参军，从之。

丙子，废渭州定川寨。

丁丑，召权御史中丞贾昌朝侍讲迩英阁。故事台丞无在经筵者，上以昌朝长于讲说。特召之。知秦州韩琦，请降枢密院空名宣头五十道，以赏属羌之有功者，从之。

契丹谋聚兵幽蓟，遣使致书求关南地。知保州衣库使王果先购得其书藁以闻。且言契丹潜与昊贼相结，将必渝盟。请自广信军以西缘山口，贼马出入之路，预为控守。诏札付河北安抚司，密修边备。杜惟序亦先购得契丹书稿以闻。而实录不书，疑惟序所奏在王果之后也。

庚辰，诏沧州钤辖洛苑使普州刺史杨怀敏，只以巡堤写名，权住莫州。与知雄州六宅，使忠州刺史杜惟序等。同管勾机宜司事。此据朔历。

诏秦州自令唃厮啰，及外国进奉人。并约定人数令赴阙，其所进方物，以本城军士传送之。勿令自雇庸人。尝有诏于永宁寨，以官屋五十间，给唃厮啰收贮财物。韩琦奏曰："使外夷居边城，非便。未敢奉诏。"诏曰："唃氏已有谢表，不可失信生事。兼不与屋宇，亦不绝秦州往来。可于闲慢处修盖。常关防觉察之。"琦曰："秦州居常，盖暂往来，今既许置屋贮财，必留人主守，岂能旦夕伺察。使朝廷举动皆知，况契丹元昊。亦未曾缘边给屋，昨杨勤至龟兹。一行皆锁之于馆，我使至嗵氏在驿。亦禁出入，远蕃于中国，尚备虑如此。防微杜渐，不可忽也。臣以为勿给便。”从之。此传韩琦家传附见。

旧制，诸州荐贡者，既试礼部。则引试崇政殿。而知制诰富弼言曰：“国家沿隋唐设进士科，自咸平景德已来，为法尤密。逾于前代，而得人之道。或有未至。夫省试有三长。殿试有三短。主文衡者四五人，皆一时词学之选，又选命馆阁才臣数人以助考校。复有监守巡察糊名誊录。上下相警，不容毫厘之私。一长也，引试三日，诗赋所以见才艺，策论所以观才识，四方之士得以尽其所蕴。二长也，贡院凡两月余，研究差次，可以穷功悉力。三长也，殿试考官，泛取而不择，一短也。一日试诗赋论，三篇。不能尽人之才，二短也。考校不过十日，不暇研究差次，三短也。若曰，礼部放榜，则权归有司。临轩唱第，则恩出主上。则是忘取士之本，而务收恩之末也。且历代取士，悉委有司，独后汉文吏课笺奏副之端门。亦未闻天子亲试也，至唐武后载初之年，始有殿试。此何足法哉？必虑恩归有司，则宜使礼部次高下以奏。而引诸殿庭，唱名赐第，则与殿试无所异矣。”辛已诏罢殿试，而翰林学士王尧臣同修起居注梁适，皆以为祖宗故事，不可遽废。越三日癸未，诏复殿试如旧。诏陕西兵官不带路分，及知州者，无得给亲兵。知延州庞籍，言近诏详范仲淹所上攻守之策，及仲淹近遣本州推官张问至，具述延庆之间，合力出兵之议。臣窃惟虏众之举，赍粮不过十日，而利于速战。短于攻城，彼攻我城，则常多死伤。我速与战，则屡成剉衄，若诸城寨，有楼橹矢石。刍粮水泉之具，即委之使攻。既赍无久粮，野无所掠，就使十日不退。我以重兵乘之，观衅而动，试得全御戎之体。万一它路力不能支，须至用仲淹之策。然由德靖出师，路缘洛河涉春泥泞步骑难进，若久留贼界，人心多摇。川谷之险，皆可以邀击。我军意外之虞，恐不能尽如豫算，或寇深患大亦不免与仲淹合谋而入。择地而攻也。仲淹所陈，守用土兵则安。用东兵则危，令土兵之数无多，而难于招募。东兵亦未可去也，且当抚驭训练。兴营田，减冗费，为持久宽民之计，贼来则力御之，有隙则间谍之，以俟其弊。且西羌之俗，岁时以耕稼为事，略与汉同，近年屡有点集。人多失业，每入寇边郡。计其掠获，未足偿其所费。人尚不乐，君坚壁清野，使无所得。则势必益穷，心必益怨。岁月之间，衅变必生，心危势动，然后招纳之策始可行焉。仰料朝廷固不吝财货，以安方隅。但深思极虑，有大于此者矣。知秦州韩琦，言范仲淹议进兵修水洛城，通秦渭道路穿蓦，生户几二百里，计其土工，亦数百万。止可通二州援兵，亦未能断绝西贼往来。近筑秦州开城方毕工，尚有冲要城寨，当修治者甚多，未敢再劳人力。诏从琦请勿修。此据琦家传，附见庞籍疏后。

乙酉，诏陕西缘边经略招讨司。战兵身无它伤，而被馘劓耳鼻。或遗失器甲，剥去衣服者斩。

中书枢密院奏言，谍报夏虏破荡瞎毡族帐，欲与嗵厮啰相攻。请令韩琦遣人谕嗵厮啰，多方捍御之。奏可。丙戌，太常博士天章阁侍讲林瑀，落职通判饶州。先是瑀奉诏撰《周易天人会元纪》，其说用天子即位年月日辰，占所直卦以推吉凶，且言自古圣王即位，必直乾卦。若汉高祖及太祖皇帝皆是也。书成上之，诏学士院看详，皆言瑀所编纂，事涉图纬，乞藏秘阁。诏赐瑀银绢各五十两匹。御史中丞贾昌朝尝面折瑀所言不经，瑀与昌朝辩于上前。由是与昌朝迕。及是，瑀又言上即位，其卦直需，其象曰：“云上于天，需。君子以饮食燕乐。臣愿陛下频出宴游，极水陆玩好之美，则合卦体，当天心矣。”上骇其言。因问太祖即位直何卦，瑀对非乾卦。问真宗，对亦然，上始厌瑀之亏诞，昌朝即劾奏

瑀，儒士不师圣人之言，专挟邪说罔上听，不宜在经筵。上乃谓辅臣曰："人臣虽有才学，若过为巧伪，终涉形迹。"遂罢绌瑀。而命著作佐郎，崇文院检讨赵师民，为崇政殿说书。师民临淄人也，八岁丧父，哀恸如成人。九岁能属文。家贫借书。读已辄还。人怪其速，叩问皆已成诵。举进士时，曹玮李迪在青州，闻师民名，遣人敦请乃见，就试礼部，四方士环观通衢中。刘筠知举，独置坐席于都堂前。诸生皆阁笔从之。天圣末，考中等一。或曰："师民乃青之大姓，麻氏甥，麻氏坐豪侈逾制。贼杀亲属诛，师民不可以先多士。"遂降等。及第孙奭辟兖州说书。领诸城主簿，师民学问精博，奭自以为不及。夏竦尤所奇重，称为盛德君子，论其文行，乞回两子恩授，以京秩除齐州推官，青州教授，更天平军节度推官，年五十来京师，近臣张观，宋庠，王尧臣，庞籍，韩琦，明镐，列荐为国子监。直讲兼润冀二王宫教授。改著作佐郎宗正寺主簿，加崇文院检讨，林瑀既逐，师民遂代其任。实录载林瑀事不详。取司马光记闻。及朔历魏泰东轩录。并王安石王珪所作贾昌朝墓志神道碑，增修赵师民事。记闻又与正传别，今从正传。

诏陕西转运司，自今无得差知县出外。仍遣大理寺丞安保衡等五人。往本司以备差使。余靖谏草有此请，然靖此时未复馆职。恐不缘靖也。戊子，诏尝历省府推判官，转运使副，提点刑狱朝臣。及少监卿以上物故者，十年内，与其亲弟侄子孙一人家便官。升泾原路，静边等寨，亲置蕃落指挥隶禁军。

乙丑，崇仪副使王整同提点河北刑狱，诏整尝假六宅使，奉使北朝。令北使过境，恐讶其官名不同，特与改此使额。知谏院张方平言，伏以崇仪六宅，颇为超越。北使之来提点刑狱，不预宾主之事，整虽在职。使人岂知，即恐以假官为嫌，自应改授别路。每岁所遣，使介例，皆假官以行。回而效整之为，遂成真拜之例。今政之大弊为多，俾人塞其蹊隧犹不可。若又启之，何以为政。加整诚有是请，原情深涉欺诬，必朝廷惩沮纤邪。修明法度，不惟宜停恩旨。顾当下从吏议，别行谴斥，以戒为臣整寻徙它官。整徙它官不见于实录，但十二日除整十八日又除王仪，必以方平之言故也。然仪文臣整则武臣，又恐非代整者。但八月已亥。整又安抚京东，则亦徙它官矣千方平称假洛苑使，按整去年实假六宅使。今从实录。

辛卯，知秦州韩琦，请罢本州所招护塞军，增置蕃落二指挥，从之。壬辰，赐太子中舍陆秉进士出身。仍改太子中允。秉，即东也，先召试学士院，赐出身辄拒不受坐责。至是更赦，乃复予之。贷开封府诸县贫民，常平粟，人三斗，户不得过二石。

乙未，诏真定府，定州，天雄军。澶州，各备兵马十万人，储粮二年，及器甲五万副。又诏河北路提点刑狱，视所部州军城隍应修者，悉修之。

又诏河北诸州强壮，自三月后并赴州阅习，委知州择其强劲者，刺手背为义军。不愿者释之，而存其籍，以备守葺城池。自是强壮寖废矣，诏始下，人情汹汹。河北转使李昭述，乘疾置日行数舍，开谕父老，众始安。河北强壮，自三月后赴州教阅。委知州拣刺义勇，及提刑按视城隍。并据朔历增修，实录不详也。不愿者释之，及强壮自此废矣。据《两朝兵志》李昭述事，今附见。熊克九朝通略，昭述。宗谔子也。

河北安抚司，请令缘边都巡检司。潜益兵马，及诏河北管军臣僚，密作备御。从之。此亦据朔历。

丙申赐麟府路，修筑堡寨役卒缗钱。徙真定府定州路，都部署宣徽南院使，天平节度使夏守赟，为高阳关都部署。守赟自言高阳关路，乃在真定府定州下，寻命守赟兼判瀛洲。

丁酉，升河北厅子马，及无敌招收军。并隶禁军，仍诏辇致本路诸县镇粮草入州城。河北安抚司，请下缘河州军，密造战船。诏京东西路，造五百只赴河北。

戊戌，召知陈州河阳三城节度使杨崇勋赴阙。此据朔历乙亥，中书枢密院言划刷到外处就粮马步军六十四。指挥一万三千八百四十人，欲并遣赴澶州驻泊，从之。

辛丑，以新知澶州保静军留后王德用，为保静军节度使。契丹将渝盟，上起德用于曹州。后留后知青州，不数日改澶州。入见上流涕，言"臣前被大罪，陛下幸赦而不诛。今不足辱命。"上慰劳曰："河北方警，藉卿威名镇抚尔。"又赐手诏以遣之。即拜节度使。衣库使知保州王果，领贺州刺史，兼高阳关钤辖。诏殿前马步军司，给衣甲教阅在京诸军。仍差近上内臣二人提举之。

三月甲辰朔，兵部员外朗集贤校理张昷之，为直史馆。河北路转运使从三司，使姚仲孙所举也。

复太常博士余靖，为集贤校理。诏殿前副都指挥使高化，马军副都指挥使李用和，步军副都指挥使曹琮，举诸军指挥使以上，有胆勇方略，堪任将领者各二人，入内都知张永和。内侍都知王守忠，举武臣各二人，诸路转运使、副使各一人。

乙卯，诏河北比岁积两坏道涂，其堑官路两旁，阔五尺深七尺。民田各于封界，阔三尺深五尺。以泄水潦，限半年毕工。中书枢密院奏，乞简河东弓手，有武勇者，不刺面为义勇指挥，陕西弓手。刺面为保捷指挥，从之。实录不云保捷刺面，此从朔历。

丙辰，复河阳三城节度使杨崇勋。同平章事判定州，兼真定府定州路都部署。

丁巳，命枢密使杜衍为河东宣抚使。翰林学士承旨丁度副之，诸州军刑狱罪疑可闵者，并从轻决。无令淹击，本路诸军各差缗钱，其屯兵多处，加燕犒之。王益柔传云，杜衍宣抚河东，益柔寓书言河外兵饷无法，非易帅臣与转运使，则边鄙不宁，因条其可任者，与衍意合。此事当考。庆历四年五月益柔始除集校。

己未，诏军头司择沙门岛放还罪人之伉健者，隶近京归远壮勇指挥。环庆路都部署请于柔远寨东节义烽马铺寨择地，益建城寨以牵制贼势。泾原路又请于细腰城属羌地内建寨，以接两路出兵，并从之。四年十二月，乃城细腰，此时未也，但有请耳。

庚申，魏国大长公主乞加赠故太仪方氏诏赠淑妃。

辛酉，右谏议大夫参知政事晁宗悫罢为给事中资政殿学士，以久被疾故也。

壬戌，茭村族三班殿侍折马山，为三班奉职，马山领众攻西贼所置新寨。斩首级甚众，特迁之。

甲子，诏河北缘边州军，置场买马，从阁门祗候侍其浚之请也。

乙丑，御崇政殿，赐进士扬寘等二百三十七人及第。一百二十二人出身，七十三人同出身。寘，察弟，初试国子监，礼部皆第一。及是帝临轩，启封见姓名，喜动于色，谓辅臣曰："杨寘也"。公卿相贺为得人。授将作监丞通判颍州，未至官，持母丧病羸卒。无子诏赐其家钱五万，米麦各五十斛，绢五十匹。赐物在四年二月今并书。

丙寅，赐诸科及第，并同出身者四百七人。又赐特奏名进士诸科三百六十四人，同出身及补诸州长史文学。中书言三司，每风买红花紫草各十万斤。民不能供，诏止买五万斤。禁中及外人应给红紫罗帛者，给染价。丁卯知青涧城种世衡，请募蕃兵五千。左手虎口刺"忠勇"二字，令隶折马山族，从之。上封者，因请募属户，给以禁军廪赐。使戍边悉罢正兵，下其章四路安抚使议，环庆路范仲淹上言："熟户恋土田，护老弱牛羊。遇贼力斗，可以藩蔽汉户。而不可倚为正兵。大率蕃情黠诈，畏强凌弱，常有以制之。则服从可用，如去正兵，必至骄蹇。又今蕃部都虞候至副兵马，使奉钱止七百三百。悉无衣廪，若长行遽得禁军奉给，则蕃官必生觖望。况岁罕见敌，何用长与廪给。且钱入熟户部，族资市牛马青盐，转入河西，亦非策也。以臣所见，不若遇有警，旋以金帛募令御贼为便。议

遂格。"仲淹议据兵志。

已己，契丹遣宣徽南院使归。义节度使萧英，翰林学士右谏议大夫，知制诰，同修国史刘六符，来致书曰"弟大契丹皇帝，谨致书兄大宋皇帝，粤自世修观契，时遣使轺，封圻殊两国之名。方册纪一家之美。盖欲洽于绵永固将有以披陈，切缘马桥关南，是石晋所割，迄至柴氏以代郭周兴一旦之狂谋，掠十县之故坏，人神共怒，庙社不延。至于贵国祖先，肇创基业，寻与敝境继为善邻，暨乎太宗绍登宝位。于有征之地，才定并汾。以无名之师，直抵燕蓟，羽召精锐，御而获退。遂致移镇国强兵，南北王府，并内外诸军。弥年有戍境之劳。继日备渝盟之事，始终反覆，前后谙尝。窃审专命将臣，往平河右，炎凉屡易，胜员未闻。兼李元昊于北朝，久已称藩，累曾尚主。克保君臣之道，实为甥舅之亲。设罪合诛，亦宜垂报。迩者郭稹特至杜防又回，虽具音题，而但虞诈谋。已举残民之伐，曾无忌器之嫌。营筑长城，填塞隘路，开决塘水，添置边军。既潜稔于猜嫌虑难敦于信睦，傥或思久好，共遣疑怀，曷若以晋阳旧附之区。关南元割之县，俱归当国。用康黎人，如此，则益深兄弟之怀，长守子孙之计，缅惟英晤。深达悃悰，适届春阳，善绥冲裕。"先是西兵久不决，六符以中国为怯且厌兵，因教其主聚兵幽涿，声言欲入寇。而六符及英先以书来求关南十县。

正月己巳，边吏言契丹泛使且至。朝廷为之旰食，历选可使虏者，群臣皆惮行。宰相吕夷简，举右正言知制诰富弼，入对便殿，叩头曰："主忧臣辱。臣不敢爱其死。"上为动色。

壬申，命弼为接伴，弼以二月丙子发京师，至雄州久之。英等始入境，遣中使慰劳。英称足疾不拜，弼谓曰："吾尝使北。病卧车中，闻命辄拜，今中使至，而君不起。此何礼也。英惧然起。遂使人掖而拜弼誉英等，自以虏先违盟约。及其从者，皆有惧心可动。故每与之开怀尽言，冀以钩得其情，英等以故。亦推诚无隐，乃密以其主所欲得者告弼。"且曰："可从从之。不从更以一事塞之。王者爱养生民，旧好不可失也。"弼具以闻，及英等至，命御史中丞贾昌朝，馆伴。朝廷议所欲与，不许割地，而许以信安僖简王允宁女。与其子梁王洪基结昏，或增岁赂。独弼以结婚为不可。初虏主之弟宗元者，号太弟。挟太后势用事，横于虏中。尝自通书币。上欲因今使答之，令昌朝问六符，六符辞曰："此于太后则善。然于本朝不便也。"昌朝曰："即如此，而欲以梁王求和亲，皇帝岂安心乎？"六符不能对，既而虏卒罢结婚之议。辛未，授弼礼部员外郎，枢密直学士，将使弼报聘故也。弼曰："国家有急，惟命是从。不敢惮劳，臣之职也。奈何逆以官爵赂之。"固辞不受。此据朔历，实录无之。正月己巳，壬申。并据记闻，二月丙子，据弼奏议。国文实录并无之。

庚午，命知青州陈执中，养京东路安抚使。执中兼安抚使，乃庚午日在辛未前，嫌与虏事相间。故别出之。

是春，范仲淹巡边至环州，州属羌阴连虏为边患。仲淹谓种世衡素得属羌心，而青涧城已坚固。乃奏世衡知环州，以镇抚之。庞籍请留世衡，诏仲淹更择人。仲淹言非世衡则属羌不可怀。诏从仲淹所请，有毕家族奴讹者，屈强未尝出。闻世衡至，遽郊迎，世衡与约诘，朝行其族。是夕大雪深三尺，左右白地险不可往。世衡曰："吾方结诸羌以信。不可失期。"遂缘险而进，奴讹方卧帐中，谓世衡必不能至。世衡蹩而起，奴讹大惊，率其族罗拜听命。又有兀二族，授虏伪补。世衡招之不至，命蕃官慕恩出兵讨之。其后百余帐皆自归，莫敢贰，因令诸族置烽火。有急则举燧，介马以待，又课吏民射。有过失，射中则释其罪。有辞某事，请某事，辄因中否而与夺之，由是人人自励，虽屠贩倡优皆精于射，虏不敢复近环州。

初世衡在青涧，为属吏所讼以不法事，按验皆有状。庞籍言世衡披荆棘，立青涧城，若一拘以法，则边将无所措手足。诏勿问，及徙环州，诣籍拜且泣曰："世衡心肠铁石也。今日为公下泪矣。"世衡自青涧城徙环州。实录不记。按仲淹作世衡墓志，称庆历二年春今附此，既称牛讹大雪。则必不在夏月矣。然四月辛已补王嵩官，独以青涧城奏。或发奏时，世衡未离青涧。及四月乃徙世衡，青涧所奏补嵩官，而世衡实已赴环州也。

夏四月乙亥，以度支副使杨日华为盐铁副使，施昌言为度支副使。初权三司，使姚仲孙，言度支比盐铁为繁。而日华以疾，数在告，且荐昌言，故改之。资政殿学士给事中晁宗懿卒。赠工部尚书，谥文庄。

丁丑，诏两制大两省，并谏官阁门，使以上，举内殿崇班以下，堪将帅者各二人。以闻。

戊寅，命权御史中丞贾昌朝，右正言田况知谏院张方平，入内都知张永和。与权三司使姚仲孙，同议裁减浮费。先是方平奏疏。言："伏见西事已来。应付边备，天下被其劳。凡百赋率，至增数倍，当时朝旨盖为用兵之际，权宜应急。岂可承以为常。今边防虽已渐宁。而缘边戍守未能撤备，四方添置兵数亦甚多，向之所增赋敛，卒难复旧，何以尉天下百姓之望。朝廷所以绥怀二虏者，正谓宽财用，纾民力，以厚为之备。今乘边事之间，岂可优游虚度岁月，不切讲求经久之计。若遂恬然，惮于有为。臣恐民力日困，财用日匮。难以善于后矣。今内自三司，外至发运转运使，凡掌财利之官，簿书期会犹不暇给。岂暇为国家生民远虑哉。臣欲乞于两省已上官，选差才敏之士三两员，就三司与，使副据国用岁计之数。量入以为出，平货物之轻重。通天下之有无，校其利害之原，以革因循之弊，旋具事节。先到中书枢密院开陈商量，必久远可行者，奏上取裁。若细碎之事，无大损益，自成烦扰，不须施行，所冀助财用，纾民力当今之切务也。于是又言天下切务，无先货食，货食之原在三司。而计臣事备烦综，簿书期会之不暇，岂暇及国家根本之虑哉。臣去年曾上言，乞于两省已上官，选差三两员，就三司与使副，据岁计之所入。约中外之所费，移用之法。则权其轻重，率敛之物，则通其有无。忝究利害之原，划革因循之弊，所冀宽财用，舒民力助三司均节。不乘边事之间，急讲久远之策。臣恐民力日病，国用日匮，若朝廷重于生事，欲乞且令三司。将天圣中一年天下赋入之数，及中外支费之籍，与昨一年比并条上。则国家之大计可较而知矣。如是则可以经久则善，如其不可，则岂恬然不深虑也。前所上劄子，伏乞更赐详择。"《实录》云，初昌朝与权三司使姚仲孙，并言自陕西用兵，边费不足。请校景德以来，用度之数，约以祖宗旧制。其不急者一切裁减之，故有是命按昌朝建议。在宝元二年五月时，命张若谷任中师韩琦定夺，与此不同。实录并为一事，误也。本志云，西兵久不解，财用益屈，天子复诏内侍，以先帝时及天圣初籍。较近岁禁中用度，增损外。则命中丞贾昌朝。谏官田况，张方平，入内都知张永和，同三司议省冗费。按取天圣用度，校近岁增损实方平建议，若景德则昌朝前所建议也。朔记亦云。三司使姚仲孙，言陕西屯军甚众。乞依景德年用度规制外，余悉罢，与实录大同，与《食货志》小异，今悉不取。取方平二疏联书之，所以命昌朝等必因方平奏也。要见后来裁减数目。熙宁初，司马光辞免裁减国用劄子云，欲知庆历二年，裁减制度。比克见今支费不同数目，只下三司供折闻奏。立可尽见，当考求之。《宋史全文》吕中曰："我仁祖天性恭俭，必不妄兴一役，妄费一物，又何待诸臣进节用之说。盖我朝之财，始蠹于天禧祥符，再蠹于宝元庆历，自祷祠之事兴，宫室之役起，内之帑藏稍已空竭，则省浮费之策。不得不申明于天圣之年也。自元昊叛于西，契丹扰于北，外之财用不免告匮，则节冗费之说。不得不条画于庆历之日也。"

已卯，京东安抚使陈执中，请河北缘边安抚司，凡得契丹事宜，并移报本司，从之。

庚辰，以右正言知制诰富弼，为回谢契。丹国信使西上阁门使符惟忠副之。复书曰，"昔我烈考章圣皇帝保有基图惠养黎庶，与大契丹昭圣皇帝，弭兵讲好，通聘著盟，肆命纂

承。共遵谟训。边民安堵，垂四十年兹者。专致使臣，特诒缄问且以瓦桥内地。晋阳故封，援石氏之制域，述周朝之复境系于异代安及本朝。粤自景德之初，始敦邻宝之信。凡诸细故，咸不寘怀。况太宗皇帝亲驾并郊匪图燕壤，当时贵国亟发援兵，既交石岭之锋。遂举蓟门之役，义非反覆。理有因缘，元昊赐姓称藩，禀朔受禄，急谋狂僭。叔优优边陲，乡议讨除已，尝闻达杜防郭稹，传导，备详。及此西征，岂云无报。聘轺旁午，屡闻嫉恶之谈，庆问交驰，未谕联亲之故。忽窥异论，良用惘然。谓将轸于在原。反致讥于忌器。复云营筑堤埭，开决陂塘。昨缘霖潦之余，大为衍溢之患，既非疏导，当稍缮防。岂蕴猜嫌以亏信睦至于备塞隘路，阅集兵，夫盖边臣谨职之常。乃乡兵充籍之旧在于贵境，宁撤戍兵一皆示于坦夷。两何形于疑阻，顾惟欢契，方保悠长。遽兴请地之言，殊匪载书之约，信辞至悉。灵鉴孔昭，两地不得相侵缘边各守疆界誓书之外，一无所求。期在义要，弗违先志，谅惟聪达应切感思甫属清和，妙臻戬谷。”自余令富弼口陈书词，翰林学士王拱辰所撰也。初虏书言，太宗举无名之师，直抵幽蓟。一时莫知所答，拱辰独请，间曰：“河东之役，本诛僭伪，契丹遣使行在，致诚欵。已而寇石岭关潜假兵以援贼，太宗怒其反覆，既平继元，遂下令北征。安得谓之无名。”上喜曰：“事本末乃如此。”因谕执政曰：“非拱辰详识故事，殆难答也。”刘六符尝谓贾昌朝曰：“南朝溏泺何为者哉？一苇可杭，投箠可平。不然，决其堤十万土囊，遂可逾矣。”时议者，亦请涸其池，以养兵。上问拱辰对曰：“兵事尚诡。彼诚有谋，不应以语敌。此六符夸言尔。设险守国，先王不废。具祖宗所以限胡骑也。上深然之。”

中书门下奏，近放特奏名进士诸科，与官入内有习武艺知方略者，请选试。补班行，诏翰林学士苏绅，内侍都知王守忠试验，以闻。补班行者凡三十七人。知渭州王沿，请刺本路弓箭手三万人充军。从之。朔历。

翰林学士王拱辰，侍御史仲简言近者上殿臣僚。以班次稍众，或致壅隔，欲望后殿。视事退，进食毕，复御便殿，特赐延见。诏可仍候班次，少即依旧。简，江都人也。此据朔历。

辛巳，武安节度使高化知相州。本传云，化虽起行伍，然颇知民事。相州有大狱已具，皆当论死。化疑之，遣移许果得不死者，三人。按是月丙申，田况请选通判助化，恕化不能独为此，今削去。补延州僧光信，为三班借职。知青涧城，种世衡言光信与西贼战。屡获首级。又言光信本姓王，请赐名嵩。仍乞擢授一官故以命之。时世衡既遣嵩入虏境间野利旺荣兄弟矣。嵩趫勇善骑射，习知虏山川道路。始为僧，世衡知其可用，召置门下，恣其所欲。供亿无算，嵩酗酒，靡所不为。世衡遇之，愈厚。嵩亦深德世衡，世衡出兵，常使为向导。数荡族帐，及将遣入虏境，召与饮，谓曰：“虏若得汝，考掠求实，汝不胜痛。当以实告邪。”嵩曰：“誓死不言。”世衡曰：“先试之。”嵩果不屈。世衡曰：“汝真可也。”遂遣之。王嵩事参取种世衡传，司马光记闻，《沈括笔谈》，删修余具岁末。

壬午，右正言知制诰刘沆，出知潭州。始沆使契丹馆伴，杜防强沆以酒，沆霑醉拂袖起，因骂曰：“蕃狗，我不能饮。何强我。”于是契丹使来以为言，故出之。寻又降知和州，因诏奉使契丹，及接伴送伴臣僚，每燕会。毋得过饮，其语言应接务存大体。诏臣僚务大体在甲申日，沆再降和州在庚子日。

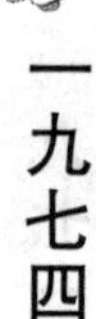

录环州安塞寨主，东头供奉官寇宁子平，为右侍禁。以宁与西贼战死也。

甲申，契丹国母遣保宁节度使耶律垣，左监门卫上将军萧宁，契丹遣严州防御使马世长，东上阁门使崔禹，来贺乾元节。

乙酉，诏致仕官之子孙授试御斋郎，年及格者与免选。除近便官。

戊子，诏近令三司减省诸费。其文武官，及诸班诸军，料钱月粮衣赐给赏特支，并听如故。又诏河北教阅义勇指挥，令番休于家。其惰游不业农者，听其家长告官。重行科责。是日降诏奖谕知延州庞籍等，以籍兴修桥子谷寨成也。始元昊陷金明承平塞门，安远栲栳寨，破五龙川，边民焚略几尽。籍既至稍葺治之。戍兵十余万，未有壁垒，散处城中。畏籍严无敢犯法。金明西北有浑州川，其土平沃。川尾曰"桥子谷"虏出入之隘道。籍使部将狄青将万余人，筑招安寨于谷旁，却贼数万，募民耕植，得粟以济军。周美袭取承平寨。王信筑龙安寨。悉复虏所据故地，筑清水，安定，黑水、佛堂、北横山、乾谷、土明柳谷、雕窠、虞儿、原安、塞十一堡。庞籍传但云，十一城初不列城名。今据周美传增入。及开皈名平戎道，通永和乌仁关。又更四阵法，颇损益兵器云。司马光朔历云，上以知延州庞籍等，兴修桥子谷寨成。及破荡西贼栅寨，命降诏奖谕，系戊子日。今从之。并取本传所载，籍事附见。自周美袭取承平寨以下。当自有日月更详考之。龙安寨四年六月一日乃赐名。安定堡本名马蹄川，五年十月乃赐名。

元昊之据承平寨，诸将会兵议攻讨。洛苑副使种世衡请斋三日粮，直捣贼穴。文思使周美曰："彼知吾来，必设覆待我，不如间道掩其不意。"世衡不听。美独以兵西出芙蓉谷，大破贼。而世衡等果无功。未几，贼复略土槌寨，美逆击于野家店。追北至托拔谷。败其众。以功迁右骐骥使，军还屯永平寨，又筑栅于葱梅官道谷，以扼贼路。令士卒益种营田，岁收谷六千斛。复帅众由厅子部西济大里河，屠扎万多移二伯帐，焚其积聚以归。庞籍与范仲淹交荐之，除鄜延都监，迁贺州刺史。除鄜延都监贺州刺史。当自有月日。

安定之役，谍报贼数万将大至。籍遣管勾机宜楚建中，分诸将兵趣城黑水以待。诸将惮贼且至，不肯与兵。美曰："军当以寡击众，何怯也。"即以兵二千与建中，而贼亦自引去。每边书至，诸将各择便利，独美未尝辞难。然所向辄克，诸将以此伏之。建中，河南人也。庚寅，中书枢密院奏府州修复宁远寨城，欲令河东转运司，及并州高继宣相度分屯军马于汏州驻劄，从之。此据朔历。

甲午，徙知澶州王德用为真定府定州路都部署。仍降诏，谕以选任之意。初刘六符见德用于澶州，喜曰："闻公名久，乃幸见于此。今岁大熟，非公仁政所及邪？"德用谢曰："明天子在上，固尝多丰年。"因言已衰老，中国多贤士大夫，指坐客历陈其家世，六符竦听。

刺环庆路保毅强壮人为军。丙申，右正言田况言朝廷择任将帅，以备北戎。乃用杨崇勋，夏守斌，高化等，中外物情，深未允协，恐误机事。诏各选通判幕职官，往佐助之。知谏院张方平言："昨戎使萧英等回。朝廷处置北鄙，虽增兵饰垒事为之备，然所遣将率，未尽推择。臣闻之，军志善待敌者，无恃其不来。当为不可胜，恃我有以待之。故城虽坚，兵虽众，财用诚给，苟将率非其人，无足恃已。故将者，人之司命，国家安危之主。惟陛下念兹戒兹，即戎骑敢越，封略使杨崇勋在镇定，夏守斌在瀛洲，刘涣在沧州，张耆在河阳，陛下得高枕乎？虽愚夫童子，亦知其必败事也。盖朝廷非不知崇勋等之不足使，迫于用人之常体，慊然而遣之尔。必欲上宽倚注至忧，下为众论所信，自非有已试之效者，不足赖也。势不得已，莫若且取陕西偏裨之知名者，如狄青、范全辈，每路辄徙一两人。况自西鄙用兵已来，三年于兹，立功将士如青等未尝得一到京辇，仰望天颜。若以此为名，召之赴阙，量其材器，稍迁用之，追崇勋等，使奉朝请议者或谓两北事均。若青等被夺，必恐西帅有辞。且陕西四路，各据千里之地，连城数十，官吏将佐以千计。胜兵众矣，岂不能选练偏裨，以自为用。一旦天子登一小校于朝而辞焉，爱君体国者，义不如是。及兹盛夏，边未有虞，可速致之。比富弼使归，幸而盟好未渝，即各还之本路，若犬羊南向，且使

分捍。北方事机所悬，乞赐裁察。"方平疏不得其时。因田况论杨崇勋等附见。崇勋等五月末皆移改，狄青范全后皆召见。或用方平议也，狄青传云。仁宗以青数有战功。欲召见问方略，会贼冠渭州。急命图形以进。在四年八月，除捧日天武厢主惠团之后。按贼寇渭州，乃是年秋末。青传误也。又范属传云，上特召见恪，恪言近刺知天都左右厢点兵，然未知寇出何路。仁宗谓曰："适有边奏已犯高平军刘璠堡。可乘驿亟往。遂迁礼宾使，荣州刺史环庆钤辖，令赴范仲淹麾下，乃是年十月事。"

丁酉，诏如闻京东西盗贼充斥。其令转运司委通判，或幕职官，与逐县令佐，择乡民之武勇者，增置弓手两倍。仍令流内铨选，历任无赃罪。年未六十者，为县尉督捕之。去年二月辛丑，六月壬寅，八月辛巳可考。

录邕州永宁寨监押，右侍禁秦珏，子衮为右班殿直，以珏与蛮人斗死也。

戊戌，以讲周易撤，召讲读官及两制宗室正刺史以上，燕于崇政殿。徙泾原铃辖，知镇戎军，崇仪使朱观，为高阳关钤辖，寻改鄜延路，又改并代路钤辖。专管勾麟府路军马事。五月甲辰改麟府路，庚戌改并代都钤辖。令书或并削去。

已亥，以枢密直学士礼部郎中，知秦州韩琦，为秦州观察使。枢密直学士吏部郎中知渭州王沿为泾州观察使。龙图阁直学士吏部郎中知延州庞籍为鄜州观察使。龙图阁直学士右司郎中知庆州范仲淹为汾州观察使。辛丑，权御史中丞贾昌朝言三司判官开封府推判官，转运使副提点刑狱朝臣，年逾七十，衰耄不职者，请皆罢之。奏可。赐河东修宁远寨等官器弊有差。

五月癸卯朔，封皇第三女为安寿公主。生三岁矣，其母修媛张氏也。赐修媛父故石州军事推官尧封，为秘书监。诏乃者以河北河东弓手为军，盖欲知山川道路，服习耕战，而诸道游冗之人，皆愿顾代之。籍其非正身者，一切罢去。

甲辰，以天武捧日四厢都指挥使知并州。恩州团练使高继宣为眉州防御使。先是虏寇麟府，继宣率兵营陵开抵天门关。是夕大雨及河师半济，黑凌暴，合舟不得进。乃具牲酒。为文以祷。俄而凌解，师遂济。进屯府谷间，遣勇士夜乱贼营，又募黥配厢军三千余人，号清边军。命偏将王凯主之。军次三松岭，虏数万众围之。清边军奋起斩首千余级。其相骀藉死者不可胜计。筑宁远寨，相视地脉，凿石出泉，已而城清塞等五寨，继宣皆与有劳焉。此事不得其时。据继宣传，与迁眉防相接，因联书之，当考。

西上阁门使忠州刺史，并代钤辖，专答勾麟府军马张亢，领果州团练使为高阳关钤辖。初麟州独未通。馈路闭隔，敕亢自护南郊赏物送麟州。贼既不得钞，遂以兵数趋栢子寨，邀我归。亢所将才三千人。亢激怒之曰："若等已陷死地。前斗则生，不然为贼所屠无余也。"士皆感厉，会天大风，顺风击之，斩首六万余级，相蹂躏崖谷，死者不可胜计。夺马千余匹，乃修建宁寨，贼数出争。遂战于兔毛川。亢以大阵抗贼。而使骁将张岊，以短兵强弩数千伏山后。亢以万胜军，皆京师新募市井无赖子弟，疲软不能战，遇贼必走。贼目曰："东军素易之，而虎翼卒勇悍。"阴易其旗以误贼，贼果趣东军。而值虎翼卒，搏战良久，发伏，贼大溃，斩首二千级。不逾月，筑清塞百胜中候建宁镇川五堡。麟州路始通。亢复奏："今所通特往来之径尔，旁皆虚空无所阻。若增筑并边诸栅，以相维持，则可以广田牧河外，势益强。"议未下，而朝廷虑契丹将渝盟，乃徙亢高阳。敕亢护送郊赏，据附传。乃今年事按去年十一月祀南郊，不知何故，今年方送赏物当考。因亢迁高阳遂书之。

殿中丞平棘郭谘言，恐契丹背盟犯界，请决御洨胡卢新唐五河，使之北出，则深冀瀛莫诸州。皆在水东。足以限隔虏骑。宰相吕夷简荐谘言可用。

乙巳，换崇仪副使提举黄河等处堤岸，寻复诏内藏库使带御器械邓保信，洛苑使普州刺史杨怀敏，同规度利害以闻。谘等议决黎阳大河下与胡卢滹沲后唐河相合，以注溏泊混界河，便界东北，抵于海上，溢鹳鹊坡下洙北，当城南视塘泊界截虏疆，东至海口，西接保塞。惟保塞正西四十里水不可到，请立堡寨，以兵戍之。诏储用兴役，会契丹约和而止。谘等议据谘传，然字或差误，当求别本是正之，溢鹳鹊坡下洙北此七字必有差误者。

丁未，河东都转运使，户部郎中，天章阁待制明镐迁左司郎中。以修建宁中候百胜镇川清塞等堡，塞成赏其劳也。

戊申，安寿公主薨，追封唐国公主。以母宠，帝爱甚。成服苑中，群臣奉慰殿门外。

庚戌，河北都转运使李昭述，请修澶州北城，从之，先是河决久未塞，昭述但以治堤为名，调农兵八万。逾旬而就，刘六符过之，真以为治堤也，及还。而城具甚骇愕。昭述事附见，据李肃之传，修城乃录之建议也。肃之时通判澶州。

辛亥，御崇政殿肃系囚。

洛苑使普州刺史杨怀敏，为入内押班。先是张方平言："伏以天下承平为岁深远，而国用不赡，民力益困。今聚师境上，调费浸广，倚于经入，则财不给。加以横赋，则人不堪。救兹交急，特在陛下身先率下，惟事事得其撙节而已。臣窃惟陛下躬勤节用，克自抑畏，凡诸服御，殊为菲薄。而兹中外之，论皆言用度之过。臣窃疑之。盖宫闱嬖昵，左右近习，假威恣横，敢为欺诬。仰恃仁慈，缘为奸弊。且禁中呼索，辄称圣旨。有司应奉，皆为上供。故外人不知其详，而讥议累乎盛德。国家币藏之困，乃群下侵牟之蠹也，伏愿陛下上念宗社之计，下以生民为心，彼妇人宦者，何烦过于姑息。超然远虑，断自天心。试取先帝之世，及陛下临御以来，天圣之初，宫司帐籍，如内东门之类。比较近年支费金帛，则知增损丰俭之数。以一言裁减之恩，为万方广富之本。兆民所赖，为幸实深。先朝已前，事恐难继。若天圣初体例，夫岂远哉。因降诏书，诏天下以陛下忧边之心，爱民之故，则将卒闻之，孰不奋励以投命。士民闻之，执不鼓舞以称仁。至于外诸司库务，凡百横费，乞特置司局，选用公平通敏谙晓时务之士两三员条理之，而以大臣一人监领其事。其不便者，惟是左右主当之人尔。诚陛下断之不疑，无容沮挠。则上可以资德美，下可以施恩惠。内可以集国计，外可以成武功，效速而利多，事近而德远。此当世之切务也，方平既受诏，与贾昌朝等减省浮费，又言窃闻渊旨，先自宫禁裁损一切用度。至于圣躬，奉给缗钱，亦令罢供。此盖陛下身先勤俭，为生灵计。夫减省所为者，自下而议上，则于体不顺。由上以率下，则于名为正臣愿以禁中所行之事，择其大者三数节。宣示外廷，因发明诏，使天下共知圣意，忧边爱人之深。则中外臣庶，得不体国家之急，上成德美者乎？特在陛下断之清衷，不屑细言，则成效可冀也。其有徇己之私，与则喜，夺则怒。此女子与小人之情，怨谤所由生也。臣辈敢不竭精尽虑，上副天心。"

壬子，内出诏书，减皇后及宗室妇郊祀所赐之半，著为式。又诏皇后嫔御进奉乾元节回赐权罢。边事宁日，听旨。于是皇后嫔御，各上俸钱五月，以助军费。宗室刺史以上，亦纳公使钱之半。荆王元俨尽纳公使钱，诏以半给之。减罢回赐，乃甲寅日。今从本志，并书给元俨公使之半，乃甲子日。今亦并书。司马光日记载元俨愁杀人事，附明年五月甲午。

癸丑，命知贝州供备库使恩州团练使张茂实，为回谢契丹国副使，代符惟忠也。惟忠行至武强病卒。富弼请以茂实代之。诏从其请，初转还使张昷之，奏罢冀贝骁捷军士上关银鞣钱事下茂实议，茂实言此界河。策先锋兵有战必先，故平时赐予异诸军不可罢。昷之犹执不已，其后遂奏罢保州。云翼，别给钱粮。军怨果叛。此据茂实传，保州云翼军叛。事在四年八月，昷之以此年三月为河北漕，三年五月入为盐铁副使，二月又为都漕。

甲寅，诏三馆臣僚上封事，及听请对。余靖论文彦博知秦州状，以为五月七日赦。按甲寅乃十二日，今从实录。

集贤校理欧阳修上疏曰:“臣近准诏书,许以封章言事。臣学识愚昧,不能广引深远,以明治乱之原。谨采当今急务为三弊五事,以应诏书所求,伏惟陛下裁择。臣闻自古王者之治天下,虽有忧勤之心,而不知致理之要。则心愈劳,而事愈乖。虽有纳谏之明而无力行之果断,则言愈多而听愈惑。故为人君者,以细务责人专大事而独断,此致理之要也。纳一言而可用,虽众议不得以沮之,此力行之果断也。知此二者,天下无难致理矣。臣伏见国家。大兵一动,中外骚然,陛下思社稷之安危,念兵民之困弊,四五年来,忧勤可谓至矣。然兵日益老,贼日益强。并九州之力,平一西戎。小者尚无一人敢前,今又北戎大者。违盟妄作,其将何以御之。从来所患者夷狄,今夷狄叛矣。所患者盗贼,今盗贼起矣。所忧者水旱,今水旱作矣。所仰者民力,今民力困矣。所急者财用,今财用乏矣。陛下之心,日忧于一日。天下之势,岁危于一岁。臣所谓用心虽劳,而不知求致理之要者也。近年朝廷虽广言路,献计之士,不下数千。然而事绪转多,枝梧不暇,从前所采,众议纷纭。至于临事,谁策可用。此臣所谓听言虽多,不如力行之果断者也。臣伏思圣心所甚忧,即当今所最阙者,不过曰无兵也,无将也,无财用也,无御戎之策也,无可任之臣也。此五者陛下忧其未有,而臣谓今皆有之。然陛下未得而用之者,陛下未思其术也。国家创业之初,四方割据,中国地狭。兵民不多,然尚能南取荆楚,收伪唐,西平巴蜀,东下并潞,北窥幽蓟。当时所用兵财将吏,其数几何,惟善用之。故不觉其少。岂如今日承平百年,祖宗之业,尽有天下之富强。人众物盛,十倍国初。故臣敢曰,有兵,有将,有财,有用,有御戎之策。有可任之臣。然陛下皆不得而用者,何哉?由朝廷有三大弊故也。何谓三大弊,一曰不谨号令,二曰不明赏罚。三曰不责功实。此弊因循于上,则万事弛慢废坏于下。臣闻号令者,天子之威也。赏罚者,天子之权也。若号令烦而不信,赏罚行而不当,则天下不服。故又须责臣下以功实,然后号令不虚出。而赏罚不滥行,是谨号令,明赏罚,责功实。此三者,帝王之奇术也。自古人君,英雄如汉武帝,聪明如唐太宗,皆能知此三术。而自执威权之柄,故所求无不得。所欲皆如意,汉武帝好用兵,则诛灭四夷,立功万里,以快其心。欲求将,则有卫霍之材,供其指使。欲得贤士,则有公孙董汲之徒,以称其意。唐太宗好用兵,则诛突厥,破辽东。威加四海。以逞其志,欲求将,则有李勣之俦。人其驾驭。欲得贤士,则有王魏房杜之辈,奉其左右。此二帝凡有所为,后世莫及。可谓所求无不得,所欲皆如意,无他术也。唯能自执威权之柄尔,伏惟陛下以圣明之资,超越二帝,又尽有唐汉之天下。然而欲御边,则常患无兵,欲破贼,则常患无将,欲赡军富国,则常患无财,欲威服四夷,则常患无策,欲任使贤材,则常患无人,是所求皆不得,其所欲皆不如意。其故无它。由不用威权之术也。自古帝王,或为强臣所制,或为小人所惑,权不得出于己。方今外无强臣之患,又无小人独任之惑。内外臣庶,尊陛下如天,爱陛下如父。倾耳延首,愿听陛下之所为,何惮而久不为哉。若一旦赫然,执威权以临之,可使万事皆办。何患五者之无。奈何为三弊之因循?而一事之不集,臣请言三弊。夫言多变则不信。令频改则难从,今出令之初,不加详审。行之未久,寻又更张。以不信之言,行难从之令,故每有处置之事,州县知朝廷未是一定之命。”则官吏咸相谓曰:且未要行,不久必须更改。或曰“备礼行下,略与应破指挥。”旦夕之间,果然又变。至于将吏更易,道路疲于迎送。文牒纵横,上下莫得遵禀。官吏军民,或闻而叹息,或闻而窃笑。号令如此,欲感天下其可得乎?此不谨号令之弊也。古今用人之法,不过赏罚而已。然赏如及无功,则恩不足劝,罚失有罪,则威无所惧。虽有人不可用矣。臣尝闻太祖时,王全斌等破蜀而归,功不细矣。犯法一贬,十年不问。盖是时方伐江南,故黜全斌,与诸将立法。

及江南已下，乃复其官。太祖神武英断，所以能平天下者，赏罚分明，皆如此也。自关西用兵四五年矣，赏罚之际，是非莫分。大将以无功而依旧居官，军中见无功者不妨居好官，则诸将谁肯立功矣。偏裨畏懦逗留，法皆当斩，或暂贬而寻迁，或不贬而依旧。军中见有罪者不诛，则诸将谁肯用命矣？所谓赏不足，劝罚无所惧，赏罚如此，而欲用人其可得乎？此不明赏罚之弊也。自兵动已来，处置之事不少，然多有名无实，请略举其一二，则其他可知。数年以来，点兵不绝诸路之民。半为兵矣，其间老弱病患，短小怯懦者，不可胜数。兵额空多，所用者少，此有点兵之虚名，而无得兵之实效也。新集之兵，所在教习，追呼上下，民不安居。立教者非将领之才，所教者无旗鼓之法，往来州县，怨叹嗷嗷。既多是老弱小懦之人，又无训齐精练之术，此有教兵之虚名，而无训兵之实效也。诸州所造器械，数不少矣。工作之际，已劳民力。运辇般送，又苦道路。然而铁刃不钢，筋膠不固，长短小大，多不中度。盖造作之所，但务充数而速了，不计所用之不堪，经历官司又无检责，此有器械之虚名，而无器械之实用也。以草草之法，教老怯之兵，执钝折不堪之器械，百战百败。理在不疑。临事而误，何可及乎？故事无小大，悉皆卤莽。此不责功实之弊三也。万事不可尽言，臣请直言其大者，五事，其一曰兵，臣闻攻人以谋不以力，用斗智，不斗多。前代用兵之人，多者常败，少者常胜。汉王寻等，以百万之师，遇光武六千人而败。是绪败，而少者胜也。苻坚以百万之，遇东晋二三万人，而败。是多者败而少者胜也。曹操三十万青州兵败于吕布，退而归许。复以二万人，破袁绍十四五万，是用兵多则败，而少则胜之明验也。况于夷狄尤难以力争，只可以计取。李靖破突厥于定襄，只用兵三千人。其后破颉利于阴山，亦不过万人。其它以五千人立功塞外者，不可悉数。盖兵不在多，能用计尔。故善用兵者，以少而为多。不善用兵者，虽多愈少。臣谓方今添兵则耗国，减兵则破虏，今沿边之兵，不下七八十万，可谓多矣。然训练不精，又有老弱虚数，十人不当一人，是七八十万之兵，不得七八万人之用。加之军中，统制支离，分多为寡。兵法所忌，此所谓不善用兵者，虽多而愈少。故常战而常败。臣愿陛下赫然奋威，饬励诸将精加训练，去其老弱。七八十万中，可得四五十万。古人用兵，一以当百。今既未能，但得以一当十，则五十万数，可当五百万兵之用。此所谓善用兵者，以少而为多。古人所以少而常胜者，以此也。今不思实效，但务添多耗国耗民，迁延月日。贼虽不至，天下已困矣。此一事也。其二曰将臣，又闻古语曰，将相无种，故或出于卒伍，或出于奴仆，或出于盗贼。唯能不次而用之，乃为名将耳。今国家求将之意，虽切选将之路太狭，今诏近臣举将而限以资品，则英豪之士在下位者，不可得矣。试将材者限以弓马一夫之勇，则智略万人之敌，皆遗之矣。山林奇杰之士召而至者，以其贫贱而簿之不过与一主薄，借职使之，怏怏而去。则古之屠钓饭牛之杰，皆游怒而失之矣。以至无人可用，则宁用瘫踵跛躃庸懦暗劣之人。皆委之要地授以兵柄，天下三尺童子，皆为朝廷危之。前日澶州之卒，几为国生事。澶卒几生事，盖郭承祐在澶时。此可见也。议者不知取将之无术，但云当今之无将。臣愿陛下革去旧弊，奋然精求英豪之士。不须限以下位，知略之人不必试以弓马。山林之杰，不必薄其贫贱。唯陛下以非常之礼待人，人臣亦将以非常之效报国。又何患于无将哉？此二事也。三曰财用，臣又闻善治病者，必医其受病之处。善救弊者，必塞其起弊之原。今天下财用困之，其弊安在？起于兵兴而费大也。昔汉武帝好穷兵，用尽累世之财。当时耀兵单于台，不过十八万，尚能困其国力。况今日七八十万，连四年而不解。所以罄天地之所生，竭万民之膏血，而用不足也。今虽有智者，物不能增，而计无所出矣。唯有减冗卒之虚费，练精兵而速战，功成兵罢，自然足矣。今兵有可减之理，而无

人敢当其事。贼有速击之便，而无人敢奋其勇。后时败事，徒耗国而耗民。唯陛下以威权督责之，乃有期耳。此三事也。其四曰御戎之策，臣又闻兵法曰，上兵伐谋，其次伐交。北虏通好仅四十年，不敢妄动。今一旦发其狂谋者，其意何在？盖见中国频为元昊所败，故各启其贪心。伺隙而动尔，今督励诸将，选兵秣马，疾入西界，但能痛攻昊贼一阵，则吾军威大振。而虏计沮矣。此所谓上兵伐谋者也。今论事者，皆知西北欲并二国之力，窥我河北陕西，若使二虏并寇，则难以力支。今若我先击败一虏，则虏势减半。不能独举，此兵法所谓伐交者也。元昊地狭，贼兵不多，向来攻我。传闻北虏常有助兵。今若虏中自有点集之谋，而元昊骤然被击，必求助于北虏。北虏分兵助昊，则可牵其南寇之力，若不助昊，则二国有隙。自相疑贰，此亦伐交之策也。假令二国刻期，分路来寇。我能先期大举，则元昊仓皇。自救不暇。岂能与北虏相为表里，是破其素定之约，乘其刻日之期。此兵法所谓亲而离之者，亦伐交之策也。昊贼叛逆以来，幸而屡胜，长有轻视诸将之心。今又见朝廷北忧戎虏，方经营于河朔，必谓我师不能西出。今乘其骄怠，正是疾驱急击之时。此兵法所谓出其不意者，取胜之上策也。前年西将有请出攻者，当时贼气方盛。我兵未练，朝廷尚许其出师。况今元昊有可攻之势，此不可失之时。彼方幸吾忧河北，而不虞我能西征，出其不意，此可攻之势也。自四路分帅，今已半年。训练恩信，兵已可用，故近日屡奏小捷。是我师渐振，贼气渐衂，此可攻之势也。苟失此时。而使二虏先来，则吾无策矣。臣愿陛下，不以臣言为狂。密诏四路之帅，协议而行之。此四事也。其五曰可任之臣。臣又闻语曰，十室之邑，必有忠信。况今文武常选之官，盈于朝廷，偏于天下。其间非无材智之人，陛下揔治万机之大，既不暇尽识，其人固不能躬自进贤而退不肖，执政大臣动循旧例，又不敢进贤而退不肖。审官吏部三班之职，但掌文簿差除而已，又不敢越次进贤而退不肖。是上自天子，下至有司，无一人得进贤而退不肖。所以贤愚混杂，侥幸相容。三载一迁。更无精别。平居无事，常患太多，而差除不行，但临事要人，常曰无人使用。自古任人之法，无如今日之谬也。今议者，或谓以举主转官为进贤，犯罪即黜为退不肖，此不知其弊之深也。大凡善恶之人，各以类聚。故好赃滥者，各举贪浊之人。好财利者各举诛求之人，性良懦者，各举不才之人。守廉节者，乃举公干之人。朝廷不问是非，但见举主数足，使与迁官，则公干者进矣，贪浊者亦进矣，诛求者亦进矣，不才者亦进矣。混淆如此。便可为进贤之法乎。方今黜责官吏，岂有澄清纠按之法哉。唯犯赃之人，因民论诉者，乃能黜之耳。夫能舞弄文法，而求财贿者，亦强黠之吏，政事必由己出，故虽诛剥豪民，尚或不及贫弱。至于不才之人，不能主事，众胥群吏，共为奸欺，则民无贫富一时受弊。以此而言，则赃吏与不才之人为害等耳。今赃吏因事自败者，十不去一二。至于不才之人。上下共知而不问。宽纵容奸，其弊如此，便可为退不肖之法乎。贤不肖既无别，则宜乎设官虽多，而无人可用也。臣愿陛下，明赏罚。责功实，则才不才，皆列于前矣。臣故曰五者皆有，然陛下不得而用者，为有弊也。三弊五事，臣既已译言之矣，唯陛下择之。天下之务不过此也，方今天文变于上，地理逆于下，人心怨于内，四夷攻于外，事势如此，殆非迟疑宽缓之时。唯陛下留意。乙卯，诏诸路转运使副为按察之官，其路分兵马钤辖并位。其下提点刑狱朝臣，许压州钤辖，而与路分钤辖，以官叙之。又诏自令应臣僚入见，及辞谢如值假。故不御前殿，即依旧制并放外。若事急速，许令后殿见，谢辞及放正衙。并系监时特降朝旨，即不得辄自上章陈乞，时权御史中丞贾昌朝，言护国军节度使，兼侍中张耆赴河阳，武胜军节度使高化赴相州，乞免衙辞，河阳节度使杨崇勋，复平章事，乞免衙谢。兼闻上件官等，并乞只于后殿见辞者，按近制臣僚见谢辞，并合在前殿，

仍诣正衙,除假故外,若事急速,或许于后殿,或免过正衙,并系监时特旨。耆位为节制,久去朝著,辞见不由前殿,出入不诣正衙,或扶以拜君,或揖而受赐,即称衰疾。且冒宠荣,虽圣上眷待老臣,特推异数,犹宜避免。以示恪恭,岂可辄上奏封自求优便。今国家外捍边寇,方任武臣,所宜并示恩威,不可专用姑息,仍恐文武臣僚,自此更轻慢朝廷之仪,乃下是诏,仍榜朝堂。此据会要。

丙辰,上谓宰相曰,朝廷间遣中人出诇外事,而近者臣僚反多奏辟,甚无谓也。宜令御史台劾奏之。

又诏翰林医官有劳者止迁本院官,毋得换右职,及别兼差遣。

丁巳,诏比上书献方略者,率多市文于人。或削取前后臣僚章奏,以冀恩员。己诏无得更陈边事,如闻尚有诣阙者,其令禁绝之。

戊午,建大名府为北京,德音降河北诸州军。系囚一等,杖以下释之。严饰行宫,增置仓敖营舍,并给官钱,毋得科率。

景祐中,范仲淹知开封建议城洛阳,以备急难。及契丹将渝盟,言事者请从仲淹之请。吕夷简谓虏畏壮侮怯,遽城洛阳,亡以示威,必长虏势。景德之役,非乘舆济河,则虏未易服也。宜建都大名,示将亲征,以伐其谋。诏既下,仲淹又言,此可张虚声尔,未足恃也。城洛阳既弗及,请速修京城,议者多附仲淹议。夷简曰,此囊瓦城郢计也,使虏得渡河,而固守京师,天下殆矣。故设备宜在河北,卒建北京。识者韪之,仲淹疏曰,河朔地平,去边千里,胡马豪健,昼夜兼驰,不数十日,可及澶州。陛下乘舆一动,千乘万骑非数日可辨,仓卒之间,胡马已近,欲进北京,其可及乎。此未可一也。又承平已久,人不知战,闻寇大至,群情忧恐。陛下又引忧恐之师,进涉危地,或有惊溃。在爪牙之臣,谁能制之,此未可二也。又北京四面尽平,绝无险扼之地。倘乘舆安然到彼,而胡马旁过,直趋河南,于澶渊四向,乘冻而渡,京师无备,将何以支。宗庙社稷宫禁府库皇宗戚里之属,千官百辟之家,六军万民血属尽在。无金城汤池可保,无坚甲利兵可御,陛下行在河朔,心存京师,岂无回顾之大忧乎?此未可三也。假使大河未冻,寇不得渡,而直围守澶渊,声言向阙,以割地会盟为请。当此之时,京师无备,胡尘俯逼,陛下能谨守不动,而拒其请乎。唐明皇时,禄山为乱,旧将哥舒翰四十万兵,屯守潼关。请不出战,且以困贼。杨国忠促令讨贼,一战大败。遂陷长安。今京师无备,寇或南牧,朝廷必促河诸将出兵截战。万一不胜,则有天宝之患,朝廷将安往乎。昔炀帝盘游淮甸,违远关中,唐祖据之。隋室遂倾。明皇出幸西蜀,非肃宗立于朔方,天下岂复为唐有?德宗欲幸益部,李晟累表乞幸山南,以系人心,乃知朝廷万邦之根本。今陕西河北聚天下之重兵,如京师摇动,违远重兵,则奸雄奋飞,祸乱四起。臣闻天有九阍,帝居九重。是以王者法天设险,以安万国也。易曰:天险不可升,地险山川丘陵。王公设险以守其国,正在今日矣。臣请陛下速修东京高城深池。军民百万,足以为九重之备。乘舆不出则圣人坐镇四海,而无顺动之劳。銮舆或出,则大臣居守九重,而无回顾之忧矣。彼或谋曰,边城圣牢,不可卒攻。京师坦平,而可深犯。我若修营京师,使不可犯,则伐彼之谋,沮南牧之志矣。寇入之浅,则边垒已坚。寇入之深,则都城已固。彼请割地,我可弗许也。彼请决战,我可勿出也。进不能为患,退不能忘归,然后因而挠之,返则追之,纵有抄掠,可邀可夺,彼衰我振,未必不大胜也。此陛下保社稷,安四海之全策矣。或曰,京城王者之居,高城深池,恐失其体。臣闻后唐末,契丹以四十万众,送石祖入朝。而京城无备,闵宗遂亡。石晋时,叛臣张彦泽,引契丹犯阙,而京城无备,少主乃陷。此无备而亡,何言其失体哉。臣但忧国家之患,而不

暇顾其体也。若以修营城隍为失体，不犹愈于播迁之祸哉。朝廷大臣百辟必晓此事，但惧议者谓其失体，而不敢言。臣任在西陲，非当清问，而辄言北事。诚罪人也。然臣子之言，岂敢忘君亲之忧。况臣素来愚拙，惟知报国，而不知其受谤者。昔奉春君负贩之夫，劝高祖都关中，而张良赞之。翌日命驾，臣叨预近列，而辄建言。比之奉春之僭，未甚为过。至于西洛帝王之宅，太祖营修。盖有意在子孙。表里山河，接应东京之事势，连属关陕之形胜，又河阳据大川之险，当河东之会要，为西洛之北门。又长安自古兴王之都，天下胜地，皆愿朝廷留意，常委才谋重臣，预为大备。天下幸甚。契丹既就盟，仲淹复上疏曰，后疏与前疏多同当考。戎情翻覆，自古非一。以四十年恩信当考，恐非有限之货。能足无厌之心，此可大为之防，盟誓不足倚也。臣切观朝廷，未修东京，而先修北都。臣谓东京根本也，北都枝叶也。虽先朝曾有北都之行，当时有宿将旧兵，尝经大敌。然独上下忧疑，盘桓而进。今太平已久，人情易动，又无宿将旧兵，不可不过虑也。臣见边上将佐军旅，耻言不武，争先效命。及其临敌，十无一勇，臣恐驾前诸班武士，矜夸胆勇，有误陛下。昔汉樊哙对上曰，臣愿得十万众，横行匈奴中。季布叱曰："哙可斩也。"昔匈奴围高帝于平城，汉兵三十二万，哙时为上将军，不能解围，今言以十万人，是面谩也。今陛下自观左右将军，有如樊哙者乎。臣昨上言请修京城，宜持重而不动者，盖为此也。若将巡幸北都，臣谓有可虑之事者五。愿陛下思之。臣三四年来，闻人所传契丹造舟安轮，过陆可载，过川可济。如南牧而来于沧德之间，先渡黄河取郓濮，而袭我京城，陛下虚往北京，而寇入东路，此可虑之一也。又宗庙社稷，皇宗戚里，千官百辟，六军万民之家，尽在京师。而城池无备，寇贼大至，将何保守？此可虑之二也。若巡幸北京，六军尽出。回顾京师，亿万之中，或奸凶窃发为乱，陛下之心，能安于外乎？此可虑之三也。假使銮舆未出，寇逼澶渊，声言向阙，有割地之请，既京师无备，朝廷能拒其请乎？此可虑之四也。又胡马之来必数十万，其河朔之兵，当须持重。如京师无备，畏彼深入，必促重兵与之决战。万一有哥舒之败，则社稷为忧。此可虑之五也。愿陛下必修京城，可御大患。况天子之城，古有九重之号。未闻以不严不固，而为国体也。能严且固，则上自宗庙社稷，下及百万之众，可安堵矣。陛下乘銮不烦顺动矣，虽寇入东路，不得而袭矣。彼如澶渊有割地之请，可拒而可弗许矣。彼求决战，可戒诸将持重而勿出矣。彼知京师有备，大军持重，则南牧之志，不得而纵。足以代其谋矣，而复锐则避之，困则挠之，夜则惊之，去则蹑之。因其隙而图焉，皆须京师大固。然后能行其策。近代戎狄为京都之祸者，数四矣，不可不大为之防。易曰，王公设险以守其国。此先圣之训，非臣之所能言也。仲淹知有北京之役，方请修京城。非先请也。《龙川别志》误以仲淹为先请，检仲淹集所载劄子。则别志误可知。《夷简本传》称夷简以城洛阳为子囊城，郢之计亦误也。盖缘仲淹请修京城，故云尔。若洛阳则非郢类，今略加删润，使不相抵牾。本传又误以囊瓦为子囊，今亦改正。识者韪之，别志本语然仲淹忧深思远，其言要不可忽。今具列于后。

是日崇庆公主薨。追封楚国公主。已未，以知天雄军程琳，知大名府兼北京留守司。恐此时琳即兼河北安抚使。但实录不详。五年五月加大资政。琳传始云兼河北安抚使。而实录亦逮不载。六年二月因夏竦判大名制乃书河北安抚使，当考。

庚申，置京东两路安抚使，以知青州陈执中，兼青淄潍等州安抚使，知郓州张观，兼郓齐濮等州安抚使，并兼提举兵马，巡检盗贼事。时契丹虽通使，而所徵兵始大集于幽州。故河北京东益为守备也。环庆都监左藏库副使王遇，为供备库使都巡检使，右骐骥副使范全，为宫苑副使，柔远寨主。内殿承制谭嘉震，为供备库副使，权庆州都监。西头供奉官张继勋，为东头供奉官，阁门祗候。赏大顺城却敌之功也。庆之西北马铺寨，当后桥川口，深在贼腹中。范仲淹欲城之。度贼必争，密遣子纯祐与蕃将赵明先据其地，引兵随其后，诸将初不知所向，行至柔远,始号令之。版筑毕具。旬日城成。是岁三月也,寻赐名大顺,贼觉,以骑三万来战佯北,仲淹戒勿追。已而果有伏,大顺既城,白豹金汤,皆截然不敢动。环庆自是寇益少。按范仲淹奏议,仲淹欲城大顺以三月十三日往柔远寨,驻劄遣将密行占得寨地。又仲淹集,有三月二十七日,自大顺回,见桃花诗,四月三日奏乞以寨为城,名曰大顺。今因行赏,乃著其事。

大顺城西谷寨有强人弓手,天禧间,募置番戍为巡徼斥候。日给粮,人赋田八十亩,能自备马者,益赋四十亩,遇防秋,官给器甲下番,随军训练及是为指挥六。此据本志附见。

癸亥,新邠州观察使范仲淹,复为龙图阁直学士,左司郎中。鄜州观察使庞籍,复为龙图阁直学士,吏部郎中并从所请也。初仲淹上表,言观察使班待制下臣守边数年,羌胡颇亲爱臣,呼臣为龙图老子,今改观察使,则与诸族首领名号相乱,恐为贼所轻。且无功不应更增厚禄,辞甚切至。表三上,乃从之。仲淹正传云,退而与王兴朱观为伍。按范仲淹集,所载表乃云居方荣刘兴下,盖此二人并为留后故也,王兴朱观卒不为观察使,传盖误改。今但从集表所载。以西界伪侍中埋移香为顺德军节度使,封顺德郡王,赐姓名"白守忠。"嘞嵬,为会州防御使,保德,遇环为叙州防御使,仍并赐对衣金带,埋移香,管宥州兵马。庞籍使归,娘族军主阿讹入西界伺事。埋移香言,元昊以所掠缘边人马送契丹,请助兵入汉界,宜预为之备。续遣入赍伪补文字,求封,既而嘞嵬等,亦求内附命,虽下然其后俱不至。嘞嵬保德遇环二人不知何官。

甲子,召江南东路转运使,太常博士,直集贤院杨察,入为左正言。知制诰察在部,专以举官为急务,人或讥之。察曰:"此按察职也,苟掎拾羡余。则俗吏能之,何必我哉。"又诏乾宁军独流寨,钓台寨,沧州官盐灶甜水涡。并置烽堠。

乙丑,罢左藏库月进钱千二百缗,上语辅臣曰:"此周官所谓供王之好用者。朕宫中无所费。其斥以助县官。"诏开封府界,盗贼未捕获者六百九十余人。其非伤杀变主,及元谋之人。听百日归业,除其罪。置信安军兵马都监监押各一员。

丙寅,御崇政殿,阅诸军转员凡三日。真定府定州路,都部署保静节度使王德用入朝奏事。命为宣徽南院使,判成德军。未行改判定州,兼三路都部署,徙判定州扬崇勋判成德军,崇勋老不任事,故徙之。德用至定州,日教士卒习战,顷之皆可用。契丹使人乘觇,或请捕杀之。德用曰:"彼得其实以告。是服人之兵以不战也。明日大阅于郊,提桴鼓拆师进退,坐作终日,不戳一人,乃下令具糗粮,听吾鼓声,视吾旗所向。"觇者归告虏中,谓汉兵将大入。既而复议和。兵乃解。时朝廷发兵屯定州几六万人,皆寓居逆旅,及民间阛塞城市,未尝有一人敢喧呼暴横者。将校相戒曰,吾辈各务敛士卒,勿令扰我菩萨。一旦仓中给军粮,军士以所给米黑,喧哗纷扰,监官惧逃匿,有四卒以米见德用。德用曰"汝从我。当入仓视之。"乃往召专副问曰:"昨日我不令汝给二分黑米,八分白米乎?"曰"然。""然则汝何不先给白米后给黑米?此辈见所得米腐黑,以为所给尽如是。故喧哗耳。"专知对曰:"然,某之罪也。"德用叱从者,杖专副人二十。又呼四卒谓曰:"黑米亦公家物。不给与汝曹,当弃之乎?汝何敢乃尔喧哗。"四卒相顾曰:"向者不知有八分白米故耳。某等死罪。"德用又叱从者六人杖之二十。召指挥使骂曰:"衙官汝何敢如此!欲求决配乎。"指挥使百拜流汗,乃舍之。仓中肃然,僚伍皆服其能处事。此据司马光《记闻》。西上阁门使,果州团练使高阳关路钤辖张亢。权知瀛洲,兼本路部署司事,夏守斌疾故也。亢去高阳,每遣谍者辄厚与金帛,无所吝。亢间处便坐,有弟子行首入曰:"愿屏入白事。"亢慢骂久之,其人曰:"所白机事也。"不肯去。亢为屏人,乃曰:"阁使使钱如粪土。"曰:"何故?"曰:"阁使所与非其人。如我乃可与耳。"亢复骂。久之曰:"我非与阁使戏。我外生女子,自小教歌舞甚妙丽,为虏骑掠去。今幸于虏主,日夜居帐中。将相皆事之。

今遣人有所市，阎使善结之，虏中情伪如指掌也。”亢曰“所市何物。”曰“某大王纳女婿。须紫竹鞭，阎使所执可与也。”及余所市物非一，亢皆从之。自是虏中动静必告，时边城多警，每一卦搭费甚厚，惟高阳独否。弟子行首事，据《龙川别志》。

沧州钤辖沿界河，同都巡检使，及管勾河北屯田事，洛苑使，普州刺史，入内押班杨怀敏，为真定府定州路钤辖。兼保州广信安肃军，缘边都巡检使，依旧界河。同都巡检使及管勾屯田司事，知顺安军刘宗言，上书言屯田。司濬塘水漂招贤乡六千户。事下转运司，及屯田司，怀敏挟势，卒窘宗言。挟势窘宗言。据《河渠志》在此年今附见，志载此事不详当考。边臣畏怀敏，多巧事之。高阳关钤辖王果独不屈。数言水浸民田，无益边备。怀敏怒，诉果以不法。左迁青州都监，王果事据本传附见。果二月初除高阳钤辖，不知何时责青州。十一月乃自青州改永兴，又吴奎传云，奎为广信军判官，官者杨怀敏增广北边屯田。至夺民谷地，无敢与抗者，奎上书论其不便。知保州王果亦屡争之。怀敏使人讼果它事，诏置狱推劾。奎为力辨得免。按果以庆历二年二月，自保州擢领贺州刺史，兼高阳关钤辖，与怀敏争屯田事坐责，当在高阳关，不在保州矣。今止从果传。诏河北居民，遇有边警，其畜积许辇至城。邑中欲居官舍寺院者，亦听之。丁卯，徙知成德军，龙图阁直学士，兵部郎中张存，为河北转运使。先是存上言契丹与元昊僭为，恐阴相首尾。河北城久不治，宜留意无忽。于是悉城河北诸州，俾存督察之。诏管军臣僚，非乾元节，及大礼，不得非次陈乞亲属恩泽。戊辰，诏有司申明前后条约，禁以销金，贴金，镂金，间金，蹙金，圈金剔金，陷金，明金，泥金，楞金，背金，阑金，盘金，织金，线金，撚金，为服饰。自宫庭始。民庶犯者，必致之法。庚午，环庆招讨司，言西界伪团练使闹罗来降，乞补班行。诏除右班殿直。此据朔历九月癸卯，马都来降。实录有之，朔历乃无。疑即此事。

# 卷之一万三千七十四　一送

## 洞

### 清苓洞

《舆地纪胜》

清苓洞，在徽州府，婺源县，西八十里南，北门相通。中有物象如灵岩。

### 青萝洞

《郡县志》

青萝洞，在四川顺庆府，蓬州良山县。

《星源志·青萝洞记》

余握婺源印八百五十日，沿檄之符溪里，里儒张君炤，袖诗来访于临河院。且言距院十里有青萝洞，唐元和中，王维马知识，题墨尚炳然于岩壁间。鄙心素乐，静虚闻其言，若有以引其思者，因冯轼东首而游焉。洞之顶上，覆以巨石，其高数仞，纵广如之窍窦险隘，初若不可入。秉烛扬炬，左杖右策，未十步间，难阻即平。其中宏廓峅幪，周密物象森列，天巧所运颀然逾丈端。立不倚曰"石天尊"，圆顶数十，骈罗前后，曰"行道岩撑，突腾奋类，涌涛堆雪之状。"曰"潮来峰"纹理缅联，色若绘绣，曰"花靴"石乳漏坚凝玉，立对峙者石天柱也。阡畦间错砂颗采灿者，石芝田也。石钟仅余寻丈，以物拊叩，则声实似之。石天井者，突峻而深，黑投之以块，徐闻水声，非可以工力穷也。瑰怪丛夥，未易殚述，饱观周览，使人有飘飘物外之兴。已而叹曰：三山在万里风涛之外，弃父母掷形骸，卒甘于蛟螭鲸鲵之舌者，多矣。若兹洞也，介夫小麓之隈，平壤之畔，世鲜有知者。自元和迨今，仅三百年，阅其题墨获游者，不过数四。岂天地秘，厥灵迹。不欲发露寻常之观耶。岂人日汨于么么之物哉。不知清净之为乐耶，抑亦法守之可畏，而不克盘旋于此耶。兹三者吾莫得而知也。姑述大概以贻于后云，元丰五年十月，既望方洵，武记。

## 烟萝洞

《元一统志》

烟萝洞，在浙江衢州府，江山县南五里。景星之西，岩广可容二丈。怪石巉绝可畏。清献赵公抃留题云：怪石嵯峨，势若摧洞，门不锁镇常开。亏心不合神明者，到此应须懒入来。相传烟萝子隐其间。

宋谢翰《晞发集》烟萝洞

山人挂绿萝，乱后到人多。夜久积空翠，天深闻棹歌。祷龙疑井厌，看鹤值仙过，搔首愁纷白，无穷奈此何？

## 鹊山单麻洞

《元一统志》

鹊山单麻洞，在广东南恩州郡邑界。

## 古瀛洞

《潮州图经志》

古瀛洞在广东潮州府凤山楼之下。叶侯观所经理，前绘列仙，后傍城叠石，汲水为流觞，左右二亭，曰“钦凉”，“延光”。古桂婆娑，具载唐曾之记。

## 隔凡洞

周密《澄怀录》

洪景卢云，林屋洞天，太湖龙窟也。

土民俗传云欲雨时，洞口出云，如馈馏。四边石锋，森如戈矛，不可触。下皆青泥，突过若龟背，不容着脚。俯伏扪索乃得进。谓之“龙槛”。跨槛迤逦曰“隔凡洞”遥见双石扉，半开半阖。中屹大柱，即《包山志》所载“林屋玉柱”也。

# 四基洞

《瑞阳志》

四基洞，在江西瑞州府，新昌县千春南乡。离县一百里，去栖真寺百余步。

# 高居洞

《金陵志》

高居洞，在直隶应天府，句容县，积金峰南。与罗姑洞并石限界之。

# 妙智庵洞

冯子振诗《妙智庵洞》

栖霞顶庵，东剜凿之，余石如悬磬。洞有二亭。新知妙智本虚空，待兔云庵更守株。自要嵌岩光景露，不缘锥凿肺肠枯。若言物色教渠羡，何处藏林此洞无。聊复为君拈半笔，天成画卷总难图。

# 玉柱洞

《金陵志》

玉柱洞，在直隶应天府句容县，华阳西洞南。中积石乳，四面仅容人行。

# 石屋洞

《句容县志》

石屋洞，在直隶应天府。句容县，烟霞石坞。南山大仁院洞极高，状似屋。周回镌罗汉五百十六身。中间凿释迦佛诸菩萨像。直下，洞极底有泉。详见大仁院。

## 王屋洞

《洞霄宫志》

王屋洞,在河南怀庆府。

《权德舆诗》

稔岁在芝田,归程入洞天。白云辞上国,青鸟会群仙。自以棋消日,宁资药驻年。相看话离合,风驭忽冷然。

## 石舍门洞

《云南志》

石舍门洞,在云南曲靖府越州。洞中广阔深邃。茂林修竹,真别一天地。昔有人尝入洞中,意行五七日,犹未能遍历其地而出。

《元一统志》

石舍门洞,在四川潼川州遂宁县,大像阁下。此堂宇之壮,洞前大江汇为渊潭。

## 林屋洞

《舆地纪胜》

晏公《类要》云:吴县西南一百二十里,有神景宫。宫内有林屋洞。洞有三门,有石鼓、石钟,又有隔凡门。唐皮日休、陆龟蒙、有"林屋洞"诗。

任昉《述异记》

林屋洞为左神幽虚之天,即天后真君之便阙。中有白芝紫泉,皆洞所出。乃神仙之饮饵。非常人所能得之。

《吴郡志》皮日休入林屋洞诗

斋心已三日,筋骨如烟轻。腰下佩金兽,手中持火铃。幽塘四百里,中有日月精。连亘三十六,各各为玉京。自非心至诚,必被神物烹。顾余慕大道,不能惜微生。遂招放旷侣,同作幽忧行。其门才亟丈,初若盘薄硎。洞气黑昳睨,苔发红鬇鬡。试足值坎窞,低

头避峥嵘。攀缘不知倦，怪异焉敢惊。匍匐一百步，稍稍策可横。忽然白蝙蝠，来扑松炬明。人语散澒洞，石响高玲玎。脚底龙蛇气，头上波浪声。有时若服匿，偪仄如见绷。俄尔造平澹，豁然逢光晶。金堂似铸出，玉座如琢成。前有方丈沼，凝碧融人清。云浆湛不动，矞露涵而馨。漱之恐减筭，勺之必延龄。愁为三官责，不敢携一罂。昔云夏后氏，于此藏真经。刻之以紫琳，秘之以丹琼。期之以万祀，守之以百灵。焉得彼丈人，窃之不加刑。石箧以一出，左神俄不扃。禹书既云得，吴国由是倾。藓逢才半尺，中有怪物腥。欲去既嚄唶，将回又伶俜。却遵旧时道，半日出杳冥。履泥去声惹石髓，衣湿沾云英。玄箓乏仙骨，青文无绛名。虽然入阴宫，不得朝上清。对彼神仙窟，自厌浊俗形。却憎造物者，遣我骑文星。

## 唐陆龟蒙诗《入林屋洞》

知名十小天，林屋当第九。人间三十六洞天，知名者十耳。余二十六天，出《九微志》，未行于世。

题之为左神，理之以天后，林屋洞为左神幽虚之天，即天后真君之便阙。魁堆辟邪辈。在右专备守，自非方瞳人，不敢窥洞口。唯君好奇士，复啸忘情友。致伞在风林，低冠入云窦。中深剧苔井，傍坎才药臼。石角忽支顾，藤根时束肘。初为大幽怖，渐见微明诱。屹若造灵封，森如达仙薮。尝闻白芝秀，状与琅花偶。又坐紫泉光，甘如酌天酒。白芝紫泉皆此洞所出，乃神仙之饮饵，非常人所能得。何人能挹嚼，饵以代浆糗。却笑探五符，徒劳步双斗。真君不可见，焚舆空迟久。眷恋玉碣文，行行但回首。

## 宋范石《湖大全集》

林屋洞，《仙经》，一名左"神幽墟洞天"。正洞门在观中，出观左门，又有二门。一名"雨洞"，一名"暘洞"。

击水抟风浪雪翻，烟消日出见仙村。旧知浮玉北堂路，今到幽墟三洞门，石燕翱飞遮炬火，金龙深阻护嵌根。宝钟灵鼓何须扣，庭柱霄疑是宵字晨已默存。

## 高耻堂《存亭集》

题林屋洞天，将返鸱夷棹。聊观古洞天，苍崖环谷口。圆峤结湖壖，大药渐无质，还丹莫浪传，具区如弱水。重到定何年。

## 《陈舜俞集·林屋洞》

洞天三十六，第九曰"林屋"。神仙固难名，环怪存记录，旷岁怀寻赏，兹辰幸临瞩。驰神在真游，岂复惴深谷。解袜纳芒履，燃松命先烛。初行已伛偻，渐入但匍匐。顾瞻避冲磕，泞淖没手足。如此百余步，始可立寓目。或垂若钟虚，或植若旌纛。有如案而平，有类几而曲。镌刻非人工，晶莹粲黄玉，遥知窍穴外。定有金庭篆，凡肌不可往，叩击安敢黩，鸾凤无消息。但见白蝙蝠，却还望微明。既出犹喘促，沾衣怜石髓。孰悔泥涂辱，庶几达微慕，养生相吾福。

## 石室洞

《元一统志》

石室洞，在广东潮州府梅州。距州城北一百里。名曰"应山洞"，在摧锋驻劄寨之旁。穴窦深二十丈许，中有石鼓，石柱，石天窗之属。又有小溪潺潺。《临安志》石室洞，在浙江杭州府，余杭县，大涤山，中峰之前。有岩窦石梁，洞外泉脉垂溜，注于石梁之下。洞初未显，吴从竹从均解化于宣城。指门人藏书剑于此，寻访果得之。

又按《景行录》

云西麓有岩扉石座，自然成备，盖不止乎书剑，亦天师藏真在焉。按石精，金光经，言曲晨飞精藏景录，神剑解之道。允蹔过太阴紫胞炼度，皆四百年，其藏必发。盖数足运会真灵，自有以发之耳。今天师石室之藏，岩扉呀煦益验此经之说。山腰有石洼樽洞，有石茶奄，皆仙家遗迹。隐士陆凝之，永仲，尝筑室。于是号"石室先生"云。

《洞霄宫志》

石室洞，在杭州府大涤山。一名"东玲珑"在大涤山中，峰前，白鹿山下。洞中三穴若品字，透见天日。门有石梁横界，泉脉涓涓，注石梁下。引而潴之，可供十余人。居者赖之。相传郭真君登山采药，尝濯于此。名"洗药泉"《郡志》云吴天师筠修炼之所。天师既尸解于宣城，指令门人藏书剑于此洞。有石室，故以名之。

又《景行录》载天师云，当仙神于天柱石室，盖太上俾我炼蜕之处。故卜其西麓，果有石，坐岩扉自然成备。如是则不惟书剑，亦天师藏真焉。

按《石精金光经》言，曲城飞精藏景录，神剑解之道，凡暂过太阴紫，胞炼度皆四百年所藏。必发盖数足运会其灵，自有以发之耳。旧志谓天师，石室之藏，岩扉呀启信也。山腰有石洼樽石，茶奄皆仙家遗迹。往年有叶道人居之。一日见巨蛇自山顶下，其首坠地，声如陨石。身作漆黑色，目广若杯，倒悬山椒，引首入洞，饮水良久。复上数日，又来熟于篱，间窥之，似觉为人所见。其去差速，是夜遍山作风雨声，疑为发洪而晦瞑，不敢出户。达旦乃止，视天宇澄霁，亦无所谓水，岂神蛇为是邪。自是不复来。

钱塘《韦骧集·石室洞》

天王峰南石室洞，怪特不与寻常同。石门巉岩天所凿，门内夷旷驱车通。偃然灵穴邃且广，步履出没忘西东。其间异状多所类，悬乳往往成鼓钟。龟头俯视露岩腹，寿与岁月应无穷。团团一窍透千尺，天使日月光来容。洞前佛氏殿阁峻，相直气象增其雄。我为俗吏虽跼蹐，所至安肯遗幽踪。金华灵岩著于婺，每越疆境为游从。尝恨昔年之富川，便道不得寻龟峰。尘怀不惬十余载，每见图书加忡忡。去春来此路复过，蓝举暮触烟霭重。纵观虽未尽吾兴，聊塞所欲平饥空。到官萍邑已逾岁，坐拥民事劳颛蒙。滞袪敝革固用日，佳趣不暇先牢笼。尔来公余得兹洞，疏爽为我开情悰。金华龟峰虽未及，此地有此为难逢。谩拈秃笔写白石，但记姓字于其中。却登净宇秖独宿，蒲牢压旦还撞舂。归

鞭遽去有余约,后会结客临春风。

《洞霄诗集·叶林石室洞诗》

低垂石室洞,杖履易跻攀。有路穿云窟,无门对月关。谁骑仙鹿去,我咲国蜗跧。若使今犹昨,清霄闻珮环。

《洞天留题集·吴衍石室洞诗》

岩窦谽谺驾石梁,嵩山书剑百年藏。云仍欲访遗踪迹,泉溜涓涓古木苍。

## 三室洞

《元一统志》

三室洞,在湖广长沙府。醴陵县,去王仙登直观三里,故老云"王乔炼丹之所"。山皆石壁,下有三室。洞中有丹窖、石床、石案。惟"白云洞"微明,极处有小溪。限隔不可渡,莫穷水之来去。

## 石廊洞

《安福志》

石郎洞,在吉安府安福县,西一百三十里。洞门广丈余,涧水从中出。冬夏不竭,溉田数百顷。乡人秉炬而入,初若路绝,稍前数步,则平坦空旷。可容千人,如是数处,其间多白石。颜色莹皎,有石钟、石鼓、石栊、石椎、石床、石莲花,形状诡异。又深入一二里,有岩窦直通岭背。好事者多游焉。《永新志》石廊洞,在江西,吉安府,永新县之西亭乡。洞门亟丈,涧水中出。可溉田数百亩。

《刘龙云先生集·石廊洞诗》

君不见,仙家三十六洞天。西南太半盘苍巅,此外元阳擅崭绝。况有石廊人喜传,碧莲参差隅地涌。徙倚危梯飞蝃蝀,阴阳洞户半空间。一缕联凹愁寄踵;万钧崔嵬桂礌石。吁可怪兮若飞动,天然湫面寻丈间。寒掬初悭媪神捧,紫崖蒙茸瑶草秀。悬泉涓涓挹天酒,淑灵岂即乾坤私。窟宅宛是神仙旧,飞鸟点影阳光回。游子履深惊殷雷,九夏三冬自回斡。雨旸寒燠争喧豗,神物奄有似无谓。突兀古庙当岩隈,鼪鼯啸舞助怪变。落日愁绝松风哀,瞰临一方殆天意。累露之危此其是。仙乎仙乎胡不归,忍使秋燐泣阴鬼。

## 石壁洞

《处州府志》

石壁洞，在浙江处州府青田县西北六十八里。抵永嘉县南溪，中有三石室。初入一室，广可容数十人。内跨石梁，自梁下伛偻而入。两室最后一室有石乳泉。

## 石柱洞

《处州府志》

石柱洞，在浙江处州府青田县西北六十里，有石乳水。

## 石钟楼洞

《处州府志》

石钟楼洞，在浙江处州府青田县，石门东南一十余里。高在崖顶，仰望巍然，状如寺观钟楼。中有悬石，如钟形，乳泉讼坠如疏。雨下有石梁，击其声如钟。

## 石墙洞

《处州府志》

石墙洞，在浙江处州府青田县，石门西南二十余里。高崖屹立如墙，因名。中有三潭，神龙所居。上潭心有石，名“龙眼”。次潭有石柱，高二十余丈。傍有石梁三十余丈，横跨俨如门形。名为“石门楼”。

## 门洞

《元一统志》

门洞在四川夔州府北一十里溪心，有数十巨石，参差排列，如门限。

# 石门洞

## 《吉安府志》

石门洞，在江西吉安府。洞有二，一在永丰县，南一百六十里，高六十余丈，广二十里。一在县南一百八十里小溪中，长二丈，高三丈。石崖峭立，舟行其下。

《舆地纪胜》石门洞，在直隶滁州全椒县，西北三十里。储家山之窊，洞深数丈许。

## 《夷陵州志》

湖广荆州府夷陵州宜都县西五十里，其地名“白沙”，有洞名“石门”。其穴深邃幽暗，乡民旱祈祷，执火进去一里许。内复窄有水潭，深不可测。用小瓶汲水，曾有应焉。又一在州之西三十里，其山岩如盖，内有一穴，仅容一人，凡遇旱，乡人于此祷雨，曾有感，遂于门外立龙祠焉。

## 《保宁府志》

石门洞，在四川保宁府难江废县。三十里，在山腹，每日出相射，光明秀伟，疑其为神仙窟宅。

## 《青田县志》

石门洞，在浙江处州府青田县，西七十五里。两峰壁立，高数十丈，相对如门。因以为名。洞东高岩有瀑布，自上潭直泻至天壁。凡三百余尺，自天壁飞洒至下潭。凡四百余尺。一云自山顶飞落三百余丈，恐未必然。今据窦衡《瀑布记》，上有轩辕丘。按《永嘉记》石门洞，周回四十里。青牛道士居之。谢灵运《名山志》曰：石门山两岩间微有门形，故以为称。瀑布飞泻，丹翠交耀。又云，石门溯水上入两山口，两边石壁，右边石岩，下临涧水。灵运为永嘉太守，蜡屐来游，初开此洞。

唐李白《赠魏万诗》云：“岩开谢康乐”。既其地也。有登石门最高顶诗，又石门新营所住，四面高山回溪石濑。茂林修竹诗，又石门岩上宿诗。共三首。梁丘希范、唐丘丹、裴士淹、郭密之皆有诗。石刻今存。刺史李季真，作《石门山记》。及李阳冰篆，石已断裂。唐末，洞废不修。宋皇祐元年，郡守李尧俞新之，嘉祐中县令朱，失其名作石门亭，王安石为之记。绍圣三年，郡守刘泾又新之，作文以纪。米芾书旧有亭曰“喷雪”。嘉定元年，赵守希明，更名“飞雪”。绍定间，郡人何倅宗姚重建，又更名曰“自雨”。大德二年，路总管李希谢一名朵儿赤建石亭，自书其扁曰“银河万古”。一名“城门山”。按谢灵运游山记，城门山两岩间，如门形。瀑布飞洒值风散而为雨，遇日化而为青虹。城门即石门也。又道，书载青田玄鹤洞天，即此也。

## 唐《武元衡诗》

元和癸巳岁，余领蜀之七年。奉诏征还。二月二十八日，清明途经百牢关，因题石门洞。

昔佩兵符去，今持相印还。天光临井络，春物度巴山。鸟道青冥外，风泉洞壑间。何惭班定远,辛若玉门关。

## 《岁时杂咏·赵宗儒和黄门相公诏还题石门洞》

益部恩辉降,同荣汉相还。韶芳满归路,轻骑出重关。望日朝天阙,披云过蜀山。更题风雅韵,未绝翠岩间。

## 郑余庆和黄门相公诏还,题石门洞

紫氛随马处,黄阁驻车情。嵌壑惊山势,淋滩恋水声。地分三蜀限,关志百牢名。琬琰攀酬郢,征言鼎饪情。

## 《洞霄宫志》刘泾《石门洞文》

宋景平中,谢灵运守永嘉,蜡屐得石门洞。作诗,遂为东吴第一胜事。梁天监中,中书侍郎丘希范,唐大历中,侍御史丘丹,刺史裴士淹皆继作。唐末丧乱,洞废不修。宋景祐元年,蜀人李尧俞守郡,初复古,俄废。垂五十年,绍圣三年,蜀人刘泾守郡又新之。洞去人远,溪山太阴,松竹草昧,瀑泉自雨,不见秋色。中有爽气,仙鬼各以为家。恶闻涕唾声,以人迹不至,称庆而樵渔,私以生养。有客舟过,欲荣杖往,辄相罔而迷,曰:"可去。虎豹出矣。"寿人杜预佐郡行县,望洞天,薜罗泉流,号呼疾。持斧伐蒙密处,至泉四顾太息,写其状,归以示余。曰:"妙物乃如此。仙都三岩,非人间世也。"饬绍宾行其事,既而告成。荼烟犬吠,伐鼓咚咚,于是知有官宰。仙鬼失气,樵渔动色。以一指心力,而回精神于久病,既醉之余,余虽未目击,而梦寐天道真奇观哉。余官满日可数,其后废兴未可知。使不幸废,又五十年,必有好事君子,加于前一等。与洞为林泉主人,因作记以祝仙鬼。樵渔曰:"勿复期永废,可且同乐否也。"

## 谢灵运登最高顶

晨荣寻绝壁,夕息在山栖疏峰杭高馆。对岭临回,溪长林,罗户牖,积石拥阶,基连岩,觉路塞,密竹使径,迷来人忘新术。去子感故,蹊活,活石流驶,噭噭夜猿啼,沈溟岂别理守。道自不携心契,九秋干目,玩三春。荑居常以待,终处顺,故安排惜,无同怀客。共登青云梯。新营所住,跻险筑幽居,披云卧石门。苔滑谁能步,葛弱岂可扪。嫋嫋秋风过,萋萋春草繁。美人游不还,佳期何由敦。芳尘凝瑶席,清醑满金樽。洞庭空波澜,桂枝徒攀翻。结念属霄汉,孤景莫与谖。俯濯石上潭,仰看条上猿。早闻夕飙急,晚见朝日暾。崖倾光难留,林深响易奔。感往虑有复,理来情无存。无待乘日车,得以慰营魂。匪为众人说,冀与知者论。

## 夜坐岩上

朝搴苑中阑,畏彼霜下歇。瞑还云际宿,弄此石上月。鸟鸣识长蹯,木落知风发。异音同致听,殊响俱清越。妙物莫为想,芳醑谁与伐。美人竟不来,阳阿徒晞发。

泉上石室　清旦索幽异,放舟越垌郊。毰毰兰渚急,藐藐苔岭高。石室贯林陬,飞泉发山椒。虚沈迳千载，峥嵘非一朝。乡村绝闻见，樵苏恨风霄。微我无邃览，总筭羡升乔。虚域久韬隐，始与心赏交。合欢不容言，摘芳弄寒条。

丘希范

神功不可限，未见常疑无。扪天倒明玉，蔽地泻隋珠。袭耸犹马奔，熟视如虹趋。丹壁似绣被，翠磴类罗襦。前瞻真刻峭，旁观复槃纡。斑駮生虎纹，参差出龙须。金簦照石洞，木兰润仙衢。琴君入钓鲤，叶令去飞凫。客心胜奔电，为此总踟蹰。依依明月道，望望白云隅。岁寒方负载，筑室请子居。

丘丹

溪上望悬泉，耿耿云中见。披榛上岩岫，峭壁正东面。千仞泻联珠，一潭喷飞霰。嵯泌满山响，坐觉炎氛变。照日类虹霓，从风似绡练。灵奇既天造，惜处穷海甸。吾祖昔登临，谢公亦游衍。王程惧淹泊，峦回树葱蒨。此来共贱役，探讨愧前彦。永欲洗尘缨，终当惬此愿。

李白

缙云川谷难，石门最可观。瀑布挂北斗，莫穷此水端。喷壁洒素雪，空濛生昼寒。却寻恶溪去，宁惧恶溪恶。咆哮七十滩，水石相喷薄。路创李北海，岩开谢康乐。松风和猿声，搜素连洞壑。郭密之绝境经耳目，未尝旷跻登。一窥石门险，载涤心神懵。洞壑闷金涧，欹崖磐石楞。阴云下幕幕，秀岭上层层。千丈瀑流蹇，半溪风雨恒。兴余志每惬，心远道自弘。乘轺广储偫，衹命愧才能。辍棹周气象，扪条历骞崩。忽如生羽翼，恍若将超腾。谢客今已矣，我来谁与朋。

裴士淹

溪竹乱花鸟，是月春将暮。登栈过崖畔，空间瞻瀑布。千龄无断绝，百尺恒奔注。高岩迸似珠，半壁洒如雾。濸滟水澄澈，欹倾石回护。药房森自闲，苔径窅谁遇。天翠落深沼，云华生轻树。班输难效功，严马何能喻。胜迹盖为寡，斯游诚可屡。

《谢公镌旧词安得寝章句》

方干，奔倾漱石亦喷苔，此是便随元化来。长片挂岩轻似练，远声离洞咽于雷。气含松桂千枝润，势盖云霞一道开。直是银河分流落，兼闻碎滴溅天台。

陆游

昔读康乐诗，梦到石门山中，有醉道去倒珮落其冠，来游一一是嵌岩如屋，宽喷薄三百尺，万珠落瑂珊。峭壁天削成磐石，容投竿摩挲。苍藓字喟，发千载叹。老洪梦中，旧两脸依然。丹语我君小留山瓢，勿嫌。酸涧果四时有，收拾苦不难。旋炊胡麻饭，荐以枸杞檗。手摘石上茶，风炉煮甘寒。扰扰尘土中，未易得此欢。濯足山下潭，戏惊蛟龙蟠。醉面索吹醒，坐待风雷翻。

刘泾诗二首

密竹流泉不居热，洞门深沉风雨歇。洗出清明快活天，醉弄江南谢家月。

未逢仙手破天荒，我得披云第一章。它日爱奇思谢客，却须因事忆刘郎。

叶适

好溪泻百壑，南北倾万峰。山几埠俗阜，映岸羞为容。石门忽秀出，老干荫渟洪。舍舟从口入，便已离尘中。众芳拱窟宅，环网列奇秾。藤萝异态度，尺寸疑施功。锦茵翠织成，照耀无春冬。水竹千丈高，喷薄不可穷。更有洗头盘，深雾常弥封。昔年谢康乐，筑居待其终。继作者丘裴，语言亦称雄。依然百世后，未忝骚人风。栖栖三羽衣，日晏斋厨空。云子歇过浆，暂洗氛埃胸。自叹苦淹留，寂寞未易供。叹我老无用，倭山允成翁。结庐会昌侧，势落鱼虾丛。种竹似束苇，栽松如断蓬。小儿饩盘于，何时至周公。会当同此住，代输助之春。

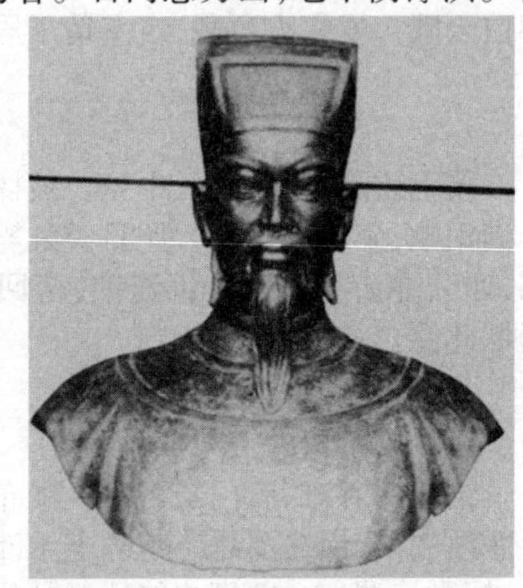
叶适雕像

王孝严

天下洞天三十六，玄鹤洞天一仙谷。两山对峙一如门，深崖百丈垂飞瀑。瑶牛往矣不复见，白云空锁故山麓。奇哉胜地得人胜，至今俗客来忘俗。向来我实劳梦想，一旦登临快心目。寻师访道语未罢，扶藜上朝玄水渌。九天云绽漏霹雨，一沼波翻溅琼玉。亭高喷雪逼人寒，地冷风霜满空蔌。老龙底事不知倦，雷泽千年无断续。必是分潢天上来，便欲穷源驾黄鹄。康乐曾登最高处，谪仙几向岩前宿。壁间禅压已有诗，想见思泉倾万斛。安得前人不道句，更与义仙醉时读。千峰如峡苍波束，二十四滩犹箭速。转头溪风一棹寒，但效双凫到山曲。

黄嵤

石门崔嵬摩云端，我欲扣之不可攀。上有苍松下乔木，更著清泉通其间。浅流并岸车可入，高峰环峙如拱揖。藤崖苔石出怪奇，道家楼观岿然立。火云赫奕，飞长空岚烟。散尽天无风，仆夫无汗气。惋喘我亦内，热盈胸中行，行直向山中，处卧壑藤槎。若无路鸟声，唤发毛骨清。一道银河忽然注，心融目恍疑登仙。应有蛇龙潜深处，何当为我卷此泉，大作霖雨苏旱田。

秋桂

海霞堆里一蓬莱，满院桃花间绿苔。泉水远从天外落，石门高立日边开。一声犬吠白云起，几处龙吟山雨来。料得游人归去复，空山月落老猿哀。

鲜于枢

方外还知圣，道尊洞天福。地许平分瀑，泉自作泮池。水石壁天开，阙里门弦诵。行看移旧俗，汙山真解助。斯文高情，谁似刘夫子，不把蠃金累子孙。

### 任极

一泒源泉来混混，直从绝顶彻清溪。平分翠巘悬珠箔，倒写银河立王梯。长似雷声撼风雨，忽随日影见虹霓。天然万态难描写，多少诗人费品题。

### 陈新之

揭来访鹤行青田，石门崔嵬古洞天中有百尺之飞泉抛珠喷玉舞蛟涎晦明风雨千万态分合变化如云烟。威凤回车虎鼓瑟，此地分合巢神仙。客来神仙恶涕唾，唯许猿狖相攀缘。驷虬乘鹭采三秀，牵车挂旗来翻翻。山灵驰烟谢逋客，绿罗花落回风颠。人间清福有如是，拟跨白鹿青崖里。业缘未断仙所鄙，诮我如何住城市。

### 杜世学

山名行东南以兹岩下，瀑虚空落千丈。一日建万斛，连□蜺，倒悬夭矫龙。下浴暑林，雪飞雾晴，谷雨霡霂，或流若贯，珠或碎，若屑至，或揭若大箔，或曳若轻縠，固知造物巧，无乃鬼神督。比夕大风雨，响欲折地轴，晓观势鸿洞，股掉舌本缩。顷刻或异态，朝昏有翻覆。我从尘中来，每愧颜貌俗，饮酌清溪泉。坐卧紫石屋，解衿息岩阴。散发濯潭绿，摩挲苔藓间。手泽恒可读，澹然世虑散。已觉看赏续。鼎鼎征途中，谁甘共幽独。

### 高畊

扁舟讥喧卮，潦壮波流急。故人有幽期，赴彼暮春集。朝发清溪濑，夕傍芝田隰。轰霆倏已敛，山光净堪挹。石帆导之前，石门邀我入。双扉贮空谽，叠巘互嵲岌。雷推断苍壁，天汉泻琼汁。白霓弄光怪，一吐不可吸。冰雹大夏寒，东南半天湿。凭观惜俄顷，变态分百十。摩挲吊幽题，溟濛藓花湿。自落谢李手，空山鬼犹泣。长宿飞观顶，声飒冷相袭。形随颁洞开，梦蹴蜿蜒蛰。平明起下视，稜层构云级。隙地陟奇胜，孔老遂角立。刘君好事者，圣窟劳剪葺。颇闻经游众，酬接不暇给。我兹胡为来，坐豢山水习。感慨念诗豪，人代不相及。持杯爱飞玉，快此千丈汲。玄鹤如可招，临风请三揖。

### 梁载

石门洞门何崔嵬，谁从浑沌凿出来。天丁巧匠霹雳雷，嘘云为闭风为开。舟人击棹引客入，松风交迎如拱揖。谢公屐痕印犹湿，尚想当年虎为惊。避鬼为清青牛道，士身入云留得顶。上霞冠遗山君，山君怒挟白龙跨。万怪千奇生变化，如云如烟如雪下。呼吸虹光相照射，倏然玉屑间珠颗。磊磊落落光无价，天上银河无昼夜。人世不知有炎夏。刘郎去后二百年，耳孙犹爱此林泉。平分羽衣狮子座，耸出章甫龙象筵。人言洞府访神仙，我来洞府参圣贤。高吟坐问白鹿赋，惊起山中玄鹤眠。鹤不眠我自眠，梦见孔老相对双华。巅征余为赋招隐，篇呼取携砚分瀑。悬崖边再拜二师不敢前。难为水难为言。

### 宋徐恢《月台玉雪集·游处州石门洞赋长句二十韵》

我闻石洞今几年，一朝来系秋风船。大船膇肛小船远，渔舟替涉幽洞泉。拖舟上上

抵沙砾，更与略彴相賓缘。黄冠道士衣翩翩，殷勤为我临涧边。相逢一笑挽登岸，忽见珍馆罗修椽。谢公旧隐无处问，洗眼但看山中篇。佳哉南国典刑在，大羹遗味朱丝弦。当时发兴岂神助，两峰对面挽青天。主人掉头谓不尔，尚能飞瀑千仞悬。杖筇西下取微径，其境过清神凛然。初疑穷冬蕴积雪，惊飙拥下阴崖巅。又疑水绡挂林梢，薄暮缥缈摇轻烟。蔽空乍觉微雨集，随地复作跳珠圆。谢公得尔句偏好，我今其忍相弃捐。山奇水怪世莫测，神龙定自藏九渊。龙兮汝能水下土，胡为懒惰贪昼眠。自淮以北皆故壤，犬羊烂熳疆域膻。挽河莫假壮士力，奔雷走电一洗湔。我诗虽乏漫郎语，强颜犹可供磨镌。为君他日落此笔，千秋万岁令人传。

《桂林志》

会昌刺史号风流，今古虽辽迹可求。君揖众山趋洞口，我分危径下岩幽。贤侯已去题名在，假守重来废馆修。况是桂林多胜赏，更教添得石门游。

刘牧次韵经略。

吴及石门洞，谏纸空箱，后高牙拂断，霓还符翠洲梦。君在谏署尝梦得郡有翠洲之名暇日登郡楼望訾家洲见林壑胜秀一符梦中来见。

石门题会昌刺史元公晦之诗刻在焉。

架竹生新径，诛茅得旧蹊。阴崖走别洞，阳岭带回溪。吟桂人非隐，逢花客自迷。虚中存纳受，绝壁阻攀跻。地远饶征戍，君来息鼓鼙。吏闲眠麃鹿，民乐戏凫鹥。胜事时相遇，芳樽手屡携。清风与诗句，留与昔贤齐。

杜于能次韵

桂风泛泛桂江流，南师旌牙喜访求。诗刻苍崖留篆在，云生纤径称栏幽。而令入幕宾僚盛，又况褰帷政事修。更对酒樽堪醉傲，几多泉石助吟游

《楼攻愧先生集·石门洞》

扁舟百里连城回，青山中断立两崖。清都虎豹隐不见，但见阊阖排云开。峰回失喜大飞瀑，声震万壑惊春雷。掀髯目极九霄外，玉虹千丈飞空来。一冬青女靳天雪，不知聚此山之隈传。闻神龙卧其上，宝藏击碎真琼玦。胸中先自无尘埃，到此更觉心崔嵬。天风为我噀空翠，春水泻入骚人怀。谪仙曾来写胜句，刘郎又为开天台。我惭笔无挽牛力，醉墨满壁谁为裁。或言龙湫更奇绝，雁山高处深云埋。我方携筇往寻访，未知比此何如哉。

李洪芸《庵类葶·游石门洞》

溪壑萦纡碍去舟，石门雄峭未曾游。云深飞瀑自成雨，洞辟双扉最上头。紫府丹台疑有路，碧岩红树饱经秋。追怀颜谢当年兴，坐听猿吟和四愁。

王十朋《梅溪集·游石门洞》

雁山饱见两龙湫，洗眼新观石洞流。欲向故乡寻白鹿，先来仙隐访青牛。青牛道士隐

于石门破荒喜诵刘郎句，跻险思从谢客游。天下林泉看未足，分将身世早休休。

重游石门洞

石洞几时辟，石门长不扃。贪看一泒水，三载两回经。谁把银河水，直从天半倾。好流人世去，一洗四维清。

徐玑《灵渊集·题石门洞》

瀑水东西冠，庐山未足论。飞来长似雨，流处不知渊。洞里龙为宅，溪边石作门。修行谢康乐，庵有故基存。

赵君鼎诗《游石门洞》

不见青牛道士，空余石洞飞泉。灵源更在直上，甘泽龙苏旱年。

石抹良辅《世美集石门洞天》

石门倚云开，白虬挂苍壁。到此欲忘言，又启玄天默。

元郭昂《野斋集·进石门洞》

乱石梯天仿佛平，悬麻急雨势如倾。人翻漦饼黄泥滑，马转云衢翠岭横。万死未忧多险阻，一时终要看澄清。此回若到中原说，九坂羊肠不足评。

《刘仁本亦玄集·舟泊石门洞》

孤舟一夜雨，溪流涨三尺。起来推短蓬，洒然好山色。旭日弄晴晖，微云敛残迹。修眉澹欲舒，娇鬏净如拭。岩华亚高低，幽禽互喧寂。仙人石门洞，扪萝可缘陟。苍松杂疏篁，清泉漱白石。野鹤从何来，长鸣韵嘹呖。是时秋气中，天宇湛虚碧。吾徒诗眼明，从者行亦适。凉月忽在林，客衣风露袭。篙人苦相催，前滩起鸿鹈。

## 三门洞

《赣州府志》

三门洞，在赣州府会昌县北五里有基磐石。旧传道姑于此趺。化今涧水淙□，夹道桃李，茂密，识赏者即焉。

## 龙门洞

### 《保宁志》

龙门洞，在四川保宁府，绵谷县北，有三洞。自朝天程入谷十五里，有石洞及第二第三洞。有水自第三洞发源，贯通二洞。流水出下合嘉陵江。

### 《元一统志》

龙门洞，在福建延平府，尤溪县东九十里。其源莫测。洞中有石龙、石床、石棋局、石棋子，石窦。滴水如雨，亦号"滴水洞"。

### 《常德府志》

龙门洞，在湖广常德府武陵县西七十里。其中深邃，下有龙潭。

### 《夷陵志·皇甫中龙门洞记》

长阳县龙门洞，距县治隔江，少西登县楼望之，郁苍出没云烟，心往神游而迹未始接也。淳熙庚子秋，月火老候浊泛舟之篙，植杖百步，幽花小草氈鼻，殆非人间世也。丛篁偃松，蔽日交荫，扪石穿嵌，空攀越空牝。如是者，又数百步，乃瞻飞泉百尺，作建瓴之势。漱石而下，溅雹鸣玉，声乱人语。子偕宋宗圣宣卿，屐苏班藉草茵，跌足立于泉中，相顾谓曰："壮哉，雄观。清哉，胜游。"酌泉，赋诗纪岁，月名氏髦毛森树，肺肝冷然，不知时之在庚伏也。予尝考导河积石至于龙门，非此也。然山形中断，若鑱若凿，破崖出泉，殆若禹之遗迹。昔炀帝初，营洛阳登印山，南望曰："此岂非龙门耶。"然则耳目所及，世已三龙门矣。举天下之号，皆龙门者，不知其几也。先是旬日，虹霓亘天而下，饮蹊而上。则龙门之名，信不虚矣。予偕宣卿，烂游无点额之，纤其兆亦佳，惜令尹宋公宗尧唐，卿以职事不辄，出不得与俱兀庵。老人皇甫中子立志。

### 宋朱松《韦斋集》

求道人自尤溪来三山出示同徐侯游龙门洞。长篇，因次其韵，济之时以檄走诸隘。

阿游陆沈久，亦复太痴绝。未成安一枝，况乃办三穴。唯余爱山意，如水必东折。首鼠今几年，顾影愧琼玦。那知龙门客，尘底抱关闑。虚鷩日偃仰，苍壁对横截。拄藤危蹬响，濯足细泉洁。束薪取奇观，滴乳当嘉设。摩挲石蜿蜒，信矣嗜旧说。欻疑卷风雨，凛若践水雪。远追神清游，复作武陵别。能诗有老休，联句媲前哲。相逢快吟哦，亹亹霏锯屑。三山今入手，瀛海仅可啜。崎岖走林谷，王事烦此傑。拟结汗漫期，更待挽抢灭。

### 陆游《渭南集·龙门洞》

我下香积寺，清晨历龙门。孤峰撑苍昊，大壑裂厚坤。古穴吹腥风，峭壁挂爪痕。水浮石楠花，崖络菖蒲根。横策意未厌，褰裳探其源。绝境岂可名，恨我诗语烦。须臾苍云合，便恐白雨翻。东走得平野，万里扶桑暾。

张子野诗《将赴南平宿龙门洞》

此心常欲老林丘，去意徘徊夜更留。万客只贪门外过，少人知有洞中游。春来犹见龙孙出，静里微闻石乳流。涧水送花通阁底，寺钟催月落岩头。暂时清梦生危枕，明日浓尘拥敝軿。南是符阳北长举，所嗟不属古江州。

《冯大师集·龙门洞》

古洞嵌岩活，青山气象浑。应龙常隐处，流水不知源。关险双峰秀，凌虚古木尊。怪藤寒覆坐，修竹尽当门。混沌谁开凿，云烟自吐吞。深盘通海脉，横透露天痕。日影循崖腹，泉声绕石根。江前尘不到，物外景常存。避地仙踪迹，清人俗梦魂。功名归未得，回首谢岩阍。

《张方平乐全集·宿龙门洞
在三泉县西即古葭萌》

路到葭萌古道边，层崖叠磴入苍烟。忽逢方丈在平地，何意中途过洞天。四面浓岚围碧嶂，半空急雨迸飞泉。一宵身世离尘境，却抚征骖懒下鞭。

## 宫阙洞

《建武志》途次宫阙洞，
交趾酋长迎谒

马踏寒霜下石门，海夷遥望彩旗奔。报言天子绥怀意，斗解毡裘谢圣恩。

## 玉室洞

《房山县志》

玉室洞，在北京顺天府房山县城西北三十里。石路险峻人少有至者。故老相传昔汉张子房楼隐于此。

## 玉宇洞

王明清《挥尘杂录》

蔡京锡宴太清楼记云宣和殿北有。玉宇洞石自壁隐，出崭岩峻立幽，花异木扶疏茂密。

## 金庭洞

《舆地纪胜》

金庭洞，在德安府随州桐柏西南系随县界去镇八十里。

《赤城续志》

金庭洞，在浙江台州府，嵊县，东南天台华顶之东门也。道经云越，有金庭桐柏与四明天台相连，神仙之宫也。

《唐裴通记》

云剡中山水之奇丽，金庭洞天为最其洞，即道明所谓“赤城丹霞第六洞天”也。按上清经，洞天在天台桐柏山中，辟方四十里。其北门在此，小香炉峰顶。人莫见之。又云晋王右军家于此山，书楼墨池，旧制仍在南齐，道士褚伯玉于此，置金庭观乃右军之家也。通留诗云：寂寂金庭洞，清香发桂枝。鱼吞左慈钓，鹅踏右军池。华云周王子，晋善吹笙为。凤凰声从浮，丘登嵩高而羽化缑山去。后主治天台华顶，号“白云先生”。往来金庭风，月之夕山中有闻吹笙者。

《剡录金庭洞天》

嵩高秀入洛川清，鹤去云归冷玉笙。霜白金庭今夜月，流风依约有遗声。

## 隐堂洞

《太原志》

隐堂洞，在山西太原府文水县西南三十里，隐泉山上，即子夏退老，所居之石窟室焉。

## 天堂洞

《仙都志》

天堂洞在处州府缙云县仙都山东。双龙洞左，高峻，人迹罕到洞中。石壁正面列二圆穴，右者浅而左者深。有龙居之，旱祷必应。洞旁又二石洼，左者水清，常溢。右者水浊，或缩。名“日月泉”。山后别有一洞，俗呼为“天堂山内筑”，精舍扁曰“清虚”。

## 兰亭洞

《元一统志》

兰亭洞，在荆州府夷陵州远安县十里，有幽兰。

## 九房洞

《汉中府志》

九房洞，在陕西汉中府凤县东四十里。

## 十房洞

《元一统志》

十房洞，在长沙府安化县北二十里。高三四丈，广数十丈。洞门广丈余，门之内若厅可坐数十人。自厅入穴中，有天窗左右列十房，各有门、钟鼓、备具，扣之即鸣。后有石田、石池，泓澄可受，祷雨有应。

## 神室洞

《元一统志》

神室洞，在四川保宁府阆中县十余里，大龙山下。宋明初天水魏静筑道堂以居之。

岁久静去。南齐太守谯灵，超览其遗迹，题曰：喧途易遣，贞境难寻。愔愔魏生，迥然绝尘。刊于石壁。

## 北牖洞

《桂林郡志》

北牖洞，在桂林府城西三里西湖中隐山。北牖洞诗：旧驻方东骑因题北牖名来，须风作御去。认斗为城。日气晚方到，云收寒易生。予心匪游衍，拱极振华缨。

## 铁窗棂洞

《杭州府志》

杭州赤山殿，司左军寨庵侧有洞，名"铁窗棂洞"。详杭字。

## 琴洞

《郡县志》

琴洞，在四川成都府简县，报恩寺后有此洞。又有琴轩，以僧能琴，故名。赵清献公于此听琴，有留题云：辍饮楮笻会胜亭，溪山佳处古琴横。凭君倾耳殷勤听，一弄松风四座生。

《元一统志》

琴洞，在四川顺庆府南充县，王象之《舆地纪胜》云。

## 琵琶洞

石臼洞，在广东惠州府博罗县浮山东，有石崖数十仞，中有藓痕，若洞扉然，邝仙骑牛于此入石。

# 石柁洞

《处州府志》

石柁洞，在浙江处州府青田县西北六十里，中有石悬，如船柁。故名。

# 项样洞

《处州府志》

项样洞，在处州府青田县西北六十八里，一名戴洞，中有乳泉滴沥，久凝为石。好事者凿取，置几案间，植水竹石菖蒲。

# 亟管洞

《东昌府志》

亟管洞，在东昌府博平县西三十里埈堤镇北，其洞置于会通河底。以大石甃成方管，水窦窍石翼角其两傍，复以大石叠而覆之行河道于上。然后积潴之潦，得以泄陷淖之壤，肆其耕，然后知水窦之功博，碑石尚存。

# 三雅洞

《元一统志》

三雅洞，在湖广常德府。《武陵记》昔人凿池得三铜器其上，有名曰"伯雅""季雅""仲雅"，盖汉灵帝末，斗酒一千。而刘氏好酒，爱客乃制三品。伯雅受一斗，仲雅容七升，季雅可五升，以资酣乐，盖刘氏饮器也。

# 金船洞

《元一统志》

金船洞，在湖广岳州府，平江境内。

# 青丝洞

《溧水志》

青丝洞在应天府溧水县赞贤乡，䑓船山南，有张沈二书，堂井臼遗址，未详何时人。

# 青衣洞

《临安志》

青衣洞，在杭州府城内三茅观后。故老相传，昔人行至洞口，有青衣童子，问之不应。良久入洞，逐之不见。闻风雨声毛发竦栗而出。

《国朝谢肃密庵诗集·青衣洞歌为卧云平章作》

缑山仙人玉皇客，鹤背吹笙游紫极。天风万里下吴云，具区东头驻灵迹。青衣之洞何神奇，洞里有天人莫窥。瑶草一迳香掩冉，琪树万株光陆离。嵯峨石坛高几许，上通閶阖闻笑语。铿锵璈磬激冷风，摇曳旌旗翻玉宇。是时仙人挥白羽，辟侣青衣进歌舞。唯有蹁跹萼绿华，金液行杯擗鳞脯。交梨火枣空纷拏。春光偏著蟠桃华，仙人醉来虬髯紫。手为白日推龙车，龙车烛天行不已。玉皇乘龙见之喜，敕将大药饮仙人。寿与天地相终始，仙人昔者忧黎元。伏剑上马安东藩，功成欲伴赤松子。笑傲林壑娱晨昏，玄州从来限弱水。武陵无路通桃源，何如此洞在人世。只尺异境移昆仑，苍龙东飞虎西跃。一神摄之今护宅，是中妙用合元符。歘忽凌空生羽翮。独怜海客非仙材，乘涛远跨长鲸来。愿得还丹蜕凡骨，九霞光里观琼台。

# 萝衣洞

《小山杂著·萝衣洞》

萝衣晴带护烟蓑，楚国狂夫尚作歌。石影到溪千丈劲，藤痕入木八分多。泉分小白山中雨，衣取云门寺顶荷。洞口樵人谁语汝，茶过相遇更相过。

# 匹袍洞

《郭昂诗》

匹袍洞收老，壮心虽不厌，难恶。缘九值雨潺潺，盆唇细缴江边路。香篆重盘树外山，买马本来图代步。为官谁唤不如闲，故乡亲旧还知此。白发多应笑强颜。

# 红旗洞

《元一统志》

红旗洞，在辰州府叙浦县东二十五里。耆旧云昔湖南马氏遣兵，收武陵诸蛮至此。隐隐见岩石中有若红旗舒展状，遂屯其上。今犹有芦菔葱韭薤野生，人呼为“马王菜”。然山高数百尺，山脊平旷可屯数万人。石壁间有义莲塘，孝感桥刻字犹存，今义莲塘在，山上土人祷之必应。

# 游学洞

《当阳志》

游学洞，在荆州府荆门州当阳县南五十里。此鬼谷子与张仪，苏秦游学洞也。按《元和郡国志》，当阳县青溪山有石室，云鬼谷子居处。

# 读易洞

《宋史·逸隐传》

谯定，字天授。涪陵人，少学易于郭曩氏。自见乃谓之象，一语以入。盖郭氏之学，

象数之学也。一日至汴间，伊川程讲道于洛。絜衣往见，尽弃其学，而学焉。遂得闻精义，造诣愈，至浩然而归。其后颐贬，涪实定之乡也。北山有岩，师友游泳其中。涪人名之曰“读《易》洞”。

## 治《易》洞

《元一统志》

治易洞，在四川嘉定州九顶山后门。宋皇祐间，郡守吴祕石上有磨崖大字，云圣作《易》，晦其数，刘传吴识，《易》祖。苏轼诗云：自昔遥闻太守高，明爻象彖日忘劳。洞中陈迹今如扫，斯道何曾损一毛。

## 读书洞

《元一统志》

读书洞，在四川嘉定州后溪延祥观，本名杨雄观。《九域志》以为雄故宅也，观有子云洞，有读书洞。是洞有子云像，高三尺许，傍有二人列侍。庭下有张辟强墓，又有玉皇诏许真君符，篆刻之石。有杨徽之宋白诸公诗，其迹尚在。

## 书洞

《豫章绩志》

书洞，在江西南康府进贤县东六十里，其山势如书，故名。有雷度读书庵在洞之侧。

## 藏书洞

《元一统志》

秦人藏书洞，在湖广沅州沅陵县小西山下。有石穴，中有书千卷，秦人避地隐学于此。因留之。

周密《澄怀录》

周子充游庐山，入楞伽院，倚朱砂峰李公择藏书洞，在东偏元丰以后，留题皆在洞。

天留题陈洵直藏书洞诗：当年正节蜕宣城，郭谓迁神掩石扃。溟漠却求书剑地，石梁之下响泠泠。

### 陈子正藏书洞诗

先生玄寂作宫城，万卷虽藏洞不扃。夜半松风动林屋，犹疑絃诵响泠泠。

### 王宗贤藏书洞诗

迁神石室翠玲珑，石座岩扉备此中。要阐吴君修炼处，故藏书剑显神通。峰前岩窦石生玉，洞外山泉涧有松。奇异石梁天设象，洼尊茶灶示遗踪。

## 十字洞

### 《元一统志》

十字洞，在四川嘉定府，峨眉县三十里。洞门如十字，昕昏出云烟气。乃天真皇人论道之地。旧有观宇，今为荆棘。

## 九经洞

### 《元一统志》

九经洞在湖广荆州府夷陵州宜都县，其洞秘奥，僧与其徒，执烛穷之。烛尽亟出，莫知攸底。

## 石经洞

### 《房山县志》

石经洞，在北京顺天府涿州房山县城西南六十里，云居寺东。有峰曰“小西天”。其上有八洞，隋沙门静琬者，发愿以石镌《华严》《涅槃》诸经。至唐经成，闭于石洞。人不可见。

## 卷之一万三千八十二 一送

### 动

《洪武正韵》

徒弄切。动之也,凡物自动,则上声。彼不动,而我动之,则去声。今经史中动字皆无音。毛居正伏睹秘书省校书式,诸书本字下虽无音,而九经子史,别有音训可引援者,亦皆点发。案《汉书扬雄传》清静,字合作,上声。颜师古《协韵》音,去声。则动静之动,亦可作去声。许慎《说文》:动,作也,从力重声,徒总切,尔雅娠蠢震慂妯骚感讹蹶动也。

### 动静

《易·系辞》

动静有常,刚柔断矣。注曰:动者,阳之常。静者,阴之常。刚柔者,易中卦爻阴阳之称也。夫乾其静也专,其动也直,是以大生焉。夫坤其静也,翕其动也辟,是以广生焉。注曰:乾坤各有动静于其四德见之。静体而动用,静别而动交也。

《庄子·天道篇》

虚则静,静则动,动则得矣。

《亢仓子·训道篇》

有不可以应事者也。内静而外动,其动而难静。谓外见利,贪而逐之,愈得愈贪,故身劳而难静。

《西汉书·曹参传》

严延年之治动,黄次公之治静。尹和靖言行录,论动静之际,闻寺僧撞钟。和静曰:“说著静,便多一个静字。说动亦然。”伊川颔之。和静每曰动静只是一理,阴阳死生亦然。

《邵子观物篇》

动之大者,谓之太阳。动之小者,谓之少阳。静之大者,谓之太阴。静之小者,谓之少阴。

《晦庵语类》

寓问前夜先生所答一之动静处,曾举云,譬如与两人同事,须是相救始得。寓看来静却救得动,不知动如何救得静?曰:"人须通达万变。心常湛然在这里,亦不是闭门静坐,魂然自守。事物来也须去应,应了依然是静。看事物来,应接去也不难,便是安而后能虑。动了静,静了动,动静相生,循环无端。如人之嘘吸,若只管嘘,气绝了又须吸。若只管吸,无去处便不相接了。嘘之所以为吸,吸之所以为嘘,尺蠖之屈,以求伸也。龙蛇之蛰,以存身也。屈伸消长阖辟往来,其机不曾停息。大处有大阖辟,小处有小阖辟,大处有大消息,小处有小消息,此理万古不易。如目有瞬时,亦岂能常瞬。定又须开,不能常开。定又须瞬,瞬了又开,开了又瞬,至纤至微,无时不然。"又问此说相救,是就义理处说动静。不知就应事接物处说动静,如何?曰:"应事得力则心地静。心地静,应事分外得力。便是动救静,静救动,其本只在湛然纯一,素无私心始得。无私心,动静一齐当理。才有一毫之私,便都差了。"

潘植《忘筌书》

诚而动,则为无。妄静而动,则为复。顺而动,则为豫,皆动之善者也,是真一之动也。诚者天之道,自然而已。惟诚为能动不诚,未有能动者也。反身而诚,至诚而动,动斯得矣。天道之自然也,后之人不知动静之为体用,而真君真宰之各有尚也,真君无为而常静,真宰有为而斯动。人知动而悔吝生,不知动而功用著,于是恶动而常以静为念,是滞于一偏,不见天地之大全也。殊不谕真体自然,不嫌于动。故善动者,常止其所,自不迷复。岂独偏于静哉。无妄者,动之自然也。纯任天理,故不识不知。顺帝之则,去智与故循天之理。此象所以取诸天雷,而卦所以名为无妄也,雷出地而奋乎天者也。既安于复,命之为常,则是于静中动。是以动则常静,若是则动静之际,举无妄作。名之以无妄,岂不信然。

《敬斋古今黈》

静生于动而复归于动,则所谓静者,特须臾之静耳。为动亦然。昧者不知,作力以止动,刻意以求静,然后是非相缪,动静两失。甚者或丧其心,或亡其身。孝人有某生者,宗丘刘学,主太原城西一民家。块坐环堵者几十年,主氏翁媪奉事,勤日益笃。庚子春正月望,有道人来,乃旧识生者,请生暂出,生不可。王氏强之,生不得已出。少间急求归环堵中,主人又强之。生又不得已,留坐一室。既张灯,道人者辞去,独翁与生坐。坐久,翁倒寝其傍。丙夜,生遽取案上菜刀,乱斫翁死。媪骇愕起救,生又斫杀之。有婢窃视,噤不敢动。生复瞋目端坐,邻者怪有争斗声,而寻复无闻,噉问翁媪,翁媪莫应,踏门入视,灯火煌煌,生坐兀然。而翁媪二尸狼籍于血中矣。邻者缚生,生始开目,曰"汝何事收我?"邻者曰:"汝杀主氏翁媪,复何言生?"曰:"我适梦中见一偷将害我主翁,我仓卒,以菜刀斫去,又有一偷来,我亦斫之。仆便谓无事,乃复坐静,殊不知有他。"邻者执诣有司,府掾范贞给谓曰:"汝善人,宁有害物心?恐邻者杀是翁媪,而以汝当之。可实语我,我有以解释汝。"生曰:"我固杀翁媪。虽梦中不知所为,尚能记其仿佛。此殆宿债,岂可滥及无辜。其亟刑我。"竟弃市。此生本自昏愚,择善不能,了了痴坐成顽,阴魔来舍,强制情欲,恒若梦寐。乍出蔀屋,恍若殊境,既见灯火满室,精爽交乱,又惊人物在侧,猜忍百至。及其妄

动，云灭悠然。妄静复来，动静往来。总非由己，挥刀袖手，俱一妄中。此与老子致虚极守静笃万物并作，吾以观其复无异。但老子于动静中，知其所以来，又知其所以去。时动时静，莫不在我。故能观万物之复。若生等辈，罔罔然舍静求动，排动索静，沈冥于妄动妄静之坎，虽未至于杀人也。其去杀人，能较几何，又岂可以杀人为有罪，而以不杀人为无罪也哉。金楼子立言下，夫水澄之，半日必见目睫，动之半刻已失方圆。静之胜动，诚非一事也。

《经钽堂杂志》

于城门旁少坐，阅出入者，朝则争入，暮则争出。肩摩袂接，皆是为利。略不肯少迟，何哉？途中之人亦然。东来西去，南来北去，憧憧不休，问之莫不有干。能息肩坐于其旁，尽见此态，故曰唯静中可以观动。

《密斋笔记》

文帝即位，陈武建征伐之谋。孝文愿且休息无议军。人情久动，则思静。汉之文景，正是宋朝景德庆历间，休养生息之时。人情久静，则思动。至武帝时，宫室方士开边之役并兴，又绝似宣和繁盛富庶之时。

《采真集》

有所谓物之静，有所谓道之静；有所谓物之动，有所谓道之动。物所谓静，阴实止之。乃若道所谓静，阴不能使之止。物所谓动，阳实作之。乃若道所谓动，阳不能使之作。岂非所谓静专而动直乎？

《声律会元·赋偶》

运以无积，感而遂通。有所不发兮，发必合于礼义。有所不行兮，行必归于中正。

## 言动

《刘向说苑·谈丛篇》

非所言，勿言以避其患。非所为，勿为以避其危。欲人无知，莫若勿为。欲人无闻，莫若勿言。《魏相篇》子曰，多言不可与远谋，机易泄。多动不可与久处，心易躁。吾愿见伪静诈俭者。矫时，罕真静俭者。

《群书足用·赋偶》

枢机所发，万世荣辱。宫庭虽邃，四方表仪。准绳修饬，无二事之或违。纶綍丁宁，无片辞之敢饰。辞虽立诚也，犹虑措辞之失。事虽无过也，向虞举事之愆。片言皆善，则荣耀方策。一动少差，则羞贻百年。

赋隔成德成文，详述杨雄之语。尚辞尚变，载形义易之辞。

《声律会元赋·隔》

君子详枢机之发。史官详左右之书，或语或嘿，官已永式，一云一为，民皆视则。

## 慎动

### 《周子通书慎动章》

动而正曰道。动之所以正，以其合乎众所共由之道也。用而和曰德。用之所以和，以其得道，于身而无所待于外也。匪仁，匪义，匪礼，匪智，匪信，悉邪也。所谓道者，五常而已。非此则其动也，邪矣。邪动辱也，甚焉害也。无得于道，则其用不和矣。故君子慎动，动必以正。则和在其中矣。节斋蔡氏曰，道即太极流行之道，德即五性之德。动而正，即前所谓几也。用而和，即后所谓中节也。

《朱子语类》：问动而正曰："道止悉邪也。以太极图配之，五常配五行，则道德配阴阳，德阴而道阳也。"曰："亦有此理。"通书云，动而正曰道，用而和曰德。先生曰："正是。理虽动而得其正理，便是道。若动而不正，则不是道。和亦只是顺理，用而和顺，便是得此理于身。若用而不和顺，则此理不得于身。故下云，匪仁匪义匪礼匪智匪信悉邪也。只是此理。故又云，君子慎动。直卿云，太极图中只说动而生阳，静而生阴。通书又说，个几此是动静之间又有此一项。"

### 叶贺孙《乾损益动章》

君子乾乾不息于诚，然必惩忿窒欲。迁善改过，而后至乾之，用其善是，损益之大，莫是过。圣人之旨深哉。此以乾卦爻辞损益大象发明思诚之方。盖乾乾不息若体也，去恶进善者用也。无体则用无以行无用则体无所措，故以三卦合而言之。或曰其字，亦是莫字。朱子曰："君子体乾健而又健，至诚不息，此用乾之善者也。山泽为损，激于忿，象山之高，必惩创之。溺于欲，象泽之深必窒塞之。此用损之大者也。风雷为益，迁善象风之烈，则德日长。改过象雷之迅，则恶日消。此用益之大者也。乾乾不息者，惩忿窒欲。迁善改过，不息是也。"第一句言乾乾不息，第二句言损，第三句言益者，盖以解第一句。若要不息，须着，去忿欲而有所迁改。吉凶悔吝生乎动，噫吉一而已。动可不慎乎。四者一善而三恶，故人之所得福常少，而祸常多，不可不谨。此章论易所谓圣人之蕴。朱子曰："动而得则吉，失则凶。悔则过失而自咎，吝则私小而可羞。四者一善而三恶，动其可不谨诸。"所谓惩忿窒欲，迁善改过，皆是动上有这般过失，须于方动之时审之。方无凶悔吝。所以再说动，敬齐泛说吉凶悔吝生乎，动因也。然亦论其时之云何耳，既言有吉有凶有悔有吝，则凶悔吝三者未必不生乎，不动也。

## 心动

### 《宋史司马池传》

池举进士，当试殿庭，而报母亡。友匿其书。池心动，夜不能寐。曰："吾母素多疾，家岂有异乎？"行至宫城门，徘徊不能入。因语其友，而友止以母疾告，遂号恸而归。

《东坡物类相感志》

汉蔡顺,字君仲,以孝闻。少孤养母,尝出采薪,有客卒至,母望顺不还,乃啮其指,顺即心动,弃薪而归。跪问其故,母曰:"有急客来。故吾啮指以悟耳。"

《黄氏日抄》叶水心文

戴肖望病诣王大受曰:"吾若久,客心动耳。"留荐燠馆,食软腻,把酒谈笑,肖望欣然忘归。

## 神动

《世说新语》

裴令公楷隽容姿。一旦有疾至困,惠帝使王夷甫往看。裴方回壁卧,王使至强回视之。王出语人曰:"双眸闪闪,若岩下电。精神挺动,体中故小恶。"

《元史·王英传》

至元三年,万安军贼吴汝期等作乱。聚众三千人,时英已致仕。平章政事伯撒里谓僚佐曰:"是虽鼠窃狗偷,非刀王行不可。"乃使迎致之。英曰:"国家有事,岂可坐视。"乃据鞍横槊,精神飞动,驰赴平贼,其功居多。

刘义庆

元刘将孙《养吾集·安福州北真观三元阁记》

仙好楼居,天人感遇。往来一气,党所谓神仙者,如徐之不死。清风明月,其精神浮动。依乘回合,必当在是间。而况三元之不远人哉。

王恽《秋涧集·万户聂公碑》

公在军旅,一旦心神内动,泚流被面。曰:"岂吾亲有故,动于彼而应于此耶?"即请归觐,比至太夫人丧尚未敛。乡里感叹,以为平昔孝诚所致。

## 色动

《战国策》

智伯从韩魏兵以攻赵。知过出见二主,入说。智伯曰:“二主色动而意变,必背君。不如今杀之。”智伯曰:“不可。”

## 指动

《左传》

楚人献鼋于郑灵公。公子宋与子家将见,子公之食指动,以示子家,曰:“他日我如此,必尝异味。”及入,宰夫将解鼋,相视而笑。公问之,子家以告,及食大夫鼋,召子公而弗与也。子公怒,乃染指于鼎尝之而出。

《东坡物类·相感志》

人将尝异味,则食指预动。臧肴字宣卿,有孝性。常从火宿直廷尉府。母在家暴亡,肴左右手中指动,忽痛不得寝。及旦家信至,果报凶问也。

## 目动

《左传》

使者目动而言肆,诱我也。

## 过动

《礼记》

过言则民作辞,过动则民作则。

## 物因雷动

《张子正蒙·大易篇》

物因雷动。雷动不妄,则物亦不妄。故曰,物与无妄静之动也,无休息之期。故地雷

为卦言，反又言复。终则有始，循环无穷。人指其化而裁之尔，深其反也，机其复也。故曰，“反复其道。”又曰，“出入无疾。”

《文选》扬雄《解嘲》

雷动云合。

## 风雷鼓动

宋 张南轩集·谢大师加赠表

日月昭回，烛孤忠于既没。风雷鼓动，诏恤典于无穷。

## 万杵雷动

宋《苏东坡集徐州贺河平表》

万杵雷动，役不过时。遂消东北莫大之忧，然后麦禾可得而食。

## 三山雷动

宋《何澹小山杂著·福州赐敕书谢表》

一扎天旋，三山雷动。

## 大千震动

唐《张说集·龙兴寺碑》

一光所烛，庶兆为之清源。一音所宣，大千为之震动。

## 风气动

《古三坟书》

风气动,圣人以宣号令。

## 风而动

《抱朴子·审举篇》

俗之随风而动,逐波而流,故安能改身于德行,苦思于学问哉。

## 四方风动

《书·大禹谟》

帝曰:"俾子从欲以治,四方风动,惟乃之休。"

## 台随风动

《太平广记》

凌云台楼,观极精巧。先称平众,材轻重当宜。然后造构,无锱铢相负台,虽高峻,恒随风摇动而终无崩殒。

## 云山浮动

宋《胡寅裴然集·富阳观山严先生别庙记》

庙瞰大江,潮汐呼汹。云山浮动,与江涛相起伏。亦神气英灵之所止宅,有好古君子稍更制作。去其鄙俚而归诸简雅,俾邑人望思,骚客徘徊,揖先生清风于东海之滨。岂曰

小补云乎哉。

## 天地顺动

《易豫彖传》

天地以顺动，故日月不过，而四时不忒。

## 天下之动

《易系辞》

天下之动，贞夫一也。《张子正蒙大易篇》，天下之理得元也，会而通享也。说诸心利也。一天下之动贞也。

## 天下至动

《易系辞》

言天下之至动，而不可乱也。郑滁孙中天述考上易序之画象，不足以尽见之。是故不可以无互体也。噫，不有先天阴阳之匹敌，何以有中天乾坤之正受。不有先天阴阳之循环，何以有中天乾坤之端正。所谓至顺而不可恶，至动而不可乱，摹天地于有形之外，印造化于无体之中。一本于画象之自然，而莫知其所以然者，所以示者明矣。

## 天几自动

罗泌《路史·禅通纪》

手舞足蹈，此天几之自动者也。

# 天几常动

《采真集》

寂然之中，天几常动。应感之际，本原常静。洪钟在簴，叩与不叩，鸣未尝止。宝镜在手，照与不照，明未尝息。

# 枢纽群动

宋《张南轩集·扩斋记》

太极混沦，生化之根。阖辟二气，枢纽群动。惟物由乎其间而莫之知，惟人则能知之矣。

晋《陶渊明诗》

日入群动息。

# 六爻之动

《易·系辞》

六爻之动三极之道也。

《张子正蒙·大易篇》

六爻各尽利而动，所以顺阴阳刚柔仁义性命之理也。故曰六爻之动，三极之道也。

# 四变之动

《类说》

彼春之暖，为夏之暑。彼秋之忿，为冬之怒。四变之动，动与上下。春应中规，夏应中矩，秋应中衢，冬应中权。

## 险以动

《易·解卦彖传》

解险以动，程传谓坎险震动，险以动也。

## 巽而动

《易·恒卦彖传》

恒，久也。刚上而柔下，雷风相与，巽而动刚柔皆应恒。

## 刚以动

《易·大壮卦彖传》

大壮，大者壮也。刚以动故壮。

## 明以动

《易·丰卦彖传》

曰，丰大也，明以动故丰。

## 危以动

《易·系辞》

危以动则民不与也。惧以语，则民不应也。

## 智者动

《论语》

子曰："智者乐水，仁者乐山。智者动，仁者静，智者乐，仁者寿。"

岩下放言

孔子言仁者静，智者动，吾观自古功名之士，类皆好动。不但兴作事业，虽起居语默之间，亦不能自已。王荆公平生不喜坐，非睡即行。居钟山每早饭已，必跨驴一至山中。或之西庵，或之定林，或中道舍驴遍过野人家，亦或未至山复还。然要必须出，未尝辍也。作字说时，用意良苦。常置石莲百许枚几案上，咀啮以运其思，遇尽未及益，即啮其指至流血不觉。世传公初生，家人见有獾入其产室，有顷生公。故小字獾郎。尝以问蔡度曰："有之。"物理殆不可晓。苏子瞻，性亦然。初谪黄州，布衣芒履，出入阡陌。多挟弹击江水，与客为娱乐。每数日必一泛舟江上，听其所往。乘兴或入旁郡界，经宿不返，为守者极病之，脱贬岭外。无一日不游山晁。以道尝为余言。顷为宿州教授，会公出守钱唐，夜过之入其书室，见壁间多张古名画。爱其钟隐雪雁，欲为题字。而挂适高不能及，乃重二桌以上，忽夫脚坠地大笑。二人皆天下伟人，盖出于智者当尔。

## 圣人顺动

《易·豫·彖传》

圣人以顺动，则刑罚清而民服。豫之时义大矣哉。

## 安身而动

《易·系辞》

君子安其身而后动，易其心而后语。

## 虑善以动

《书》

虑善以动，动惟厥时。

## 待时而动

《易·系辞》

君子藏器于身，待时而动。士无官守，无言责，政当以道自处。待时而动，必在上者。不若魏侯之于干木，昭烈之于孔明。降其礼，听其言，亦不屑就之矣。

宋薛季宣《浪语集》

复潘秀才必胜书。

## 省德而动

《左传》

僖十九年，宋子鱼言于宋公曰："姑内省德乎？无阙而后动。"

## 量力而动

《左传》

僖二十年，楚斗穀于菟帅。师伐随，取成而还。君子曰："随之见伐，不量力也。量力而动，其过鲜矣。善败由已而由人乎哉。"

## 当时而动

《荀子》

当时而动，物至而应。事起而下。

## 感物而动

《礼记》

感于物而动，性之欲也。《疏》云，其心本虽静，感于外物而心遂动，是性之所贪欲也。

## 观衅而动

《唐书·陆贽传》

贽安边疏云,力寡而敌坚,则先所易。是谓观衅而动也。

## 以类相动

《礼乐记》

凡奸声感人逆气,应之。逆气成家而淫乐,兴焉,正声感人而顺气应之。顺气成象而和乐兴焉,倡和有应,回邪曲直,各归其分。而万物之理,各以类相动也。

## 通而后动

《庄子·刻意篇》

不为物先,不为祸始,感而后应,通而后动。

## 先倡后动

《淮南鸿烈解·原道训》

先唱者穷之路也,后动者达之原也。

## 治成于动

《采真集》

天下之治,未有不成于动,而败于止震者。动而有为之卦也。故动于上则为豫,为壮,为丰,动于下则为随,为履,为益,皆足以措斯世于治也。艮者,止而不为之卦也。故止于上则为蒙,为蛊,为剥,止于下则为遁,为蹇,为旅,皆所以跻斯世于乱也。

## 霸以利动

宋《陈后山集·拟御试武举策》

王以安行,霸以利动,利之者,伪也。

## 见者竦动

宋汪藻《浮溪集·户部尚书许公墓志铭》

公聪明强记,任气敢为,状貌雄伟,议论轩然,见者竦动,知其为非常人也。

## 荐绅耸动

宋王与钧《蓝缕稿》

与正言内简执宪乌府,纪纲肃然,抗议龙池,荐绅耸动。

## 笔意浮动

元《牟巘陵阳集·跋捕鱼图》

今观此图,江天欲雪,鱼正深潜。而渔郎四集,网下如雪,无所逃于天地间乎。然则笔意浮动,殊可玩赏,与鱼相忘于江湖亦足乐也。

## 昼伏夜动

《左传》

襄公二十三年,齐侯与臧纥言伐晋,对曰:“多于则多矣。抑君似鼠,夫鼠昼伏夜动,不穴於寝庙,畏人故也。今君闻晋之乱而后作焉,宁将事之,非鼠何如?”

## 两脸俱动

《酉阳杂俎》

众鸟趾前三后一,唯鸜鹆四趾齐分。凡鸟下脸肞上,独鸜鹆两脸俱动利人目。取其目睛如人乳研滴眼中,能见烟霄外物也。

## 体合飞动

唐《颜鲁公集·放生池批答》

体合飞动,韵合鉴锵,成不朽之立言,纪好生之上德。

## 鸾凤飞动

宋《何澹小山杂著·跋御书》

《周易》泰卦八法之法,上侔三圣下陋二王。云汉昭回,鸾凤飞动。

## 龙鸾飞动

宋《吴泳鹤林集·赐御书宋濂精舍额谢表》

云汉昭回,意态生于辇外。龙鸾飞动,精神运于画前。

## 蜎飞虫蠕动

《鬼谷子·揣章》

曰:"故观其蜎飞虫蠕动,无不有利害,可以生事美。生事者几之势也。"注曰:"蜎飞虫蠕动,皆微虫耳。犹怀利害之心,故顺之而喜悦,逆之则悖怒,况于人乎。况于鬼神乎,是以利害者,理所不能无,顺逆者事之所必行,然则顺之致利,逆之致害。理之常也。故观此可以成生事美也,生事必审机

微之势，故曰生事者几之势也。

《淮南鸿烈解·原道训》

跂行喙息蚑飞蠕动。

## 水泉动

东坡《物类相感志》

按礼云，冬至后十日，水泉动。信夫，阳气升而感之，故动摇也。

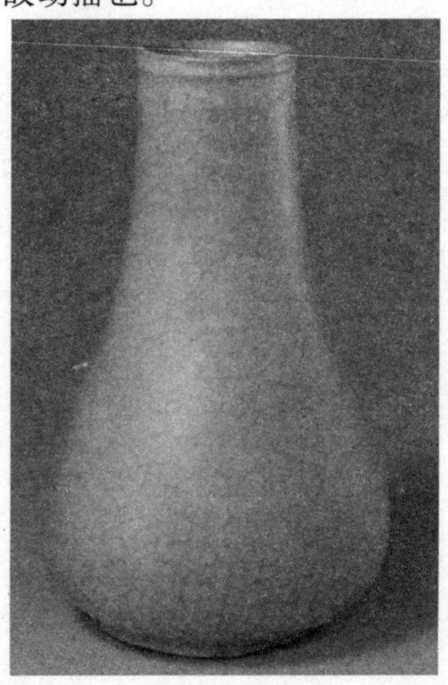
官窑大瓶

## 中心不动

《采真集》

贫贱不忧，夭寿不贰，此之谓不惑。富贵不能淫，贫贱不能移，威武不能屈，此之谓不动。不惑故能定，不动故能应。

《涧泉日记》

文中子曰："吾不仕故业不动，故无悔。不广求，故得不杂，学故明。"《吕原明杂记》言学者当习不动。初习不动时，但违其心，及人之憎恶已。以之捶楚杀害，皆坚忍不动，初习自然不动矣，既不动则曰："我不动也。"

## 寂然不动

《易·系辞》

易无思也，无为也，寂然不动，感而遂通天下之故。注曰：易指蓍卦，无思无为，言其无心也。寂然者感之体，感者寂之用。人心之妙，其动静亦如此。

《酉阳杂俎》

郑符云，柳中庸善易，尝诣普寂公。公曰："筮吾心所在也。"柳云："和尚心在前赡第七题。"复问之在某处，寂曰："万物无逃于数也。吾将逃矣。"尝试测之。柳久之瞿然曰：

"至矣。寂然不动,吾无得而知矣。"

## 不震不动

《诗·商颂·长发篇》

敷奏其勇,不震不动。

## 凝然不动

《程氏遗书》

凝然不动,便是圣人。

## 元气不动

张行成《述衍》

《洛书》则十五居中,四十之初自相交以为用者,形载气而与俱元气生荣卫。荣卫并行,元气不动之理也。

## 无理不动

《礼记》仲尼燕居

礼也者,理也。乐也者,节也。君子无理不动,无节不作。

## 非礼勿动

《论语》

非礼勿视,非礼勿听,非礼勿言,非礼勿动。

## 非礼不动

《晋书·黄泓传》

泓父沉善天文秘术，泓从父受业精妙逾深，兼博览经史。尤明礼易，平生忠勤，非礼不动。

## 大本不可动

《唐书·郑肃传》

文宗以肃尝辅导东宫，诏兼宾客为太子授经。既而太子母爱弛，为谗所乘废斥有端，肃因入见，言太子天下大本，不可轻动。意致深切，帝为动容。然宠方煽太子，终以忧死。

## 柱石安可动

《唐书》本传

安重诲为边彦温等告变，唐明宗疑之。因廷诘彦温，具伏其诈，即斩之。后数日，赵凤奏事中兴殿，启曰："臣闻奸人有诬重诲者。"明宗曰："此闲事，朕已处置之。卿可无问也。"凤曰："臣所闻者，系国利害，陛下不可以为闲。"因指殿屋曰："此殿所以尊严宏壮者，栋梁柱石之所扶持也。若折其一栋，去其一柱，则倾危矣。大臣，国之栋梁柱石也，且重诲起微贱，历艰危，致陛下为中兴主，安可使奸人动摇？"明宗改容，谢之曰："卿言是也。"遂族彦温等三家。

## 坐位不动

《太平广记》

唐袁天纲善相术。武德九年，窦轨自益州被召诣京师，谓天纲曰："更得何官？"天纲曰："面上家人坐位不动，辅角右畔光泽。至京必蒙圣恩，还来此住。"果重授益州都督。

## 侍立不动

《南书·徐摛传》

侯景攻陷台城，时简文居永福省，贼众奔入。侍卫走散，摛独侍立不动。徐谓景曰："侯公当以礼见，何得如此？"凶威遂折，景乃拜。

## 坚卧不动

《东汉书·吴汉传》

建武三年冬，汉率建威大将军耿弇，汉中将军王常等，击富平获索二贼于平原。明年春，贼率五福余人夜击汉营，军中惊乱，汉坚卧不动。有顷乃定，即夜发精兵出营突击，大破其众。

《宋史·扆御传》

御子惟忠知兵事。天圣中，契丹与夏国会兵境上，声言嫁娶。惟中觇得其实，率麾下往备之。戒士卒毋轻动，一夕风霾，有骑走营中，以为寇至。惟忠坚卧不动，徐命擒之。得数诞马，盖虏所纵也。

## 承剑不动

《左传》

哀公十六年，白胜将作乱。谓石乞曰："王与二卿士，皆五百人当之则可矣。"乞曰："不可得也。"曰："市南有熊宜僚者，若得之可以当五百人矣。"乃从白公而见之，与之言说，告之故辞，承之以剑。不动。

## 举尸不动

《元史·王英传》

至正中，毛贵益都时，英年九十六。水浆不入口者，数日而卒。毛贵闻之，使具棺衾

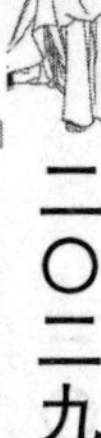

以葬。将敛举尸不动，焚香祝曰："公子弘请公归葬先茔。"祝毕，尸遂起，观者惊异。

## 丧辐不动

《新唐书·承天皇帝倓传》

安禄山乱，上幸蜀，太子即位于灵武。议以倓为元帅，左右请用广平王，许之。后张良娣，李辅国谗倓有异志，赐死。大历三年，进谥"承天皇帝"。遣使迎丧彭原，既至城门，丧辐不动。

## 银山不动

宋吴泳《鹤林集》

见郑侍郎启填压三边定力若银山之不动，指挥诸将良筹如宝藏之无穷。

## 如山不动

宋吴泳鹤《林集·圣节表》

黼扆坐朝，嶷如山之不动。细毯论道，粹于玉之无瑕。

《颂古联珠》云，居因僧问："僧家毕竟如何?"曰："居山好。"僧礼拜。师曰："你作么生?"会曰："僧家毕竟于善恶生死逆顺境界。其心如山不动。"师乃打曰："孤负先圣丧我儿孙。"又问傍僧："你作么生会?"僧礼拜曰："毕竟眼不观玄黄之黄，耳不听丝竹之声。"师曰："孤负先圣丧我儿孙。"黄龙南云，作么生道得一句，不孤负先圣丧我儿孙。若人道得到处青山，无非道场，若道不得，有寒暑兮促君寿，有鬼神兮妬君福。投子青颂曰："突兀嵯峨万仞横，四边无路不通行。自古两轮光不到，夜深王老入西岑。"成《枯木颂》曰："四顾巍峨锁碧阴，松风和雨响于琴。居山不用逃声色，百鸟归来何处寻。"佛鉴勤颂曰："僧家毕竟居山好，丫角女子白头早。行穿月色岭头松，迹到白云岩下草。寂寂峰前古寺基，家家门首长安道，相将八月雁南来。莫教孤负太平老。"

## 禁物不动

《仙传》

黄卢子善气禁之道，禁虎狼百虫，皆不得动，飞鸟不得去，水为逆流一里。

# 神色不动

《颂古联珠》

荆南白马昙照禅师常曰："快活，快活。"及临终叫苦，又曰："阎罗王来取我也。"院主问："和尚当时被节度使抛向水中，神色不动。如今何得恁么地？"师举枕子曰："汝道当时是，如今是。"主无对。法眼代云，当但掩耳出去。地藏恩颂曰："一二三四五，金木水火土。"鼓之以雷霆润之。以风雨，谁道者汉，生也颟颟顸顸，死也莽莽卤卤㗜。宝峰照颂曰："甜瓜彻蒂甜，苦瓠连根苦。拈起枕子时，新罗夜打鼓。圆照本颂曰，一生叫快活，临终没依怙。甜瓜彻蒂甜，苦瓠连根苦。"

# 像舁不动

《宗门统要》

昔高丽国来钱唐刻观音圣像。及舁上舡，竟不能动。因请入明州开元寺供养。后有设问，无刹不现身，圣像为甚么不去高丽国？长庆稜云，现身虽普睹相生，偏法眼益别，云识得观音未。

# 毁誉不动

《维摩经》

宝积赞佛云，毁誉不动，如须称于善，不善等以慈。

# 大悲拈不动

《禅林僧宝传》

浮山远禅师作三交，嵩公赞曰："黄金打作鍮石筋，白玉碾成象牙梳。千手大悲拈不动，无言童子暗嗟吁。"

## 六种震动

《法华文句》

六动者，谓动起涌震吼，觉一中又有三，谓动遍动，等遍动直动为动，四天下动为遍动。大千动为等遍动，余五亦如是，合十八种动。

## 坚湿暖动

《楞伽经》

坚湿暖动非作生，谓四大各有自然之性。为地以坚为性，水以湿为性，火以暖为性，风以动为性。

## 舍静求动

《永嘉集》

群迷从暗而背明，舍静以求动，众悟背动而从静，舍暗以求明。

## 灵唇鼓动

《三宝咸通录》

齐武陵世，并东看山人掘见土黄白，又见一物状如两唇，其中有舌。鲜红赤色，以事奏闻。帝问道俗沙门法上。曰："此持法华者，六根不壤也。"乃集持法华者，圆绕诵经，才始发声。此灵唇舌一时鼓动同见，毛坚以事奏闻，石亟缄之。

## 地八震动

《释迦谱》

佛告阿难，凡世地动有八因缘。夫地在水上，水止于风，风起则水挠，普地皆动，是为一。得道比丘,比丘尼及大神尊天观水性多,观地性少,欲自试力,故刖普地动,是为二。菩萨降神母胎地为大动,是为三。菩萨从右肋生则普地动,是为四。菩萨初成正觉,是为五。初转无上法轮,是为六。佛教将毕,欲舍性命,则普地动,是为七。如来欲无余涅槃,地大震动,是为八。

## 风动幡动

《宗门统要》

六祖能大师目风飏刹幡,有二僧对论。一云幡动,一云风动。往复曾未契理。祖云不是风动不是幡动,仁者心动。二僧竦然。雪峰存云,大小祖师,龙头蛇尾,好与二十棒,孚上座侍吹咬齿峰云,我与么道也好二十棒。保福展云,作贼人心虚,也是萧何置律。五祖戒云,着甚来由。巴陵鉴云,祖师道不是风动,不是幡动,既不是风幡,向甚处着。有人与祖师作主,出来与巴陵相见。雪窦显云,风动幡动,既是风幡,向甚处着。有人与巴陵作主,出来与雪窦相见。潭清云,不是风动,不是幡动。若伶俐汉悬崖,撒手便好承当,顾后瞻前,转生迷闷,仁者心动。而今还有为祖师作主者么,有则出来与老僧相见。天童华云,一盲引众盲,相牵入火坑。

## 静极复动

周子《太极图说》

无极而太极,太极动而生阳。动极而静,静而生阴。静极而动,一动一静,两仪立焉。

## 反者道之动

《道德经》

反者道之动,弱者道之用。

## 动法于日

《唐书·李德裕传》

人君动法于日,故日出而视朝,入而燕息。

## 动法于天

《唐书·刘蕡贤良策》

王者动作，终始必法于天者，以其运行不息也。

## 蕡无动

《佛名翻译》

名义即阿闲佛也。阿之言无，闲之言动。详佛

## 不动居士

《大慧语录》

不动居士至，上堂僧问径山，布龙蛇阵，居士匹马单枪，当恁么时。如何相见？师云："老僧打退鼓。"进云："一个老大蛊，撞著童牙虎。"师云"你还闻雷声吗？进云："只为学人闻得惯。"师云："且莫诈明头。"进云："却请和尚道。"师云："我若道，你须百杂碎。"进云："庆快平生去也。"师嘘嘘，乃云："眼空宇宙浑无物，大坐当轩孰敢窥。选官俱已了，同途把手不同归。敢问大众既同途又把手，为甚么不同归？莫将鹤唳误作莺啼？"复举陆亘大夫问南泉云，肇法师也甚奇怪。解道天地与我同根。万物与我一体。南泉遂指庭前花谓大夫曰："时人见此一株花，如梦相似。"师云："遮一则公案，流布丛林近三百载。中间有无数善知识出世，只是未常有一人与伊分明判断，径山今日与伊断却。若向理上看，非但南泉谩他陆亘一点不得，亦未摸着他脚下一茎毛在。若向事上看，非但陆亘谩他南泉一点不得，亦未梦见他汁臭气在。有人出来，道大小径山，说理说事。即向他道，但向理事上会取。"

## 物自动

《文献通考》

即《五行志》所谓木沴金也。志中惟载金石自动，今所载凡非动物而自动者，皆入焉。周威烈王二十三年，九鼎震金震木动之也。时周室衰微，号令不从。以乱金气。鼎者，宗

庙之宝器，宗庙将迁，故震动也。是岁晋三卿韩魏赵分晋地，王命以为诸侯，其后秦遂灭周而取九鼎，九鼎之震，木沴金失众甚。汉成帝元延元年正月，长安章城门门牡自亡。晋灼曰，西出南头第一门也。牡是出籥者，师古曰："牡所以下闭者也，亦以铁为之。非出籥也。"《京房易传》曰，饥而不损，兹谓泰。厥灾木，厥咎牡亡。妖辞曰，关动牡飞辟为亡道，臣为非厥咎乱。臣谋篡易，妖传变辞。故谷永对曰："章城门通路寝之路，函谷关距山东之险。城门关守国之固，固将去焉，故牡飞也。"

平帝元始元年二月乙未，义陵寝神衣在柙中，哀帝陵也。丙申旦，衣在外床上寝，令以急变闻，祠以太牢。王莽地皇元年七月社陵便殿，乘舆虎文衣，废藏在室匣中者，出自树立堂上。良久乃委地，吏卒见者以闻，莽恶之。魏齐王正始末，河南尹李胜治听事。有小材激堕挝受石彪，头断之。此木沴金也，胜后旬日而败。晋惠帝元康八年五月郊，禖坛石中破为二。此木沴金也，郊禖坛求子之神位，无故自毁。太子将危之妖也。明年愍怀废死。

孝武帝太元十年四月，谢安出镇广陵始发，石头金鼓无故自破，木沴金之异也，天戒若曰，安徒扬经略之声，终无其实钲鼓不用之象也。月余以疾还，而薨。梁武帝大同十二年，曲阿建陵隧口石骐驎动，木沴金也。动者，迁移之象，天戒若曰："园陵无主，石驎将为人所移也。"后竟国亡。

武帝太清元年，帝舍身光严重云殿。游仙化生皆震动，三日乃止，当时谓之祥瑞识者，以为非动而动。在洪范为妖，以此石虎之败，殿壁画人颈，皆缩入头之类。

又送辟邪二于建陵左双角者，至陵所。右独角者将引于车上，振跃者三车两辕俱折因换车。未至陵二里所，又跃者三，每一振则车侧人莫不耸奋去地三四尺，车轮陷入土三寸。木沴金也。刘向曰："失众心。令不行，言不从，以乱金气也。石为阴臣象也，臣将为变之应。"武帝暮年，君臣唯讲经谈玄，朝纲紊乱，令不行，言不从之咎也。其后致侯景之乱。元帝承圣二年，正月已卯，江夏宫南门籥牡飞。

后齐河清四年，殿上石自起，两两相击。眭孟以为石阴类下人象，殿上石自起者，左右亲人离叛之应。及周师东伐，宠臣尉相愿乞，扶贵和兄弟之徒，皆叛入周。

周建德元年，濮阳郡有石像，郡官令载向府。将刮取金，在道自跃投地，如此者再，乃以大绳缚著，车壁又绝绳而下。时帝既灭齐，又事淮南，征伐不息，百姓疲敉。失众心之应也。

唐长寿中，东都天宫寺泥像，皆流汗淋霂。

神龙中东都白马寺铁像，头无故自落于殿门外。

天宝五载四月，宰臣李适之常列鼎俎具膳羞中，夜鼎跃相斗不解，鼎耳及足皆折。

长庆中，新都大道观泥人，生须数寸，拔之复生。后晋开运元年七月一日夜，大雷雨，明德门内井亭有石槽，槽有龙首。其夕漂行数步，而龙首断焉。识者云石国姓也，而龙首既断，大不吉之象。晋祚果终于开运。

《五代薛史五行志》

清泰末年，末帝先人坟侧。古佛刹中石像，忽然摇动不已。观者咸讶焉。

《文献通考》

宋乾德五年十一月，许州开元观老君像自动，知州宋偓以闻。

六年正月,简州普通院毗卢佛像自动。

元丰元年,邕州佛像动摇,初像尝动而交人入寇又动,而州大火,其后侬智高叛,复动,于是知州钱师孟投之江中。

绍兴二年宣州有铁佛,像坐高丈余。自动,迭前迭却若伛而就人者,数日。既而郡有火,火胜金。火气盛金,失其性而为变怪也。二十年二月,温州戒福寺有铜佛像,顶珠自动,光彩激射,终日不少,停数日,火作寺焚。与宣州铁佛同占皆火沴金也。淳熙九年春,德兴县民家有镜自飞舞,与日光相射。

## 诗文

### 宋《王师愈集·三论无妄动劄子》

臣闻天位于上雷动,于下其卦曰,无妄于四时,言之春夏之发,生雷虽震惊,人不以为妄,所当然也,故能成育物之功。秋冬之敛,藏雷虽隐然而有声,人莫不惕然。而骇听盖其动也。妄必有札,瘥疠疫之患,圣人体天以立极,法天而图治,平安之时,出入起居,罔有不钦。发号施令,罔有不臧,非以其材略智术,足以高天下。亦以其动静本于天理自然,不挠乎人为之私也。是以济大业者,当艰难之时。或速而有成,或缓而有成,究其所以然,皆无妄也。汉高祖之王汉中未几,而长驱于荥阳、京索间,不五载而成帝业,盖因思东归之士。其动不可以缓也。诸葛亮之相蜀,国事未定,则闭关息民以图之。其动不可速也。臣又闻善图治者,如良医之疗疾。固有指日而致效者。亦有累月而致效者,血气未衰。偶为外邪所乘,或汗或下,其效立见。此岂待累月之久哉。若夫沉痾之余,羸然苶然,必在乎固其本元,养其精神,强其筋力。反欲拔瞑眩之剂,求指日之效,又欲娱之以华丽宴乐之奉,其可哉。方今天下之患,胎于熙丰,结于崇观,溃裂于靖康,爰自绍兴之初。上下相维持,将复振矣。未几用事之臣,又从而弱之。幸赖天启圣明,陛下嗣应大统,规恢十年,始有苏息安强之兆。实社稷生民之福也。伏愿陛下远稽羲经之无妄,俯察良医之治病,脩我之备,待彼之衅,毋欲速而轻动,其不可成万全之勋者,臣未之信也。取进止。

皮日休

### 唐《李元宾集·妄动箴》

动出乎妄,静以制之。静不可终终违其时。顾道非远,妄动则远,道以处我,我孰能反。利往则施,无庸则倦,合于一致,何妄能损。天一地二,三光飘摇,无恒流行,万物则妖,大化孕人,人有成性,动牵于妄,妄亦斯竞。惟天之大,而世作镜,下顺人心,如环无端,食其游词。共叔自残,刘歼英韩,楚灭子干,五者实妄,不妄必完。妄由动生,动以妄奸。能以义胜,动归乎安。晋文教战,一战民悦。勾践泣仇,再战仇雪。知几不殆,妄动斯折。二国尚然,况一夫节。

《皮日休集·动箴》

动生于欲,行生于为。欲则不妄,为则不疑。吾道未丧,于何不之。勿生季世,有爵必危。物居乱国,有禄必尸。住无市怨,去无取嗤。迹无显露,名勿求知。声无取猜,誉无致疑。坦道如砥,履过蒺藜。四海如家,去剧絷维。日慎一日,念兹在兹。

《关尹子七釜篇·动箴》

室中有常见闻矣。既而之门之邻之里之党,既而之郊之山之川,见闻各异,好恶随之。和竞从之,得失成之。是以圣人动止有戒。

《敬斋泛说·动箴》

君子慎独,为去声爱厥身。有身弗爱,是为僇民。勿谓暗室,可欺可忽。明则人诛,幽则鬼罚。

《宋二程文集·动箴》

哲人知几,诚之于思。志士励行,守之于为。顺理则裕,从欲惟一作为危。造次克念,战兢自持。习与性成,圣贤同归。

《刘行简苕溪集·动箴》

轻动易举,事或失所。利害在人,怨汝詈汝。择焉而动,动不失职。君子是怙,小人是疾。则将奚处,惟曰勿恤。

王安石《临川集·无动》

无动行,善行。无明流,明流。《华严经》起信抄中,善行非福行不动,行无明流。烦恼流,欲有流。种种生住灭,马鸣起,信论四相。生住灭,念念闻思修。《首楞严经》观世音菩萨白佛言:"世尊,忆念我昔无数恒河沙劫,于时有佛,出现于世。名观世音。我于彼佛发菩提心,彼佛教我从闻思修二摩地。初于闻中,入流亡所,所入既寂。动静二相,了然不生,如是渐增。闻闻尽。尽闻不往,觉所觉空,空觉极圆。空灭,生灭既灭,寂灭现前。忽然超越世出世间,十方圆明,获二殊胜。一者上合十方,诸佛本妙觉心,与佛如来同一慈力。二者下合十方,一切六道众生,与诸众生同一悲仰。世尊由我供养,观音如来,蒙彼如来授我如幻闻薰闻修金刚昧,终不与法缚。圆觉经不与法缚不求法。亦不着僧裘。

《江湖集·罗与之动后》

莫作杨朱泣路岐,此心自被利名移。车奔宁是驾尼父,舟覆应非载伯夷。悔吝从来生动后,啸歌元秪在闲时。可怜秦晋功成者,欲避危机已大迟。

元《刘文真公集·动辨几微》

人心固有动,动必生乎几。动者心之着,几者动之微。善可自微顺,恶自可微违。违消顺复长,止吉生光辉。

舒岳祥《阆风集·山斋观动》

自古诗人皆格物，山斋观物意如何。额涂金粉蜂归穴，腹吐银丝蟢设罗。鸡母载雏行啄黍，雀群欺燕坐争窠。纷纷扰扰为形役，闲补涪翁演雅歌。

《童蒙诗训》

礼从微处谨，一动不堪轻。举足思规矩，何缘险路行。

## 变动

王充《论衡·变动篇》

论灾异者已疑于天，用灾异谴告人矣。更说曰，灾异之至，殆人君以政动天。天动气以应之，譬之以物击鼓，以椎扣钟。鼓犹天，椎犹政，钟鼓声犹天之应也。人主为于下，则天气随人而至矣。曰："此又疑也。夫天能动物，物焉能动天？何则，人物系于天，天为人物主也。"故曰，王良策马车骑盈野，非车骑盈野，而乃王良策焉也。天气变于上，人物应于下矣。故天且雨，商羊起舞，使天雨也。商羊者知雨之物也，天且雨，屈其一足起，舞矣。故天且雨，蝼蚁徙，丘蚓出，琴弦缓，固疾发。此物为天所动之验也。故天且风，巢居之虫，动且雨，穴处之物，扰风雨之气，感虫物也。故人在天地之间，犹蚤虱之在衣裳之内，蝼蚁之在穴隙之中。蚤虱蝼蚁为逆顺横从，能令衣裳穴隙之间，气变动乎，蚤虱蝼蚁不能而独谓人能不达物气之理也。夫风至而树枝动，树枝不能致风。是故夏末蜻蛚鸣寒螿啼，感阴气也。雷动而雉惊，发蛰而蛇出，起气也。夜及半而鹤唳，晨将旦而鸡鸣，此虽非变，天气动物，物应天气之验也。顾可言寒温感动人君，人君起气而以赏罚。迺言以赏罚感动皇天，为寒温以应政治乎？六情风家，言风至为盗贼者，感应之而起，非盗贼之人精气感天，使风至也。风至怪不轨之心，而盗贼之操发矣。何以验之，盗贼之人见物而取，睹敌而杀，皆在徙倚漏刻之间，未必宿日有其思也。而天风已以贪狼阴贼之日至矣，以风占贵贱者，风从王相乡来则贵，从囚死地来则贱，夫贵贱多少斗斛故也。风至而粜谷之，人贵贱其价。天气动怪人物者也，故谷价低昂，一贵一贱矣，天官之书以正月朝占四方之风，风从南方来者旱，从北方来者湛。东方来者为疫，西方来者为兵。太史公实道，言以风占水旱兵疫者，人物吉凶统于天也。使物生者春也，物死者冬也。春生而冬杀也，天者如或欲春杀冬生，物终不死生，何也。物生统于阳，物死系于阴也。故以口气吹人，人不能寒。吁人人不能温，使见吹吁之人，涉冬触夏，将有冻暍之患矣。寒温之气，系于天地，而统于阴阳。人事国政，安能动之？且天本而人末也，登树怪其枝不能动其株。如伐株，万茎枯矣。人事犹树枝，能温犹根株也，生于天含天之气，以天为主，犹耳目手足系于心矣。心有所为，耳目视听，手足动作，谓天应人，是谓心，为耳目手足使乎。旌旗垂旒，旒缀于杆，杆，宜读为韬杠之杠。杆东则旒随而西，苟谓寒温随刑罚而至。是以天气为缀旒也。钩星在房心之间，地且动之占也。齐太卜知之，谓景公臣能动地，景公信之。夫谓人君能致寒温，犹齐景公信太卜之能动地。夫人不能动地，而亦不能动天。夫寒温天气也，天至高大，人至卑小，篙或作篷不能鸣钟。而萤火不爨鼎者，何也。钟长而篙短，鼎大而萤小也。以七尺之细形感皇天之大气，其无分铢之验，必也。占大将且入国邑，气寒则将且怒，温则将喜。天喜怒起事，而发未入界，未见吏民，是非未察，喜怒未发而寒温之气已豫至

矣。怒喜致寒温，怒喜之后气乃当至，是竟寒温之气使人君怒喜也。或曰，未至诚也，行事至诚，若邹衍之呼天而霜降，杞梁妻哭而城崩，何天气之不能动乎？夫至诚，犹以心意之好恶也。有果瓜之物，在人之前，去口一尺，心欲食之，口气吸之，不能取也。手掇送口，然后得之。夫以果瓜之细，圆圌易转，去口不达，至诚欲之不能得也。况天去人高远，其气莽苍无端末乎，盛夏之时，当风而立，隆冬之月，向日而坐。其夏欲得寒，而冬欲得温也。至诚及矣，欲之甚者，至或当风鼓箑，向日燃炉，而天终不为冬夏易气，寒暑有节，不为人变改也。夫政欲得之，而犹不能致。况自刑赏意思，不欲求寒温乎。万人俱叹，未能动天。一衍之口，安能降霜？邹衍之状，孰与屈原见拘之冤？孰与沉江？离骚楚辞凄怆，孰与一叹。屈原死时，楚国无霜，此怀襄之世也。厉武之时，卞和献玉，刖其两足。奉玉泣，出涕尽，续之以血，夫邹衍之诚，孰与卞和见拘之冤，孰与刖足？仰天而叹，孰与泣血，夫叹固不如泣，拘固不如刖，料计冤情。衍不如和，当时楚地不见霜，李斯赵高谗杀太子扶苏，并及蒙恬，蒙骜其时皆吐痛苦之，言与叹声同。又祸至死，非徒苟徙，而其所之地寒气不生，秦坑赵卒于长平之下，四十万泉同时俱陷。当时啼号，非徒叹也。诚虽不及邹衍，四十万之冤，度当一贤臣之痛。入坑搯之啼，度过拘囚之呼，当时长平之下不见陨霜。甫刑曰，庶僇旁告无辜于天帝。此言蚩尤之民，被冤，旁告无罪，于上天也。以众民之叫，不能致霜。邹衍之言，殆虚妄也。南方至热，煎沙烂石，父子同水而浴。北方至寒，凝冰坼土，父子同穴而处。燕在北边，邹衍时，周之五月正岁三月也，中州内正月二月雪，霜时降。北边至寒三月下霜，未为变也。此殆北边三月尚寒，霜适自降，而衍适呼与霜逢会。传曰，燕有寒谷，不生五谷。邹衍吹律，寒谷复温。则能使气温，亦能使气复寒。何知衍不令时人知已之冤？以天气表己之诚，窃吹律于燕谷狱。令气寒而因呼天乎？即不然者，霜何故降？范睢为须贾所谗，魏齐僇之，折干摺胁。张仪游于楚，楚相掠之，被捶流血。二子冤屈，太史公列记其状，邹衍见拘，睢仪之比也。且子长何讳不言，案衍列传，不言见拘，而使霜降。伪书游言，犹太子丹使日再中天雨粟也。由此言之，衍呼而降霜虚矣。则杞梁之妻哭而崩城妄也。顿牟叛，赵襄子帅师攻之，军到城下，顿牟之城崩者十余丈，襄子击金而退之。夫以杞梁妻哭，而城崩，襄子之军有哭者乎？秦之将灭。都门内崩，霍光家且败。第墙自坏，谁哭于秦宫泣于霍光家者？然而门崩墙坏，秦霍败亡之征也。或时杞国且圮而杞梁之妻适哭城下，犹燕国适寒，而邹衍偶呼也。事以类而时相因，闻见之者或而然之，又城老墙朽，犹有崩坏。一妇之哭，崩五丈之城，是城则一指，摧三仞之楹也。春秋之时山多变，山城一类也。哭能崩城，复能坏山乎？女然素缟，而哭河，河流通信哭城崩，固其宜也。案杞梁从军死，不归。其妇迎之，鲁君吊于途，妻不受吊，棺归于家。鲁君就吊，不言哭于城下，本从军死，从军死不在城中，妻向城哭非其处也，然则杞梁之妻哭而崩城，复虚言也。因类以及荆轲，秦王白虹贯日，卫先生为秦画长平之计。太白食昴，复妄言也，夫豫子谋杀襄子。伏于桥下，襄子至桥心，动贯高欲杀高祖。藏人于壁中，高祖至柏人，亦动心。二子欲刺两主，两主心动，实论之尚，谓非二子精神所能感也。而况荆轲欲刺秦王，秦王之心不动而白虹贯日乎？然则白虹贯日，天变自成，非轲之精为虹而贯日也。紞星在房心间，地且动之，占也。地且动，紞星应房心。夫太白食昴，犹紞星在房心也。谓卫先生长平之议，令太白食昴，疑矣。岁星害鸟尾，周楚恶之。綝然之气见宋卫陈郑灾，案时周楚未有非而宋卫陈郑未有恶也。然而岁星先守尾，灾气署垂于天，其后周楚有祸，宋卫陈郑同时皆然。岁星之害，周楚天气灾四国也。何知白虹贯日不致刺秦王，太白食昴使长平计起也。

# 卷之一万三千一百三十五　一送

## 梦

### 梦唐尧

黄光大《积善录》

蓬人野人，一夕梦衣缝掖冠，章甫而至一古宫室，茅茨土阶，米椽不断。仰而瞻之，见服衮冕者垂拱于上。仆乃稽首拜，手拱而立。左右曰："此尧帝故宫也。子来何故？"仆曰："小人生千载之下，思见盛德之圣人，梦想而至此耳。"帝乃命曰："汝生有道之世，学圣人之道，日对圣贤何必见朕？"仆曰："臣自览载籍以来，尝怪三代而下时君世主治道无及于陛下者，不识陛下何修何饰，而圣德治功掩冠千古，而后王不可及也。臣愿有请。"帝曰"朕在位七十载，为治之道不过稽古任贤耳。二典具载汝其不观乎？"仆曰"臣固知陛下由是而致，巍巍之治为有道之主。奈何后世庸主不能，祖述圣德而作聪明乱旧章，区区从事于繁文末节，不知为君之大道，故其治道无足观焉。此后世言治者所必称尧舜也。"帝曰："汝之主，何如主？"仆曰："臣之主，有道之主。聪明、仁孝、勤俭、刚断，善于稽古，乐于任贤。汉唐以来，未之有。臣之所以愿入告者，亦必以是道。"帝曰："俞往钦哉！尔其能以尧事君者也。"

### 梦大舜

罗泌《路史余论》

《按纂异记》有张生至蒲关，梦舜召之问："以何习？"对曰："孔孟。"问："孟何人？"及诵其书，至往于田，号天怨慕之语。帝曰："孟有不知而作之者，朕舍天下二千八百年矣。秦汉典籍泯其帝图，号天怨慕，非朕之所行者，莫之为而为者，天也；莫之致而至者，命也。朕之泣。怨已之不合于父母，何轲之不知？"答："传圣人之意。"顾如是乎？吁而不已。拊琴而歌之。歌曰："南风薰薰兮，草芊芊。妙有之音兮，归清弦。荡荡之化兮，繇自然。熙熙兮，吾道全。薰薰兮，思可传。"歌讫鼓琴为南风咏。发声称妙。故南风之德大矣。

# 梦傅说

## 《书·商·书说命篇》

王庸作书以告曰："以台正于四方，台恐德弗类，兹故弗言，恭默思道。梦帝赍予良弼。其代予言，乃审厥象俾以形。旁求于天下。说筑傅岩之野，惟肖爰立作相王置诸其左右。"注：高宗恭默思道之心，纯一不二。与天无间，故梦寐之间，帝赍良弼。其念虑所孚，精神所格，非偶然而得者也。

## 《史记·殷本纪》

帝武丁即位，思复兴殷，而未得其佐。三年不言，政事决定于家宰，以观国风。武丁夜梦得圣人。名曰说，以梦所见，视群臣百史皆非也。于是乃使百工营求之野得说于傅险中，是时说。为胥靡筑于传险，见于武丁。武丁曰："是也。"得而与之语。果圣人。举以为相。殷国大治。

## 张横渠《经学理窟·高宗梦传说》

先见容貌，此事最神。夫梦不必须圣人然后梦有理，但天神不间人，入得处便入也。万顷之陂与污沱之水，皆足受天之光。但放来平易，心便神也。若圣人起一欲得灵梦之心，则心固已不神矣。神又焉有心，圣人心不艰难，所以神也。高宗只是正心思得圣贤，是以有感。横渠曰："悟所以知新于耳，因梦所以缘旧于习心。毉言专语气于五脏之变有取焉耳。"屏山曰："此言常梦其德为多，如非常之梦。传说之梦武丁，竖牛之梦穆叔。横渠之言败矣。当以东莱之言为解。语在《左氏博议》。

## 《路史发挥·太公舟人篇》

胥靡之贤，武丁岂不之知，而必曰梦帝赍予者，武丁虽已知之，而天下未之知。天下未之知，故不得不托之梦。然则文王之不得不托之于卜也，审矣。知武丁之梦为非梦，则知文王之卜为非卜矣。武丁之梦，文王之卜，是或一道也。"

## 黄光大《积善录》

予尝读书，夜分而假寐，梦至一石室。榜曰"傅岩"予俯而视之，有黀叟援琴而笑曰："子之来何异也？"予曰："先生无乃相高宗者乎？"叟曰："然"。予稽首再拜请曰："仆幸得见圣贤于千载之下，夕死无憾。然愿闻夫子所以致高宗之道也。"叟曰："吾何术？惟勉君师古从谏耳。师古从谏，二帝以是而为圣帝，三王以是而为圣王。高宗所以能为商之贤王者，从吾斯言也。使不能从斯言，吾焉能致之于有道耶。子能以吾言告子之君，而子之君又能听子之言，则君亦高宗。而子亦傅岩叟耳，宁有异乎？子归而勉之，予实有望于子也。"

# 梦周公

《论语》

子曰:“甚矣吾衰也。久矣,吾不复梦见周公。”

黄光大《积善录》

予尝请谒归而昼寝,忽午梦谒周公,见其候门者,或朱紫,或青纶,或韦布。有顷,周公吐哺而出,获请者数人而仆在其列,仆因造前而请曰:“太师,圣人也。不骄于富贵,不间于势位,待士不倦。凡造门者皆与进,则太师不其劳乎?”公笑曰:“见其可见者而已,其不可见者,何来之有?”仆又请曰:“何谓见其可见者?”公曰:“有道义之可重,有才德之可观者必见之。为其有善之可闻也,匪是则见予何以?予亦何暇见也。”仆又请曰:“太师以圣人之德而辅成王,制礼作乐,庶事大备,刑措四十余年。后之人臣不可及,奈何?后世人臣欲致君泽民者,果无术乎?”公曰:“负材器学术而不欺其君者,皆可以致君泽民。患乎无材器学术耳。苟无才器学术,而尸大臣之位者,虽尽忠,亦无补于事。矧欺君者也。后世人臣所以不及三代之臣者,其以此也。”仆既闻斯二者之命,殆将拜而退。公复命曰:“子其有志者也,凡有欲闻古人之所为者,子必以是告矣。庶几士知王公大人不可以无闻而往,见人臣,而负材器学术者,不可有欺君之失言竟。”恍然而觉,茫然而书,自是而后不复梦周公矣。

《资治通鉴》

唐高祖武德元年,李密破宇文化。及还,其劲卒良马夕死,士卒疲病。王世充欲乘其弊击之,恐人心不一。乃诈称左军卫士张永通三梦周公。令宣意于世充,当勒兵相助击贼,乃为周公立庙,每出兵必先祈祷。世充令巫宣言,周公欲令仆射急讨李密。不即兵皆疫死。世充兵多,楚人信妖言,皆请战。遂击密,大败之。

《儒学警悟》

商宗文武皆言梦,孔子亦言梦。然孔子特以时无圣人,伤已道之不行也。曰:“周公之不可见,虽梦寐间尚不见之。盖叹之云尔,而或者便谓孔子实欲梦见周公,此是痴人前不得说梦尔。”伊川谓孔子梦周公之事,与常人之梦自别,则又梦中说梦也。予读《东轩笔录》。周师厚者为荆湖北路提举常平。人呼为梦见公,以其姓周也。蒲宗孟为湖北察访,因奏师厚昏不晓事,致吏民呼为梦见公。师厚竟以此罢去。此乃是梦中又占其梦耶?可以一笑。

# 梦孔子

## 《东汉书·郑玄传》

五年春，梦孔子告之曰："起起！今年岁在辰，来年岁在巳。"既悟。以谶合之，知命当终。有顷寝疾。注云北齐刘昼撰《高才不遇传》，论玄曰："辰为龙，巳为蛇，岁至龙蛇贤人嗟。玄以谶合之，盖谓此也。故宋子京撰文节哀词云：霜露卜婴疾，龙蛇乙衮贤。东坡撰孔原父挽词云：岂意日斜庚子后，忽惊岁在巳辰年。此则泛用也。余有二友人。皆易箦子乙巳之岁余为哀词哭之。一云典午昔年忧值酉康成今岁怯龙蛇一云月酉届时司马卒龙蛇行岁郑公萎。"此用故事。叙实事也。

## 《五代史补》

周高祖登极，改乾祐为广顺。是年兖州慕容彦超反。高祖亲征，城将破，忽夜梦一人，状貌甚伟异，被王者之服。谓高祖曰："陛下明日当得城。"及觉，天犹未晓。高祖私谓征兆如此，可不预备乎！于是躬督将士，戮力急攻。至午而城陷，车驾将入。有司请由，王方哨鞘而进，遂取别巷。转数曲，见一处门墙甚高大，问之云："夫子庙。"高祖意豁然。谓近臣曰："寡人所梦，得非夫子乎？不然，何取路于此也。"因下马观之，才升堂，睹其圣像，一如梦中所见者，于是大喜，叩首再拜。近臣或谏以为天子不合拜异世陪臣。高祖曰："夫子，圣人也。百王取则，而又梦告寡人。得非夫子幽赞所及耶。安得不拜？"仍以庙侧数十家为洒扫户，命孔氏袭文宣王者，长为本县令。

## 《郴学大成文集》

宋王沂公父，虽不学问，而酷好儒士。每遇故纸，必掇拾涤以香水，尝发愿曰："愿我子孙以文学显。"一夕梦宣圣抚其背曰："汝敬吾教，何其勤欤。恨汝已老，无可成就。当遣曾参来生汝家。"晚年果得一子，乃沂公也。因以曾字名之，竟以状元及第。官至中书侍郎，门下平章事。封沂公。

## 《瑞阳志》

《李间言》瑞州蒙山银场界，袁临瑞三郡之间，俗习竞利好争，环十数里无儒家。北人侯提举欲化其俗，使知理法。谋于士人邹民，则兄弟辟水口山，创书院，构大成殿，扁正德立门庑，备塑像，申台省，设学官，仍买田养士。公余率僚属子弟听讲。规模甫就。同寅忌之以擅兴土木为言。侯去有白莲道人请于齐提举，乞改为"白莲堂"。齐妻喜佛从之。将卜日，齐夫妻与子同日重病。妻沈困中，神情恍惚，如有人驱至殿庭间，见一王者垂旒中坐，环侍之人皆冠簪。呵曰："汝夫妻欲坏吾庙当死，且绝祀，械送曹王。"于是哀泣乞怜。有绯衣者劝解而悟。觉而历历言之。齐曰："吾欲改文庙，此其谴乎？"急以香币谢之。又数日妻病小愈，从夫诣文庙祈福，及见神像庙宇，骇然曰："此正吾梦中所见，乃知曹王者，蒙山土神也。绯衣者，书院后土神也。"愈惧许修葺。齐病愈，完修斋舍，仍为置坏。春秋二丁，自出已俸率吏民致祭。申宪司给榜勉励，今为有额书院矣。岂非夫子之灵邪？君子曰："子不语怪神，然昔者夫子亦尝微梦矣。贤哉侯君，此念既发，天地鬼神临

之，佛尚不争，以一乡之内，莲堂不知其几。今仅一书院，佛有灵，岂肯与吾夫子争一片之土哉？齐君欲改作，其如山灵川后之不欲何，然能改过，了侯君未了之事，亦可谓明也已。"

《太平广记》

黔南军校姓謇者，不记其初名。性梗直，贫而乐，所居邻宣父庙。家每食新，必先荐之，如是累年。咸通二年，蛮寇侵境，廉使阅兵择将未获。謇忽梦一人冠服若王者，谓曰："吾则仲尼也。愧君每倾心于吾，吾当助若。仍更名宗儒，自此富贵矣。"既觉，喜而请行，兼请易名。是时人尽难之，忽闻宗儒请行，遂遣之。一战而大破蛮寇，余孽皆遁。黔帅表上其功，授朗州刺史，秩满诣京师，累迁。司农乡赐赍复多。数年卒官。

黄光大《积善录》

予每读圣人之书，而不明乎道，其去童蒙也。几希而尝患之，于是斋戒而祷于圣人。忽一夕梦游于鲁国，见其国人冠儒冠，服儒服，皆儒者也。与之言，通古今，辨邪正，皆明道也。于时过阙里，游杏坛，乃见互乡童子往见孔子。仆因是而得见孔子。孔子曰："尔来何为也？"仆具告以尝患学不明道。故祷而愿见圣人，靳明乎道矣。孔子曰："噫！"乃命颜子教以德行，命子路教以政事，命子贡教以言语，命子夏教以文学。予谢不敏，不足以承教。因复请益于子夏曰："读书自何而可以明道？"子夏曰："读书欲明道，自思无邪始。思无邪则心正，心正则道明。夫学者苟知读书而不知思无邪，则未有不畔圣人之道者。桀纣非不学，学而不知思无邪，故不明为君之道；管蔡非不学，学而不知思无邪，故不明为臣之道，管仲非不学，学而不知思无邪，故有三归反坫之失；子产非不学，学而不知思无邪，故有铸刑书之失。春秋列国之贤君、贤大夫，好学者多矣。然而罕有无过行者，盖知为学而不知其思无邪。故也。"予闻斯语矣，然后知古人学而明道者，皆本于思无邪，后之人学而不明道者，诚不得夫思无邪之说之为明道之本也。且夫杨朱、墨翟、商鞅、韩非之徒，谓之不学不可。然皆至于畔圣人之道者，亦由学而不知思无邪者，予既得是语而知，所以明圣人之道且有以救终身之失。其亦庶几无愧于读圣人之书也。

《扪虱新语》

予尝梦至一处，殿宇甚严，有五人坐其中，皆具王者衣冠。予瞻仰甚久，因问彼中之人，此皆何人？答云中坐者孔子，左尧舜，右汤武也。坐皆并肩，而孔子差高。予因三叹：古之圣人皆如此堂堂耶。时绍兴十四年甲子六月二十四日夜也。梦中颇讶孔子坐中间，既悟而思之，遂得其说。予尝作孔子论二篇。一篇为此设也。

# 梦孟子

黄光大《积善录》

予尝观孟子之教诸侯以王道。而先使民鸡豚狗彘之畜，百亩之田，无失其时。五亩之宅，树之以桑，不饥不寒。然后申痒序之教，修孝悌之义，以为王道之本。乃知孟子之书,以之修身齐家治国平天下,无不得其切要也。宜乎赵岐称七篇之义,包罗天地,揆叙万事,且以亚圣人才许之,诚哉言也。予因是而怪今之士,读孔孟之书而仕者,尝不知为政之道,而败事殃民。慨然而叹,曲肱而枕之,恍然而梦,见孟子从者数百人,后车数十乘,自齐而之梁。予乃拜于车下,而请曰:"仆尝怪士知为学而不能为政者,其故何也?"孟子曰:"夫知为学而不能为政者,识字农夫耳。何为学之有,知为政而不知忧国爱民者,夷狄禽兽耳。何为政之有若人者?名教之罪人也。亦仕路之杨墨也。子奚不辟之乎?"予曰:"仆之学不如夫子,仆之德不如夫了,仆之才不如夫子,虽辞而辟之,然安能如夫子之辟杨墨。而使必不害教者哉。"孟子曰:"善哉,子之言。吾将有以教子矣。子将见斯人而语之曰:'孔门诸高弟,若由之果,赐之达,求之艺,圣人皆许以从政'。子游之为武城宰,仲弓之可使南面,圣人亦许之。然则古之人未有学而不能仕者,何谓今之学而仕者,不知为政之道也。噫!今之士学而不能为政者,得非用心专于为学,而忽于为政耶。亦岂学而无所得耶。不然,则徒知泥纸上语,而不知所谓壮而欲行之之理也。故政事常疏,而为过也小。苟知为政而不知体国爱民者,得非为己重而爱物轻耶。亦岂所谓知善政民畏之,善教民爱之耶?不然,则小人之学也。故尝为利而不以仁义事其君,而为过也大。夫是二者,古今之通患。然古人有是过者常少,而后之人常多,后之人所以多是过者,亦犹上下相师成风,而不相规以正。故渐为小人之俗,而不耻不革,是以皆得罪于名教,而甘心为夷狄禽兽者也。然则诚有志于学古入官者,岂其然哉。子无患矣。"

## 梦伯有

《左传》

昭七年,郑人相惊以伯有曰:"伯有至矣。则皆走,不知所往。铸刑书之岁二月,或梦伯有介而行。曰:'壬子余将杀带也,明年壬演,余又将杀段也。'"及壬子驷带卒,国人盖惧,齐燕平之月壬寅,公孙段卒,国人愈惧。其明日子产立公孙泄及良止以抚之,乃止。详鬼字

## 梦韩非

《补侍儿小名录·孙绰韩非灵语责李中书》

曰:"建元年六月,余家婢辟邪,夜眠如梦,呓语半昔云,忽有一老翁著黄练巾,身短衣长,甚自矜厉,瞋目切齿曰:'吾是刑名先生韩非,弟子李充,日习吾业,综习吾书'。"

## 梦廉颇

曾慥《类说》

寿春屠者,梦人自称廉颇。曰:“可于屋东掘地取吾宝剑,当令汝富。”如其言,果得之。余年遂富。后泄其事,于是失剑。

## 梦画秦皇

《南史·侯景传》

简文募人出烧东宫台殿遂尽,所聚图籍数百厨一皆煨烬。先是简文梦有人画作秦始皇云:“此人复焚书”,至是而验。

## 梦高祖

《汉武故事》

上自封禅后,梦高祖坐明堂。群臣亦梦,于是祀高祖于明堂。

## 梦邓禹

《梁溪漫志》

范敦夫内翰之毋,梦邓禹来而生敦夫,故名祖禹。

## 梦贾逵王陵

《续后汉书·司马懿大尉传》

王陵见懿威诈日盛,谋废曹芳,立楚王彪,因黜懿。会懿知其谋,夏四月,自帅中军泛舟而沿流,九日到甘城。陵计无所出,乃迎于武丘,面缚水次,以陵归雒阳。至项,陵仰鸩死。收其余党,皆夷三族,并杀彪。悉录魏诸王公置于邺,命有司监察,不得交关。六月,懿寝疾,梦贾逵、王陵为祟,甚恶之。秋八月戊寅卒于洛阳。

# 梦班固

《夷坚志》

乾道六冬冬，吕德卿偕其友王季夷嵎、魏子正羔如上官公禄仁往临安观南郊，舍于黄氏客邸。王魏俱梦一人著汉衣冠，通名曰："班固。"既相见，质问两汉史疑难。临去云"明日暂过家间少款可乎？"觉而莫能晓，各道梦中事，大抵略同。适是日案阅五辂，四人同出嘉会门外，茶肆中坐，见幅纸用绯贴尾云："今晚讲说汉书。"相与笑曰："班孟坚岂非在此耶。"旋还到省门，皆觉微馁，就入一食店，视其牌则班家四色包子也。且笑且叹，因信一憩息。一饮馔之微，亦显于梦寐。万事岂不前定乎？

# 梦曹子建

《有官龟鉴》

韩仲卿，一日梦一乌帻少年，风姿磊落，神仟人也。拜求仲卿，言："某有文集在建邺李氏家。公当名出一时，肯为我讨是文而序之乎？俾我亦阴报尔。"仲卿诺之，去复回曰："我曹植子建也。"仲卿既悟，捡邺中书得子建集。分为十卷，异而序之。

# 梦诸葛恪

《续后汉书·孙峻传》

峻既诛诸葛恪，后因入朱据营据御军整齐，峻恶之。称心痛去，后梦为诸葛恪所击。恐惧发病死。

# 梦冯侍中

《渑水燕谭录》

冯当世少孤，寓武昌，纵饮不羁，一日，外醉卧郊外。溪边有渔者，罢渔舣舟困眠，梦有人叱之曰"冯侍中在此，安得不避？"渔者惊起步月，一人衣冠熟寝草间，询之知为冯也。即拜曰"秀才他日贵显。幸勿忘。"具以梦告。因请卧舟中，以避风露。冯睡至晚，与共载入郡。其后冯贵，使访渔舟不复见。

## 梦苻坚

《晋书载记》

姚苌如长安,至于新支堡,疾笃。舆疾而进,梦苻坚将天官使者鬼兵数百,突入营中。苌惧,走入宫,宫人迎苌刺鬼,误中苌阴。鬼相谓曰"正中死处。"拔矛出血石余。寤而惊悸,遂患阴肿。医刺之,出血如梦。

## 梦沈傅师

《唐绘》

贾餗字子美,少与沈傅师善傅师前死。尝梦云:"君何不休矣。"餗悟,而祭诸寝。复梦曰:"事已尔正奈何。"

## 梦鲁徽

《晋书·刘总记》

赵染杀鲁徽,后寇北地。梦徽大怒,引弓射之。染惊悸悟。旦将攻城,中弩而死。

## 梦梅玄龙

《续搜神记》

桓誓,字明期。居豫章时,梅玄龙为太守。先以病矣。誓往看之,语玄龙云:"吾昨夜忽梦见君著卒衣来迎我。"经数日复梦如先,云二十八日当拜。二十七日桓忽中恶,就玄龙索麝香,玄龙闻令作凶具。二十七日桓亡,二十八日玄龙卒。

# 梦宣咸

《赵书》

后赵宣城卒五年，石虎梦见咸涕泗属其子奋，曰："非心虑所远也。通梦之言，信而有征，奋今何在？"左右对曰："为赵郡守。"于是即擢拜廷尉，为太常，才力不及父。因咸梦而登列卿也。

# 梦侯子瑜

《敦煌录》

凉文王张骏，梦一人须眉皓白，自称子瑜。曰"地上之事付汝，地下之事付我。"王悟，闻之有侯子瑜先死，得其曾孙亮以为祁连令。

# 梦谢灵运

宋江少《虞类苑》

江南边镐初生，其父忽梦谢灵运，持刺来谒。自称前永嘉守。修髯秀彩，骨清神竦，所披衣巾，轻若烟雾。曰："欲托君为父子。顷寄浙西飞来峰翻译《金刚经》。然具经流分中有未合佛旨处，愿寄君家刊正。无他祝。慎勿以以荤羶啖我。及七岁放我出家为真僧，以毕前经。"梦讫。镐生。眉貌高古，类梦中者，父爱之。小字康乐，成童聪敏，好文字，尽若夙诵，坚求出家，其亲不肯。以荤迫之。初不能食，后亦稍稍。及冠翘秀，娈姻者众，双亲强而娶焉。后嗣主璟，爱其博雅，累用之。然而柔懦寡断，唯好释氏。初从军平建州，凡所克捷，帷务全活，建人德之，号为"边罗汉。"及克湘潭，镐为统军，诸将欲纵掠，独镐不允，军入其城，巷不改市。潭人益嘉之，谓之"边菩萨。"及帅于潭，政出多门，绝无威断，惟事僧佛。楚人失望，谓之"边和尚。"

谢灵运

## 梦刘仁赡

《南唐书·义死传》

刘仁赡出镇寿州。周师围之,坚守不可下。及卒,世宗制曰:“刘仁赡尽忠所事,抗节无亏。前代名臣,几人可比。予之南伐,得尔为多。”乃拜仁赡检校太尉。羌中书令,天平军节度使。仁赡不能受而卒。遣使吊祭,丧事官给。追封彭城郡王。元宗闻仁赡卒,哭之恸,及赠大师,焚其诰曰:“魂兮有知,鉴周惠助,歆吾命邪。”夜梦仁赡拜墀下。若受命然。

## 梦曹武

《南史》

曹武虽武士,颇有知人鉴。梁武及崔慧景之在襄阳,于时崔方贵盛,武性俭啬,无所饷遗,独馈梁武。谓曰:“卿必大贵。我当不及见。今以弱子相托,每密送钱物并好马。”时帝在戎多乏,就武换借,禾尝不得。遂至十七万。及帝即位,忘其惠。天监二年,帝忽梦如田塍下行,两边水深无底。梦中甚惧,忽见武来负武帝得过,曰:“卿今为天下主,乃尔忘我顾托之言耶。我儿饥寒无衣,昔所换十七万,可还其市宅。”帝觉,即使主书送钱还之。使用市宅。

## 梦贺岳

《北史·贺岳传》

陈悦自杀岳后,精神恍惚,不复如常。恒言我睡,即梦岳语我“兄欲何处去?随逐我不相置。”因此弥不自安,而致败灭。

## 梦嵇侍中

《元史》

赵松雪延祐元年,十一月十九日。彰德朱长孺道邦人之意,求书晋嵇侍中之庙六字。余每叹其忠节,不辞而书之。运笔如飞,若有神助。是夜京口石民赡,馆于书室中,梦一大夫晋衣冠，蓬首玄衣，流血被面，谓民瞻曰："我嵇侍中也。今日赵子昂为余书庙额，故来谢之。"民瞻既觉，犹汗血，亦异事也。

## 梦王子树

《北史》

魏咸阳王子树死。舍人李昭奉使秦州，至潼关驿，夜梦树云："我已诉天帝。侍卿至陇，终不相放。"昭觉恶之，及至陇口，为贺拔岳所杀。

## 梦石虎

《密斋笔记》

慕容儁梦石虎啮其臂。命发其墓，剖棺出尸，蹑而骂之，使阳约数其淫酷之罪，鞭之，弃于漳水。

## 梦章昭达

《南史·章昭达传》

初文帝尝梦昭达升台铉，及旦以梦告之。天嘉四年，授开府仪同三司，至是侍宴酒酣，顾昭达曰："卿忆梦不何以偿梦？"昭达对曰："当效犬马之用，以尽臣节。自余无以奉偿。"

## 梦炀帝

《大业拾遗》

武德四年，东都平后观文殿宝厨新书凡八千许卷，将载还京师。上官魏梦见炀帝大嗔云："何因辍将我书向京师？"于时太府卿宋遵贵监运东都调度，乃于陕州下书著大船中，欲载往京师，于河值风，覆没一卷无遗。魏上官又复梦见帝甚喜悦云："我已得书竟帝平昔之日，爱惜书史，虽积如山丘，然一字不许外出。及崩亡之后，神道尤怀爱吝，按宝厨新书并大业所秘之书也。

## 梦魏征

《南郡新书》

魏征疾亟，文皇梦与征别，既寤流涕。是夕征卒，故御制碑文云："昔殷宗得良弼于梦中，朕今失贤臣于觉后。"

## 梦李白

《宋史·郭祥正传》

祥正，太平当涂人，母梦李白而生，少有诗声。梅尧臣见而叹曰："天才如此，真太白后身也。"

## 梦牛僧孺

《宋史·刘沆传》

沆，所居北山曰后隆山。山有牛僧孺读书堂，即故基筑台曰："聪明台。"沆母夜梦衣冠丈夫曰："牛相公来。"已而有娠，乃生沆。及长，倜傥任气，举进士不中，自称退士不复出。父力勉之。

## 梦颜杲卿

《密斋笔记》

颜杲卿陷贼初破，悬首于右金吾街树有张凑者裒其发收谒。明皇俄见梦云："洁捍处兵多马少。"明皇哭而设祭马。

## 梦虞世南

《旧唐书·虞世南传》

世南卒后数岁。太宗夜梦见之，有若平生。翌日下制曰："礼部尚书永兴文懿公虞世南，德行淳备，文为辞宗，夙夜尽心，志在忠益，奄从物化，倏移岁序。昨因夜梦或睹其人，兼进谠言，有如平生之日。追怀遗美，良增悲叹。宜资冥助，申朕思旧之情，可于其家为设五百僧斋，并为造天尊像一区，又，又敕图其形于凌烟阁。”

## 梦见戴胄

《太平广记》

戴胄素与舒州别驾沈裕善胄，以唐贞观七年死，至八年八月裕在州梦其身行于京师义宁坊西南街，每见胄著故弊衣，颜容甚顇。见裕悲喜，问公生平修福，今者何焉？答曰：“吾昔误奏杀人。吾死后，他人杀羊祭我。由此二事，辨答辛苦，不可具言，今亦势了矣。”因谓裕曰：“吾平生与君善友，竟不能进君官位。深恨于怀，君今自得五品，文书已过天曹，相助欣庆，故以相报。”言毕而寤，向人说之，冀梦有征。其年冬，裕入京参选，有铜罚不得官。又向人说，所梦无验。九年春，裕将归江南，行至徐州，奉诏书授裕五品，为婺州治中。

## 梦薛收

《旧唐书·薛收传》

收卒后，太宗尝梦收如平生。因敕有司，特赐其家粟帛。

## 梦谒刘允

《潮州府志》

宋刘允，同乡人。李正甫梦谒允，见吏卒迎门云：“来迎新君。”其邻妇亦居巷陌间，幡幢宝盖，飞扬杂沓，顷之允冉冉从导者而去。觉起，闻允讣。

## 梦杜牧之

《夷坚志》

黄州赤壁、竹楼、雪堂、诸胜境，以周公瑾、王元之、苏公遗迹之故，名闻四海。绍兴戊午，郡守韩之美，通判时衍之。各赋齐安百咏欲刊之郡斋。韩梦两君子，自言为杜牧之及元之云。二君所赋，多是苏子瞻故实，如吾昔临郡时可纪固不少，何为不得预。幸取吾二

集观之，采集中所传，广为篇咏，则尽善矣。韩梦觉，且愧且恐。方欲取樊川小畜二集，益为二百咏。会将受代不暇作，遂并前百咏，皆不敢刊。

## 梦杜甫

《宋史·秋桀传》

桀子遵度，笃志于学。每读书意有所得，即仰屋瞪视，尤嗜杜甫诗，尝赞其集。一夕梦见甫。为诵世所未见诗。及觉，才记十余字。遵度足成之，为佳城篇，后数月卒。

## 梦张一翁

《夷坚志》

浮梁西乡新安寺僧。允机，姓尤氏，其名已见支丁中，生于宣和已亥年。十八九即为僧，天资警慧，又绝荤酒。其师工医，一意从事于此，伏声喧县邑。友同里张一大夫，及其子复，州使君寿朋善。大夫亡后，凭梦告之曰："师既出家，又能斋素，愿常坚此志，俟甲子一周，则我复来。"自是诚心愈确，凡所得赂谢□施，悉以供修缮公费。殿宇藏院，为之一新。淳熙戊戌，年六十矣。正旦日，乡人更相庆贺，土俗例具酒肴延客。机亦办置于方丈中。客至即留，遂饮酒食肉，弟子海瀛在傍。惊白曰："和尚持戒四十年，何故一旦破禁？"笑曰："汝不记我顷时所梦张一翁之语乎？今甲子周矣。"瀛不敢言。山下民凌生，妄与寺争讼隙地不得直，愧且愤，怀斧于要欲戕机。机方焚香伽蓝堂，逢其人，叫呼求救。凌苍黄之际，拔斧不出，至挟机归，遂悒悒如病，聪明日衰，辛丑岁寿朋下世。机梦之曰："从此去四年与我相会于某处。"至乙已之春，寿朋之子子理入临安，梦其来曰："知府唤我，子理犹诃之？"曰："颠颠痴痴莫要浪说。"旬日后接家信云，机死矣。距前梦四年。

## 梦苏翰林

《春渚纪闻》

霅川莫蒙养正，崇宁间过余，言夜梦行西湖上，见一人野服髽髻掀然而长，参从数人。轩轩然常在人前，路人或指之而言曰："此苏翰林也。"养正少识之。亟移前拜，且致恭曰："蒙自为儿时诵先生之文，愿执巾侍不可得也。不知先生厌世仟去，今何所领，而参从如是也。"先生顾视久之，曰："是太学生莫蒙否？"养正对之曰："然。"先生颔之曰："某今为紫府押衙。"语讫而觉，后偶得先生岭外手书一纸云，夜登合江搂，梦韩魏公骑鹤相过云。受命与公同北归，中原当不久也。已而果然。小说载魏公为紫府真人。则养正之梦不

诬矣。

## 梦韩魏公

曾慥《类说》

夜梦登合江楼，月色如水。韩魏公跨鹤来曰："被命同领剧曹，故来相报。他日北归中原当不久也。"

## 梦王平甫

高似孙《纬略》

曾巩梦与王平甫会，因吊之。平甫笑不止。傍一人曰："平甫已列仟官矣，非尘世比也。"如马周为素雪宫仟官。李贺作《白瑶宫记》，陶弘景为蓬莱都水监，固有此事也。平甫女名茂者。有石刻曰："曾子固尝作梦，记以述其事。"子固之文，不复见也。

## 梦朱晦翁

《萤雪丛说》

余文起主泮湘潭，尝宿岳麓书院，梦见朱晦翁与张南轩同在郡痒，作意主盟道学。忽伊川横渠先生从外来云："政不须如此，这道理常使得，何恤乎人言。"须臾闻东廓有人诵《中庸》《大学》二篇。觉来鸡唱，遥想二公，卫道如此之切。

## 梦洪粹中

《夷坚志》

乐平士人洪斿字粹中，为人俊爽秀发，然好以语言立讥议。尝作山居赋，纯用俗语缀缉，凡里巷短长，无不备纪，曲尽一乡之事，独与族兄朴友善。政和八年登第，未得禄而卒，无子。凡丧葬之费，皆出于朴。后数年，朴与医者叶君礼夜坐，叶先寝。朴忽起与人相揖，便延坐交语。家人窃听之，粹中声也，愀然曰"思君如昨，愿一见道旧谢送死之恩。而屡至门，皆为阍者所阻。今随令兄七承事身周原来七承事葬处也，故得入。念临终时，非吾兄高义，朽骨委沟壑矣。始死了不自觉，但见吏卒来云，迎赴官，即随以往。今在冥

中判一局，绝优游无事，特苦境界黑暗，冥漠愁人。虽为官百年，不若居人间一日也。冥吏与我言，生尝为大官，正坐口业，妄说人过，故一切折除。今悔之无及矣。生时所为文一编，在十二郎处。烦兄明旦乘其未起往取之。秪在渠箱中替子上。"朴恍惚间不忆其已死，唤人点茶，遂不见。时灯火虽设，无复光焰。叶医警问之，始悟，明日往十二郎家得其书。粹中夙与妻不睦，后再适叶氏，亦时时来附语。叶生诘之曰："平生闻洪粹中博学，若果是可诵《周礼》。"即应声高读，首尾不差一字。十二郎其姪也。

## 梦曾罤

《盱江前志·吕灌园测幽记》

南丰罤，少有俊声。天圣二年，宋郊榜及第。三任终吉州军事推官，娶金溪吴氏，有心病，母恶之。当罤过省，吴在家为母弃逐，罤还不能止也。治平初，罤弟叔卿监虔州税，忽梦罤过临，而从人虽众，皆如世所画鬼卒。叔卿拜迎而问之，罤曰："数年不得出，正为理对吴氏冤愬耳。昔吾不敢违母命，遂坐曲情，且世间欺心事，岂可为乎？"叔卿曰："今当如何。"曰："事已明，非我本心。但久以辨争辛苦耳。今受命管辖五百毒鬼。"言已，指堂下从人谓叔卿曰"汝以此辈为宜，何力以治之乎？"又探怀中得天符示之。叔卿读其文曰："曾罤当为翰林学士，寿八十一。今以曲情弃妻，例减夺可吉州推官。"恻然良久，上马去，更回顾叔卿曰："欺心事慎勿为，吾为汝特来奉戒也。"

## 梦冯京

《宋史·冯京传》

京知城都府，神宗召知枢密院，京以疾未至。帝中夕呼左右语曰："适梦冯京入朝，甚慰人意。"乃赐京诏，有渴想仪刑不忘梦寐之语。及入见首以所梦告焉。

## 梦朱夷行

《会稽志》

石道叟公辙乡里名士。有朱夷行希言殁于东都。朱之兄通直昌言，字达可，闻讣告，质产迎其丧，不足则贷袒闾里。未辨方忧不知所为，而道叟已送柩在门矣。先是道叟为太学诸生，夷行病疫，远客无亲党在都。道叟独谒医为治疗，既不起，则空其囊，为具棺敛，买舟载之归。初道叟未四十得眼疾，至是舟行遇大热，疾遂剧，几丧明。夜梦夷行如平生："目疾柰何？有尔朱先生药，其效如神。"觉而异之。明日至京口岸滨，有二人者自相语曰："尔朱何义也。"公忆昨梦，即叩之。其人曰："前小街中有卖尔朱先生眼药者，不知所谓聊复论之耳。"道叟乃相与访求之，不百步已至其处。敲门求药，出百许贴，皆细如芥子。问其值，曰："贴须三钱尔。"因尽买之，服未一顷，视人如著水舟行至东，则视赡已清明复初矣。其后年八十，手自校书灯下，作牛尾小字，如年少书生。岂冥报欤。道叟绍兴初，以特奏名第一人，赐同进士出身，仕至大宗正司主管宗室财用云。

## 梦何仆射

《太平广记》

何致雍者，贾人之子也。幼而爽后好学，尝从叔父泊舟皖口。其叔夜梦一人，若官吏乘马从数仆来往岸侧，遍阅舟船人物之数。复一人自后呼曰："何仆射在此，勿惊之。"对曰："诺。不敢惊。"既寤，遍访邻舟之人，皆无姓何者，乃移舟入深浦中。翌日大风涛，所泊之舟皆没，唯何氏存。叔父谓致雍曰："我家世贫贱，吾复老矣。何仆射必汝也。善自爱。"致雍后从知湖南为节度判官，会楚王殷自称尊号，以致雍为户部侍郎翰林学士。致雍自谓当作相，而居师长之任。后楚王希范嗣立。复去帝号，以致雍为节度，判官校仆射。竟卒于任。

## 梦天子

《金楼子杂记下》

孔静居山阴。宋武微时，以静东豪，故往候之。静时昼寝，梦人语曰："天子在门。"觉寤，即遣人出看，而帝亦适至。

《夷坚志》

清泰中，晋高祖潜龙于并部也。尝一日从容谓宾佐云："近因昼寝，忽梦若顷年在洛京时，与天子连镳于路。遇旧第，天子请某入某第，其逊请者数四。不得已即促辔而入，至厅事下马，升自阼阶，西向而坐。天子已驰车而去矣。其梦如此。"群僚莫敢有所答。是年冬，果有鼎革之事。

《钱塘遗事》

庆宗入宫，将册为皇太子。理宗忽梦有告之曰："此十年太平天子也。"



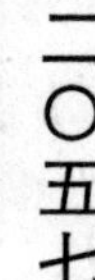

# 梦立太子

《左传》

昭公七年，卫襄公夫人姜氏无子。嬖人婤姶生梦縶。孔成子梦康叔谓已立元。余使羁之孙圉与史苟相之，史朝亦梦康叔谓已余将命而子苟与孔烝鉏之曾孙圉相元。史朝见成子，告之梦梦协。晋韩宣子为政，聘于诸侯之岁。婤姶生子名之曰元。孟縶之足不良能行，孔成子以周易筮之曰："元尚享卫国，主其社稷。遇屯，又曰：余尚立縶，尚克嘉之，遇屯之比以示史朝。"史朝曰："元亨，又何疑焉?"成子曰："非长之谓乎?"对曰："康叔名之，可谓长矣。孟非人也，将不列于宗，不可谓长。"且其繇曰："利建侯，嗣吉何建？建非嗣也。"二卦皆云："子其建之，康叔命之"。二卦告之："筮袭于梦，武王所用也。弗从何为？弱足者居侯主社稷，临祭祀，奉人民，事鬼神，从会朝，又焉得居，各以所利，不亦可乎。"故孔成子立灵公，十二月癸亥葬卫襄公。昭公二十五年，十一月，宋元公将为公故如晋。梦太子栾即位于庙，已与平公服而相之。旦召六卿，公曰："寡人不佞，不能事父兄以为二三子忧。寡人之罪也。若以群子之灵，获保首领以没，唯是楄柎所以籍干者，请无及先君。"仲几对曰："君若以社稷之故，私降昵宴，群臣弗敢知。若夫宋国之法，死生之度，先君有命矣。群臣以死守之，弗敢失坠。臣之失职，常刑不赦。臣不忍其死君命祗辱宋公。"遂行。已亥卒于曲棘。太子栾即位。

《册府元龟》

南燕慕容德，初迎其兄子超于长安，及是而至，德夜梦其父曰："汝既无子，何不早立超为太子。不尔，恶人生心。"寤而告其妻曰："先帝神明所敕，观此梦意吾将死矣。乃下书以超为皇太子，大赦境内。子为父后者人爵二级。其月死。"

《新唐书·恭懿太子佋传》

佋梦之夕，帝及后梦佋辞决流涕去，帝鲠怅赠太子。

# 梦见王者

《夷坚志》

南城士人，利慥，字处厚。绍熙癸丑岁，为南丰严氏馆客。梦入宫庭，望殿上王者赭袍玉带，容貌甚少。一金紫人导之升殿，自言姓颜。觉而喜为吉梦，试数近时朝士颜氏之达者，几圣尚书已逝，鲁子侍郎又久外且老，更无他颜可屈指。而少年之主莫敢测言，但意其兆应尚远，姑大书颜字于壁间，不以告人。至庆元丙辰，礼部奏名其程文。乃在著作郎颜棫能甫房中，是年适无廷对。而集英引见赐第，盖主上临轩也。

《宋史》

杨砺，端拱初，真宗在襄邸。砺迁库部员外郎，充记室参军。初周广顺初，世宗节制澶州。砺贽文见之，馆接数日。世宗入朝，砺处僧舍，梦古衣冠者曰"汝能从乎?"砺随往睹宫卫，若非人间，殿上王者秉珪南向，总三十余。厉升谒之最上者。前有按置簿，录人姓名。厉见己名居首，因请示休咎。王者曰："我非汝师。"指一人曰："此来和天尊，异日汝主也。"当问之，其人笑曰："此去四十年，汝功成。予名亦显矣。"砺再拜悟而志之。砺初名励，籍作砺，遂改之。至是受命谒见藩府，归谓子曰，"吾见襄王仪貌，即所梦来和天尊也。"

## 梦任城王

《太平御览·后魏书》

元熙于任城王澄薨前。梦有人告之曰："任城当死，死后二百日外，君亦不免。若其不信，试看任城家。"熙梦中顾瞻任城第舍，四面墙崩，无遗堵焉。熙恶之，觉而告所亲，及熙之死，果如所梦。

## 梦北平王

《南唐·马仁裕列传》

仁裕母方娠，梦传呼北平王来归。及生时紫气满庭。数岁学兵法，通解若素习。

## 梦列土王

《五代史补》

高季兴为梁太祖裨将，出为郢州防御使。时荆南成汭征鄂州不利而卒。太祖分季兴为荆南留后。到未几，会土豪雷彦恭作乱。季兴破之。遂以功授荆南节钺。唐庄宗定天下，季兴首入觐，因拜中书令，封南平王。初季兴尝从梁太祖出征，引军早发，至逆旅未晓。有妪秉烛迎门，其礼甚厚。季兴疑而问之，对曰："妾适梦有人叩开，呼曰：'速起速起有列土王来，及起盥漱毕，秉烛开门而君子奄至，得非所谓王者耶？所以不敢矣慢耳。'"季兴喜，及到荆南竟封王。

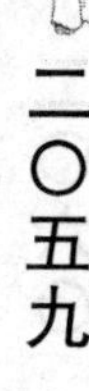

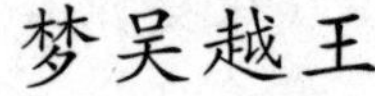

## 梦吴越王

《古今事通·洪迈论》

高宗谥号孝宗云太上。时有老中官云:“太上临生徽宗,梦具越王引衣云:‘我好来朝,便留住我。须还我山河。我教第三子来指俶也’”。迈记父皓在北买一妾,东平人,偕其母来,母曾在明节后阁,言显仁太上母也。梦金甲人自称钱武肃王,寤而生太上。钱年八十一,太上亦八十一,亦不偶然也。

## 梦光王

《太平广记》

太子宾客卢贞,有犹子曾为桑门,沙汰归俗。会昌中,荫补光王府参军,一日梦前归至而问讯。庐则告毕官屑屑,常思落发。再披缁褐。师曰:“汝诚有是志,象教兴复非晚也。”语未觉,俄四面见日月,千乘万骑,喧言迎光王即皇帝位。未几,武宗崩。宣宗果即帝位。

## 梦端王

《赵希循会心录》

钦圣方正位中宫,极有贤誉,尝因产厄,遂告上乞免临幸。左右嫔御多被汲引,一夕夜分,忽见列炬荧然,上下传呼曰:“车驾至矣。”后起迎拜,从容告上曰:“陛下岂偶忘妾前所请邪?”上曰:“不然,偶有一事,故来言之。”少定,屏去左右,密谓后曰:“吾适梦端儿徽宗据吾位以坐。是何祥也。时哲宗已位储极,故上以为疑。”后对曰:“陛下每抚惜之,故有此梦,亦偶然耳,不足怪也,亦不必言也。”上默然而归。哲宗登遐,皇嗣未立。钦圣称制因忆上语,遂定议以端王继大统,是为徽宗。始初清明,勤于政理,有小仁宗之誉。中外交贺。未几贤否杂进,颇有导之奢纵者。后闻之啧曰:“吾作赵家新妇,不了事矣。”

## 梦襄公祖

《左传》

昭公七年,楚子成章华之台,遂启疆来召公。公将往,梦襄公祖梓慎曰“君不果行。”

注梦见襄公祖祭道神襄公之适楚也梦周公祖而行。今襄公实祖君其不行，子服惠伯曰："行先君未尝适楚，故周公祖以道之襄公适楚矣。而祖以道，君不行何之？"三月公如楚。

## 梦康叔

《史记·卫世家》

襄公有贱妾。幸之有身，梦有人谓曰"我康叔也。今若子必有卫名而子曰元。"妾怪问孔成子。成子曰："康叔者，卫祖也。及生子男也，以告襄公。"襄公曰："天所置也。名之曰元。"襄公夫人无子，于是乃立元为嗣。是为灵公。

## 梦启北首

《左传》

宋景公无子。取公孙周之子得。与启畜诸公宫，未有立焉。公卒。得梦启，北首而寝于庐门。庐门，宋东门也。北首死处在门外，夫国之像也。已为鸟而集于上，味加于南门，尾加于桐门。桐门，北门曰："余梦美必立立得。"

## 梦诛曹爽

《续后汉书·曹爽传》

曹爽未诛，先是梦二虎御雷公若二升椀置庭中。爽恶之，以问灵台丞马训。曰："忧兵，训退"，告其妻曰："爽以兵亡，不出旬日。"九年冬，安定皇甫谧梦至雒阳，自庙出见车骑甚众。以物呈庙云，诛大将军曹爽。

## 梦杀侯景

《南史·陈本纪》

高祖武皇帝讳霸先，初讨侯景，进次大雷。军人杜稜，梦雷池君周何神自称征讨大将军，乘朱航，陈甲仗，称下征侯景，须臾便还。云已杀景竟。

## 梦杀李辅国

《杜阳杂编》

李辅国恣横无君。上切齿久矣，因寝，梦登楼见高力士，领兵数百铁骑，以戟刺辅国首，流血洒地，前后歌自北而去，遣谒者问其故，力士曰："明皇之令也！"上觉，亦不敢言，辅国寻为盗所杀，方以梦话于左右。

李辅国

## 梦别陈无已

《春渚纪闻》

建中靖国元年，陈无已以正字入馆，未几得疾。楼异世可为登封令，夜梦无已见别，行李遽甚，楼问是行何之？曰："暂往杏园。东坡少游诸人在彼已久。"楼起视事，而得参寥子报云，无已逝矣。

## 梦刘豫将废

《夷坚志》

绍兴三年，刘彦修子羽，知兴元府。往谒灵显王庙，欲知秋冬间边事宁否，夜梦入庙中，神召升殿，刘如所欲言扣之。神曰："方请于帝，吾亦未知。"临出门，使妇人持一拌示之，曰："贺废刘。"视其物唯猪肺一具，石榴一颗。觉而窃喜，知刘豫且废矣。又四岁，豫果灭。

## 梦秦桧将败

《宋名臣言行录》

马伸，靖康中，为监察御史。虏立邦昌唱义入议状乞，立赵氏。秦桧为中丞不答。公帅同僚合辞力请，桧不得已始书名。公遣人疾驰以达虏。故秦氏所藏，犹云桧等也。公死，桧还自虏，扬言已功，尽取富贵。公之子孙，漂泊闽中。有甥何琉，得其元稿，累欲上

之。而其子止之云:“秦之凶焰,其可犯邪!”绍兴乙亥春,琉忽梦公。衣冠如平生,云秦氏将败,趣使往陈之。琉即将其稿以叫阍。桧大怒,诬以他罪,下琉大理,窜岭外。未几,桧果殂。诏复琉官。公之忠绩,遂得别白。



## 梦郭伯猷死

《太平御览·续搜神记》

会稽谢奉,与永嘉太守郭伯猷善。谢忽梦郭与人于浙江上争樗蒲钱,为水神所责,堕水死,已营理郭凶事。既觉便往郭,许共围棋,良久谢云:“卿知吾来意不?”因说所梦。郭闻之怅然云:“信与人争,如卿所梦。何期太的的也。”须臾如厕,便倒气绝。谢断理之,如所梦。



## 梦谋亡曹

《左传》

宋人围曹。初曹人或梦众君子立于社宫,社宫,社也。而谋亡曹。曹叔振铎请待,公孙强许之。振铎曹始祖。旦而求之曹,无之。戒其子曰:“我死,尔闻公孙强为政,必去之。”及曹伯阳即位,好田弋。曹鄙人公孙强好弋获白雁献之,且言田弋之谗说之。因访政事,大悦之。有宠,使为司城以听政。梦者之子,乃行强言霸,说于曹伯。曹伯从之,乃背晋而奸宋,宋人伐之。晋人不救,筑五邑于其郊曰:“黍丘揖丘,大成钟邦,梁国下邑县西南有黍丘亭。宋公将还褚师子肥殿子肥宋大夫曹人诟之不行。”诟詈也不行,殿兵止也。师待之。公闻之怒,命反之,遂灭曹,执曹伯及司城强以归,杀之。终曹之梦

## 梦中原尽平

《南史·朱异传》

初武帝梦中原尽平。举朝称庆甚悦。以语异曰:“吾生平少梦,梦必有实。”异曰:“此宇内方一之征,及侯景降。”帝感前梦,遂纳之。

## 梦恢复中原

《爱日斋丛钞·李氏杂记》

云乾道末,孝宗梦人告云:“欲恢复中原,非王淮不可。”于是季海方再入为少常,遂除

正字，历内外制，不二年而执政。则至左揆，凡在二府，十有四年。一朝大臣，所未有也。余观王鲁公行状，其初绍兴二十八年，自密院编修迁校书郎，未尝除正字。及居諫省，以忧去。乾道三年，自福建转运，再入秘书为少监，出守江州。八年，自浙西提点刑狱，三入朝为太常少卿，兼内外制，由西掖迁学士。淳熙二年冬，拜枢密，遂秉政。弟自少常执政，亦涉四年，且非再入，记录易讹如此。娄彦发议，张全真参政谥谓高宗有不尽用之叹。阅十五年，王淮时在諫垣。上指以宰辅，以形貌肖公，叹赏莫及。后以语阜陵，淮卒正鼎席，既以赋形偶类，简思陵之知，复缘梦寤，政阜陵注倚之重。果若前二说，天幸可数遇邪。

## 梦语国祚

《东汉书·公孙述传》

述梦有人语之曰："公子系十二为期。"觉，谓其妻曰："虽贵而祚短，若何？"妻对曰："朝闻道，夕死尚可，况十二乎？"会有龙出其府殿中，夜有光耀。述以为符瑞，因刻其掌文曰："公孙帝，建武元年四月。"遂自立为天子，号"成家"。

## 梦洛中当败

《晋书·戴洋传》

陈敏为右将军，堂邑令孙混见而羡之。洋曰："敏当作贼族灭。何足愿也。"未几，敏果反而诛焉。初混欲迎其家累。洋曰："此地当败，得腊不得正。岂可移家于贼中乎？"混便止。岁未，敏弟昶攻堂邑，混遂以单身走免，其后都水马武举洋为都水令史。洋请急还乡，将赴浴梦神人谓之曰："洛中当败，人尽南渡后五年杨州必有天子。"洋信之遂不去，既而皆如其梦。

## 梦温州将乱

《太平广记》

上元初，窦庐荣为温州别驾，卒。荣之妻即金河公主女也。公主尝下嫁碎叶。碎叶内属其王卒。公主归来。荣出佐温州，公主随在州数年。宝应初，临海山贼袁晁攻下台州。公主女夜梦一人披发流血谓己曰："温州将乱。宜速去之，不然，必将受祸。"及觉说其事。公主云："梦想颠倒，复何足信？"须臾而寝。女又见梦见荣谓曰："适披发者，即是丈人。今为阴将，浙东将败。欲使妻子去耳，宜遵承之。无徒恋财物。"女又白公主说之。时江东米贵，唯温州米贱。公主令人致吴绫数千匹，故恋而不去。他日，女梦其父云："浙

东八州，袁晁所陷。汝母不早去，必罹艰辛。”言之且泣。公主乃移居括州，括州陷。轻身走出，竟如梦中所言也。

## 梦讼弗胜

《左传》

襄公三年，齐侯伐我北鄙。中行献子将伐齐，梦与厉公讼，弗胜。厉公献子所杀也公以戈击之。首坠于前，跪而馀之，奉之以走，见梗阳之巫皋。梗阳晋邑也，在太原。皋巫名也。梦并见之他日见诸道，与之言同。巫亦梦见献子与厉公讼巫曰：“今兹主必死。若有事于东方，则可以逞。”献子许诺。

## 梦博不胜

《有官龟鉴》

武后欲以武三思为太子，以问宰相，众莫敢对。狄仁杰曰：“臣观天人未厌唐德。比外国犯边。陛下使梁王三思募勇士于市，逾月不及千人。庐陵王代之，不浃日辄五万。令欲继统，非庐陵王莫可。”后怒。罢议久之，召谓曰：“朕数梦双陆不胜，何也。”对曰：“双陆不胜，无子也。天其意者以儆陛下乎？且太子天下本。本一摇，天下危矣。文皇帝身蹈锋镝，勤劳而有天下。传之子孙。先帝寝疾，诏陛下监国，陛下掩神器而取之，十有余年。又欲以三思为后。且姑姪与母子孰亲？陛下立庐陵王，则千秋万岁后常享宗庙。三思立。庙不附姑。”后感悟。即日遣徐彦伯迎庐陵王于房州。王至，后匿王帐中。召见仁杰语庐陵王事。仁杰情切至，涕下不能止。后乃使王出。曰：“还尔太子。”杰曰：“太子归未有知者，后然之。今太子舍龙门，具礼迎还。中外大悦。”初李昭德数请还太子，而后意不还。惟仁杰每以母子天性为言。后虽忮忍，不能无感，故卒复唐嗣。

## 梦祖宗

《西汉书韦贤传》

臣衡为丞相。上寝疾，梦祖宗谴罢郡国庙。上少弟楚孝王亦梦焉。上诏问衡，议欲复之。衡深言不可。上疾久不平。

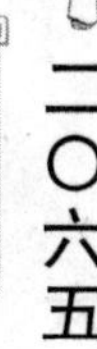

## 梦先君

《艺文类聚》

《吕氏春秋》曰孔子穷乎陈蔡之间，藜羹不糁也，日不尝粒，昼寝，颜回索米得而来爨之。几熟，孔子望见回攫其甑中而饭之。食熟，谒孔子而进之。孔子曰："今者梦见先君食絜欲馈。"颜回对曰："不可，向食埃煤入甑中，弃食不祥。因攫而饭之。"

《陶朱新录》

太平州通判叶仁，尝集诸经呪十余本，叩施于水陆会中，以为荐福之助。一日，有作水陆佛事，而忘请经呪者，是夜，梦其先云："汝虽至诚，而不请叶通判经呪，无益也。"其家感之，再设冥阳之斋，往请经呪，且告以梦。叶乃以板施于僧房。

## 梦亡兄

《春渚纪闻》

建安黄正之之兄行之，客寄桐庐。方腊之乱，为贼所害。贼平，正之素奉天师道，即集道侣与邑人，启建黄箓道场，追荐杀贼之众。俱有报应。而正之特梦其兄告之曰："我以骂贼不屈而死，上帝见赏，已补仙职矣。汝无忧也。凡世人至忠至孝，及贞廉之士。与夫有一善可录者，死有所补授。如花木之神，井泉之监，不可不知也。"

## 梦先师

《太平御览》

周盘，字伯坚，朝会集诸生讲论终日，因令其二子曰："吾日者，梦见先师东里先生。与我讲于阴堂之奥。既而长叹，岂吾齿之尽乎？"其月望日，无病忽终。

《太平广记》

太子宾客庐尚书贞犹子为僧。会昌中，沙汰僧徒，斥归家。以荫补光王府参军，一夕梦为僧时所奉师，来慰问其出处，再三告以佛氏沦破，已无所归。今为一官，徒遣旦夕。期再落顶上发，方毕志愿。且泣且诉之。良久曰，"若我志果遂兴佛法。"语未竟，见八面屯兵千乘万骑，旌旗日月，衣裳锦绣，仪卫四合，真天子大驾。军中人喧喧言迎光王，部整行列，以次前去。庐方骇愕不能测。遽惊觉，魂悸流汗，久之方能言。卒不敢泄于人。无

几，宣宗自光邸践祚，录王府属吏。庐以例不拘常调格迁叙。自是稍稍兴起释教寺宇，僧尼如旧制，一契梦中语。庐校梦中所谓本师，盖参军事府主。近师弟子，故以为冥兆。岂神之意以是微而显乎。

## 梦中见父

《聂田祖异志》

太庙斋郎刘初，少失其父。道济于孙暨状元下及第，授襄州襄阳县尉。追盗汉江上，水溺而死。刘母侨居京师，三十余年，常患不识其父。偶国家泽及亡没，应没于王事，子孙并许序进。刘诣公车以论其事，遂下书府以劄子赴本州验其实，刘亦躬往督其事，既离京。道出宛叶，逆旅中，夜梦一人衣绿向刘曰："吾汝父也。知汝此行，故来相成。必要识吾，但问西川孟家。"及寤，不谕其事，遂抵襄州。事既毕，有老吏告刘曰："某故旧伏事先員外。"刘曰："欲写先人真，何人识能为写之？"吏曰："今有一人善写真。亦曾旧写先員外，必应有存其副本。"同诣果获旧图之本。刘泣且拜，而问其工何处人？复何姓氏邪？工曰："本西蜀人，姓孟氏。竟符宛叶之梦，后背上遂成疮，初如豆大，再宿已透见五脏而卒。"

## 梦父见怒

《北史传》

敦煌宋游道，尝与顿丘李构善。游道死后，构为定州长史。游道第三子士逊，为墨曹博陵王管记，与典签共诬奏构。构于禁所祭游道而诉焉。士逊昼卧如梦者，见游道怒已白，"我与构恩义，汝岂不知？何共小人谋陷清直之士？"干逊惊跪，曰："不敢，不敢。"旬日而卒。

## 梦父魂力战

《隋书·周罗睺传》

炀帝即位，授罗睺右武侯大将军。汉王谅反，诏副杨素讨平之，其余党据晋绛等三州未下。诏罗睺行绛晋吕三州诸军事，进兵围之，为流矢所中，卒于师。其年秋七月。子仲隐梦见罗睺曰："我明日当战。"其灵坐所有弓箭刀剑无故自动若人带持之状，绛州城陷。是其日也。

## 梦父告死

《新唐书王涯列传》

涯捡校司空兼门下侍郎平章事。李训败乃及祸露胔不藏。令狐楚从容以闻。帝恻然,诏京师尹薛元赏葬之,各赐袭衣,仇士良使窃盗发其冢,投骨渭水。涯女为窦绯妻,以痼病免。家人给告涯当贬,忽梦自提首告曰:"族灭矣。惟若存。岁时无忘我。"女惊号堕地,乃以实告。涯从弟沐客江南,困穷来京师,谒涯二岁乃得见。许以禄仕,难作亦死。昭宗天复初,大赦明涯训之冤,追复爵位,官其后裔。

## 梦父扼喉

《陶朱新录》

有庞氏子,单州之成武人,建炎间,其父因避地竟死于兵,其仆逃归。具道其事,庞氏子不以为然。后十余年,竟不举哀持服,岁时未尝荐享。一日,忽梦其父谓曰:"吾饥甚",且诉"贫索镪物。"庞氏子辞以无。父怒曰:"如此当死!"即扼其喉。惊魇而觉,以语其叔,果觉咽间哽塞不快。次日因登厕,一中而死。

## 梦父为华阳民

《陶朱新录》

林听审礼云,其叔好黄老,与王思和甚密,如钟离吕公往往与思和往还。其叔临启手足,治命其子因忍和求荆南日华先生为荐福。思和以书令林氏子躬诣先生。既至,先生令具香烛殽醴之属,命黄冠设科仪如常。已事,梦其父曰:"吾今得为华阳散民。"其子既归,谒思和,方欲前致谢。思和迎曰:"且喜贤尊已作华阳散民矣。"

## 梦父作阴官

《夷坚志》

朝散大夫赵善宰,字彦平,居于建昌。淳熙丁未,除岳州守,未及上,以十一月卒于家。明年其子汝昌梦到官曹,徐行抵廷之下,望乃父朝服据案决事。见昌至甚喜,末乃相

语，视四隅文书充塞栋宇，父曰："吾才去世，即受命作阴官，权力不减在生为郡时，特苦于省阅文牍之繁，卒无斯须暇。吾殊不乐居此也。"昌曰："大人既不乐，何不求脱去。"曰："已除代者两人，吾获免不久矣。"昌曰："代者为谁？姓名可得闻乎？"曰："乃周昭卿、童伯虞，二乡人也。"言毕而寤。话旦白母戴氏及弟妹。皆悲泣。因谁传一城。闻者谓不应连用三同郡士夫为一职。不以为信。昭卿者，朝奉郎周熺，方调坑冶赣州主管官，次年冬，当赴而卒。伯虞者，朝请郎童括，闻此深恶之。时自吉州万安县解印亟诣阙注此官，且以禳赵梦云："若已与周为代者即之任。"绍熙壬子秋满秩，吏部差知雷州，客都城。待班陛对买二少妾，滞留颇久。岁将尽，卒邸中。三君子在建昌称善类，聪明正直为神。不诬其相去亦只二年，或三年，几如世间资考也。

《甲志记》

孙点、石倪、徐楷相踵为太山府君。人同一檄，甚与兹事类但此皆卿人接武为小异云。

## 梦父申冤《曾慥类说》

吴妙寂，姓叶氏，初嫁大贾任华，父升与华往长沙。忽梦父泣，谓曰："吾与汝夫湖中遇盗。杀我者，车中猴，门东草。"梦其夫曰："杀我者，禾中走，一日夫。"妙寂不解。有季公佐者能辨隐语，谓曰："杀汝父者申兰；汝夫者，申春耳，猴申生也，车去两头故申字；草而门东，兰字，禾中走者，穿田也，亦申字，一日加夫，春字。"妙寂乃易男服，泛佣江湖，闻蕲黄间有申村，村有申兰兄弟。默往来佣，余年廉知其杀父夫者。二盗饮醉，妙寂奔告有司而获之。词伏就法，乃从释教。

## 梦父墓被劫

《太平广记》

樊泽为襄阳节度，有巡官张某者，父为邕管经略使，葬于邓州北数十里。张兄弟三人忽同时梦其父曰："我墓某夜被劫，贼将衣物今日入城，汝宜速往擒之，迟出即不得矣。"张兄弟夜起涕泣相告，未明扣州门，见泽具白其事。立召都虞候令捕之。同党六人并贼帅之妻皆获。

## 梦父墓逾制

《曲洧旧闻》

范祖封，忠文公之孙也。尝梦忠文言"我墓前石人、石羊、石虎、长短大小皆逾制，如我官未应得也。汝可亟易之。"祖封既久遂忘其梦。而坟寺僧忽报一夕大雷，石人一折其手，一断其身为二。乃始惊惧，偏与亲旧言其事。或曰："忠文死犹守礼不逾，况其生乎？"

## 梦收父书

《宋史·唐庚传》

元祐三年，其父游泸南，长兄名伯虎，兄弟居母丧于丹山。伯虎夜半蹴庚曰："吾梦收父书，发之得亟来二字。吾父得无他乎？吾心动矣。汝奉母奠朝夕。吾趋泸南。"庚未及应。伯虎奋曰："吾决矣。"起裹粮，黎明走洪川，二日半至泸南。父果病甚，见伯虎大惊问故。具告之。父叹曰："天告汝也。"是日疾。少间，伯虎具舟侍父以归，居数日疾复作，遂卒。

## 梦父母来迎

《太平广记》

有李使君在州，明早将祠祭，夜卧厅事，梦其父母来迎己。觉而恶之，具告其妻。因疾数日卒。

## 梦母相会

《南史·宜都王铿传》

铿三岁丧母，及有识，问母所在。左右告以早亡。便思慕蔬食，自悲不识母。常祈请幽冥求梦见。至六岁，遂梦见一女人云是其母。铿悲泣，向旧左右说容貌衣服，事皆如平生。闻者莫不歔欷。

沈括《清夜录》

刘元忠言同舍生林亿居亲丧，常往吊之。舍于亿之南廊，时月明中夜，有一人如月中影，冉冉自庭中过，登于厅事，元忠起逐之。复冉冉自门中而去，明日以语亿亿，又哀泣久之，曰："夜梦吾母来告我云，适来就汝登厅矣，为人见逐，遂去。伺南廓人睡，吾乃得至此，君所见殆吾母也。"

沈括

## 梦母求诵经

《悦生随抄》

寿昌县君施氏，乃朝散大夫丁餗之妻。丁倅池州日，县君卒。经二十七日，乃形梦于其子愉，告以语大夫："为我课诵佛书。"后半月，其孙百朋，又梦入一府廷，遇县君。因相与语未毕，忽恳判司召百朋趋往，见绿衣人坐堂上。乃潭倅李细承议，细与大夫有同年契。因揖百朋叙世旧。延之坐，忽吏引县君就讯，百朋遽起拱立曰："此百朋祖母也。"因泣恳判司以图免。绿衣者似有允意，乃趋入殿中，良顷至而笑曰："事已遂矣，请归语大夫。以月上女经，及不增不减经，为夫人度生之缘。"百朋再拜而出。县君犹立庑下，遥呼曰："多致二经。慎勿忘也。"寤而语其事于大夫，因问二经于僧，无有知者。已而阅藏经标目乃得之。遂举家及召僧课诵至千卷，后百日大夫梦县君谢曰："以二经故今当转女身生庐州霍家其后。"访霍氏，果有生男者，今枢密蔡公元度尝为序其事。

## 梦母来谒

《瑞州府志》

曹渭为潭州教枢密，聂昌为运使。一日福严长老梦其母来谒如平生。翌日有僧童入山，形貌绝肖其母。取其像比之，众莫能异。问其生年月日，乃其母死之年月日也。僧乃避正堂，以母礼事之。郡僚好事者，皆有诗以纪其异。曹亦有诗云："母子来寻未了因，果然死日是生辰。今时桂岭缁衣客，前世萱堂白发亲。天遣精诚先入梦，人怜孝行已通神。欲知梵相如慈相，请验当年自写真。"聂昌为跋诸尾。

## 梦母欲鱼

《元史》

胡光远母丧，庐墓。一夕梦母欲食鱼，晨见生鱼五，尾列墓前，有齿痕。

## 梦母疾

《元史》

尹莘汴梁洧川人,至治初,游学于京师,忽梦母疾,心怪之,驰归。母已亡。

## 梦得富妻

《夷坚志》

南城邓倚初娶临川黄氏女,不及偕老,屡谋再娶,辄不成。淳熙二年,从郭光化见义赴官,过鄂渚,偶兵官庞统制欲议昏,既受币。梦人告曰:“是非汝配,他日当得富妻。倚间所获几何?”曰:“万缗。”倚时贫无置锥,又素不业儒,自料何由可致厚赀,殊弗信。俄庞女之约不谐,及还乡。故彭藤州端之女,以病风为夫所弃,不可归士流。倚兄以半千与之,平章彭无子,其女尽挟田业,改嫁于倚。籍直果满千万。甫数岁,彭氏亡。倚又别娶,终身为富人。

## 梦妻始生

《太平广记》

崔元综任益州参军日,欲娶妇。吉日已定。忽假寐见人云:“此家女非君之妇,君妇今日始生。”乃梦中相随到东京履信坊,见妇人生一女子云是君妇。崔公惊寤,殊不信之。俄而所娶女忽暴亡。后崔年五十八,乃婚侍郎韦陟堂妹年始十九,虽嫌其老,竟嫁之。乃于履信坊韦家宅上成亲,勘其岁月。正是所梦之日,其妻适生。

## 梦妻有娠

《幽明录》

晋咸和初,徐精远行,梦与妻寝有身,当为巫师死作社公。明年归,妻果产男。后如其言矣。

# 梦妻改嫁

《前定录》

邺郡武殷，欲娶同郡郑氏。有成约矣。无何，被荐将举进士，殷至洛阳闻勾龙善相往问焉。生曰："婚娶殊未有兆？"殷曰："约有所娶。何言无兆？"生笑曰："此固非君之妻也。君当娶韦氏。"殷因问郑氏之夫，即同郡郭子元也。然将嫁之夕，君其梦之。及郑氏嫁之夕，忽得疾昏眩，若将不救。时殷在京师，其夕梦一女子呜咽流涕，似有所诉，视之即郑氏也。殷惊问其故。良久言曰："某常仰慕君子之德，亦知君之意，且曾许事君矣。今不幸，为尊长所逼，将适他氏，没身之恨。知复何言？"遂相对而泣。因惊觉，悲惋且异其事，乃发使验之，则果适郭绍矣。

# 梦亡妻辞嫁

《太平广记》

后魏宋颖妻邓氏，亡十五年。忽梦亡妻向颖拜曰："今被处分为高崇妻，故来辞。"流涕而去，数日崇卒。

# 梦妻肩青点

《夷坚志》

丹阳李拱，应辰初，约娶同郡金坛邵瑊女。方遣信纳采，梦接回书，乃朝散大夫知德庆府王系御，独名与。邵同俄梦成婚，视妻左肩上有青点。觉而不测所谓。亦颇恶之。迨邵女入室，与梦中所见不似。后数岁邵亡。李在建康，其友周洎子及德庆弟刚夫壻也。为李平章妻之从女兄先嫁薛氏者，及定书回，官阶姓名，皆协昨梦。合卺之夕，妻左肩一青痣宛然。周初赴嘉礼时，道出嵊县梦，揭帐见妻乃八九岁小女，垂髫坐床，殊不悦。为何得以孺弱为吾妇。至亲近，则女年既过笄矣。自哂其梦为不然。又十余岁，周为国子正，丧其室，刚夫念外孙之幼，白德庆兄以季女续之。计初作王家壻时，正八九岁，始验兆朕之先见，周李皆起进士擢第。旋中博学宏词科。同娶王氏而俱不得寿。妻皆嫠居，其兄顺伯并诸甥收育之。

# 梦妻面点墨

《搜神记》

诸仲务一名显姊嫁为米元宗妻，产亡于家。俗闻产亡者，以墨点面。其母不忍，仲务

密自点之。无人见者。元宗为始新县丞，梦妻来上床，分明见新白妆面有墨点。

## 梦妻为疾

《隋书·艺术传》

许智藏少以医术自达。会秦孝王俊有疾，上驰召之。俊夜中梦其亡妃崔氏泣曰："本来相迎，如闻许智藏将至。其人若到，当必相苦，为之奈何？"明夜俊又梦崔氏曰："妾得计矣，当入灵府中以避之。"及智藏至为俊诊脉曰："疾已入心。即当发痫。不可救也。"果如言俊，数日而薨。

## 梦妻诉冤

《太平广记》

大历中，印州刺史崔励亲外生王诸家寄绵州。往来秦蜀，颇谙京中事。因至京与仓部令史赵盈相得。每赍左绵等公事，盈并为主之。诸欲还，盈固留之。中夜盈谓诸曰："某长姊适陈氏，唯有一笄女，前年长姊丧逝，外生女子，某留抚养，所惜聪惠，不欲托他人。知君子秉心，可保岁寒。非求于伉俪所贵，得侍巾栉。如君他日礼娶，此子但安存不失所，即某之望也。意成此亲者，结他年之好耳。"诸对曰："感君厚意，敢不从命，固当期于偕老耳，诸遂备缫币迎之。"后二年遂挈陈氏归于左绵。是时励方典印商，诸往觐焉。励遂责诸浪迹，又恐年长不婚。诸具以情白舅。励曰："吾小女宽柔，欲与汝重亲必容汝旧纳者。"陈氏亦曰："岂敢他心哉！但得衣食粗充，夫人不至怪怒，是某本意。"诸遂就表妹之亲既成姻崔氏女，便令取陈氏，同居相得，更无分毫失所。励令其子铿与诸江陵卜居，兼将金帛下峡而去。三月诸发五月励受替遂尽室江陵而行。诸与铿方买得一宅修葺停。午，诸忽梦陈氏被发来哀告诸曰："某他乡一贱人，崔氏夫人本许终始奈何？三峡舟中沐发使人耸。某令于崩湍中而卒，永葬鱼鳖腹中。"哀泣沾襟。俄而铿于东厢，寐又梦陈氏诉冤，崔夫人不仁，致我性命于三峡。铿与诸偶立方讶其事，其许二人梦复如前。铿甚惭，谓诸曰："某娘情性不当如是，何有此冤？且今日江头望信若闻陈氏不平安。此则必矣。"后数日果有信，陈氏溺三峡。及励到诸家，诸泣说前事。崔氏为其兄所责，不能自明，遂断发喑呜而卒。诸亦荡游他处。数年间，忽于夏口，见水军营之中门东厢，见一人姿状，即陈氏也。诸流久之，其妇又殷勤瞻瞩问僮仆云"郎君岂不姓王？"僮走告诸及白姨弟令询其本末。陈氏曰"实不为崔氏所挤，某失足坠于三峡。经再宿泊尸于碛，遇鄂州回易小将梁璨，初欲收葬，后因吐无限水，忽然而苏。某感梁生之厚恩，遂妻梁璨。今已诞二子矣。"诸由是疑负崔氏之冤，入罗浮为头陀矣。

## 梦妻抚儿

沈括《清夜录》

士人刘复，娶李氏，极有姿色。其良人遇之甚薄。李生一男一女，乃死。既而数闻声音语言出入枢中，不能记其详。其男曰“幼儿将葬之夜，且闻李哭，幼儿绕堂而转至晓，枢出又闻哭声随之。”复再娶沈氏，每梦李，则必与夫忿阋。久之甚以为苦，使人设祭而祝之曰“我与尔无仇雠，何苦见扰？”是夜见梦曰“我诚于君无分，欲君庇幼儿，聊复相动耳。感君饭我，我且去矣。君能抚我儿，虽在地下，不忘君德也。”遂哭而去，自尔不梦。

## 梦亡妻求合

《中朝故事代说》

郑畋是鬼胎，其母卒后，与其父亚再合而生畋。初亚未达，旅游诸处，留其妻并一婢在山观中女冠院侧。及归妻已卒。询其婢。婢曰“娘子将欲产卧之时，闻空中有语曰：‘汝须出观外，无触吾清境。不然，吾当杀汝’妻祝曰，某妇人也，出无归。望圣者悯念。”及五更分娠后，乃殆绝。观内道众为殡于墙外野田中矣。亚以钱酒往酹之，是夜梦妻曰“某命未尽。合与君生贵子。无何为污触道观，为神灵所杀。从此北向十里有一僧院，其间只有一僧，年可五十来，此奇士也。可往求之。僧必拒讳，但再三哀鸣祈之。当得再奉箕箒也。”及寤，不以为信。次夕又再梦之。语如初。亚于是趋其院，果见彼桑门，初谒之亦喜。亚遂告之，殊不管顾曰：“我即凡人也，偶出家耳。岂能主幽冥之间事乎？”亚复恳求之。僧怒以柱杖驱击。亚甘其辱，连日不去，久亦不寝。僧乃许之曰：“汝既心坚若此，俟吾寻访之。”乃坐入定。半夜后，起谓亚曰“事谐矣。天曙先归，吾当送来。”亚其夕归观，三更中闻户外人语，即引妻来言：“本身已败坏，此即魂耳，善相保。”嘱之而去。其妻宛如平生，但恶明处。三二年间乃生畋。又数岁，妻乃辞去，言年数已尽，合当决去，涕泗而别，俄不知所之。

## 梦妻治疮

《北史序传》

李礼之与妻郑氏相重，妻先亡。遗言终不独死。未几礼之脚上发肿，梦妻云者“小麦渍之，即差如其言。”反创而卒。

## 梦前妻相责

《夷坚志》

乐平流槎金伯虎，与所亲余晖携纱如襄阳贩售。其家染疫疠，妻及一子死焉。金闻耗东还，适里中王氏有妾议出嫁，资装三百千金。贪其财，即纳为继室。妻柩在房，但施竹箔遮隔，燕婉其中。未几，妾梦妻来责言曰："此吾故室也。汝何人而敢辄据。"妾谢曰："实为媒者所误。奈事已至此，夫人儿女孤露，愿尽力拊育如无存时。乞勿相怨。"妻曰："然则我自与金理会，明日金遂病。"是时新婚方二十五日，遣信往九林市招医士吴景华。吴之仆许四七，先夕梦从主人出道中，涉溪到某家。值一神立门外，诃之不使入。旦而金信至，许以梦告吴，请勿行。吴曰："我以医为名。今人以急相投，岂可坐视。"立命驾，许随之。凡所经历，尽昨梦境界。又白吴，吴颇以为虑。至彼处，令仆寄他馆，独诣金氏。造其房，病者起坐，叱使去。且哦诗曰："野鸟同林宿，天明各自飞。"吴知不可致，疗趋而出。翌日而殂。

## 梦再娶妻妹

《古今事通》

李行修娶王仲舒女。有幼妹，常挈以随。寻梦已再娶幼妹，恶之。有苍头自说梦，"阿郎再娶王家娘子"。后王氏终。仲舒有书续亲，不答。及除东台御史，至稠桑驿，有王老善禄命书，以告怀亡之事。老引入土山中一坡，见丛林曰："土郎但呼妙子，必有人应。应即答云：传语九娘子。暂借妙子，同看亡妻。如言有女子，折竹一枝跨焉。"折一木枝与行修，并驰至大宫第二院。果见王氏曰："苟不忘平生，但纳小妹。即某之道尽矣。所要相见，奉托如此。"其女子与行修至旧所去。老人曰："此原上有九娘子祠。"以是续婚。

## 梦人娶妻《夷坚志》

临川士人黄则，字宗德，乾道五年登科，调监衡州安仁县，酒税。待次乡居，同郡黄祖清秀才，梦其友章澄娶则妻朱氏。明日以语澄。澄笑且愠曰："黄宗德方盛年而吾妇固无恙。焉有是事？毋戏我。"未几，则赴官逾岁而卒。已而澄亦丧偶，其后竞聘则妻为继室。

# 梦妾求祭

《夷坚志》

建昌叶氏极多内宠，一妾王姐病死。以无子之故，虽葬于墓园，而春秋荐奠弗及。淳熙已酉，叶自昭州终更诣阙，携二妾金氏陈氏行。俱梦王姐来求酒，且愀然曰“吾没后幽魂无归着。欲自取覆官人，又近不得。尔两人幸为我一言。”既寤，白于主翁。亦为凄恻，远还家即命祀其墓，仍中元日为设斋。

# 梦姨教曲

《维扬志》

庐江尉李侃，外妇崔氏。本广陵倡家女，崔酷嗜音，常以弦歌自娱。女弟儵鼓筝绝妙，年十七未嫁而卒。崔长女适邑人丁元夫，不甚聪慧。幼时母生二女，教其艺，莫究其妙。女每念其姨不能以神力祐助，每节朔举觞祀祝。如此者八岁。开成五年四月三日，梦姨语曰：“我在冥司簿属教坊授曲，于博士李无凭汝之。情恳我所知。汝翌日扫洒一室，虚列酒果，仿佛如有所见，执筝就坐，闭目弹之，随指有得。初授人间曲，十日不得一，此日获十曲，曲之名品，非人间意。声调哀怨幽幽然，闻者歔欷。有广陵散等十曲。”暮诀去数日复来曰“吾闻扬州连帅取汝，恐有缪误，汝可一弹，又留一曲曰《思归乐》。无何，州府果令送至扬州。廉察使议表其事，其女寻卒。”

# 梦与妻别

《太平广记》

陇西李捎云，范阳庐若虚女婿也。性诞率轻肆好纵酒，聚饮。其妻一夜梦捕捎云等辈十数人，杂以倡妓，悉披发也，袒以长索系之，连驱而去，号泣顾与妻别。惊觉，泪沾枕席，因为说之，而捎云亦梦之，正相符会。因大畏恶，遂弃断黄血持《金刚经》，数请僧斋三年无他，后以梦滋不验。稍自纵怠，因会中友人逼以酒炙，捎云素无捡，遂纵酒肉如初。明年上，巳与李蒙裴、士南、梁衮等十余人泛舟曲江中，盛选长安名倡，大纵歌妓。酒正酣，舟覆，尽溺死。

# 卷之一万三千一百九十四　一送

## 中

### 鹿中

《仪礼·乡射礼》

释获者执鹿中。一人执算以从之。注:鹿中谓射于榭也。

### 百发百中

《史记·周纪》

苏厉谓周君曰"秦破韩魏,仆师武北取赵蔺离石者,皆白起也。今又攻梁。梁破,则周危矣。君何不令人说起乎?"曰"楚有养由基者,善射者也。去柳叶百步而射之,射之而百中。观者数千人,皆曰'善射。'有一夫立于其旁曰:'善可教射矣。'养由基怒。释弓搤剑曰:'客安能教我乎?'客曰:'非吾能教子,支左屈右也。夫去柳叶百步而射之,百发而百中,不以善息少焉。力衰气倦,弓拨矢钩,一发不中,百发尽息,今破韩魏,仆师武北取赵蔺离石者,公之功矣。今又将兵出塞过南周,陪韩攻梁,一举不得前功尽弃。不如称病无出。"

《太平广记》

贞元末,阆州僧灵鉴善弹。郑汇为刺史时,有当家名寅读书善饮酒,汇甚重之。寅尝诣灵鉴较角放弹,寅指一树节相去数十步,曰:"中之获五千。"寅一发而中之,弹丸反射而不破。灵鉴控弦,百发百中。皆节陷而丸碎焉。

# 发无不中

《晋书·魏舒传》

后将军钟毓每与参佐射，舒尝画筹而已毓不知其善射，舒容范闲雅发无不中。

# 一发正中

《东汉书》

吕布在徐州时，袁术遣纪灵等攻刘备。备求救于布。布驰赴之屯沛城外，遣人召备并请灵等共饮。布谓灵曰："玄德，布弟也，为诸君所困，故来救之，布不喜合斗但喜解斗耳。"乃令植戟于营门，布弯弓曰"诸君观布射戟，小支中者，当解兵；不中，可令决斗。"布一发正中戟支。灵等皆惊曰"将军天威也"各罢去。

《汉书》

贾坚射牛百步外，两拂肩摩腹曰"不中为奇，中之何难？"一发中之。

# 一发俱中

《北史·贺拔弟胜传》

胜至关中，从晏昆明池，时有双凫游池上。周文授弓矢于胜，曰："不见公射久矣。请以为欢。"胜射之，一发俱中，因拜曰"使胜得奉神武，以讨不庭皆如此也。"周文悦，由是恩礼日重。

# 七发五中

《北史》

豆卢宁骁果善骑射。魏永安中以别将随。。朱天光入关破万俟镄奴，尝与梁企定遇于平凉州，相与肆射。乃相去百步，悬莎草以射之，七发五中。企定服其能，赠遗甚厚。

## 十发俱中

《北史·长孙晟传》

晟善弹射。一日赐射于武安殿。选善射者十二人,分为两朋。启人可汗曰:"臣由长孙得见天子,今日赐射,愿入其朋。"许之。时有鸢群飞,上曰:"公善弹,为我取之"。十发俱中,并应丸而落。是日百官获赉。晟独居多。

## 每发辄中

《南史·列传》

韦载历位义兴太守。陈武帝诛王僧辩,乃遣周文育袭载。载婴城自守,所属县并陈武旧兵多善用弩,载收得数十人,系以长锁令所。亲监之,使射文育军,约十发不两中者死！每发辄中,所中皆毙,相持数旬。陈武帝闻文育军不利,以书喻载以诛王僧辩意。并奉梁敬帝敕。乃以众降陈。

## 十发十中

《南史·齐宜都王铿传》

铿善射,常以堋的大阔曰"终日射侯何难之有。"乃取甘蔗插地,百步射之,十发十中。

## 十发九中

宋王黄州《小畜集》

天道如张弓,赋左马右人落彀中,而不失十发九中。视掌上而弥亲。

# 三发三中

《唐韩昌黎集·薛助教墓铭》

唐薛公达少气高,为文务出于奇,举进士。补家令主簿佐凤翔军。军帅九月九日大会射设标的。高下百数十尺,令曰:"中,酬锦与金若干。"一军尽射莫能中。公执弓腰二矢指一矢以兴,揖其帅曰"请以为公欢"矢三发三中,众大呼笑。帅不喜,因自免去。

《辽史》

道宗长子六岁善射矢三发三中。上曰:"朕祖宗以来骑射绝人,威震天下。"

《金史·太祖纪》

甫成童即喜射。一日辽使坐府中,顾见太祖持弓矢使射群鸟,连三发皆中。辽使矍然曰:"奇男子也"

《元程雪楼集·袁府君神道碑云》

公出督江上兵,城中大骇。君密捕斩首乱数人,乃安诸将,益桀骜。日以语侵君且请较射,君先发三矢三中。众惊服。

# 驰射无不中

《唐书》

沙陀李国昌,为振武节度,以其子克用杀云州防御使段文楚得罪于朝举,宗奔达靼。其酋长欲图之。克用得其计,因豪杰大会,驰射百步外,针芒木叶无不中哉。部人大惊。即倡言:"今黄巢为中原患。一日,天子赦我,愿与公等南向定天下。庸能终老沙碛哉!"达靼知不留乃止。

# 谓一事中

《朝野类要》

三场内只第一场合格及补试内只大经合格,盖恐黜下之可惜。故以此勉其学者。惟武举只弓马合格者,待补谓之一事中。

## 射命中

《汉书》

李陵，字少卿，将勇敢屯张掖。天汉二年，贰师将军出酒泉击匈奴于天台，召陵欲使为贰师将辎重。陵叩头曰："臣所将屯边者，皆荆楚勇士奇材剑客也。力扼虎射命中，愿得自当一队。"

李陵

## 挽强命中

《元史·张圭传》

少能挽强命中，尝从其父出林中。有虎，圭抽矢直前，虎人立，洞其喉。一军尽欢。

## 激箭旁中

《史记》

北齐时谣曰："本欲寻山射虎，激箭旁中赵老。"

## 精射知中

《尚意譬喻·论策见事之精章》

精于射者，知中于未发。

## 应口而中

《酉阳杂俎》

隋末有督君谟善射。闭目而射，应口而中。云"志在目则中目，志在口则中口。"

## 前期而口

《经子法语》

庄子前期而中善射者。

## 刃射不中

《太平广记》

汉淮南王刘安折节下士。有八公诣门，须眉皓白，曰："闻王好射，故来相从。未审王意有何所欲，吾一人能入火灼，入水不濡，刃射不中。"

## 投过壶中

《左传》

昭公十二年，晋侯以齐侯宴，中行穆子相投壶。晋侯先穆子，曰："有酒如淮，有肉如坻。寡君中此，为诸侯师中之。"齐侯举矢曰："有酒如渑，有肉如陵，寡人中此，与君并兴亦中之。"伯瑕谓穆子曰："予失辞吾固辞诸侯矣。壶何为也？以其中隽也。齐君弱，吾君归弗来矣。"

## 言必有中

《论语·先进篇》

子曰"夫人不言，言必有中"。

《吴志》

顾雍，字元欢，领尚书令。为人不饮酒，寡言语。孙权尝叹曰："顾君不言，言必有中。"至饮宴欢乐之际，左右恐有酒失，不敢肆情。权亦曰："顾公在坐，使人不乐，其见惮如此。"出《群书类对·事苑》。

# 亿则屡中

《论语·先进篇》

子曰“回也,其庶乎?屡空赐不受命。而货殖焉,亿则屡中。”

# 祸不能中

《鹖冠子》

云:“圣王者,有听决疑之道。能屏谗、擢贤、逆淫、绝流语,去无用、绝朋党之门。嫉妒之人,不得著明。非君子术数之士,莫能当前。故邪不能奸,祸不能中。”

# 巧发奇中

《史记·封禅书》

李少君亦以祠穀灶道。却老方见上,上尊之。少君善为巧发奇中,尝从武安侯饮坐,中有年九十余老人。少君乃言与其大父游射处。老人为儿时,从其大父行,识其处。一坐尽惊,少君见上。上有古铜器问少君。少君曰“此器齐桓公十年陈于栢寝已而。”案其刻,果然。一宫尽骇,以少君为神,数百岁人也。

# 奇中

《清波杂志》

政宣间除擢侍从以上,皆先命日者。推步其五行休咎,然后出命。故一时术者,谓士大夫穷达在我可否之间。朝士例许于通衢下,马从医卜。因是此辈,益得以凭依。今谈天者,既出入贵人门第,揣摩时事,以售其话。偶尔符合,遂名奇中。卜以决疑卦影乃验,于日后反致。人疑死生祸福贵贱各有定分,彼焉能测造化之妙。

## 不幸言中

《筌翁贵耳》

《左传》定公十五年，邾子来朝。子贡曰："以礼观之，二君者皆有死亡焉。高仰骄也，毕俯替也。骄近乱，替近疾。君为主其先亡乎？"夏公薨。仲尼曰："赐不幸言而中"。

## 计幸时中

《史记》

张良谓高帝曰"陛下用臣计，幸而时中，臣愿封留足矣。"详户字。

## 占无不中

《吴志》

刘惇遭乱避地，客游庐陵，事孙辅以明天官达，占数显于南土。每有水旱寇贼，皆先时定，期无不中者。辅异焉以为军师。军中咸事之。号曰"神明。"

## 掷剑独中

《东汉书·南蛮传》

巴郡南，郡蛮初未有君长，俱事鬼神，乃共掷剑于石穴，约能中者，奉以为君。巴氏子务相乃独中之，众皆欢焉。

## 朋赞奇中

《唐书》

武三思雅为帝宠，桓彦范虑其朋谮奇中。后果罢彦范等政事。

## 万选万中

《唐史》

张鷟为文辞,犹青铜钱万选万中。

## 言无不中

《五代史》

马重绩少学术数,明太乙五纪八象三统大历,居于太原。唐庄宗镇太原,每用兵征伐,必以问之。重绩所言,无不中者。

## 谋画多中

《五代史·后梁敬翔传》

翔字子振,同州人也。少好学,举进士不中,乃客大梁。太祖与蔡人战汴郊,翔时时为太祖谋划多中。太祖欣然。以谓得翔之晚,动静辄以问之。太祖奉昭宗自岐还长安。昭宗召翔与李振,升延喜楼劳之,拜翔太府卿。

## 无不切中

《宋史》

汪大猷,字仲嘉,干办行在粮料院。行书盈几日不给视公问揎一二无不切中。老吏惊叹。

## 四发四中

罗泌《路史发挥·青阳遣妹篇》

昔者,孔子用于鲁。齐景公以犁锄计,归女乐于季氏。而孔子行。舟之侨用于虢。

晋献以荀息计,归女乐于虢公,而之侨去。由余用于戎,内史瘳为穆公荣,遗以女乐二八。而由余奔子胥用于吴。陶朱公为勾践荣,遗以西施。郑已而子胥死,是非神秘之略也,非有骇异之谋也。然而四发四中,如出一轨。良以人之好嗜不大相远,而德色之心不能两重,故虽大有为之君,一蔽于是,则纵圣如孔子,贤若侨余,有去而已;忠若子胥有死而已,尚何道之能行,而何谋之能济哉?

## 期于必中

《许鲁斋心法》

先王设学校以育人材,以济天下之用。及其弊也,科目之法愈严密,而士之进于此者愈巧。以至编摩字样,期于必中。

## 百掷百中

《南史》

朱龄石少好武,不事崖检。舅淮南蒋氏才劣。龄石使舅卧听事,剪纸方寸帖着舅枕,以刀子悬掷之,相去八九尺,百掷百中。舅畏龄石,终不敢动。

## 中兴

《宋景文公笔录》

中兴之中,去声凡读者,多随俗呼不从本音,为中兴中平声。或终身不悟者,若此甚众。

## 安能以中

《礼记》

云不肖之人,则彼将安能以中。

## 治中

《周礼》

九官府都鄂之治中，受而藏之，中要也。谓其治职簿书之要也。

## 酒中

《文苑英华·上林赋》

酒中乐酣。谓饮酒半醉半醒。

# 卷之一万三千三百四十四 二寘

## 示诗二

刘将孙《养吾集·示赵青山》

连床听夜雨，推枕话平生。此世无宾主，穷途自弟兄。向来何许志，乱后且为情。士稚何当旧，还令越石惊。

胡铨《澹庵集·示公治》

不妨我与鱼传素，只怨人言鸩作媒。莫笑东坡管闲事，细将红叶写将来。

《非空上人诗集·释戒殊示家斋》

蜀郡将家子，麒麟汗血儿。弯亏须满月，酒翰必临池。分禄从亲惠，趣庭赖母慈。飞腾应早计，练达在斯时。

《示康衢》

衢有楼，曰水云衢，名振德。康子三招鹤上仙，楼头夜写步虚篇。四空云月东西景，一片星河上下天。槛外渔灯萤火点，樽前家晏蟹赘鲜。鲁杨说在青囊秘，到处寻龙著钱鞭。

示通彦达

行役龙江命一丝，生还喜慰白头师。堂前净划临阶草，嵩顶低回偃盖枝。衲补竺天云玛瑙，瓶携违业水琉璃。礼闻僧牒如官诰，新注楞伽课六时。

《中州集·王庭筠示赵彦和》

四柳危亭坐晚阴，殷勤鸡黍故人心。儿孙满眼田园乐，花木成阴年岁深。十亩苍烟秋放鹤，一帘凉月夜横琴。家山活计良如此，归兴秋风已不禁。

耶律楚材《湛然居士集·示石州刘企贤》

西州来索湛然诗，笑点霜毫录鄙辞。底事行藏元有数，斯文否泰本由时。硕材未信明君弃，雅操何惭暴吏欺。此语颇涉人忌讳，等闲勿使细民知。

《钱塘韦骧集·出东
莱城示海旁观者》

老稚相携出医林,玉沙堤上听车音。便安赤子朝廷意,补助清时使者心。畎求均休无一役,岁时赈乏有千金。东人只见东溟阔,不识君恩似海深。

《蕙亩拾英集·介甫示文淑》

少年离别意非轻,老去相逢亦怆情。草草杯盘供笑语,昏昏灯火话平生。自怜湖海三千隔,又作尘埃万里行。欲问复期何日是,寄书应见雁南征。

文淑次韵

昔年送别向都城,邂逅今宽万里情。壮观已怜江路隔,高谈却待月华生。君随传入随堤去,我驾车从蜀栈行。两处相逢知有日,新诗何幸慰西征。

《朱晦庵集·日用自警示平父》

圆融无际大无余,即此身心是太虚。不向用时勤猛省,却于何处味真腴。寻常应对尤须谨,造次施为更莫疏。一日洞然无别体,方知不枉费工夫。《舟用前韵示诸同游》,幽卧寒岩不记年,饱看山月听风泉。舒忧正得琴三叠,玩意惟凭易一编。误落尘中乖夙尚,却思洞里付真传。封章偿幸天从欲,便解铜符谢鸷骞。

示诸同志

夏木已云暗,时禽变新声。林园草被径,端居有余清。端居亦何为?日夕掩柴荆。静有弦诵乐,而无尘虑并。良朋肯顾予,尚有夙心倾。深惭未闻道,折衷非所寰。眷焉抚流光,中夜欢以惊。高山徒仰止,远道何由征。

《李大隐先生集·元日示邦求》

济时材术本无庸,长大犹存伯业功。骐骥已消千里志,鸡鹍聊避广川风。论都正恐识伦父,置酒深惭及寓公。早晚共谋归去计,烟波穲稏五湖东。

示艾若讷

文章自昔为难事,词赋于今岂易工。入室升堂方尽善,枝青配白谩称雄。师资未省逢劲敌,衡鉴应宜探古风,顾我平生章句学,强谈文律愧空空。

曾丰《樽斋集·长韵示
阿柄阿杓在韶遣行》

遭罹意外罢微官,更被归途瘴见奸。仆从阽危谙遣鬼,妻孥濒死谢还舟。回头海表山如许,屈指江西路若干。先遣一书报儿辈,吾其老矣幸平安。

胡富《斐然集·示阮冠》

一行作吏掷分阴,世路尘劳满客襟。三语风流归梦想,十年书问寄浮沉。门前种柳春光妙，堂上鸣弦古意深。别后新诗都觅取，对哦湘渌醉还斟。

《腊雷春雪示吉甫》

晓色空明衡岳南，一尘那复隔仙凡。贯时松竹色自好，破腊雷霆声未咸。万里鲛绡开步障，千金火院试春衫。渔舟不与人供尽，独驾云涛月满帆。

示程生二首

利城名途较少多，人生那用学灯蛾。如君甘作长贫士，视古宁惭独行科。雀可罗时烦宠顾，鸢常站居重经过。扁舟又指闽山隐，奈此苍凉别意何。柴桑风度极清真，地位当齐古逸民。不为儿曹营饱暖，聊将诗句骂经纶。喜君自得超遥趣，与世相忘寂寞宾。剩欲细论嗟遽别，空惭祖谢响然臻。

《赵忠正德集·示陆昭中》

执来田园正所图，无心重整少时书。功名常若归难必，拙直悬知退有馀。避谤杜门宾客绝，病痰妨饮酒杯疏。平生刚笑孔文举，老我来年百不如。

葛胜仲《丹阳集·葛胜仲示友卿》

飞藿萧萧晚自零，来时濯木始欣荣。每因劝学添文思，却为回纹动旅情。好逐诸儒勤释莱，英忧贫嫂便䊀羹。似闻阙泽中霄梦，月里分明有姓名。

徐安国《西窗集·示俯傚》

谁把螭头绩继碑？英雄能得几多时。八千顺指功何补？六十头颅事可疑。击磬有心怜荷蒉，泣岐无计免悲丝。何如卖却腰间剑，徒手归扶两后犁。

《曾文清公集·示逢》

清癯骨相类诸生，黾勉寒窗守一经。用赋要窥司马室，学诗频过伯鱼庭。可怜亲发镜中白，莫负子襟身上青。五桂荫门家世事，寂寥天畔几回星？

沈瀁《云巢编集·重示》

不识南宗与北宗，欲齐得丧已非通。若将直指生为梦，便可遍知色是空。莫为严周驰误说，欲轻摩诘作衰翁。古人言句真刍狗，天外秋来有信鸿。

《僧子腾集·因江幕李员外
庆孙累以书见示兼觅
拙编，偶成一章，并引五
七言三十首奉呈》

叠垂书示觅新诗，此道长惭未遇师。得句每嫌无豹变，成编欲写尚孤疑。梦回青草凭谁信？吟到碧云难自知。五七言诗三十首，为看时体合何为？

朱昱《懒轩集·示江子我》

蝇营狗苟秪贻羞,万事何能着意求?自此闭门从所好,不妨高枕得无忧。经年不濯子春足,半月才梳叔夜头。此味肯教儿辈觉,诵书声里卧黄䌷。

示罗教授楚知监

丰世交游无远信,一时宾客有新知。泮宫官冷宜谈妙,圆府钱流不废诗。封水占山为久客,合樽促席及佳时。盆山突兀清泉满,中有三江万里思。

示张子昭

西日未收东雨来,南轩相封北窗开。茫茫移冗蚁旋磨,扰扰出帘蚊聚雷。三宿定成桑下恋,一篇聊向雨中催。忌形赖有张公子,信手圜基到夜回。

中秋示潘子贱

云彻通明殿,风涵白玉楼。幽人当此夜,满意作中秋。念念何曾间,尘尘自不收。羁怀忽水释,天地一虚舟。

朱松《韦斋集·示谢彦翔二首》

满川秀色野阴疏,知有儒先隔水庐。借我宾函河上语,只看尺许定何如?后身梅福与谁论,正有幽人夙契敦。更欲上书陈世事,却来徽服守吴门。

《示金确然》

牢落天涯身百忧,故人千里肯相投。知君强记当年事,莫说家山恐泪流。

《次韵梦得见示长篇》

雉驯不因媒,鸠暖自呼妇。诗成桃李阴,知是霹雳手。簿书我亦厌,兵壑自自有。却言支离疏,鲍食得薪槱。俗夫尝世味,甘苦半哕呕。知公超然处,心迹两无垢。愁阴老芳物,虫鸟故相诱。浪药费收拾,柔条可结揉。岂无我辈人,一醉开笑口。那知市门底,客倦枕两肘。眼高可人稀,命蹇亨运偶。平生顾执鞭,见谓予小友。细观恺悌心,宜在帝左右。却来尘埃中,寂寞封五柳。觳音藏鹄羽,正待荆溪剖。学政容窥谱,问字当载酒。虚名翻误蒙,恐坐箕与斗。言诗终不称,永愧赋琼玖。

黄裳《演山集·偶成示道温》

何当归卧水云乡,不必功名似子房。一黍精华空色大,百年形数古今长。谁知扰扰还三得,独向冥冥遣两忘。少室山头星月近,紫微垣下起天香。

赵蕃《淳熙稿·桃川山
中周陈苏旧韵示周游》

仙人之为仙,终古莫尽世。颇笑区中人,云云逐川逝。念将与之游,端恐吾迈废。如为千里行，数步辄一憩。不姑返吾乡，耕鉴仍树艺。及私具伏腊，输王应租税。人惟颜徒睎，学匪杰犬吠，桃源定何许？说自渊明制。今日复何日，身乃山中诣。嗟哉彼嬴秦，其虐甚幽厉，不知丧无日，万欲从始岁。商山被褐者，瘿疾由德慧。徐福尚海山，此地只楚界。胡为略不闻，政坐耳目蔽。神仙非吾学，可以置度外。山高水深深，好事幽寻契。

琉璃厂窑弦纹加彩单耳缸

### 比见愚卿于庐陵，出示杨谨仲诗

卷中及其弟鲁卿，问其所在，云携琴往岳麓度夏。今日见杨谨仲，又云，其弟卓卿近过此，奉其母往游洪之西山，回途游阁皂乃归尔。余方困于道途，有欢于其人，作诗须到吉。示愚张卿二君云。庐陵得交君弟兄，杨子诗中称鲁卿。问云携琴岳麓行，归期去日云秋清。今晨复见杨子面，为言卓卿近相见。玉隆阁皂两仙山，游以娱亲趁鲜健。我时闻之与杨子，啧啧欢息久不已。我方五斗困尘埃，渠亦楼迟一丘底。鲁卿卓卿真愈人，枉道儒冠解误身。异日名山傥行遍，卧图好学宗少文。

### 夜坐读书有感示儿曹

昨夜秋风入短檠，试缗编简似前生。不求甚解慕名语，足记姓名嗤老兵。但得作诗穷有味，曷忧从宦久无成。汝曹未可还翁学，当念无田事笔耕。

### 示表弟沈见可

裴公台上送入日，道乡台上看出云。空居傴亥不屡到，桂杖容与能平分。江湖鹤发叹老我，道路蛩足嗟夫君。功手政自难逾度，诗里还嫌异所闻。归来客去两亦作，此故未易轻谈去。

### 分宜示沈第

水后虽颓圮，江边不寂寥。嚣声收市井，落景见渔樵。喜我扁舟泊，劳君半道要。他乡惟表弟，兹语验今宵。

### 示詹深父

浊泾清渭本源分，寂寞安能乱纠纷。世黠只知钱使鬼，我痴但识款呼君。乘时大驵千金射，望岁良农赤地耘。富贵要知定何物，五车何必为渠勤。

### 九月十一夜，雨中读吴梦与诗，书以示之

疾风吹雨过江干，老屋阙床无处干。切切冷蛩深撼壁，累累饥鼠下窥箪。枕衾屡抚眠难着，灯火重呼诗细看。谩说为官犹我似，念君怀抱若何宽。

经旬不作诗，示明叔

春风着物已熙熙，枯木无心着自知。径欲殷勤辞故絮，却怜窘东欠新诗。老来政怯花经眼，游倦翻成鸟远枝。同病同忧有如子，更堪相对两霜髭。

八夜应潭对岸作示成父

溪山风月两相当，痼疾真成得秘方。往日同舟但饶信，秪今去路落湖湘。贫离亲戚古所欢，归去田园老未忘。试遣溪头问酒价，扫沙聊得踞胡床。

同成父过章泉用前韵示之

频年尽室依此竹，意谢朱儒奉囊粟。今当舍竹去作吏，竹为嘿嘿如抱辱。嗟我作吏岂欲徒，虽非计然念则熟。如闻西江之水深无底，可以濯缨仍濯足。昔人一为功名误，置碑且虑变陵谷。那知立名自有道，未妨痛饮离骚读。人生于世譬于味，马肝不食宁非肉。弟当进德使有闻，兄亦自期无碌碌。

将行示远父秉文四八弟

远父王彦博所改字。

鸡啼午方亭，蝉噪暑未秋。寓居虽市近，适意如林投。可人谁能来，王徐真胜流。王居近官道，树林间田畴。徐居复何如，老木荫浊沟。我往必竟日，不为有鱼留。我有长安行，食谋非道谋。王郎上冢去，决焉问吴舟。令弟饥所驱，迤逦从此由。徐郎独不出，于世罕所求。念当为此别，要历山寺幽。令弟既泣女，我亦病未瘳。是事且若此，其他当罢休。中秋与重九，预作离阔忧。惟其梅花时，醉之此山头。

夜坐示进之兼怀文叔

贫病人谁数，情亲肯见存。掩窗同此夜，拨火共残温。未暇饭饱吃，且从文细论。平生松谷老，同姓与君敦。

用韵示成父

林动风微扫，庭空月正方。不知昼已短，但觉夜初长。了了游乖旧，骎骎老至将。街头卖紫角，瓮里洒鹅黄。

示成父

两重冬裘薄，泥深古道赊。东西但烟嶂，高下绝风花。断句病肝肾，食寒愁齿牙。赴期元不后，分路各从家。

口占示成父

雨暴落何方？空成掣电光。凄凉风陡变，黯黮月微妨。就取征衣盖，共谈三径荒。蝉连几彻晓，有恨故悢悢。

十五日早行示同舟

了了晴山见，纷纷宿雾空，樵归妇腰斧，渔罢叟收筒。但取登临适，何须吟啸工。平生钓台路，明日与君同。

臧正卿示旧所唱酬秋字韵诗轴要季承同用韵赠之

平生人物论，自谓富阳秋。满世多遗恨，相逢足破愁。独怜金错罄，虚负木瓜投。风节他年事，期君折槛游。

代书示逸二首

风号窗外独株松，想汝看书趁晓钟。是我起行茅店月，卸寒还觉欠龙茸。别日才留两月粮，况经裘葛变炎凉。未知别后端何似，不见寄来书一行。

示赠者英并其侄

伴我山行陈与吴，曾家父子更怜渠。武山碾得雪相似，来的酌观山水不如。

示严君

酒债未忘索，诗狂无用嗔。年华犹是腊，风日已如春。我鬓萧萧白，庭柯濯濯新。晚来喧暖剧，还遣振悬鹑。

章甫自鸣集·重九前一日示弟侄

人生百岁未易满，我已五十仍加三。异县长怜九月九，故园远在南山南。绿尊青眼旧相得，黄菊白头还好笑。明朝汝辈早同出，脚力跻攀吾尚堪。

韩驹《陵阳集·示龟山平老》

二年三饮龟山井，道上菰蒲亦笑人。犹觉是身多世累，一庵何日与翁邻。水横绝浦曾争渡，浪打船头少留。安得一舟淮上钓，水生水落任沉浮。

陈造《江湖长翁集·示阿泰三首》挈累登招宝独留守舍。既归小诗付之

曾倚新晴望海天，天容海色湛相鲜。夜中遥点群鸦影，万舶千艘忽过前。

官上依然四座空，讼庭人寂每从容。看家不为穿窬计，老去登临分外慵。

老稚悬知乐有馀，迎门先问小于菟。风烟满眼山环海，对酒还曹断句无。

元蒲道源《颂·斋丛藁·阳
月十日旦起示薛生》

深得闲中趣，何求身外名。晨香生净想，午茗涤余醒。习气书难舍，风光句偶成。天公于我厚，自用岂宜轻。

耶律楚材《湛然居士集·示忘忧》

开序余作怀古诗百韵，非徒作已，使世之人知成败之可鉴。出世之人识兴废之不常也，因作偈已见意云。历代兴亡数张纸，千年胜负一盘棋。因而讥破人间梦，始信空门一看奇。

郭祥正《青山集·示秦医二首》

忧未何物可销除，幸与秦医校局图。白黑势成分胜负，不知柯烂得归无。门临池水静无风，绿树阴阴小径通。时有秦生来过我，一枰成败谩论功。

戴栩《浣川集·叶仙都示马令克》

钓鱼自荐桃花鲊，借曲薪刍竹藁醪。一段清贫眼中见，定非裴点入诗骚。

《江湖续集·沙门
绍嵩亚愚示德圆》

莫因居此与名疏，未可唐捐肘后书。书短夜长须强学，青春不再汝知乎。（枉苟鹳翁元广余良弼。）

韩维《南阳集·戏示程正叔
范彝叟时正叔自洛中过访》

曲肱饮水程夫子，宴坐烧香范史君。顾我未能忌外乐，绿樽红芨对朝熏曲。肱饮水一作闭门。宴坐烧香一作隐几烧香。朝熏一作斜熏。

《苏颖滨集·次前韵示杨明二首》

晚岁有余乐，天教一向闲。嵩阳百口住，岭外七年还。卜宅先邻宴，携瓢欲饮颜。吴僧未不久，相约扣禅关。甘井元依庙，平湖亦近城。幅巾朝食罢，芒屐雨中行。扰扰初何事，悠悠毕此生。欲邀东廓叟。烦子作郊迎。

《宋陆子寿集·道间示德甫德称》

天地中间本自宽，何须特地起无端。更宜顿扫从前事，相与携节一笑欢。

许景《横塘集·许
景衡示师言民表》

二子追凉古寺东，阴阴绿叶散清风。笔门蜗含日亭午，试问此风同不同。

## 詹敦仁《清隐集》

𨺗访刘君乙时已殁，故将归。王令留之不可。以书来嘱，作此篇示。刘郎踪遗迹久荒凉，卜宅何妨处士乡。壮志莫随流俗变，老夫双鬓已凝霜。

## 《宋吕居士诗·示沈宗师》

十日儿号不出房，残梅犹在小瓶香。沈郎唤客煮汤饼，政恐匆匆未得尝。九日狂阴一日晴，落花飞絮作清明。与君携手南楼去，共听长江月下声。

## 《刘学易先生集·刘元城夜坐示儿侄》

露下天高秋气清，北书不到雁无情。且将欢曲终今夕，遮莫邻鸡下五更。尊香轻乏数枝菊，岂独春风一一回。自怜寒律穷途客，不恨飘零却恨开。

## 戏示语道

御吏青骢持望重，时军赤菟得勋多。乘黄騕褭今相见，垓下乌骓奈若何。

## 刘行简《苕溪集·刘行简登看经楼示同将》

昔游曾共朱栏语，十换星霜始再来。料得当时楼下水，有情应解作潮回。

## 《邹道卿先生集·将往昭州示柄》

与汝暂相别，南作昭州行。昭州距零陵，坦坦十日程。音信易来往，勿动异乡情。但自勤读书，思索厥义精。圣贤如日月，为汝出光明。修身识根本，力践以其诚。发于文字间，笔墨自纵横。零陵豪杰士，张邓尤高名。（张枢子发郑璋德甫）汝其师事之，北面听指令。分阴古所惜，况乃汝后生，省定汝母外，慎勿他事萦。皇恩极天地，我罪终从轻。还家知有时，欣见汝向成。用为祖母寿，慰叔及弟兄，携汝返乡国，重增门户荣。

## 示长卿

君与我同庚子生，连年忧患亦纵横。天高休说不可问，心下直须深自明。运嘱时雍人正乐，祀严郊报礼初成。涤瑕荡垢知多少，行矣欣欣木再荣。

## 示二仲二绝

槎头一别十经年，月照黄茅梦不圆。今日北归恩赐与，相逢如在四禅天。

一根烧萵共分甘，仿佛当年汉水南。红柿鸟残无此意，前三三与后三三。

示长卿二绝

摄虏炎荒已二年，亲朋书问亦茫然。独君风义能终始，不管烟岚肯着鞭。

一别和州二十年，山长水阔去无缘。因君说起外家事，特地栏边心怅然。

戏示柄

汝乃师子儿，时作师子吼。他年毛骨成，一顾百兽走。

示二黄

摩尼超出衲衣中，五色随方照不穷。八万四千清净眼，一齐开了见真空。

示春陵顾林宗

冠公楼下钓鱼船，横绝晴波已七年。邂逅莲宫论往事，恍疑同在夜摩天。

# 卷之一万三千四百五十 二寘

## 士处士二

### 唐杜工部诗《赠卫八处士》

师曰:"按《唐史拾遗》,公与李白、高适、卫宾相友善,时宾年最少,号小友。天宝九载,自东都复归长安作。"

人生不相见,动如参与商。今夕复何夕,共此灯烛光。少壮能几时,鬓发各已苍。访旧半为鬼,惊呼热中肠。焉知二十载,重上君子堂。昔别君未婚,儿女忽成行。怡然敬父执,问我来何方。问答未及已,儿女罗酒浆。夜雨剪春韭,新炊间黄梁。主称会面难,一举累十觞。十觞亦不醉,感子故意长。明日隔山岳,世事两茫茫。阳闵之复,此语为畅。洙曰昭元年传,高辛氏二子,阏伯实沈,居于旷林,不相能也。后帝迁阏伯于商丘,主辰。商人是因,故辰为商星迁实沈于大夏。主参,唐人主称千金寿,古诗会面安可知。

杜甫

### 高适诗《广陵别郑处士》

落日知分手,春风莫断肠。兴来无不惬,才在亦何伤。溪水堪垂钓,江田耐插秧。人生祇为比,犹足傲义皇。

### 李白诗《赠张公洲革处士》

列子居郑圃,不将众庶分。革侯遁南浦,常恐楚人闻。抱瓮灌秋蔬,心闲游天云。每将瓜田叟,耕种汉水渍。时登张公洲,人兽不乱群。井无桔槔事,门绝刺绣文。长揖二千石,远辞百里君。斯为真隐者,吾党慕清芬。齐贤曰:张公洲在上元县,列子姓列名御寇,居郑圃四十年无识者。国君卿大夫视之,犹众庶也。别赋送君南浦,伤如之何?南浦,楚地,唐万州治南淮县,乃三巴之地。非此庄子、子贡过汉阴,见一丈人,方将为圃畦凿隧而入井,抱瓮而出灌,搰搰然用力甚多,而见功寡。子贡曰:"有械于此,用力甚寡,而见功多,一日浸百畦。夫子不欲乎?"仰而视之曰。"奈何?"曰:"凿木为机,后重前轻,挈水若抽,数如泆汤,其名曰槔。"为圃者忿然作色,而笑曰:"吾闻之吾师有机械者,必有机事。有机事者,必有机心。机心存于胸中,则纯白不备。纯白不备,则神生不定。神生不定者,道之所以不载也。吾非不知羞而

不为也。"司马氏李氏注。槔,桔槔也。又曰"孔子逃于大泽,入兽不乱群,入鸟不乱行。"史《货殖传》。刺绣文,不如倚市门。《汉书》郦食其长揖不拜。《汉志》,郡太守秩二千石。《后汉书》郎官出宰百里。《论语》吾党之小子狂简。士斌曰:"陶潜诗:邹生瓜田中。陆机《文赋》,诵先人之清芬。"

## 赠闾丘处士

贤人有素业,乃在沙塘陂。竹影扫秋月,荷衣落古池。闲读山海经,散帙卧遥帷。且耽田家乐,遂旷林中期。野酌劝芳酒,园蔬烹露葵。如能树桃李,为我结茅茨。齐贤曰:"《北山移文》,焚芰制而裂荷衣。"《说文》帙,书衣。杨恽书曰:"田家作苦,林中期。如竹林七贤之类。《闲居赋》,绿葵含露。"赵鞅谓阳虎曰:"树桃李者,夏得休息。秋得其实焉。"《淮南子》曰"圣人处环堵之室,茨之以生茅。"士藷曰"郭璞撰山海经二十三卷,又注山海经图赞二卷。"《谢灵运诗》,"凌涧寻我室。"

## 赠丹阳横山周处士惟长

周子横山隐,开门临城隅。连峰入户牖,胜概凌方壶。时枉白纻词,放歌丹阳湖。水色傲溟渤,川光秀菰蒲。当其得意时,心与天坏俱。闲云随卷舒,安识身有无。抱石耻献玉,沉泉笑探珠。羽化如可作,相携上清都。

齐贤曰"《唐志》,宣州广德县有横山。"《毛诗》"俟我于城隅。"《列子》渤海之东渚,五山。三曰方壶。《唐礼乐志》,白纻吴舞,丹阳湖隶当途县。鲍照诗:穿池似溟渤。谢灵运诗:菰蒲冒清浅。《建康实录》:殷礼与张温使蜀,诸葛亮见而叹曰"江东菰蒲中,有此奇才"。张景阳诗:名与天壤俱。何敬祖诗:县象迭卷舒。《东都赋》,沉珠于泉。士赟曰:"《庄子》:善卷曰,余逍遥于天地之间,而心意自得也。《淮南子》曰:至道无为,一龙一蛇,盈缩卷舒,与时变化。陶潜词曰:云无心而出岫。献玉卞和事,见二卷。《列子》:范氏有子曰子华,善养私名,举国服之。禾生子伯范氏之上客,出行宿于田叟商丘开之舍,相与言子华之名势,能使存者亡,亡者存,富者贫,贫者富。商丘开先窘于饥寒,潜听之因假粮荷畚东之子华之门。子华之门徒,皆世族,顾见商丘开年老,狎侮欺绐,无所不为。因指河曲之淫隅曰:"彼中有宝珠,泳可得也。"商丘开从而泳之,既出,果得珠焉。众昉同疑,俄而范氏之藏大火。子华曰"若能入火取锦者,从所得多少赏。"若商丘开往无难色,入火往还。埃不侵,身不焦。范氏之党,以为有道,乃共谢之。商丘开曰:"吾亡道。虽吾之心,亦不知所以。曩子二客之宿吾舍也。闻誉范氏之势,吾诚之无二心,故不远而来,及来以子党之言皆实也。惟恐诚之之不至,行之之不及,不知形体之所措,利害之所存也。心一而已。物无忤者,如斯而已。今昉知子党之诞我,追幸昔日之不焦溺也。怛然而热,惕然震悸矣。水火岂可复近哉!"自是之后,范氏门徒遇乞儿马医,不敢辱也。晋《许迈传》曰"自后莫测所终,好道者皆谓羽化矣。楚词造旬殆而超青都。"

## 杜牧《樊川集·送沈处士赴苏州李中丞招以诗赠行》

山城封叶红,下有碧溪水。溪桥向吾路,酒旗夸酒美。下马此送君,高歌为君醉。念君苞材能,百工在城垒。空山三十年,鹿裘挂窗睡。自言陇西公,飘然我知已。举酒属吴门,今朝为君起。悬弓三百觔,囊书数万纸。战贼即战贼,为吏即为吏。尽我所有无,惟公之指使。予曰陇西公,滔滔大君子。常思抡群材,一为国家治。譬如匠见木,碍眼皆不弃。大者粗十围,小者细一指。搱撅与栋梁,施之皆有位。忽然竖明堂,一挥立能致。予亦何为者?亦受公恩纪。处士常有言,残虏为犬豕。常恨两手空,不得一马箠。今依陇西公,如虎传两翅。公非刺史材,常坐岩廊地。处士魁奇姿,必展平生志。东吴饶风光,

翠巘多名寺。疏烟亹亹秋,独酌平生思。因书问故人,能忘批纸尾。公或忆姓名,为说都憔悴。

## 赠宣州元处士

陵阳北都隐,身世两忘者。蓬蒿三亩居,宽于一天下。醑酒对不酌,默与玄相话。人生自不足,爱叹遭逢寡。

## 洛中送冀处士东游

处士有儒术,走可挟舟辀。坛宇宽帖帖,符采高酋酋。不爱事耕稼,不乐干王矣。四十余年中,超超为浪游。元和五六岁,客于幽魏州。幽魏多壮士,意气相淹留。刘济顾跪履,田兴请建筹。处士拱两手,笑之但掉头。自此南走越,寻山入罗浮。顾学不死药,粗知其来由。却于童顶上,萧萧玄发抽。我作八品吏,洛中如系囚。忽遭冀处士,豁若登高楼。拂榻与之坐,十日不语休。论今星璨璨,考古寒飕飕。治乱掘根本,蔓延去声相牵钩。武事何骏壮?文理何优柔?颜回捧俎豆,项羽横戈矛。祥云绕毛发,高浪开咽喉。但可感鬼神,安能为献酬。好入天子梦,刻像来尔求。胡为去吴会,欲浮沧海舟。赠以蜀马箠,副之胡罚裘。饯酒载三斗,东郊黄叶稠。我感有泪下,君唱高歌酬。嵩山高万尺,洛水流千秋。往事不可问,天地空悠悠。四百年炎汉,三十代宗周。二三里遗堵,八九所高丘。人生一世内,何必多悲愁。歌阕解携去,信非吾辈流。

## 《酬张祜处士·见寄长句四韵》

七子论诗谁似公,曹刘须在指挥中。荐衡昔日知文举,令狐相公曾表荐处士乞火无人作蒯通。北极楼台长挂梦,西江波浪远吞空。可怜故国三千里,虚唱歌辞满六宫。处士诗曰故国三千里。深宫二十年。一声河蒲子,双泪落君前。

## 赠李处士长句四韵

玉函怪牒鏁灵篆,紫洞香风吹碧桃。老翁四百牙瓜利,掷火万里精神高。霭霭祥云随步武,累累秋塚汉蓬蒿。三山朝去应非久,姹女当窗织羽袍。

## 庾亮诗《和李少保遥伤周处士》

宜漠尔游岱,凄凉余向秦。虽言异生死,同是不归人。昔余仕冠盖,值子僻风尘。望气求真隐,司关待逸民。忽闻泉石友,楚桂不防身。怅然张仲蔚,悲哉郑子真。三山犹有鹤,五柳更应春。遂今从渭水,投钓住江滨。

## 罗隐诗《寄窦处士二首》

兰亭醉客独知闻,欲问平安隔海云。不是金陵钱太守,世间谁肯更容身。鳌背楼台拂白榆,此中槎客亦踟蹰。牢山道士无仙骨,却向人间作酒徒。

## 酬章处士

见寄中原甲马未曾安。今日逢君万事端,乱后几回乡梦隔。别来何处路行难,霜鳞共落三门浪。雪鬓同归七里滩,何必新诗更相戏。小楼吟罢暮天寒。

### 白居易《诗·送王处士》

王门岂无酒,侯门岂无肉?主人贵且骄,待客礼不足。望尘而拜者,朝夕走碌碌。王生独拂衣,遐举如云鹄。宁归白云外,饮水卧空谷。不能随众人,敛手低眉目。扣门与我别,沽酒留君宿。好去采微人,终南山正绿。

### 招萧处士

峡内岂无人,所逢非所思。门前亦有客,相对不相知。仰望但云对,俯顾惟妻儿。寝食起居外,端然无所为。东郊萧处士,聊可与开眉。能饮满杯酒,善吟长句诗。庭前吏散后,江畔路干时。请君携竹杖,一赴郡斋期。

### 过郑处士

闻道移居村坞间,竹林多处独开关。故来不是求他事,暂借南亭一望山。

### 韩昌黎诗《送石处士赴河阳幕》

长把种对书,人云避世士。忽骑将军马,自号报恩子。风云入壮怀,泉石别幽耳。钜鹿师欲老,常山险犹恃。岂惟彼相忧,固是吾徒耻。去去事方急,酒行可以起。

### 储光羲诗《酬李处士山中见赠》

厥初游太学,相与亟周旋。舍采共朝暮,知言同古先。

### 孟阳题剑客孟矣如蜀觐省

子云献甘泉,斯须旷千里。婉娩将十年,年来艳阳月。好鸟鸣翩翩,同声既求友。不肖亦怀贤,引领迟芳信。果枉瑶华篇,成颂非其德。高文徒自妍,声尘邈超越。比兴起孤绝,始信郢中人。乃能歌白雪,跂余北堂夜。摇笔酬明哲,绿竹动清风。曾轩静华月,想象南山下。恬然谢朝列,犹恐杜鹃鸣。坐看芳草歇,邀以青松色。同之白华洁,永顾登龙门。甘心持此节。时李诗云,青青此松柏。

### 贻余处士

故国至新浦,往复未百里。北望是他邦,纷吾即游士。潮来津门启,罢楫信流水。客意乃成欢,舟人亦相喜。迟迟菱芡上,泛泛菰蒲里。渐闻商旅喧,犹见凫鸥起。市亭忽云构,方物如山峙。吴王昔丧元,隋帝又灭祀。停舻一以眺,太息兴亡理。秋苑故池田,宫门新柳杞。我行苦炎月,乃及情昊始。此地日逢迎,终思隐君子。莫言异舒卷,形音在心耳。

### 贾岛诗《送耿处士》

一瓶离别酒,未尽即言行。万水千山路,孤舟几月程。川原秋色静,芦苇晚风鸣。迢迎不归客,人传虚隐名。

## 忆吴处士

半夜长安雨,灯前越客吟。孤舟行一月,万水与千岑。岛屿夏云起,汀洲芳草深。何当折松叶,拂石剡溪阴。

## 忆江上吴处士

闽国扬帆去,蟾蜍亏复圆。秋风吹渭水,落叶满长安。此地聚会夕,当时雷雨寒。兰桡殊未返,消息海云端。

## 张藉诗《赠梅处士》

早闻声价满京城,头白江湖放旷情。讲易自传新注义,题诗不著旧官名。近移马迹山前住,多向牛头寺里行。天子如今议封禅,应将束帛请先生。

## 寄梅处士

扰扰人间是与非,官闲自觉省心机。六行班里身常下,九列符中事亦稀。市客惯曾赊贱药,家僮惊见着新衣。君今独得居山乐,应笑多时未辨归。

## 许浑诗《赠郑处士》

道傍年少莫矜夸,心在重霄鬓未华。杨子可曾过百里,鲁人何必敬东家。寒云晓散千峰雪,暖雨晴开一迳花。且卖湖田酿春酒,与君书剑是生涯。

## 寄阳陵处士

旧隐青山紫桂阴,一书迢迎寄归心。谢公楼上晚花盛,杨子宅前春草深。吴岫雨来溪鸟浴,楚江云暗岭猿吟。野人宁忆沧洲畔,会待吹嘘定至音。

## 灞上逢元处士东归

瘦马频嘶灞水寒,灞南高处望长安。何人更结王生袜,此客虚弹贡氏冠。江上蟹螯沙渺渺,坞中蜗壳雪漫漫。旧交已变一作尽新知少,却伴渔郎把钓竿。

## 送林处士自闽中道越由雪抵两川

书剑少青眼,烟波初白头。乡关背梨岭,客路转频洲。处困道难固,乘时恩易酬。镜中非访戴,剑外欲依刘。高枕海天暝,落帆江雨秋。鼍声应远鼓,蜃气学危楼。智士役千虑,达人经百忧。唯闻陶靖节,多在醉乡浮。经一作轻

## 送汤处士反初卜居曲江

雁门归去远,垂老脱袈裟。萧寺休为客,曹溪便寄家。绿琪千岁树,黄槿四时花。别怨应无限,门前桂水斜。

送鱼思别处士归有怀

宴罢众宾散,长歌携一枝。溪亭相送远,山郭独归迟。风槛夕云散,月轩寒路滋。病来双鬓白,不是旧离时。

别韦处士

南北断蓬飞,别多相见稀。更伤今日酒,未换昔年衣。旧友几人在,故乡何处归。秦原向西路,云晚雪霏霏。

题韦处士山居

斫药去还归,家人半掩扉。山风藤子落,溪雨豆花肥。寺远僧来少,桥危客度稀。不闻砧杵动,应解剪荷衣。

赠高处士

宅前云水满,高兴一书生。垂钓有深意,望山多远情。夜棋留客宿,春酒劝僧倾。未作干时计,何人问姓名。

赠王处士

归卧养天真,鹿裘乌角巾。茂陵闲久病,彭泽醉长贫。冠盖西园夜,笙歌北里春。谁吟清渭曲,作上又老钓鱼人。

寻戴处士

车马长安道,谁知大隐心。蛮僧留古镜,蜀客寄新琴。晒药竹斋暖,捣茶松院深。思君一相访,残雪侣山阴。

送宋处士

卖药修琴归去迟,山风吹落桂花枝。世间甲子须臾过,逢着仙翁莫看棋。过一作事

赠何处士

东别茅峰北去秦,梅仙书里说知人。白头主印青山下,虽过唐僧不敢亲。

张祐诗赠处士

小径上山山甚小,每怜僧院笑僧禅。人间莫道无难事,二十年来已是玄。

题赠崔权处士

读尽儒书鬓皓然,身游城市意林泉。已因骏马成三迳,犹恨胡麻欠一厘。真玉比来曾不磷,直钩从此更谁怜。遗民莫恨无高躅,陶令而今亦甚贤。

孟浩然诗《宿杨子津寄润州长山刘处士》

所思在建业，欲往大江深。日夕望京口，烟波在我心。心驰茅山洞，目极枫树林。不见少微隐，星霜劳夜吟。

寻裴处士

涉水更登陆，所向皆清负。寒草不藏径，灵峰知有人。悠哉炼金客，独与烟霞亲。曾是欲轻举，谁言空隐沦。远心寄白月，一作日华发回青春。对此钦胜事，胡为劳我身。

李商隐诗《赠郑谠处士》

浪迹江湖白发新，浮云一片是吾身。寒归山馆随棋局，暖入汀洲逐钓轮。越桂留烹张翰鲙，蜀姜供煮陆机莼。相逢一笑怜疏放，他日扁舟有故人。

崔处士

真人塞其内，夫子入于机。未肯投竿起，唯欢负米归。雪中东郭履，堂上老莱衣。读篇先贤传，如君事者稀。

司空曙诗《过终南柳处士》

云起山苍苍，林居萝薜荒。幽人老深境，素发与青裳。雨涤莓苔绿，风摇松桂香。洞泉分溜浅，岩笋出丛长。败履安松砌，余棋在石床。书名一为别，还路巳堪伤。

卢纶诗《过终南柳处士》

王老正相寻围棋到煮金。石摧丹井闭，月过洞门深。猿鸟三时下，藤萝十里阴。绿泉多草气，青壁少花林。自愧非仙侣，何言见道心。悠哉宿山口，雷雨夜沉沉。

皮日休诗《寄毗陵魏处士》

朴文籍先生不肯官，絮巾冲雪把鱼竿。一堆方冉为侯印，三级幽岩是将坛。醉少最因吟月冷，瘦多偏为卧云寒。兔皮衾暖蓬舟稳，欲共谁游七里滩。

陆龟蒙诗《奉和》

经苑初成墨沼开，何人林下肯寻来。若非宗测图山后，即是韩康卖药回。溪籁自吟朱鹭曲，沙云还作白鸥媒。唯应地主公田熟，时送君家药材。

韦应物诗《寄裴处士》

春风驻游骑，晚景澹山晖。一问清泠子，独掩荒园扉。草木雨来长，里闾人到稀。方从广陵宴，花落未言归。

答裴处士

遗民爱精舍，乘犊入青山。来署高阳里，不过日夜还。礼贤方化俗，闻风自款关。况子逸群士，栖息蓬蒿间。

李群玉诗《赠方处士》

白衣方外人，高闲溪中鹤。无心恋稻粱。但以林泉乐。赤霄终得意，天池俟鱼跃。岁晏入帝乡，期君在寥廓。

送房处士闲游

采药陶贞白，寻山许远游。刀圭藏妙用，岩洞契冥搜。花月三江水，琴樽一叶舟。羡君随野鹤，长揖稻粱愁。

赠方处士兼以写别

天与云鹤情，人间恣诗酒。龙宫奉采觅，澒洞一千首。清如南薰丝，韵若黄钟吼。喜于风骚地，忽见陶谢手。籍籍九江西，篇篇在人口。芙蓉为芳菲，未落诸花复。所知心眼大，别自开户牖。才力似风鹏，谁能弄升斗。无营傲云竹，琴帙静为友。鸾凤戢羽仪，骐骥在郊薮。镜湖春水绿，越客忆归否。白衣四十秋，逍遥一何久。此身无定迹，又逐浮云走。离思书不穷，残阳落江柳。

王建诗《赠王处士》

松树当街雪蒲池，青山掩帐一作障碧纱帷。鼠来案下长偷水，鹤在床前亦看棋。道士写将行气法，家童授与步虚词。世间有似君应少，使乞从今作我师。

雨中寄东溪韦处士

雨中溪破无干地，浸着床头湿着书。一个月来山水隔，不知茅屋若为居。

刘文房诗《送王处士归州因寄林山人》

陵阳不可见，独往复如何。旧邑云山里。扁舟来去过。鸟声春谷静，草色太湖多。傥宿荆溪夜，相思渔夜歌。

送袁处士

闲田北川下，静者去躬耕。万里空江菼，孤舟过郢城。种荷依野水，移柳待山莺。出处安能问，浮云岂有情。

宿怀仁县南湖寄东海荀处士

向夕敛微雨，晴开湖上天。离人正惆怅，新月愁婵娟。伫立白沙曲，相思沧海边。浮云自来去，此意谁能传。一水不相见，千峰随客船。寒塘起孤雁，夜色分盐田。时复一延首，忆君如眼前。

杜荀鹤诗《乱后再逢汪处士》

如君真道者，高世有闲情。每别不知处，见来长后生。药非因病眼，酒不为愁倾。笑我与身苦，吟髭白数茎。

## 秋日山中寄李处士

吾辈道无穷，寒山细雨中。儿童书懒读，果栗树将空。言论关时务，篇章见国风。升平犹可用，应不废为公。

## 寄窦处士

漳水醉中别，别来犹未醒。半生因酒废，大国几时宁。海畔将军柳，天边处士星。游人不可见，春入乱山青。

## 项斯诗《咸阳别李处士》

古道自迢迢，咸阳离别桥。越人逢水处，秦树带烟朝。驻马言难尽，分程望岂遥。秋来未相见，此意各萧条。

## 寄富春孙路处士

平生醉与吟，谁是见君心。上国一归去，沧江闲至今。钟繁秋寺近，岸阔晚涛深。疏放长如此，何人更得寻。

## 朱余庆诗《酬李处士见赠》

干上非无援，才多却累身。云霄未得路，江海作闲人。久别唯谋道，相逢不话贫。行藏一如此，可便老风尘。

## 李频诗《送胡休处士归湖南》

见说荆湘切，长愁有去时。江湖秋涉远，雷电夜眠迟。旧业多归兴，空山尽老期。天寒一瓢酒，落日醉留谁。

## 李涛诗《送凌处士赴连州邀》

连山群书至，策马出长安。落日对酒别，晚关冲雪寒。霜飞湖草绿，春近岭梅残。知己云霄在，那言欲挂冠。

## 赵嘏诗《送韦处士归朔方》

映柳见秋色，故山当落晖。青云数知己，白首一身归。满岫萧关路，连沙塞雁飞。到家翻有泪，惜取老莱衣。

## 孟贯诗《酬东溪史处士》

咫尺东溪路，年来偶访迟。泉声迷夜雨，花片落空枝。石径僧逢出，山床鹤见移。贫斋有琴酒，曾许月圆期。

## 寄李处士

僧话磻溪叟，平生重赤松。夜堂悲蟋蟀，秋水老芙蓉。吟坐倦垂钓，闲行多倚节。闻

名来已久，未得一相逢。

夏日寄史处士

掩关苔满地，终日坐腾腾。暑气冷衣葛，暮云催烛灯。寂寥知得趣，疏懒似无能。还忆旧游否，何年别社陵。

郑谷诗《寄赠孙路处士》

平生诗誉更谁过，归老东吴命若何。知己凋零垂白发，故园寥落近沧波。酒醒藓砌花阴转，病起渔舟鹭迹多。深入富春人不见，闲门空掩半庭莎。

蔡处士

无着复无求，平生不解愁。鬻蔬贫净洁，中酒病风流。旨趣陶山相，诗篇沈隐侯。小齐江色里，篱柱系渔舟。

寄题方干处士

山雪照湖水，漾舟湖畔归。松篁调远籁，台榭发清辉。野岫分开径，渔家并掩扉。暮年诗力在，新句更幽微。

梁烛处士辞金陵相国
社公归旧山因以寄赠

相庭留不得，江野有苔矶。两浙寻山遍，孤舟载鹤归。世间书读尽，僧外客来稀。谏署搜贤急，应难借布衣。

王贞《白灵溪诗·赠彭蟾处士》

不阻兵散乱，穿杨已叠双。文深李北海，诗净贾长江。退隐斫山药，醉眠凭酒缸。年年搜草泽，未使老书窗。

赠刘台处士

摆落尘埃深处隐，欲将麋鹿混高踪。兵机不让韩擒虎，笑癖微方陆士龙。月窟常留丹桂在，家山贪卧白云重。圣朝有诏征遗逸，莫挂头冠著涧松。

曹松诗《赠胡处士》

年光离岳色，带疾卧南原。白日与无事，俗人嗔闭门。樵渔临片水，野鹿入荒园。莫问荣华事，清霜点发根。

《浙右赠陆处士》　静节灌园余，得非成隐居。长当庚子日，独拜五经书。白浪吹亡国，秋霜洗太虚。门前是京口，身外不营储。

韩偓诗《赠易卜崔江处士》袁州

白首穷经通秘义，青山养老度危时。门传组绶身能退，家学樵渔迹更奇。四海尽闻龟策妙，九霄堪叹鹤书迟。壶中日月将何用，借与闲人试一窥。

赠湖南李思齐处士

两板船头浊酒壶，七丝琴畔白髭须。三春日日黄梅雨，孤客年年青草湖。燕侠水霜难狎近，楚狂锋刃触凡愚。知余绝粒窥仙事，许到名山看药炉。

吕和叔诗《道州夏日郡内北桥新亭书怀赠何元二处士》

结拘池梁上，登临日几回。晴空交密叶，隐岸积苍苔。爽气中央满，清风四面来。振衣生羽翰，高枕出尘埃。齐物鱼何乐，忘机鸟不猜。闲销炎昼尽，静胜火云开。僻远宜孱性，优游赖废材。愿为长泛梗，莫作重燃灰。守道穷非过，先时动是灾。寄言徐孺子，宾榻且徘徊。

道州敌酬何处士书情见赠

意气曾倾四国豪，偶来幽寺息尘劳。严陵钓处江初满，梁甫吟时月正高。新识几人知杞梓，故园何岁长蓬蒿。期君自致青云上，不用伤心叹二毛。

道州敌酬何处士怀郡楼月夜之作

清质悠悠素彩融，长川迥陆合为空。佳人甚近山城闭，一夜相望水镜中。

送戴处士谒杨侍郎

羸马孤僮鸟道微，三千客散独南归。山公念旧偏知我，今日因君泪满衣。

李洞诗《送包处士》

秋思枕月卧萧湘，寄宿慈思竹里房。性急却于棋上慢，身闲未免药中忙。休抛手纲惊龙睡，曾挂头巾拂鸟行。闻说石门君旧隐，寒风溅瀑坏书堂。

送醉画王处士

几年乘兴住南吴，狂醉兰舟夜落湖。别后鹤毛描转细，近来牛角饮还粗。同餐夏果山何处，共钓秋涛石在无。关下相逢怪子老，篇章役思绕寰区。

宿鄠郊赠罗处士

川静星高栗已枯，南山落石水声粗。白云钓客窗中宿，卧数嵩峰听五湖。

伍乔诗《寄史处士》

长羡闲居一水湄，吟情高古有谁知。石楼待月横琴久，渔浦经风下钓迟。幽圃落花多掩径，旧山残烧几侵篱。松门别后无消息，早晚重为清话期。

## 寄落星史虚白处士

白云峰下古溪头，曾与提壶烂漫游。登阁共看彭蠡浪，围炉同忆杜陵秋。棋玄不厌通宵算，句妙多容隔岁酬。别后相思时一望，暮山空碧水空流。

## 方玄英诗《题玉笥山强处士》

酒里藏身岩里居，删繁自是一家书。世人呼尔为渔叟，尔学钓璜非钓鱼。

## 赠中岩王处士

垂杨袅袅草芊芊，气象清虚学洞天。援笔便成鹦鹉赋，洗花须用桔槔泉。商于避世堪同日，渭曲逢时必有年。直恐刚肠闲未得，醉吟争奈被才牵。

## 赠黄处士

闭户先生无是非，竹湾松树藕苗衣。愁吟密雪思难尽，醉倒残花扶不归。若出薜萝迎鹤简，应抛舴艋别渔矶。到头苦节终何益，空改文星作少微。

## 赠钱塘湖上唐处士

我爱君家似洞庭，冲湾泼岸夜波声。蟾蜍影里清吟苦，舴艋舟中白发生。常共酒杯为伴侣，复闻纱帽见公卿。莫言举世无知己，自有孤云一作烟霞识此情。

## 李中诗《访蔡文庆处士留题》

幽人栖息处，一到涤尘心。藓色花阴阔，棋声竹迳深。篱根眠野鹿，池面戏江禽。多谢相留宿，开樽拂素琴。

## 赠蒯亮处士

著得新书义更幽，负琴何处不遨游。玄宫寄宿月华冷，羽客伴吟松韵秋。满户烟霞思紫阁，一帆风雨忆沧洲。吾君侧席求贤切，未可悬瓢枕碧流。

## 吉水春暮访蔡文庆处士留题

无事无忧鬓任苍，浊醪闲酌送韶光。溟濛雨过池塘暖，狼藉花飞砚席香。好古未尝疏典册，悬图时要看潇湘。恋君清话难留处，归路迢迢又夕阳。

## 高常侍诗《广陵别郑处士》

落日知分手，春风莫断肠。兴来无不惬，才在亦何伤。溪水堪垂钓，江田耐插秧。人生只为此，亦足傲羲皇。

## 赠别晋三处士

有人家住清河源，渡河问我游梁园。手持道经注已毕，心知内篇口不言。卢门十年见秋草，此心惆怅谁能道。知己从来不易知，慕君为人与君好。别时九月桑叶疏，出门千里无行车。爱君且欲君先达，今上求贤早上书。

秦韬玉诗《寄李处士》

吕望甘罗道已彰，只凭时数为门张。世途必竟皆应定，人事都来不在忙，要路疆干情本薄，旧山归去意偏长。因君指似封侯骨，渐拟回头别醉乡。

储嗣宗诗《和顾非熊题茅山处士闲居》

归耕地肺绝尘喧，匣里青萍未授恩。浊酒自怜终日醉，古风时得野人言。鸟啼碧树闲临水，花满青山静掩门。唯有阶前芳草色，年年惆怅忆王孙。

邵谒诗《赠郑殷处士》

善琴不得听，嘉玉不得名。知音既已死，良匠亦未生。退居一河湄，山中物景清。渔沉池水碧，鹤去松枝轻。长材靡大用，大厦失巨楹。颜子不得禄，谁谓天道平。

吴融诗《赠方干处士》

把笔尽为诗，何人敌夫子。句满天下口，名聒天下耳。不识朝，不识市，旷逍遥，闲徙倚。一杯酒，无万事，一叶舟，无千里。衣裳白云，坐卧流水。霜落风高忽相忆，惠然见过留一夕。一夕听吟十数篇，水榭林萝为岑寂。拂旦舍我亦不辞，携琴径去随所适。随所适，无处觅。云半片，鹤一只。

厉霆诗《访仙源观陈处士不值》

名利本来疏，间慵两有余。闭门留野鹿，带叶卷残书。林下期何在，人间事尽虚。万山青嶂底，恨不有吾庐。

许棠诗《寄庐山贾处士》

时泰亦高眠，人皆谓不然。穷经休望辟，饵术止期仙。彭蠡波涵月，炉峰雪照天。常闻风雨夜，到晓在渔船。

赠处士

乾坤清气蔼山川，尽入诗人旧简编。却羡厉生勤苦志，集成佳句世相传。

李端诗《暮春寻终南柳处士》

龙眉一居士，鹑服隐尧时。种豆初成亩，还丹旧日师。入溪花径远，向岭马行迟。紫葛垂苔壁，青菰映柳丝。偶来尘外事，暂与素心期。终恨游春客，同为岁月悲。

无功诗《赠程处士》

百年长扰扰，万事悉悠悠。日光随意落，水势任情流。礼乐因姬旦，诗书傅孔丘。不知高枕处，时取醉销愁。

山中别李处士播

为向东溪道，人来路更赊。山中春酒熟，何处得停家。

韦庄诗《赠武处士》

一身唯一室，高静若僧家。扫地留疏影，穿池浸落霞。绿罗临水合，白道向村斜。卖药归来醉，吟诗倚钓杳。

张乔诗《寄处士梁烛》

贤哉君子风，讽与古人同。采药楚云里，移家湘水东。星霜秋埜阔，雨雹夜山空。早晚相招隐，深耕老此中。

温飞卿诗《赠郑处士》

飘然随钓艇，云水是天涯。红叶下荒井，碧梧侵古槎。醉收陶令菊，贫卖邵平瓜。更有相期处，南篱一树花。

周贺诗《寻北岗韩处士》

相过值早凉，松帚扫山床。坐石泉痕黑，登城藓色黄。逆风沉寺磬，初日晒邻桑。几处逢僧说，翻来宿北岗。

耿沣诗《夜寻卢处士》

月高鸡犬静，门掩向寒塘。夜竹深茅宇，秋庭冷石床。住山年已远，服药寿偏长。虚弃如吾者，逢君益自伤。

韩栩诗《寻胡处士不遇》

到来心自足，不见亦相亲。说法思居士，忘机忆大人。微风吹药案，晴日照茶巾。幽兴殊未尽，东城飞暮尘。

《马戴诗·春日寻浐川王处士》 碧草经微断，白云扉晚开。罢琴松韵发，鉴水月光来。宿鸟排花动，樵童浇竹回。与君同露坐，涧石拂青苔。

皇甫曾诗《寻刘处士》

几年人不见，林下掩柴关。留客当清夜，逢君话旧山。隔城寒杵急，带月早鸿还。南陌虽相近，其如隐者闲。

李颀诗《寄镜湖朱处士》

澄霄晚流阔，微风吹绿频。鳞鳞远峰见，淡淡平湖春。芳草日堪把，白云心所亲。何时可为乐，梦里东山人。

姚合诗《夏日书事寄丘亢处士》

暑天难可度，岂复更持觞。树里鸣蝉咽。宫中午漏长。病夫心益躁，静者室应凉。

几欲相寻去,红尘满路傍。

送王龟处士

送客客为谁,朱门处士稀。唯修曾子行,不着老莱衣。古寺随僧饣,空林共鸟归。壶中驻年药,烧得献庭闱。

豫章莲花妓诗《献陈陶处士》

莲花为号玉为腮,珍重尚书遣妾来。处士不生巫峡梦,虚劳神女下阳台。

于武陵诗《送魏山韦处士》

阴阴亭际闲,相顾惨离颜。一片云飞去,嵯峨空魏山。

僧齐已诗《寄镜湖方干处士》

贺监旧山川,空来近百年。闻君琴与鹤,终日在鱼船。岛露深秋石,湖澄半夜天。云门几回去,题遍好林泉。

僧尚颜诗《寄方干处士》

格外缀清诗,诗名独得之。闲居公道日,醉卧牡丹时。海岛和涛望,山僧带雪期。仍闻称处士,圣主肯相知。

送独孤处士

万里去非忙,惟携贮药囊。山家消夜景,酒肆过年光。立鹤洲侵浪,暄蚕壁近床。谁人临上路,乞得变髭方。

寄陈陶处士

钟陵门外住,喻似玉沉泥。道真负嫌杀,神清语亦低。雪深加酒债,春尽减诗题。记得僧邀宿,山茶又更携。

僧皎然诗《访陆羽处士不遇》

太湖东西路,吴王古山前。所思不可见,归鸿自翩翩。何山赏春茗,何处弄春泉。莫是沧浪子,悠悠一钓船。

往丹阳寻陆处士不遇

远客殊未归,我来几惆怅。叩关一日不见人,远屋寒花笑相向,寒花寂寂遇荒阡,柳色萧萧愁暮蝉。行人无数不相识,独立云阳古木边。凤翅山中思古寺,鱼竿村口望归船。归船不见见寒烟,离心远水共悠然。他日相期那可定,闲僧着处即经年。

杼山禅居寄东溪吴处士

青云何润泽,下有贤人隐。路入菱湖深,迹与黄鹤近。野风吹白芷,山月摇清轸。诗

祖吴叔庠,到君才不尽。身当青山秀,诗曰:家住青山下。青下有吴均故宅后改为吴均山。文体多郢声。澄澈湘水碧,沉寥楚天清。时人格不同,至今罕知名。昔贤敦师友,此道独君行。既得庐霍趣,乃高雷远情。别诗春风多,扫尽雪山雪。为君中夜起,孤坐石上月。悠然遗尘想,邈矣达性说。故人不在兹,幽桂惜未结。

答胡处士

田山禅隐比求闻,长道唯应我与君。书上无名心忘却,人间聚散似浮云。

薛逢诗《题独孤处士村居》

江上园庐荆作扉,男驱耕犊妇鸣机。林峦当户莺萝暗,桑柘绕村姜芋肥。三亩稻田还谓业,两间茅舍亦言归。何如一被风尘染,到老云云相是非。

陈图南诗《偶题》

十年踪迹走红尘,回首青山入梦频。紫陌纵荣争及睡,朱门虽贵不如贫。愁闻剑戟扶危主,闷见笙歌聒醉人。携取旧书归旧隐,野花啼鸟一般春。

温庭筠诗《题处士卢姑山居》

西溪问樵客,遥识楚人家。古对老连石,急泉清露沙。千峰随雨暗,一径入云斜。日暮飞鸟散,满山桥麦花。

宋蔡端明诗《送张处士》

垂垂秋雨没鞯泥,经书门前无马嘶。乘静因题送行什,江南归思已凄迷。梁园尘土著人腥,不似淮山照眼明。爱君心迹曾无系,一片孤云去就轻。

访陈处士

桥畔修篁下碧溪,君家尤在此桥西。来时不似人间世,日暖花香山鸟啼。

寇准诗《赠魏野处士》

人间名利走尘埃,惟子高闲晦盛才。欹枕夜风喧薜荔,闭门春雨长莓苔。诗题远岫经年得,僧恋幽轩继日来。却恐明君微隐逸,溪云谁得共徘徊。

寄赠笠泽处士

笠泽渔人高节奇,白头犹自着蓑衣。吟过竹院僧留宿,钓罢烟江鹤伴归。花落砌边春雨歇,酒醒林际夕阳微。中朝名士皆知己,多说东来信亦稀。

《宋元宪公集·和梵才寄林逋处士》

白首江湖传散人,天弢解尽有天真。汉家不惜青蒲费,终为枚生一里轮。

《苏子美集·送安素处士高文悦》

皇天稔臣憝,羌虏稽显戮。庙算忽小丑,王师数倾衄。秦民著暴敛,惨惨生意蹙。贼

气愈张王，锋锐不可触。帷幄监前败，降心间白屋。尺诏下中天，公车塞章牍。荣虑尽颇牧，勇决过贲育。先生胸臆大，经术内自足。逸韵脱庠尘，素节抱冰玉。独耻论兵战，因时射君禄。不唯吾志乖，亦使王道局。放怀但文史，散发自溪谷。近臣上荐书，天子渴高躅。旅帛三及门，不免至京毂。万钟非所好，大议戛钧轴。孤鸾入紫烟，纲网罟安可束。天风万里长，沆瀣朝满腹。更期下翔集，以为苍生福。

寇准

梅圣俞《宛陵集·同道损持国访孔旼处士》

高庐当大道，节士不肯过。穷巷独乘德，车马一何多。势力走谀谄，礼义服委佗。是以被褐人，长甘北山阿。曰今岂有愧，渔上有行歌。

《范文正公集·访陕郊魏疏处士》

贤哉先处士，天书召不起。云天嗣孤风，复为隐君子。有石砺其齿，有泉洗其耳。下唊红尘路，荣利无穷已。孜孜朝市人，同在风波里。大为高士笑，誓不舍青紫。我亦宠辱流，所幸无愠喜。进者道之行，退者道之止。矧今领方面，岂称长城倚。来访卧云人，而请益诸己，得无长者言，佩之玉非美。

赠余杭异处士

名动公卿四十秋，相逢仍作旅人游。青山欲买难开口，白发思归易满头。厌入市匣如海燕，可堪云水属江鸥。故乡知己方都督，千对春浓种橘休。时胡侍郎守余杭。

和沈书记同访林处士

山中宰相下岩扃，静接游人笑傲行。碧嶂浅深骄晚翠，白云舒卷看春晴。烟潭共爱鱼方乐，樵爨谁欺雁不鸣。莫道隐君同德少，樽前长揖圣贤清。

寄赠林逋处士

唐虞重逸人，束帛降何频。风俗因君厚，文章至老淳。玉田耕小隐，金阙梦高真。罢钓轮生蠹，慵冠鉴积尘。铒莲攀岳顶，歌雪扣琴身。墨妙青囊秘，丹灵绿发新。岭霞明四望，岩笋入诸邻。几侄簪裾盛，诸生礼乐循。朝廷唯荐鹗，乡党不伤麟。币古夫差国，怀贤伍相津。剧谈来剑侠，腾啸骇山神。有客瞻冥翼，无端预荐绅。未能忘帝力，犹待补天均。早晚功名外，孤云可得亲。

与人约访林处士阻雨因寄

闲约诸公扣隐扃，江天风雨忽飘零。方怜春满王孙草，可忍云遮处士星。蕙帐朱容登末席，兰舟无赖寄前汀。湖山早晚逢晴霁，重待寻仙入翠屏。

寄西湖林处士

萧索远家云，清歌独隐沦。巢由不愿杜，尧舜岂遗人。一水无涯静，群峰满眼春。何当伴闲逸，尝酒过诸邻。

寄林处士

片心高与月徘徊，岂为千钟下钓台。犹笑白云多事在，等闲为雨出山来。

寄安素高处士

吏隐南阳味日新，幕中文雅尽嘉宾。满轩明月清谭夜，共忆诗书万卷人。

送邢昂处士南游

落落崆峒一大儒，四方心逸忆江湖。东南赖有林君复，万里清风去不孤。

赵清献公集·赠蔡山玉处士

蔡山深处隐林泉，远离尘纷仅十年。已得琴中平淡意，有弦终日似无弦。

送张处士

下峡孤舟快似飞，西江归去一天涯。乡人故眼知君否，功行如今无不为。

赠濮阳高蒙处士

事了还家不记年，三茅俦侣尽真仙。恰如少华希夷子，十度花残一觉眠。
先祖太傅赠陈抟之句

《司马温公传集·寄清逸魏处士》

乡村三摇落，临风歌式微。徒嗟俗绿重，端使素心违。茅阁杉松冷，山园药草肥。不能如海燕，岁岁一飞西。

陆放翁诗《读林逋魏野二处士诗》

君复仲宣真隐论，笔端亦自斡千钧。闲中一句终难道，何况市朝名利人。

王黄州《小畜集·赠种放处士》

媒雉不诱凤，由鹿不致麟。终南有嘉士，天子不得臣。板舆入穷谷，同隐之推亲。种木山之阿，采兰涧之滨。务本不务末，求力不求人。至孝在尽欢，饮水犹欣欣。富贵不以道，列鼎奚足云。行是有余力，稽古且学文。稽古不为禄，学问非饰身。立言复垂教，杨孟时有伦。我生落世纲，碌碌随缙绅。直躬多龃龉，左宦苦漂沦。妻孥困斗栗，亲老无重茵。入山非隐遁，去团颇悲辛。犹顾贰车禄，縻絷丹河滨。羡君脱羁鞅，生计在水云。羡君遗荣利，居处绝嚣尘。躬耕方肯食，恐蠹力穑民。学优终不仕，孰为观国宾。去去谢桂籍，行行避蒲轮。巢由自高尚，尧舜徒圣神。况我蜉蝣辈，敢希鸾鹤群。犹期不远复，一

问迷途津。他年解郡职,顾许我为邻。

寄潘阆处士

烂醉狂歌出上都,秋风时节忆鲈鱼。江城卖药长将鹤,古寺看碑不下驴。一片野心云出岫,几茎吟发雪侵梳。算应冷笑文场客,岁岁求人荐子虚。

赠郝处士

尽见闲人话息机,唯君的个厌轻肥。盘中药菜真僧舍,箧里烟霞旧道衣。江渚鸥鹇情已狎,洛阳樱笋梦应稀。县斋喜与书斋近,公暇何妨扣竹扉。

寄汶阳田告处士

汶水年来涨绿波,先生居此兴如何。门连别浦闲垂饵,宅枕平沙好种莎。治水共谁言鲧禹,曾著禹元经大言治水事著书空自继丘轲。可怜垂白无人问,却伴渔翁着钓蓑。

寄郓城萧处士

收藏家谱恐人寻,雨笠烟蓑自称心。夜踏月华三迳小,晓耕秋色一犁深。庭园纵窄犹栽药,活计虽贫不卖琴。应笑驱驱未名客,九衢尘土满衣襟。

张舜民《画墁集》

庚辰岁仲夏,冲照处士王筌子真,自渭上游三茅,是时仆移召京师,分袂于永城,聊写长言,用浼行色。君为天下都散汉,我是人间大丈夫。君往茅山住岩岭,我乘汴水入京都。翩翩云鹤惊飚驭,汩汩尘埃满客裾。秖看此行皆可见,不须开口说贤愚。

宋景文公诗《李处士》

江天退卧久沉冥,秋入颠毛翠葆惊。原宪桑枢贫不病,子真岩石老归耕。樵风挂席晨昏至,履齿登山上下平。鄗稻已收霜橘熟,深心宁遂彻侯荣。

王沂《伊滨集·乐善处士》

刘君陈谊竟何如,萧洒城南小隐居。倾盖交通皆国士,挥金振恤自乡闾。易名不愧君贤谥,潜德生辉太史书。他日相逢通姓字,定惊座耸簪裾。

《苏颍滨集·赠王复处士》

候潮门外王居士,平昔交游遍海涯。本种杉松为老计,晚将亭榭付邻家。为生有道终安隐,好事来游空叹嗟。犹有东坡旧诗卷,忻然对客展龙蛇。王君旧有园亭。子瞻兄名之曰种德。其亭顷以贫故鬻之矣。

《韦先生集·赠项子复处士》

介似于陵可谓清,老来志操益坚成。胁肩传会羞衰俗,捽茹优游尽此生。祗以图书养高性,不县林薮市虚名。谁编野史防遗逸,当为先生作独行。

《刘元城尽言稿集·句
留别李子玉守素处士》

行藏由命不由身，一卧东山三十春。谁谓他乡各异县，与君相见即相亲。故里心期奈别何，几时回首一高歌。镜中丝发悲来愤，他日相逢应更多。

詹敦仁诗《寄刘乙处士》

音问相忘二十秋，天教我辈到南州。无穷风月随宜乐，有分溪山取次收。好语传来如昨梦，离情欲剖带春愁。何时载酒从东下，细与刘君叙昔游。

赵叔灵《南阳集·赠张处士》

应问秋云学得闲，飘然如不在人间。青藤箧里诗多怪，紫栗枝边药更殷。江客对棋曾赌鹤，野僧分履借登山。仍闻昨日来城市，又抱孤琴踏月还。

张元幹《归来集·次
韵奉呈公泽处士》

屏迹苕溪少往还，时危尤觉故人欢。相期腊尽屠苏酒，速享春来苜蓿盘。雪夜剧谈金贼入，风江绝叹铁衣寒。何年天上旄头落，并灭穹庐旧契丹。

赵蕃《淳熙稿·赠徐处士》

南朝文士数徐陵，骑省流风篆法存。翰墨了知无异道，丹青今复见诸孙。规模要自胸中具，绳尺嫌于笔下论。太息艺成头已白，谁能持使献金门。

吴仲孚诗《赠任处士》

故园不恋恋西湖，赁得民居作隐居。开口不离仁义字，闭门惟读圣贤书。老无子息偏怜鹤，闲有工夫仅钓鱼。酒熟自斟诗自和，功名一念已消除。

吕居仁诗《赠欧阳处士》

爱君年少便知足，今君虽老更一作转无欲。闭门不出动经时，保此无穷清净福。黄衣弟子杂僧徒，共守荒郊数椽屋。门前山水各有态，君但疏篱对修竹。直如季路耻有闻，清似之推不言禄。坐看世事云变化，一任儿曹手翻覆。上皇龙飞三十春，临轩亦尝思异人。诏书屡下广搜索，当时几人能识真。君时声名动天子，高卧不起空逡巡。漫收符录养丹火，一旦四海生风尘。我来见君斛岭下，识君无营真静者。殷勤爱我莫遽行，尚肯相从结茅舍。时当丧乱足淹留，豺狼恣横空山夜。它年有意过匡庐，一作庐山更许渊明入莲社。

陈造《江湖长翁集·急笔赠欧处士》

酒所欧索去甚急作此送之欧善尽山水南州江山昔所历，雨峰黯云晴江碧。几年思之忽堕前，政得欧生醉时笔。斯人历览山川奇，得兴落笔天露机。不须十日五日一水石，已可王

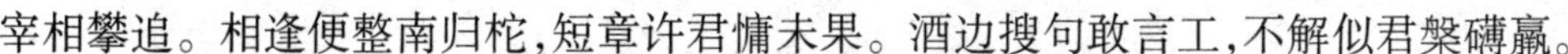

宰相攀追。相逢便整南归柁，短章许君慵未果。酒边搜句敢言工，不解似君槃礴赢。

郑獬《郧溪集·送李处士南归》

驾车跨马声嘈嘈，长剑阔佩横满朝。尘埃走趋颜发老，先生久客得无劳。夜来气味有秋色，归心斗与秋风高。揭竿跨浪好归去，扁舟烂醉眠云涛。力小不能荐天子，遗诗有意徒哓哓。

《抚州府罗山志·乐
史访白陂陈处士》

沿溪复践云，云边访道人。水声齐入耳，山色来绕身。闻君话经济，使我开精神。少微星在此，飞诏何因循。清风不见面，白汗如波流。走来君洞里，云树冷飕飕。更泻蒲萄绿，千杯沃倒愁。魂疑更回首，残热又为仇。

《江湖后集·安晚堂送继一郭处士》

圣君如尧舜，岂无巢与由。计然亦何慕，五湖一扁舟。之人久不作，侧席思岩幽。尝闻鹿何君，清芬彻凝旒。重华锡嘉号，见一光林丘。谁谓雅道息，竞风日悠悠。脱冠挂神武，有士归东州。笑将金闺籍，猛忮处士裘。钧天为开颜，曰此夷逸俦。大书继一字，红光属奎娄。宸章轶麟衮，正声出天球。清名奖静退，下视古素侯。睿谟广先宪，婷节追前修。况今辑众隽，丞弼登虞周。明时乐闲暇，出处自不侔。赤城宅仙子，登陆方蓬洲。君归访司马，坐忘春与秋。方瞳照绿发，戏转黄河流。烟雾肃逋客。隐者应辍耗，款乃辅行色，春风生柁楼。

徐铉《骑省集·和陈
处士在雍丘见寄》

衰薄喜多幸，退公谁与闲。高人乘兴去，相望两程间。卷箔有微雪，登楼无远山。清谈胜题赠，何日秋藜还。

《江湖前贤小集·李工侍赠周衡处士》

湖南高尚客，处士道随时。地暖移花早，天寒放鹤迟。炉边岩叟药，灯下羽人棋。自说生涯处，新添卷上诗。

赠张处士

闻尔闲于琴，寝处未尝辍。抱之京城来，岂与工师列。一奏流水声，落指鸣决决。既曰林壑人，安事尘土辙。

张舜民诗《赠邻居陈焕处士》

福唐陈处士，与我对门居。生死一炉药，尘埃数箧书。但知樽有酒，莫叹食无鱼。若论浮生事，浮生事总虚。

韩维《南阳集·送戴处士还卢州》

早识浮生妄,欣陪达士游。观心非本有,于法尚何求。煮茗林间寺,题诗湖上舟。还嗟别后夜,风雪拥貂裘。

姚成一《雪坡集·赠徐处士》

剑津徐处士,湖海尽知名。术造勾庚妙,书研遁甲精。寒齐留尔久,别驿若为情。定赴秋风约,西湖酒重倾。

翁灵舒诗《赠滕处士》

识君戎马际,今又十年余。环海才安息,先生便隐居。清风三亩宅,白日一床书。长是闲门掩,邻僧亦不如。

《李忠定公集·汉处士祢衡》

祢生抱逸韵,乃是古之狂。负才颇傲物,齿少气方刚。怀刺游许下,漫灭竟摧藏。肯从屠沽儿,借面与吊丧。伟哉孔文举,国宝惜路傍。上书荐一鹗,欲使观翱翔。振翼云汉间,永垂蜺虹光。飞兔与腰袅,灭没不可望。观其慰辞荐,器识岂易量。平生轻魏祖,纵口成否臧。召令为鼓吏,阅试当改装。蹀躞初散步,掺过作渔阳。声节既悲壮,容态随低昂。岑牟与单绞,裸袒易故裳。却来坐军门,画地声琅琅。曹瞒黠如鬼,嗜杀犹虎狼。缩手不敢动,送与刘及黄。娱宾赋鹦鹉,节奏陵笙簧。援笔不加点,粲然已成章。高才竟为累,兰麝空余香。至今鹦鹉洲,葭苇秋苍苍。丑哉杀士名,千古不可忘。

《沈氏三先生集·寄赠舒州徐处士》

昔爱满川游,青林覆幽石。道人携手行,萧然名山客。谁知隋世路,譬如羁飞翮,林皋未脱去。纷纷头欲白,轻负皇人经。犹怀稚川策,幸已弃韦带。远谢功名迹,聊希闭关士。正苦身为役,别来二千日。还丹应有术,毋忘绛囊赠。使我升仙籍,将酬金环脆。青绫三万尺,诗海绘章刘。

景文赠买收处士十韵

君家霅溪上,日食霅溪鱼。无钱买钓艇,貌古常有余。遇人喜谈笑,贯酒日不虚。浩歌出尘表,白鸟来徐徐。清风入窗牖,散乱床头书。有琴坏徽轸,渊明意何如。我欲脱尘网,筑室邻君居。有地植松竹,有水种芙蕖。作诗赋生理,起居当和予。相顾要忘老,醉饱遣君诸。

赠朱象先处士十龙

前身应画师,摩诘初自许。咫尺论万里,宰也少陵与。朱翁趣岂凡,山水忘羁旅。晴宪布风云,夏木回炎暑。坐来摧虎头,与尽秃鸡距。况其尘外怀,出门皆胜侣。一尽不轻付,俗子吾避汝。能令希世迹,千载得处所。斯人定何如,箧有东坡语。画以适其意,能文不求举。

## 皇甫再送萧处士

惆怅烟郊晚，依然此送君。长河隔旅梦，浮客伴孤云。淇上春山直，黎阳大道分。西陵傥一吊，应有士衡文。

## 耿思诚华山王处士<br>有书见及赋诗为谢

昔别云当老石房，伴身犹寄鹿皮囊。十年无路陪君语，一日飞书堕我傍。旅宿旧谙关月冷，梦阑空想岳莲香。终期共坐柯平石，看泻银河万尺长。

## 刘攽诗《将过孔处士庄，<br>闻处士往许昌不果往》

鹿门隐士肯浪出，荷条丈人行不逢。朝阳昼雨霁复暝，香山无路云重重。

## 徐铉《骑省诗·送汪处士还黟歙》

孤云野鹤任天真，乘兴游梁又适秦。兴尽却归南国去，黄山何谢武陵春。

## 许纶《涉斋集·谏长韵赠严处士》

鸢在青天鱼在川，马牛谁络更谁穿。过求敢问君平卜，只问皇家一统年。

## 潘逍遥诗《赠林逋处士》

云翦鸟纱雾翦衣，存神养气语还稀。人人尽唤孙思邈，只恐身轻白日飞。

## 刘后村诗《赠魏处士》

曾箴王太尉，亦讽寇莱公。无端两丞相有愧一山翁。

## 《晁景还诗·节孝处士徐先生》

字仲车，莫怪先生身上贫，眼看外物似浮云。房中除却琴棋后，更有门前鹤一群。

## 赠笔处士屠希

屠宁祖是屠牛坦，今日却屠秋兔毫。自识有心三副健，可怜无副一心劳。

## 再遇笔屠处士

江头再遇笔屠生，共听去年江水声。三副少多了自窘，一毫去取子能轻。

## 赠笔处士曹忠

筝管予何爱，轻圆称白毫。固知今独妙，旧数浙西曹。三四十年前杭秀有曹用笔见称于世

智圆诗集《赠林逋处士》

深居猿鸟共忘机,荀孟才华鹤氅衣。满砌落花春病起,一湖明月夜渔归。风摇野水青蒲短,雨过闲园紫蕨肥。尘土满床书万卷,玄纁何日到松扉。

僧子腾诗《送曾处士归旧隐》

故乡人别楚江湄,高柳新蝉噪落晖。逆旅我惭归计晚,顺风君羡去帆飞。海门酒美思椰子,天堑星寒认少微。遥想到家秋未半,水田禾熟鳜鱼肥。

僧惟凤诗《送陈豸处士》

草长关路微,离思更依依。家远知琴在,时清买剑归。孤城回短角,独树隔残辉。别有邻渔约,相迎扫钓矶。

寄刘处士

度月阻相寻,应为苦雨吟。井浑茶味失,地润履痕深。鸟背长湖色,门间古树阴。想君慵更甚,华发昼方簪。

赠维阳吕为处士

为儒师古道,清苦少人知。心散暂因酒,鬓班多为诗。著书秋阁静,晒药夕阳迟。何必文明代,垂钓渭水湄。

和张秘校赠吴处士

隐逸思无涯,幽居似道家。养真频炼药,徇俗亦栽花。引鹤游山寺,看云侧帽纱。儿孙歌酒外,谁更羡奢华。

元王逢《梧溪集·哭吕真惠处士》

南国长林楚,西昆片玉英。周旋乡里难,终始岁寒盟,甲第风尘合,璜溪月露清。义声驭勇弁,私试集文衡。屡散千金积,还辞七品荣。性中天爵重,身外野袍轻。柳送浮春鹚,花邀啅曙莺。深期陪几杖,俄报举铭旌。世乱嗟新俊,秋高哭老成。名公题翠石,来裔照华缨。

钱宰《临安集赠樵隐处士》

樵者本在山,隐者亦在山。虽言事不同,并依林泉间。晨兴持斧出,扪萝与跻攀。向夕负薪归,落日同掩关。流水石上至,白云山中还。老樵竟何之,我独忘朝餐。

《江湖续集·斯植怀芳林处士》

相思不可见,江路正迢迢。烟树同晗远,关河入望遥。画长花影转,风定篆香销。遥忆君居处,钟声隔暮湖,

## 连百正诗《寄林处士景初》

诗书岁月久，到老未忘情。一自文风变，长忧雅道轻。时人空见忌，圣主旧知名。更有孤高节，水霜无此清。

## 《二月晦日怀林处士》

相思忽成梦，久不到茶窝。飞去羽毛短，别来风雨多。杏花一夜发，春事二分过，百尺龙潭上，知君意若何。

## 《刘文简公集·题燕处士刘实从义墓铭后》

一代耆年望，千秋处士名。眼中聊遣兴，身外久忘情。有子迪清范，无人寻旧盟。高风在寥廓，搔首愧平生。

其子彝授廉访经历不就。

## 忆郑处士

隐者俱承诏，斯人独避名。文章成汩没，冠盖绝逢迎。食粥家人瘦，耽书弟子清。经旬不见面，相忆每愁生。

## 《豫章熊朋来集·羽人以处士见招不能从老氏而感其意》

天上少微星，人间处士名。自非方外客，谁共岁寒盟。向意文其隐，随时素以行。吾衰梦冠褐，久矣厌余生。

## 杨仲弘诗《赠方韶父处士二首》

蜀郡苏明允，襄阳孟浩然。成名兼二子，得名诧群贤。口绝人间事，身如物外仙。卓然能有此，未信独无传。

古贤皆眇邈，不意见斯人。得趣时时好，吟诗句句新。挐舟来访友，览胜辄经旬。别业稠山下，归欤顾北邻。

## 东程处士

故人不见十年余，鸿雁南来得素书。茶吐枪旗迷硐石，竹供编简塞庭除。讵容炼药烧金鼎，有待横经校石渠。江上系舟将发去，黄山回首重踌躇。

## 陈深源诗《次韵谢处士》

沧海一相见，重来惊几春。青灯销壮志，白发恕闲人。野艇此生梦，深云几处身。枫桥漫携手，诗思动江滨。

刘仁本诗《赠潜德处士》

举世移荣进,君能独隐潜。利名双转毂,风雨一掀髯。书卷酣黄奶,琴床梦黑甜。封侯托兵革,谈笑出闾阎。

任仕林诗《谢广微真人
假以自然处士之号》

处士犹处子,声光畏人闻。政如豹隐雾,又似虬蟠云。乾坤照孤耿,草树含幽薰。虚名倘可乞,何以娱斯文。

《陈了斋集·寄寿阳处士李子玉》

陶令琴中妙曲,老莱袖里春风。为问白头一戏,何如黑发千钟。

《吴莱颖集·题永
嘉唐氏清节处士卷》

永嘉古郡控海隈,东望万里连蓬莱。龙湫喷天作雪下,雁荡拔地穿云开。自宜逸人此遁迹,表以青节无留埃。吾知出处本一执,肯使物我长相积。昔人可仕最解隐,圭窦不扫藏崔嵬。醉阒骑驴或市过,吟逋放鹤中船回。今人可隐独顾仕,驽马并驾驱喧豗。兰台文章与世变,梓泽宾客随尘来。就中好高欲远引,否则希进将难媒。路途九折足险恶,岩坚千叠多风雷。直从黄流屹砥柱,净洗黑月收炲煤。道义荣华果异趣,夷齐跖蹻徒惊追。于焉冥心混标鹿,况复旷眼穷纮垓。春秋栽花色拥砌,伏腊酿黍香浮杯。何山樵苏采茂蒨,某水钓泳航湾洄。平居苟求食饮遂,至乐奚问容颜推。伊予颇读隐逸传,恨不径蹑烟霞堆。素行传家即政令,虚名掩实须根荄。晴窗抚卷尽达者,秃笔落纸谁诗材。人生大节要礌礌,慎勿枉筑怀清台。

《刘文简公集·和王详议处士诗韵》

古人白骨秋草枯,藐然节义犹蘧庐。龙渊化作蛇虺窟,乳稚童牙皆丈夫。姓名闻说处士老,口不敢诘心掖虚。新诗老笔喜入眼,轻财御寇缓急趋。乃知元气本无间,季末何尝殊厥初。我期斯人如凤雏,百鸟失避竹与梧。我期斯人侣初月,光焰已射郡星疏。

漕司知事赵文甫持
杜止轩处士行卷

求诸君作诗处士,乃沼水儒者李诚甫思忠也。其事则轻财赴难,焚券御盗乙类,言之甚详。姑掇其大概而为之。男儿结发事姬孔,没世无闻羞阘茸。处心常在众人先,凡马焉知渥洼种。威州闻有豪杰士,不待文王策高踵。财空钜万敦骨肉,身起穷冤解纷冗。冯媛甘辞火券名,窦郎顿失投绳勇。一身都是仁义气,我始闻之惊且竦。衰俗靡靡颓波远,著手谁能为阵壅。岂期今日有斯人,便合岩廊佐垂拱。更看尽展济时具,风采一新天下耸。不应犹作处士诗,大笔动名有南董。

## 僧大伟诗《赠青山处士》

知命甘为闲秀才，江湖仿佛似蓬莱。一囊秘诀仙传授，几卷新诗锦剪裁。岂止胸中贮星斗，依还舌上卷风雷。青山若是生西汉，未必君平出得来。

## 陈深源诗《寄钱塘白处士》

千里吟声劝海湄，梦中曾折五云芝。江山惊识元章字，儿女能传白傅诗。古寺对僧枫落夜，断桥停棹雪深时。美人天际情萧瑟，聊剪芭蕉寄所思。

## 《杨铁崖集·金处士歌并序》

吴人金可父，贤智有才艺。而自埋于民众。啧然以处士称之。权贵人以丘园科起处士。处士绝之曰："予幸有庐一区在市关，可以避风雨。田一厘在郭外，可以给衣食。学圣人之道者，可以自乐。不顾仕也。且仕荣利禄，隐乐贞素，苟以相易，彼此两乖，乖而强合，吾不能已。"吁！处士如可父，其逸而贞者欤。故集贤旧老，相与署牒，锡号曰贞逸。会稽杨维祯，为之赋诗曰：苏州古隐君，实始虞仲，隐居放言，合乎清与权。次曰澹台氏，言不技，行不迳，未尝匐走诸侯前。五噫之夫，将其匹联。畊织为业，不废诵与弦。亦有天随仙，配鸱夷子理钓舡。去之五百年，求继者孰贤？阖闾古城阴曰：有处士氏曰金，长身而美髯。叶壬风局孤古，体貌疏且沉。家不失箴，里不失任。有余推与人，矧肯爵禄入我心。阙下足终南，叶吟贫贱易屈，富贵易淫，故大隐在阙市，不在壑与林。凤凰不能引高，神龙不能深音沁琛。人呼为处士，更加贞与逸号焉。知古不如来今，吾嗟今之士科隐丘复，事王侯行，无补阙。言无裨谋，惟禄食是媒。叶牟诡贞而枉，诡逸而休，以为吾人忧。放而返涧。恚岳陇羞，闻处士风，其不泚然在颡，岂吾人俦。南游寓兴诗寄晚香处士。送别南河上，西风九月初。逢人多问讯，养德愈谦虚。宾客来谈话，儿孙只读书。斯文真眷恋，莫遣信音疏。

## 《寄处士郑明道》

宛宛霞城枕海隅，广文僦屋近河居。家贫不给厨中食，客至惟谈几上书。松径云闲时放鹤，柳塘波静日观鱼。知君数学罗胸忆，欲问义皇未画初。

## 马虚中《霞外集·赠鹤泉丁处士》

海鹤传书谒洞天，少微星已照林泉。步兵未合判长醉，执戟终怀草太玄。清啸一声孤屿外，飞流千仞乱云边。小山丛桂能招隐，细把敲推问浪仙。

## 次韵赠澉川潘君泽处士

鸢飞鱼跃自高深，休影谁知在息阴。此似佩弦均缓急，何如抱瓮绝机心。菊篱莫负黄金盏，梅塚曾嗟白玉簪。俯仰人间今古事，成亏久矣悟昭琴。

王道士《竹林清风集·钱
竹坡处士其弟梅坡松坡
皆处士号赋唐律寄之》

先生心迹本双清，卜筑林塘绝世尘。结友松梅三处士，放怀风月一诗人。琴尊竹静闲居日，帘幙花香别院春。只隔片云不相见，何当采药话情真。

《云麓文稿次韵·答范处士见赠》

江湖濡沫两相忘，海上空闻姓字香。学富自能文郁郁，量宏那在貌堂堂。短衣拂骭身何窭，弊褐藏珍道逾光。邂逅鱼龙人海阔，忽惊君鸟见孤凰。

滕仲礼诗《北平薛处士不遇》

古人已往不可见，得见斯人尚典刑。礼让雍容孤竹国，光明渊耀少微星。胜游谁与同三径，雅志终期续六经。会待抽簪访君去，共登熊岳看沧溟。

春官杨好礼为云
中处士周仲和征诗

云庵闻说慎许可，长句称君臭味同。只道张颠能草圣，岂知东野坐诗穷。黄金谁买屠龙伎，白屋当期失马翁。未识芝眉谩援笔，令人回首望云中。

王元渤诗《赠郑处士》

郑居挟术同神巫，口谈祸福旁若无。有时过我论堪与，百二十刻成须臾。少年传食长丰腴，晚困白眼遭揶揄。长身不识完袴襦，道傍攫饭无饥鸟。我疑司命愁侵渔，鬼神不贷行攘除。天寒日莫寻长途，问胡不归始告予。还家岁晚无欢娱，堂有慈亲双鬓枯。试乞诸侯一宴余，有以遗母终改图。柯山幸有先人庐，出游岁久田荒芜。归斫青冥亲负鉏，一杯黄独三日厨。不谈怪命神舍诸，我缘一失淮芋藷。茅无一把惭妻孥，他年小榜歌吴歈。呼吸湖光饮芳腴，与子终老同柴车。

韩明善诗《次姜如寄处士韵》

六鳌赑□负人寰，浊雾狂尘咫尺间。试上蓬莱望云气，杏花多处海州山。

《元朝风雅·陈冈秋寄陈处士》

杏桃落尽清明后，姚魏开时谷雨中。为问西湖陈处士，青梅煮酒有谁同。

释大䜣诗《寄西山李处士》

每忆西山水竹居，秋风林影夕阳疏。江湖正自无知己，底用嫌人索报书。

刘秉忠诗《访处士不遇》

锁户苍烟结翠苔，青松未老菊新开。问言处士采兰去，更待延时移竹来。山分明图画展，烟霞散处洞壶开。何须更见幽人面，览此还家不漫来。

刘秉忠

杨叔能《小亨集·赠卫处士》

甘石书存懵不知，老来更与世相违。夜凉天雨清如水，尝欲因君识少微。

熊朋来诗《钱舜举画西湖处士并诗》

一童一鹤隐孤山，能画能诗有老钱。湖上风流今已矣，梅边香影想依然。

程雪楼诗《题召秀才孟阳处士诗卷》

孟阳处士入京师，身着山中旧补衣。坐对王侯常极论，行逢水石忽如归。韩康卖药逃名姓，陶令休官觉是非。何似行藏随所遇，无心处处可忘机。

张思廉诗《寄何九处士十韵》

闻道迁新业，濮家原上居。连床弃珍玩，橐载束图书。腊水春前酿，晴泥雨后蔬。琴清花院静，棋响竹窗虚。纪历忘秦汉，征租绝吏胥。浮鸥孤艇棹，健犊短辕车。绿树行吟罢，黄庭坐对余。山林奚必问，钟鼎待何如。情已羲皇上，时方杂霸初。触蛮雨蜗角，天地一蘧庐。

邓善之诗《挽周处士》

籍籍唐朝故相孙，曾闻笔阵扫千军。蛰龙未烧春鱼尾，宿雾空藏老豹文。韩子无端遭鬼疟，匀城有认作先坟。墨潭烟水殷山月，日断清秋不见君。

国朝僧宗泐诗《辛亥岁程处士见过常熟别墅临别赋诗》

献岁春未回，风雨连十日，荒村少朋欢，穷巷绝人迹。程君泛扁舟，茅斋破幽寂。远来见真情。疑言忘永夕。顾惟艰难际，出处各有役。世纷日相缠，谁能念畴昔。荷香竹外风，蕙气林间雨。长叹不逢人，幽怀浩如许。白云不辞山，流水常在壑。冉冉木叶零，纷纷桂花落。因睹物华变，始知秋气薄。留连白歌，惆怅招隐作。晴雪泛林光，寒风振谷响。逍遥亭上游，遂此幽居赏。佳士期不来，日日成独往。偃仰丘仲琴，悠然起遐想。


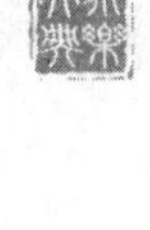

# 隐士

## 《庄子外篇·缮性》

古之所谓隐士者，非伏其身而弗见也，非闭其言而不出也，非藏其知而不发也，时命大谬也。当时命而大行乎天下，则反一无迹；不当时命而大穷乎天下，则深根宁极，而待此存身之道也。

## 《抱朴子·逸民篇》

隐遁之士，则为不臣。亦岂宜居君之地，食群之谷乎。

## 《宋史·高宗纪》

绍兴九年，命周聿方庭实蒐访隐士。

## 马明叟《实宾录》

后汉许寂仕伪蜀王衍，至平章事。随衍入洛，为工部尚书致仕卒。颇好吐纳修炼之术，蜀人呼为黄扉隐士。齐何点，父铄以风疾害。点母王氏坐死。点感家祸欲绝昏婚。祖尚之强为娶琅琊王氏，礼毕将亲迎。点累涕泣求执本志，遂得罢。世称孝隐士。

## 《南史》

宋何点，字子皙。性率好狎人物，遨游人间，或乘柴车，蹑草履，恣心所适，致醉而归。故世论以点为孝隐士，弟胤为小隐士。

## 《晋书·董景道传》

董景道，弘农人也。永平中，知天下将乱，隐于商洛山。衣木叶，食树果，弹琴歌笑以自娱。毒虫猛兽皆绕其傍，是以刘元海及聪屡征，皆碍而不达。至刘曜时出山，庐于渭汭。曜征为太子少傅，散骑常侍，并固辞竟以寿终。

## 《补笔谈》

李后主常自号钟山隐士。或云凡画中题钟隐笔者，皆后主自书，特晦其名，非姓钟人也。

## 《开元天宝遗事》

太白山有隐士郭休，字退夫。有运气绝粒之术。于山中建茅屋百余间，有白云亭、炼丹洞。注易亭，修真亭，朝玄坛，集神阁。每于白云亭与宾客看山禽野兽，即以槌击一铁片子，其声清响，山中兽闻之集于亭下，呼为唤铁。

《南康志》

唐元集虚河南人。入五老峰，临相思涧居焉。足不至城市。元和中，白居易访之，题其亭云：怪君不喜仕，又不游州里。今日到幽居，了然知所以。宿君石溪亭，潺湲声满耳。饮君螺杯酒，醉卧不能起。见君五老峰，益悔居城市。爱君三男儿，始叹自无子。余方炉峰下，构室为居士。山北与山南，往来从此始。自是数相往还。

颜诩隐白鹿洞三十年，孟宾于诗云：园林萧洒闻来久，欲访因循二十秋。今日开襟吟不尽，碧峰重叠水长流。为诩作也。

《唐书》

田游岩，隐嵩山，频诏不起。高宗幸嵩山，亲访岩家，帝营奉天宫游岩旧宅直宫左，诏不听毁。天子自书榜其门曰"隐士田游岩宅"。

《卢藏用传》

藏用能属文，举进士不得调。乃隐终南少室二山，学练气为辟谷附太平公主。始隐山时然有意当世。人目为随驾隐士。司马承祯尝召至阙下将还山卢藏用，指终南山曰："此中大有嘉处。"答曰"以仆视之，仕宦之捷径。"藏用惭，后进尚书右丞。晚乃徇权利务为骄纵，素节尽矣。

《太平广记》

卢藏用征拜左拾遗，迁尚书右丞，与陈伯玉、赵贞固友善。隐居之日，颇以贞白自卫，往来于少室、终南二山。时人称随驾隐士。

《钓矶立谈》

山东有隐君子者，素负杰人之材。与昌黎韩熙载同时南渡。初以说于宋齐丘，为五可十必然之论，大抵多指汤武伊吕事，齐丘谢曰"子之道大，吾惧不能了此。"因引以见烈祖曰："江南之埒如覆瓯，子幸何以教我？"对曰："昔阙中父老语刘德舆云：'长安千门万户，是公家百姓。五陵联络，是公家坟墓。舍此将欲何之？故小人亦以是为朋，使君愿倘不能拓定中土。王有京雒，终不是言也。'"烈祖颇喜其言，然以南国初基，未能用也。遂擢为校书郎。縻以群从事，雅非其所欲也。于是放意泉石，以诗酒自娱。及嗣主登位，韩叔言表荐其名，召将用之。见于便殿，曰"臣草野之人，渔钓而已。邦国大计，非臣所能知。"嗣主赐以酒饮，即径醉溺于殿陛之下。上笑曰"真隐士也。"赐五亩以遣之，遂卒不仕。锦绣万花谷、皮日休为鹿门隐士，著书六十篇。

《资治通鉴·后唐路王纪》

清泰二年，荆南节度使高从诲，性明达。亲礼贤士，委任梁震，以兄事之。震常谓从诲为郎君。楚王希范，好奢靡，游谈者，共夸其盛。从诲谓僚佐曰"如马王可谓大丈夫矣。"孙光宪对曰"天子诸侯礼有等差。彼乳臭子骄侈僭忲。取快一时，不为远虑，危亡无日。又足慕乎？"从诲久而悟曰"公言是也。"他日谓梁震曰"吾自念平生奉养，固已过矣。乃捐去玩好，以经史自娱，省刑薄赋，境内以安。"梁震曰"先生待我如布衣交，以嗣王属我。今嗣王能自立,不坠其业。吾老矣,不复事人矣。"遂固请退居。从诲不能留,乃为之筑室于土洲。震披鹤氅自称荆台隐士,每诣府跨黄牛至听事。从诲时過其家,四时赐予其厚,自是悉以政事属孙光宪臣。光曰"孙光宪见微而能谏,高从诲闻善而能从,梁震成功而能退,自古有国家者能如是。夫何亡?国败家丧身之有?"

## 赵希循《会心录》

隐士苏云卿,广汉人。与张丞相德远为故交。五路之陷,避地灌园于南昌东湖之上。人称之为"苏公"。贫锄抱瓮,无顷刻怠。四时之蔬无缺,鬻之易售,夜则织屦,屦坚而良,人竞买之,然莫知其为士者。一日张公移书帅漕,以访求苏云卿为祝。且致书币两司物色,久而未得。一日闻其所居,微服过人,与语颇款。延入其庐,煮茶饮客,案间亦有《西汉书》一二册。良久,客吐实以张公书币授之。苏色变愠见,二公欲邀致授馆辞,以翌日上谒。明日候之不至。今人造其庐,庐空无人。独所委书币缄封如故在焉。

## 《类说》

真宗礼汾阴,登山望林麓中有亭槛。乃隐士魏野居,当遣使召之。野方鼓琴教鹤舞,闻使至,抱琴逾坦遁去。上叹美。

## 江少虞《类苑》

陈抟,谯郡真源人,与老聃同乡里生。尝举进士不第,去隐武当山九室岩,辟谷炼气,作诗八十一章。号指玄篇,言修养之事。后居华山云台观,多闭门独卧。经累月至百余日不起。周世宗召至阙下,令于禁中扃户以试之。月余始开,抟熟寐如故。甚异之,因问以神仙黄白修养之事、飞升之道。搏曰"陛下为天下君,当以苍生为念。岂宜留意于独全乎?"世宗弗之责,放还山,令长吏岁时存问讫。太祖朝,未尝召太宗即位,再召之。雍熙初赐号希夷先生,为修所居,观留阙下数月,多延入宫中书阁内与语,颇与之联和诗什。谓宰相宋琪等曰"陈抟独善其身,不干势利,真方外之士。入华山已四十年,计其年近百岁。且言天下治安,故来朝观。此意亦可念也。"遣中使送至中书琪等问曰:"先生得玄默修养之道,可以授人乎?"曰:"抟遁迹山野,无用于世。神养之事,皆所不知。亦未尝习炼吐纳化形之术,无可传授。拟如白日升天,何益于治?圣上龙颜秀异,有天人之表,洞达古今治乱之旨,真有道仁圣之主,正是君臣合德,以治天下之时。勤行修炼,无以加此。"琪等上其言。上览之甚喜,未几放还山。端拱二年夏,令其徒买德于张超谷凿石室。室成,手书遗表曰:"臣抟大数有终,圣朝难恋,于七月二十九日化形于莲花峰下张超谷中,缄封如法。"至期卒于石室中。启封视之,乃预知也。死七日,肢体犹温。有五色云闭塞洞口,终月不散。见《杨文公谈苑》。

"陈抟,周世宗尝召见,赐号白云先生"。太平兴国初,召赴阙,太宗赐御诗云,曾向前朝出白云,后来信息杳无闻。如今若肯随征诏,总把三峰乞与君。先生服华阳巾,草履垂绦,以宾礼见赐坐,上方欲征河东,先生谏止。会军已与,令寝于御园。兵还无功,百余日方起。恩礼特异,赐号"希夷"。屡与之属和,久之辞归。进诗以见志云:"草泽吾皇诏,图南抟姓陈。三峰千载客,四海一闲人。世态从来薄,诗情自得真。乞全麋鹿性,何处不称臣。"上知不可留,赐宴便殿,宰臣两禁赴坐,为诗以宠其行。见《渑水燕谈》。

真宗时,陈抟被诏赴阙下,间有士大夫诣其所止,愿闻善言,以自规诲。陈曰"优好之

所勿久恋，得志之处勿再往，"闻者以为至言。《倦游杂录》

钱文僖公惟演生贵家，而文雅乐善出天性。晚年以使相留守西京。时通判谢绛，掌书记尹洙，留府推官欧阳修，皆一时文士。游宴吟咏，未尝不同。洛下多水竹奇花，凡园囿之胜，无不到者。有郭延卿者，居水南，少与张文定公、吕文穆公游。累举不第，以文行称于乡闾。张吕相继作相，更荐之得职官。然延卿亦未尝出仕，葺园、亭艺花足迹不及城市，至是年八十余矣。一日文僖率僚属往游，去其居一里外即屏骑，从腰舆张盖而访之，不告以名氏，洛下士族多，过客众，延卿未始出，盖莫知其何人也。但欣然相接，道服对谈而已。数公疏爽闿明天下之选。延卿笑曰"陋居罕有过从，而平日所接之人亦无若数。君者老夫甚惬，愿少留对花小酌了。"于是以陶樽果蔌而进。文僖爱其野逸，为引满不辞。既而吏报申牌，府史牙兵列中庭。延卿徐曰："公等何官？而从吏之多也。"尹洙指而告曰"留守相公也。"延卿笑曰"不图相国肯顾野人。"遂相与大笑。又曰"尚能饮否？"文僖欣然从之，又数杯。延客之礼数杯盘无少加，而谈笑自若，日入辞去。延卿送之门，顾曰"老病不能造谢，希勿讶也。"文僖乘车茫然自失。翊日语僚属曰"此真隐者也。彼视富贵为何等物耶。"叹息累日不止。

刘猛节先生概青州寿光人。少师种放，笃古好学，酷嗜山水。而天姿绝俗，与世相龃龉，故久不仕。晚乃得一名，亦去为吏。庆历中，朝廷以海上岠嵎山震逾年不止，遣使求遗逸。安抚使以先生名闻，诏命之官亦不就。青之南有冶源，昔欧冶子铸剑之地。山奇水清，傍无人烟，丛筠古木，气象幽绝。富韩公之镇青也，知先生久欲居其间，为筑室泉上。为诗并序以饯之，曰："先生已归隐，山东人物空。且言先生有志于民，不幸无位。不克施于时，将著书以见志。谓先生身虽隐，其道当与日月雷霆相震耀。"其后范文正公，文潞公、皆优礼之，欲荐之朝廷。先生恳辞，二公亦不敢强，以成其高尚。先生少时，多寓居龙兴僧舍之西轩，往往凭栏静立，慨想世事，戏吁独语，或以手拍栏干。尝有诗曰"读书误人四十年，几回醉把栏干拍。"司马温公诗话所载者是也。

田微君告，字象宜。笃学好文，理致高古。尝学诗于希夷先生，先生以诗授之，故诗尤清丽。平居寡薄，志在经世。太祖建国思得异人，诏诣公车。会奔父丧。久之东游过濮正王元之舍。元之贻书勉进其道。会大河决溢，君推鲧禹之所治，著禹元经三篇将上之，不果。已而得水树于济南明水，将隐居焉。因致书徐常待铉质其去，就铉答曰"负鼎扣角，顾庐筑金。各因其时，不失其道，在我而已，何常之有？"遂决高蹈之计，发易筮之遇睽。因自号"睽叟"，从之学者常数百人。宋维翰、许衮最其高第，二子登朝，盛称其师。淳化中，韩丕言于天子，召君赴阙，诏书入门而卒，其后文多散坠。皇祐中，济南崔书耽伯裒其遗逸得四十八篇，析为二卷。又次其出处为《睽叟别传》云。

邢惇，雍丘人以学术称于乡里，家居不仕。真宗末，以布衣召对，问经治道，惇不对"上问其故。惇曰："陛下东封西祀，皆已毕矣。臣复何言？"上悦，除试西门助教遣归。惇衣服居处一如平日乡人，不觉其有官也。既卒，人乃见其敕与废纸同，束置屋梁间。《涑水记闻》康定闻益州书生张俞尝献书天子，由是朝廷知其名。然不喜仕宦，常隐于青城山白云溪。时枢密使田况守成都，日与诗曰"深惭蜀太守，不及采芝人。"又谓僚佐言曰："斯人用之，便作正言司谏。不用之，则岩谷之病叟耳。"有文三十卷行于世。

韩丕少游学嵩山间，性质朴刻励，著名于时。作感秋诗三十篇，人多传诵。后为翰林学士。太宗召问："当时辈流颇有遗逸否？"以万适杨朴田诰为对。上悉令召之，而诰诏下乃卒。朴至召对，自言不顾仕进。赐束帛遣还，与一子出身适最后至合门，拒之不得见。

居京城半年,仅至寒饿,丕又出翰林。因表言其事,诏以为庐州慎县,主簿命下数日卒。朴善歌诗,每乘牛往来郭店,自称东里遗民。尝杖策入嵩山穷绝处,苦思为歌诗,数年得百余篇。而田诰历城人,好著述。聚徒数百人,颇有进士举,显达称其师,名闻于朝。中宗、维翰、许衮皆其弟子,诰所著书百余篇,世亦传之。大率迂阔,每注思必匿深草中,绝不闻人声。俄自草中跃而出,则一篇成矣。

种放,字明逸,河南洛阳人。父故,吏部令史满调补长安簿卒官。放七岁能属文,既长,父纮令赴举,放辞以业未成,不可妄动。父卒,兄数人皆从赋。放与母隐终南山豹林谷,结草茅为庐,以讲习为业。后生多从之,学问得其束修,以自给。著书十卷,人多传写之工,为歌诗亦播人口。宋维翰为陕西转运使,表荐之太宗,令本州给装钱三万。遣赴阙量其才收用。放诣府受金治行,素与张贺善。贺适自泰州从事,公累免官,居京兆。诣贺谋其事,贺曰:"君今赴召,不过得一簿尉耳,不如称疾,俟再召而往,当得好官。"放然之,即托贺为奏草称疾。太宗曰"此山野之人,亦安用之,"令本府岁时存问,不复召。其母甚贤,闻有朝命,恚曰"常劝汝勿聚徒讲学。身既隐矣,何用文为?果为人知,而不得安处。我将弃汝,深入穷山矣。"放既辞疾。母悉取其笔砚焚之,与放转诣穷僻人迹罕至。后母卒无以葬遣,僮奴持书于钱若水,宋湜若水,湜同上言,以为先朝尝加召命,今贫不能葬母,欲以私覢是掠朝廷之美诏,京兆府赐钱三万,帛三十匹、粟三十石。咸平末、张齐贤和京兆府表荐召为左司谏,直昭文馆,赐五品服。

《宋大事记讲义》

雍熙二年,召隐士种放不至。人言太极图,周濂溪得之种明逸。明逸得之穆伯长,伯长得之陈希夷先天之图,邵康节得之李挺之,挺之得之穆伯长,伯长得之陈希夷。愚谓希夷隐者,长于数学,而未必长于理学者也。濂溪之图、太极康节之图先天此,皆二公自得之学。盖青出于蓝而青于蓝者也。咸平五年九月,授种放官。先是诏赴阙,命为右司谏,直昭文馆。明年复还山,有讥放循默者。上曰:"放为朕言事甚众,但外庭未知耳。"因出所上时议十三篇。祥符五年六月,赐隐士林逋粟帛。当天下无道之时而隐者,此当隐而隐者也。当天下有道之时而隐者,此不当隐而隐者也。若种放林逋诸公其不当隐而隐者也,岂生于野者,不愿为公侯。国初风俗淳厚若此乎?然当人主求贤下士之时,而卓然有高士清风义概,岂不动人主歆慕之心?一四皓不仕,可以植西京节义之风;一严光不出。可以植东都节义之风,孰谓隐士无益于世哉!

《续通鉴长编》

仁宗庆历七年,汝州龙兴县,孔子四十六代孙孔旼,隐居县之龙山滍阳城。孤洁喜读书,有田数百亩,赋税常为乡里先。遇岁饥,分所余周不足。未尝计有无,闻人之善。若出于己,动止必依礼法。环所居百里,人皆爱慕之。见旼于路,辄敛衽以避。葬其父庐墓三年,卧破棺中,日食米一溢,壁间生紫芝数十本。州以行义闻,上赐粟帛,又给复其家。盗尝入旼家,发其廪粟。旼避之,纵其所取。尝逢羸弱者为盗,夺其赀,旼追盗与语,责之以义,解金畀之。使归所掠。居山未尝逢毒蛇虎豹,或谓之曰"子毋夜行,此亦可畏。"旼曰"无心则无所畏",晚年惟玩易,老净肇四书,他书不复读。为太元图张壁上曰"易所谓寂然不动者,与此无以异也。"

《悦生随抄》

东坡至黄州，邀一隐士相见。但视传舍不言而去。东坡曰“岂非以身世为传舍相戒乎？”因赠以诗，末云“士廉岂识桃锥妙，妄意称量未必然。”此盖用朱桃锥故事也。高士廉备礼请见之。语不答瞪目而去。士廉再拜曰“祭酒其使我以无事治蜀耶。”乃简条目，州遂大治。东坡用事之切当如此，皆取隐士相见不言之意也。

《岩下放言》

杨朴、魏野皆咸平景德间隐士。朴居郑州，魏野居陕，皆号能诗。朴性癖，常骑驴往来郑圃。每欲作诗，即伏草中冥搜，或得之则跃而出，适遇之者无不惊。真宗祀汾阴过郑，召朴欲命之官，即问：“卿来得无以诗送行者乎？”朴揣知帝意，谬云“无有，惟臣妻一篇。”帝使诵之曰“更休落魄贪杯酒，更莫猖狂爱做诗。今日捉将官里去，这回断送老头皮。”帝大笑，赐束帛遣还山。野和易通俗，人乐从之游。王魏公当国尤爱之，野亦数相闻无间。天禧末，魏公屡求退不许，适野寄以诗曰，人间宰相惟三载，君在中书四十年。西祀东封俱已了，好来平地作神仙。”魏公函袖以闻，遂得谢。朴死无子，而野有子闲。能袭其父风，年八十余，亦得长生之术。司马温公陕人，闲死为志其墓。故世知野者多，而朴无甚闻。然皆一节之士，世竞于进取者，不可时无此曹一二警励之。与指嵩少为仕途捷径者，异也。

叶石林《避暑录》

崔唐臣，闽人也。与苏子容、吕晋叔同学相好。二公先登第，唐臣遂罢举，久不相闻。嘉祐中，二公在馆下，一日忽见舣舟汴岸，坐于船窗者，唐臣也。亟就见之，邀与归不可，问其别后事。曰“初倒箧中有钱百千，以其半买此舟，往来江湖间，所意所欲往则从之。初不为定止，以其半居货，间取其嬴以自给，粗足即已，不求有余。差愈于应举觅官时也。”二公相顾太息而去。翌日自局中还，唐臣有留刺，乃携酒具，再往谒之，则舟已不知所在矣。归视其刺之末，有细字小诗一绝云“集仙仙客问生涯，买得渔舟度岁华。按有黄庭尊有酒，少风波处便为家。”讫不复再见。顷见王仲弓说此。

《涧泉日记》

靖康元年四月乙巳，少宰兼中书侍郎吴敏言布衣江端友，隐居京城东郊。素有高行，当围城时上书论事甚众，终不肯一至公卿之门。伏望特加官使以风四方。诏以为承务郎，赐同进士出身。

《东南记闻》

明月先生成守祖，家鄂州。淳熙间，繇鹖弁任某处巡检。忽解官，弃妻子，从庐山李麻鞋为师。至富川，居西山道堂之左偏，行通衢为乞士。凡十余年一日，无疾交坐而化。书片纸曰：“七十余年一梦间，弃名入道得安闲。随绿日月街头叫，闹市难居却入山。”

《周草窗先生记》

邓牧心，名牧叶本山，讳友林，字去文。两先生皆高节士。宋亡深隐大涤山。邓先生

于古文尤精，覈不苟作。承其学者异兴李道坦，字坦之。坦之诗亦工。然伤于巧云。

## 诗文

《文苑英华·范缜拟招隐士赋》

修竹苞生兮山之岭，缤纷葳蕤兮下一作不交阴。古木茏葱兮巍峨，川泽泱漭兮云雾多。悲猿鸣猱兮啸俦侣，攀条折芳兮聊延伫。夫君兮不还，蕙华兮凋残。岁晏兮忧未开，疑作阑草虫鸣兮凄凄。萧兮森兮玄涧，深怅徬徨兮沉吟纷纷。一作纷纭兮奄薆一作晻暖穷岩穴兮熊窟幽林杳冥兮吁可畏。嵚崟兮崄岖，岌峨兮倾欹；飞泉兮激沫，散漫兮淋漓；弱萝兮修葛，亘蔓兮长枝；绿岭兮被崖，随风兮纷披；猛兽兮封狐，眈眈兮视余；扶藤兮直上，岩岩兮嶷嶷；一作拟拔霏霏兮敷敷，赤豹兮文狸；攀腾兮相追，思慕公子兮心迟迟。寒风励兮鸱枭吟，鸟悲鸣兮难其群。公子去兮谁与亲，行露厌浥兮似中人。

唐庾开府诗《同
王褒奉和赵王隐士》

洛阳征五隐，东都别二贤。云气浮函谷，星光集颍川。霸陵采樵路，成都卖卜钱。鹿裘披稍裂，梨床坐欲穿。阮藉唯长啸，稽康讶一弦。涧险无平石，山深足细泉。低松犹百尺，少鹤已千年。野鸟繁弦转，山花焰然。虽无亭长识，终见野人传。

奉报穷秋寄隐士

五倪奉啮缺，桀溺遇长沮。黎床负日卧，麦陇带经锄。自然来木儿，无名科斗书。聚花聊饲雀，穿池试养鱼。小径治涩路，低田补坏渠。秋水牵沙落，寒藤抱对疏。空枉平原骑，来过仲蔚庐。

许浑诗《题灞西骆隐士》

磻溪连灞水，商岭接秦山。清汉不回驾，白云长一作空掩关。雀喧知鹤静，凫戏识一作觉鸥闲。却笑南昌尉，悠悠城市间。

李中诗《寄庐山庄隐士》

烟萝拥竹关，物外自求安。逼枕溪声近，当詹岳色寒。药苗应自采，琴调对谁弹。待了浮名后，依君共挂冠。

王无功诗《卢新平宅
赋古题得策杖隐士》

策杖寻隐士，行行路渐赊。石梁横涧断，土室映山斜，孝然纵有舍，威辇遂无家。置酒烧枯叶，披书坐落花。新乘滋水钓，旧结茂陵置。岁岁长如此，方知轻世华。

宋寇准《巴东集·和赵渎监丞赠隐士》

不爱簪裾陪盛列，终年深隐养天机。静闻风雨眠鱼艇，闲称林泉挂道衣。门接水村多野色，鹤当莎径立残晖。高吟幽赏无羁束，始觉趋时事事非。

赠隐士

夫子住东野，经年不到城。爱吟无俗趣，贫静得闲名。荒径侵山影，虚堂出燕声。我惭为俗吏，泉石负幽情。夫子才名重，贫居志未劳。吟当寒夜苦，闲到白头高。心地通禅寂，田园近海涛。不知千载后，谁更续《离骚》。

张咏诗《送别祝隐士》

龙钟尘满衣，特特叩柴扉。暂慰经年别，人惊千里归。山川秋末后，风雪雁来稀。莫便长休去，明时待发挥。

蔡九峰诗《赠武夷熊圣功隐士》

里闬皆华族，云山独草庐。非求龙虎鼎，爱傍圣贤居。石耸千寻直，溪涵万顷虚。文公精爽在，风月夜何如。

《王东牟先生集·绍兴庚申解官庐陵留别欧阳隐士》

梅雨翳江浦，我来初识君。俯仰寒暑移，几亲芝兰群。芝兰本何心，悠然荡清芬。不妨识度高，解使静躁分。我从困飘泊，朋从少知闻。投足自失所，造化本无根。妻儿惮远寓，岂复辨犹薰。顾惟鄙野性，乐此川原尊。时观前古俗，家传付儿孙。常疑百年余，下流名尚存。惭非拨烦手，未能解纷纭。虚怀饱暖恋，有愧民吏勤。无乃桐乡夫，或可覃后昆。晚身亦由人，孤翥随骞腾。岂不快宿愿，谁能困笼樊。他年方外士，相期同策勋。

李复《滴水集·谒隐士段庭》

人生何多谋，常苦饥寒侵。裘完甑有炊，于世澹无心。筑室青涧曲，窈窕幽径深。闭门长松下，岁无车马音。古书束高阁，兀然遗屦簪。悠悠不记年，日月徒光阴。儿童城市还，得酒或自斟。隐几望南山，闲云起孤岭。

赠吴德秀隐士以来韵

不计无成与有成，但能偿足百年心。喜营美酿多栽林，广蓄奇书尽散金。三代遗文钟鼎古，五湖秋意画图深。超然真趣谁能识，目送孤鸿抚素琴。

陆游《剑南续稿·寄隐士》

乳窦寒犹滴，岩扉夜不扃。奇书窥鸟迹，灵药得人形。浩浩天风积，冥冥海气青。傥逢王内史，更为乞黄庭。

吴仲孚诗《赠隐士》

晦迹云岩日久长,唐人冠帽道衣裳。草堂夜月琴声细,花坞春风杖策香。饮酒旋寻瓢作盏,架书高沓石为床。客来总是诗朋友,一笑人间万事忘。

《潼川志·鲁叶隐士》

深入烟霞谷,峰峦是四邻。夜唯食白石,书不识红尘。尼父许求志,伯阳交养神。生涯无别物,藜杖与纱巾。

赠隐士

一室高山顶,多年静远关。乾坤饶不老,日月与长闲。庭鹤同兴寝,岩猿伴往还。却因诗句累,名姓落人间。

清源阮琦诗《怀隐士》

春近晓寒峭,携壶谐远寻。江山怀隐士,风日淡高林。白鹿已无迹,清泉犹见心。倚梅诵佳句,疑在碧云深。

叶水心诗《赠岩电隐士》

近时术人多莽荡,要把虚名随妄想。神王虽云形不拘,尺直须防寻有枉。从来钟鼎无山林,老去岂复少年心。若言部位许亏阙,已早腾踏非埋沉。

李彭诗《贻王充道隐士》

忆昨浩翁虎溪别,雁来一字不曾收。劳君为传三月信,遣我少宽千斛愁。烟艇方游建业水,玉人犹在仲宣楼。何时挂席西湖去,藜杖青鞋鹦鹉洲。

元王沂《寄王颜隐士》

南园分首记当年,东郭文星远避躔。机事祗生鸥阁下,征书不到鹿门边。中□岁取禾三百,美酒时烦斗十千。倘忆幽禽能唤客,还家留取杖头钱。

刘文贞公诗《寄空山隐士》

一举云霄笑陆沉,谁能钟鼎似山林。浑金自入青青眼,转石难酬赤赤心。彩笔懒题鹦鹉赋,朱弦闲奏凤凰吟。柳莺啼破南窗梦,桃李不言春又深。

王恽《秋涧集·送姬仲实隐士北还》

纷纷末术例从谀,邂逅淇南论有余。买传自怜多感慨,东门何意泥孤虚。雨连宾馆留三宿,天遣幽怀为一抒。觉我胸中闻未有,九峰新说历家书。九峰一作一篇

吴舜举诗《赠宋隐士》

诛茅见说向云边,按上时鸣别鹤弦。晴峤采芝秋稍稍,晴轩酌酒月娟娟。闲门地迥

人归掩，坐榻尘清客去县。我政多情念乡井，可能无计恋林泉。

丁继道诗《寄刘长乡隐士》

梅花伴我吟身闲，山中隐者时追攀。人生聚散别离苦，春风吹鹤归乡山。

僧盘谷《游山集·隐士》

斫药归来山日斜，芒鞋竹杖缀云霞。萝窗一榻松风外，石鼎寒泉自煮茶。

连百正诗《赠隐士》

不隐山林隐市廛，半生活计此书田。可怜世上无杨子，谁识雄心在太玄。

黄彦清集《秋林隐士图》

岩扃半掩白云深，木叶萧萧秋满林，便欲操舟过溪去，一窗明月听弹琴。

《国朝非空上人集·赠
陈自新隐士归新安》

十月飞霜满洞庭，官河水上放船行。山连庐阜云屏叠，江入新安雪练明。万里冥鸿归正远，九皋独鹤梦频惊。人生不是伤离别，白发何从头上生。

## 逸士

马明叟《实宾录》

晋左思为三都赋，征士皇甫谧为之序，陈留卫瓘文为思赋作解略曰"余观三都之赋言不苟华。必经典要，品物殊类禀之图藉，辞义环玮。良可贵也。"有晋征士皇甫谧，西州之逸士。耽藉乐道高尚其志，览斯文而慷慨为之东序。晋伍朝少有雅操，闲居乐道，不修世事，性好学，召不就尚书郎。胡济奏曰"朝游心物外，不屑时务。守静衡门，志道日新。年过耳顺，而所尚无忘。诚江南之奇才，丘园之逸士也。"

《晋书孙惠传》

成都王颖引惠为大将军参军，领奋威将军白沙督时频将征长沙王义。以陆机为前锋，都督惠与机同乡里。忧其致祸，劝机让都督于王粹。及机兄弟被戮，惠甚伤恨之。惠又擅杀颖牙门将梁隽，惧罪因改姓名以遁。后东海王越举兵下邳，惠乃诡称南岳逸士。秦秘之以书干越，越以为记室参军，专掌文疏。

《魏书·列传》

眭夸、冯亮、李谧、郑修详各姓盖兼济独善，显晦之殊。其事不同，由来久矣。昔夷齐获全于周武，华矞不容于太公，何哉？求其心者，许以激贪之用。督其迹者，以为束教之

风。而肥遁不及，代有人矣。夷情得丧忘怀，累有比夫迈德弘道。匡俗庇民，可得而小，不可得而忽也。自叔世浇浮，淳风殆尽，锥刀之末，竞入成群。而能冥心物表，介然离俗，望古独适求友千龄，亦异人矣。何必御霞乘云而追日月，穷极天地始为超远哉！今录眭夸等，为《逸士传》。

《新安续志》

张珏，字公子，婺源人。进朝请郎。建炎三年，从朱弁使金还。高庙优诏迎劳，珏以病累章乞归。世居溪之东，环宅多竹。其归也。上书竹溪逸士赐之，一时名士推重焉。《廉州府合浦志》陈诰，字书言。邵才甫，字卓夫，德行为乡推服。以节操自守，不就科举，寿皆百余岁。淳熙十一年，恩封迪功郎。淳熙壬子，郡守沈杞下车，优老待贤。作诗延见，自守倅以下，皆郊迎之，

唐高僧诗《尚颜寄刘逸士》

无愁无累者，偶向市朝游。此后乘孤艇，依然入乱流。高眠歌圣日，下钓坐清秋。道不离方求，而能混俗求。

宋陈郁诗《赠东华老真钟逸士》

衣冠凉薄亦端严，为到贫时解养廉。京洛家风今尚在，宗王恩礼旧曾沾。谈高坚白囊无底，词纵题红笔退尖。自说学仙曾有遇，欲归岩壑理抽添。

《诗海绘章·滕先生赠刘逸士歌》

啸烟霞，卧酒家，优哉游哉。刘子华，登楼笑，杀银暇虾蟆。看水走却金老鸦，一生落托行天涯，髭须不管霜菱花。李白狂，祢衡傲，嗔风吹落孟嘉帽，渔村酒熟不待报。江亭花发长先到，见说南寻清景时。过石水兮登石梯，云峰顶观华夷。几教石木儿，推倒石贤碑。或弹白雪曲，冠挂高松枝。数年闻我穷章句，醉拖栉操来敲户。才得新诗便言去，千留万留留不住。

# 卷之一万三千四百九十四　二实

## 智 诗文二

### 智氏

#### 千家姓徵音

河东氏族略姬姓，即荀氏。荀首别食智邑，又为智氏。至荀瑶为赵魏所灭，故智氏亦谓荀氏。望出河东天水陈留。《氏族言行录》。《左传》云：晋卿荀林父之孙荀莹，别食智邑，又为智氏。

#### 《姓氏急就篇·智氏》

晋荀氏有分族为智氏，其后莹盈跞瑶。一

#### 罗泌《路史·高辛氏纪》

孙息食知为智氏。

#### 智莹

春秋荀林父孙智莹。食采智邑，智范韩魏赵中行。晋六卿，莹，字子羽。生盈，字伯风。又称荀盈。

### 智伯

#### 《通鉴外纪》

初智宣子，将以瑶为后。智果曰："不如宵也。瑶之贤于人者五：其不逮者一也，美须长大则贤，射御足力则贤，伎艺毕给则贤，巧文辩惠则贤，强毅果敢则贤。如是而甚不仁。夫以其五贤陵人，而以不仁行之，其谁能待之。若果立瑶也，智宗必灭。"弗听。智果别族于太史为辅氏。及智宣子卒，智襄子为政。与韩康子魏桓子宴于蓝台。智伯戏康子而侮

段规。智国闻之,谏曰:“主不备难,难必至矣。”智伯曰:“难将为我,我不为难,谁敢与之?”对曰:“不然。夏书有之,一人三失,怨岂在明?不见是图。夫君子能勤小物,故无大患。今主一宴而耻人之君相,又弗备,曰不敢与难,无乃不可乎?蜹蚁蜂虿,皆能害人,况君相乎?”弗听。智伯请地于韩康子,康子欲弗与。段规曰:“智伯好利而愎,不与将伐我,我不如与之。”康子使使者致万家之邑于智伯。智伯悦,又求地于魏桓子。恒子复与之万家之邑一。智伯又求蔡皋狼之地于赵襄子。襄子弗与。智伯怒,帅韩魏之甲以攻赵氏,襄子乃走晋阳。三家以国人围而灌之,城不浸者三版。沈龟产鼃,民无叛意,魏桓子御,韩康子骖乘智伯曰:“吾乃令知水可以亡人国也。桓子肘康子。康子复桓子之跗,以汾水可以灌安邑,绛水可以灌平阳也。”

西村窑青白釉凤头壶

絺疵为智伯曰:“韩魏必反矣。”智伯曰:“子何以知之?”絺疵曰:“以人事知之。夫从韩魏之兵以攻赵,赵亡。难必及韩魏,以今约胜赵而三分其地,城不浸者三版。人马相食,城降有日,而二子无喜志,有忧色,是非反而何?”明日智伯以絺疵之言告二子,二子曰:“此夫谗人欲为赵氏游说。使主疑于二家,而懈于攻赵氏也。不然,夫二家岂不利朝夕分赵氏之田,而欲为危难不可成之事乎?”二子出。絺疵入曰:“王何以臣之言告二子也?”智伯曰:“子何以知之?”对曰:“臣见其视臣端而趋疾,知臣得其情故也。”智伯不悛。絺疵请使于齐。赵襄子使张孟谈,潜出见二子曰:“臣闻唇亡则齿寒,今智伯帅韩魏以攻赵。赵亡,则韩魏为之次矣。”二子曰:“我心知其然也。恐事未遂而谋泄,则祸立至矣。”张孟谈曰:“谋出二主之口,入臣之耳,何伤也?”二子乃潜与张孟谈约为之期日而遣之。襄子夜使人杀守堤之吏,而决水灌智伯军。智军救水而乱,韩魏翼而击之。襄子将卒犯其前,大败智伯之众,遂杀智伯,尽灭智氏之族,唯辅果在。

臣光曰:“智伯之亡也,才胜德也。夫才与德异,而世俗莫之能辩通谓之贤,此所以失人也。夫聪察强毅之谓才,正直中和之谓德。才者,德之资也。德者,才之帅也。云梦之竹,天下之劲也。然而不矫揉,不羽括,则不能以入坚。棠溪之金,天下之利也。然而不镕范,不砥砺,则不能以击强。是故才德全尽谓之圣人,才德兼亡谓之愚人。德胜才谓之君子,才胜德谓之小人。凡取人之术,苟不得圣人君子而与之。与其得小人,不若得愚人。何则?君子挟才以为善,小人挟才以为恶。挟才以为善者,善无不至。挟才以为恶者,恶亦无不至矣。愚者虽欲为不善,智不能周,力不能胜,譬如乳狗搏人,人得而制之。小人智足以遂其奸,勇足以决其暴,是虎而翼者也。其为害岂不多哉!夫德者,人之所严。而才者,人之所爱。爱者易亲,严者易疏。是以察者多蔽于才而遗于德。自古昔以来,国之乱臣,家之败子,才有余而德不足,以至于颠覆者多矣。岂特智伯哉!故为国为家者,苟能审于才德之分,而知所先后,又何失人之足患哉。”

《通鉴答问·智赵立后》

或问:智宣子赵简子之立后。《通鉴·用左氏书法》以初起义,而原二家兴替之始,亦有意乎？曰："谨始正本，春秋之法也。"鲁声子仲子，生隐及桓，而惠公不能定适庶之分乱是用长。

## 左氏书于篇首

父父子子，而家道正矣。《大学》曰："人莫知其子之恶。"智宣子以之。传曰："知子莫若父。"赵简子以之。二家之存亡，不在晋阳交兵之日，而在立后之初，舍宵立瑶，而智以亡。舍伯鲁立无恤，而赵以存。岂唯一家？推之一国天下皆然。其在春秋，景王之子猛子朝，天下之辞也。晋献之申生奚齐，一国之辞也，臧孙纥之奔因季氏，叔孙豹之卒以竖牛，一家之辞也。虽然智瑶不仁而多才，信乎不仁矣。赵无恤焉得仁。鞅之服未除，即以铜科击杀代王，而取代地。其姊闻之，摩笄自杀。禽兽不忍为，而无恤为之，不仁之极也。春秋降而战国，人欲肆行，天理几于殄绝。瑶如袁绍不幸而败。无恤如曹操幸而成，其不仁则一也。或曰："仁，人心也。何以流为不仁？"曰："心存则天理为主，亲亲而仁民，仁民而爱物，无非仁也。心不存，则人欲为主，以其所不爱及其所爱，无非不仁也。仁则公，可以与天地参。不仁，则私，至于违禽兽不远。智赵之胜负，如蜗角蛮触，如蜉蝣朝暮，何足算者。尚论古人而不切已省察，虽五车三箧，谈词如云，于吾身心奚与焉。学者当存恻隐之心，当存不忍人之心，善念一动，便须充拓；恶念一萌，便须翦除。凡为孝悌忠信，为礼义廉耻，为刚毅木讷，为宽大乐易，为喻义之君子。乡党所尊慕，此仁人也。我则中心好之，景行行之。凡为邪说暴行，为贪婪忿类，为巧言令色，为操切刻薄，为喻利之小人。乡党所鄙贱，此不仁人也。我则如恶恶臭，如远蛇虺。"孟子曰："仁则荣，不仁则辱。岂徒荣辱而已，福祸决焉，人兽别焉。读史能识趋向，审好恶方为有益。智伯请地，或问智伯求地。韩魏与之，而赵不与。赵之谋臣有张孟谈。何以不若段规任章也。曰，《左氏》言智伯贪而愎，二字尽之。违智国之谏见其愎，求三家之地见其贪。以腹济贪，何乡不败？段规任章之谋深，所谓将欲夺之，必固与之也。赵襄子之怨深，所谓有以国毙不能从也。智伯方如猛虎跳梁于康庄，奋爪吻以搏且噬。三子者皆欲食其肉，寝其皮。与地所以骄之，不与所以怒之。骄敌者其变迟，怒敌者其衅速。襄子舍长子邯郸而走晋阳，知人和之可与同患难。盖有以待智氏矣，非无谋也。赵以惧存，智以骄灭。"《易大传》曰："危者使平，易者使倾，在人不在势。"

智伯行水。或问水攻始于何时？曰："古有以水佐耕，未闻以水佐攻，春秋时未之有也。其自智伯始欤。"刘子曰："微禹吾其鱼乎。圣人思天下之溺，由己溺之，欲民之免为鱼也。争城而战，鱼其民以逞不仁哉，智伯甚于作俑者也。三家之灌晋阳。"《史记·世家》以为汾水。《战国策》以为晋水，按《郡县志》，汾水在晋阳城东，晋水在西，二说未知孰是。智伯之言才脱诸口，而魏驹韩虎之肘足已接于车上。不言而喻，如矢激驷奔，吁可畏哉！安邑，魏邑也。平阳，韩邑也。皆百雉之城，犹赵之晋阳也。絺疵知韩魏之必反，然未有善后之策，张孟谈一说，而晋阳之水，还以灌智氏，智伯遂死于鉴台之上。曾子曰："戒之戒之。出乎尔者，反乎尔。"老氏曰："佳兵，不祥之器。其事好还，岂不信夫？智伯以不仁之资行不仁之事，辩士遂以为口实，流毒无穷，齐魏代赵而赵人决河水以灌之。决荥口，魏无大梁；决白马之口，魏无外黄济阳；决宿胥之口，魏无虚顿丘。纵横之徒，口之而弗置，其后魏竟以水亡。樊哙之灌废丘，韩信之壅潍水，高岳之浸颖川，皆以水攻取胜。莫憯乎梁武之淮堰，十余万人，沦胥于海，若观蚁之移穴，漠焉不感于心。南唐之臣有献瓦梁之议者，谓不止鱼三州氓，海四百里，不仁之祸，甚于洪水，言之不怍也。汤武救民水

火之中，曷尝有是哉！余故著智伯之罪，为不仁者之戒。自智伯之灭，至三晋之侯五十一年。”

## 智受益

元虞集《道园学古录·两浙运使智公神道碑》

公讳受益，字仲廉，姓智氏，郑州南阳人，幼孤。母夫人躬自教养，是时国家规取江南。重兵在襄邓间。公始以善书计从军，稍迁行省椽，隐然已负时望。至元二十一年，擢荆湖行省都事，征交趾。转湖广行中书左右司郎中，行中书省改行尚书，仍为其郎中，治行军幕府。数涉危险，计度、馈饷益精备，上功，适都漕运选材，进以为判官，寻迁海南海北道肃政廉访副使。病不赴。元贞初，除江西行中书省理问。官满秩，又迁湖广行中书省郎中。用御史台荐进官，迁湖南宣慰副使。明年迁江西行中书省郎中。丁母夫人忧。皇庆元年，服阕除潭州路总管，未满罢。又五年除岳州路总管。甫踰岁，赐黄金虎符，拜海道运粮万户，满三岁。就除两浙监运使。至治三年正月，以年七十请致仕，三月卒。祖某某官，父某某官，母某氏某封，以贞节表门。娶某氏，子几人某某。泰定元年二月，葬公南阳，先茔之次。

太史氏虞集以故人子，当篆其墓之石以铭。叙曰“世祖皇帝之初，进二三大儒于左右，与之论议以混一宇内。豪杰之士，以军事立功。天下且定，立官府，别郡县，治租赋，有调度，缮作禁令之事。士始以文法趣，具善承迎辨治为务，而公卿大夫之选，悉自此矣。末流之弊，更为之名以自别于士。识者闵焉矣。孰知有用之材，常趋所急以致用，故其所树立，有足表见于时。若智公者，固何可诬也哉！公练习事物，如烛照策数。一见即要其归，虽他经反覆，卒如其说而后定。吏具牍，或至数千百言，不了了于情致。公涉笔立更定不数语，粲然有文，微密周致，皆傅经说。吏民诵焉。数被旨问大狱，累年不决者，至公皆情见无隐。更朝廷病有司慢弛，遣使四出，号曰奉使，宣抚得专决不惮大吏。湖广人或诣使者言行省不如法者，数十事。且言故沮持宪臬者尤不韪。同幕颇为动。”公曰：“果自吾手出，当不至是。”使者至以此为首事，即日集省宪主者，闭府门列坐。条问以目，举一事。公辄对以因起及施行，与宪司论议相关者，云云。无一不中律令，前后月日名数，错综细微，倾倒详尽，随阅文书不少差。尽一日凡十数事，皆如一。使者惊异，不惟不得有所何问。更赞公，而立罪言者。一时会府，人人倚公为重矣。宣慰湖南者数年，潭人素服其威信。守潭之命下，民甚悦。而豪纵者望风避去，潭大郡也。为守者常厌于两使者，惴沮不得有所为。公上之日，宣慰廉访两使者，率其属亲与为礼。持文书者，往往门人故吏，拜起不敢仰视。文书画时刻下州县，以远近艰易为期，庭无留事。千里之内，洞烛如神明。盖其为政，实有举措收纵，而非冥行偶中。依稀近似以为名。是以未数月，郡中遂以无事。有富人子为不法事，至府。公召问，狱具，万端求解，卒无以变公意。是时宪府空，无他官。有独专宪事者，大为奸利，实畏忌公。富人子夜急投之为请缓，公不可。多方为牵制，因求以罔罗公者逾月无纤发近似可指，会属邑尉公事后期，当笞。以老故未即论，立请尉当有赇免罪者。尉死不肯服，乃云：公喜送过客食蒸鹅，是某库吏所致，盖官

钱”云。以此劾治，困苦之数月不解。事闻朝廷，即驿召使者，会赦，乃敢夜遁去，而公亦去位。及治岳，益有余才。海道运输，系国计甚重，而上江不时至，请筑仓建康，以冬受准而出之。损益以法，民不骇而事速便。两浙监法积弊，吏民苦之。公理事决囚盈廷，尝先日出，尽日入乃已。每愀然曰：“庶及期月，当少清乎。”时朝议用公为户部尚书，未命而报卒。呼呼，世之以时才自信，而人亦信之。而果有异于人乎哉！若夫曾无明日之虑，徒以取给自诡者，固公之所素耻者也。然则公以计时数月，积官三品，视其同人，几不及其最下者。而忧患劳苦，死而后已，不亦悲夫。嗟乎“有之而不见用。用已而不获尽，君子之常也。公亦何憾于斯?”故为之铭曰：“才急于需，朴樚毕输。优游无虞，梗柟薪槱。朝服于于，名驷大车。尔阜我夔，善驼利趋。人具曰贤，己亦信然。弗顾弗疑，充颜以前。不愧旁视，有闵无恚。既劳既试，终不自致。安平在时，则亦勿思。后或当思，既远曷追。思则考行，此有成躅。刻石载文，以慰以最。”

# 卷之一万三千八百七十七 三未

## 诸痹证治

### 痹

#### 《素问·痹论篇》

黄帝问曰"痹之安生?"王冰注。安犹何也,言何以生。岐伯对曰:"风寒湿三气杂至合而为痹也。虽合而为痹,发起亦殊矣,其风气胜者,为行痹。寒气胜者,为痛痹。湿气胜者,为着痹也。"风则阳受之故为痹行,寒则阴受之故为痹痛。湿则皮肉筋脉受之故为痹着而不去了,故凡痹从风寒湿之所生也。帝曰:"其有五者何也?"言风、寒、湿、气各异则三痹生有五,而何气之胜也?岐伯曰:"以冬遇此者为骨痹,以春遇此者为筋痹,以夏遇此者为脉痹,以至阴遇此者为肌痹,以秋遇此者为皮痹。"冬主骨,春主筋,夏主脉,秋主皮,至阴主肌肉,故各为其痹也。至阴为戊巳月,及土寄三月也。帝曰:"内含五脏六腑,何气使然?"言皮肉筋骨脉痹,以五时之外偶然内居脏腑,何以致之?岐伯曰:"五脏皆有合病久而不去者,内含于其合也。肝合筋,心合脉,脾合肉,肺合皮,肾合骨,久病不去,则入于是。故骨痹不已,复感于邪,内含于肾。筋痹不已,复感于邪,内含于肝。脉痹不已,复感于邪,内含于心。肌痹不已,复感于邪,内含于脾。皮痹不已,复感于邪,内含于肺。所谓痹者,各以其时重感于风寒湿之气也。时谓气王之月也,肝王春,心王夏,肺王秋,肾王冬。脾王四季之月,感谓感应也。凡痹之客五脏者,肺痹者,烦满喘而呕。以藏气应息,又其脉还循胃口,故使烦满喘而呕。心痹者,脉不通。烦则心下鼓,暴上气而喘。嗌干善噫,厥气上则恐。心合脉受邪,则脉不通利也。邪气内扰故烦也。手心主心包之脉,起于胸中出属心包下鬲,手少阴心脉,起于心中,出属心系下鬲。络小肠,其支别者,从心系上侠咽喉,其直者复从心系却上肺。故烦则心下鼓满暴上气而喘噫干也,心主为噫,以下鼓满,故噫之以出气也。若是逆气上乘于心,则恐畏也,神惧凌弱故尔。肝痹者,夜卧则惊,多饮数小便,上为引如怀。肝主惊骇,气相应。故中夜卧则惊也。肝之脉循阴股入、髦中环阴器抵少腹,侠胃属肝络胆,上贯鬲布胁肋循喉咙之后,上入颃颡故多饮水。数小便,上引少腹痛如怀妊之状。肾痹

岐伯

者，善胀尻以代踵，脊以代头。肾者，胃之关，关不利则胃气不转，故善胀也。尻以代踵谓足挛急也。脊以代头，谓身蜷屈也。踵足跟也，肾之脉起于足小指之下斜趣足心。出于然骨之下，循内踝之后别入跟中以上腨内出腘内廉，上股内后廉贯脊属肾络膀胱其直行者，从肾上贯肝鬲入肺中气不足，而受邪，故不伸展。"林亿新校正云详然"骨"一作然"谷"。脾痹者，四肢懈惰，发咳呕汁，为大塞。土王四季外主四肢，故四肢懈惰又以其脉起，于足循腨胻，膝膝也。然脾脉入腹属脾络，胃上鬲侠咽故发咳呕汁脾气养肺，胃复连咽故上为大塞也。肠痹者，数饮而出不得，中气喘争，时发飧泄。人肠之脉入缺盆。络肺下鬲属大肠小肠之脉又入缺盆络心循咽下鬲抵胃，属小肠。今小肠有邪则脉不下鬲，脉不小鬲则肠不行化，而胃气畜热故多饮水而不得下出也。肠胃中阳气与邪气奔喘交争，得时通利以阳气不化。故时或得通则为飧泄。胞痹者，少腹膀胱按之内痛，若沃以汤，涩于小便，上为清涕。膀胱为津液之府，胞内居之，少腹处关元之中，内藏胞器然膀胱之脉起于目，内皆上额交巅上入络脑，还出别下项，循肩髆内侠脊抵腰中。入循膂络肾属膀胱其支别者从腰中下贯臀，入腘中，今胞受风寒湿气。则膀胱太阳之脉不得下流于足。故少腹膀胱按之内痛，若沃以汤，滥于小便也。小便既滥，太阳之脉不得下行，故上烁其脑而为清涕出于鼻窍矣。沃犹灌也。林亿新校正云"按全元起本，内痛二字作两髀"阴气者，静则神藏，躁则消亡。阴谓五神藏也。所以说神藏与消亡者，言人安静。不涉邪气。则神气宁以内藏，人躁动触冒邪气则神被害而离散，藏无所守故曰消亡。此言五脏受邪之为痹也。饮食自倍肠胃乃伤。脏以躁动，致伤府以食饮见损。皆谓过用，越性，则受其邪此。言六府受邪之为痹也。淫气喘息，痹聚在肺；淫气忧思，痹聚在心；淫气遗溺，痹聚在肾；淫气乏竭，痹聚在肝；淫气饥绝，痹聚在脾。淫气谓气之妄行者，各随脏之所主，而入为痹也。林亿新校正云"详从上，凡痹之客五脏者，至此全元起本在阴阳别论中。此王氏之所移也。"诸痹不已，亦益内也。从外不去，则益深至于身内，其风气胜者，其人易已也。帝曰："痹，其时有死者或疼久者，或易已者，其故何也？"岐伯曰："其入脏者死；其留连筋骨间者，疼久。其留皮肤间者易已。"入脏者死，以神去也，筋骨疼久以其深也。皮肤易已，以浮浅也，由斯深浅，故有是不同。帝曰："其客于六府者，何也？"岐伯曰："此亦其食饮居处，为其病本也。四方虽土地温凉高下不同，物性，刚柔飧居亦异。"但动过其分，则六府致伤，阴阳应象大论曰："水谷之寒热，感则害六府林亿新校正云。"按伤寒论曰"物性刚柔飧居亦异。"六府亦各有俞，风寒湿气中其俞，而饮食应之循俞而入，各舍其府也。六府俞，亦谓背俞也。胆俞在十椎之傍，胃俞在十二椎之傍，三焦俞在十三椎之傍，大肠俞在十六椎之傍，小肠俞在十八椎之傍，膀胱俞在十九椎之傍，随形分长短而取之如是。各去脊同身寸之一寸五分。并足太阳脉气之所发也。林亿新校正云详"六府俞，并在本椎下两傍"。此注言在椎之傍者，大异也。帝曰"以针治之奈何？"岐伯曰"五脏有俞，六府有合循脉之分。各有所发，各随其过。林亿新校正云'按甲乙经，随，作治。'则病瘳也。"肝之俞，曰太冲；心之俞，曰太陵；脾之俞，曰太白；肺之俞，曰太渊；肾之俞，曰太谿，皆经脉之所注也。太冲在足大指间，本节后二寸陷者中，林亿新校正云"按刺腰痛"。注云："太冲在足大指本节后内间二寸陷者中。动脉应手刺可入同身寸之。三分留十呼，若炙者，可炙三壮。大陵在手掌后骨两筋间陷者，中刺可入同身寸之六分留七呼，若炙者，可炙三壮。太白在足内侧核骨下陷者，中刺可入同身寸之三分留七呼。若炙者可炙三壮。大渊在手掌后陷者中，刺可入同身寸之二分留二呼，若炙者可炙三壮。大谿在足内踝后跟骨上动脉陷者中，刺可入同身寸之三分留七呼。若炙者可炙三壮。胃合入于三里，胆合入于阳陵泉，大肠合入于曲池，小肠合入于小海，三焦合入于委阳，膀胱合入于委中。三里在膝下三寸胻外廉两筋间，刺可入同身寸之一寸留十呼。若炙者，可炙三壮，阳陵泉在膝下一寸胻外廉陷者中，刺可入同身寸之六分留十呼。若炙者可炙三壮，少海在肘内大骨外去肘端五分陷者中。屈肘乃得之刺可入同身寸之二分留七呼，若炙者可炙五壮，曲池在肘外辅屈肘曲骨之中，刺可入同身寸之五分留七呼。若炙者，可炙三壮，委阳在足腘中，外廉两筋间，刺可入同身寸之七分留五呼。若炙者，可炙三壮，屈伸而取之。委中在腘中央约文中动脉，刺可入同身寸之五分留七呼。若炙者，可炙三壮。"林亿新校正云："按刺热注，委中在足膝后屈处，余并用此故。"经言循脉之分各有所。发各随其过，则病瘳也。过谓脉所经过处，林亿新校正云详"王氏以委阳为三焦

合。按甲乙经云，委阳三焦下辅俞也。足大阳之别络，三焦之合，自在手少阳经天井穴。为少阳肝之所入为合。详此六府之合，俱引本经所入之穴，独三焦不引本经所入之穴者。王氏之误也，王氏但见甲乙经云，三焦合于委阳，彼说自异，彼又以大肠合于巨虚上，廉小肠合于下廉，此以曲池少海易之。故知当以天井穴，为合也。帝曰："荣卫之气，亦令人痹乎?"岐伯曰："荣者，水谷之精气也。和调于五脏，洒陈于六府，乃能入于脉也。"正理论曰："谷入于胃，脉道乃行。水入于经，其知乃成。"又灵枢经曰："荣气之道，内谷为实。"林亿新校正云："按别本，实作宝，谷入于胃。气传与肺，精专者上行，经隧由此。故水谷精气合荣气运行而入于脉也。故循脉上下，贯五脏络六府也。荣行脉内，故无所不至，卫者，水谷之悍气也，其气慓疾滑利，不能入于脉也。悍气，谓浮盛之气也。以其浮盛之气，故慓疾滑利，不能入于脉中也。故循皮肤之中，分肉之间，熏于肓膜，散于胸腹。皮肤之中，分肉之间，谓脉外也，肓膜谓五脏之间，鬲中膜也。以其浮盛，故能布散于胸腹之中，空虚之处，熏其肓膜，令气宣通也。肓音荒。逆其气则病从其气，则愈。不与风寒湿气合，故不为痹。"帝曰："善痹或痛、或不痛、或不仁、或寒、或热、或燥、或湿，其故何也?"岐伯曰："痛者，寒气多也，有寒故痛也。风、寒、湿气客于肉分之间迫切而为沫，得寒则聚，聚则排分肉，肉裂则痛，故有寒则痛也。其不痛不仁者，病久入深、荣卫之行濇，经络时踈，故不通。林亿新校正，按甲乙经，不通作不痛。详甲乙经此条论，不痛与不仁，两事后言，主痛是载，明不痛之为重也。皮肤不营，故为不仁。不仁者，皮顽不知有无也。其寒者，阳气少阴气多。与病相益，故寒也。病本生于风寒湿气，故阴气益之也。其热者，阳气多，阴气少，病气胜，阳遭阴。故为痹热。遭遇也，言遇于阴气。阴气不胜故为热。林亿新校正云，按甲乙经，"遭"作"乘"。其多汗而濡者，此其逢湿甚也。阳气少，阴气盛，两气相感，故汗出而濡也。"中表相应，则相感也。帝曰："夫痹之为病，不痛何也"？岐伯曰："痹在于骨则重，在于脉则血凝而不流，在于筋则屈而不伸，在于肉则不仁，在皮则寒，故具此五者，则不痛也。凡痹之类，逢寒则虫，逢热则纵。"帝曰："善"。虫谓皮中如虫行，纵谓纵缓不相就，林亿新校正云，按甲乙经"虫"作"急"。

《总论宣明五气篇》

邪入于阴则痹。

《五脏生成篇》

卧出而风吹之，血凝于肤者为痹。

《异法方宜论》

南方者，天地所长养，阳之所盛处也。其地下，水土弱，雾露之所聚也。其民嗜酸而食腐，故其民皆纹理而赤色，其病挛痹。

《至真要大论篇》

少阴在泉主胜，则鬲中众痹皆作，发于胠胁。

《灵枢寿夭刚柔篇》

病在阴者，命曰痹。

《刺节真邪篇》

虚邪留而不去则痹。

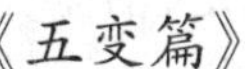

## 《五变篇》

黄帝曰:“何以候人之善病痹者?”少俞答曰:“粗理而肉不坚者,善病痹。”黄帝曰:“痹之高下有处乎?”少俞答曰:“欲知其高下者,各视其部”。

## 《九针篇》

岐伯曰“风者,人之股肱八节也。八正之虚风,八风伤人内含于骨解。腰脊节腠理之间为深痹,故为之治针。必长其身锋其末,可以取深邪远痹也。”

## 《华佗中藏经》

痹者,风寒暑湿之气中于人脏腑之为也。入腑则病浅易治,入脏则病深难治。而有风痹、寒痹、湿痹、热痹、气痹,又有筋骨血肉,气之五痹也。大凡风寒暑湿之邪入于心,则名血痹;入于脾,则名肉痹;入于肝,则名筋痹;入于肺,则名气痹;入于肾,则名骨痹。感病则一,其治乃异。痹者,闭也。五脏六腑感于邪气乱于真气,闭而不仁,故曰“闭也”,又“痹病”。或痛、或痒、或淋、或急、或缓,而不能收持或拳,而不能舒张,或行力艰难,或言语謇涩,或半身不遂,或四肢拳缩,或口眼偏邪,或手足攲侧,或行步而不能言语,或不能行步,而左偏枯,或右壅滞,或上不通于下,或下不通于上,或大腑闭塞,或左右手疼痛,或即疾而即死,或感体而未亡,或喘满不寐,或昏冐而不醒,种种诸症,皆出于痹也。痹者,风、寒、暑、湿之气中于人,则使之然。其于脉候形症治疗之法,各亦不同焉。

## 孙思邈《千金要方》

诸痹由风寒湿三气,并客于分肉之间,迫切而为沫,得寒则聚,聚则排分肉;肉裂则痛;痛则神归之;神归之,则热;热则痛;解痛,解则厥;厥则他痹发;发则如是。此内不在藏而外,未发于皮肤居分肉之间,真气不能周,故为痹也。其风最多者,不仁则肿为行痹,是无常处。其寒多者,则为痛痹;其湿多者,则为著痹;冷汗濡但随血脉上下不能左右去者,则为周痹也。痹在肌中,更发更止。左以应左,右以应右者,为偏痹也。夫痹,其阳气少,而阴气多者,故令身寒从中出。其阳气多,而阴气少者,则痹且热也。诸痹风胜者,则易愈。在皮间亦易愈。在筋骨则难痊也。久痹入深,令荣卫涩,经络时疏,则不知痛。风痹、湿痹、周痹、筋痹、脉痹、肌痹、皮痹、骨痹、胞痹,各有症候。形如风状,得脉别也。脉微涩,其症身体不仁。

## 索矩《伤寒新书》

治痹投大热药,因而大便结口干舌燥者,在以润利汤剂。时间疏解中诸痹疾,当如形体诸痹病状,常以风寒湿方为治。不可一理投升降气药而已。

## 《圣济总录》

论曰:饮天和,食地德,皆阴阳也。然阳为气,阴为血,气为卫血为荣,气卫血荣,通贯一身,周而复会,如环无端,岂郁闭而不流哉?夫惟动静居处失其常,邪气乘间,曾不知觉。此风寒湿三气所以杂至,合而为痹。浅则客于肌肤,深则留于骨髓。阳多者,行流散徙而靡常;阴多者,凝泣滞碍而有著。虽异状殊态,然即三气以求之则所谓痹者,可得而

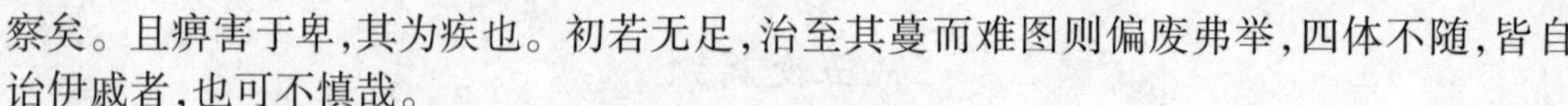

察矣。且痹害于卑,其为疾也。初若无足,治至其蔓而难图则偏废弗举,四体不随,皆自诒伊戚者,也可不慎哉。

论曰:痹虽异状,然皆本于三气寒气多者,谓之冷痹。其症令人脚膝痠疼,行履艰难,四肢痹麻,身体俱痛;甚则有一身不随者。

### 王贶《济世全生指迷》

方若始觉肌肉不仁,久而变生他症病,名曰痹。此由风、寒、湿三气客于经络,舍于血脉,搏于荣卫,故令皮肤痹而不仁,有热则肌肉骨节烦疼,有寒则冷痛。以春得之在筋,夏得之在脉,秋得之在皮,冬得之在骨,四季得之在肌肉。又久而不去,各传其脏,筋痹不已。含之于肝,夜卧则惊,饮食多,少便数,上为引如怀。脉痹不已。含之于心,其脉不通,烦满心下鼓。暴上气,肌痹不已。含之于痹,其状四肢懈惰,发渴呕汁,上为大塞,皮痹不已。含之于肺,其状烦满而喘呕,骨痹不已。含之于肾,其状善胀,尻以代踵,脊以代头。右此诸症虽多,必先肌肉不仁,其始治当以增损。

### 续命汤

症状小不同者,当依本法。病久入深则以鲁公酒,方见后陈无择三因方。夫风湿寒三气杂至合而为"痹"。虽曰合痹,其用自殊。风胜,则为行痹;寒胜,则为痛痹;湿胜,则为著痹。三气袭人经络,入于筋脉、皮肉肌骨。久而不已则入五脏。凡使人烦满,喘而吐者,是痹。客于肺,烦心上,气嗌干恐噫厥胀满者,是痹。客于心,多饮数,小便小腹痛,如怀妊,夜卧则惊者,是痹。客于肝,善胀、尻以代踵、脊以代头者,是痹。客于肾,四肢懈惰、发咳呕沫、上为大塞者,是痹。客于痹,又有肠痹者,数饮而小便不利,中气喘急,时发飧泄。又胞痹者,小腹按之内痛,若沃以汤,涩于小便,上为清涕。又六府各有俞,风、寒、湿中其俞,而食饮应之,故循俞而入,各含其府。治之随其府俞,以施针灸之法。仍服逐风湿寒发散等药则病自愈。大抵痹之为病,寒多则痛,风多则行,湿多则着。在骨则重而不举,在脉则血凝而不流,在筋则屈而不伸,在肉则不仁,在皮则寒。逢寒则急,逢热则纵。又有血痹,以类相从。附于此门外,有支饮作痹,见痰饮门。

### 严用《和济生方论》

曰风寒湿三气杂至,合而为痹。皆因体虚腠理空疏,受风寒湿气而成痹也。大率痹病,总而言之凡有五种:筋痹、脉痹、皮痹、骨痹、肌痹、是也。筋痹之为病,应乎肝,其状夜卧则惊,饮食多,小便数。脉痹之为病,应乎心,其状血脉不流,令人痿黄,心下鼓,气卒然逆喘不通,嗌乾善噫。肌痹之为病,应乎脾,其状四肢懈怠,发咳呕吐。皮痹之为病,应乎肺,其状皮肤无所知觉,气奔喘满。骨痹之为病,应乎肾,其状骨重不可举,不遂而痛,喜胀,诊其脉大而濇为痹。脉来急者,亦为痹。脉濇而紧者,亦为痹。又有风血痹,阴邪入于血经,故也。外有支饮亦令人痹,当随症施治。

### 《刘守真宣明论方》

痹乃,风寒湿三气相合,而为痹。风者,百疾之长善行数,变当汗恶风目□胁痛,或走注四肢皮肤不仁,屈伸不便。

## 张子和《儒门事亲》

夫痹之为状，麻木不仁，以风、湿寒三气，合而成之。故《内经》曰：风气胜者，为行痹。风则阳受之，故其痹行。旦剧而夜静，世俗莫知，反呼为走注疼痛，虎咬之疾。寒气胜者，为痛痹。寒则阴受之，故其痹痛，旦静而夜剧，世俗不知，反呼为鬼忤。湿气胜者，为著痹，湿胜则伤筋脉皮肉，故其痹著而不去，肌肉削而著骨，世俗不知，反呼为偏枯。此病之作多在四时阴雨之时，及三月、九月、太阳寒，水用事之月，故草枯水寒之为甚。或濒水之地，劳力之人辛苦失度，触冒风雨，寝处津湿，痹从外入况五方土地，寒暑殊气，刚柔异禀，食饮起居，莫不相戾。故所受之邪。各有浅深，或痛、或不痛、或仁、或不仁、或筋屈而不能伸，或引而不能缩。寒则虫行，热则缩缓不相乱也。皮痹不已而成肉痹，肉痹不已而成脉痹，脉痹不已而成筋痹，筋痹不已而成骨痹。久而不已，内含其合，若腑脏俱病虽有智者不能善图也。凡病痹之人其脉沉涩，今人论方者，见诸痹证，遽作脚气治之。岂知《内经》中本无脚气之说。或曰《诸方》亦有脚气，《统论》又有脚气方药，若止取素问则诸方皆非即曰痹病。以湿热为源，风寒为兼，三气合而为痹。奈何治此者？不问经络，不分脏腑，不辩表里，便作寒湿脚气。乌之、附之、乳之、没之，种种燥热攻之中，脘灸之脐下烧之，三里火之蒸之、熨之、汤之、炕之，以至便旋涩，滞前后俱闷虚燥转甚。肌肤日削，食饮不入，邪气外侵，虽遇扁华，亦难措手。若此者，何哉？胸膈间有寒痰不去，故也。痹病本不死，死者医之，误也。虽亦用蒸之法，必先涌去其寒痰，然后诸法皆效。《内经》曰五脏有俞穴。六府有合穴。循脉之本分各有所发之源，以砭石补之，则痹病瘳。此在《内经》中明白具载。如之何不读也？

陈下酒监魏德新，因赴冬选，犯寒而行，真气元衰，加之坐卧冷湿，食饮失节，以冬遇此遂作骨痹。骨属肾也，腰之高骨坏而不用，两胯似折，面黑如炭。前后腰痛，痿厥嗜卧，遍问诸医皆作肾虚治之，余先以玲珑苦熨蒸数日，次以苦齐上涌讫寒痰三二升，下虚上实明可见矣。次以淡齐使白术除脾湿，令茯苓养肾水，责官桂，伐风木，寒气偏胜则加姜附，否则不加。又刺肾俞大溪二穴，二日一刺，前后一月，平复如故。仆尝用治伤寒汗下吐三法，移为治风痹痿厥之法，愈者多矣。《王好古医垒元戎》四时之正气，八节之风来，朝太乙也。风气安静，乃可利经脉，调血气，故《历志》忌之八节前后各五日不可灸刺。风朝太乙，具见《天元玉册》。

八正者，所以候八风之虚邪以时至者也。四时者，所以分春夏秋冬之气，所在以时调之八正之虚邪，而避之勿犯也。以身之虚逢天地之虚，两虚相感，其气至骨入则伤五脏。故曰“天忌君子不可不知也”。《海藏》云，岂八节风而已，凡七十二候中诸节之气，寒暑温凉应尔其变异常者，皆可避忌之。酒湿之为病，亦能作痹证口眼㖞斜，亸曳半身不遂，浑似中风，舌语不正。当泄湿毒，不可作风病，治之而苦汗也。《衍义》所论甚当，《易简》所论与相同。

## 孙允贤《医方集成》

凡痹疾自有五种：筋痹，脉痹、骨痹、皮痹、肌痹是也。多由体虚之人，腠理空疏为风寒湿三气所侵，不能随时驱散。流注经络久而为痹，其为病也。寒多则掣痛，风多则引注，湿多则重著。其病在筋者，则屈而不能伸，应乎肝，其证夜卧多惊，饮食少，小便数。其病在脉者，则血凝而不流，应乎心，其证令人痿黄，心下鼓，气卒然逆喘不通，嗌干善噫。

其病在骨者,则重而不能举,应乎肾,其证手足不遂而多痛,心腹胀满。其病在皮者,多寒遇寒则急,逢热则纵,应乎肺,其证皮肤无所知觉,气奔喘满。其病在肌肉者,多不仁,应乎脾,其证四肢懈怠,发咳呕吐,诊其脉大而濇或来急而紧,俱为痹之候也。治之当辨其所感风寒湿三气,注于何部,分其表里,须从偏胜者,主以药饵。又有停畜水饮,亦令人痹,又当随证治之至如白虎历节遍身痛者,无非风寒湿三气乘之。《巢氏》云,饮酒多风汗出,入水遂成斯疾。久而不愈,令人骨节蹉跌。恐为癫痫之病。如有此证治之宜早为贵。

### 袁当时《大方论》

曰,原痹之为病,乃风寒湿毒之气共合而成痹也。其状肌肉顽厚,或则疼痛,或先措末,渐蔓他处。久而不治,变生异证。感疾之由多因酒色之后,坐卧当风,汗出入水,遇袭冷湿衣,润衣穿渍履,日渐月渍积成此疾。皆缘腠理先虚,肤致不密,外邪之气,得以后客先中经络,后之五藏。其以春遇痹者,为筋痹,筋痹不已,又遇邪者,则移入于肝。肝痹之状,夜卧则惊,饮食多,小便数。夏遇痹者为脉痹,脉痹之状,血脉不流,令人痿黄,脉痹不已,又遇邪者,则移入于心,心痹之状,心下鼓,气卒然逆喘不通,咽干喜噫。仲夏遇痹为肌痹,肌痹之状,皮肉粗厚,肤理胼胝,或复重肿。肌痹不已,又遇邪者,则移入于脾,脾痹之状,四肢懈惰,发咳作呕。秋遇痹为皮痹,皮痹之状皮肤都无所知觉。皮痹不已,则移入于肺,肺痹之状,气奔喘痛。冬遇痹者,为骨痹,骨痹之状,骨重不可举,四肢不遂而痛。骨痹不已,又遇邪者,则移入于肾。肾痹之状,喜胀腰重,诊其脉大涩者为痹。脉急涩而紧者,皆为痹。凡病不仁。痿厥脉虚者生,紧者死。

### 治验赵素风科集验方

《史记》:齐王故为阳虚侯时病甚,徐广曰:"齐悼,惠王子也名将庐以文帝十六年为齐王,即位十一年卒,谥孝王。"众医皆以为厥足。臣意诊脉以为痹。根在右胁下大如覆杯,令人喘逆气不能食。臣意即以大齐粥且饮六日,气下即令更服丸药,出入六日病已。病得之内诊之时,能识其经解大识其病所在。

南阳邓县山中有甘谷水,谷水所以味甘,谷上左右皆生甘菊,菊花堕其中,历世弥久,故水味为变。其临此谷中,居民皆不穿井,悉食甘谷水。食者无不老寿。高者百四五十岁,下者不失八九十,无夭年人,得此菊力也。故司空王畅、太尉刘宽、太傅袁隅皆为南阳太守,每到官常使邓县月送甘谷水四十斛,以为饮食。此诸公多患风痹及眩晕,皆得痊愈。

《盛弘之荆州记》云,邓县菊水,太尉胡广久患风羸,常饮此水,后疾遂瘳。

《真诰》云,李整采服石脑,疗风痹虚损,而得长生。

甄权治鲁州刺史库狄□风痹,不能挽弓,权使彀矢,响堋立针其肩髃一进曰:"可以射矣"果如其言。类用方药。

### 《灵枢寿夭刚柔篇》

黄帝曰"寒痹之为病,奈何?"伯高答曰"寒痹之为病也,留而不去,时痛而皮不仁。"黄帝曰"刺寒痹内热奈何"?伯高答曰"刺布衣者,以火焠之。刺大人者,以药熨之。"黄帝曰"药熨奈何?"伯高答曰"用淳酒二十升,蜀椒一斤,干姜一斤,桂心一斤,凡四种皆㕮咀渍酒中,用绵絮一斤,细白布四丈,并内酒中。置酒马矢煴,中盖封塗勿使泄,五日五夜

出布绵絮曝干之。干复渍以尽其汁，每渍必晬其日，乃出干之，并用柤与绵絮複布为複巾长六七尺，为六七巾，则用之生桑炭炙巾，以熨寒痹所刺之处。今热入至于病所寒，复炙巾以熨之，三十遍而止。汗出，以巾拭身，亦三十遍而止。起步内中，无见风。每刺必熨，如此病已矣。此所谓内热也。”

### 张子和《儒门事亲》

凡大人、小儿风湿寒三气合而为痹。及手足麻痹不仁。《内经》曰荣虚卫实，皮肤不仁，□而不知痒痛，可用蔚金散吐之，次服导水丸经寒之药泄之，泄讫，次以辛温之脐发散，汗出后，常服当归、芍药、乌附行经和血之药，则愈矣。凡男子、妇人、小儿手足麻痹，肌肉不仁者，风寒湿三气相杂至，合为痹。先用黄芩、芍药汤吐之。吐讫，次用通解丸通经而泻之。泻讫，更用辛甘之剂汗之。汗泻之后可用当归清凉饮子，兼乌荆丸，除湿丹和血行经之药，则愈矣。《张子和活法心要》痹，谓坐湿当风，客经络，浅则皮肤，深则骨髓。其本谓湿。去湿，甘遂牵牛为主。

## 脉

### 《素问·脉要精微论》

胃脉搏坚而长，其色赤当病折髀。其耎而散者，当病食痹。按之至骨脉气少者，腰脊痛而身有痹也。

### 《平人气象论》

脉濇曰痹。

### 《灵枢论疾诊尺篇》

血脉多黑为久痹。

### 《王叔和脉经》

尺脉虚小者，痿痹。脚疼，尺脉细而急者，筋挛痹不能行。寸口中虚弱者，伤气。气不足，大如桃李，实苦痹也。肝脉微缓，为“水瘕痹”。左手关前寸口阳实者，小肠实也，苦心下急痹。右手尺中神门以后，脉阴实者，足少阴经也，病苦痹。脾脉沉之而濡浮之，而虚苦；腹胀烦满，胃中有热，不嗜食，食而不化，四肢苦痹，时不仁。

### 《巢元方病源诊》

其脉尺中虚小者，是胫寒痿痹也。

### 《裳永年扁鹊脉髓诊》

脉大而濇者，为痹脉。来急者，为痹。

## 方

《杨子建万全护命方》治冷痹风，其病状腰膝间疼痛，冷痹行履艰阻，精神不足，忽时疼痛，两足厥冷，此病盖因久坐湿地，忽曾经冷处睡卧得，但临病发时觉多困少力，精神不守，浑身筋骨沉重无力，然后发作。宜服此方。

石斛去根　五味子　茯苓　当归　续断　芎　木瓜　萆薢各半两　官桂去皮附子炮去皮、防风　羌活　独活　细辛各一分　川椒去黑子　木香各三铢牛膝一两。

右为细末炼蜜丸，如梧桐子大。早朝空心盐汤、酒，任下四十丸。

《和剂局方》，加减三五七散，治八风五痹、瘫痪亸曳，口眼㖞斜、眉角牵引、项背拘强、牙关紧急、心中愦闷、神色如醉、遍身发热、骨节烦疼、肌肉麻木、腰膝不仁、皮肤瞤动、或如虫行，又治阳虚头痛、风寒入脑、目旋运转、有似舟船之上、耳内蝉鸣或如风雨之声。应风寒湿痹，脚气缓弱等疾并能治之。即系大三五七散。

山茱萸　干姜炮　茯苓去皮各三斤　附子（泡去皮脐，三十五个）细一斤八两斤防风（去芦四斤）

右为细末，每服贰钱，温酒调下，食前。

《圣济总录》天麻散：治诸痹，身体痹麻。或多瘙痒，筋脉拘急，言语謇涩，手足不随方。

天麻　白附子炮羌活去芦头防风去义　芎穷　独活去芦头当归切焙桂去粗皮各半两　白僵蚕（炒）　牛膝（去苗酒浸切焙）　萆薢（各三分）干蝎去土炒　麻黄　去根节各一两

右一十三味，捣罗为散，每服二钱匕，煖竹沥半盏，酒半盏，调下不计时。

巴戟天汤治冷痹，脚膝疼痛，行履艰难方。

巴戟天去心三两　五加皮二两　萆薢　牛膝酒浸切焙　石斛去根甘草炙各一两半　防风去义　白茯苓去黑皮各一两三分　附子炮裂去皮脐二两

右九味㕮咀如麻豆，每服五钱匕，生姜三片，水一盏半，煎至一盏，去滓空心温服。

牛膝散：治冷痹，脚膝疼痛无力。

牛膝酒浸切焙一两　桂去粗皮半两山茱萸一两。

右三味捣罗为散，每服空心，温酒调二钱匕，日再服。

萆薢丸：治风冷痹，游走无定，处亦名"血痹方"。

萆薢　山芋　牛膝去苗酒浸焙　泽泻各一两　熟干地黄焙二两半　地肤子　干添炒烟出　狗脊去毛各三分　白术半两　茵芋一分

右一十味捣罗为细末，炼蜜和丸如梧桐子大。每服空心温酒下二十丸，日再。

许叔微《普济本事方・乌头丸》治宿患风癣，遍身黑色，肌体如木，皮肤粗涩及四肢麻痹宜服。

草乌头一斤入竹萝子内，以水浸，用瓦子于萝内就水中泷洗。如打菱角法，直候泷洗去大皮及尖，控起令干，用麻油四两，盐四两、入铫内炒令深黄色倾出油，只留盐并乌头再炒令黑色烟出为度，取一枚劈破，心内如米一点白，恰好也。如白多，再炒，趁热杵罗为末，用醋糊丸如梧子大。干之每服三十丸，空心晚食前温酒下。真州资福文雅白老，元祐间有此疾，服数年，肌体黑鼾顿除，脚力强健，视听不衰。有一宗人遍身紫癜风，身如墨，服逾年体悦泽。教予服之亦得一年许，诸风疹疮疡皆除。然性差热,虽制去毒要之五七日,作乌头粥啜之,为佳粥法。用豫章集中者。

《王貺济世全生指迷方》鲁公酒:

茵芋　川乌头炮去皮脐　踯躅花各一两一分　天雄炮去皮脐　防己　石斛去根各一两

细辛去苗柏子仁　牛膝小苗　甘草炙　通草　桂去皮取心　山茱萸、秦艽去苗土　黄芩　茵陈蒿　瞿麦　附子炮去皮脐　杜仲去皮、泽泻、王不留行、石南、防风　远志去心　生干地黄各半两

右㕮咀酒四斗,渍十日,每服一合,常令酒气相续。

《魏氏家藏方・五痹汤》治风痹、寒痹、气痹、湿痹、血痹等五疾。并皮肤顽麻、肌肉酸痛、手足不随、一臂无力、腰脊强硬、筋脉拘急、发热恶风、不时汗出,或饮酒当风、肌肉顽麻、臂痛举物艰难。《绍典》宋藏一丞相前后以钱数千缗,并指使恩泽与国医樊彦端死得于其子。丞相之子元忠少卿以傅余云前后治人无一不立验,元忠家一圃人因夏月大雨中,治圃中湿,四肢发热如火,腰膝痛楚,如刀刺,直声号叫。祈死不能,投之三服即安。元忠总领淮东军马钱粮屯军镇江。凡军士及妇人病风寒湿血气痹五者,服之无不效验。前后合此药几千余斤。济人真愈疾万全神方也。

片子姜黄四两　、白术四两春月减半炒　川羌活二两　甘草一两炙

右㕮咀,每服三钱,水一大盏,生姜十片,煎至七分,去滓,稍热食前服。

陈晔家藏方:治腰脚冷痹风麻,肢节疼痛,不思饮食,服芎桂散。

牛膝二两去苗酒浸　白茯苓一两去皮

桂心去粗皮不见火　川芎　防风去芦　人参去芦　附子炮去皮脐　当归去芦剉微炒

川乌头炮去皮脐各一两　羌活各三分　甘草一分炙微赤　白术各半两炒

右㕮咀,每服三钱,水一盏半,生姜五片,枣子三枚。煎至七分,去滓,不计时候,温服。

《黎民寿简易方・芎附散》治五积痹,腿并臂间发作不定,此脾胃虚,卫气不温,分肉为风寒湿所著。

川芎　附子　黄耆　白术

防风　当归　桂心　柴胡

甘草　熟地黄各等分

右为粗末,每服四钱,水一盏半,姜三片,枣一个。同煎至八分,去滓食前。日三服,常服不生壅热,兼稍积冷。

《严用和济生方・茯苓汤》:治支饮手足麻,痹多睡眩目。

半夏汤泡七次　赤茯苓去皮　橘红各一两,枳实去穰麦炒　桔梗去芦　甘草炙各半两

右㕮咀,每服四钱,水一盏半,姜七片、煎至七分,去滓温服,不拘时候。

蠲痹汤治身体烦疼,项背拘急或痛或重举动艰难,及手足冷痹,腰腿沉重,筋脉无力。

当归去芦酒浸、赤芍药、　黄耆去芦、片子姜黄羌活各一两半、甘草炙半两

右㕮咀每服四钱,水一盏半,生姜五片,枣子一枚,煎至八分,去滓温服,不拘时候。

《御药院方・熏蒸方》:治肾气衰少,脾肾肝三经受于寒湿。停于腿膝,使经络凝而不行,变成脚痹。故发疼痛。此药能和荣卫通经络。

小麦麸约四五斤　小椒一把　酒一盏　葱白三大茎寸切　醋不计多少搅拌上件麦等湿润为度　盐一把

右件以银器炒,令极热摊卧褥下,将所患腿脚就卧熏蒸,薄衣被盖。得汗出匀遍约半

个时辰。撤去炒麸，止就铺褥中卧待一两时辰，以来觉汗稍解，再用收阳粉扑传汗孔毕，然后出铺卧中，勿见风。

淋渫乌头散：治一切顽痹不仁及筋骨疼痛挛急。

泽乌头生用不去皮　木鳖子去壳　白芥子　鳖甲去裙襕各一两　杏仁生用不去皮一伯茴

右为粗末都作一次，用水三大碗煎，数沸，去滓，乘热淋渫患处，冷即再暖热，依前淋渫三五遍，其药无力不用。

《柳森可用方大风引汤》：治痹满上气，遍身胀，膝痛去风湿痛。

大豆三升　附子三两　枳实、泽泻　陈皮三味各四两　甘草　茯苓　防风三味各二两

右为粗末，酒二斗，水二斗，煮大豆取一斗，内药煮取三升，分三服三剂，肿消去豆，泽泻更服三剂。

《赵素风科集验·细辛汤》：治诸痹。

细辛去苗　枳实麸炒去穰　白术去芦　瓜篓　干姜各三两炮　桂心　赤茯苓各五两去皮　甘草二两炙。

右为细末，每服三钱，温酒调下，日进二服，不拘时候。

《苍耳散》治诸风百痹

苍耳叶五月初五日午时摘不拘多少洗净暴干。

右为末，以酒调服方寸匕。日三夜一服，若吐逆，炼蜜为丸服之。风轻则易治，若身体有风处，皆如粟颗，或如麻豆大，此为风毒气出也。以针刺溃之。出黄汁乃止。量病轻重服之。此药能辟百恶，举家可服。杀虫痔，进食七月七日、九月九日。亦可修合。

绿釉剔刻花纹执壶

善应膏：治诸寒痹，骨节酸痛，并宜服之。

两头尖　浮萍草　良姜各二两　芸苔子　川乌各一两炮去皮脐　当归半两去芦　乳香另研。没药各少许另研

右为细末，醋糊调成膏，贴于患处。

芸苔子散：

芸苔子　白芥子各二两　陈皮去白一两。

右为细末，酽醋调成膏。敷贴患处，数次。觉热便去其药，疼痛即止，大有成效。

危亦林《得效方·乌头汤》：治寒冷湿痹，流于经络，挛缩不得转侧。

大乌头　细辛　川椒　甘草　秦艽　附子　官桂　白芍药各七分　川独活一两三钱半

右剉散，每服三钱，水一盏半，枣二枚，同煎至八分，去滓，空心食前服。

三痹汤：治血气凝滞，手足拘挛，疗风痹，气痹等疾。

川续断　杜仲去皮切姜汁炒　防风　桂心　华阴细辛　人参　白茯苓　当归　白芍药　甘草各一两　秦艽　生地黄　川芎　川独活各半两　黄耆　川牛膝各一两。

右剉散，每服五钱，水二盏。姜三片，枣一枚，煎至一盏，去渣，热服不拘时，但腹稍空服。

《袁当时大方》鲁公酒治诸痹、诸风。风眩心乱耳目聋暗，泪出，鼻不闻香臭，口烂生疮，风肿瘰沥，喉下生疮。烦热，厥逆上气胸胁肩胛痛，手酸不自带衣，腰脊不能俯仰，脚酸不

仁，难以久立。八风十二痹，五缓六急半身不遂。四肢偏枯，筋挛不可屈伸，贼风咽喉闭塞哽哽不利或如锥刀所刺，行皮肤中无有常处，久久不治。入人五脏中或在心下或在膏肓。游走四肢遍有冷处，如风所吹或觉肌肤不仁，尻以代踵脊以代头名曰，"痹"病及一应，久寒积聚，风湿五劳，七伤虚损百疾，并皆治之。

山芋　踯躅花　乌头各五分　茵芋　天雄生　防已　石斛各四分　细辛　柏子仁　牛膝　山茱萸　甘草炒　通草　秦艽　黄耆　附子生　瞿麦　杜仲炒去丝　天门冬去心　泽泻　石楠叶　防风去叉　远志去心　熟地黄　干姜炮　桂心三两。

右件为粗末，酒五十大盏，渍之十日，每服一盏，加至四盏，可为末服，亦可为丸酒下。

沉香天麻煎：治风气不顺，骨痛，或赤点，瘾疹热肿。久久不治，则如痹。筋骨缓弱。

五灵脂　赤小豆附子　白术各四两　天麻二两　玄参　干蝎去毒　羌活　防风各一两　地榆一两　沉香一两酒一升煎成膏

右以沉香膏和丸如梧桐子大。荆芥酒服二十丸，春末夏初爱生赤根、白头疮，加当归、僵蚕，各半两尤宜服之。

## 心痹

### 论

#### 《素问·四时刺逆从论》

阳明有余病，脉痹身时热不足病，心痹。

#### 《灵枢·邪气藏府病形篇》

心脉微大为心痹，引背善泪出。

#### 《巢元方病源》

思虑烦多，则损心。心虚，故邪乘之，邪积而不去，则时害。饮食心中愊愊如满，蕴蕴而痛，是谓之心痹。

### 脉

#### 《素问·五脏生成篇》

赤脉之至也，喘而坚。诊曰"有积气在中时害于食。"名曰"心痹"。

王叔和《经脉》

夫脉当取太过与不及，阳微阴弦则胸痹而痛。所以然者，责其极虚也。今阳虚知在上瞧，所以胸痹。心痛者，以其脉阴弦故也。胸痹之病，喘息咳唾，胸背痛，短气寸口，脉沉而迟关，上小紧数者，栝楼薤白，白酒汤主之。

《巢元方病源》

诊其脉，沉而弦者，心痹之候也。

## 方

葛洪《肘后备急方》

治心痹、心痛。蜀椒一两熬令黄末之以狗心血丸之如梧桐子大。每服五丸，生姜汤下，日五服。

《太平圣惠方》治心痹、心中愊塞而痛不能下，食木香散：

木香三分　青橘皮三分汤浸去白瓤焙　半夏三分汤洗七遍去滑　枳壳三分麸炒微黄去瓤　诃黎勒皮一两　桂心三分　前胡一两去芦头　五味子三分。

右件药捣筛为散，每服三钱，以水一中盏，入生姜半分，煎至六分，去滓，不计时候，稍热服。

治心痹胸中满塞，心中微痛，烦闷不能，食赤茯苓汤：

赤茯苓三分　人参三分去芦头　半夏三分汤洗七遍去滑　紫胡三分去苗　前胡三分去芦头　甘草一分炙微赤剉　桂心三分　桃仁三分汤浸去皮尖双人麸炒微黄

右件药捣筛为散，每服三钱，以水一中盏，入生姜半分，枣三枚，煎至六分，去滓，不计时候稍热服。

治心痹，满急，刺痛不可俯仰，气促咳唾不利，宜服此方。

前胡三分去芦头　木香三分　五味子三分　赤芍药三分　桔梗三分去芦头　当归三分　槟榔三分　青橘皮半两汤浸去白瓤焙

右件药捣筛为散，每服三钱，以水一中盏，入生姜半分，煎至六分，去滓，不计时候稍热服。

治心痹，胸中气坚急。心微痛，气短促，咳唾亦痛，不能食方。

枳实三分麸炒微黄　黄橘皮一两汤浸去白瓤焙　桂心二分　细辛二分　桔梗三分去芦头。

右件药捣筛为散，每服三钱，以水一中盏，入生姜半分，煎至六分，去滓，不计时候温服。

治心气虚损，邪冷所乘，胸膈否塞，心中痹痛。食饮不得，青橘皮丸。

青橘皮一两汤浸去白瓤焙　桂心一两　当归三分　细辛半两　诃黎勒皮一两　吴茱萸半两汤浸七遍焙干微炒　白术三分　赤茯苓三分　枳壳半两麸炒微黄去瓤　萝卜子半两微炒　木香三分　蓬莪术三分　槟榔三分。

右件药捣罗为末，炼蜜和捣三二百杵，丸如梧桐子大。每服以温酒下三十丸，日三

四服。

## 肝痹

### 论

《素问玉机·真藏论》

肺传之肝,病名曰“肝痹”。一名曰“厥胁痛出食”。

《四时刺逆从论》

少阳有余,病筋痹,胁满不足,病肝痹。

《圣济总录》

论曰:内经谓风、寒、湿,三气杂至合而为痹。又曰,以春遇此者,为筋痹。又曰筋痹不已,复感于邪。内含于肝,盖五脏皆有合病,久而不去者,内含于其肝之合筋也。故筋痹不已,复感于邪。则含于肝也。其证夜卧则惊,多饮,小便数,上为引怀者是也。

### 脉

《素问五脏生成篇》

青脉之至也,长而左右,弹有积气在心,下支肢,名曰“肝痹”。得之寒湿与疝同法,腰痛足清头脉紧。

《灵枢·邪气藏府病形篇》

肝脉微大为肝痹,阴缩咳引少腹。

《圣济总录》茯神汤:治心痹,神思昏塞,四肢不利,胸中烦闷,时复恐悸。

茯神去木、羌活去芦头、龙齿、麦门冬去心焙、麻黄去根节各一两、蔓荆实、人参、薏苡仁、防风去乂、远志去心、犀角屑各三分、赤芍药、甘草微炙各半两。

右一十三味粗捣筛,每服三钱匕,水一盏,生姜五片,同煎至七分,去滓,温服不计时候。

治心痹秦艽汤:邪气乘虚,恍惚不乐,身体强直,面目变色。

秦艽去苗土、菖蒲、桂去粗皮、当归切焙、蔓荆实、人参、附子炮裂去皮脐、黄芩去黑心、甘草炙、远志去心、防风去乂各半两、龙骨、赤石脂、白茯苓去黑皮、白芍药、芎䓖、防己各三分。

右一十七味，剉如麻豆，每服三钱匕，水一盏，同煎至七分，去滓，温服，不计时候。

犀角散：治心痹，精神恍惚，恐畏闷乱不得睡卧，志气不定，言语错误。

犀角屑。　牛黄别研。　麝香别研。　羚羊角屑各一两。　丹砂别研半两。　防风　天麻　独活去芦头。　人参　茯神去木。　沙参去芦头。　天竺黄别研。　升麻　龙齿各一分。　麦门冬去心焙半两。　白鲜皮一分。　远志去心一分。　龙脑别研半分。　甘草微炙一分。

右一十九味，除别研者外，捣罗为散，同研药一处拌匀，再研细，每服二钱匕，煎麦门冬汤调下，不计时候。

薏苡仁汤：治肝痹，筋脉不利，拘挛急痛，夜卧多惊，上气烦满方。

薏苡仁　羌活去芦头。　蔓荆实　荆芥穗各二两。　白术　木瓜去核。　防风去义。　牛膝酒浸切焙。　甘草炙各一两。

右九味，剉如麻豆，每服五钱匕，水一盏半，入生姜五片，煎至一盏，去滓，稍热服。

人参散：治肝痹，气逆胸胁，引痛眠卧多惊，筋脉挛急，镇肝去邪方。

人参二两。　酸枣仁微炒。　杜仲去皮剉微炒。　黄耆蜜炙剉。　茯神去木各一两。五味子　羌活去芦头。　丹砂飞研。　芎䓖　细辛去苗叶。　秦艽去苗土。　熟土地黄各半两。

右一十二味除丹砂外，同捣罗为散，入丹砂研匀，每服一钱匕，温酒调下。不拘时候，日三。

萆薢丸：治肝痹，缓筋脉去邪毒，调荣卫。

萆薢。　羌活去芦头。　天麻酒浸一宿切焙各一两。　附子炮裂去皮脐半两。　没药研。　乳香研各一分。

右六味将四味捣罗为末，入没药乳香同研匀，炼蜜和丸如弹丸大。每服一丸，空心温酒化下。日再。

补肝汤：治肝痹，两胁下满，筋急不得太息。疝瘕四逆抢心腹痛，目不明。

白茯苓去黑皮一两二钱。　乌头四枚炮裂去皮脐。　薏苡仁　独活各一两。　附子二枚炮裂去皮脐。　柏子仁研。　防风去义。　细辛去苗叶各二两。　山茱萸。　桂去粗皮各三两。　甘草炙剉半两。

右一十一味剉如麻豆，入研药拌匀。每服五钱匕，水一盏半。大枣二枚，擘破同煎数沸，去滓，取一盏服，不计时候。

细辛汤：治肝虚气痹两胁胀满，筋脉拘不得喘息，四肢少力眼目不明。

细辛去苗叶。　防风去义。　白茯苓去黑皮。　柏子仁研。　桃仁汤浸去皮尖双仁麸炒微黄。　山茱麸　甘草炙剉各三分。　蔓荆实　木瓜去核。　枳壳去瓤麸炒各半两。

右一十二味剉如麻豆，每服三钱匕，水一盏，大枣三枚，擘破，同煎数沸，去滓，取七分温服，不计时候。

防风汤：治肝痹，头目昏塞，四肢不利，胸膈虚烦。

防风去义一两。　芎䓖。　黄耆剉。　五味子。　人参　茯神去木。　活去芦头。　羚羊角镑屑。　前胡去芦头各三分。　细辛去苗叶。　酸枣仁微炒。　甘草炙各半两。

右一十二味粗捣筛每服三钱匕，水一盏，大枣三枚，擘破同煎。取七分，去滓，温服，不计时候。

牛膝汤：治肝痹，筋挛肢体不随方。

牛膝剉焙。　防风去叉。　丹参　前胡去芦头各二两。　石斛去根二两半。　杜仲去粗皮涂酥炙剉。　秦艽去苗土。　续断各一两半。　陈橘皮汤洗去白焙一两。　大麻仁研一合。

右一十味除大麻仁外，粗捣筛每服五钱匕，水一盏半，煎五七沸别下麻仁少许。煎至一盏，去滓空腹服。日二。

茯神散：治肝痹，多惊悸，神思不安方。

茯神去木。　酸枣仁微炒。　黄耆剉。　人参各一两。　熟干地黄焙。　远志去心。　五味子各半两。　白茯苓去黑皮一两。。　丹砂别研半两。

右九味，除丹砂外，捣罗为散，入丹砂末，再研匀。每服一钱匕，以温酒调下，不计时候。

《赵素风科集验白敛散》：治肝痹肿痛，筋脉展转，并宜服之。

白敛半两。　附子一两炮去皮脐。右为细末，每服半钱，温酒调下，不拘时候。日二夜一服之。以热行为度，若不觉者，加至一钱服。

## 脾痹

### 论

#### 《素问·四时刺逆从论》

太阴有余病，肉痹。寒中不足病，脾痹。《圣济总录论》曰“风寒湿三气杂至，合而为‘痹’”。又曰：“以至阴遇此者，为肌痹。肌痹不已，复感于邪，内含于痹是为‘脾痹’，其状四肢懈惰发咳呕汁，上为大塞经，所谓诸痹不已。亦益内者如此。”

### 方

#### 《圣济总录·治脾痹》

肌肉消瘦，心腹胀满，水谷不化，食即欲呕，饮食无味，四肢怠惰，或时自利。

黄耆丸：黄耆剉。　石斛去根。　附子炮裂去皮脐。　肉苁蓉酒浸切焙。　益智去皮。　白术　人参各一两。　桂去粗皮。　厚朴去粗皮生姜汁炙各一两半。　诃梨勒煨去核二两。　五味子　当归切焙。　白豆蔻去皮。　沉香剉。　高良姜　枳实去瓤麸炒各三分　吴茱萸汤浸焙炒。　丁香各半两。

右一十八味，为细末煮，枣肉和捣五百杵，丸如梧桐子大。每服三十丸，食前温酒下。

白术汤：治脾痹。心腹胀满不欲饮食，食则气滞，体重四肢无力。

白术　人参　荜澄茄各一两。　诃梨勒煨去核二两。　草豆蔻去皮。　丁香　黄耆　附子炮裂去皮脐。　白茯苓　麦蘖微炒。　沉香　陈橘皮汤浸去白焙。　木香各三分。　枳实去瓤麸炒。　甘草炙各半两。

右一十五味剉如麻豆,每服三钱匕,水一盏。生姜五片,枣二枚,擘破煎至七分,去滓温服,不拘时。

黄耆酒:治脾痹,肉极虚寒,体重怠惰,四肢不欲举动,关节疼痛,不嗜饮食。

黄耆　桂去粗皮。　巴戟天去心。　石斛去根。　泽泻　白茯苓去黑皮。　柏子仁　干姜炮。　蜀椒去目并闭口炒出汗各三两。　防风去叉。　独活去芦头。　人参各二两。　天雄炮裂去皮脐。　芍药　附子炮裂去皮脐。　茵芋　乌头炮裂去皮脐。　半夏汤洗七遍去滑。　细辛去苗叶。　白术　黄芩去黑心。　枯楼根　山茱萸各一两。

右二十三味,㕮咀绢袋盛,以清酒三斗渍之,秋冬七日,春夏三日。初服三合。渐加之以微麻木为效,日再。

大半夏汤:治治脾痹,四肢怠惰发咳。

半夏为末生姜汁和作饼暴干伍两。　白术　白茯苓去黑皮。　人参　甘草炙。　附子炮裂去皮脐。　陈橘皮汤浸去白焙各二两。　桂去粗皮三两。

右八味剉如麻豆,每服五钱匕,水一盏半,生姜五片,煎至一盏,去滓温服,日三。

麻黄汤:治脾痹,四肢懈惰,肉极肌热方。

麻黄去根节。　枳实去瓤麸炒。　防风去叉。　白术　细辛去苗叶各三两。　石膏碎八两。　附子炮裂去皮脐四两。　甘草炙。　桂去粗皮各二两。

右九味剉如麻豆,每服五钱匕,水一盏半,生姜五片,煎至一盏。去滓,温服,日三。

治脾痹:四肢懈惰,皮肤不通,外不得泄,风引汤。

独活去芦头四两。　当归切焙。　白茯苓去黑皮各三两。　干姜炮。　甘草炙。　人参　黄耆　防风去叉各二两。　桂去粗皮。　附子炮裂去皮脐各一两。　大豆二升熬去皮。

右一十一味剉如麻豆,每服五钱匕,水一盏酒半盏,煎一盏,去滓。温服,日三夜一。

法曲丸:治脾痹,发咳呕汁温中

法曲炒。　吴茱萸汤浸焙炒。　小麦蘖微炒各五合。　甘草炙。　枳实去瓤麸炒桂。去粗皮。　厚朴去粗皮姜汁炙。　当归切焙。　白茯苓去黑皮各三两细辛去苗叶。　干姜炮。　麦门冬去心焙。　人参　桔梗炒。　附子炮裂去皮脐各一两

右一十五味为细末,炼蜜丸如梧桐子大。每服七丸,食前熟水下,日三。

## 肺痹

### 论

《素问·四时刺逆从论》

少阴有余病,皮痹。隐疹不足病,肺痹。

《圣济总录论》曰，风。　寒。　湿三气杂至合而为痹，以秋遇此者，为皮痹。皮痹不已，复感于邪，内含于肺，是为“肺痹”。其候胸背痛甚，上气烦满喘痹呕是也，治肺痹。

## 脉

### 《素问》

五藏生成篇曰：脉之至也，喘而浮，上虚下实，惊有积气在胸中。喘而虚名曰“肺痹”。寒热得之，醉而使内也。

### 《灵枢邪气脏腑病形篇》

肺脉微大为肺痹，引胸背起恶日光。

## 方

《圣济总录·橘皮丸》：上下否塞，不能息。

陈橘皮汤浸去白焙。　桔梗剉炒。　干姜炮裂。　厚朴去粗皮生姜汁炙。　枳实去瓤麸炒。　细辛去苗叶各三分。　胡椒　蜀椒去闭口及目炒汗出。　乌头炮裂去皮尖各二两。　荜拨二两半。　人参　桂去粗皮。　附子炮裂去皮脐。　白茯苓去黑皮。　前胡去芦头。　防葵　芎䓖各一两甘草炙。　当归切焙各二两。　白术　吴茱萸汤洗焙干炒各一两半。　大黄湿纸裹煨香热半两。　槟榔剉一两。　葶苈隔纸炒一分。　紫苏子炒二两。

右二十五味，捣罗为末，炼蜜丸梧桐子大。每服十丸，温酒下。日三。觉有热者，空腹服之。

杏仁丸：治肺痹，复感风冷，胸胁满急。

杏仁汤浸去皮尖双仁微炒。　赤茯苓去黑皮。　防葵各二两。　吴茱萸汤洗焙干炒。　陈橘皮汤浸去白焙。　桂去粗皮。　防风去义。　泽泻各一两。　白术　射干　芍药　紫苏子微炒。　桔梗剉炒。　枳实去瓤麸炒微黄各一两半。

右一十四味捣罗为末，炼蜜丸，如梧桐子大，每服十丸，食前温酒下。渐加至三十丸，日再。

当归汤：治肺痹，上气闭塞，胸中胁下支满，乍作乍止，不得饮食，唇干口燥。手足冷痛。

当归切焙。　防风去义。　黄耆细剉各二两。　紫胡去苗八两。　细辛去苗叶。　麻黄去根节煮一二沸掠去沫控干。　人参各一两。　杏仁去皮尖双仁炒黄五十枚。　桂去粗皮三两。　半夏汤洗去滑七遍五两。　黄芩去黑心一两。

右一十一味粗捣筛。每服四钱匕，水一盏，入生姜七片，枣二枚，擘破同煎，至六分。去滓，温服。不计时候，日三夜二。

五味子汤：治肺痹，上气发咳

五味子三两。　紫苏子炒八两。　麻黄去根节。　细辛去苗叶。　紫苑去苗土。　黄芩去

黑心。 甘草炙各二两。 人参。 当归焙各一两。 半夏汤洗去滑七偏三两。 杏仁一两去皮尖

右一十一味粗捣筛，每服四钱匕。水一盏。入生姜五片，同煎至六分，去滓，温服。不计时候，上气病，亦单煮紫苏子，及生紫苏叶，久月煮干枝茎叶服。

《紫苏子汤》：治肺痹，胸心满塞，上气不下。

紫苏子炒八两。 半夏汤洗去滑七遍五两。 陈橘皮汤洗去白焙。 桂去粗皮各三两。 甘草炙。 人参 白术各二两。

右七味，粗捣筛。每服四钱匕，水一盏。入生姜五片，枣二枚擘破，同煎至六分。去滓。温服不计时候。

## 肾痹

### 论

《素问四时刺逆从论》

太阳有余病，骨痹，身重不足病，肾痹。

《圣济总录论》曰，内经谓内。 寒。 湿三气杂至合而为痹。又曰以冬遇此者，为骨痹。骨痹不已，复感于邪，内舍于肾，是为肾痹。其证善胀尻以代踵，脊以代头，盖肾者胃之关，关闭不利则胃气不行，所以善胀筋骨拘迫，故其下挛急，其上蜷屈，所以言代踵，代头也。

《治验张果医说》

齐王黄姬兄黄长卿家有酒召客，召淳于意诸客坐，未上食意。望见王后弟宋建告曰"君有病往四五日，君腰胁痛不可俯仰，又不得小溲，不亟治病即入濡肾，及其未含五脏，急治之。方今客肾濡此所谓'肾痹'也。"宋建曰"然建故有腰脊，动不得溺，至今不愈，建病得之好，持重所以知建病者，臣意见其色太阳色干，肾部上及界腰以下者，枯四分所故以痛往四五日。天雨黄氏诸倩倩者女婿也见建家京下方石京者仓廪之属即弄之建，亦欲效之，效之不能，起即复置之暮腰脊，动不得溺，至今不愈，建病得之好，持重所以知建病者，臣意见其色，太阳，色干，肾部上及界腰以下者，枯四分所故以往四五日。知其发也意，即以柔汤使服十八日，所以病愈。"

# 脉

《素问五脏生成篇》

黑脉之至也，上坚而大有积气在小腹，与阴名曰"肾痹"。

# 方

《圣济总录·远志丸》：治肾脏虚乏，久感寒湿，因而成痹，补损益气。

远志去心山芋。　肉苁蓉去皴皮酒浸切焙。　牛膝去苗酒浸切焙各一两。　石斛去根。　天雄炮裂去皮脐。　巴戟天去心。　人参　山茱萸　泽泻　菟丝子酒浸一宿别捣。　茯神去木。　覆盆子　续断　生干地黄焙。　桂去粗皮。　鹿茸酒浸去毛。　甘草炙剉。　附子炮裂去皮脐。　牡丹皮　白茯苓去黑皮。　五味子。　杜仲去粗皮炙剉各一两。　蛇床子　楮实微炒。　黄耆各一两。

右二十六味，捣罗为末炼蜜和捣数百下。丸如梧桐子大，每服空心温酒下二十丸，加至三十丸。

《防风丸》：治肾脏虚冷，邪气乘虚身体冷痹不仁，手足牵强，举动艰难，或肌肉瞤动，引腰脊及左右偏及不能饮食，或因房室发动。

防风去义。　白茯苓去黑皮。　细辛去苗叶。　白术　附子炮裂去皮脐。　桂去粗皮。　泽泻各半两。　甘草炙剉。　紫苑去苗。　芍药　牛膝去苗酒浸切焙。　栝楼根各三分。　山茱萸　熟干地黄焙。　半夏汤浸七遍去滑焙。　独活去芦头。　山芋各一分。　黄耆三两剉。

右一十八味捣罗为末，炼蜜为丸如梧桐子大。每日空腹，温酒下十丸，日再服未差更加丸数，此药宜久服。

茵芋散：治肾脏中风湿，腰痛脚漆偏枯，皮肤痒痹，语声謇涩，两耳虚鸣，举体乏力，面无颜色，志意不乐，骨节酸疼。

茵芋去茎。　杜仲去粗皮炙剉。　石南　石龙芮　羊踯躅微炒。　麝香研。　狗脊去毛。　当归剉炒。　干蝎微炒。　桑螵蛸微炒。　菖蒲各半两。　赤箭　独活去芦须。　附子炮裂去皮脐。　天雄炮裂去皮脐。　甘菊花　牛膝去苗酒浸切焙。　木香　麻黄去根节煮掠去沫焙。　芎劳各三分。　萆薢剉一两

右二十一味捣罗为散，每服二钱匕，食前温酒调下，日再服。

白附子丸：治肾脏中风，脚膝麻痹，腰背强直疼痛。言语不利，面色萎黑，肌体羸瘦。

白附子炮裂。　干蝎微炒。　防风去义。　天麻　天雄炮裂去皮脐。　黄耆剉。　萆薢　独活去芦头。　丹参　当归剉炒。　海桐皮剉。　肉从容去皴皮酒一宿焙。　补骨脂　仙灵脾各三分。　白花蛇酒浸去皮骨炙。　桂去粗皮。　安息香　牛膝去苗酒浸切焙各一两。　雄黄研水飞过。　麝香研各半两。

右二十味捣罗为末，炼蜜和捣三五百下，丸如梧桐子大。每服三十丸，空心温酒下，

日再服。

石龙芮汤：治肾经藏气虚，外邪杂至，脚膝缓弱腰脊不可转侧。日加疼痹。

石龙芮　独活去芦头。　防风去叉。　茯神去木。　杜仲去粗皮炙剉，萆薢　丹参　羌活去芦头。　五味子　细辛去苗叶。　牛膝酒浸切焙。　当归剉炒。　人参各三分。　天雄炮裂去皮脐。　麻黄去根节煎掠去沫焙。　桂去粗皮各一两。　枳壳去瓤麸炒半两

右一十七味，剉如麻豆，每服四钱匕，水一盏，入生姜五片，同煎至六分，去滓温服，不计时候。

麻黄汤：治肾虚中风湿，腰脚缓弱，顽痹不仁，颜色苍黑，语音浑浊，志意不定。头目昏，腰背强痛，四肢拘急，体重无力。

麻黄去根节煎掠去沫焙。　羌活去芦头。　桂去粗皮。　附子炮裂去皮脐。　侧子炮裂去皮脐各一两。　防已　当归剉炒。　海桐皮　牛膝酒浸切焙。　甘菊花　羚羊角镑。　茵芋去茎。　五加皮各三分。　甘草炙剉半两。　防风去叉。　白术各三两。

右一十六味剉如麻豆。每服四钱匕，水一盏，入生姜五片，同煎至七分，去滓，温服不计时候。

牛膝酒：治肾气虚冷，复感寒湿为痹。

牛膝　秦艽去苗土。　芎䓖　防风去叉。　桂去粗皮。　独活去芦头。　丹参　白茯苓去黑皮各二两。　杜仲去粗皮剉炒。　附子炮裂去皮脐。　石斛去根。　麦门冬去心。　干姜炮。　地骨皮各一两半。　五加皮五两。　薏苡仁一两。　大麻仁炒半两。

右一十七味剉切如麻豆，以生绢袋盛酒一斗浸。春夏三日，秋冬五日，每服半盏，空心温服日再。

# 卷之一万三千八百七十八 三未

**痹**诸痹证治二

## 痛痹

### 论

《灵枢阴阳二十五人篇》

切循其经络之凝濇结而不通者，在于身皆为“痛痹。”甚则不行故凝濇，凝濇者致气以温之，血和乃止。

《圣济总录论》

曰寒气胜者为痛痹。夫宜通，而塞则为痛痹之有痛。以寒气入经而稽迟泣而不行也，痛本于寒气偏胜。寒气偏胜，则阳气少，阴气多与病相益。治宜通引荣卫温润经络血气得温。则宣流自无壅阏矣。

### 脉

《灵枢邪客篇》

展脉大以濇者，为痛痹。《禁服篇》寸口紧则痛痹，人迎紧则为痛痹。

### 方

《圣济总录·茯苓汤》：治风湿痹，四肢疼痹，拘挛浮肿。

赤茯苓去黑皮。 桑根白皮各二两。 防己 桂去粗皮。 芎䓖 芍药 麻黄去根节各一两半。

右八味，粗捣筛，每服五钱匕，水一盏半，枣一枚，去核煎取一盏。去滓，温服，连三服。后以热姜粥投之汗出为度。刘守真宣明论方有防风无防己，骆龙吉有甘草二两无芎䓖一味。

景德镇窑青白釉印花盒

天雄丸：治风湿痹，皮肉不仁，骨髓疼痛不可忍者。

天雄炮裂去皮脐。 附子炮裂去皮脐各一两。 桂去粗皮一两半。 干姜炮三两。 防风去叉三两。

右五味为细末，炼蜜丸如梧桐子大。每服二十丸，温酒下，日三夜一。

去毒丸：治风湿痹，腰脚疼痛不可忍。久不差者。

天雄炮裂去皮脐。 附子炮裂去皮脐。 桂去粗皮一两。 白僵蚕直者炒三两。 防风去叉三分。

右五味为细末，炼蜜丸如梧桐子大。每服二十丸，温酒下，日三夜一。

当归摩膏：治诸风寒湿，骨肉痹痛。

当归切焙。 细辛去苗叶各一两半。 桂去粗皮一两。 生地黄一斤切研绞取汁。 天雄十枚去皮脐生用。 干姜炮三分。 白芷三分留一块不㓽全用。 芎䓖半两。 丹砂研一两。 乌头去皮脐生用一两三分。 松脂四两。 猪脂五斤别炼去滓。

右一十二味先将八味㓽如大豆粒，以地黄汁浸一宿。与猪脂松脂同慢火煎，候前留者一块白芷黄色以厚绵滤去滓，瓷合盛。入丹砂末，不住搅至凝即止。每用药用火炙手，摩病处千遍。

茵芋浸酒：治风寒湿痹。皮肉不仁，骨髓疼痛，不可忍方。

茵芋去粗茎。 萆薢。 蜀椒去目并闭口炒出汗。 狗脊去毛。 桂去粗皮。 附子炮裂去皮脐各一两。 牛膝去苗酒浸切焙。 石斛去根。 生姜各一两。

右九味㕮咀，以生绢袋贮以酒一斗浸，经三两宿，每服一盏，或二盏。温服，服尽酒一半，更可添新酒浸之。觉药味淡即再合。

## 著痹

### 论

#### 《素问·痹论篇》

湿气胜者，为著痹。《圣济总录论》曰内经谓湿气胜者，为著痹。地之湿气，感则害人皮肉筋脉，盖湿土也。土性重缓荣卫之气，与湿俱留。所以湿胜则著而不移也。其证多汗而濡者，以阴其盛也。治宜除寒湿，通行经络则差。

## 方

《圣济总录·石斛散》:治寒湿痹,著而不散,四肢不仁,脚弱拘挛,或疼痛不能行,趺踵上膝少腹坚,不欲食。

石斛去根二两。 天门冬去心一两半炒剉。 附子炮裂去皮脐三分。 独活去芦头三分。 桂去粗皮半两。 桔梗炒。 蜀椒去目及闭口炒出汗。 细辛去苗叶各半两。 麻黄去根节三分。 山茱萸 五味子 白芷各半两。 前胡去芦头。 秦艽去土各三分。 乌头炮裂去皮脐。 人参 天雄炮裂去皮脐各半两。 当归切焙。 防风去乂。 莽草微炙各三分。 白术半两。 杜仲去粗皮炙剉三分,干姜炮半两。

右二十三味捣罗为散,每服二钱匕,温酒调下,未各稍稍加之。不拘时候。

侧子汤:治寒湿痹,留著不去。皮肤不仁,手足无力。

侧子炮去皮脐。 五加皮各一两。 磁石煅醋粹七遍。 羚羊角镑。 防风去乂。 薏苡仁 麻黄去根节。 杏仁汤浸去皮尖双仁麸炒各一两。 甘菊花 防已 葛根 赤芍药 芎䓖 秦艽去苗土。 甘草炙各半两。

右一十五味剉如麻豆,每服三钱匕,水一盏。煎七分,去滓,温服。不计时候。

附子丸:治寒湿痹,留著不去。四肢缓弱,皮肤不仁,精神昏塞。

附子炮裂去皮脐一两。 莽草微炙半两。 白花蛇酒浸去皮骨炙二两。 天南星炮三分。 乌头炮裂去皮脐半两。 天麻三分。 乾蝎炒半两。 桂去粗皮三分。 防风去乂半两。 薏苡仁 枫香脂各一两。 芎䓖三分。 萆薢一两。 仙灵脾一两。 羌活去芦头三分。

右一十五味,捣罗为末。以糯米粥和捣数百杵,丸绿豆大。每服十丸,荆芥汤或温酒吞下,不拘时。

天雄浸酒:治寒湿著痹,皮肉不仁,至骨髓疼痛者。

天雄炮裂去皮脐。 附子炮裂去皮脐各一两。 防风去乂。 独活去芦头。 当归切焙。 白术各二两。 五加皮 芎䓖 桂去粗皮。 干姜炮各一两半

右一十味剉如麻豆,以夹绢囊盛。用无灰清酒一斗浸,春夏五日,秋冬七日。每温饮一盏,任性加减,以知为度。

白花蛇丸:治寒湿著痹,皮肤不仁或肢节疼痛。

白花蛇酒浸去皮骨炙。 仙灵脾 干蝎炒各一两。 茵芋 乌头炮裂去皮脐。 天南星炒各一两。 天雄炮裂去皮脐。 天麻 桂去粗皮。 麻黄去根节。 鹿角镑。 萆薢各一两。 桑螵蛸炒半两。 雄黄研。 鹿香研各一分。

右一十五味捣研为末,拌和令匀,别用天麻末三两,以无灰酒一大碗,慢火熬成膏,和前药末更捣五七百杵。丸梧桐子大,每服薄荷酒下二十丸,不拘时。

茯苓汤:治风湿痹留著不去,四肢癟麻,拘挛浮肿。

赤茯苓去黑皮。 桑根白皮各二两。 防已。 桂去粗皮。 芎䓖各一两半。 甘草炙三两。 芍药 当归切焙。 麻黄去根节先煮掠去沫焙干各一两半。

右九味粗捣筛每服六钱匕,以水二盏。枣三枚擘破,同煎去滓。取一盏温服,空心临卧时,如欲出汗服药了,以生姜热粥投之,汗去慎外风宣明方无防已有防风

干蝎散：治寒湿痹留著不去。四肢不仁。

干蝎炒。 侧子炮裂去皮脐。 独活去芦头。 桑螵蛸炒各一两。 踯躅花醋拌炒。 天南星炮各半两。 萆薢剉。 天麻 桂去粗皮各一两。

右九味捣罗为散，每服一钱七，温酒下，不拘时。

侧子浸酒：治寒湿著痹，四肢皮肤不仁，以至脚弱不能行。

侧子炮裂去皮脐。 牛膝去苗。 丹参去苗土。 山茱萸 杜仲去粗皮。 石斛去根。 蒴藋根各二两。 防风去义。 蜀椒去合口并目炒出汗。 细辛去苗叶。 独活去芦头。 秦艽去苗土。 桂去粗皮。 芎䓖。 当归切焙。 白术 茵芋去粗茎各一两半。 干姜炮一两。 五加皮二两半。 薏苡仁炒半升。

右二十味，细剉如麻豆。以夹生绢囊盛，贮清酒二斗。春夏浸三日，秋冬五日。初服温半盏，日再未知稍加服。

摩风膏：治风湿著痹，服药虽多，肌肉犹痹。摩之：

防风去叉。 羌活去芦头。 芎䓖 细辛去苗叶。 蜀椒去目并闭口者炒出汗。 当归 踯躅花各半两。 白敛 白及 丹参 苦参 黑参 桂去粗皮。 附子去皮脐。 乌头去皮脐。 皂荚去皮。 莽草各一分。 杏仁去皮尖并双仁半两

右一十八味，细剉如麻豆。以米醋二升拌匀，浸三宿熬干。同腊月豬脂二斤，以文武火煎一日，绵滤去滓。瓷瓶贮每服少许点摩痛痹处。兼治一切风毒。其膏年岁深久者尤佳。

龙虎膏：治风湿著痹，肌肉痛厚，不知痛痒方。

龙骨二两。 虎骨三两酥涂炙。 当归切焙。 桂去粗皮各一两。 皂荚半斤肥者去子。

右五味捣罗为末，先别用好肥皂荚十挺，以苦酒三升，挼取汁，去滓，入铛中煎减半。即入前药同煎稀饧，入瓷合盛，每用少许揩摩痛痹处。

## 行痹

### 论

《素问痹论篇》

其风气胜者，为行痹。

《圣济总录论》曰内经谓风寒湿三气杂至合而为痹。其风气胜者为行痹。夫气之在人本自流通，所以痹者风寒湿三气合而为病。然三气之中各有阴阳，风为阳气，善行数变。故风气胜，则为行痹。其证上下左右无所留止，随其所至气血不通是也。治法虽通行血气，宜多以治风之剂。

## 方

《圣济总录·防风汤》:治行痹,行走无定方。

防风去叉。　甘草炙剉各一两。　黄芩去黑心三分。　当归切焙。　赤茯苓去黑皮各一两。　秦艽去苗土。　葛根剉各三分。　桂去粗皮。　杏仁汤去皮尖双仁炒各一两。　麻黄去根节煎掠去沫焙半两。

右一十味捣筛,每服五钱匕,酒一盏。水一盏。枣三枚擘破,生姜五片,同煎至一盏。去滓,温服,日二夜一。《风科集验方》云一方加杏仁桂心依本方加半两

羚羊角丸:治行痹,头面四肢韵著,筋脉挛急。手足不随,疾涎胶黏,语涩昏浊,口眼偏㖞。

羚羊角镑一两。　木香　青橘皮汤浸去白焙。　半夏汤洗同生姜捣麸焙干。　羌活去芦头。　独活去芦头。　芎䓖　藿香叶　干蝎去土炒。　白花蛇酒炙去皮骨。　白附子炮。　天麻酒浸切焙各半两。　槟榔剉。　丹砂研各一两。　麝香研。　牛黄研。　龙脑研各一两。

右一十七味,除研药外,为细末,再和匀。用皂荚。　薄荷。　鹅梨汁,各一碗。同熬成膏和丸,如绿豆大。每服七丸。温酒或薄荷汤下,不计时服。

萆薢丸:治风痹,行走无定处,亦治血痹。

萆薢　山芋　牛膝去苗酒浸焙干。　泽泻各一两。　生干地黄焙二两半。　白术半两。　茵芋　蛴螬微炒。　干膝炒烟出。　狗脊去毛。　车前子　天雄炮裂去皮脐各一分。

右一十二味,为细末。炼蜜丸梧桐子大。每服温酒下二十丸,加至三十丸,日三。

《赵素风科集验方》玄参汤:治风寒湿三气合而成痹。常汗恶风,目瞤而动走注四肢,皮肤不仁,屈伸不便,是厥阴风木之所致也。

玄参去芦。　地骨皮各一两。　升麻　前胡各一两半去芦。　酸枣仁二钱。　羚羊角屑二两。

右为㕮咀,每服五钱,水二盏。煎至一盏半,去滓,食后温服。日进二服。

# 皮痹

## 论

### 《素问·四时刺逆从论》

少阴有余病,皮痹。《圣济总录论》曰风寒湿三气杂至合而为痹。以秋遇此者,为皮痹。盖肺主皮毛,于五行为金,于四时为秋,当秋之时感于三气,则为皮痹。盖正言其时之所感者,尔固有非秋时而得之者,皮肤不荣。而为不仁,则其证然也。

# 方

《圣济总录·防风汤》:治肺中风寒湿。项强头昏胸满,短气嘘吸颤掉。言语声嘶,四肢缓弱,皮肤㾠痹。

防风去叉。 芎䓖 麻黄去根节各一两。 独活去芦头。 桂去粗皮。 前胡去芦头。 五味子。 附子炮裂去皮脐。 杏仁汤浸去皮尖双仁麸炒。 人参 茯神去木炙三分。 细辛去苗叶。 甘菊花 黄耆 山茱萸 甘草炙剉各半两。

右一十六味剉如麻豆,每服四钱匕,水一盏半。生姜五片,煎至八分,去滓,稍热服,不拘时。

赤箭丸:治肺感外邪,皮肤㾠痹,项强背痛,四肢缓弱,胃昧昏塞,心胸短气。

赤箭 羌活去芦头。 细辛去苗叶。 桂去粗皮。 当归剉炒甘菊花 防风去叉 天雄炮裂去皮脐。 麻黄去根节。 蔓荆实去皮。 白术 杏仁汤浸去皮尖双仁炒研。 萆薢剉。 茯神去木。 山茱萸 羚羊角镑。 芎䓖 犀角镑。 五加皮剉。 五味子 阿胶炙令燥。 人参 枫香脂研。 天南星炮。 白附子炮各半两。 龙脑研。 牛黄研各一钱。 麝香研一钱

右二十八味捣罗二十三味,极细与研者,五味拌匀。炼蜜和捣三二百杵,丸如梧桐子大。每服十五丸,荆芥汤下。不拘时。

羌活汤:治皮痹。皮中如虫行。腹胁胀满,大肠不利,语声不出。

羌活去芦头、蒺梨子炒去角、沙参、丹参、麻黄去根节 白术 羚羊角镑 细辛去苗叶、萆薢 五加皮 五味子 生干地黄焙、赤茯苓去黑皮 杏仁汤浸去皮尖双仁炒 菖蒲去毛、枳壳去瓤麸炒 郁李仁汤浸去皮尖炒 附子炮裂去皮脐、桂去粗皮各三分 木通 槟榔各半两

右二十一味剉如麻豆,每服四钱匕,水一盏半,生姜五片,煎至七分。去滓,温服,不拘时。

《天麻散》:治皮痹,肌肉不仁,心胸气促,项背鞕强。

天麻 附子炮裂去皮脐 麻黄去根节

白花蛇肉酥拌炒 防风去叉 细辛去苗叶、芎䓖 菖蒲 荆芥穗 黄耆剉、桑根白皮剉 蒺梨子炒去角 杏仁汤浸去皮尖双仁炒研各三分 牛黄研 麝香研各一分

右一十五味,捣罗十二味为散。与研者三味拌匀,再罗,每服一钱匕。薄荷酒调下,不拘时。

蒴藋蒸汤:治皮痺方。

蒴藋根并叶 桃皮并叶 菖蒲叶各剉三升 细糠一斗 秫米五升

右五味以水一石五斗,煮取米熟为度。以大盆盛作小竹床子罩盆。人坐床上,四面将席荐障风,别以被衣盖覆身上。觉气急,即旋开孔取气如两食久。通身汗出,凡经三蒸。非惟治风寒湿痹,但是皮肤中一切冷气,皆能去之。

麻黄汤:治风寒湿之气,感于肺经,皮肤㾠痹不仁

麻黄去根节 桂去粗皮 人参 芎䓖、附子炮裂去皮脐 防风去叉 芍药 黄芩去黑心 白术 甘草炙剉各一两 茯苓去黑皮三分

右一十一味剉如麻豆，每服五钱匕，水一盏半，入生姜五片，煎至一盏。去滓，稍热服。盖覆出汗愈。

蔓荆实丸：治皮痹不仁。

蔓荆实去浮皮三分　防风去叉　羌活去芦头　桔梗炒　白附子炮　枳壳去瓤麸炒　蒺梨炒去角各半两　皂荚半斤，不蚛者新水浸一宿揉，熟绢滤去滓，入面少许同煎成膏

右八味捣罗七味为末入膏中，和捣丸如梧桐子大。每服二十丸，食后熟水下。

天麻丸：治皮肤㿏痹。

天麻酒浸切焙二两　玄参　没药研　地榆　乌头炮裂去皮脐各一两　麝香研一分

右六味捣罗四味为末，与二味研者和匀。炼蜜丸如梧子大，每服二十丸。空心食前，温酒下。

《袁当时大方·大露宿丸》：治气极虚寒，皮痹不已，内含于肺。寒气入客于六腑，腹胀虚满，寒冷百病。

礜石　干姜炮　桂心　皂荚炙黄　桔梗炒　附子生去皮脐

右等分为细末，炼蜜丸如梧桐子大。酒服先只十丸，日三。渐加，慎热，物及近火。

# 肌痹

## 论

### 《素问·痿论篇》

大经空虚发为肌痹。《圣济总录论》曰：风、寒、湿三气杂至合而为痹。以至阴遇此者，则为肌痹。其状皮肤弗营。肌肉㿏厚而不仁是也。

## 方

《圣济总录》治肌肉㿏痹。肢体怠惰缓弱，恶风头疼，舌本强，言语謇涩。天麻丸方：

天麻　独活去芦头各一两　人参　防风去叉各三分　附子炮裂去皮脐　桂去粗皮　麻黄去根节各一两　细辛去苗叶　当归切焙　白术　羚羊角镑屑　芎䓖　薏苡仁　干蝎去土微炒　牛膝去苗酒浸焙　茯神去木　天南星别醋拌炒令黄　白僵蚕微炒各三分　牛黄研　麝香研各一分　乌蛇肉酒浸去骨酥炒令黄一两　丹砂别研半两　龙脑别研一分

右二十三味，除四味，别研外捣罗为末。入所研药拌匀再罗。炼蜜和杵三五百下，丸如梧桐子大，每服温酒下十丸至十五丸。不拘时服。

麻黄汤：治肌痹。淫淫如鼠走四体，津液脱，腠理开，汗大泄，为脾风。风气藏于皮肤，内色败鼻见黄色，止汗通肉。解痹。

麻黄去根节煎掠去沫焙干　枳实去瓤麸炒微黄　细辛去苗叶　白术　防风去叉各三两　附子炮裂去皮脐四两　甘草炙剉二两　桂去粗皮二两　石膏碎八两　当归切焙　芍药各二两。

右一十一味剉如麻豆，每服五钱匕，水一盏半。入生姜半分切，煎至一盏，去滓，温服。不拘时候。

西州续命汤：治肌痹，津液开泄，时复不仁或四肢急痛。

麻黄去根节煎掠去沫焙干　当归切焙　石膏碎各二两　芎䓖　桂去粗皮　甘草炙　黄芩去黑心　防风去叉　芍药各一两　杏仁汤浸去皮尖双仁炒四十枚。

右一十味粗捣筛，每服四钱匕，水一盏。入生姜一枣大切。煎至六分，去滓，温服，不拘时候。

细辛汤：治肌痹淫淫如虫行，或腠理开，疏汗出皮肤，肉色不泽。唇鼻黄。

细辛去苗叶　防风去叉　白术　附子炮裂去皮脐　桂去粗皮各一两　石膏碎　麻黄去根节煎掠去深焙干各二两　枳实去瓤麸炒微黄　甘草炙剉各半两　黄耆　当归切焙各一两

右一十一味剉如麻豆，每服四钱匕，水一盏。入生姜五片，煎至七分，去滓，温服。不计时候。

## 脉痹

### 论

《圣济总录论》

曰血性得温则宣流，得寒则凝涩。凝涩不行，则皮毛萎悴，肌肉痹痹。《内经》谓风、寒、湿、三气杂至合而为痹。又曰，夏遇此者，为脉痹。痹则血凝不流，可知也。

### 方

《圣济总录·导痹汤》：治脉痺、血道壅涩。

黄耆剉四两　当归切焙　人参　白茯苓去黑皮　龙齿　远志去心　甘草炙各三两　桂去粗皮　半夏汤浸洗七遍焙各五两　枳实去瓤麸炒　桔梗去芦头剉炒　茯神去木各二两。

右一十二味粗捣筛，每服先以水二盏，煮粳米半合。米熟，去米。即入药五钱匕，生姜五片，大枣二枚擘破同煎，数沸。去滓，取一盏温服。不计时候。

人参丸：治脉痹，通行血脉。

人参　麦门冬去心焙　茯神去木　龙齿　远志去心　黄耆剉　菖蒲　赤石脂各一两　熟干地黄焙二两

右九味捣罗为末，炼蜜和捣三二百杵。丸梧桐子大。每服食后，良久以清粥饮下三十丸。

黄耆汤：治脉痹，身体不仁。

黄耆剉　芍药　桂去粗皮各三两　当归切焙　菖蒲　白茯苓去黑皮　人参各二两

右七味粗捣节，每服五钱匕，水一盏半，生姜五片。大枣二枚，擘破同煎去滓。取一盏温服不计时。

升麻汤：治脉痹，面颜脱色，脱空虚。口唇色赤干燥，消痹蠲热，润悦颜色。

升麻　射干　芎劳　人参各三两　赤小豆五合　生姜二两半　麦门冬去心焙　萎蕤各四两　生地黄二两半　甘草炙二两　竹叶切一升

右一十一味剉如麻豆，每服五钱匕。水一盏半，煎至一盏。去滓，温服。不计时，日三。

防风汤：治风湿，脉痹，皮肤不仁。

防风去义　当归切焙　秦艽去苗土　赤茯苓去黑皮

茵芋去粗茎　甘草炙　杏仁去皮尖双仁麸炒　桂去粗皮　独活去芦头各一两。

右九味粗捣筛，每服五钱匕，以酒水各半盏，入生姜半分，切煎取八分。去滓，温服不拘时候。

芍药汤：治脉痹，荣卫不通，四肢疼痹。

芍药　熟干地黄焙　当归切焙各二两　防风去义　秦艽去苗土　羌活去芦头防已　芎劳　白术各一两　桂去粗皮　甘草炙各三分。

右一十一味粗捣筛，每服五钱匕，以水一盏半，煎至八分。去滓，温服。日二服。

## 筋痹

### 论

《华佗中藏经》

筋痹者，由怒叫无时行便奔急，淫邪伤肝。肝失其气，因而寒热乃客，久而不去。流入筋，会则使人筋急，而不能舒缓也。故名曰“筋痹”。宜活血以补肝，温气以养肾。然后服饵汤丸，治得其合。自瘳已不然则害人矣。

《圣济总录论》曰，《内经》曰，风、寒、湿、三气杂至合而为痹。又曰，以春遇此者为筋痹，其状拘急屈而不伸是也。筋痹不已，复感于邪内含于肝，是为肝痹。其状夜卧则惊，饮多数小便，上为引如怀，盖淫气乏竭。痹聚在肝，治法以筋痹为先，筋痹既平则邪弗入于肝矣。

## 脉

《灵枢邪气脏腑病形篇》

肝脉微濇为瘈挛筋痹。《华陀中藏经》筋痹者，其脉左关中弦急，而数浮沉而有力是也。

## 方

《圣济总录》

天麻丸：治筋风，四肢挛痹。

天麻二两　苦参三两　细辛去苗叶二两　菖蒲二两　牛膝去苗酒浸焙二两　赤箭二两　附子炮裂去皮脐一两　地榆二两　人参二两　芎䓖一两　桂去粗皮一两　木香一两　陈橘皮汤浸去白焙干一两半　当归切焙　赤芍药　酸枣仁微炒　威灵仙去土　藁本去苗土　防风去义剉　独活去芦头各二两

右二十味捣罗为细末，炼蜜和杵为丸如梧桐子大。每服温酒下二十丸，日二服加至三十丸。

牛膝汤：治筋痺，以筋虚为风所伤，故筋挛缩，腰背不伸，强直时痛。

牛膝去苗酒浸剉焙　防风去义　丹参　前胡去芦头各二两　石斛去根二两半　杜仲去粗皮涂酥炙剉　秦艽去苗土　续断各一两半　陈橘皮汤去白焙一两　大麻仁研一合

右一十味除大麻仁外，粗捣筛，每服五钱匕，水一盏半，煎五七沸。别下麻仁末一钱匕，煎至一盏。去滓，空腹服。日二。

独活散：治筋痺，肢体拘急，不得伸展。

独活去芦头三两　附子炮裂去皮脐　薏苡仁　苍耳　防风去义　蔓荆实　芎䓖　细辛去苗叶　秦艽去苗土　菖蒲各二两

右一十味捣罗为细散，每服一钱匕，空腹以温酒调下。日二。不计时候。

补肝汤：治肝痺两胁下满，筋急不得太息。疝瘕四逆抢心腹痛，目不明。

白茯苓去黑皮一两二钱　乌头四枚炮裂去皮脐　蕤仁研　柏子仁研　防风去义　细辛去苗叶各二两　山茱萸去核　桂去粗皮各三分　甘草炙剉半两

右九味剉如麻豆，入研药拌匀每服五钱匕，水一盏半，入大枣二枚，擘开，同煎数沸。去滓，取一盏服，不计时。

五加皮酒：治筋痺，多悲思，颜色苍白，四脚不营，诸筋拘挛，伸动缩急，腹中转痛。

五加皮　枳刺炒　猪椒根皮各八两　丹砂八两　桂去粗皮三两　当归切焙三两甘草炙　天雄炮裂去皮脐　白鲜皮　秦椒去闭口及目炒出汗　木通剉各四两　芎䓖　干姜炮各五两　薏苡仁半斤　大麻仁三升

右一十五味剉如麻豆，大以夹绢囊盛贮。清酒三斗渍之。春夏三四宿，秋冬六七宿，初服三二合。稍加之以知为度。

《杨仁斋直指方·脚筋冷缩顽痹方》：

大川椒去目二分炒出汗　荜拨　辣桂　川白姜　华阴细辛各一分

右为末，酒麸糊丸。桐子大，每七十丸，食前温酒下。

危亦林《得效方·羚辜角汤》：治筋羊、肢节束痛。

羚羊角　薄桂　附子　独活各一两三钱半　白芍药　防风　芎劳各一两

右剉散，每服三大钱，水一盏半，生姜三片，同煎至八分，取清汁服。可一二服。

## 骨痹

### 论

#### 《素问·四时刺逆从论》

太阳有余病骨痹。《灵枢刺节真邪》卢邪内搏于骨则为骨痹。

#### 《华陀中藏经》

骨痹者，乃嗜欲不节，伤于肾也。气内消则不能关禁，不能关禁则中上俱乱，中上乱则三焦之气痞而不通，三焦痞则饮食不糟粕，饮食不糟粕则精气日衰，精气日衰则邪气妄入，邪气妄人则上冲心舌，上冲心舌则为不语。中犯脾胃则为不充，下流腰膝则为不遂。傍攻四肢，则为不仁。其证不一要在详明。治疗之法，列在后章。

《圣济总录论》曰：《内经》谓人有身寒，汤火不能热，厚衣不能温。然不冻笃是人者，素肾气胜以水为事，太阳气衰，肾脂枯，不长一水不能胜雨。火肾者，水也，而生于骨。肾不荣则髓不能满，故寒甚至骨也。所以不能冻笃者，肝一阳也，心二阳也。肾孤，藏也。一水不能胜二火，故不能冻笃，病名曰骨痹，是人当挛节也。夫骨者，肾之余髓者，精之所充也。肾水流行则髓满，而骨强迨夫天癸亏。而凝涩，则肾脂不长，肾脂不长则髓涸。而气不行骨乃痹，而其证内寒也。虽寒不为冻笃，则以肝心二气为阳火，一水不能胜之，特为骨寒而已。外证当挛节，则以髓少而筋燥，故挛缩而急也。

### 脉

#### 《华佗中藏经》

骨痹者，寒在中，则脉迟；热在中，则脉数；风在中，则脉浮；湿在中，则脉濡；虚在中，

则脉滑。

## 方

《圣济总录·苁蓉丸》:补骨髓,治寒湿肉濡。

肉苁蓉酒浸切焙一两 獭肝一具涂酥炙切 柴胡去苗 秦艽去苗土各三分 巴戟天去心 黄耆剉各一两 人参半两 白茯苓去黑皮三分 熟干地黄切焙半两 泽泻 附子炮裂去皮脐各三分 远志去心一两 山芋 蒺藜子炒去角各半两 石斛去根三分 五味子 桃仁汤浸去皮尖双仁炒别研 厚朴去粗皮姜汁炙 桂去粗皮 丁香 木香各半两 当归切焙三分 芍药 陈橘皮汤浸去白焙 赤石脂 槟榔 白术 干姜炮 郁李仁汤浸去皮尖炒研 甘草炙剉 牡丹皮 蜀椒去目并闭口者炒出汗 山茱萸 芎䓖 牡蛎炒各半两

右三十五味捣研为末,再和匀炼蜜和杵数百下,丸如梧桐子大。每服温酒下三十丸,不拘时,日三服。

石斛丸:治肾虚骨痹,肌体羸瘦,腰脚酸疼,饮食无味,小便滑数方。

石斛去根 牛膝酒浸切焙 续断各三分 菟丝子酒浸别捣 石龙芮炒 桂去粗皮各一两 肉苁蓉酒浸切焙三分 鹿茸去毛酥炙一两 杜仲去粗皮炙剉 白茯苓去黑皮 熟干地黄切焙各三分 附子炮裂去皮脐一两 巴戟天去心半两 防风去义三分 桑螵蛸炙 芎䓖各半两 山茱萸三分 覆盆子半两 补骨脂微炒 荜澄茄各三分 五味子半两 泽泻一两 沉香 茠香子微炒各三分 薏苡仁炒一两

右二十五味捣罗为末,炼蜜和杵数百下。丸如梧桐子大。每服空心。以温酒下三十丸。日二服。

熟干地黄丸:治肾虚骨痹,面色萎黑,足冷耳鸣,四肢羸瘦,脚膝缓弱,小便滑数,补肾。

熟干地黄切培 肉苁蓉酒浸切焙 磁石煅醋淬各二两 山茱萸三分 桂去粗皮 附子炮裂去皮脐各一两 山芋三分 牛膝酒浸切焙一两 石南 白茯苓去黑皮 泽泻 黄耆剉各三分 鹿茸去毛酥炙二两 五味子三分 石斛去根剉一两 覆盆子 远志去心各三两 补骨脂微炒一两 萆薢剉 巴戟天去心各三分 杜仲去粗皮炙剉一两 菟丝子二两酒浸别捣 白龙骨一两

右二十三味捣罗为末,炼蜜和杵数百下。丸如梧桐子大。每服空心,温酒下,三十丸。日三服。

附子独活汤:治肾藏中风寒湿,成骨痺。腰脊疼痛,不得俯仰,两脚冷痹,缓弱不遂,头昏耳聋,语音浑浊,四肢沉重。

附子炮裂去皮脐 独活去芦头各一两 防风去义 芎䓖 丹参 萆薢 菖蒲各半两 天麻 桂去粗皮各一两 黄耆半两 当归切焙一两 细辛去苗叶 山茱萸 白术 甘菊花 牛膝酒浸切焙 枳壳去瓤麸炒 甘草炙剉各半两

右一十八味剉如麻豆,每服三钱匕,以水一盏,生姜三片,煎至七分。去滓,不计时候,温服。

鹿茸天麻丸:治肾藏气虚,骨痹。缓弱腰脊酸疼。脐腹虚冷,颜色不泽,志意昏愦方。

鹿茸去毛酥炙二两 天麻一两半 附子炮裂去皮脐 巴戟天去心 菖蒲各一两 石斛去根剉一两半

干蝎去土炒　萆薢剉　桂去粗皮　牛膝酒浸切焙　天雄炮裂去皮脐　独活去芦头　丹参　当归切焙　杜仲去粗皮炙剉各一两　肉苁蓉酒浸切焙一两半　磁石煅醋淬细研水飞过一两

右一十七味捣罗为末,炼蜜和匀捣三五百下。丸如梧桐子大。每服二十丸,加至三十丸,空心及晚食前,以温酒下。

肾沥汤:治肾脏久虚,骨疼腰痛,足冷少食无力。

磁石煅醋淬二两　肉苁蓉酒浸切焙

黄耆　人参　白茯苓去黑皮　芎藭　桂去粗皮　菖蒲　当归切焙　熟干地黄切焙　石斛去根　覆盆子　干姜炮　附子炮裂去皮脐　五味子各一两

右一十五味剉如麻豆,每服三钱七,用羊肾一只去脂膜,先用水二盏煮肾,取汁一盏,去肾入药末煎至七分。去滓,温服空心。日午夜卧共三服。

## 肉痹

### 论

《华佗中藏经》

肉痹者,饮食不节,高粱肥美之所为也。痹者,肉之本。气以食则肉不荣;肌肤不泽,则纹理疏儿,风寒暑湿之邪易为入。故久不治则为肉痹也。肉痹之状,其先能食而不能光悦四肢,而不持者,是也。宜节饮食,以调其脏,常起居以安其导,然后依经补泻,以求于愈也。

### 脉

《华佗中藏经》

肉痹者,其右关脉,按举无力,而往来涩也。

# 肠痺

## 论

### 《圣济总录论》

曰《内经》曰:"肠痹者,数饮而出不得,中气喘争。时发飧泄。夫大肠者,传导之官。其所以传导者,皆冲和之气。今风寒湿三气乘虚客于肠间,则邪留而和气闭矣。故其证数饮而出不得中气喘争。时发飧泄,大小肠气痹,水道不通。故虽多饮而不得溲便,并气于大肠。使糟粕不化故中气喘争,时发飧泄也。"

## 方

《圣济总录》治肠痹,寒湿内搏腹满气急,大便飧泄,吴茱萸散:

吴茱萸汤浸焙干炒半两　肉豆蔻仁　干姜炮　甘草炙各半两　陈橘皮汤浸去白焙　厚朴去粗皮生姜汁炙　高良姜各二两　缩砂仁　陈麴炒　白术各一两

右一十味捣罗为散,每服一钱匕,粥饮调下,食前服。

草豆蔻散:治肠虚寒湿内攻,腹痛飧泄。

草豆蔻　陈橘皮汤浸去白焙各一两　桂去粗皮　木香　白术　当归切焙　白豆蔻仁　丁香　肉豆蔻仁　高良姜各半两

右一十味捣罗为散,每服一钱七,煎生姜枣汤调下,食前服。

赤茯苓丸:治肠痹,腹满喘争,小便不利,大便飧泄。

赤茯苓去黑皮　白术　桂去粗皮各二两　木香　诃梨勒煨去核　陈橘皮浸去白焙　厚朴去粗皮生姜汁炙各一两　草豆蔻五钱

右八味捣罗为末,炼蜜和丸梧桐子大。每服三十丸,米饮下。空心食前。日二服。

诃梨勒汤:治肠痹飧泄,腹胀气痛饮食不化。

诃梨勒煨用皮一两半　附子炮裂去皮脐一两　当归切焙三分　桔梗炒半两　肉豆蔻去壳三分　木香半两　吴茱萸汤浸七遍焙干微炒一分　陈橘皮汤浸去白焙一两　甘草炙剉一分

右九味粗捣筛,每服三钱匕,水一中盏,入生姜半分,枣二枚,煎至七分,去滓。食前稍热服。

木香丸:治肠痺,腹胀㽲痛,时复飧泄,食不消。

木香一两　诃梨勒煨用皮一两半　白术一两　桂去粗皮一两　附子炮裂去皮脐二两　芜荑微炒一两　高良姜剉一两　肉豆蔻去壳半两　原朴去粗皮生姜汁炙过二两　干姜炮三分　甘草炙剉半两

右一十一味捣罗为末,以曲末煮作糊,和捣三二百杵,丸如梧子大。食前生姜枣汤下,二十丸。

诃梨勒丸：治肠痹，飧泄腹肋胀满

诃梨勒煨用皮一两　乾姜炮三分　当归剉微炒一两　黄连去须一两　白术一两　木香三分　厚朴去粗皮生姜汁炙一两

右七味捣罗为末，炼蜜和捣三二百下，丸如梧桐子大。每服三十丸，粥饮下，不拘时候。

木香散：治肠痺，腹胀飧泄，小便不利。

木香三两　诃梨勒煨用皮半两　附子炮裂去皮脐一两　干姜炮一两　厚朴去粗皮涂生姜汁炙二两　枳实去瓤麸炒一两　赤茯苓去黑皮一两　甘草炙剉半两　当归剉微炒一两

右九味捣罗为细末，每服二钱匕，粥饮调下，食前。

# 周痹

## 论

《灵枢周痹篇》

黄帝问于岐伯曰“周痹之在身也，上下移徙随脉。其上下左右相应，间不容空。愿闻此痛在血脉之中邪？将在分肉之间乎？何以致是其痛之移也。间不及下针，其慉痛之时不及定治，而痛已止矣。何道使然？愿闻其故。”岐伯答曰“此众痹也，非周痹也。”黄帝曰“愿闻众痹”岐伯对曰“此各在其处，更发更止，更居更起，以右应左，以左应右，非能周也。更发更休也。”黄帝曰“善刺之奈何？”岐伯对曰“刺此者，痛虽已止，必刺其处，勿令复起。”帝曰“善。愿闻周痹何如？”岐伯对曰“周痹者，在于血脉之中。随脉以上，随脉以下，不能左右，各当其所。”黄帝曰“刺之奈何？”岐伯对曰“痛从上下者，先刺其下，以过一作遏下同之后，刺其上，以脱之。痛从下上者，先刺其上，以过之后，刺其下，以脱之。”黄帝曰“善。此痛安生，何因而有名？”岐伯对曰“风寒湿气客于外，分肉之间，迫切而为沫，沫得寒则聚，聚则排分肉，而分裂也。分裂则痛，痛则神归之；神归之则热，热则痛解，痛解则厥，厥则他痹发。发则如是。”帝曰“善。余已得其意矣。此内不在，藏而外。未发于皮，独居分肉之间，真气不能周。故命曰周痹。故刺痹者，必先切循其下之六经，视其虚实及大络之血。结而不通，及虚而脉陷空者，而调之熨而通之，其瘈坚转引而行之。”黄帝曰“善。余已得其意矣，亦得其事也。九者经异之理，经脉阴阳之病也。”《圣济总录论》

曰夫风寒湿之为痹。本痹而不通，今乃能周身上下者，以其邪中于血脉之间，与脉流通随其上下升降无碍也，故痛从上下者，先刺其下，以遏之后，刺其上，以脱之。痛从下上者，先刺其上，以遏之后，刺其下，以脱之。刺法附于针灸卷外，宜徐以药治之。

# 方

《圣济总录·巴戟天散》:治周痹、肢体痿弱、不能行履方

巴戟天去心半两 芎劳一分 附子炮裂去皮脐三分 白敛一分 黄耆炙剉 桂去粗皮 细辛去苗叶炒各半两 桔梗炒一两 人参半两 芍药一分 牡荆实 天雄炮裂去皮脐各半两 肉苁蓉酒浸切焙一分 萆薢炒半两 赤茯苓去黑皮 牛膝去苗酒浸切焙各一两 山芋 菊花未开者微炒 秦艽去苗土各半两 乌啄炮裂去皮脐 远志去心各一两 山茱萸 黄芩去黑心 白术微炒 石斛去根剉 白礬研如粉各半两 五味子三分 龙胆去苗土 蜀椒去目并闭口炒出汗各一分 厚朴去粗皮生姜汁炙剉半两 菖蒲九节者去须节先用米泔浸后切焙用一两

右三十一味除白礬别研外,将三十味捣罗为末,次入白礬末拌匀重罗。每服半钱匕,渐加至一钱匕,温酒调下,日二夜一。未觉身唇口痹热即渐加至一钱半匕。如觉大痹心烦,以少许豉汤解之。

钧窑玫瑰紫釉长方花盆

远志散:治周痹不仁。

远志去心 黄耆炙剉各半两 芍药一两 五味子 黄芩去黑心各一分 赤茯苓去黑皮 牡荆实轻炒三分 秦艽去苗土一两 乌头炮裂去皮脐 天雄炮裂去皮脐 细辛去苗叶微炒 山茱萸 菊花未开者炒各半两 防风去义三分 狗脊去毛 桂去粗皮 芎劳 芜荑微炒半两 菖蒲用米泔浸去节皮焙 萎蕤去土及须焙各三分 白敛生用 山芋 附子炮裂去皮脐 龙胆去苗土 厚朴去粗皮生姜汁炙剉各半两 蜀椒去目并闭口炒出汗 巴戟天去心各一分

右二十七味捣罗为散,每服一钱匕,空心温酒调下,渐加至二钱匕,日二夜一。

黄芩汤:治周痹,身体不仁。

黄芩去黑心 甘草炙剉 防风去义各半两 秦艽去苗土 葛根剉 杏仁去皮尖双仁麸炒各一分 桂去粗皮 当归切焙 赤茯苓去黑皮各半两

右九味粗捣筛,每服六钱匕,以水酒各一盏。枣二枚擘破,生姜一片大切,同煎至一盏,去滓,温服。日二夜一。

白术散:治积年周痹、头发秃落、瘾胗生疮、气脉不通,搔之不觉痛痒。

白术微炒三两 附子炮裂去皮脐二两 石斛去根剉半两 蜀椒去目并闭口炒出汗 干姜炮 天雄炮裂去皮脐 细辛去苗叶轻炒各三分 羊踯躅微炒半两 乌头炮裂去皮脐一两 石南用兼酒醋微炒三分 桂去粗皮一两 防风去义二两半

右一十二味捣罗为散,每服半钱至一钱匕,渐加至一钱半。温豆淋酒三合调下,空心临卧,各一服,每服药后,宜以少白羊脯嚼汁下药。续更用三合温豆淋酒,冲涤令接药力,常令有酒气。其药以韦皮袋贮,勿泄其气。初服身与髀膝有汗,宜避外风。

金牙散:治周痹脚胫细瘦痿弱不能行立

金牙别研细一两　防风去叉　侧子炮裂去皮脐　当归切焙　石膏别研细　桂去粗皮各二两　芎䓖一两半　白术微炒三两　泽泻　细辛去苗叶轻炒　黄芩去黑心　赤茯苓去黑皮各一两半　石南叶酒炒　人参二两

右一十四味，除金牙石膏别研外，将十二味捣罗为散，方入金牙石膏末拌匀重罗，每服一盏半匕，渐加至二钱匕，空心温酒调下，日二夜一，未觉，更增药至二钱半。

附子散：治，周痹、肢体脚膝无力。

附子炮裂去皮脐　狗脊去毛各一分　山芋　熟干地黄焙　王孙去土生用　桂去粗皮　天雄炮裂去皮脐　山茱萸　秦艽去苗土　干漆酒炒令烟出　防风去叉　甘草炙各半两　白敛一两

右一十三味捣罗为散，每服一钱匕，空心温酒调下，日二夜一，渐加至一钱半匕，服之，一月愈。

六生散：治周痹、身体拘痛、腰脚痺痛方。

生菖蒲九节者去毛节切焙　生干地黄焙　生枸杞根　生陆根净洗切焙各一斤　生乌头剉去皮脐四两　生姜去皮切焙二斤

右六味先焙了各秤及本方分两，复以醇酒一斗五升淹浸一宿，漉出暴干，复内酒中令酒尽再暴干，捣罗为散，每服半钱匕，以清酒一盏调下，渐加至一钱匕，空心临卧各一。

续命汤：治八风十二痹。

羌活去芦头三两　茯神去木　薏苡仁炒各一两

右三味粗捣筛，每服六钱匕，水二盏。煎取一盏，别入竹沥一匙许。更煎数沸，去滓，温服，日二夜一。

白石英浸酒方：治风湿、周痹、肢节中痛不可持物，行动无力。耳聋，及肾藏虚损，益精髓，保神守中。

白石英碎如大麻粒　磁石火煅令赤醋淬如此五遍捣各五两

右二味粗捣筛，生绢囊贮以酒一升浸，经五六日。每服不计时，随性温服，服将尽，可更添酒浸之。

醍醐方：治寒湿周痹。

醍醐一两

右一味每日空心以温酒五合和一匙许服之。

大豆蘖：治周痹，除五藏留滞，胃中结聚，益气止毒，润皮毛，补肾藏方。

大豆蘖一升炒令香熟

右一味捣为末，每空腹温酒调下，半匙渐加至一匙。

野驼脂：治周痺方

野驼脂炼了滤过一升

右一味别入好酥四两，同炼搅匀每服半匙，以热酒半盏和化服之。渐加至一匙，空心食前各一。

## 气痹论

### 《素问逆调论》

帝曰："人身非衣寒也，中非有寒气也。寒从中生者何？"岐伯曰："是人多痺气也。阳气少，阴气多，故身寒如从水中出。"

### 《华陀中藏经》

气痹者，愁思喜怒过，则气结于上，久而不消则伤肺，伤肺则生气渐衰，而邪气愈胜。留于上，则胸腹痹而不能食；注于下则腰脚重而不能行；攻于左，则左下遂；冲于右，则右不仁；贯于舌，则不能言；遗于肠，则不能溺。壅而不散，则痛流而不聚，则麻真经既损，难以医治。邪气不胜，易为痊愈。宜节思忧以养气，戒怒，以全真最为良矣。

### 《圣济总录》

夫阳虚生外寒，阴盛生内寒，人身阴阳偏胜则自生寒热，不必外伤于邪气也。痹气内寒者，以气痹而血不能运，阳虚而阴自胜也。血凝泣而脉不通，故其证身寒，如从水中出也。

## 脉

### 《华佗·中藏经》

气痹者，其脉右手寸口沉，而迟涩者，是也。

## 方

### 《圣济总录·温补鹿茸丸》

治阳气虚，阴气盛，痹气内寒如从水中出。

鹿茸去毛酥炙四两　人参　天雄炮裂去皮脐

五加皮剉　五味子　牛膝酒浸切焙　防风去义　远志去心　石斛去根　山芋　狗脊去毛各一两　肉苁蓉去皱皮酒浸切焙　熟干地黄焙各三两　白茯苓去黑皮菟丝子酒浸别捣各一两一分　覆盆子　石龙芮各二两　萆薢　石南　蛇床子炒去皮　白术各三分　巴戟天去心酒浸焙　天门冬去心焙　杜仲剉炒各一两半　干姜炮裂　桂去粗皮　吴茱萸炒　附子炮裂去皮脐　细辛去苗叶　蜀椒去目及闭口者炒出汗各三分

右三十味除菟丝子别捣外,捣罗为末,再拌匀。炼蜜丸如梧桐子大,每服温酒下二十丸,稍加至三十丸,空心食前,日三。

补益巴戟天丸:治阳衰阴盛,痹气身寒。

巴戟天去心酒浸焙　肉苁蓉去皮皱酒浸切焙　白龙骨　五味子　鹿茸去毛酥炙　白茯苓去黑皮　天雄炮裂去皮脐　续断　山芋　白石英各二两半　覆盆子　熟干地黄焙二两　菟丝子酒浸别捣各三两　蛇床子炒去皮一两　远志去心　干姜炮裂各一两半

右一十六味除菟丝子别捣外,同捣罗为末,入菟丝子拌匀再罗。炼蜜丸如梧桐子大。每服空心,温酒下二十丸。加至三十丸,日再。

补益黄耆丸:治阴盛阳虚,痹气身寒,如从水中出。

黄耆剉　鹿茸去毛酥炙　白茯苓去黑皮　乌头炮裂去皮脐　干姜炮裂各三分　桂去粗皮　芎䓖　当归切焙　熟干地黄焙各一两　白术　菟丝子酒浸一宿别捣　五味子　柏子仁　枸杞根皮剉各一两半　大枣去核二十枚焙

右一十五味,除菟丝子别捣外,同捣罗再拌匀,炼蜜丸如梧桐子大。每服空心,温酒下十五丸,日三。

苁蓉丸:治阳虚阴盛,痹气身寒,如从水中出。

肉苁蓉去皱皮酒浸切焙　天雄炮裂去皮脐　石斛剉　当归切焙　桂去粗皮各一两　蜀椒去目及闭口炒出汗　牛膝剉酒浸焙　陈橘皮汤浸去白　干姜炮裂各一两半

右九味捣罗为末,炼蜜丸如梧桐子大,每服三十丸,空心食前,温酒下,日三服。

天雄丸:治阳虚阴盛,痹气身寒,如从水中出。

天雄炮裂去皮脐　乌头炮裂去皮脐　石龙芮　王不留行　王孙　蜀椒去目及闭口者炒出汗各一两　肉苁蓉去皱皮酒浸切焙　当归切焙　天麻剉各二两　蛇床子炒半两

右一十味捣罗为末,炼蜜丸如梧桐子大。每服空心,温酒下三十丸,日再。

附子丸:治痹气中寒,阳虚阴盛,身寒如水中出。

附子炮裂去皮脐　乌头炮裂去皮脐　桂去粗皮　蜀椒去目及闭口者炒出汗　菖蒲去须剉　甘草炙各一两　天麻　补骨脂炒　白术各二两

右九味,捣罗为末,炼蜜丸如梧桐子大。每服空心温酒下三十丸,日再。

袁当时大方万胜散:治一切风。四肢皮肤疼痛或忧愁气痹,肋体不遂,及荣卫不和皮肤急痛。

虎胫骨酒煮　梅桐皮　乌药　附子各八钱　松节三两碎剉以酒半盏煎赤色

右为粗末,每服二钱,水一盏,煎至七分,去滓,温服。

## 热痹

### 论

《素问四时刺逆从论》

厥阴有余病,阴痹。不足病生热痹。

《圣济总录论》曰《内经》于痹论有云其热者，阳气多，阴气少，阳遭阴，故为痹热。盖腑脏壅热，复遇风寒湿之杂至客搏经络。留而不行，阳遭其阴故痛痹，熻热而闷也。

## 方

《圣济总录·石南散》：治热痹，肌肉热极，体上如鼠走，唇口反坏，皮肤色变，兼治诸风。

石南叶酒醋微炒　山芋各一两　黄耆剉三分　天雄炮裂去皮脐一两　山茱萸一两半　桃花生用　菊花未开者炒各三分　真珠别研一分　石膏别研　升麻各一两　甘草炙剉三分　萎蕤剉一两　丹砂一分别研仍与真珠石膏末一处同研极细

右一十三味别研外，将十味捣罗为末，次入所研者，药拌匀，每服一钱匕，空心温酒调下，日二夜一。渐加至二钱匕。

升麻汤：治热痹

升麻　射干　甘草炙剉　芎䓖　人参各二两　赤小豆炒三合　生姜薄切焙　麦门冬去心焙　萎蕤各三两

右九味粗捣筛，每服四钱匕，以水二盏生地黄汁半合，青竹叶十五片，同煎至一盏半，去滓，温服不计时候。

防风丸：治热痹。

防风去叉　羌活去芦头　茯神去木　牛膝酒浸切焙　桂去粗皮　人参　枳壳去瓤麸炒　五加皮剉　芍药　丹麦　薏苡仁　玄参　麦门冬去心焙　生干地黄焙以上各一两　磁石煅醋淬四两　槟榔剉二两　松子仁　大黄剉炒　木香各半两

右一十九味捣罗为末，炼蜜和丸如梧桐子大。每服温酒下三十丸。加至四十丸，空心食前。

升麻汤：治热痹。宣明论云，治热痹，肌肉热极，体上如鼠走。唇口反纵，皮色变，兼诸风皆治。

升麻三两　茯神去木　人参　防风去叉　犀角镑　羚羊角镑　羌活去芦头以上各二两　桂去粗皮半两

右八味粗捣筛，每服四钱匕，水一盏半。生姜一块拍碎，竹沥少许同煎，取一盏，去滓，温服。不拘时候。

生地黄汤：治热痹方。

生地黄研取汁　竹沥　荆沥各一升　羌活去芦头　防风去叉各三两　附子一枚重者炮去皮脐八破之

右六味，除前三味外，余三味剉如麻豆。每服三钱匕，水一盏半，地黄汁、竹沥、荆沥，各少许。同煎数沸。去滓，取一盏温服，不计时候。